现代世界体系

现代世界体系

The Modern World-System III

资本主义世界经济大扩张的第二时期：1730~1840年代

The Second Era of Great Expansion
of the Capitalist World-Economy, 1730s–1840s

第三卷

［美］伊曼纽尔·沃勒斯坦 / 著
Immanuel Wallerstein

郭 方 夏继果 顾 宁 / 译
郭 方 / 校

社会科学文献出版社
SOCIAL SCIENCES ACADEMIC PRESS (CHINA)

Immanuel Wallerstein

The Modern World-System III

The Second Era of Great Expansion of the Capitalist World-Economy, 1730s-1840s

With A New Prologue

This edition is an authorized translation from the original English language edition by 2011 © Immanuel Wallerstein Published by University of California Press.

All rights reserved.

本书根据加州大学出版社 2011 年版译出。

伊曼纽尔·沃勒斯坦（Immanuel Wallerstein，1930~），美国著名社会学家，"世界体系"理论的思想领袖和主要代表人物。

1930年生于纽约。1954年和1959年在哥伦比亚大学先后获得社会学硕士、博士学位。1958~1971年，在哥伦比亚大学社会系任教。1971~1976年任加拿大麦吉尔大学社会学教授。从1976年起，任纽约宾厄姆顿大学社会学教授和"费尔南·布罗代尔经济、历史体系和文明研究中心"主任。1977年起主编《评论》（Review）期刊。1993~1995年任古本根重建社会科学委员会主席。1994~1998年任国际社会学学会主席。2000年起任耶鲁大学高级研究员。

沃勒斯坦著述颇丰，影响最大的著作是耗费30多年心血的《现代世界体系》（The Modern World-System）。《现代世界体系》英文版第一卷出版于1974年，2011年加州大学出版社出版4卷本。其他著作有：《历史资本主义》（Historical Capitalism，1983）；《世界经济的政治学》（The Politics of World Economy，1984）；《所知世界的终结：二十一世纪的社会科学》（The End of The World As We Know It: Social Science For The Twenty-First Century，1999）；《知识的不确定性》（The Uncertainties of Knowledge，2004）等。近期的有《世界体系分析导论》（World-System Analysis: An Introduction，2004）；《欧洲的普适价值：权力的话语》（European Universalism: The Rhetoric of Power，2006）。

ENCYCLOPÉDIE,
OU
DICTIONNAIRE RAISONNÉ
DES SCIENCES,
DES ARTS ET DES MÉTIERS,
PAR UNE SOCIÉTÉ DE GENS DE LETTRES.

Mis en ordre & publié par M. *DIDEROT*, de l'Academie Royale des Sciences & des Belles-Lettres de Prusse; & quant à la PARTIE MATHÉMATIQUE, par M. *D'ALEMBERT*, de l'Academie Royale des Sciences de Paris, de celle de Prusse, & de la Société Royale de Londres.

Tantum series juncturaque pollet,
Tantum de medio sumptis accedit honoris! HORAT.

TOME PREMIER.

A PARIS,

Chez { BRIASSON, *rue Saint Jacques, à la Science.*
DAVID l'aîné, *rue Saint Jacques, à la Plume d'or.*
LE BRETON, *Imprimeur ordinaire du Roy, rue de la Harpe.*
DURAND, *rue Saint Jacques, à Saint Landry, & au Griffon.*

M. DCC. LI.
AVEC APPROBATION ET PRIVILEGE DU ROY.

卷首插图 狄德罗的《百科全书》头版的封面（1751）

巴黎：国家图书馆。

狄德罗（Diderot）的《百科全书》（*Encyclopedia*）是启蒙运动（Lightenment）完美的知识体现，并且对许多人而言长期以来象征着作为现代世界体系统治地位的意识形态的科学理性主义的胜利。狄德罗（Denis Diderot）在达朗贝尔（Jean Le Rond D'Alembert）的协助下写了数学部分，它原在1751年到1780年间出版，对开本35卷，其中21卷是正文，12卷容纳插图，2卷包容图表，由蒙松（P. Mouchon）制作。

2011年英文版第三卷序言

在我对1730年到19世纪40年代这段时期的研究中，存在着三个有争议的问题。对许多分析家、也许是大多数分析家而言，这个时期代表了现代阶段的重大转折时期。在这个时期，作为一种体制的资本主义或作为一种生活方式的现代性产生。读过前三卷的人都知道，我不同意这种观点。因为我认为，重大的转折时期是在"延长的16世纪"。

第二个有争议的问题涉及将我称之为"外部竞争场"（external arena）组成部分的地域"纳入"（incorporation）到资本主义世界经济之中的概念。这是假设在现代世界体系（是一种资本主义世界经济）和全球的其他部分之间能够做出区分，尤其是在1500~1750年这个时期。它还进一步假设，在资本主义世界经济的外部地区和资本主义世界经济内部的边缘地区之间存在显著的差别。

第三个问题是在"长时段"（longue durée）中的周期性变化过程的概念和它们在解释历史过程中的作用问题。这些周期性变化过程在法语中被称为"经济形势"（conjoncture）［在其他拉丁语言，以及日耳曼和斯拉夫语言中性质相同；这种用法的主要例外是英语，在英语中"conjuncture"（有场合的意思——译者注）一词的意思非常不同于"conjoncture"］。主要的经济周期通常被称为康德拉基耶夫长波——这是本卷中使用的概念，但它是否真的存在常常遭到不同的争议。

这里对所有这三个概念——这个时期并不存在一个转折点、外部地区被纳入现代世界体系的过程以及康德拉基耶夫长波的性质——重新做一番阐述也许是有益的，因为我相信在这些问题上对我的论证存在相当多的误解。

---

* 2011年英文版序言等由吴英翻译。吴英，中国社会科学院世界历史研究所副研究员。

一 重大的转折点

所有的社会科学家都喜欢指定一些转折点。它是一种工具，非常有助于阐明他们正在努力讲述的历史。它成为他们对于所研究的直接对象做出分析的基本架构。对转折点的选择，构成了一种我们在其中做研究的基本框架。因此，选择不同的转折点能够完全改变分析的逻辑。被认定的"转折点"既可能有助于阐明问题，同样也容易诱使研究者误入歧途。

如果人们浏览一下过去两个世纪中历史社会科学的重要著作，他们很容易发现，在这些文献中存在一种很强的偏好，即认为构成过去500年（或5000年）的重大转折点的正是1730年到19世纪40年代这段时期。不管学者们使用的是"现代性"、"资本主义"、"工业主义"，还是使用的是"西方对世界的统治"的分析框架，大多数人——或至少是在过去大约50年间的大多数人——都将它真正开始的时间追溯到了这个时期，但这期间对将这一时期确定为"重大的转折时期"也产生了越来越多的质疑。本卷内容整个是否定将这一时期作为重大转折时期的观点，而主张将"延长的十六世纪"作为"现代世界体系"形成的阶段，后者是作为一种"资本主义世界经济"的体系。

在某种意义上，本书前三卷都是在论证这种观点。请允许我扼要地重复一下我的论点。我们已经论证，作为一种体制的资本主义的根本要素并不在于无产阶级的雇佣劳动或为市场生产，或在工厂中进行生产，这通常会引起很大的争议。首先所有这些现象都有着长期的历史根源，都能够在许多不同种类的体制中发现。而在我看来，界定资本主义体制的关键要素在于，它是建立在促使资本做无限积累的动力的基础之上。这不仅是一种文化价值观使然，而且是一种结构性的要求。这意味着在体制内存在某些机制，它们能够在中间时段对那些按照其逻辑行事的人给予回报，对那些坚持按照其他逻辑行事的人给予（物质上的）惩罚。

我们已经论证，为了维持这样一种体制，有几种因素是必需的。必须存在一种中心—外围间的劳动分工，以至在那些利润较低和竞争力较强的生活必需品（即边缘区生产的产品）同那些利润较高和处于准垄断地位的产品（即核心区生产的产品）之间存在着持续的交换。为了使企业家能够在这种体制中获得成功，还必须存在一种国家间的体系，它由拥有不同影响力（实力）的、自诩拥有主导权的国家构成。同时还必须存在一种周期性机制，使那些新的处于准垄断地位的盈利性企业能够不断产生。结果就是体系中处于特权地位的中心区在地理位置上发生着一种非常缓慢的但却是定期的转移。

所有这些方面的变化确实都在现代世界体系中发生了，它最初主要是在大多数（但不是全部）欧洲国家、部分在美洲国家发生。用布罗代尔的术语来表述，它是**一个**世界，而不是**这个**世界。但根据它的内在逻辑，资本主义世界经济会不断扩张它作为一个体系的边界。它在这个时期所进行的最引人注目的扩张将在本卷予以研究。我们试图说明这段历史，描述这种扩张将哪些新的地区纳入到体系之中，以及它们为什么会屈从于这种扩张。

针对这种论点有两种不同形式的反对意见。一种是断言，在全球各种类型的交往（贸易、交通、文化、征服）中存在一个渐进的扩张过程。这被视为一个历经几千年的过程，其中既不是延长的16世纪，也不是19世纪之交作为一个如此明显的阶段，以至它能够构成一个转折点。最近有关中国在欧亚大陆的贸易格局中长期处于中心地位的观点是这种论点的一种变体。当观点以这种方式提出时，作为一种概念的资本主义根本就不在讨论的范围之内了。

或者，人们可以认为，工业资产阶级和失去土地的产业工人的出现——他们彼此间进行着阶级斗争——是资本主义的决定性特征，但在这一时期只是在一些国家（也许只是在英格兰）中出现。这使得该时期成为"转折时期"。这样一来，国家间体系与核心区-边缘区变换的存在就完全不在讨论的范围之内了。这种论点要么是以"马克思主义的"语言，要么是以"韦伯学派"的语言提出的。这两种观点都从根本上否认存在一种世界体系及其制约方式的观念。

二　纳入到世界体系之中

在第一卷中，我在现代世界体系的外部竞争场和边缘地区之间做出区分。尽管部分外部竞争场存在同资本主义世界经济的贸易和其他形式的互动，但我已论证，这种贸易主要是"奢侈品"贸易，因此对双方经济的运行都不具有实质意义。结果，这种贸易是相对平等的，每一方都在用他认为是低价值的物品去交换他认为是高价值的物品。我们也许可以称这种贸易是一种双赢的贸易。

我们提出，边缘区的产品是以一种不平等交换的形式同核心区的产品进行交换的，其中存在着剩余价值从边缘区向核心区复杂的但却是真实的转移。这种交换是必需品的交换，每一方都需要这些产品来维持自身的生存。这种贸易如果被中断，不可能不对一方或双方产生不利的影响。不过，确实有可能在短期内对产品的自由流动设置障碍，我们也讨论了实施这种"保护主义"的政治背景。

资本主义世界经济的周期性变化过程会反复导致下述情势的出现，即为了维持边缘区生产产品的低成本，有必要不断地将新的地区纳入到世界经济之中——也就是说将它们"纳入"到劳动分工之中。

当然，纳入过程也许会遭到抵制。不过，能够论证，资本主义世界经济的技术发展——这本身就是内在于那种体系的一个过程——会导致世界经济中的诸强国不断强化它们的军事力量，这是相比外部竞争场各组成部分的军事力量而言的。因此，例如在16世纪全欧洲的军事力量也许都不足以"征服"印度，但到18世纪晚期情况就不再是这样了。

最后，在任何特定时间，扩张在多大程度上发生是资本主义世界经济在那个时间点上能够将多少新的地区整合进体系的函数。它同样也是在世界经济使用武力将某些地区纳入到体系的过程中这些地区的遥远程度，以及由此将它们纳入体系时的困难程度的函数。因此，我在本卷中论证，我们目前称之为印度的地区是在这一时期被纳入到体系中的，但这并不适用于中国，它将在稍后的时间被纳入到体系之中。

我们接着论证了纳入体系之中是一个过程。它并不是在一天或甚至十年之内发生的，而是在相当长的一个时期内发生的。不过，通过比较四个不同的地区——俄国、印度、奥斯曼帝国和西非，我们试图揭示，"边缘化"是如何变成一个同质化过程的。就是说，尽管在这个过程开始时，这四个地区彼此间存在非常大的差异，但世界体系施加的诸种压力发挥作用使它们在特征上变得更为相似。例如，这些压力在一些地区削弱了国家结构，而在其他地区强化了国家结构，使它们按照现代世界体系的设计最适当地履行其角色作用。

就这种区分而言，存在两种形式的反对意见。一种是主张纳入过程是一个更为渐进的过程，有着多个发展阶段。我非常愿意考虑这种对我论点的修正，将更多经验研究的成果吸纳到我的论证之中。

另一种是质疑我在奢侈品和必需品之间所做的区分。这种观点宣称，通常被视为奢侈品的实际上是必需品，至少是作为显示威望的物品。他们进一步论证，对奢侈品的界定是受文化背景影响的，不同的民族对它的界定是不同的。

我同意这是一种很难做出的区分。但奢侈品概念是受文化背景影响的事实恰恰是我自己论点的组成部分。尽管孔雀翎也许对某些群体而言似乎是必需品，但我认为很难承认它是像谷物那样满足人类基本消费需求类型的必需品。进一步而言，谷物是大宗产品，而钻石在运输中只占有非常小的空间。对我而言，这似乎已经造成很大的实际差别。

因此，我坚持认为，彼此不同的两个地区进行的"平等"交换和资本主义世界经济内部的"不平等"交换，构成一种决定性的理论上的区分。由于它的运行模式的作用，资本主义世界经济是一种高度两极分化的体制。这是它最大的缺陷，长期看也是它的一个致命缺陷。作为一种体制的资本主义非常不同于在延长的16世纪之前存在的各种体制。忽视这一基本事实对分析是非常不利的。

三　康德拉基耶夫周期

康德拉基耶夫周期是以尼古拉·康德拉基耶夫（Nikolai Kondratieff）的名字命名的。他是一位俄国经济学家，在20世纪20年代发现了这种周期的存在。他事实上并不是第一位发现这种周期的学者。他对这种周期如何发挥作用和它们什么时候首次出现的描述，不再被广泛公认。但被最广泛使用的对这种周期的命名，仍然是用他的名字。我自己对这种周期是如何发生作用的认识，源自我对在资本主义体系中生产商是如何从他们的企业中赚取利润，由此能够积累资本的认识。

资本主义是这样一种体制，其中追求无限资本积累是它存在的理由。而要积累资本，生产商就必须从他们的经营中获得利润。不过，要想获得真正可观的利润只有当生产商能够以大大高于生产成本的价格出售商品时才是可能的。在完全竞争的情势下，赚取可观利润是绝对不可能的。对完全竞争的权威界定是指一种拥有三个特征的情势——有大量的卖主、有大量的买主、能够普遍获得有关价格的信息。如果这三个特征都具备（这很少会发生),那么明智的买主都会从一个卖主到另一个卖主去问价,直到他找到一个愿意以高于生产成本一便士的价格——如果确实不低于生产成本的话——出售产品的卖主。

要获得可观的利润就需要确立对世界经济权力的某种垄断,或至少是准垄断。如果存在这样一种垄断,那么卖方就能够制定任何的价格,只要不超出需求弹性所允许的范围即可。在任何世界经济显著扩张的时期,人们会发现存在一些"领先"产品,生产它们的企业拥有相对垄断的地位。正是从这些产品的生产中能够赚取巨额利润,并积累大量资本。同这些领先产品有着前向和后向联系的产品的生产,是世界经济实现全面扩张的基础所在。我们称这个时期为康德拉基耶夫周期的 A 阶段。

资本家所面临的问题在于,所有垄断都是自我消除的。这是因为存在一个新的生产者都能够进入世界市场,不管从政治上对一种特定的垄断实施了多么好的保护。当然,进入世界市场并非易事,是需要花费时间的。但其他生产者迟早会克服障碍,并由此进入市场。作为结果,竞争的程度会加剧。当竞争加剧时,价格就会下降,正如资本主义信徒一直宣扬的那样。不过,同时利润也会下降。当领先产品的利润下降到足够低的水平时,世界经济就会停止扩张,进入停滞时期。我们称这个时期为康德拉基耶夫周期的 B 阶段。从经验上看,A 阶段和 B 阶段加起来往往是 50 到 60 年,但确切的时间长度是变化的。当然,在 B 阶段的某个时间段之后,又能够产生新的垄断,一个新的 A 阶段又会重新开始。

因此,康德拉基耶夫周期的 A 阶段和 B 阶段似乎是资本主义发展过程的必然组成部分。从中可以推断出,从资本主义世界经济存在的开始,它们从逻辑上就应该是它运作的组成部分。根据我这套书的论点,这意味着它们应该从延长的 16 世纪开始就已经存在。确实,经济史学家经常指出,在整个资本主义时期存在着这种趋势,这能够在本卷和其他卷中记录这些论述出处的参考书查到。当然,这些经济史学家并不称它们为康德拉基耶夫周期。但我们能够发现它们作为一种有规律的现象存在于作为一个整体的体系之中。我们一直坚持认为,该体系的地理边界就是这一时期资本主义世界经济的边界。

一些经济史学家已经指出了在中世纪晚期的欧洲存在这种周期,尽管这是一种非常有争议的论点。如果这种论点能够成立的话,它将为那些希望将现代世界体系的开始时间追溯到比延长的 16 世纪更早的人提供某种支持。

目　录

插图目录 ………………………………………………………… 2
谢　辞 …………………………………………………………… 3

第一章　工业与资产阶级 ………………………………………… 3
第二章　中心地区的斗争——第三阶段：1763~1815 年 ……… 67
第三章　巨大的新地带并入世界经济：1750~1850 年 ………… 159
第四章　南北美洲定居者的非殖民化：1763~1833 年 ………… 237

参考文献 ………………………………………………………… 317
索　引 …………………………………………………………… 401

插图目录

第一章 "空气唧筒的实验" ················· 1

第二章 "危险中的铅球布丁：或——国家美食家
在享用小点心" ································· 65

第三章 "欧洲使节与大维齐在国会大厅的晚宴" ················· 157

第四章 "杜桑将军将两封信交给英军将领" ················· 235

插图由斯培克特（Sally Spector）协助挑选和注解。

谢　辞

许多同事愿意对这本书的一章或几章作批判性的阅读。虽然他们中许多人对一些主要见解有异议，他们每个人都给我许多帮助，指出错误或就重点问题争论。我感谢他们每个人有价值的帮助，并在所有那些我婉谢了他们的良好建议的事情上，要说明并非他们的责任：安德森（Perry Anderson），巴塔查尔雅（Sabyasachi Bhattacharya），卡梅伦（Rondo Cameron），霍布斯鲍姆（Eric J. Hobsbawm），霍普金斯（Terence K. Hopkins），伊萨维（Charles Issawi），卡萨巴（Resat Kasaba），诺尔特（Hans-Heinrich Nolte），奥布莱恩（Patrick K. O'Brien），帕拉特（Madhavan K. Palat），夸塔尔特（Donald Quataert），鲁德（George Rude）和蒂利（Charles Tilly）。

第二章的部分曾发表于《论点》，第十一期（*Thesis* XI）（1986）。第三章的一个较早的文稿曾发表在《历史的研究》（*Studies in History*）（1988）。

第一章插图　"空气唧筒的实验"

德比的赖特（Joseph Wright）。（1768）
伦敦：国家艺廊。

虽然德比（Derby）的赖特（Joseph Wright）（1734~1797）是以一个肖像画家开始他的职业，但他最著名的绘画却表现了他对科学和技术的兴趣。他参加了"月光学会"（Lunar society），一群有知识的工业家和科学家在有充足的月光时举行的聚会，沿着黑暗的乡村道路前进，靠月光或人工照明来照亮并启发他们的内在思考景象。这个家庭在从事"空气唧筒的实验"（1768年），它强调了科学概念和发现的平等态度，这从那些在实验室外的人如妇女和儿童也能在场上而表现出来。

第一章 工业与资产阶级

故事越说越长。

——柯立芝（Eric T. Kerridge）①

我们习惯于围绕着以基本公理为形式的中心概念来组织我们的知识。工业的兴起和资产阶级或中产阶级的兴起就是两个这样的概念，这是由19世纪的历史学和社会科学为解释现代世界而留传给我们的。最主要的观点是历史的质变发生在18世纪末和19世纪初。这是一个革命的时代，那时在大不列颠的"第一次"②工业革命和在法国的"典型"③资产阶级革命都发生了。无疑对这种公认的看法一直有人提出挑战，对其细节也不断有模棱两端的说法。尽管如此，这两场革命的印象却一直深深固着于民众文化和学术思想之中。④这些概念事实上是我们通常在现代历史事实那满是迷雾和汹涌波涛的海洋中航行的指南针。实际上，如我将指出的，这两个指南针不过只是一个而已。

"革命"这个用语对我们而言的含义是突然的、戏剧性的和广泛的变化。它强调的是非连续性。无疑这是大多数使用"工业革命"这个概念的人所要表示的意思。⑤科尔曼（Coleman）谈到一场"比较而言是突然和暴烈的变化开创了工业化社会"，⑥而兰德斯（Landes）谈到一场"比起从发明轮子以来的任何事都远为彻底地与过去的决裂。"⑦霍布斯鲍姆（Hobsbawm）也类似地强调说："如果说突然的、实质的和根本性的发生于1780年代左右的转变不是一场革命，那么这个词就没有通常说的意义了。"⑧

什么是这场革命所包含的内容呢？汤因比（Toynbee）（我们由他那里得到对工业革命这概念的经典分析），在1884年写道，发现它的"本质"是在于"用竞争取代了中世纪的节制。"⑨哈特韦尔（Hartwell）在80年后所写的，对这个"本质特征"的定义则略有不同："总产量和人均产量的增长率，以较以前是革命性的速度持续增加。"⑩

这两个重点——从"中世纪的"束缚中解放（或社会革命）和增长率（或经济革命）——的确并非不能并存的。确实，传统论证的核心一直是前者导致了后者。但是近年来增长率一直是注意的焦点，一个接着一个因素被找出来用以解释这个问题。这也不足为奇。资本主义世界经济的持续发展，一直包含着将国家的经济发展作为最根本的共同任务，这种意识的不断升华，这种发展的定义是以国家的经济增长为标准的，与此相应实际上的"公理是……通向富裕之路在于走工业革命的途径。"⑪

这两个"本质上"的因素——增长和自由——仍是很不明确的。每个都必须以更特定的概念来解释。增长似乎在概念上与"将机械原理应用——到制造业上，"⑫也就是法国人经常说的"机械论"；⑬而机械化"革命"通常被认为是"熊彼得（Schumpeter）的术语意识中的一串革新。"⑭

机械化的分析将生产力的发展置于主要地位。在另一方面，"自由"（或社会革命）的增进则将生产关系放在首位；谁会生产什么，谁会为谁工作和在什么条件下。两个现象是这部分讨论的中心：工厂（机器集中的场所）和无产阶级或工资劳动者（工厂的雇员）。现在工厂据说："在18世纪最后1/3时期起源于英格兰。"⑮对许多权威而言，是工厂和一切意味着劳动力组织方式的事物，被认为在工作组织上最关键的革新所需要的是工资劳动力。霍布斯鲍姆（Hobsbawm）强调说工业革命"不单是经济增长的加速，而且是因为或通过经济和社会转变而造成的增长加速。"⑯这种转变最重要的表现是城市无产阶级的兴起，它本身就是"农村社会结构物一个总体转变"⑰的结果。

然而有关工业革命的许多讨论，采纳了机械化过程和"解放"/无产阶级化过程这两个设定，而集中于另一个问题；是什么使得这些过程"首次"发生在大不列颠，又是什么使不列颠"起飞"了？起飞实际上是一个恰当反映工业革命基本模式的比喻，尽管罗斯托（Rostow）详细的假说分期法可能在很大程度上是尖锐争辩的话题。对于这个问题做出的一系列回答绝不是相互排斥的，虽然各个权威都强调以一个既定因素为中心（其他权威则必然就此争辩）。将这些因素按时间的直接次序列举出来并加以把握，就是需求的增长（据说这使得机械化和无产阶级化有利可图），资本的可供利用（这又使机械化成为可能），人口的增长（这使无产阶级化成为可能），一场农业"革命"（这使人口增长成为可能），和土地保有权形式的预先发展（这使人口增长成为可能）。最后也是总结的是，最难确定是人们心灵中的应有态度（它确保有企业家会利用这个革命性过程在其许多关键时期所提供的一切机会，这样累积的效果就是"革命性的"）。显然，这种对以上各因素的时间次序排列是有一点抽象，而各个权威也认为有不同的次序。

以需求作为革新的解释，是一个老的理论（"需要是发明之母"），兰德斯（Landes）以它作为分析的中心："在很大程度上，需求对生产模式的压力在不列颠使新技术不能兴起。"[18]但是哪些方面有需求呢？有两个可能的方面：对外贸易和国内市场。对于出口的论证集中于这个事实；在18世纪后半期出口的增长和加速度"显著地大于"国内工业的增长加速度。[19]埃弗斯利（Eversley）认为并非如此，他说在1770～1779年这个"关键时期"，"毫无疑问"出口的比重下降了，但尽管如此，在工业化方面"显而易见地加速了"，这加强了这个论点，即"为大宗生产的货品消费的大规模国内市场"对工业化是最重要的。[20]霍布斯鲍姆（Hobsbawm）提出了不可避免的折中观点——对外贸易和大规模的国内市场都是必要的，还要加上"第三个通常被忽视的因素：政府。"[21]

有一些人则对需求的大规模增长表示怀疑。他们将重点放在"有关过程的供给而不是需求上。"[22]对有些人而言，资本的供给问题显得很大。汉密尔顿（Hamilton）在1942年用18世纪后半期"利润的膨胀"来解释工业革命的"革命性"特点，这是由工资滞后，即价格上涨和工资上涨之间的差距造成的。[23]这个旧的论据曾被汉密尔顿以前用来解释16世纪的经济扩张。[24]阿什顿（Ashton）发现他对工业革命解释的核心在于"相对便宜的资本，"[25]这来自利率的降低。一个世代之后，在回顾了论及资本构成这个题目的文献后，克鲁兹（Crouzet）采取了以更为适度的态度立论：资本的"相对"充足"是一个"可以承认的因素，但既不是必须的也不是必然的，而是18世纪英国的一个历史事实。[26]

但是一定数量的资本是否更为重要呢？有着数量增多之势的持怀疑的评论家们认为，"早期工业化对资本的需求是不多的。"[27]面对这些论证，资本重要性的支持者们后退到更确定的，因而更难以证实的阵地上。"是资本的流动……而不是积累对最终分析更有价值。"[28]这个话题的一个改变提法，是认为与此相关的不是资本积累的"相对数量"（就是指"相对于国家收入"的数量)的变化,而是"资本积累内容"的变化,也就是投资"从资本积累的传统型向现代形式"的转变。[29]对资本流动的强调直接导致对信贷机构的关心。标准的观点是大不列颠在用于工业的信贷机构在数量上与其他国家完全不同。[30]当然这种观点假定资本投资仅局限在国界之内。然而吕提(Lüthy)相信,在18世纪中期,西欧和中欧已经组成了一个以"易于进行银行交易和资本流动"为特征的"交换带",并谈到对于这种流动实际上没有障碍。[31]

另一派权威将人口变化置于突出地位。人口增长被认为既为工业产品提供了需求,也为生产它们提供了劳动力。不列颠"空前的人口增长"[32]据说因为它长期地维持并伴随着生产量的增长而特别显著。[33]普卢姆(Plumb)加上了一个解释,即关键的因素是"中产和下层中产阶级"的父母有更多的儿童生存下来,因为"没有受到充分教育和技术背景的下层中产阶级的迅速扩展,工业革命将是不可能的。"[34]

9　然而这就出现了两个难题:确实是有一场人口革命和实际上是什么引起了人口的增长(这当然就涉及经济变化是其原因还是结果)?这个人口革命真实性的问题,既然又引出两个问题:这些变化比起这之前和之后相关状况是否是"革命性"的,和英国(或大不列颠)的模式比起法国和其他地方是否有重大的不同?划出一条对数曲线图,一些权威看不出有什么理由认为18世纪晚期这一段有什么独特之处。[35]确实,人口增长率在18世纪后半期要比前半期高,但是有论证说前半期是一个例外而不是后半期。如塔克尔(Tucker)认为,在英国这个例子中,"整个18世纪的人口增长从整体而言,比我们根据较早的长期趋势可预期的延续多不了多少。"[36]莫里诺(Morineau)对法国情况得出了完全相同的观点。18世纪末的人口增长不是革命性的,而应当更谨慎地认为是"一种更新、恢复和复原。"[37]而米尔沃德(Milward)和索尔(Saul)做出了法国情况转好的完全相反论证。法国的人口模式是非同寻常的(因为它的出生率在死亡率下降之前或同时就开始下降)。"但是在19世纪发展的环境中较慢的人口增长使平均(per capia)收入更易于增加,在市场交易中给法国带来的好处多于坏处。"[38]

然而即使人口增长(这是无疑的)不被认为是革命的,即使这对英国并不一定是个特例,这个"核心问题"[39]仍然存在,即人口增长是经济与社会变化的结果还是其原因。正如哈巴库克(Habakkuk)提出的,"工业革命是否创造了它自己的劳动力？"㊵要回答这个问题，我们必须考察一下是死亡率的下降还是生育率的上升与人口增长有关的辩论。对于大多数分析家而言，似乎无疑地死亡率的下降是主要解释，因为理由很简单，"当两者都高时，要增加人口，减低死亡率要比增加生育率容易得多"。㊶当然当两者都低时，相反而言也是确实的。

为什么死亡率会下降呢？因为高的死亡率"主要可以归因于传染性疾病的高度传播，"㊷这就对死亡率的下降有了三种逻辑上可能的解释：医疗的改进（免疫力或治疗），对感染抵抗力的增强（环境的改进），或是细菌和病毒毒性的降低。这最后一个解释可以忽略不计，如果几种疾病的死亡率同时减少的话（这似乎常是如此），因为不能相信所有这些都是由于"（引起疾病的）生物的特点发生了偶然变化。"㊸这留给我们一个真正的辩论：是由于变好的医疗条件还是变好的社会经济环境。变好的医疗条件长期以来一直是有利的解释。它仍有强有力的支持者，他们给予死亡率下降最可信的解释是"在18世纪引进和使用种痘来防止天花。"㊹这个论点经过仔细和有说服力的论证，显示出医疗对死亡率的影响直到20世纪前都是相当不重要的，因而很难用来解释18世纪的变化。㊺由此推断，我们得出的结论必然是"经济和社会状况的改进"并未导致人口的扩张。㊻

由里格利（Wrigley）和斯科菲尔德（Schofield）所写的里程碑式的英国人口史认为生育的作用是一个主要推动力。他们认为生育率的提高是由于不婚者百分比的降低。这与食品利用范围增加的模式联系起来，这是导致建立家庭可能性增加的进程中的关键因素。他们的资料包括了一个很长的时期（1539～1813年），在其中他们发现，除了一个短期间隔（1640～1709年），生育、死亡和婚姻都在增长，但生育一直多于死亡。由此他们似乎论证了英国人口史的一个长时期模式。他们也希望论证在18世纪早期到19世纪晚期之间的某处，英国打破了"预防性阻碍周期"，和人口数量与食品价格之间的关系。㊼

除了里格利（Wrigley）和斯科菲尔德（Schofield）在逻辑上的矛盾之处（一个解释性的长期模式相对于一个解释性的模式破裂间的矛盾），还有进一步的问题，即他们强调以结婚率增加（还有或是结婚率的降低）作为经济"起飞"的解释如何与哈伊纳尔（Hajnal）直接相反的论证相调和。哈伊纳尔论证说，唯一只有一种西欧的（注意：不只是英国的）婚姻模式存在于18世纪前半期，它由较晚的结婚年龄和高比例的未婚者组成。

哈伊纳尔（Hajnal）发现低生育率的模式（延续到20世纪）对经济发展起了"刺激了资源的彻底转化而不是用以维持最低限度的生存"的作用。[48]

最后一个人口因素，讨论得较少却也许是具有很大重要性的是，人口的增加从欧洲的农村边缘地带转向城市和工业化地区。但这当然是增加雇佣机会和改进交通条件的结果。[49]

近年来注意力越来越被吸引到由作为序幕的农业部分变化转到工业部分的决定性变化上。（这种强调对于当代的边缘国家有着含蓄的政策指导性，这与增长着的利害关系不是没有联系的，并经常被明显地提出。）除了工业和人口革命外，我们现在必须对农业革命做出定位和解释。这就引出一个大的论题。首先我们必须记住，甚至对于大不列颠而言，甚至在整个19世纪前半期，"农业是占首位的……工业。"[50]因此，发生了一场经济革命这个认识如果有任何意义，特别是指着一场农业革命的话，必须有某个地方，在某种实际存在物的总体上有着生产量的增加。我们立刻就遇到这个问题，我们所说的是每公顷耕地的出产量（这又可以意味着每单位播种量的产量，每单位投入劳力的产量，或是平均产量）还是总出产量。似乎无疑地总耕作物产量在欧洲世界经济作为一个整体而言，从18到19世纪这一百年中是上升的。[51]然而如果有部分劳动力从耕作生产转向其他种类的生产（特别是到工业），就证明了既有每单位播种量产量的增加也有每单位投入劳力产量的增加（加上耕种面积的扩大）。[52]进一步说，如果有总体生活水准的改进，就证明了必然有平均产量的增加。然而这没有必然的道理，为什么平均产量的增加必须伴随着每单位播种量或每单位投入劳力产量的增加，而后两者是世界经济扩张时期的明显因素。

也许出产量的增加是通过农业工具机械化产生的？而似乎在犁上使用铁件（和给马上马蹄铁）有一些增加，[53]在19世纪之前很难说有农业的重要机械化。[54]这种进步主要是通过使用种植秣草更集约地耕种土壤得到的。[55]有两个主要的方式，即轮种制［那时称为"诺福克"（Norfolk）方式］，和改种制（即牧场经营）。两种变化都不需要休耕，用块根作物（萝卜、马铃薯）清除野草，用牧草（苜蓿、红豆草、裸麦草）肥沃土壤。[56]由此形成的连续性收成使得牲畜在冬天有食物，并用粪肥作为土壤的附加肥料。

这哪一种方式都不是新的，但是18世纪晚期是使它们达到大规模推行的时期。无疑在英格兰这些方式造成了很大进步，有疑问的是这是否可以说是一个例外。巴特（Slicher van Bath）谈到"从三步轮作制……向转换耕作的普遍程度"在西欧于 1750 年之后是对于较高的小麦价格的反应。[57] 尽管如此，在使用秣草作物的非法的传布中，新的东西是它使这种增加耕作物产量的转变不像以前那样以牺牲牧场为代价。[58]

甚至这种进步，如果从平均产出量分析也受到莫里诺（Morineau）的质疑。他认为产出量的重要增加只发生在 19 世纪中期。[59] 他认为 18 世纪晚期的农业"进步"，只不过如从前那样服于"贫穷的逻辑"。他认为作物革新趋向于和生活水准的危机性下降一致。这些衰落阶段伴随着食物短缺，而作物的革新"对维持他们有贡献。"[60] 而莫里诺的分析集中于法国的资料，他接受英国比法国有某些优势的论点。但他甚至怀疑英国在 1835 年之前"生产率有实质性的增长。"

> 西方经济的起飞不是植根于一场农业革命。这不就是说后一个概念，即使就英国的情况也不适用，这样一种睡梦中的前进，在第一场严霜中就会被吓醒吗？[61]

甚至如果说耕作上的变化可以说没有造成平均产出量立刻戏剧性的增加，是不是土地上生产社会关系的变化是工业化过程的本质因素，既因为它们造成了工业劳动可利用的人力（通过每个投入劳动力更高的产出率使得部门间的劳动力流动成为可能，或通过更大的总产量使人口得以扩张），或是因为它们是最终导致每单位播种量更高产出量的技术革新的前提条件，或是两者兼而有之？简而言之，圈地不就是这整个过程的关键因素吗？

在圈地这个题目下要讨论的是三个分离的、并非不可避免地联系着的过程。一个是取消"敞田"（open fields），这种制度在收获和播种季节之间将耕作生产的个人单位转变为公共的放牧地。第二个是废除"公共权利"，即在庄园主收割过的土地上或"荒地"（即从耕作生产的观点而言的"荒地"）上平等使用敞田的权利。这两种变化减少或取消了有着较少或没有财产的人供养牲畜的能力。第三个变化是分散财产的集合，达到规模经济的必要性使结束敞田制和公共权利成为可能。

圈地也许使得混合耕作制更有利可图，既由于增加了单位的面积，也由于保护了那些种植秣草作物的人防备自由牧马者。[62] 地主们的首要目标是"从圈地和集合而便进行的技术改进中得到地租的增加。"[63] 然而，事实上圈地是否达到了增加产量的目的是不那么明显的。钱伯斯（Chambers）和明盖（Mingay）主张圈地是提高生产量的"最必需的手段"，然而也承认18世纪英国的证据充其量而言也是"间接而不足的"。[64]奥布莱恩（O'Brien）甚至更表示怀疑。"再不能那么轻易地推断"在1750年到1815年间的大规模圈地"对生产量实际上有任何重要的作用。"[65]

圈地当然在1750年之前很久就开始了。加速了它们的步伐和明显性的是不列颠的政府在这个过程中的新作用。[66]这种政治的干预说明了这种"大规模"发展的原因。并且，若认为只有不列颠在进行圈地则是错误的。布洛赫（Bloch）的仔细分析显示出，在法国发生着这种或那种形式的大量圈地，并且也在1730年之后加速进行了。[67]事实上，布洛赫称之为"农业个人主义"的相对扩张在18世纪是全欧洲范围的现象。[68]如果这场运动的成功在大不列颠比在大陆上更大，这种不同是明显地在于在不列颠国家机器的力量为大地主们提供的武器在法国不那么有效，无论是在法国大革命以前或以后。[69]

16　　单纯的围圈（围栏）土地，对于既有的分散小块土地的历史遗产是不够的。如圈地那样，将地产集合，小农（无论土地所有者还是佃农）的持续衰落，是一个长期的过程，它可能于18世纪在不列颠和法国都加速了。[70]不管土地的集合在事实上是否显著地增加了生产量，这也是一个假定而不是证明。[71]

最后，有一种观点认为，农业的社会重组导致了土地上雇佣人力的消失，他们不断成为城市和工业可利用的人力。也是在这种意义上农业革命据说是工业革命的一个前提条件。例如多布（Dobb）认为，英格兰在18世纪晚期的圈地"将小屋农大军从公地边缘他们最后的微薄地产上……驱逐出去……这与工业扩张的新时期相一致。"[72]这个标准的马克思主义论点一直是许多政治的目标，既由于这个过程有多大程度上是暴力和镇压性17　　的问题，[73]也由于驱逐的规模究竟有多大。[74]这后一种论证是两重性的。一方面，据说新的耕作制需要"较多而不是较少的劳动力。"[75]另一方面，因为看来在农业中家庭数所占的百分比无疑是减少了，而在工业中的人数增加了，[76]据认为是人口的增长解释了城市劳动人口增加的来源。[77]当然这两种论证——强迫驱逐和人口膨胀——绝不是相互矛盾的。但是对这两个假说都与不列颠例外学说相冲突，却很少有人考察。如果是人口增长导致了城市劳动力的扩张，18世纪的大不列颠在这其中有什么特殊优势呢？而如果强迫驱逐解释了大不列颠,我们如何解释在大陆工业中没有劳力短缺的证据?[78]这正像法国人喜欢说的,两件事就是一件。既是由于在不列颠与在大陆上有着不同的结果("第一次工业革命"),就要用一个或一系列大不列颠特有的因素来解释,也是由于这个过程是更为普遍的,在这种情况中我们必须更密切地观察这结果是如何有所不同。如果我们将这个论证向后推一步,论及在工业革命之前的农业革命,同样的情况也是真实的。我们发现自己正如我们已经提到的那样面对两个问题:这种现象发生到什么程度;在它所及范围内,大不列颠又如何有所不同?

我们已经提到莫里诺对18世纪法国农业革命这个论题的尖锐质疑。柯立芝(Kerridge)对有关英国农业公认的认识进行了同样激烈的责难,他认为农业革命在那里发生要早得多,是在16和17世纪,并且"由于其确实相当低的比例,18和19世纪的农业进步相对于工业和交通革命而言,在重要性上相对地就落到次要的地位。"[79]然而奇怪的是,明盖(Mingay)(他是柯立芝的主要攻击目标之一)在他的反驳中,用将其包括在一场从17世纪晚期到19世纪进行的"一个在技术和制度上逐渐变化的长期接续过程"的农业革命中,作为其一个部分。[80]这个论点在很大程度上贬损了将一场"革命"更局限于一定时间的论点。

多弗林(Dovring)对于将18世纪的西欧作为一个整体表示了类似的怀疑。他也发现在农业上没有什么变化"有类似于工业革命的规模和速度之处。"但是,他对于为什么我们相信在不列颠有一样农业革命有一个简单的解释。他认为在那里确实发生的变化比起在欧洲大陆上的变化得到了"更好的宣扬","这再加上工业和农业革命诱人的类似之处,可能导致我们如同夸大其产生的独创性那样夸大了其深度。"[81]

若不列颠的人口和农业的独特性作为工业革命的解释也遭到怀疑的话,还有一种有某种分量的解释可以提出,即不列颠的文化,或是其中某些可以解释存在着更多的企业精神的因素。让我们不去用某种民族特性有哪些空泛领域的循环推理来论证,而依据其看来更规范化的表达方式来考察。一个更为自由的国家结构的存在源自历史和被认为是一种文化冲击的结果。

如果可以被称之为正统的观点是这样,在大不列颠的工业革命"是在没有政府援助的情况下自发产生的,"[82]或是更强调说,"没有任何帮助。"[83]有一些人不那么绝对化,他们愿意承认政府在建立"市场环境"本身上的作用，即通过创造如政治稳定、行政统一、普通法，和对商务利益的同情态度等这类前提条件。例如萨普勒（Supple）总结说："国家确实在工业革命的先驱阶段起到了重要的，尽管是间接的作用。"他又说："然而事实仍然是这种作用是间接的。"[84]

如果更密切地考察不列颠国家在18世纪被认为的自由主义，并与其他国家（特别是法国）相比后，会得出两个论点：不列颠国家管制得较少；并且征税也较少。然而，议会在土地围圈方面的主要作用却很难用作国家不干预经济的例证。确实明显的是，在农业方面，不列颠国家擅长于调节社会生产关系。可以说这种调节的目标是除去习惯束缚的桎梏，但很清楚其中所包括的不单是对市场交易的法律许可的一种简单行为。在去除行会的市场束缚作用上也同样确是如此。这再一次显示国家的干预是至关重要的。确实，米尔沃德（Milward）和索尔（Saul）为我们提供了关于将欧洲作为一个整体的另一种普遍性学说，即"于1750年后在中央政府最强有力的地方，行会和公司是最软弱的。"[85]然而这又是说，这是一种看来其目标在于使市场自由化的调节。

但是还有更直接的干预，在世界市场上要比在国内市场更甚。甚至在典型的较新较自由的工业中，如大不列颠的棉制品生产中，保护主义所起的作用也不小，芒图（Mantoux）对此问题的论断是十分肯定的。[86]此外，认为政府的调节作用只限于保护是错误的。因为当保护变得不那么需要时，在国内介入生产过程就变为一种越来越多的实际情况。伯布纳（Berbner）甚至怀疑在不列颠是否有过真正的放任政策（Laissez faire）的时候："当国家在19世纪前半期对商业放手时，它同时将工业和其随之而来的东西抓在手中。"[87]

最后一点，在大不列颠，并非是国家没有作为工业企业的财政来源之一这种情况。无疑钱没有直接来自国家银行，正如普雷斯奈尔（Pressnell）指出的，"大量的国家货币使私人银行家的资金膨胀，并用这种间接的方式帮助私人企业得到充分的滋养。"

如果不列颠国家不如人们通常相信的或认为的是一个不干涉典范，我们对不列颠有相对精简的官僚结构和因此较轻的税务负担，因而作为不列颠的优点，特别是又相对于法国而言的这种观点，又能说些什么呢？[88]这个曾被每本教科书视为神圣的真理，近来在海峡两边都处于猛烈攻击之下——在大不列颠有马赛厄斯（Mathias）和奥布莱恩（O'Brien），在法国有莫里诺（Morineau）。在两方面，对这两个国家在 18 世纪的财政和预算资料进行仔细考察，导致他们推翻了传统的假说。马赛厄斯和奥布莱恩发现不列颠的税收负担在整个 18 世纪期间"比法国人上升得更为迅速"，虽然到 1796 年代"还不是那么显著"。但是在此之后，不列颠人的税收负担就远超了过去。

> 因此，在不列颠于 1775 年之后工业增长、城市化和人口增长速度的增加……是在税收的实际负担急剧增长的背景下发生的过程。这种负担的增长速度比在法国要快得多。[90]

莫里诺的比较使用了与马赛厄斯和奥布莱恩所根据的有所不同的法国资料，将这种矛盾定位在比 1790 年更早期的时期。在对这两个国家在 1725 年到 1790 年的情况进行比较时，他发现不列颠的税收进款无论从绝对数量和相对数量上都增加得更快，因此

> 联合王国的臣民比最信仰基督的国王（Most Christian King）的臣民从 18 世纪的最初 25 年起要付更多的税：17.6 利弗图尔内（Livres Tournois），核算后相对于法国人交纳 8.1 利弗图尔内（比率为 2.17：1），到这个世纪最后一个十年之前更变本加厉了；40 利弗图尔内相对于法国人交纳 17 利弗图尔内（比率为 2.7：1）。[91]

这种对已被认可的真理的戏剧性颠覆还不止于此。传统上人们认为不列颠的税收负担在 18 世纪不只是没有法国人那么重，而且更为公平。这种论点是法国财政中直接税的比重更大，而直接税向来就不那么公平，因为它较少以累进率计税。在法国的情况下特别被认为是如此，因为人头税（taille），对于贵族、教士甚至一些资产阶级都是免除的。但是正如莫里诺（Morineau）所指出的，人头税的财政作用不是其核心，确实它在 18 世纪减少了，在 1788 年只提供所有税收的 15%。[92] 而不列颠的间接税几乎不是累进的，它们主要落在"消费与需求者而不是储蓄和投资者身上。"[93]

从这里会得出什么结论呢？对莫里诺（Morineau）来说，就是在大不列颠和法国都不存在公平，而更重要的是，两种税收模式（对此他主要以历史可能性的方式来解释）有着"几乎相同的效率水准，在与征税财源的

关系上只有细节上的不同（Mutatismulandis）。"⑭马赛厄斯和奥布莱恩愿意再进一步并"提出这种可能性"，即不论以直接税或间接税的方式，法国的税收"经考察可能判定"比起不列颠"不是更为落后的。"⑮

如果是这样，就存在一个问题：这种误解是由何而来呢？对这个问题的主要回答是由于在大不列颠没有正式的免税权，这"较少引起愤慨，"而事实上直接税"当转变为地租的一个成分时'隐形地'存在下来。"⑯这是将这种误解作为历史性起源进行分析。但是可能它源于历史编纂学，特别若是我们注意到多弗林（Dovring）提请注意的在农业上的类似误解的话。

我们已在"第一次工业革命"的"原因"这个问题上绕了很大的圈子，而没有论及这个待解释的术语。我们现在必须考察一下这个难于对付的东西本身的性质。工业革命是什么？回答当然是，一系列发明导致了在棉纺织业中一种新工业的繁荣，首先是在英格兰。这种工业是以新的或经过改进的机器为基础，在工厂中组织起来的。同时或在此后不久，在制铁工业中有着类似的扩展和机械化。对于使这个过程的不同之处，据说是它"开创了一个累进的，自我维持的变化过程。"⑰与这后一个概念有关的问题不只是难于运用，并且在确定时期上也是有争论的。例如，这本著作的一个中心论点是这种累进的、自我维持的变化表现为不停地追求积累的形式，一直是资本主义世界经济以16世纪发生以来的主导动力。我们已特地讨论了17世纪的长期停滞，这远离这种累进过程的一个中断，而是它的一个必要组成部分。

因而让我们更仔细地考察一下可能归因于这些发明的社会重视。这个时代的发明似乎并没有从根本上影响以前已长期存在的资本—劳动力比例。一些发明是节约劳动力的，但许多其他的发明是节约资本的。甚至在这个时期的最末尾出现的铁路，当资本密集时，对于作为一个整体而言的经济是节约资本的。因为改进的交通使工业家们可以减少存货，以"特殊的方式"降低他们的资本—产出比例。⑱这似乎就是迪恩（Deane）在她坚信1750~1850年这个时期在生产中有着"资本的扩散"而不是"资本的深入"时所表达的意义。⑲

是什么使这种资本扩散，"在总产量中获利"成为可能呢？兰德斯（Landes）有一个答案："投入的质量"，这就是"新技术的较高生产率和企业家与工人两者更优越的技艺和知识。"⑳无疑这是真实的，但是在世界经济的一个扩张阶段其主导工业恰恰是高利润的工业,这总是真实的,因为较高的生产率转变为较低的费用,使得对"技艺和知识"一时的市场垄断成为可能。这个问题就成为是否有什么东西对有关这个时期而言是非常特殊的。

那时有没有一种科学和技术上的突破?科学史家很少相信这个特定时期是属于某种转折点。17世纪和20世纪比起1750~1850年这个时期似乎是这种评价的更佳候选者。此外,历史编纂学上对工业革命中科学与技术相关作用的辩论,看来一直强有力地归于偏向技术这一方。[101]

这时期必然有着技术上的突破。实际发明的目录是熟知的:从塔尔(Jethro Tull)发明于1731年的播种机到1786年的打谷机;从凯(Kay)发明于1733年的飞梭到哈格里夫斯(Hargreaves)在1765年发明的珍妮(Jenny)纺纱机,阿克赖特(Arkwright)于1769年发明的水力装置,克朗普顿(Crompton)在1779年发明的纺织骡机,最后罗伯茨(Roberts)于1825年发明了完全自动的纺织骡机;从达比(Darby)于1709年发明焦炭熔炼生铁法到科特(Cort)于1775年发明精炼铁法;可能最重要的是瓦特(Watt)于1775年发明的蒸汽发动机。[102]这一系列发明为不列颠特殊论提供了理论的核心。这些机器是在英格兰而不是在法国或其他地方发明的。[103]它们说明了在棉纺织业和制铁业上不列颠为何在世界市场上获胜。

首先讲讲棉纺织业的故事。直至18世纪晚期,纺织业首先用的是羊毛,其次是亚麻。棉纺织业是机械化的,但是从总产量来看它们在总体上只占一个相当小的百分比。此外,一大部分供给欧洲市场的棉纺织品是在印度生产的。确实,这后一个事实为棉纺织业技术的发明提供了很大的刺激动力。"机器——只有它能够有效地与印度纺织工人竞争",布罗代尔(Braudel)是这样说的。[104]对于新的棉纺织技术而言,首先是要节约劳动力。[105]

因为是毛纺织业而不是棉纺织业是18世纪早期西欧的主要工业,并且因为18世纪在1770年代之前是毛纺织业一个重要的扩张时期,[106]这就要问(经常有这个问题),为什么技术发明没有首先在毛纺织业中发生。

对于这个谜提供了各种解释。一个传统的解释是棉(相对于羊毛和亚麻)纺织业在脱离行会监督方面有更大的自由。[107]但是如兰德斯(Landes)所说:"这种论证经不起详细审查",[108]因为羊毛业在英格兰是自由的,而棉业也不是如此之新的行业。兰德斯(Landes)提供了两种其他的解释替代：棉业易于机械化，[109]而棉货市场更具伸缩性。但是易于机械化的说法与技术一次突破性发展的理论的本质相抵触，[110]并忽视了在18世纪早期在羊毛纺织技术上事实上取得了一些进步，并确实发生在法国这一事实。[111]

  市场弹性理论引起一个问题，就是为什么会是这样，特别是如果我们还记得的话，英国新呢布业（羊毛）在16世纪获得成功的原因之一也是它的市场具有弹性。[112]市场弹性通常是指在更低价格上会有新主顾的潜在市场。但是如果这种概念扩展到以政治上消灭竞争者以获得新市场的能力，可以说棉纺织业在那时比毛纺织业更具有"弹性"，即从这个角度来看，不只是不列颠还有所有西欧的生产者都是如此。因为在羊毛业中他们相互竞争，而几乎可以肯定发明能够并将会被迅速仿效。在棉业中，却是西欧（集合起来）与印度竞争，[113]并最终在政治上能够保证这些发明不会扩散到那里。

  发明的另一个大竞争场是制铁业。制铁业当然如纺织业一样是欧洲世界经济的传统工业之一。铁的主要应用到那时一直是铁器，包括用于家用和武器。在18世纪晚期和19世纪早期，制铁业消费另外两个市场变得重要了：机械和交通。这三个市场每一个据说都依次在不列颠的经济扩张中起了一种作用。戴维斯（Davis）将北美洲殖民地在18世纪前75年对铁器增长与需求作为追求规模经济压力产生的原因，而规模经济一旦达到，就能降低成本并由此必然"进一步刺激需求。"[114]贝尔洛克（Bairoch）认为使用铁制品的增长这种情况首先是在农业中，此后是在纺织机械中，它是进一步的需求。[115]当然，是1830年代的铁路提供了钢铁工业真正扩张的基础；使其轻度为19世纪世界经济的主导工业。铁路的发展必然与铁与铁矿开采的大规模扩张相联系，这使得对交通进行大笔资本投资成为值得，[116]首先是运河，[117]然后是铁路。

  因此，煤作为能源生产的基本燃料的兴起是与钢铁工业的扩张和它的技术进步交织在一起的。煤也完全不是新东西，然而是在18世纪它成为作为燃料的树木的主要替代品。原因很简单，欧洲的森林一直由于前几个世纪的工业生产（和家庭取暖）而不断地耗尽，到1750年，缺乏树木已经成为"工业增长的主要瓶颈。"[118]英格兰的木材长期缺乏一直很严重，在16世纪就已经鼓励用煤，同样也长期关心煤业，[119]因为需要一种新技术将高成本工业变为低成本工业。对煤"有效率的"利用和用蒸汽发动机转化能量就是这种解决办法。[120]

兰德斯（Landes）十分正确地说，"使用（煤和蒸汽）还是一种可替代的能源，是一种成本和便利上的考虑。"[121]在寻找尽管达比（Darby）在1709年发明了焦炭熔炼的方法，却为什么在英格兰有半个世纪没有被其他人采用的解释时，海德（Hyde）所提出的解释是纯粹和简单地由于"成本"。[122]这对于为什么煤业技术于18世纪没有在法国得到类似的发展这个问题提供了某些线索。兰德斯（Landes）似乎认为不列颠的选择是"一种较深刻的理性的表征"而法国"执迷不悟地排斥煤——甚至当有力的金钱刺激去转用较便宜的燃料时也是如此。"[123]米尔沃德（Milward）和索尔（Saul）却认为这是一个对"较昂贵的加工方式生产较差的铁"的"适当反应"，只要法国人没有遭遇到不列颠面临的严重树木短缺，这种转用就没有什么合理性。[124]

在这幅两项大工业扩张——棉业和铁业——的图景中，一个从属但却重要的争辩是这两项之中哪一项是"关键性"的。在这两项工业和我们的技术之间在结构上有一些重要的不同。在棉纺织业中的发明在性质上是机械方面的，实质上是节约劳力的。在制铁业中的发明大部分是化学方面的，它们改进产品的数量和质量，而没有马上减少劳动力的使用。[125]纺织业技术的变化导致外包加工制的结束和工厂生产的使用，但是工厂从16世纪以来一直是制铁工业的生产方式。[126]

这些不同与我们认为在"第一次工业革命"中的"革命性"有关系。不列颠棉纺织工业的兴起主要包括两项变化。首先，它意味着在当时世界的首要工业中劳动组织（生产关系）的一个主要改变。其次，它从整体上明显地与世界市场的结构相关联。原材料完全是进口的，而产品"绝大多数销售到海外"。正因如此，控制世界市场是关键性的，霍布斯鲍姆（Hobsbawm）得出结构说只有供一个"先驱国家工业化"的空间，这就是大不列颠。[127]棉纺织业正好是关键的，因为它们重组了这个世界经济。然而，利利（Lilley）对赋予棉纺织业的这种重要性表示怀疑。他从预测的角度论证说；人们可以"想象"没有棉纺织业的持续发展，但是"没有钢铁业的扩张那将是不可想象的。"[128]这场辩论表现了一直使用的工业革命的概念在方式上的易变性（或模糊性）。

一个关键的例子是这个老生常谈的理论，即在18世纪晚期和19世纪早期不列颠的工业革命是革命性的，在于它标志着在工业中创造了以工厂作为劳动组织的体制。但是在一方面我们知道，在这之前一直有工厂（从将由一位雇主付酬的许多工人的人身集中于一个场所的意义上）。[129]在另一方面，在当时使用工厂制度的程度很容易被夸大，甚至在不列颠。[130]

当然，在纺织业中有着生产地点由乡村到城市的转变。（让我们回忆一下，这同样的转变也发生在 16 世纪，只是在 17 世纪又转变回去。）那时在人力配置上是否有真正的转变就更可怀疑了。虽然以前乡村工人将他的部分时间用于农业，部分用于纺织生产，现在则更大程度的专业化了。但是由不列颠工人贡献给农业和工业的这个"全球时代"，可能最初大致还保留原状。[131]因为还有，这些早期工厂"不一定有高得多的效率，"[132]我们必须要问为什么这种转变还是发生了，特别因为企业家丧失了外加工制的大优点，即事实上这些工人不只是"便宜"，并且还是"可以任意处置的"，[133]兰德斯（Landes）本人给了我们一个关键性的解释。在一个"长期扩张市场"的时代，企业家们主要关心的不是省掉他的工人而是扩大他的生产量，至少是大规模地生产，并阻止"工人侵吞物品的倾向。"特别是因为在物价上涨的时候，"偷窃所得的好处更大。"[134]

我们现在必须面对有关"第一次工业革命"中心论断；这只存在于大不列颠，而不存在于法国（或其他地方）。从 19 世纪中叶到 20 世纪中叶，这被世界学术界广泛接受为一个基本的公认真理。芒图（Paul Mantoux）对不列颠的工业革命发表了一部挽歌，而塞伊（Henri Sée）写道，在"旧政体"（Ancien Régime）的末期，在法国的"机械设备"是"零星的"并"处于初始阶段"，"只在一少部分工业中……（开始）转用"，[135]这都是与大不列颠比较而言的。

不列颠较高的经济增长在传统上一直不是要证明而是供解释的论题。肯普（Kemp）的解释说法是原型性质的。在一个广阔的阵线上的经济发展"在很大程度上要视一种（不列颠人所有的）才能而定"，而法国人甚至在 19 世纪继续遭受"历史遗留"的一种社会经济结构对他们的"盘踞"。[136]然而近来，许多学者开始对不列颠优越性这个公认的真理表示怀疑。他们以提出另一种真理开始："法国在 17 和 18 世纪是世界上第一工业强国。"[137]此外，还论证说在法国工业产品超过农业产品要早于大不列颠。[138]如果人们能够使用如"起飞"这样的概念，这种理论继续论证说，它在法国发生于"接近 18 世纪中叶"或"最晚在约 1799 年"，但是更可能在较早的时期。[139]这个论证的整个途径为大量资料的积累所支持，它们直接与所辩论的这个关键时期有关。[140]从这些资料中奥布莱恩（O'Brien）和凯德尔

（Keyder）道出放弃法国"相对落后"这整个概念的看法，并得出结论说不如认为"在法国工业化发生在一个不同的法律、政治和文化传统中。"[140]

有两条路径可以挑战在大不列颠的"第一次工业革命"这个概念。一条途径正如我们刚看到的，认为在那时大不列颠和法国的区别是小的，或者说至少小于需要运用这个概念的程度。但是第二条途径就引出了到底有没有一场工业革命这个问题。有的看法认为在较早时就有工业革命——在13世纪[142]或在16世纪[143]。还有相反的看法认为真正的革命性变化出现得较晚，在19世纪中期，或甚至在20世纪。[144]这些看法中最极端的是认为工业革命发生在1550~1750年这个时期和1850年之后，但正好不是在1750~1850年这个时期。[145]

这种有较早和较晚的工业革命的看法很容易混合为有一场更长的工业革命的看法。在1929年，比尔斯（Beals）在考察了这些文献后，就已经认为这种向后和向前的扩展已经消除了赋予这场工业革命的"剧变性特点"。[146]希顿（Heaton）合乎逻辑的苛刻评论看来是中肯的："一个持续了150年的革命，还要有至少150年的准备时间，看来最好是需要一个新的标签。"[147]

"原工业化"这个概念作为对希顿（Heaton）指责的一种过迟的回答，几乎完全是为此而设的。为"在正式的现代工业化之前和作准备的第一阶段"——也就是"市场导向，以乡村工业为主"的阶段——创造一个新名词，门德尔斯（Mandals）以此保持一个界定更狭窄和限定时代的工业革命的特殊性，而同时又接受对这个过程渐进性的强调。[148]他甚至能够证明使用这个概念通过将其简化为语义学上的争吵，能够解决不列颠工业优于法国的辩论。[149]因此他不能够回答加登（Garden）的质问："变化的活力是工业部门力量的一种影响呢，还是由于在18世纪它结构上的脆弱？"[150]

对这种渐进主义的理论还有其他方式的反应。一种是兰德斯（Landes）提出的，他说这是肤浅描述和老术语的一种人工产物。[151]第二种是霍布斯鲍姆（Hobsbawm）提出的，他在较长的，更为渐进的过程中挑出来一个"胜利"时期。[152]第三种是熊彼得（Schumpeter）提出的，他说在这里革命和进化理论都是正确的，（如同通常那样），因为它只是一种微观对应宏观角度看法的问题。[153]

还有一种看法是追问，所有这些是否可以总结出对工业革命这个概念的启发性价值应提出怀疑。内夫（Nef）采取了一种强烈否定的立场：

> 在经济史上很少有这样一个概念造成更大的误导，它将我们现代文明的所有重要问题以及在1760年到1832年间在英格兰发生的代表的经济变化联系起来。很少有这样一个概念建立在如此不安全的基础上，它发现误解现代工业化世界的关键是在英国经济史的那72年中。[104]

33 我同意内夫（Nef）的观点，"工业革命"这个概念和它几乎不可避免的相关物，大不列颠的"第一次工业革命"是完全的误导。不用考虑那些修补工作——如在时间上扩展它，使它成为一个两阶段的过程，将缓慢的量的积累和质的突破区分开来等——会拯救它。因为它开始于这个前提，即在我们需要为一个星座在一个世界经济的结构中的关系定位时，它在解释不列颠的"优越性"时是将一个星座的特性作为绝对性的。是世界经济使时代得到发展，而不是它其中的一个从属单位。

问题不是为什么大不列颠领先于法国或任何其他国家（对于其程度，要看人们对"领先"的估量），而是为什么世界经济作为一个整体以在这个时代（这里我们讲的是1730~1840年这个时期）任何一个特定时间那样的方式发展，还有为什么在这个时期造成了最大利润的经济活动在更大程度上集中在特定的国家疆界之内（和为什么更多的资本积累在那里），而不是在其他的国家疆界内。

布里阿瓦尼（Briavoinne）在1839年比我们现在所论的更为简捷地提到在进行的是什么：

> 劳动领域变得更大了，生产手段（exécution）在这个多样化和简单化的过程中天天有所增加。人口因死亡率的减少而持续增加。在地下的财富被开采得更多且更加丰富，人们生产得更多也消费得更多，并变得更富有。所有这些变化构成了工业革命。[105]

如果你要问布里阿瓦尼用什么说明这个革命，他用三个关键发明来解释它：火药武器、罗盘和印刷机。[106]我们于是在时间上被引回到前一个时代，正是几世纪前创造资本主义世界经济的时代。

第一章 工业与资产阶级

"第一次工业革命"和法国大革命被认为可列入在时间范围上大致相同的一个事件时期。这一点经常被提到,而"革命时代"这种表达方式有时被用来称呼这个时期。时间上的联系在事实上为概念上的联系所加强,这一点不常被讨论到。确实,许多专家将"工业革命"这个术语看作是由法国大革命的政治变化与迅速的工业变化间"一种很自然的联系"[15]产生的。但是反过来也是真实的。我们对法国大革命的理解是由我们对工业革命的理解得出来和构成的。

法国大革命是这个现代世界所有政治激情的体现,可能甚至比它唯一真正可匹敌的一个象征性事件——俄国革命更彻底。这也许是现代史上的一个论题,有关它占了如此之多的历史论著,以致到了有人可以作历史编纂学的时候了。我们将在此集中讨论看来从第二次世界大战以来一直是整个辩论中心的问题:法国大革命是一场资产阶级革命吗?[16]

索布尔成为法国大革命社会诠释的主要发言人,他为法国大革命的经典解释者饶勒斯(Jaurès)的主张辩护,他认为饶勒斯是这个学派的奠基者,"大革命只不过是长期的经济与社会演变使资产阶级成为权力和经济的女主人而出现的后果。"索布尔说,在饶勒斯之后有马迪厄(Mathiez)和勒费弗尔(Lefebvre),此后有索布尔和吕德(Rudé)。

> 至此法国大革命的社会诠释通过一个长达一世纪的进展一点一点完善起来。由于它不断地借助于渊博的研究……批判的精神,它对理论上思考的探求,它对大革命的全球性视野,它独有的价值被认为是真正的科学性。

这种大革命的全球性视野本身就是现代史全球性视野的一部分,在其中

> 法国大革命只是历史总过程中的一个插曲,它在尼德兰、英格兰和美利坚革命之后,有助于带给资产阶级(或与之结合者)权力,并带给资本主义经济的发展的解放。[17]

这种对法国大革命的社会诠释在根基里隐藏着对历史的一种辉格派(Whig)解释,同样的诠释产生了在英格兰的"第一次工业革命"的概念,

这可以在勒费弗尔（Lefebvre）在他写给1789年150周年纪念的文章中对他思想的综述中看到：

> 《人权宣言》(The Declaration of the Rights of Man) 仍然是……整个革命的体现……美国和法国，如在它们之前的英国那样，以类似的方式对思想的趋势做出贡献。它们的成功反映了资产阶级的兴起，并构成了一种共同意识形态，西方文明的进化由此获得新生。在几个世纪的过程中，我们西方由基督教所塑造，但也是古代（Antiquity）思想的后裔的意识形态，它集中了它的力量，克服了成千的障碍，以实现人类个人的解放。[161]

因此如果我们以某些更详细的内容说明这种社会诠释的理论，可能是最有用处的。[162]从这个角度有三个基本的主张。这个革命是一场反对封建秩序和控制它的贵族阶层的革命。这个革命是向以资产阶级为代表的那些人控制的资本主义社会新秩序转变的关键阶段。资产阶级能够在这个革命中取得成功，只是因求助于民众阶级的支持，然而民众阶级往好处说只是其次要的受惠者，往坏处说则是其牺牲品。此外，这种理论认为这三个论点不只总结了（法国的）历史现实，而且它们也是有关这个始于1789年，终于1799年的特有事件时期的论述。[163]这个事件时期是"革命性的"，是在于它以一种突然的，本质上的社会转变为特征，而并非社会发展中长期前进系列中的一个片断而已。

我们被告知，"在18世纪末"，"法国社会的结构仍然本质上是贵族性的。"法国大革命标志着"资产阶级的，资本主义社会的来临"，在革命中做到了"摧毁领主制度和封建社会的特权秩序。"[163]索布尔（Soboul）对法国社会的评估奇怪地与兰德斯（Landes）的接近。尽管他们都认为不列颠和法国之间的不同在18世纪继续存在，而兰德斯则认为这继续到19世纪（可能甚至到20世纪前半期）：

> 这些势力（贵族的傲慢自大，资产阶级的渴望，文学和艺术意见的压力）的影响（在法国）形成的普遍氛围可以恰当地称之为反资本主义的。生产是为了使用而不是为了利用的中世纪概念，它属于一个静止的而不是充满活力的社会，这种概念从来没有丧失其生命力。[164]

第一章 工业与资产阶级

在18世纪的法国,一个不只是"封建的"而且是据说正经历一场"贵族的反动"的法国,资产阶级发现其自身处于深深的挫折之中,特别是在投资于制造业的情况中,因为那些"对资本主义最基本的自由:拥有劳动力的自由、生产的自由,和买卖的自由"强加的限制。几乎不用说,这些自由被认为对英国人而言是可以广泛利用的,他们利用这些自由发动了一场工业革命。于是这个阶段就被认为可以定位作资产阶级自身"革命阶段的入口。"[105]

法国资产阶级有幸在1789年推动了它,采取了(从封建主义到资本主义的两条可能道路中)马克思(Marx)所认为的"真正革命化道路"[106]的那一条。如果人们问为什么资产阶级采取这条道路,索布尔(Soboul)会将其归因于"贵族阶层的顽固"(它拒绝做出让步)和"农民群众的残忍"(1789~1793年反封建的农民起义(Jacqueries)),但决非因为资产阶级"不打算毁灭贵族阶层。"[107]索布尔(Soboul)没有告诉我们,如果同样是这些原因,为什么英国的资产阶级也采取了同样的"真正革命化道路。"他也没有告诉我们,是否那些采取另一条道路,即"普鲁士(Prussian)道路"的国家,就得归类为较不顽固的贵族阶层或较不残忍的农民们。

正是在这一点上这个解释变得有些模糊不清。索布尔十分传统地认为英国革命比起法国革命"还不那么激进",法国革命是所有资产阶级革命中"最富戏剧性的",它确实是"经典的资产阶级革命。"[108]这就是说,留给我们的是霍布斯鲍姆(Hobsbawm)所说的"巨大的矛盾",即"在纸面上"(也就是根据这个解释模式),法国"理想地适合于资本主义的发展",它应该跑在它的竞争者前头。而事实上,它的经济发展却"慢于"其他国家,特别是与不列颠差距最大。霍布斯鲍姆有一个解释:"法国大革命……借罗伯斯庇尔(Robespierre)之手夺去的东西大部分都是借制宪会议(Constituent Assembly)之手给予的。"[109]然而,如果雅各宾(Jacobins)党人,这场资产阶级革命的卓越(par excellence)代表,用他们的行动创造了一个"小农和中农土地所有者、小手工艺人和店主的牢固(经济上倒退的)堡垒",它"将(农业和小企业向资本主义的转变)减慢为一种爬行,"[110]人们就要问,在什么意义上这确实是一场资产阶级革命,或者如果说是资产阶级的,又在什么意义上算是一场革命呢?[111]

于是我们就触及到这个问题最微妙的部分,民众力量的作用究竟如何。夏托布里昂（Chateaubriand）的警句"贵族开始了这场革命；平民完成了它，"⑫现在被承认为真理。那么资产阶级是从哪里参与进来的呢？也许两者的混合；于1789年在民众力量（促进）的支持下从贵族阶层那里夺来了领导权，⑬但又通过热月政变（Thermidor），击败共和国三年（YearIII）的民众起义，镇压平等派密谋（Conspiracy of the Equals），并最后［可能也是通过雾月18日的政变（18th Brumaire）］阻止了民众的力量。⑭

这幅阶级力量的图画是资产阶级到处进行政治控制的图画。吉伦特派（Girondins）、雅各宾派（Jacobins）、"丹东派"（Dantonists）或"宽容派"（Indulgents）、罗伯斯庇尔派（Robespierrists）、埃贝尔派（Hèbertistes）、无套裤党（sansculottes）都是"资产阶级的"力量（对于无套裤汉这种情况，则是小资产阶级店主和手工艺人领导的力量联盟）。这些政治派别表现了革命好斗精神增长的程度，并在一定有限的程度上降低了资产阶级的身份。⑮

起到了如此积极作用的群众在（小）资产阶级领导下确实是这样的；这不只是对于无套裤汉是真实的，甚至对于农民阶层，在人们认为的小资产阶级领导的范畴之内，如较富裕的农民领导下也是如此。⑯在一方面，这些小生产者（城市的和乡村的）据说是革命的先锋并且是"不妥协地反封建的，"⑰（我推想就是说不像其他资产阶级分子那样倾向于妥协）。在另一方面，正是由于对这个小资产阶级群体做出了让步，而这种让步证明是如此持久，可以用来解释霍布斯鲍姆的矛盾：19世纪法国工业发展的缓慢步伐和由此而来的法国资产阶级在全球的失败。

这个经典模式使许多人不安，部分是因为它的政治含义和用法，部分是因为在其直率论述的外表后面缺乏理论上的严密性，部分是因为它被认为与某些经验上的事实不符合。无论如何，从1950年代以来，它在所有方面遭受了大量的攻击：来自大西洋（Atlantic）理论的提出者［戈德肖（Godechot）、帕尔默（Palmer）］，来自对归功于资产阶级在大革命中的作用持怀疑态度者［科班（Cobban）、孚雷（Furet）］，还有来自那些一直对18世纪法国的传统描述，特别是贵族阶层在经济功能中的作用进行重新评价的人们。

大西洋理论的要点是，法国大革命是一个更大的整体的一部分，即"影响到整个西方世界的大革命运动。"这个更大的整体，包括引人注目的美国革命，但还有各个拉丁美洲的革命，海地（Haiti）革命，还有18世纪晚期几乎每个欧洲国家的革命。法国大革命被认为是与这些其他革命"具有相同性质"，只是"无比地更为激烈。"从做出了这个断言来看，大西洋理论的主张者不像有时想的那样是对传统解释做出了太大的修正。西方的这个独特革命被大西洋派（Atlanticist）定义为一场"自由的"或"资产阶级的"革命，一场"民主"革命，在革命中"民主派"与"贵族派"进行斗争。此外，大西洋派将雅各宾（Jacobin）阶段传统式地解释为"使革命革命化"，然而这是一场"在最开始就是激进"的革命。雅各宾激进主义至少部分被解释为"阶级斗争"。

若是大西洋理论利用了社会解释的关键前提——即革命是一场资产阶级反对贵族统治的革命，而这是一种必须的转变模式，雅各宾派（Jacobins）体现了它最激进的形式——为什么索布尔对其进行激烈的诅咒，并指责它"掏空了（法国大革命）的所有特有内容，"特别是既然大西洋学派为大革命提供了一幅赞同性的图景呢？回答似乎是很明显的：大西洋派的解释"断绝"了法国与俄国革命的关系，将一个视为自然的，另一个视为反动的（趋于"落后"），一个是18世纪"西方世界革命"的一部分，另一个是20世纪"非西方革命"的一部分。因此，大西洋学派的结果是更为含蓄地重新解释了俄国革命而不是法国革命。

这种对俄国革命的关心，当然与对那些接受"一场资产阶级革命"这个概念的人心目中所想的相差不远。但是这些人进一步找到要害之处。据说"一切都源自科班（Cobban），"而更有理由认为它源自托克维尔（Tocqueville）的基本观念，即"革命的作用不是推翻而是加速。"其中关键的做法是坚持考察法国大革命这个事件时期本身之外的更长时段，向后和向前扩展到16至19世纪，包含着由于资本主义的"多重长期"发展造成的"缓慢但却是革命性的变化。"孚雷（Furet）提出了一个有力的观点，根据坚持社会解释者的前提依据，他们应当欢迎而不是抵制这种从时间角度上的重新定位。"如果谁坚持以"生产方式为依据的概念化方式，谁就必须以比法国大革命本身那些年代无限大的一个时期作为研究对象。"

反对认为法国大革命是一场资产阶级革命的人们中心理论是，到18世纪法国在任何有意义的方面不再是一个封建国家。科班引用了那时的一篇法律论文，认为领主权只是"财产的一种奇怪形式。"它接着认为力求增加领主税构成了封建的或贵族的"反动"最大部分，"其商业性远远大于封建性"。[198]

　　这个论证由两部分组成。第一部分是主张许多领主，甚至大部分领主，在经济领域所起的作用是资产阶级的，而要"几乎可以扩展专用术语"将贵族定义为"成功的资产者。"[192]他反对将外省法国贵族描绘为"懒惰的、消极的、贫穷的和虚假的"传统图画，而认为更应当被看作多数通常是"积极的、机敏的和富足的土地所有者，"[193]他们在农业中的改进作用一直"太经常被忽视"，相比较而言英国贵族的作用"有时被夸大了"。[194]因而有着"是资本家的贵族"，这些人可以在贵族的"最高阶层"中找到。[195]如果仔细分析一下领主的资本负债表，就会看到封建税相对于资本主义利润，在总收入中"严格地说（strictó sense）通常（只）占一小部分，甚至很小的一部分"。[196]这确实正如布洛赫（Bloch）很早所论证的，17和18世纪资本主义的扩展在经济上使"封建"特权重新得到确认：

　　　　在一个越来越多地被以资本主义形式的经济统治的世界中，最初与一些小的错综复杂的村庄社会的头目相配的特权，一点一点地多了以前预想不到的价值。[197]

　　贵族的这种资本主义活动也不局限于农业。古伯特（Goubert）认为贵族中"很大一个比例"在18世纪对制造业有很大的兴趣。于是"很早他们自己就从事未来会发展的经济活动，并准备了它的'起飞'。"[198]

　　这个理论的第二部分是坚持认为"贵族的反动"是贴错了标签。观察家们称之为"反动"的首先反映了"出租人（bailleurs）相对于承租人（preneurs）"市场地位的改进。[199]还有，这不是落后而是技术进步的结果。测量和制图方法的改进使领主们能够从"一种管理技术的某种完善中"[200]获益。远不是一种贵族的"封闭性"，问题是在于它"对于这个等级的凝聚力而言开放得太大了，（然而）对于这个世纪的繁荣而言却太狭窄了。"[201]并且这还不是一个法国资产阶级遭受大挫折的时期，18世纪法国历史的适当题目是"第三等级的兴起。"[202]

　　人们可以听到社会解释的辩护者的回答。这些在"旧政体"（Ancient Régime）中"兴起"的资产阶级人物寻求尽可能迅速地将他们自己"贵族化"，他们的理想是过贵族式的生活（Vivre noblement）。只是在1789年之后一种新的资产阶级才出现，即准备以再投资维持资产阶级生活的人。

[人们几乎要被诱导去重弹老调,即被一种新教(Protestant)伦理所感召的人]。

对于这种反驳有着三种回答。首先,贵族式生活(Vivren oblement)并不是必然与继续进行利润导向的商业活动不能共存。[203]第二,其暗示的比较群体——不列颠的资产阶级(甚至不列颠的工业家们),同样也有贵族式生活的理想。[204]第三,这种模式在大革命之后的法国并没有改变。[205]

如果确实是"在那时在资产阶级和贵族之间不可能辨别出一条根本的分界线,"[206]那么用什么来解释法国大革命,毕竟在1789年确实发生了一些事情?这种理论至此去除了以阶级敌对作为解释,因为社会各类人、贵族和资产阶级的经济作用被认为一直是高度一致的。[207]托克维尔也以政治权利上并无不同作为解释——"不管(是贵族还是资产阶级)都没有什么政治权利",而在特权上的区别——"[在旧政体(Ancien Régime)中]的资产阶级中(也)是巨大的。"贵族和资产阶级只剩下的区别是过着"分别的(社会)生活。"[208]尽管如此,托克维尔却得出结论,大革命是旧制度各个特有方面的"自然,确实不可避免的后果","如此不可避免而又如此全然不可预料。"大革命是通过18世纪法国两种"占统治地位的激情"并到一起发生的,即"对不平等不可抑制的仇恨"和"作为自由人生活的渴望"。[209]

在法国近来的托克维尔党人(Tocguevillians)继续坚持这种解释模式,将个别事物[210]的一种模糊混杂和对价值变化的强调结合起来。[211]但是他们在理论上作了一个主要的改变。大革命不再被看作是"不可避免的"。它现在成为一个"偶然事件",是三个革命[即国民公会(Assembly)的、巴黎与城镇的、农村的]相重叠在同一时期的巧合结果;是"民众的干预改变了这场革命的节奏。"[212]这种在强调重点方面的转变在分析上是重要的,并且在政治上是可以理解的。托克维尔所寻求的是说服保守力量接受大革命,他说在实际上不像他们想得那么坏,而他的继承者们则寻求说服自由知识分子们,所有这些在大革命中都不是优点[要(Si)吉伦特派(Girondins),不要(no)罗伯斯庇尔(Robespierre)]。正如孚雷(Furet)自己所说的:"将近200年来,大革命的历史从来不是别的,只不过是一种因果关系的叙述,因而就有了大致同一性质的论述。"[213]

由于否认了一场资产阶级革命的概念,孚雷(Furet)和李希特(Richet)希望改用一场"自由革命"来为之定性。他们说这是一场早于

1789 年开始的革命。他们十分清楚,对他们而言什么是有关法国革命最重大的知识问题。

让我们斗胆问这个问题:作为一个偶然的结果使得这场自由革命在短时期内失败,这场革命在 18 世纪发动(enfantée),最终却要在几十年之后由法国资产阶级来完成吗?[215]

1792 年 8 月 10 日对他们而言是从自由主义的道路上开始大"偏离"(dérapage)[213]的日子,在"恐怖时期"(Terror)达到了其极点,这是在跨越了 1750 年到 1850 年这个时期的"自由主义巨大推进力量"中"短暂的插曲和逆流"。

似乎是群众的爱国热情毁灭了自由主义。[216]孚雷(Furet)和李希特(Richet)指责索布尔(Soboul)将共和国二年(Year II)分析为 1871 年或 1917 年的"天使报喜节"。[217]但是他们的分析不同样是 20 世纪历史的某种解释吗?无论如何,从他们对这个时期的分析所得出的一个结论而言完全是索布尔式(Soboulian)的——即在共和国二年之后,资产阶级重新发现了它的真实目标,"经济上的自由,财产上的个人主义,有限制的选举权。"[219]但是如果情况是这样,对一场资产阶级革命这个概念的批判就失去了某些力量。确实,孚雷的"自由"革命所定的时期比起索布尔的"资产阶级"革命有些不同,也更长一些。它比较不具有政治性,也许有更多的"文化性"。并且这两种分析在有关共和国二年的解释上有着深刻的分歧。这再次隐含着对俄国革命的研究是不同的。但是这些修正派和社会解释派对这个历史转折点对法国意味着什么,比起所有那些鼓吹者要人们相信的而言,不是那么完全对立的。

由于这种情况,就可以看到许多尝试企图找出调和这两种分析的模式。这些尝试都有一个共同的特点:它们寻求将看来正确的对资产阶级革命概念的批判结合起来,而不去结合从这种批判会得出的政治含义。

罗宾接受了孚雷的批判,即如果要分析生产方式的一种改变,就必须作有关一个长时期的分析。一场社会革命不能够转变"生产力发展的节奏,它只能促使这样一场转变成为可能。"不是社会革命而是工业革命使得劳动力的容纳前提条件从形式上转变为真实的成为可能,而这种工业革命"明显地是在社会革命之后。"[21]

此外，确实在18世纪贵族和资产阶级在经济作用上的区别已变得相对小了。两者都是"混合的阶级"，[20]而大多数领主正在将他们自己转变为资本主义的地主。一旦人们确信法国走的既不是英国道路也不是"普鲁士道路"，而是代表一种介乎两者之间的情况，而法国在从封建主义向资本主义"过渡"的典型阶段中在法国大革命的之前和之后持续了几个世纪，[21]这在调和长时期的视角和一种马克思主义的分析上就不再困难了。[22]

还有调和这两者的第二种模式。扎波里（Zapperi）认为，将第三等级（Third Estate）和贵族之间的争端说成只是竞争的精英之间的一场争端是正确的。但这两者对扎波里而言都是前资本主义的精英。法国大革命不是一场资产阶级革命，因为法国仍然处于它历史上的前资本主义阶段。将一个城市商人阶层与土地贵族的"粗鄙争论"看作一场阶级斗争需要一种"想象力的烈性药剂"。资产阶级不配拥有归功于他们的"革命道路"的优点，他们是用扩展他们在市民社会中"经过长达几个世纪的作用"达到他们的目的的。将法国大革命定性为社会革命为的是表现所类比的无产阶级革命的落后性，因为资产阶级从来还没有创造出那么一种形势，使工人阶级完全可以脱离靠出卖他们的劳动力生活。索布尔派（Soboulian）的说明（Scenario）对于扎波里（Zapperi）而言也成了一个神话，不过人们更多地是被西哀耶斯教士（Abbé Siéyès）而不是马克思要弄了，虽然马克思上了"商人偏见"的当。[23]

还有第三种观点，既接受了对资产阶级革命这个概念的批判，又不必赞同自由主义。它将资产阶级受到其他群体支持的基础去掉，即不认为其他群体的行动与其有因果逻辑上的关系，因而可以说是确定了这个事件时期的真正历史意义。盖兰（Guérin）在1946年就已经相当有力地提出了这种主张。法国大革命有一种"双重的特征"，它既是一场资产阶级革命，又是"一场内部结构的持久革命"，它"孕育了一场萌芽中的无产阶级革命，"也就是一场反资本主义的革命。[24]

盖兰使得索布尔和孚雷联合起来反对他。他们都不同意对无套裤汉（sans-culottes）作用的这种理解，这隐含着对20世纪历史的见解。对索布尔而言，盖兰错误地将无产阶级的先锋当作大部分是"保卫他们在传统经济中地位的后卫。"此外索布尔说，无套裤汉与资产阶级"在重大的事件上，如对贵族的仇恨，和取得胜利的意愿上"联合了起来。[28]

对于孚雷和李希特（Richet）而言，无套裤汉也大部分是沉溺于"卢梭派"（Rousseauian）的追忆中的后卫力量，在寻求一个过去黄金时代的后卫力量，在寻求一个过去黄金时代的"反动"乌托邦（Utopias）。如果说在共和国二年，无套裤汉与政府争吵起来，这是他们的核心分子的做法，"一种下层知识分子（小资产阶级），他们是从货摊和商店中冒起出来的，"他们嫉妒那些在大革命中得到职位的人。这还不是一场阶级斗争，不管是萌芽的还是其他，它不过是一场权力斗争，"一件互相竞争的队伍之间的敌对事件。"[29]

现在很清楚，盖兰是如何用与罗宾（Robin）和扎波里（Zapperi）的论述相反的方式的批判，来回避索布尔—孚雷的争吵的。后者同意孚雷认为法国大革命不是如索布尔所想的那样是一场资产阶级革命的观点，因为充分的社会革命或者是完全在法国大革命之后。然而盖兰同意索布尔认为共和国二年不是"侧滑"（dérapage）的看法，因为雅各宾派（Jacobins）与吉伦特派（Girondins）没有真正的分歧。然而这不是因为他们代表资产阶级激进主义的最高点，而是因为他们代表了资产阶级对群众进行政治欺骗的最高点。[27]罗伯斯庇尔（Robespierre）可能体现了"侧滑"，但对盖兰来说他也不是英雄。无套裤汉和巴贝夫派（Babouvism）在他的论述中甚至比起索布尔，还有科布（Cobb）和吕德（Rudé）的论述来更是中心议题。[28]

盖兰（Guérin）的立场强调了萌芽中的无产阶级的作用，并就此贬低了将法国大革命能够定义为主要是一场资产阶级革命的事件的程度。以类似的方式，其他人强调农民阶层的作用，农民不只是在一场与资产阶级革命并行的附加革命中的一组演员，而是给法国大革命留下最强的印记的人们，使它可以被定义为"现代第一场成功的农民革命。"[29]并论证说农民是唯一一个其所得没有被1815年的复辟夺走的群体。

这种强调一直被用来批判索布尔[30]和批判孚雷。[31]最重要的一点是这一观点从某个角度看到的结果，是将法国大革命看作一场反资本主义的革命。拉杜里（Le Roy Ladurie）问道，是否将旧政体（Ancien Régime）的最后年代中被称为"革命的反领主主义"当作一种"反资本主义的反动"更好些，若事实是它反对的是圈地者、灌溉者、现代化者这些农民反抗的人，而在缺少进行这种改进的地主的地方，像是在布列塔尼（Brittany），在没有资本主义"深入渗透"的地方，农民们是消极的。[32]以类似的方式，胡内克（Hunecke）小心翼翼地在放任政策（Laissez faire）的兴起和面包价格控制的结束中找到了"群众的革命心态"的解释，它采取了反对自由贸易和市场法则的"防卫性反弹"的形式。[23]

领主——农民间斗争的中心〔以摩尔（Barrington Moore）的传统而论〕地位最后使得斯考波尔（Skocpol）也坚持认为法国大革命不是一场"资产阶级革命"，因而它不能与英国革命作比较。它不如说是"旧政体国家结构中集中的矛盾"的表现。它"比起是（无论如何）一场资产阶级革命而言"更多地或更加是一场"官僚的群众组合和国家强力推进的革命。"在这个意义上，适合作比较的是20世纪的俄国和中国的革命。但是它因而就不是一场自由革命的一部分，因为法国大革命中农民起义的政治结果是一个"更中央集权和官僚化的国家，而不是一个自由——议会制的政权。"[24]

那么与这整个理论有关的是什么呢？很明显，法国大革命的确发生了，并且对法国和全世界以种种不同的和持续性后果的方式作为一个纪念碑式的"事件"。它也无疑以索雷尔（Sorelian）的观念来说是一个"神话"，到今天它仍保留着政治上的重要性；并不只是在法国抓住这个神话来利用它作为驱动力。

克列孟梭（Clemenceau）在1897年说："革命是一个政治集团。"对于科班（Cobban）而言，这是在所有法国大革命特有的神话之后的"真正的论证"，就是总有一些事、一件事，是"你能够赞成或是反对的。"[25]勒费弗尔（Lefebvre）十分正确地反驳说：

> 三级会议（Estates-General）的召集是一个"好消息"，它宣告了新社会的诞生，遵循正义以使生活更美好；在共和二年，同样的神话鼓舞了无套裤汉（Sansculottes）；它已生存在我们的传统中，并如一在1789年和1793年那样，它是革命性的。[26]

正是因为这个神话是如此强有力，科班不是以19世纪反对者那种方式指责大革命是一种罪恶，而是寻求借由攻击它的可信度来贬低这个神话，甚至像维多托（Vidotto）这样的资产阶级革命经典模式的捍卫者也承认曾经被相当的"说服"过。然而正如维多托（Vidotto）所说的，像一些这个概念的捍卫者所作的，用扩大定义来回答这些批判，会导致"术语上的模糊"并使得这整个解释不可理解。因此他发现经典形式的资产阶级革命概念对那些在马克思主义轨道上运行的人们而言是"一项不能抛弃的遗产，并且不只是对他们如此。"㉓

但是对那些希望欢呼这个"好消息"的人，这是不可抛弃的遗产吗？正如我们一再看到的，对法国大革命的解释是服务于对20世纪的评价的。但是，也许我们对20世纪的某些困惑不正是由于我们所对18世纪的错误解释吗？如果是这样，使模式永恒化是因为它们代表一个"不能抛弃的遗产"，是在维护一种曾经（但可能不再是如此）对集体凝聚力有用处的感情形式的利益方面，保护着战略上的错误。我不相信我们企图保留法国大革命是一场无产阶级革命的想象。但是我也不相信我们企图创造出法国大革命是一场自由革命是为了将俄国革命玷污为一场极权主义革命。没有一种分类法——不管是资产阶级的或是自由的——能将事实上发生了什么陈述得很好。

孚雷说："大革命体现了这个政治幻象，它将客观现实（lesubi）转化为主观意识（enconscient）。"他提醒我们马克思认为热月政变（Thermidor）表现了"现实社会的复仇"㉔他由此得出了反意志论的结论。但是由于坚持要在长时期的社会变化（及资产阶级其真正概念的质变），和主流的政治意识形态的决裂这两个脉络中再分析法国大革命，他比他所相信的更接近历史唯物主义的精神。我有时试图将孚雷归类为一个隐秘的马克思主义革命者，而由于索布尔对共和二年的赞美，和将资产阶级和贵族阶层这些概念具体化为社会类别，我将他看作是保卫资产阶级自由主义的双重代理人。由于以类别本身的流动性为根据而拒绝接受资产阶级革命这个概念，经典解释的"修正派们"使得考察阶级分化过程在实际上如何运行成为可能——借由长期的、曲折的、持久的重组，法国大革命起到了它的作用，但不是一个决定性的转折点。（战鼓敲响了！）

马克思犯了一个主要的错误。他有些太过于斯密派（Smithian）（竞争是资本主义的规范，垄断是一种变态），又有一些过于熊彼得式（Schumpeterian）了（企业家是进步的支持者）。许多20世纪的马克思主义者不再持有这些偏见，但他们认为这是因为资本主义又演变了。然而，一旦人们将这些假设倒转过来，就会运用一种辩证法和唯物主义的框架进行分析，力求使人们对16世纪到18世纪，甚至19世纪的历史做出与马克思本人所得出的一般而言是非常不同的理解。

第一章 工业与资产阶级

但确实我听到了开放,法国大革命讲的是反封建的语言。农奴制最终被取消了;行会最终被禁止了;贵族和教士最终不再是特权阶层。是的,所有这些或多或少是真实的。确实是这种情况,在旧政体(Ancien Régime)中,在一个"等级"的意识形态占统治地位的时代,甚至上层资产阶级(Hant-bourgeois)中最富有的人,只要他们没有被封为贵族,就会遭受社会的鄙视和物质上的歧视。只购买贵族地位是不够的。在1781年,塞居尔法令(Loi Ségur)使得要成为一个军队军官必须是第四代的贵族。不管是否这只是佩剑贵族一种过时的势力派头,不久就被取消或忽视了,我们尚无从知道。尽管如此,它使第三等级的上层和新近受封为穿袍贵族的人同样强烈地被触怒。

于是法国大革命到来了。在一些年中,在街道上人们确实被拉住并被批判性地问道:"你是属于第三等级的吗?"回答最好说是的。跟着这个困难时刻的是热月(Thermidor)、拿破仑(Napoleon)和复辟,事情又回到某种正常状态。上层资产阶级(Hant-bourgeois)再次寻求得到贵族头衔,至少一直到1870年是这样。在这之后,他们继续寻求正式社会阶层的标志,正如从资本主义作为一个世界体系出现以来成功的资产阶级所作的那样。

那么,如果反封建主义不是与法国大革命有关的问题,为什么那时的语言是反封建主义的?布罗代尔(Braudel)有一个极好的回答:

> 可不可以这样认为,至少是部分因为资本主义的语言还没有找到把握一个新的和惊人的形势的用语,使法国农民转回到熟悉的反封建主义的旧语言?[29]

但如果这是对农民阶层的解答,我们又怎样解释第三等级的著名人物也趋于使用同样的语言?一种解答是这些"资产阶级"和"贵族"的喧闹争吵是一种巨大的分散注意力的消遣,对分散注意力的消遣这个词的两个意义上而言的:玩笑和游戏,和转移其他人的注意力,在这里指的是农民和无套裤汉。[30]

是的,当然一些事在1789年确实改变了,在1791~1793年甚至变得更多。如安德森(Anderson)曾说过的:"西方的整个意识形态世界改观了。"[31]从封建主义向资本主义的过渡从发生起已有了很长时间。这是这几卷书的整个理论。国家结构的转变只是已经进行了两个世纪的一个过程的继续。从这方面而言托克维尔（Tocgueville）是正确的。因而法国大革命既非基础经济也非基础政治转变的标志。法国大革命从资本主义世界经济的角度而言，不如说是意识形态上层建筑终于赶上了经济基础的时刻。这是这个过渡的结果，而不是它的原因也不是它发生的时刻。

大资产阶级取代了贵族在资本主义世界里的位置，他们相信的是利润，而不是自由的意识形态。"前程向有才能的人开放"（La carrière ouvèrte aux talents），普遍的真理，绝对性的命题，在狭义上是所有意识形态中的首要题旨。它们是手段，随心所欲的信条，但决不表示无论什么时候它们若干扰了资本最大程度的积累，还会被认真遵行。尽管如此，这种意识形态也反映了资本主义进程在结构上的终点，上层阶级的最终资产阶级化，在那里一切优越性都源自在经济结构中现有（Current）的地位而不是过去的地位。而且这种作为手段的意识形态本身是这个进程在结构上所呈现的一个重要因素。这种原来作为屏幕的东西变成一种过时的束缚。

法国大革命另外还有一个进一步的意义。这就在于它宣告了未来。法国大革命代表了资本主义世界经济中第一次反体系的革命——在小部分上成功了，在大部分上失败了。但是这个"神话"所体现的不是一个资产阶级的神话，而是一个反资产阶级的神话。

资产阶级革命的概念和工业革命的概念那样最终服务于同样的功能。后者的目的是解释为什么大不列颠在这个特定时期攫获了不成比例数量的世界剩余价值，特别是相对于它的主要竞争者法国而言。资产阶级革命的概念解释的是同样的现象，但使用的是法国而不是不列颠的资料。它告诉我们为什么法国失败了。法国比大不列颠晚了一个多世纪才有它的"资产阶级革命"，而一场"资产阶级革命"被假定是一场"工业革命"的前提条件。

我们没有意思要否认这点，即在1730~1840年代的这个时期，大不列颠（或更精确地说，以大不列颠为他们的领土基地的资产阶级）在主要的竞争上比法国占了上风。我们现在将寻求解释这是怎样发生的，而不求助于这两个互相联结的错误概念，工业革命和资产阶级革命。

注释：

① 柯立芝（Kerridge, 1969, 468）。
② 例如见很多其他作者中的马赛厄斯（Mathias, 1969）和迪恩（Deane, 1979）。

③ 普兰查斯（Powlantzas, 1971, Ⅰ, 187）。
④ 查理和蒂利（Charles and Richard Tilly）将其说明得很好："相信这场工业革命的信念在我们中间是如此广泛和执著，以致我们可以称它为主要的教条和欧洲经济史学家既得的利益。"（1971, 186）。
⑤ 最初使用这个名词的要追溯到贝赞森（Bezanson, 1922, 345~346），在1798年对法国大革命作的一个比较，一种从那时以来一直是无所不包的比较。威廉斯（Williams）认为，使用它表明一种社会新秩序的创立而不只是技术的改革，应当追溯到1830年代的拉马丁（Lamartine, 1975, 138）。此后在这个意义上使用它的有布朗基（Adolphe Blanqui），恩格斯（Friedrich Engels），密尔（John Stuart Mill）和马克思（Kart Marx）[芒图（Mantoux），1928，25，注脚1]。希顿（Heaton）认为汤因比（Arnold Toynbee）从马克思那里拿过了这个术语并将它"放进了学术界的传播中"（1972, 3）。

我们应当注意到当时人似乎很少觉察到这个现象。安德森（M.S.Anderson, 1979, 192）观察到，在"那时最好的书"中——查默（George Chalmer）的《大不列颠和爱尔兰从最早时期到当代的国内经济的历史考察》（An Historical View of the Domestic Economy of Great Britain and Ireland from the Earlies to the Present Times），1812年在爱丁堡（Edinburgh）出版，有着许多关于贸易、人口和公共财政的讨论，但是"工业几乎没有引起任何注意。"

⑥ 科尔曼（Coleman, 1956, 20）。在回答："工业革命"这个术语的用法时，他认为太不严格了。普卢姆（Plumb）有力地回答说："在1760年到1790年之间，如水晶般清楚的是（在不列颠）有着两个世界，旧的和新的……这种改变过程不可能是渐进的——与以前过去的几个世纪比较，18世纪后半期在工业、农业和社会生活中的变化是既猛烈又带有革命性的"（1950, 77）。
⑦ 兰德斯（Landes, 1960, 42）。
⑧ 霍布斯鲍姆（Hobsbawm, 1962, 46）。
⑨ 汤因比（Toynbee, 1956, 58）。强调社会或社会学上的改变是"革命"的中心，在1844年已经由恩格斯（Friedrich Engels）提出来："在表面上看来英格兰经过了一个世纪的革命——而还在（18）世纪中期起英格兰就经历了一场比其他任何国家都大的激变，一场有着论其后果的充分有效而言是更为深远意义的激变，因此它更可能在实际上达到它的目标，相比法国的政治革命和德意志的哲学革命而言这都是如此……社会革命是唯一真实的革命，政治和哲学革命必然会引导到这上面。"（1971, 9）。
⑩ 哈特韦尔（1967a, 8）。坎纳丁（Cannadine, 1984）观察到工业革命有四种不同的和接续的解释；作为负面的社会后果（1880~1920年），作为周期的上下波动（1920~1950年），作为经济的增长（1950~1970年），作为增长的极限（1970年~）。

⑪ 迪恩（Deane, 1979, 1）。

⑫ 休斯（Hughes, 1968, 253）。也见多布（Dobb, 1946, 258）和兰德斯（Landes, 1969, 41）。兰德斯将其详述为三种改进：机器取代了人工技艺，非动物动力取代了动物动力，矿物取代了植物和动物物质作为原料。奇波拉（Cipolla）称其为机器取代生物的动力"转换"（1961, 529）。

⑬ 见巴洛特（Ballot, 1923）。将机器主义（machinisme）翻译为机械主义（mechanism）就失去了它作为一个概念的用法。

⑭ 迪恩（Deane, 1979, 106）。为了寻求说明他的不列颠的工业化是"独一的"理论的正确性，马赛厄斯（Mathias）认为，说它是"独一的""是在便宜的煤，便宜的铁，机器制造，动力和矿物燃料的技术，工程技艺作为关键的母体控制着一个单一的国家经济的程度上而言。"并且他又说这也在于它是"第一个，因此是独一的"的意义上（1979a, 19）。参见罗斯托（Rostow, 1971, 33）对这种结合的类似论证。

这种结合的理论被里格利（Wrigley）用来推向逻辑上的极端。为了寻求指责"现代化"（或"理性"）"不可避免地"导致"工业化"（或"持续经济增长"）这种思想，里格利（Wrigley）以因为荷兰在18世纪比英国更"现代"，应该第一个工业化这种例子，坚持认为一系列技术革新是"特有的，当地的环境的产物"，他将其称之为一种"幸福的巧合"。接着他说"要解释的不仅是为什么工业革命在英国要比其他地方发生得早，还有为什么它毕竟发生了"。他将这种想法总结为"这很可能比方说像一个人，有1/50的机会赢得一大笔赌博，而仍然毕竟赢得了它"（1972, 247, 259）。这在逻辑上类似于哈特韦尔（Hartwell）的理论，工业革命必须看作是"由于其本身条件的非连续性产物，而不是资本主义兴起所留下的后果"（1970b, 10）。

⑮ 芒图（Mantoux, 1928, 25）他说："工厂制度的鲜明特点是机器的使用"（38页）也见汤因比（Toynbee, 1956, 63）。

⑯ 霍布斯鲍姆（Hobsbawm, 1968, 34）。此外，这种转变从开始就被看作一场"危机"。圣西门（Saint-Simon）在他1821年出版的《工业体系》中对国王的呼吁中写道："陛下，事件的进行继续加剧着这场危机，在危机中社会认识到了它自身，不只是在法国，并且在西欧各民族构成的整个大族群都是如此。"引自费弗尔（Febvre, 1962, 514）。

⑰ 萨维尔（Saville, 1969, 251）。这个理论又一次认为大不列颠是独一的："除了不列颠之外，没有任何地方在经济增长的加速与工业资本主义的发展相联系之前农民阶层就完全消灭了，并且在不列颠早期工业化的许多特征之中，没有比在乡村迅速增长着的无产阶级的出现更引人注目的了"（250页）。

⑱ 兰德斯（Landes, 1969, 77）。也见普卢姆（Plumb, 1982, 284）。"毕竟，这种新的工业方法始于消费工业——纺织业，制陶业，博尔顿（Boulton）和瓦特

(Watt)的纽扣、鞋扣和别针。"迪恩(Deane)以类似的语气论证说:"只有当潜在的市场足够大,需求有足够的伸缩性时,才有正常的理由使产量有重大的增加,让企业家中的多数人与他们的传统技术决裂……没有证据能认为……生产者中的大多数人在1815年并不比在1750年更多地准备革新"(1979,131)。迪恩和科尔(Cole)在需求来源上却摇摆不定。在他们的著作1962年的第一版中,将其定位于对外贸易中,他们在第二版的前言中写道:"假如我们今天再写这本书,我们会试图将我们的立足点建立在有所不同的根据上,例如突出的是有关18世纪增长中对外贸易的作用"(1967,XV)。

⑲ 怀特海(Whitehead,1964,74)。克鲁兹(Crouzet)称18世纪为"欧洲经济发展的大西洋阶段,"确认这点,是因为法国在大革命之前,与南北美洲的贸易是"整个经济中最有活力的部分"(1964,568)。布勒(Boulle)所添加的一个需求重点通常没有被包括进去。他注意到在奴隶贸易中为买奴隶用以支付的合适货物变得十分标准化。"在工业革命开始所有的需求因素于是通常就被认定了——市场的重要性,商品的标准化,为按计划进行手工生产给予的红利——所有这些都可以在非洲发现。"(1975,312)。

⑳ 埃弗斯利(Eversley,1967,248,211);也见贝尔洛克(Bairoch,1973b,571)。埃弗斯利将自己置于罗斯托(Rostow)的传统中,认为在1770~1780年这个时期,在国内市场据说是有利的情况下,是"正好在起飞"(1780年代)进入持续增长之前的关键"热身准备"时期(209页)。然而罗斯托(Rostow)驳斥马尔切夫斯基(Marczewski)有关18世纪法国经济增长的论证时,依据的是法国的对外贸易不足以使其起飞:"在马尔切夫斯基(Marczewski)教授和他(罗斯托)之间的分歧是一个简单问题。在估计法国的演化时,罗斯托(Rostow)教授说他认定……只有一个为国内市场的现代纺织工业的发展,没有足够的规模效果来作为持续增长的基础。因为纺织业要起到这种功能,对外贸易给予的助长力也是必需的。这是一个武断的判断,导致他否认19世纪早期在法国和德意志的棉花工业能作为起飞中的主导部分起作用。"[黑格(Hague),1963,359]。

马尔切夫斯基(Marczewski)的同事马尔科维奇(Markovitch)将这个论证倒转过来,怀疑18世纪晚期英国棉花工业的增长,他承认这是"特别的",但能否是"推动不列颠工业机器进入工业革命轨道的中心枢轴",因为在1770年棉花业只占不列颠纺织生产的5%,所有纺织业只占国家财政收入的10%,而羊毛业相当于不列颠工业生产的1/3,并在法国也同等重要(1976a,645)。卡梅伦(Cameron)使用这些有关棉花业的同样百分比数字与霍布斯鲍姆(Hobsbawm)的主张对质(1968,40),即对"任何人说工业革命就要说到棉花业"加以反驳:"就这种叙述是正确的程度而言,它也显示了这个术语(工业革命)的不适当和虚夸"(1985,4)。

㉑ 霍布斯鲍姆（Hobsbawm）（1968，42）。

㉒ 莫凯尔（Mokyr，1977，1005）。对于莫凯尔的批评和对吉尔博（Elizabeth Gilboy）以嗜好的改变作为扩大需求的基础的论证的辩护，见本-沙哈尔（Ben Schachar）（1984）。另一位供应方面的理论家是戴维斯（Davis），他认为推动力正是在于"棉花工业的技术改变"（1979，10）。关于将技术发明作为工业革命唯一的，充足的解释的论证，见加斯基（Gaski，1982）；关于尖刻的批判，见吉尔里（Geary，1984）。

㉓ 汉密尔顿（Hamilton，1953，336）。兰德斯（Landes，1969，74）抨击汉密尔顿的根据是在那个时期在欧洲大陆上利润通货膨胀率也同样高，而只有不列颠有工业革命。也见费利克斯（Felix，1956）。

㉔ 见沃勒斯坦（Wallerstein，1974，77~84）。

㉕ 阿什顿（Ashton，1948，11）。

㉖ 克鲁兹（Crouzet，1972a，68）"不列颠在18世纪财富的证据是压倒性的"（140页）克鲁兹也同意在这个时期有着"极端高的净利润"［1972b，195，参见波拉德（Pollard）1972a，127~129］。

㉗ 哈特韦尔（Hartwell，1976b，67）。查普曼（Chapman）也使用"适度的"这个词（1970，252）。波拉德（Pollard）说固定资本的增长速度一直"经常被夸大了"（1972a，143）。也见贝尔洛克（Bairoch）论包括在内的低资本成本（1974，54~65）。

㉘ 兰德斯（Landes，1969，78）。他似乎感到这种攻击会首先伤害马克思主义者（Marxists）。他说："对原始积累的先入为主之见是如此之多。"

㉙ 迪恩（Deane，1973b，358~359）。在这意味着从投资土地到投资工业的一种转变而言，克鲁兹（Crouzet）的谨慎是有益的："地主们将潜用的权力用于投资交通改进以确保他们地产的安全。"但是关于工业，人们被说服维持波斯坦（Postan）的观点，即"英格兰乡村的财富中'少得惊人'，在新的工业中寻找出路"（1972a，56）。可参考的是波斯坦（Postan，1972）认为"除了商人和金融家的内部圈子外，投资的习惯只是在19世纪有所增长"（175页）。

克鲁兹（Crouzet）也提到，"在18世纪甚至在19世纪初，农业、交通和建筑比起投资于不列颠工业吸收了多得多的资本"（1972b，163）。

㉚ 见吉利（Gille）："（信贷的便利性）在大陆上要低得多，可能是因为较大的银行……从政府财政中得到了他们利润的较大比例部分"（1973，260）。然而查普曼（Chapman）不相信英国棉花工业的资本都可以利用银行。"所有的迹象是在合股银行出现和承兑商号的同时扩展之前（在1830年代），对北方制造业有组织的支持是微弱的"（1979，66）。

㉛ 吕提（Lüthy，1961，25）。莫里诺（Morineau）类似地说明了18世纪欧洲的投资模式！"资本主义不关心未开发领域"（1965，233）。

㉜ 迪恩和科尔（Deane & Cole, 1967, 5）。

㉝ 见迪恩（Deane, 1979, 21）。哈巴库克（Habakkuk）观察到："（在英国人口）的增长开始于 1740 年代并没有逆转，不只是没有逆转，它还加速了"（1971, 26）。

㉞ 普鲁姆（Plumb, 1950, 78）。克劳斯（Krause）提供了这个恢复信心的假说的伴随论证，即"较穷的群体"可能有着最低的生殖率，而不像当代边缘地区国家中他们生殖率是最高的情况。他承认这种断言是建立在"不可靠的根据上的"，但是他认为假如西方穷人不限制家庭的规模，就会接近趋于似乎是马尔萨斯牧师（Pastor Malthus）的好心警告："很难看到西方如何能避免今天在印度看到的贫穷"（1969, 108）。因而从理论上，我们推知经验上的资料。

㉟ 见麦基翁（Mc Keown）："因为（从 17 世纪晚期和 18 世纪早期人口的）现代上升是独一的（从其规模、连续性和持久性而言），试图单独解释它的初始阶段是十分不能令人满意的"（1976, 6）。对于加登（Garden）而言，18 世纪晚期和 19 世纪早期的人口学模式是属于"一种非常慢的进展而不是一场革命"，真正的革命发生在"20 世纪后半期"（1978d, 151, 154）。

㊱ 塔克（Tucker）（1963, 215）。

㊲ 莫里诺（Morineau, 1971, 323）。

㊳ 米尔沃德和索尔（Milward & Saul, 1973, 314）。

㊴ 德雷克（Drake, 1969, 2）。

㊵ 哈巴库克（Habakkuk, 1958, 500）。哈巴库克自己的回答是"对 18 世纪晚期农业产量增加最有道理的解释是，它是对人口增长的回应，而不是这种增长发生的起因"（1971, 33）。

㊶ 麦基翁和布朗（Me Keown & Brown）（1969, 53）。

㊷ 麦基翁和布朗（Me Keown & Brown）（1969, 53）。

㊸ 麦基翁（Mc Keown），（1976, 16）。

㊹ 拉兹扎尔（Razzell; 1969, 134）。关键的论证是因为英国的中层和上层也显示了他们生活期望的上升，"依据食品供应增加作的解释是不适当的。"在后来的一篇文章中，拉兹扎尔（Razzell）（1974, 13）使他的论点更有普遍性："是个人卫生的改进而不是公共保健的变化对 1801 年到 1841 年之间死亡率的减少有因果关系。"

也见阿曼高特（Armengaud, 1973, 38~43）。然而他相信这个因素要与较高的农业生产率导致人口吃得较好，对疾病更有抵抗力合并考虑。

㊺ 由疾病引起疾病的分析可从麦基翁（Me Keown, 1976, 91~109）处找到。他承认可靠的资料只有 1838 年以后的才可利用，但是认为如果这个资料显示出"免疫力和治疗方法在（1838 年的大不列颠）之后一百年对死亡率的趋势几乎没有什么影响，这似乎可以得出推论，它们完全不会对在这之前的一个世纪起

到重大作用"（104 页）。

㊻ 麦基翁和雷科德（Me Keown and Record，1962，122）。也见贝尔洛克（Bairoch，1974，30）。拉杜里（Le Roy Ladurie，1975，386~390）和波斯特（Post，1976，35）。

㊼ 关于这个分期，见里格利和斯科菲尔德（Wrigley & Schofield，1981，162），关于人口学模式的变化，见 478 页。在 245 页，他们似乎将变化的时间更精确地定为 1751 年，他们说在此之后就有着明确的"出生率控制着增长率本身的变化。"

戈德斯通（Goldstone）寻求对这个论点作一点变动，他认为虽然在 16 世纪那些结婚的人数的增加引起了出生率的增加，在 1700~1850 年这个时期，首先是因为结婚年龄的降低。"起决定性作用的是在英格兰，工业化和食品市场的增长发生在农业领域已经很大程度无产阶级化的背景之中，并且已变得越来越是这样"（1986，28）。

另一种强调出生率增加的论证得自推测的爱尔兰（Irish）在 1780 年代早婚的例子，这是由于较早和更广泛地"安置"年青的乡村青年成年人，由于逐步从放牧向农耕的转变。见康内尔（Connell，1969，32~33）。这种向农耕的转变当然是世界经济扩张本身的后果，如康内尔（Connell）本人承认的："到（1780 年代），因为英格兰本身人口的增长，她不再是谷物出口者，并且不再那么嫉妒地看待在爱尔兰的谷物生产。"

德雷克（Drake）却对这个以爱尔兰（Irish）的情况作的整个婚姻年龄论证表示怀疑，因为这可能颠倒了男性和女性结婚年龄的关系。他更归功于马铃薯种植的传播（1963，313）。康内尔（Connell）确实没有排除这种解释；如果我们"不保险的统计"错误，并且人口的增加开始于 1750 或 1760 年代。"它可能正好紧随着一种马铃薯饮食的普遍化"（1969，38）。

即使爱尔兰在 18 世纪早期确实以高死亡率和低出生率为特点，麦基翁（Mc Keown）和布朗（Brown）也怀疑人口上升能够用较低的结婚年龄来解释。他们指出，如果一个年龄较大的丈夫在晚婚的时代娶一个较年轻的妻子，早婚时间的影响（对男性）可能就较小。此外他们指出所宣称的最大区别是每个家庭的孩子数量，但是高死亡率随着家庭的规模而增加，有着一种相抵消的影响（1969，62）。并且克劳斯（Krause）说，在另一方面，"甚至晚婚也能导致格外高的出生率"（1960，108）。

㊽ 哈伊纳尔（Hajnal，1965，132）。

㊾ 拉杜里（Le Roy Ladurie）依据从奥弗涅（Auvergne）和比利牛斯（Pyrenees）山区在 18 世纪向巴黎（Paris）和其他北部城市的移民得出这个观点的（1975，407），并且康内尔（Connell）认为有同样的爱尔兰（Irish）移民到英格兰（1950，66）。

(50) 迪恩（Deane，1979，246）。

(51) 例如，巴特（Slicher van Bath）认为这整个时期构成了“一个农业繁荣的时代”，（1963，221），是依据整体上的价格水平（除了1817年之后的相对跌落）来解释农耕地区的扩张和新方法的。

(52) 例如见贝尔洛克（Bairoch，1974，83），他将农业生产率的增长看作不只是“工业化发动的决定性因素，”而且是这些进程开始时必然需要的东西。瓦赞斯基（Wyczánski）和托波尔斯基（Topolski）却特别否认增加农业生产率是解放劳动力到工业中所必需的，指出在农村“大量的劳动力潜在地保留下来”（1974，22）。

(53) 最有力的例证是由贝尔洛克（Bairoch）做出的（1973a，490～491），他论证了这些将铁用在数量增加的使用的犁上（是土地清垦和减少休耕地的扩展造成的）的情况说明铁的整体需求的重大增加。

(54) 奥布莱恩（O'Brien）断言，在总体上，“在农业上的机械化进行得比工业上的机械化要慢得多，因为农业操作比工业程序在时间上和空间上更加分离”（1977，171）。迪恩（Deane）说，甚至在英格兰，“我们没有发现什么可以说明到18世纪末，农业资本在数量上或比例上有实质上的增加；并且甚至那时这种扩张与这个时期农业收入增长的关系看来一直是相当小的”（1972，103）。确实，迪恩（Deane）将此归之于直到19世纪中期农业机械技术的限制这个事实，大多数新技术“只适合于松软的沙土地”，它还不可能“为黏土和沼泽排水”（1979，41）。钱伯斯（Chambers）和明盖（Mingay）也贬低机械发明的作用，并指出塔尔（Jethro Tull）有名的播种机使连续耕作成为可能，虽然“在1733年……有记载，在此之前也有了一段很长的历史，但在进入19世纪一段时间之前没有被普遍用来播种谷物”（1966，2）。

(55) 见蒂默（Timmer）：“豆科作物不只直接增加了土壤的肥力，而且养活了更大的牲畜群，它们产生了更多、更丰富的肥料”（1969，382～383）。

然而，巴特（Slicher van Bath）提醒我们：“更为集约的耕作不必然意味着更高的产出量”（1963，245），但是他在这里的意思是每单位播种量的产出量，而仍可能通过减少休耕地增大每公顷耕地的产出量。依据每播种单位的产出量，通过大量施肥也可能得到较高的产量，但是这要事先大量从外面带进来，因而一般来说是太昂贵了。

(56) 这些方式间的不同是另一种耕作法只能用在松软的土壤上。在粘硬（但仍排水良好）的土地上，必须避免根部断裂和保持牧草生根（在牧场上）。在湿冷的黏土上，哪一种体系都不能施行，直到19世纪中期便宜的地下排水方式发展起来时，见钱伯斯和明盖（Chambers & Mingay，1966，54～62），和迪恩（Deane，1979，38～42）。

(57) 巴特（Slicher van Bath，1963，247～250）。“诺福克（Norfolk）方式以不同的

形式在18世纪末和19世纪初为各个欧洲国家开明的土地所有者所遵循”（251页）。

(58) 钱伯斯（Chambers）和明盖（Mingay）说这种新的耕作打破了中世纪农业的“牧草缺乏导致土壤贫瘠的恶性循环”（1966，6）。

(59) 见莫里诺（Morineau，1971，68~87）。他赞同鲁伊特（Ruwet）的观点，每播种单位量产出量的一个决定性前提条件是化学肥料的发展（69页，注脚129）。然而，对鲁伊特（Ruwet）人均产出量从17世纪中期由于播种数量的增加而上升（假定由于休耕地的减少是使其成为可能的首要原因）表示怀疑。类似的对诺福克（Norfolk）方式中每个投入劳动力产出量的增加的怀疑可以在蒂默（Timmer，1969，392）处找到，他却发现每播种单位量产出量的某些增加。

(60) 莫里诺（Morineau，1971，70~71，也见1974b，355）。当拉杜里（Le Roy Ladurie）描述了洛尔马林（Lourmarin）农业生产的多样化（不再只是小麦，在法国大革命前夕，一半的土地用作葡萄园、果园、种桑树、花园和灌溉草场），他解释说：“在那里这是一场真正适合于法国南部（Midi）状况的农业革命”（1975，402）。莫里诺批评这种特别的惊叹，指责拉杜里（Le Roy Ladurie）“诱人的推理”建立在靠不住的数量基础上，它“解释、推测，并且是无意中的循环推理”（1978，383）。拉杜里以同样方式予以回应。他说莫里诺的著作是“似是而非和有才气的”，但毕竟是错误的：“我不认为谁能够否认18世纪的农业进步”（1978，32）。所有这些如我们将看到的，都围绕着进步意味着什么。拉杜里（Le Roy Ladurie）倾向于不平等减少的观点，而莫里诺认为它们是增加了。

(61) 莫里诺（Morineau，1971，76，85）。

(62) 关于单位规模的增加，见钱伯斯和明盖（Chambers & Mingay，1966，61）。但是耶林（Yelling）说：“对于大规模农业有利或不利的环境与圈地的地区分布不一致（1977，97）”。关于自由围圈问题，见富塞尔（Fussell，1958，17）。

(63) 多弗林（Dovring，1966，628）。

(64) 钱伯斯和明盖（Chambers & Mingay，1966，34，37）。

(65) 奥布莱恩（O'Brien，1977，170）。对此所给予的某些证据是迪恩（Deane）和科尔（Cole）的估计，“看来在18世纪不列颠农业平均产出量大约增加了25%，而这个进展整个是在1750年之前达到的”（1967，75）。他们甚至在一个注脚中说“看来农业生产率确实可能在这个世纪的第三个25年中下降了，并在此后又恢复了。”

(66) 见芒图（Mantoux，1928，170~172）。琼斯（E. L. Jones）认为围圈土地的历史比普遍公认的要更为渐进，因为没有考虑到由协议达成的圈地。“由18世纪后半期以议会围圈土地为表现的明显迅速上扬，并没有压倒一切地排除其他证据所包含的东西，但是它在某种程度上被扫平了"（1974b，94）。耶林（Yelling）类似地认为大量的公共土地独占发生在17世纪晚期和18世纪早期。他否认希望用较早的时期取代1760年以后时期作为"与中世纪的过去决裂的决定性和革命性时代。"他不过是论证说"它不像是如启示录中曾发生的那样"（1977，111）。

⑥⑦ "在大量的省份中——香槟（Champagne）、皮卡迪（Picardy）、洛林（Lorraine）和三个主教区（Three Bishoprics）、布尔戈涅（Bourgogne）和布雷斯（Brésse）、弗朗什-孔泰（Franche-Comté）、贝里（Berry）、奥弗涅（Auvergne）、图鲁兹（Toulousaine）、贝亚恩（Bearn）——开始于16和17世纪，特别是从约1730年，采取了一系列的临时措施，如每当有旱灾、霜冻灾或水灾时，开放田地的使用权，在草场上共同放牧（Lavaine Pâture sur les prés）。在草再次生长出之前，这种使用权如果不是总被取消的话，至少也在下一年被限制。"［布洛赫（Bloch），1930，341］。也见332页各种类型的围圈土地逐渐在各个地区建立的讨论。

⑥⑧ "这个运动是普遍的，因为它反映了一个到处被宣扬的教条和或多或少清楚感觉到的需要。那些耕种土地的人们中间感受着这些最强有力的影响。"［布洛赫（Bloch），1930，511］。

⑥⑨ "面对土地围圈，（不列颠的）村庄没有选择；议会已做出了决定，它只得服从。在法国，强有力的农民租佃法律似乎不能容忍这样的苛刻作法"［布洛赫（Bloch），1930，534］。

⑦⓪ 关于英国自耕农阶层的消失，见沃迪（Wordie，1974，604），和钱伯斯（Chambers）与明盖（Mingay）（1966），他们观察到："（合并）的倾向受到围圈土地的鼓动，但绝不是依靠于它。"192页。关于法国，见劳伦特（Laurent，1976a，660）和沃维勒（Vovelle，1980，60~61），他们估计在夏尔特尔（Chartres）的土地持有者们的"中间类别"有明显的衰落。让我们讲清楚我们这里谈的是这类土地持有者的消失，他们的规模足以维持他们的家庭，但不是更大。但是，对有关法国情况的保留看法，见穆夫里（Meuvret，1971d，196）。

多弗林（Dovring）对于土地合并的压力是这样解释的："在牛拉重犁的方式下，带状耕作法可能有某些技术优势，因为带状的长度比一块紧凑的田地更重要。（这点不应过分强调，因为带形事实上不总是长如牛拉犁的需要的长度，带轮重犁甚至在可耕地占主要地位地区也是常使用的。）但是这种新铁犁用一两匹马来拉，这种犁相信在比旧的开放田制中的带状地要宽，而不那么长的合并地块中会工作得更好；而新的轮种制也被认为在合并的地产上更容易应用⋯⋯比技术进步的重要性并不小的是这个事实，即18世纪经历了在欧洲的农民村庄人口增加的一个上升浪潮时期，不可避免地会随之带来越来越剧烈的土地分裂"（1966，627）。

⑦ 耶林（Yelling）在对大不列颠的圈地历史作了最仔细的研究之后，作结论说："面积缩小和便于农作的变化是围圈土地的主要好处之一，它的支持者最有信心确认的好处之一，也是它的批评者最少攻击的。对于所有这些，要展示出它们所达成的所有结果是不容易的……（问题）是没办法看到任何优点怎样转译成如生产率改进那类的具体经济学术语"（1977，144）。在谈到这点时，耶林（Yelling）列举了改进的假定可能性，并要我们不要低估它，"因为发现足够的证据确定（假定的优点）的（效果）是困难的"（145页）。

奥布莱恩（O'Brien）采取了另一种方式。若是大不列颠长久以来发展出不同的土地租佃形式，比起许多大陆上的国家的情况在其协议上不那么"有封建性"，就论证它们通过鼓励投资和发明促进了生产率。"但是，从推理而言（apriori），没有理由期望不列颠的地主—佃户模式比农民所有权必然会产生明显要高的投资率，或比起普鲁士（Prussian）式的封建主义，或甚至比起某些形式的收益分成制（métayage）来是如此"（1977，168）。他认为如果不列颠有一种优势，是因为它已经达到了较早大规模增长的地理极限，这样"农业资本积累的少量增加……都能产生十分显著的产量增值"（169页）。他将最强调的方面放在每英亩种地较早的牲畜比例上。

⑦ 多布（Dobb，1946，239）

⑦ 例如，塔特（Tate）争辩说："18世纪圈地运动的一个显著特点是进行得小心谨慎，并且它引起的有组织抗议规模相对小"（1945，137）。当塔特（Tate）后来以长达一本书的形式发表了他的论证，一位评论家理查森（Richardson）恰当地形容他如同"一位几乎是压制着愤怒在读 L. L. 和 B. 哈蒙德（Hammond）的《农村劳工》（*The Village Labourer*）"（1967，187）。

⑦ 经典的论证见克拉潘（Clapham），他断言在1685年到1831年之间劳动者家庭与企业家家庭的比例从1.74：1增加到2.5：1。"增加看来是小的，这篇（论文）不是一个证明；但是对任何更大的增加毕竟没有证据。"（1925，95）。拉佐尼克（Lazonik）认为克拉潘（Clapham）的计算方式低估了这个变化（1974，37~38）。

遵循克拉潘（Clapham）的思路的我们发现还有钱伯斯（Chambers）："圈地运动有着进一步减少而不是毁灭剩下的英国农民阶层的效果。……拥有小屋的人口看来在圈地之后实际上增加了"（1973，335，338）。

⑦ 迪恩（Deane，1979，45）。见钱伯斯（Chamhers）："对于任何熟悉芜菁农作的多样性和耗费时间的过程——仔细地事先调配土壤成分、播种、挑选间苗、挖洞眼、收拣、切碎、喂养牲畜——的人，它能够被认为是任何形式的节省劳力的想法会使其吃惊"（1957，37）。也见明盖（Mingay，1977，50）。

塞缪尔（Samuel）给予这个论证一种马克思主义的曲解："在农业中，便宜的劳动力不是发明而是经济增长的支点。由农业革命开创的变化伴随着劳动力的巨大增加，还有他们辛苦劳动的强化"（1977，23）。
⑯ 马赛厄斯（Mathias）通过对金（King）在 1688 年，梅西（Massie）在 1760 年，柯尔库洪（Colquhonn）在 1803 年收集的资料进行比较显示了这点。见马赛厄斯（Mathias，179d，189，表 9.3），它显示了从 1760 年到 1803 年之间清楚的改变。
⑰ 见钱伯斯（Chamber，1953，各处）。
⑱ 例如见勒费弗尔（Lefebvre）论法国北部："北方（North）的大工业会招募乡村的劳工［短工（manoeuvriers）］。并这样解决农村的问题"（1972，54）。确实，哈夫顿（Hufton）的推理导致我们认为这种优点与法国联系在一起。谈到以西欧作为一个整体的在 18 世纪社会的两极分化，他说大不列颠在乡村地区有着最好的"整体社会平衡"，因为存在着"一个巩固的中层农民群体。"他认为法国代表了相反的极端。农村人口的 60%（而在某些地区是 90%）"不足以维持生活"（1980，30）。如果是这样，那么为什么这些农村穷人不是一个城市无产阶级明显的候补者呢？
⑲ 柯立芝（Kerridge，1969，474）。关于 16 和 17 世纪在英格兰"无比的成就"，见柯立芝（Kerridge，1967，348，和各处）。也见奥布莱恩（O'Brien）："看来从 1750 年到 1850 年不列颠在农业上的成就没有什么是特别超常的"（1977，173）。柯立芝用带有抱怨莫里诺（Morineau）的语气说："现今……从 1750 年到 1850 年间英国农业革命的神话已经证明是错误的。但是证明一个神话是错误的并不等于消灭它"（469 页）。
⑳ 明盖（Mingay，1969，481）。
㉑ 多弗林（Dovring，1969，182）。
㉒ 迪恩（Deane，1979，2）。
㉓ 克鲁兹（Crouzet，1972b，162）。
㉔ 萨普利（Supple，1973，316）。
㉕ 米尔沃德和索尔（Milward & Saul，1973，36）。
㉖ 见芒图（Mantoux，1928，262~263）。半个世纪以后，凯恩（Cain）和霍普金斯（Hopkins）得出了同样的论点（1980，473）。
㉗ 布雷布纳（Brebner，1966a，252）。也见阿什顿（Ashton）："真实的事情是在所有时代在工业和贸易中某些竞争手段都存在；而在所有时代都有人寻求压制和控制竞争的焦点"（1924，185）。

确实同样的，迪恩（Phyllis Deane）写到了工业革命的"自发性"，但仍然注意到："事实是当工业化进行时，国家的干预比以前曾经有的在经济中更为深入和有效……哲学激进派的真正目标……转向不只是从政府得到自由，而是要从无效率的政府获得自由，并且效率意味着在经济体系中有效率和有目的的干预，以对抗无效率无目标的干预"（1979，251~252）。

㈱ 普雷斯内尔（Pressnell, 1953, 378）他注意到"税收传统方法的保留，它使收税者利用它们为自己的私人利益服务成为可能"，这是"有助于国家（即地方）银行业增长"的因素之一。对于不列颠的增长（与法国相比较）的一个普遍解释是基于政府不对企业家进行干涉，见霍斯利兹（Hoselitz, 1955a）和格申克龙（Gerschenkron, 1955）所作的讽刺性回答。

㉙ 最近有一篇文章将所有这种观点的论证收集在一起，见哈特曼（Hartmann, 1978）。

⑨⓪ 马赛厄斯和奥布莱恩（Mathias & O'Brien, 1976, 606~607）。关于英国从1660年到1815年征税水平的进一步证据，见奥布莱恩（O'Brien, 1988）。赖利（Riley）扩展了马赛厄斯/奥布莱恩（Mathias/O'Brien）的论证，断言法国财政的脆弱"可以归因于没有能……对于经济中财富的大量增长部分征税"。他更进一步断言，在1735年到1780年，法国和平时期的税收负担不但没能增加到"以产出量为标准相符合的程度"，而甚至还下降了（1987, 211, 236）。

㉛ 莫里诺（Morineau, 1980, 320）。也见帕尔默（Palmer, 1959Ⅰ, 155）提供的1785年类似的数字，显示出不列颠的税率高于法国，相当于一倍半。

㉜ 见莫里诺（Morineau, 1980b, 321）。他也认为："在英格兰没有人敢于确信，土地税（Land Tax）确实是由土地所有者支付的，而分析到底不是由实际生产者支付的；即由农业工人和佃户。有着许多清楚的实例"（322页）。

　　马赛厄斯（Mathias）和奥布莱恩（O'Brien）的论证有所不同，但得出同样的结论。"无疑不列颠的直接税总的来说是'进步的'，无疑的是为什么在总的公共财政中它构成的比例是如此之小"（1976, 614）。

㉝ 马赛厄斯和奥布莱恩（Mathias & O'Brien, 1976, 616），他们随即提到："关于在18世纪英格兰的需求结构鼓励了工业的更快增长的论证（特别是强调在这个过程中'中等收入'的重要性的理论）必须将包括间接税在内的这些重要转变考虑进去"（621页）。马赛厄斯（Mathias）在较早出版的一本书中，总结不列颠的税收是"非常退步的"，因为事实上2/3的财政是由大众需求的商品而抽取的间接税得来的（1969, 40）。

㉞ 莫里诺（Morineau, 1980b, 322~323）。

㉟ 马赛厄斯和奥布莱恩（Mathias & O'Brien, 1976, 633）。

㊱ 马赛厄斯和奥布莱恩（Mathias & O'Brien, 1976, 636）。古伯特（Goubert）对18世纪晚期法国人的自我感觉作了类似的解释："国王和王家权力的花费一直被夸大了；它们在亨利四世（Henry IV）统治下比在路易十四（Louis XIV）统治下大得多，在路易十四（Louis XIV）统治下比在路易十六（Louis XVI）统治下大得多。"但是这些后者的花费遭遇了不那么友好的舆论压力［另一种政治舆论（uneautre publicité）］（1973, 139）。

㊲ 兰德斯（Landes, 1969, 81），他认为："创造工业革命需要一个联姻。一方面，

第一章　工业与资产阶级

它需要不只能代替手工劳动并能促进工厂生产集中化的机器……另一方面，它需要生产广泛的有伸缩性需求的商品（如棉纺织品）的大工业，于是（1）制造过程的任何一部分的机械化都会给其他部分造成严重的压力，（2）这种工业改进的影响会波及整个经济。"

⑱ 米尔沃德和索尔（Milward & Saul, 1973, 173）。

⑲ 她又说："至少要到……铁路时代。"迪恩（Deane）将资本的扩散定义为资源的供给使得"人口的增加、市场的扩大，或新的和潜在的自然资源的开发"成为可能，相对于"资本深入，即采用更为资本密集的生产技术。"（1973b, 364）。

⑳ 兰德斯（Landes, 1969, 80）。

㉑ 见马赛厄斯（Mathias）："（关键的技术封锁）是在工程学而不是科学方面"（1976b, 33）。还有，"由事后回顾（expost facto）的结果而不是其努力判断科学贡献的效果，会大大减少它们的重要性"（1979c, 58）；也见吉利斯皮（Gillespie, 1972）。马森（Musson）对科学作了后卫性辩护，他坚持说"应用科学起了比普遍承认的重要得多的作用"（1972, 59）。兰德斯（Landes）典型地应用技术变革更大的重要性当作一根棍子打击法国人。"这并非偶然，在热动力学方面，法国人将他们的努力专注于将技术简化为数学的一般法则"，而有企业心的英国人继续"在工程实践和革新上领先于世界"（1969, 104）。

㉒ 为了让读者不要为提到的年代弄得混乱，我在比较了一系列的技术和基本文献时发现，关于这个和那个发明的年代有许多矛盾之处。问题在于这个事实，即在发明的年代，第一次使用的年代和获专利的年代之间经常有着不同。此外，当一个特定的机器有着几种连续略有不同的形式时，不同的作者也会将不同的形式称为一项发明。就讨论的目的，如果列举略有不同年代并没有多大关系。

㉓ 有一些不同的意见，甚至在发明的数量和重要性上。见麦克洛伊（Mc Cloy）："法国她如果落后于不列颠的话——我不愿意想到她是如此——确实落后得也不太远"（1952, 4）。这本书在每一个领域论证了这点，包括纺织业和蒸汽发动机。作者经常提到法国大革命造成的动荡是如何打断了这个过程。有时发明者去流亡，有时政府的兴趣和注意力被分散。也见布里阿万尼（Briavoinne）论法国对不列颠在机械过程中优势的反应：他们"立刻抓住留给他们的东西来平衡这种优势：他们转向化学"（1839, 194）。

㉔ 布罗代尔（Braudel, 1984, 572）。这位比利时（Belgian）分析家布里阿万尼（Briavoinne）在他写于1839年的一本著名的书中，将欧洲对印度棉制品市场的征服看作是工业革命的主要"政治"后果，他使用了一个惯用语："欧洲几世纪以来依靠印度的最有价值的产品和那些大量的消费品：薄棉布、印花布（indiennes）、紫花布、开司米斜纹呢。每年欧洲进口大量的制成品，对此她只能付给金银钱币，而它们被永远隐没在没有机会送回我们这里的地方。这就是欧

— 47 —

洲贫穷的原因。"

"印度有着不昂贵而有技艺的劳动力的优势。由于制造模式发生了改变，事情的状况不再是过去那样了，贸易的差额因而对我们有利了。印度的工人不能与我们的蒸汽发动机和织机竞争——在大多数纺织品方面，欧洲在世界市场中已经排挤掉了印度制造商（fabricants）几个世纪来独占的市场。英格兰能够买进印度的棉花和羊毛，然后送回去制成的布。如果后者保持原状，她将送还欧洲所有从那里收取的货币。这种明显的后果有希望增加我们大陆的财富"（1839，202~203）。他是多么正确啊！

布里阿万尼（Briavoinne）从他的探究中进而（记住他是在1839年写的）警告这个政治后果有着另外一面。"但是在这些政治后果中，有一个是可怕的，政治家从现在就必须预见到。在一个新的基础上组织的劳动，使得人身不再如一个奴隶，留给其发展智力的自由。如果不抓紧给他们提供充实的教育作为引导，其中就存在着动荡鼓动的长久来源，从中终有一天会出现新的政治骚乱。经验教给我们，工人们群聚在一起能成为暴动的因素，而大多数工业危机将具有社会性的特征。这个观点值得予以严重关注。"

⑩⑤ 关于在改进质量方面新机器有什么意义，见曼（Mann，1958，279），关于它们如何节省劳力，见迪恩（Deane，1979，88~90）。

⑩⑥ 迪恩（Deane）指出在英格兰，毛纺织业的实际产量在1700年到1770年之间增加了2又1/2倍，在头四个十年每十年增长率为85%，而在1741~1770年这个时期增长率为13~14%（1957，220）。马尔科维奇（Markovitch）描述了18世纪法国羊毛工业达145%的"全面增长"，他说这接近于迪恩（Deane）和科尔（Cole）对同一时期推测的增长率150%（1967）。"法国的毛纺织工业因而在18世纪并不落后于英国工业。在这两个例子中，毛纺织工业看来都达到了整体上年平均（整齐均衡的）1%的增长率"（1976a，647~648）。（如果这些统计在整体上不是前后一致，这并非我所为。）

⑩⑦ 见霍夫曼（Hoffmann，1958，43）。

⑩⑧ 兰德斯（Landes，1969，82）。

⑩⑨ "（棉花）是一种植物纤维，强韧并在特点上相对一致，而羊毛是有机物、多变的，在其品质上有着微妙的多样性"，兰德斯〔（Landes），1969，83〕。

⑩⑩ 见利利（Lilley）："总而言之我们可以说，除了用滚轴拉长这一个真正新的想法之外，棉纺业的发明直到约1800年基本是将几世纪来熟悉的纺轮各部分以新的组合联结在一起的问题。这些'容易的'发明造成了一种观念，即它们不需要特别的资历或训练。它们能够由有充分的热情和商业洞察力的任何聪明人制造"（1973，194）。利利（Lilley）认为它们没有打破什么技术障碍，并不是扩张的前提条件，而是"更为迅速的扩张创造的新的激励和机会的结果"（195页）。也见查普曼（Chapman）："在细微地对早期棉纺工业进行的考察越长久，

⑪ 见帕特森（Patterson, 1957, 165~166）。此外，革新不是增加竞争力的唯一方法。转移生产场所是第二种也是十分标准的方法。此外，戴维斯（Davis）注意到这正是毛纺织和亚麻工业在这种情况下所作的，它们"能够转移到苏格兰、爱尔兰和英格兰北部的低工资地区而在一段时期内降低成本"（1973, 307）。

⑫ 见沃勒斯坦（Wallerstein, 1974, 279~280）。

⑬ 霍夫曼（Hoffmann）将不列颠议会反对印度棉布的行动作为两种情况中的第二种以解释这些革新，另一种是（如以前提到的）从行会控制下获得自由（1958, 43）。

⑭ 戴维斯（Davis, 1973, 303）。

⑮ 见贝尔洛克（Bairoch, 1974, 85~97）。芒图（Mantoux）论证了制铁与机械之间总的关系。早期大部分是木制的机器"不规律地运行并迅速磨损。"然而瓦特（Watt）的发动机需要威尔金森（Wilkinson）的金属汽缸的"完全准确的造型"（1928, 316）。

⑯ 赖利（Wrigley）简洁地总结了为什么这样的理由："（矿物原料的）生产是点状的；（植物和动物原料的生产）是面状的……前者意味着沿少量的交通路线有大的载重量，而后者意味着相反的情况"（1967, 101）。

⑰ 在大不列颠的运河大多数建造于1758年到1802年之间这种情况，其"首要目的是运煤"（迪恩 Deane, 1979, 79）；参见盖尔（Gauer）和其他各处："布里奇沃特公爵（Duke of Bridgewater）在沃斯利（Worsley）和曼彻斯特（Manchester）之间的早期联系使煤的价格在后一个城镇降低了一半"（1975~417）。

⑱ 肖努（Chaunu, 1966, 600）。

⑲ 见内夫（Nef, 1957, 78~81）。

⑳ 见福布斯（Forbes）："缺乏木炭和水力的限制是对18世纪制铁工业的经济威胁。作了许多劳力来打破迫种木材和水的暴政"（1958, 161）。对技术问题和它们在历史上的解决办法的一个清楚说明可见兰德斯（Landes, 1969, 88~100）。也见利利（Lilley, 1973, 197~202）。

㉑ 兰德斯（Landes, 1969, 99）。

㉒ "直到世纪中期左右，使用木炭要比焦炭进行熔炼要便宜，所以铁器商避免用焦炭熔炼并继续使用较旧的技术是有道理的。用焦炭制造铸铁的成本在这个世纪上半期大大下降了，而木炭炼铸铁的成本在1750年代急遽上升，给予焦炭熔炼以明显的成本优势"[海德（Hyde）, 1973, 398]。那么如果人们奇怪为什么达比家族（Darbys）使用它，海德（Hyde）认为他们使用它"尽管这种新方法成本较高是因为他们从焦炭铸铁的一种新的副产品——薄壁铸件中得到高于平均的财源"。并且这种铸件技术"是一种保护得很好的工业秘密"（406~407页）。

㉓ 兰德斯（Landes, 1969, 54）。在1786年，兰道夫主教（Bishop of Landoff）沃

森（Richard Watson），在贵族院（House of Lords）有关伊登条约（Eden Treaty）的辩论中对法国人不那么苛刻。他说：" 没有一个国家曾经在他们的森林消失之前，去开始寻找地下的燃料"《英格兰议会史》（*Parliamentary History of England* J，XXVI，1816，545）。

⑫ 米尔沃德和索尔（Milward & Saul，1973，173）。奇怪的是，兰德斯（Landes）在他书中后面的观点中，说的完全是同样的事："甚至自然的慷慨也有损害，因为木材的相对丰富看来也鼓励了传统技术的保持"（1969，126）。

⑫ 见芒图（Mantoux，1928，304）。

⑫ 见迪恩（Deane，1979，103）。

⑫ 霍布斯鲍姆（Hobsbawm，1968，48~49）。

⑫ 利利（Lilley，1973，203）。兰德斯（Landes）正确地认为，对于18世纪晚期的分析，这可能是年代上的错误，给予制铁工业"比应有的以更多的注意……不论在雇佣的人数上、资本的投资上、产量的价值上、增长率上，这个时期的制铁业都不能与棉业相比"（1969，88~89）。

⑫ 例子是很多的。它们的早期广泛应用最著名的例子是在意大利的丝织工业。庞尼（Carlo Poni）对这个题目作了许多研究。

弗罗伊登贝格（Freudenberg）和雷德里希（Redlich）倾向于称这些建筑物为"原始工厂"或"集中控制的联合车间"。"包含有对生产增加控制，但不一定增加劳动的分工"（1964，394）。对18世纪晚期棉纺业工业的早期工厂重大不同的程度，却是一个没有充分研究的题目。

⑬ "向工厂生产发展不像通常一直认为的那样具有普遍性"［伯吉尔（Bergier），1973，421］。也见克鲁兹（Crouzet）："在19世纪初大不列颠工业最广泛的组织形式是外包工，商业资本主义和家内劳动的结合；正是以这种形式资本主义的集中化得以发展"（1958，74）。

也见塞缪尔（Samuel）论不列颠的棉花工业："现在有可能将新的生产模式等同于工厂制度……资本主义的增长植根于小规模企业的深层土壤之中"（1977，8）。在强调他相信的是"机械化的缓慢进步"时（47页），塞缪尔（Samuel）观察到："在制造业中如同在农业和矿业中那样，（在19世纪早期的不列颠）资本主义企业大量的是在手工技术而不是蒸汽动力技术的基础上组织起来的"（45页）。

⑬ 见贝尔洛克（Bairoch，1974，108）。

⑬ 奥布莱恩和凯德尔（O'Brien & Keyder，1978，168）。

⑬ 兰德斯（Landes，1969，119）。兰德斯让我们参阅希尔施曼（Hirschman，1957）为什么在理论上会是这样的一个解释。希尔施曼（Hirschman）因为写到了世界经济20世纪的边缘地带，提醒我们外加工仍然是资本主义世界经济劳动组织的一个主要特点。

⑬ 兰德斯（Landes，1969，57）。

⑮ 塞伊（Sée，1923a，191；198）。但在这同一年，巴洛特（Ballot）论"机械化"的书在他死后出版了。在前言中，豪泽（Henri Hauser）写道，"机器在 1789 年之前的法国，比人们通常相信的传播得广泛得多"（1923，VIII）。

⑯ 肯普 [Kemp，1962，328~329；参见卡梅伦（Cameron），1958，11；克兰兹伯格（Kranzberg）1969，211；亨德森（Henderson）1972，75]。

⑰ 马尔科维奇（1976b，475），他认为法国不只是"在旧政体（Ancien Régime）下在工业力量上优于英格兰"（1974，122），而且"甚至在 19 世纪开始时"还是如此（1966c，317）。然而见莱昂（Léon），他的系统说明更为谨慎："（在法国 1730~1830 年这段时期）显示出它本身尽管在技术上有持续劣势，一切事物越来越为工业化浪潮的控制，而经济增长如果说不是大规模的，至少也是真实的和非常重要的" [1960，173；参见加登（Garden），1978c，36]。

最后，见威尔逊（Wilson）对 1500~1800 年这整个时期的总结性观点，即"英格兰偏离正常的欧洲模式没有曾经认为的那么大"（1977，151）。

⑱ 马尔切夫斯基（Marczewski）说它于法国发生在"1789 年之前"，但在大不列颠只是发生在 1811 年到 1821 年之间（1965，XIV）。然而他承认不列颠在 19 世纪在物质生产的增长方面占优势，"特别是在农业生产上"（cxxxv 页）。

⑲ 马尔切夫斯基（Marczewski，1961a，93~94）。马尔科维奇（Markovitch）说很难谈得上"起飞"，因为法国从 18 世纪中期到现在的整个工业史一直是"几乎不间断的长期经济增长"（1966c，119）。米尔沃德（Milward）和索尔（Saul）将法国"工业革命"的时期定为发生在 1770 年到 1815 年，虽然他们说如果人们使用起飞的标准，一场起飞直到 19 世纪中期才发生（1973，254~255）。

⑳ 例如见马尔切夫斯基（Marczewski，1961b）。其中的各图表显示了在法国从 1701 年到 1844 年（除了短时期外）有着稳定的增长率，在农业和工业上均可表述出来，并且这种增长的主要因素是以棉花工业的大量发展为主导的密集和大规模的工业化。

㉑ 奥布莱恩与凯德尔（O'Brien & Keyder，1978，21）。说明它的另一种方法是说有关英格兰的霸权问题是"误解的"和"无法回答的"，因为对英格兰在 18 世纪是否是"不证自明地优越"这个问题，回答只能是"一个响亮的'不'"。这种优越性的推论只是得自英格兰的"最终霸权" [克拉夫特（Craft）1977，434，438~439]。克拉夫特（Craft）认为"'为什么英格兰是第一个？'这个问题应当与另一个问题'为什么工业革命发生在 18 世纪？'区分开来？"（431 页）。米尔沃德（Milward）和索尔（Saul）类似地要求从"为什么是不列颠？"这个问题改换为一个"说欧洲角度"的问题（1973，30~38）；也见布罗代尔（Braudel），他说我们能在大陆上发现"或多或少接近英国模式的例子"，并希望将农业和工业革命看作"一个欧洲的现象"（1982，282）。

⑭ 见卡勒斯-威尔逊（Carus-Wilson, 1954），艾贝尔（Abel, 1973, 51, n.1）写道，将13和14世纪早期描述为欧洲的第一个工业化时期是首先由施默勒尔（Schmoller）或菲利皮（F. Philippi）做出的，他在1909年出版了《德意志的第一次工业化》（*Die erste Industrialisierung Dentschlands*）。

⑭ 见内夫（Nef, 1954）。而卡勒斯-威尔逊（Carus-Wilson）认为在13世纪有一场工业革命（即漂布厂），她，作了18世纪晚期工厂依据其重要性作的任何比较。与此相对照，内夫（Nef）在夸耀大不列颠1540~1640年这个时期时，认为它的"变化速度显著的程度几乎不小于"那个后来的时期（88页）。但是见迪恩（Deane）的回答，即无论如何在"工业发展的绝对规模上"这两个时期之间有着不同，还有在它的"组织和技术上的变化"的"更广泛"影响方面（1973a, 166）。

⑭ 例如，加登（Garden）警告说"人们不应该……草率地对18世纪和工业革命感到吃惊，不列颠的真实情况是它本身是守旧的和有限的，整个18世纪传统形式在任何地方都有残留——确实甚至在发展"（1978a, 14）。也见威廉森（Williamson），他说在1820年代之前，不列颠的增长"至多是适度的"（1984, 688）。

⑭ 道马斯（Daumas）称1550~1750年这段时期在技术上是"根本性转变"的时期之一（1965, V）。他称在1750年到1850年间有一场技术革命的想法是在我们对技术史的理解中的"主要错误之一"（1963, 291）。他于是承认这个时期的成就是在他的专门知识之外的经济社会性组织方面，以试图拯救1750~1850年这个时期的论点。见道马斯（Daumas, 1965, XII）和道马斯与加伦格（Daumas & Garanger, 1965, 751）。

类似地，利利（Lilley）主张："工业革命的早期阶段——大约到1800年——大部分以使用中世纪技术和将这些技术扩展到它们的极限为基础的"（1973, 190）。也见布罗代尔（Braudel）："如果说有一个作为工业革命的关键性解释之一的因素已失去根据，那就是技术"（1984, 566）。

⑭ "传统的叙述……对重大发明的出现说得太多了。"比尔斯（Beales）说，较稳妥的解释将这些发明者看作"这个时期希望的代言人（而不是）它们的创始者"，工业革命的概念的内容失去了"戏剧性的性质……它获得了广泛性和对人类的重大意义"（1929, 127~128）。也见哈特韦尔（Hartwell），对他而言，工业革命不需要"解释"，因为它是"一个最不显眼的过程的最高点，一个长时期缓慢经济增长的结果"（1967b, 78）；还有迪恩（Deane）和哈巴库克（Habakkuk），对他们而言"第一次起飞最显著的特点是它的渐进性"〔1963, 82, 参见哈特韦尔（Hartwell），1870b〕。

⑭ 希顿（Heaton, 1932, 5）。

⑭ 门德尔斯（Mendels, 1972, 241），他对转变到"现代、工厂或机器工业化"的

第二阶段的解释是由于这个事实，原始工业化造成资本积累于商人企业家手中，并具有了工厂工业化的必须技艺，并创造了导致增加地理专业的农业货物市场。

伯杰龙（Bergeron）唤起了对"重建"原工业化概念"专业"的注意，即"强调工业革命'之前'和'之后'时期之间的生产和劳动组织的连续性甚于断裂"（1978a，8）。

⑭ 门德尔斯（Mendels）指出，马尔科维奇（Markovitch）对有关法国工业在18世纪晚期和19世纪早期相对落后的标准意见的修正〔如同克鲁兹（Crouzet）的类似观点〕，依靠的是包括了他将工业和"最广泛可能意义上的手工业，甚至包括为家庭消费的家庭工业劳动"手工业归类在一起。他得出结论说："人们对法国经济发展的解释这样就能戏剧性地改变，取决于其给予'前工业的工业'的地位"（1972，259）。

詹宁（Jeannin）在他对原工业化的批评性注释中，评论了一种更新近的说法，即克里特（Kriedte）的和其他各人的（etal）（1977），他们认为原始工业化的概念是"乍看有一点夸张，结合了非特殊的因素，并且因为过于特指薄弱的工业而显得过于狭隘"（1980，64）。

⑮ 加登（Garden，1978a，14），他称这为"根本性的问题"。

⑯ "人们切不要将表面现象错当作现实……如专门资料所描述的，1851年的不列颠经济可能看来与1800年没有不同。但是这些数字只是描述了社会的表面——甚至使用不变的专门术语门类据以确定没有变化。在表层的下面，生命器官改变了，而且虽然它们按比重只是整体的一部分——不管从人数还是财富上来衡量——是它们决定了整个体系的新陈代谢"〔兰德斯（Landes），1969，122〕。但是这就使我们无法确定如何辨明"生命器官"和"新陈代谢"，更重要的是，1800～1850年间的不同是否比这之前任何50年的期间要重大得多。

⑰ 1789～1848这些年标志着"不是作为"工业本身的胜利，而是资本主义工业的胜利，不是普遍意义上的自由和平等，而是中产阶级或"资产阶级"自由社会的自由平等，……它们不是标志着一个新经济和社会的这些因素的存在，而是它们的胜利……不是它们在前几个世纪通过逐渐的挖掘采矿式的手段取得的进步，而是它们攻占堡垒的决定性胜利〔霍布斯鲍姆（Hobsbawm），1962，17，19〕。霍布斯鲍姆的时期几乎难于挤进马克思的分期法。马克思所写的决定性胜利时刻是相当晚的，甚至对于大不列颠："工业资本的完全统治在谷物税废除（1846年）之前没有被英国的商人资本和资金利润所承认等等"（1967，327，n.）。

⑱ "一场革命从来不能从它自身来理解，也就是不能不考虑导致其出现的发展过程；它是个总括而不是起始……这是个微观与宏观观点之间的不同；在它们之间几乎没有什么矛盾，正如在为某些原因要求给森林一个轮廓线，在某些情况下它是非连续性的，而为了其他目的它又是平滑的"〔熊彼得（Schumpeter），

1938，227］。

⑭ 内夫（Nef，1943，1）。麦克伊夫迪（Mc Evedy）走得更远，他说工业革命这个概念"事实上——不是说其作为一个历史学理论的成就——造成了许多实际上的害处"（1972，5～6）。卡梅伦（Cameron，1982；1985）类似地一直遵循这个理论"工业革命"这个术语是一个"用法不当的词汇。"

　　熊彼得（Schumpeter）做出了同样重要的指责："作者赞同现代经济史学家对这个术语'工业革命'所表示的不悦。它不只是过时的并且还是误导的，或甚至在原则上是虚假的，如果它打算表达这个意思，它所指明的是一个独一的或一系列的事件，它或它们创造了一个新的经济或社会秩序，或者意思是它与以前的发展没有联系，突然于18世纪的最后20年或30年出现在世界上……我们将这个特有的工业革命和至少两件在它之前的类似事件，及至少多于两件随后的事件放在同等位置"（1930，253）。他将1787～1842年认为是一个康德拉节夫（Kondratieff）周期，并且说："我们有理由相信，这个长期波动不是这类中的头一个"（252页）。科尔曼（Coleman）对熊彼得（Schnmpeter）的回答是，重申工业革命这个术语对18世纪晚期的大不列颠应当保留，它"在历史的长焦距中，比较而言是突然和剧烈的改变，它使工业化社会得以诞生"（1966，350）。

⑮ 布里阿万尼（Briavoinne，1839，185～186）。

⑯ 布里阿万尼（Briavoinne，1839，188）。

⑰ 贝赞森（Bezanson，1922，343）。

⑱ 施密特（Schmitt，1976），在关于法国大革命从1945年以来文献他所作的历史学编纂评介中，将这个问题列为六个问题之一，但是其他五个问题在我看来都是这一个问题的具体化。其他五个问题是法国大革命——神话还是现实？"大西洋革命"问题；有没有一场"封建反动"？在1789年有一个还是三个革命？雅各宾（Jacobin）专政——是法国大革命的最高点吗？

⑲ 索布尔（Soboul，1974，41～42，44）。

⑳ 勒费弗尔（Lefebvre，1939，239～240）。

㉑ 可能会有反对意见，认为我们会太过于依赖索布尔（Soboul）（或更概括地是一种马克思主义的说法）的这种社会解释，还有勒费弗尔（Lefebvre）的观点［不用说还有马迪厄（Mathiez）了］在几个方面是不同的。但是因为正如费罗（Ferro）提到过的"（历史在法国）（如同法国的历史那样）是内战的首要场所之一"（1981，32），这可能是正确的，正如格伦农（Grenon）和罗宾（Robin）如下的看来正确的评估："奇怪的是，1789年仍然还是在法国右派和左派的基本分界线，大革命作为一个神话仍然能激起情感。这是因为在写作历史时，法国大革命经典解释和马克思主义解释的两种概念一直总是随意相互重叠。经典解释不是别的，就是对大革命的进步解释"（1916，6）。

⑯₂ 索布尔（Soboul）在他的简史中以 1799 年为最终年代（1977a）。确实人们能够选择其他最终年代，比如说 1793 年，或 1792 年，或 1815 年。人们也能够选择其他开始年代，比如说 1787 年或 1763 年。这样做是要改变解释。然而，选择 1789～1799 年这个时期不一定在所有方面同意索布尔（Soboul）。艾格隆（Agulhon）正是选择这个时期，用以论证 1830 年标志着"革命"的重新开始，他认为这是一场"自由主义"革命，而 1800～1830 年代表了"以两种连续形式"的反革命——即拿破仑（Napoleon）的独裁统治和权威主义的、教会权力的君主制（1980，15）。

⑯₃ 索布尔（Soboul，1977a，1，3）。旧秩序必须称为"封建主义，因为缺乏一个更好的名称。"［索布尔（Soboul），1976a，3］。确实如果有什么实际意义的话，就是大革命的否定一面比肯定一面更重要。谈到 18 世纪的"贵族反动"，索布尔（Soboul）说："从这个角度看，大革命可能不是资产阶级的，但是它确实是反贵族和反封建的"（1970b，250）。

⑯₄ 兰德斯（Landes，1949，57）。

⑯₅ 吕德（Rudé，1967，33）。

⑯₆ 马克思（Marx，1967，I，334）。正是靠这条道路"生产者变成了商人和资本家，'而不是靠'商人建立对生产的直接统治"这条道路。

⑯₇ 索布尔（Soboul，1976d，16；1977b，38）。明显地，君主制度比贵族更有远见。它企图通过创造一个"商业贵族阶层"和"使商人贵族化"来解决在旧政体（Ancien Régime）中贵族阶层和资产阶级之间的分歧。但是这个经验是一个"失败"，并显示出"在旧政体（Ancien Régime）的状况下"这两个群体"不可能真正的融合"［索布尔（Soboul），1970b，279，282］。

⑯₈ 索布尔（Soboul，1977a，160～161，168）。

⑯₉ 霍布斯鲍姆（Hobsbarwm，1962，212～213），他这样解释他的格言："法国经济的资本主义部分是建立在农民阶层和小资产阶级的坚固基础之上的。没有土地的自由劳动者只是缓慢地流入城市，使别的地方进步的工业家发财的标准化便宜货物缺乏一个足够大的和扩张着的市场。充足的资本储存下来了，但为什么要将它投资到家庭工业中去呢？"霍布斯鲍姆（Hobsbawm）让我们参考（381 页，注 19）这个理论的"权威论述"（Locus classicus）；勒费弗尔（Lefebvre）1932 年的文章［见勒费弗尔（Lefebvre），1963］。

索布尔（Soboul）在回答霍布斯鲍姆（Hobsbawm）这个矛盾论题时，认为农民革命是"不完全的"。假如农民阶层中的激进派获胜，就会有"一种有利于小生产者的土地财产重物"，这后来就会造成"集中化"而没有矛盾问题了（1977b，42～43）。波朗查斯（Poulantzas）以一种不同的方式回答霍布斯鲍姆（Hobsbawm）的矛盾论题。这个"矛盾"显示出这个革命的国家"不是一个在这个时刻和在这个危机关头在政治上成功的资产阶级革命国家，而是一个在政治上受到阻碍的资产阶级革命国家。正是在这个时刻，它在事实上不是一个资产阶级居支配地位的国家，而是一个农民和小资产阶级的国家，正如托克维尔（Tocqueville）正确地看到的。这个国家无论如何是不能持久的"（1973，176）。

⑩ 霍布斯鲍姆（Hobsbawm，1962，93）。

⑪ 我们当然可以回答，它较少是一场在狭隘意义上的经济领域的革命，更多是一场在价值领域的革命。"大革命在法国的主要结果是结束了贵族社会……大革命后法国的社会在它的结构和价值上是资产阶级的。它是一个暴发户的社会；即靠白手起家成功的人的社会"[霍布斯鲍姆（Hobsbawm），1962，218，220]。

如果如此，泰勒（George V. Taylor）认为，这是一个没有计划到的后果。"思想上的革命国家体现在《人权宣言》中，而1789~1791年的法令是从1781年开始的危机的产物——不是原因"（1972，501）。泰勒（Taylor）的理论是基于他对《三级会议陈情书》（*Cahiers de doléance*）的研读。

⑫ 引自勒费弗尔（Lefebvre，1932，40）。

⑬ "在1789年没有三个革命而只有一个，资产阶级的和自由的，得到民众（特别是农民）支持的革命。大革命在1792年没有'失控'（dérapage），而是革命的资产阶级维持第三等级凝聚力的决心再由于和人民群众的联盟，没有他们的支持1789年所获得的就会永远遭受半途而废的危险"[索布尔（Soboul），1974，56]。

⑭ 索布尔（Soboul）断言，法国大革命两次在"农民和群众"的革命中"超越了它的资产阶级界限"——在共和国二年和在"平等的密谋"（Conspiracy of the Equals）中（1977a，168）。

⑮ "革命的先锋不是商业资产阶级……在大革命后面的真正力量是直接小生产者群众"[索布尔（Soboul），1977a，154~155]。也见卡普洛（Kaplow）："正像一场革命没有资产阶级控制它的运行是不可思议的那样，无套裤汉（Sanculottes）的形成没有手工业师傅的参加也是不可能的。无套裤汉作为一个实体不是旧政权下的劳动者或穷人的同义语。他们不如说是临时性的形式之一，在这种情况下是由于大革命进行中政权崩溃所生长出来的主要是政治上的一种形式"（1972，163）。

⑯ "资产阶级革命通过1793年7月17日最终废除一切封建权利的法律，解放了直接生产者，小商业生产者从此独立了"[索布尔（Soboul），1976d，15]。

⑰ 索布尔（Soboul，1977a，168）。

⑱ 戈德肖（Godechot，1965，114）。

⑲ 这不足为奇，当人们记得戈德肖（Jacques Godechot）这位大西洋理论的首要提倡者，是马迪厄（Mathiez）和勒费弗尔（Lefebvre）的一位门徒，据我所知，

他从未否认这个传承。关于勒费弗尔（Lefebvre），他说："他的著作在法国大革命的历史编纂学中占据着一个首要（capitale）地位"（1965，257）。关于戈德肖（Godechot）和马迪厄（Mathiez）的密切关系，见戈德肖（1959）。另一位大西洋派帕尔默（Palmer），将勒费弗尔（Lefebvre）的著作译为英文。

⑱ 戈德肖（Godechot，1965，2）。

⑱ 帕尔默（Palmer，1959，各处，但特别是13~20）。

⑱ 帕尔默（Palmer，1964，35~65），他将这种革命化归因于"民众的和国际上的革命主义的灌输"（44页）。

⑱ 帕尔默（Palmer，1959，446）。如果美利坚人的革命的革命性不如法国人，这是因为"（美利坚）不知道封建主义，……在法国和在欧洲，……达到同样的革命理想的努力在进展中会遇到因革命会被剥夺和受威胁的阶级不可调和的反抗"［戈德肖和帕尔默（Godechot & Palmer）1955，227，229］。

⑱ 戈德肖和帕尔默（Godechot & Palmer，1955，229）。阶级联盟的概念也在此处："农民像'资产阶级'式第三等级的上层那样，将贵族看作敌人。这种利益的趋同……是使1789年法国大革命成为可能的条件"［帕尔默（Palmer），1971，60］。

⑱ 索布尔（Soboul，1974，44）。

⑱ 帕尔默（Palmer，1959，13）。索布尔（Soboul）特别求助于大西洋理论是"冷战"的结果这种指控，指出它出现在1950年代中期（1974，43）。这个断言不是没有道理。戈德肖（Godechot）和帕尔默（Palmer）的长篇的联合通讯运交给1955年国际历史科学大会，它围绕着这个问题；有没有可以称之为大西洋文明的东西？作者们的同情看来明显地赞同肯定性的回答。他们以忧伤的调子结束："美国这个前殖民地，相信会比欧洲看来更多地在现实上或可能性上为一个'大西洋文明'做些事情"（1955，239）。

⑱ 马佐里克（Mazauric，1975，167，n53）。也见施密特（Schmitt）"'科班'（Cobban）的名字在这场争论中几乎成为一个法定词汇（敏感词汇）（Reizwort）"（1976，50）。

⑱ 这不是一个从托克维尔（Tocqueville）书中的引语，而是蒂利（Tilly）对其立场的非常适宜的总结（1968，160）。托克维尔自己所说的是："没有警告，没有过渡，没有良心上的不安就突如其来，大革命影响到无论如何必然要发生的事情，如果说是缓慢而来的话"（1955，20）。见拉杜里（Le Roy Ladurie）以类似的语气说："事实上像法国大革命这样一个独一的事件并不使其成为一个必然的事件。或至少难于证明是这样……它是一个社会发生被激怒情况时的行为表达方式……法国大革命在农村地带是这个世纪扩张的直接结果，甚至或者特别是当它们遭受到1780年代的经济困难时。它表现了决裂，并同时也是连续性"（1975，591）。

⑱ 李希特（Richet，1969，22）。李希特在别的地方法论证在法国公法遵循着同样

的发展历程,这样来企图驳斥掉索布尔(Soboul)和其他人的关键之一,即一场革命对于改变阻碍资本主义力量兴起的法律上层结构是很重要的。李希特(Richet)说,不如说"大革命爆发在一个立法现代化过程正处于进行中的国家(1973,36)。乔尔金(Choul Igine)类似地认为,大企业成长的阻碍来自行会的限制这个问题一直被大大夸张了,因为乡村工业的很大重要性限制了行会制度〔在旧政体(Ancien Régime)下的影响〕"(1922,198~199)。

⑩ 孚雷(Furet,1978,158)。

⑪ 科班(Cobban,1963,155~156)。也见罗伯茨(Roberts):"大多数封建制度被八月(1789年)的法令废除,是掩盖现金交易的直率现实的法律虚构"(1978,28)。

⑫ 乔森诺-诺加里(Chaussinaud-Nogaret,1975,265),他继续说:"商业资本主义在其大部分现代方面,是更多地掌握在贵族而不是资产阶级的手中"(274页)。比恩(Bien)谈到这种情况的另一面,即"在1789年,很大一部分大资产阶级是贵族"(1974,531)。

⑬ 福斯特(Forster,1961,33)。

⑭ 福斯特(Forster,1957,241)。此外,"个人地产经营不只是一位乡绅(gentilhomme campagnard)确保好收入的最好方式,这也被认为是他的专业,并且相反对于零售贸易和纯粹的商业投机,它完全是受尊敬的贵族事业"(241页)。

⑮ 泰勒(Taylor,1967,489),他因而断言资产阶级这个用语是"不适当和误导的"如果我们用资产阶级这个用语来指一个"在生产关系中起到资本家作用的非贵族群体"(490页)的话。他由此得出有关法国大革命的这些结论:即"我们没有对所谓'资产阶级革命'的经济解释,第三等级上层对绝对君主制的攻击"和大革命"本质上是一场有着社会后果的政治革命,不是一场有着政治后果的社会革命"(490~491页)。泰勒(Taylor)得到了由凯恩(Cain)和霍普金斯(Hopkins)近来企图重新解释英格兰的工业革命的人对这种论证路线的间接支持,他们引进了以"土地财富"为基础的"乡绅资本主义"的概念,并论证这个时期:"我们的目的不是否认不列颠的工业化这件事是无可辩驳的,而是认为非工业的,但也是资本主义的活动,在工业革命之前、之中和之后要比经济史和帝国史中承认的标准解释要重要得多"(1986,503~504)。

然而,沃维勒(Vovelle)发现泰勒(Taylor)关于法国大革命的推论超出了他对"非资本主义财富"所作的"有用的评论"许可的限度。"将旧政体(Ancien Régime)的旧式资产阶级列入一个有充分组织的精英行列之中,就如同拔苗助长一样"。(1980,136~137)。

⑯ 拉杜里(Le Roy Ladurie,1975,430),他将封建特权看作如所有的政治权力那样,是一个"金钱利润的间接来源"。对于大地产,"作为一种资产主义事业",法国国家同样像那种"甜爹爹"那样为其服务,就像为柯尔伯尔时的(Colbe-

⑭ rian）的制造商那样（431 页）。

⑰ 布洛赫（Bloch，1930，517）。如布洛赫所指出的，有时这是一个重新解释封建特权的问题，但有时只是一个运用它们的问题。摩尔（Moore）称这为"用封建方法向商业和资本主义活动的一种渗透"（1966，63）。

⑱ 古伯特（Goubert，1969，234；也见 181~182）。这在事实上类似于琼斯（Janes）对英国地主的描述，他说他们"兑现了他们领土上（在 18 世纪）的工业潜力"（1967，48）。

⑲ 拉杜里（Le Roy Ladurie，1975，435），4 他继续说："这是真实的——在其中掺入了主观因素——即出租人要花一些时间去理解市场已转变得有利于财产所有者；在这种情况下，一旦了解到利益趋势所在，出租人就会再次加快速度（met les bowchées doubles）；他就会以更大的精力全力以赴，助行情（conjuncture）一臂之力并压迫承租人（fermiers），出租人以前由于疏忽而宽待了他们。"

⑳ 古伯特（Goubert，1974，381）。

㉑ 孚雷（Furet，1978，145）。孚雷进一步指出，这种封锁不是针对由平民成为贵族的，而是在佩剑的"小"贵族和"大的"但是暴发户的宫廷贵族所构成的统治阶级之间。他认为是这些"小"贵族在支持 1781 年法令，即塞居尔法（Loi Ségur）（140 页）。戈德肖（Godechot），他的分析又一次接近于经典解释，对贵族在 18 世纪看来要垄断政府职位的企图，以这个事实来解释，即贵族发现难于"靠他们的财产收入生活，由于物价从 1730 年以来持续增长"（1965，145）。

多伊尔（Doyle）从另一方面怀疑有什么职位的垄断化："从社会角度看，在法国大多数机构看来随着这个世纪发展更广而不是更多在它们的招募中变得具有独占性"（1972，121）。格鲁德（Gruder）对王室总督的研究倾向于肯定这个论证。通过比较路易十四（Louix XIV）朝代与路易十五和十六（Louis XV and XVI）朝代总督的社会出身，格鲁德（Gruder）发现，远非是有着贵族垄断的增加，如果说有什么的话，"相反的倒是真实的"（1968，206）。当然，在 18 世纪封为贵族的平民不是"从贫穷者变为富人的，通往上层的路不是从底层开始的"（173 页）。对格鲁德（Gruder）而言这个统治阶级的适当特征是"一个体现了财阀政治的贵族阶层"（180 页）。

㉒ 科班（Cobban，1963，262）。

㉓ 这是布勒（Boulle）关于南特（Nantes）的奴隶贸易商在被封为贵族后仍从事商业的论证（1972，89）。

㉔ 见克鲁兹（Crouzet）："我们决不要……过分强调这些早期不列颠工业家的节俭。一旦他们建立起自己的企业和确保了他们的财富，他们差不多总是有些松懈，收回他们更多的钱并采取一种更舒适的生活方式。他们中一些人购买地产和建筑自己的大宅邸"（1972b，189）。也见琼斯（Jones）："18 世纪英国的城市企业家以购买和修饰地产来寻求他们最终的安全堤岸"（1967，48）。

㉕ 科班（Cobban）观察到"新富人"（nouveauxriches）取代了"旧政体（Ancien Régime）中有文化的上层资产阶级"。他鄙视地说："我们可以将其称为资产阶级的胜利，如果我们用这个术语指贪污贿赂的军官、律师、自由职业者、专利者，和一些大部分将他们的钱投资于土地和公债（rentes）的金融家和商人，在贪污贿赂的官员不再可利用之后随之而来……以他们的生活方式而言他们是旧式贵族（noblesse）的继承人，而如果说他们是资产阶级，他们的目标是作过贵族式生活的资产阶级（bourgeois vivant noblenent）"（1963，251，264~265）。当然，这种对社会解释的否定必然会起到有利于如兰德斯（Landes）这类论证的作用。但是这无疑没有什么会对科班（Cobban）造成困扰。

㉖ 卢卡斯（Lucas，1973，91）："旧政体（Ancien Régime）后期的中产阶级没有显示出与贵族有重大的功能上的不同，在接受的价值观上没有重大的分歧，最重要的是没有属于一个阶级的其经济和社会特征与贵族正相反的意识。"

㉗ 像帕尔默（Palmer）所说："这是大革命的难解之谜之一，即贵族和非贵族之间的阶级仇恨或敌对直到1787年其迹象是如此之妙，在1788年又是那么多"（1959，457）。

㉘ 托克维尔（Tocqueville，1953，361~362）。

㉙ 托克维尔（Tocqueville，1955，1，203，207~208）。

㉚ 见孚雷和李希特（Furet & Richet，1973，19~27）。当安德森（Anderson）谈到由阿图塞（Althusser）所草拟的有关俄国革命类似的大杂录，这样一种杂录是"单纯的经验多元论"将许多事件和趋势归拢在一起，但是却没能建立"它们重要的有关科学分类和相互联系"（1980，77）。

㉛ 见李希特（Richet）："1789年的大革命是这些精英们通过一个长期过程达到一个双重自觉悟（prise de conscience）造成的。首先，是对于政治秩序他们的自主意识，他们随后就需要限制这种权力。一种被所有人分享的意识，在其中贵族起到了发起者和教育者的作用，但这扩大到包括财富、财产和才能。这就是启蒙运动（Enlightenment）。然而这块公有地将很快放弃给统治群体同质性的专有地域。（1969，23）。于是，托克维尔（Tocqueville）的最终解释又重新出现了。"

在这里应当指出一个与科班（Cobban）的歧异之处。科班对大革命从整体上更抱有敌意。"18世纪末确实可以说经历了从一个个人主义向社会的集体主义观点的部分转变……大革命结束了个人主义时代并开始了民族主义时代……所有这些可以看作不是完成而是破坏了启蒙运动"（1968a，25）。

㉜ 孚雷和李希特（Furet & Richet，1975，102，参见孚雷（Furet），1963，472）。将民众革命的作用称为从长时期结构演化的角度而言所"次要事件"，并不明显地意味着它们是不重要的，因为我们也祈求"还原革命事实本身为'事件'（event），它在历史非连续性中的创造性作用"［孚雷和李希特（Furet & Richet），1973，8］。

尽管如此，我们现在已远离了托克维尔（Tocqueville）的词汇"不可避免"，这被孚雷（Furet）称之为资产阶级革命这个概念两个主要的不可靠前提之一，"事件的必然性"，——另一个是"时代的断裂"（1978，36）。

㉑㉓ 孚雷（Fruet, 1978, 18~19）。

㉑㉔ 孚雷和李希特（Furet & Richet, 1973, 126）。

㉑㉕ 孚雷和李希特（Furet & Richet, 1973, 10）。在孚雷和李希特著作的英文译本中，标题为"Le dérapage de la révolution（革命的失控）"这一章被称为"The revolution blown off course（革命偏航）。"这是个有理由（或许过于像航海用语了）的翻译，但有着将一个名词变为动词的不便之处，因而造成了后面在谈及"dérapage"（侧滑）这个概念时用英文表达的困难。伊戈涅特（Higonnet）在后面两页中用"deviation（出轨）"和"slide（滑落）"的不同译法就是一个例子，（1981，4~5）。因而我愿意在英文中保留这个法文术语，因为在我看来这是孚雷（Furet）和李希特（Richet）整个分析中的核心术语。

㉑⑥ "面对一位被怀疑叛国的国王，面对拒绝作战的将军们，面对布里索派（Brissotins）在权力和反对派之间的犹豫不决，有一种坚定的民众反应被释放出来并至少找到了它的名称——爱国主义……它是第二次革命……"

"革命的爱国主义成为（在1792年8月10日）一种宗教。它已经有了它的殉道者。它在军事挫败后将很快有它的宗教裁判所（Inquisition）和它的火刑柱"[孚雷和李希特（Furet & Richet），1973，129，157]。

㉑⑦ 孚雷和李希特（Furet & Richet, 1973, 204）。

㉑⑧ 孚雷和李希特（Furet & Richet, 1973, 258）。

㉑⑨ 罗宾（Robin, 1970, 52）。

㉒⓪ 格雷农和罗宾（Grenon & Robin, 1976, 28）。

㉒① 罗宾（Robin, 1973, 41~43）。对罗宾一个全面的举出证据反驳可以在索布尔（Soboul）编辑的一本书中找到。斯莱德泽夫斯基（Guibert-Sledziewski）认为罗宾（Robin）将这个问题论述为存在着两个可供选择的过渡横式——通过封建势力的崩溃或是通过它们与资本主义相结合——并且说这个公式消除了"这个问题的一个基本方向；法国大革命的必然性的问题。"真正的选择不如是在封建主义"资本主义倾向的反动性恢复"或者是"在革命的法国进入资本主义生产关系的努力之中"之间（1977，48~50）。后者遇过大革命发生，这就使法国避免了重蹈普鲁士（Prussian）覆辙（66~75页）。[这种论证类似于摩尔（Moore）的，1966，各处]。

最后，斯莱德泽夫斯基（Guibert-Sledziewski）指责罗宾（Robin）滑到了与李希特（Richet）没有什么不同的立场："（罗宾的）愿望是使得"（从封建主义向资本主义的）过渡成为一个问题，导致她将这种过渡作为资产阶级革命的一个特殊阶段，一个不会有89~94年的夸耀性表现的阶段，但它会表示敌对的生产方式之间决定性的冲突的必然性与剧烈的变动一样大。因而这种革命的"现象",正如它的称呼所表示的,就只是一个证明,一个这种巨大冲突的变化;而这是什么样的一种变化啊!它实现了李希特(Denis Richet)称之为新生资本主义"缓慢但却是革命性的质变……但在我们看来任何对过渡的疑问必然会导致一种对革命的疑问"[吉伯特-斯莱德泽夫斯基(Guibert-Sledziewski),1977,68]。

㉒ 这为两个正统的马克思主义历史学家曼弗雷德(Manfred)和多布(Dobb)所认可。

曼弗雷德(Manfred):"资本主义首先出现在约 16 世纪的法国。通过缓慢而逐渐地在封建社会内部前进,它在 18 世纪的后 1/3 世纪中得到了充分的发展和成熟。新的生产力和占统治地位的封建秩序间的矛盾导致了一个更尖锐斗争的时期。这些矛盾于是就在所有地方爆发了"(1961,5)。

多布(Dobb):"工业革命……和资本主义生产关系的登场在时间上不是同时发生的……这需要有一个解释,一个能够包括一个以资产阶级生产关系最早出现起……到工业革命……(在英格兰这相隔有几个世纪)一个长时期的解释。"

"工业革命需要一个总体形势的成熟……它需要一个复杂和延续发展的长期进程,并最终有着可预见的结果……谈到某些数量的相关因素,然而这不意味着它有幸是'独一的事件',它是'偶然的事件'"(1961,458~460)。

㉓ 扎波里(Zapperi)(1974,13~15,83~86,91~92)。

㉔ 盖兰(Guérin,1968,1,17,23,27 和各处)。

㉕ 索布尔(Soboul,1958a,10,1025)。卡普洛(Kaplow)以这种论证回应索布尔的反驳:"(劳动者)男人们,不能够忍受抑制住他们的愤怒,因为他们没有——也不能——将其置于更大的关系背景之中。我认为他们不能够从较长远的角度思考……因为他们都没有能力……导致他们进入了文化贫穷的死胡同……革命的资产阶级开始破坏了造成这个文化贫穷的心理上社会性的核心,使得向现存秩序挑战是可能的,即使说不是合法的这样一种思想流行"(1972,170)。一个对于马克思主义者的主张而言是奇怪的论证;它的意思似乎是无产阶级只能从(革命的)资产阶级的榜样和帮助中获得的虚假意识中产生。

㉖ 孚雷和李希特(Furet & Richet,1923,206,212~213)。

㉗ 见盖兰(Guérin):"罗伯斯庇尔(Robespierre)是大革命中所有人物里最得人心的。他还没有揭示出他真正的形象。'温和主义'赤裸的手臂(bras nus)还没有立刻抓住他(in flagrant delicto)"(1968,Ⅰ,411)。伊格涅特(Higonnet)采取类似的观点,与"传统的马克思主义的解释",即雅各宾派(Jacobin)的意识形态代表了"几个联合起来的阶级真正的直接的实际物质目标",并首先是"革命资产阶级"的这种看法相对立,他认为雅各宾派所持有的意识形态而非雅各宾派的世界观,若是有的话,是一种'虚假意识'的进一

步形式……在一个星期之内'完全'破坏了封建领主制度后，立宪会议（Cotitüents）开始努力尽可能多地将封建义务收入抱归到资产阶级财产名义之下。无套裤汉（Sans-culottes）和'老实人'（honnêtes gens）开始分道扬镳。由于不能够完全接受这个情况，革命的资产阶级特别是雅各宾派（Jacobins），被迫走进了许多死胡同（1980，46~48）。

⑱ 盖兰（Guérin）在1968年承认，索布尔（Soboul）和吕德（Rudé）"已经大量修正了他们的罗伯斯庇尔派（Robespierrist）教条主义，并更打算承认，砍掉了巴黎（公社）市府，破坏了民主的基础构成了对大革命的致命一击"（1968，II，524）。至于科布（Cobb），他采纳了大部分"我对罗伯斯庇尔（Robespierre）和罗伯斯庇尔派的批判"但是他"很少使自己在逻辑上连贯"（534页）。老派如何，索布尔（Soboul）和科布（Cobb）虽然"在他们对我的著作的批判是不公平的，他们却暗地肯定和完成了它"（358页）。

见伊格涅特（Higonnet）论巴贝夫派（Babouvism）的作用："很清楚，巴贝夫派的重要性依靠人们赋予社会主义和阶级战争在世界历史性事件的地位。如果法国大革命被看作是'自在之物'（Ding an sich），巴贝夫（Babef）就不会被认为有多重要。如果将它看作是人民与资本主义对抗的第一个行动，巴贝夫派就占有很大分量"（1979，780）。

⑲ 米尔沃德和索尔（Milward & Saul，1973，252）；参见摩尔（Moore）一种更克制的说法："因而将农民阶层作为大革命的决定者是公平的，虽然不是它主要的推动力量"（1966，77）。

⑳ 见麦克里尔（Mackrell）："马克思主义者将大革命看作既推翻了封建主义又给法国带来资本主义的观点，很难适用于其他事实，还有如农民在推翻'封建主义'中所起的重要作用"（1973，174）。

㉑ 见胡内克（Hunecke），他攻击"修正派"历史学家科班（Cóbban）、孚雷和李希特（Furet & Richet）的依据是农民革命"更多的是宣示将来而不是追忆过去"（1978，315）。戈迪埃（Gauthier）要将农民看作在资本主义发展中起了一种"进步"作用。"农民不是反对一般意义上的资本主义，而是反对对领主有利的一种资本主义形式"（1977，128）。

㉒ 拉杜里（Le Ray Ladurie，1975，568，575）。对于驳斥农民们是具有某些"倒退性"和强调他们的反资产阶级作用的观点的近来文献的一个评论，见亨特（David Hunt，1984）。

㉓ 胡内克（Hunecke，1978，319）。"在贫穷农民的革命的核心是两个要求，无论如何不能说是反封建的；他们要求拥有土地耕种和恢复在公共土地上的权利"（集体惯例，Usi Collectivi）。农民反叛"不只反对那些［封建］特权，但也（可能主要是）反对那些'革命的资产阶级'"（313~315页）。类似地摩尔（Moore）看到："大革命后面激进的冲击是以无套裤汉（sans-culottes）和农民

阶层的部分为基础，是明显而强烈地反资本主义的"（1966，69）。

科班（Cobban）也将法国大革命看作是"一场不是赞成而是反对资本主义的革命"（1964，172）。然而在这种说法中，胜利的不只是农民，足有"大大小小的保守的，有财产的，拥有土地的阶级"（170页）。事实上据说这是使"英国社会经济发展……在法国的经济发展之前的特点之一"（140页）。

㉞ 斯科奇波尔（Scocapl，1979，29，41，181）。"社会革命——如它们改变了阶级关系、社会价值，和社会制度那样大地改变了国家结构"（29页）。一个奇怪的论证：社会革命主要不是由社会的改变而是由作为主要的政治机构的国家的改变来确定的。那么什么是政治革命呢？而如果不是社会革命改变了阶级关系、社会的价值和社会制度，这是因为后者只是逐渐地改变，从来没有采用"革命的"方式吗？那么也许对"社会革命"的真正概念需要作重新检验。

㉟ 科班（Cobban，1968d，108）。

㊱ 勒费弗尔（Lefebvre，1956，345）。孚雷（Furet）对这种分析满怀轻蔑，因为它受到信仰的影响："不难揭示出，[勒费弗尔（Lefebvre），一位伟大的历史学家]，正如他的综合说法中那样，有的……只不过是左翼联盟（Cartel des gacvehes）或人民阵线（Popular Front）的信念"（1978，22）对我而言这不是一个很有力的论证。

㊲ 维多托（Vidotto，1979，51）。

㊳ 孚雷（Furet，1978，43，84）。但是谁是"真正的社会"？巴伯（Barber）提到"资产阶级中受损失最大的……是中等资产阶级中那些人，他们的目的在于法律、政治、军事，或教会等职业……很难制定法律使大金融家或主要知识分子不再存在"（1955，143）。

㊴ 布罗代尔（Braudel，1982，297）。

㊵ 见诺加里（Chaussinand-Nogaret）："只有当民众力量进入场面的时刻，发生这种状况的原因是名人们所希望的革命已无事可做，出现了将会最终加宽贵族与资产阶级之间的鸿沟的一个错误。因为现在面临一个逃避惩罚的问题，并且到头来任何策略都是合法的。资产阶级由于受到的威胁与贵族一样多，他们打出了主要的王牌，令人愤慨的美德喜剧；它与人民一起呼喊，在威胁会将他们消灭的这场风暴中用'贵族阶层'来顶替……而在革命后的社会中，这两个阶层已调和了他们的分歧，再度分享权力"（1975，277）。

㊶ 安德森（Anderson，1980，36）。他实际上说这个转变是由两个革命造成的——法国的和美利坚的。也见亨特（Lynn Hunt），他说法国大革命"最具决定性的结果"之一是"意识形态的发明"它代表了一种"新的政治文化"（1984，12，15）。类似地，休厄尔（Sewell）谈到"革命本身的思想"是法国大革命"没有预期到的"产物之一（1985，81）。

第二章插图　"危险中的铅球布丁：或——国家美食家在享用小点心"

吉尔雷（James Gillray）的印刷画。（1805）
伦敦：不列颠美术馆、印刷和绘画部。
（由不列颠美术馆信托部同意复制）

英国的印刷业主，吉尔雷（James Gillray）（1757~1815），就当代政治题材生产了约 1500 幅讽刺印刷画。庇特（Pitt）和拿破仑（Napoleon）是他爱好描绘的两个人物。在这幅雕版漫画中，"危险中的铅球布丁：或——国家美食家在享用小点心"，发表于 1805 年 2 月 26 日，由汉弗瑞（H. Humphrey）画。庇特用一个三尖叉在大西洋上将地球上不列颠以西从北极到赤道切下来，得到西印度群岛（West Indies）。拿破仑用他的剑作为一把刀，切下法国、西班牙、瑞士、意大利和地中海地区，即除了瑞典和俄罗斯以外的欧洲。一个副标题写道："'大地球本身'，和所有由之而来的一切"[《暴风雨》《*Tempest*》第四幕，第一场]，"对于满足这种不知餍足的胃口而言是太小了……"。

第二章 中心地区的斗争——第三阶段：1763~1815年

1763年的巴黎条约（the Treaty of Paris）使大不列颠处于有利的地位，去达到一个世纪以来它一直企图达到的目标——使经济、政治和军事的各项水准决定性地远远超过法国。[①]但是，这一目标直到1815年才达到，而且也非一帆风顺。

谋求霸权的这两个国家之间的持续、公开斗争的第三个也是最后一个阶段，发生在资本主义世界经济的新扩张这一形势之下。新扩张本身又是这一世界经济在17世纪的长期停滞期间调整的结果（对此，我在第二卷中分析过了）。这一新扩张创造了拉布鲁斯（Labrousse）所称的"繁荣的伟大世纪……从18世纪30年代到1820年前不久。"[②]拉布鲁斯主要谈及的是法国，但这一描述也适合于大不列颠，并且实际上适合于整体意义上的世界经济。这一点我们将会看到。固然，人们肯定总是要问，繁荣是对谁而言呢？不但如此，一个长期的向上趋势的概念并不排除在这一向上趋势中存在周期的阶段，实际上也存在。但在这一长时期中，我们仍然可以谈及"增长中的生产、价格和总收入的持续运动。"[③]

莫里诺（Morineau）指责他认为是对于价格增长的流行的"海市蜃楼般的"解释。他更倾向于不把它视为一个长期的现象，而是由歉收导致的一系列短期的价格增长，它们互相之间有一"惯性"相连接，阻碍每次较高价格（高价）（cherté）突发之后的价格下降，"因此，它有一种渐增的效果。"[④]但是，这一观点不否定这一趋势；它是解释这一趋势的一种特殊风格。

为了更清楚地理解这段历史，我们必须从所谓的旧政体危机（crises d'Ancien Régime）开始谈起，由于它，这一时期被称为"最后"的历史运动——对欧洲来说，并且，可能对整个资本主义世界经济来说。旧政体危机——正像拉布鲁斯经典地描述的——是一短期的农业收成现象。它的效力依赖于谷物作为食物的主要成分的中心地位及市场价格对于地方供应的变化的迅速反应、面包对于人民大众的生存至关重要、运输缓慢而又昂贵。对大生产者来说，食物短缺意味着价格的突然上涨，并由此时常导致利润的戏剧性增加，即使他们的贮存减少了。但是，对大量的小生产者来说，同样的形势所带来的不是利润而是灾难。这乍看起来好像自相矛盾。原因在于，小生产者的收成分为多个部分（当然，并不均等）：一部分留作来年的种子，一部分是农产品杂税，一部分（有时）是实物地租，一部分维持生计，还有一部分在市场上出售。每当歉收时，正是这一部分大量或全部消失（可能还有一部分用于维持生计的口粮）。因此，出售价格也许是高昂的，但在歉收的情况下，小生产者时常无以出卖。也许会更糟，他自己必须购买以求糊口，而且是在价格高昂时购买。[5]

当然，对其他小消费者来说，高昂价格同样是灾难性的。他们的花费突然膨胀恰逢失业增加之时，因为相当大比例的有薪金的工作实际上是非全日的农业工作，恰恰由于同样歉收，对这种工作的需求减少了。不但如此，由于歉收，纺织业生产者的短期需求下降，因此，他们倾向于在此同时减缓生产，这又进一步增加了失业率。[6]

正如莫里诺的观点，这简直不是什么繁荣。但是，它也不是18世纪的新事物。短期的收成危机总是在以这种方式起作用，并达到了这样的程度，以至于由大量小农（不管是土地所有者或佃农）从事生产的农业领域，所生产的大部分为民众所需的物品，还有物品运输的很高费用都受到影响。不太常见的是在丰收的年份价格中仍有一些令人不快的成分。正常情况下，歉收的年份给大地主（和商人）带来的好处本应被丰收的年份给小农带来的好处所补偿。但事实上，随着1730年以后农业价格的上升，"地租"也同样上升。这是小生产者以这种或那种形式向较大的土地所有者交纳的地租。[7]

这何以来解释呢？是连年的恶劣天气所致吗？[8] 我们时常倾向于求助这类"迷人的"解释——维拉尔（Vilar）如此称之。但是，正像他提醒我们的，真正的问题出现在"到达点，在社会舞台"（即收入与支出的分配点），而不是"在出发点，由于气候。"[9] 这当然是完全正确的，但是，难道"社会舞台"与上一个世纪相比已如此地变化，以至于它创造了一个不同于早些时候的经济外形吗？

在旧政体危机的这一讨论中,被忽略的论点之一是拉布鲁斯本人在早些时候注意到的那一点:尽管短期的价格上涨有骤发的效果,特别是与降低的生产相连,但是,长期的价格上涨则有相反的意义,"与今天同样的意义"。[10]因为这导致生产的长期增长。这种增长还不得不满足不同的市场运转方式,一方面是地方市场(主要是小生产者的势力范围,虽然并非全是他们的),另一方面是地区性或世界经济范围的市场(主要是大生产者的势力范围)。旧政体危机是地方市场的现象。满足于更大、更远的市场的生产是"正统的"资本主义现象,其运转按照这一简单的原则:较高价格反映了世界经济中的一些尚未满足的有效需求,因此,对愿意扩大生产的人来说,这意味着潜在的长期利润。在这一更大的舞台上,气候只起次要作用,甚至在农业中。起决定作用的倒不如说是资本积累的一般速度。

我们以前论证过,[11]在17世纪的长时间停滞中,中心地区国家的对策是努力把资本主义利润的所有主要来源集中在它们的边界内,世界市场指导着谷物生产、新的冶金业和纺织业、新的运输基本设施和大西洋贸易的货物集散地。在这点上,它们或多或少地成功了。不仅如此,在中心地区内部的斗争中,最初表现最好的联合省(the United Provinces),被英国和法国的竞争慢慢破坏了根基。在英国和法国之间,斗争则相对平缓,到18世纪初,还不能说任何一方在世界经济中比另一方更强大。中心地区内生产过程的缓慢调整导致了这些国家的每一国家中收入的一些再分配。它缓慢到如此程度,以至于人们可以谈及一些增加的"国内"需求和世界经济边界的进一步扩张的尝试性开始。总之,我们认为是1750年后的时期的伴随物的变化过程(中心地区内农业和工业的技术变化、地理扩张、增加的需求)在这一世纪的早些时候已经出现了,虽然速度慢一些。[12]然而,随着世界经济的经济扩张,出现了生产的新地理划分(专门化)和中心地区的日益机械化("工业革命")。

从中心地区国家的角度看,漫长的17世纪的主要成就是这些国家的资本家垄断即将拥有的利润的能力。主要缺陷是有限的总体需求,其表现之一是人口增长的停滞。边际性小生产者在世界经济范围内的被排除,加上收入的有限再分配(主要在中心地带),为新的扩张时代奠定了基础。这一时代在一些地方开始于18世纪前半期,在后半期达到一高水平,告终于那个有利可图的动乱时期,即1792~1815年的法英战争。

传统观点认为,与经济扩张(它的表现和结果)互相关联的是人口的膨胀。并且，人们好像普遍认为，大约从1740年开始，有一次人口膨胀，持续或花了10年时间。⑬在上一章，我们已经简单陈述了为什么从社会经济转变的角度来解释人口统计数的增长好像是合理的，不论这一增长是由于死亡率的降低（在这时，在这一点上，较好的卫生习惯和更多的食物的重要性远远超过了较好的药物），还是由于增大的繁殖力。被大多现时学者放在第一位的是繁殖力的解释。弗林（Flinn）是代表人物，他认为，虽然死亡率仍然主要"在上帝管辖下"，而繁殖力则"完全在男人（原文如此！）管辖下"⑭可变的关键因素在于妇女的结婚年龄。⑮除了降低的结婚年龄这一事实之外，一些分析家又加上了——推断的、不妥当的事实，即避孕（用未射精中止法）率（猜测的）下降。人们认为这在17世纪的英国和法国已经发生了，农民以此作为艰难岁月的对策。⑯

实际上，由于前一世纪的人口下降，幸存者吃得更好，"实际工资"水平也因此缓慢上升。最终，这一节制"心理"引起了自我毁灭。因此，当有"连年丰收"之时⑰——好像1715~1750年这一时期也的确这样（这本身部分地是改善的技术的结果吗？），很容易理解为什么这种连年丰收能启动我们注意到的繁殖力的增长。

如果说在这一世纪开始时英国的生产能力更强一些，关于英国的（著作）同时也强调一个缺陷。这一缺陷恰恰由这一优势所致，发生在这一世纪第二个25年的某个时候。这就是所谓的"农业萧条"，丰收导致的价格下降的范例。⑱然而，有两点应当注意。第一，这时的价格变化好像并没有中断农业产出的增长，不论是从劳动生产率的角度，还是从平均资本的角度。⑲第二点无疑部分地是第一点的解释，这就是公认的现象，在1730和1740年代，有一地租下降的趋势（加上更经常的欠租），还有"地主向佃农的各种让步"。⑳地租下降到如此程度，以至于这时期可以被认为"农业工人的黄金时代"。㉑

因此，从大约1620年一直持续到大约1750年的遍及欧洲的谷物的低价这一现象，在这一时期结束时，有了一次最深刻的体现，特别是在那时最大的粮食出口国——英国。但是，这一长期的价格下降本身有助于创造新需求的来源（要求更好地分配收入），这又给人口学上的恢复以动力。它还鼓励中心地区的农业资本家寻找利润的新来源。首先，他们加紧努力，把经济作物的生产集中在他们手中，降低直接生产者的分担量。其次，他们通过工业革新占领利润的新来源，这又导致了世界市场上冲突的加剧。每一方面都需要依次说明。

在差别很大的语言中,关于18世纪的农业状况,一般以法国和大不列颠为例来描述。在法国,据说路易十五和路易十六统治时期的特征是"领主的反动",而这又被说成是解释法国大革命的爆发的因素之一(关键因素吗?)。在大不列颠,据说大约从1750年开始,发生了(新的)大规模圈地浪潮,这又被说成是解释"第一次"工业革命的因素之一(关键因素吗?)。但是,难道"领主的反动"和"圈地浪潮"如此不同吗?我认为不是。

18世纪,中心地区国家发生了努力增加地租收入,扩大对土地和生产的控制的现象。我认为,这最初是大农业土地所有者对下降的利润的适中的反应(类似于17世纪初东欧领主的反应)。随着人口增长,这一途径本身成为大量利润的来源。这就是说,本来曾过量的供应后来变为不足,粮食价格上涨——最初缓慢,后来加速。这发生在欧洲世界经济的每一个地方,特别是在大约1750年之后。[22]

对于供应短缺,一个自然的对策通常是尝试靠技术革新来增加生产。并且,的确像艾贝尔(Abel)所指出的,1750年后,"农业如此突然地变成有教养的人们的兴趣的中心,以至于甚至当代人都感到吃惊。"[23]但事实是,虽然尝试发展新的生产技术——持续耕作,新作物轮种,混合耕种,[24]其结果却远不如那一"十分迷惑人的"[25]名词——"农业革命"的含义那样惹人注目。要说产量或生产率没有任何增长明显有悖于事实。但事实很可能是这样,人口增加超过了食物供应的增加,其速度仅足以为可观的利润奠定基础,不需要用传统的"马尔萨斯式"控制来干涉。可以相信,这将导致劳动阶层的实际收入的下降,并且有相当多的事实可资证明。

法国的所谓领主的反动是怎么回事呢?它通常被定义为有两个中心因素:重新强制实行已不再采用或已减少采用的庄园费和庄园特权;同样这些领主和(或)其他地方大地主占用公地。尽管从法律角度来说,第一项措施属于源自中世纪封建社会的法律体系(因此,它也许可以证明"再封建化"这个分析式的标签是有道理的),但是,第二项措施直接与这一同样的法律体系相冲突。[26]因此,即使从表面来看,断定领主的反动代表了封建政制的最后喘息的观点面临着根本性的矛盾。不仅如此,正像福斯特(Forster)所提醒的,"反动"实际上被"太狭隘地理解了"。[27]它发生在正在扩大中的世界市场的条件下,对此,它是一个"全面的"反应,这同时包括现代的地产管理（比如，账目清单、调查、改善的监督）、贮存、投机、取消抵押品赎回权和拥护重农论者的价格理论。总之，这包括了我们希望企业家所能做到的一切。

这一"反动"的根本在于地租。不能把地租与庄园费混为一谈。后者虽然在这时期也增加了，但在整个收入的增长中，它只占很小的比例。拉杜里（Le Roy Ladurie）对于法国区域性分析的总结说明了，从1730年代与1780年代的比较中可以看出，最大的实际增加在于严格意义上的地租：在收缩的价格下，用所有农业价格的加权指数来计算，是51%。最接近此数的其他增长是用货币支付的农产品杂税（35%）。从贷款利息中获得的收入也显著上升，尽管利率有大的下降。增长的农业收入的最弱的来源在于各种税收、以实物交纳的农产品杂税和各种庄园费——虽然其中每一项也有小的增加。[28]

在农业收入显著增长的这一长达60年的时期中，谁是受益者呢？从上涨的价格水平这一角度来看，[29]答案是简单的。胜利者是那些"控制着可销售的剩余产品"的人，失败者是那些"即使在一年的部分时间里被迫成为购买者"的人。[30]但是，除了有80%的好处是源自增长的价格外，还有20%的好处源自"勒索辅助性的剩余价值"。[31]正是这20%反映了内部社会结构的转化。

在等级制的顶端，是大土地所有者。他们多半是贵族。但实际上，整个17和18世纪法国的特点是，那些富裕到足以成为大土地所有者的人从平民身份到贵族身份的相对"容易的转化"。[32]并且，特别是在这一时期，从实际收入的角度来说，正是大土地所有者这一身份最为重要。[33]

尽管从直接的词义上说，封建义务的作用有限，然而，通过出租（包捐税）（affermage）这一间接途径，它们可以被转化成资本主义利润。因为不仅中央政府有赋税包收人，领主也"出租"他们的封建义务。这就是说，每个领主将与一个更大的包税人（farmiers）签立合同，包税人每年支付预定数量的钱财，而这些又由包税人从直接生产者那里以实物的形式征集。因此，实际上正是这些包税人在市场上出售这样征集来的产品。在价格上涨的时代，这意味着价格的任何上涨都"有益于包税人"。[34]

地主直接地和间接地得到了增加的地租。与此同时，他们还试图扩大他们领地的规模。[35]主要方式有两种。第一，尝试废除收获后在庄园土地上共同放牧的权利（公共牧场）（vaine pâture），以及这一权利在邻近土地上的扩展——共同畜牧权（the droit de parcours）。这一权利本来是允许在收获后的庄园土地上共同放畜牧，像在休耕地和荒地上一样；㊱第二，尝试分割公地（市镇的财产）（Communaux）并允许圈地。

在这些尝试中——它们在法国的历史与在英国至少一样长，㊲法国大土地所有者在1750年以后的时期明显不如他们的英国同行成功。法国较弱的国家机器和英国政治上较弱的农民在两个国家导致了十分不同的政治结果。但是，其反面也是正确的：就地租可以被提高到的程度而言，英国地主在1750年以后的时期不如他们的法国同行成功。英国佃农在契约有效时期方面的牢固"权利"阻止了佃农的快速更换，这一状况在法国可谓"天方夜谭"。㊳

如果人们要问这是何故，有一个解释可能是这样——恰好与一般的解释相反。这是两方面因素的结合而造成的。一方面是法国资本主义价值（企业家财产转让的精神）的较快传布，以及它的反面，英国传统价值（租用土地的人的既得权利）的较为持久；另一方面是法国国家强制改变的能力较弱（与不列颠相比）。正如福斯特所指出，在法国，从事谷物生产的大租佃农试图得到使用权的安全、更长的租期和减少保证金的行动，被认为是"对契约自由的不正当干涉"。㊴

关于英国圈地的总体描述要清楚一些。1750年以后，圈地的速度大大加快了，主要不是通过私人契约，而是通过议会法令（即通过国家）来实现的。无疑地，我们今天认识到，这只不过是一长达三个世纪的趋势的顶峰。㊵我们今天还认识到，敞地和分散的条田这一长期存在的先前的制度，并非完全基于非理性的愚蠢的持久性。㊶尽管如此，在18世纪后期，圈地仍有一个异乎寻常的突发，主要发生在那些不像早先被圈占的土地那样投入这一过程的土地之上。㊷我们不得不解释的正是这一突发状况。还有一个深层的问题。正像达尔曼（Dahlman）所辩明的，如果圈地一直主要是技术革新的结果，我们所见的此前的圈地现象本应比实际发生的要少。因此，我们需要一个从"渐渐发展的变化因素"的角度的解释。他提供给我们一个："市场的规模和相对价格的影响"，要求与敞地制不相容的一定程度的"专门化"。㊸如果要问为何需要议会干涉，迪恩（Deane）有一个最合理的回答："猜想私人圈地的过程慢于1760年之前的时期是有道理的，因为在食物价格高昂的时候，抗拒剥夺的动机是强烈的。"㊹

由于高价的刺激，农业生产的确发展了——即使与人口增长的速度可能不太吻合。但是，虽然如此，农业生产可能仍被认为是18世纪的一个"笨重又缓慢"的部门。最终"飞速发展"[45]的部门是工业和商业。在18世纪初，英国和法国（东北部地区、朗格多克）（the Northeast, Languedoc）的工业，还有奥属尼德兰（比利时）（Belgium）和瑞士的工业，有一个"大致平等"的发展——按农业与工业的国内比例（大概2∶1）来说。[46]它们都是出口国，但它们工业产品的大宗仍在它们的边界内销售。因此，这些工业都倾向于鼓励保护主义政策。[47]工业生产的开始增产与谷物生产平行，法国早于英国，法国大概在1715年左右，[48]英国则一般在1740年。[49]无论如何，很明显，全球扩张——像人们所预料的——是一个渐增的过程。哈特韦尔（Hartwell）认为：

> 由于丰收的促进，1750年后的普遍经济扩张历久不衰……因此，1750年后在广泛领域——农业、工业、贸易和交通——的投资，为1770年代和1780年代的技术突破奠定了基础。技术突破在关键性工业中创造了获取利润的机会，达到如此的程度，以至于企业马上有了反应，产量迅速提高。[50]

然而，在哈特韦尔看来，正像在许多人看来一样，这只是英国情况的描述。我们必须更为仔细地研究在多大程度上这一"连锁反应"只是一个英国现象，并且，通过什么途径达到这一程度的。这就是说，为什么这一现象是真实的：1790年以后，英国的生产消费下降的足够快速，以至于英国生产者能够"成功地侵入欧洲主要市场"？哈巴库克（Habakkuk）等人认为，这时期的大多发明"更合理的说法是由于日益增加的需求的压力"，[51]而不是由于偶然的机遇，或工业价格的变化，或熊彼得主义的革新者（Schumpeterian innovators）的观点。如果这一看法是正确的，那么，为什么需求在法国没有同样的结果呢？

此外，经济扩张不仅意味着生产的增加，还意味着增加的贸易。1715年后，英国和法国都扩张了它们的对外贸易，但并非在所有市场上都达到同样的程度。克鲁兹（Crouzet）指出，英国人"总的说来在欧洲市场上不成功，他们在那里遇到了保护性关税和法国的竞争"。[52]只是到大约1785年，随着证明是英国进入这一市场的手段的新发明的出现，这一形势才发生改变。但相反地，在整个18世纪，英国人有一个远大于法国人的殖民地市场，并且，他们能够——不像法国人那样——广泛渗入其他殖民国家的市场。[53]

由于美洲贸易在世界经济中的日益增长的作用，英国人在殖民地贸易中的优势变得更为重要。[54]不仅如此，恰恰是这一提供有弹性收入产品的殖民地贸易，使得英国在1750年代以后（还有在以后由1785年起的棉花之前产品大涨价）的扩张时期能够在欧洲扩大贸易。[55]虽然如此，总的说来，在1780年代之前，英国出口的增长并非"十分迅速"。[56]因此，正是这一最后的突发将需要说明。

类似地，经过更仔细的研究也许会发现，英国与法国的令人满意的"国内市场"差别要小于它的鼓吹者一般所断言的那样。这里有两个争论的问题。第一，英国生产者在他们的边界——政治边界、免税边界、低廉的运输花费边界——内，有一个明显大于法国的"总有效需求"吗？第二，对任何一个国家或两个国家来说，国内市场——不论如何定义——是明显强于"国外"市场（即横越"边界"之外的市场）的有力促进因素吗？

就政治边界——大概是用以限定国家政策的直接效力范围——而言，我们知道，法国远大于英格兰，甚至是大不列颠（联合法令之后的统一体），虽然如果加上帝国，法国"国内"市场与大不列颠"国内"市场的比率下降。

就免税的疆界而言，在主要的国内价格考虑因素的范围内（这是可怀疑的），[57]英格兰的面积约相当于五大包税区（Five Great Farms）。

就低廉的运输边界而言，在18世纪，两个国家的内部状况都有了改善，但无可怀疑，英国优于法国（但在多大程度上？）。[58]无论如何，国内运输设施的改善也服务于"对外"贸易，使它远不再是一种港口到港口的事务。

因此，问题在于，一个地方的总购买力是否大于另一地方。在这一点上，应该区分开中等阶层的规模与繁荣程度与较低阶层的手头现金的购买力水平。后者虽然单个人来说微不足道，但由于在人口中所占的数量而起着举足轻重的作用。

在前面关于1650～1750年这一时期的发展的讨论中，[59]我们区别了大地主、富裕（中等水平）生产者、不富裕的（小）生产者与无地工人。关于两个中等阶层（我们已指出，就所有权而言，它们相互间没有区别），我们看到，在那一时期，富裕（中等水平）阶层以牺牲不富裕（小）生产者为代价富裕起来，在英国和北部法国都是如此。事实上，这可能降低了总体购买力，因为小生产者收入的下降超出了富裕阶层收入的增加，这一转变使得前者中的许多人去从事农工业和农村工资劳动。近年来，这一现象被贴上了原工业化的标签，其研究成为时尚。[60]

在那一长期停滞的时期，小生产者已被动摇了根基。同样，在经济扩张的 1730、1740 和 1750 年代及其后时期的集中、侵占和高地租中，受打击最重的正是那些在前一时期中相对较为富裕的人。对于 18 世纪后期的英国圈地，钱伯斯（Chambers）是这样总结的，"受'吞并'的不是那种最小的所有者，而是那种中等所有者，即那些支付 4 先令以上但少于 10 镑地租中间类型的人。他们被吞没了。"[61] 这一时期，法国地租的增加超出了生产和生产率的发展，使得许多农民——他们此前没这样做过——"寻找第二职业（职业）（métier），只是为了完成他们的土地每年应交纳的地租……无可怀疑，在这种情况下，额外工作仅能用于维持他们先前的生活水平，以免继续下降。"[62]

这是一幅昏暗的图景，它好像与日益增长的国内需求这一观点相冲突。但除此之外，还必须加上工资收入这一图景，它影响着农村和城市地区。无可怀疑，在 1750~1815 年这一时期，实际工资下降了，虽然下降程度如何还有争论。[63] 霍布斯鲍姆与哈特韦尔（Hobsbawm-Hartwell）等人之间的著名论战（留在后面讨论）——关于工业革命提高还是降低了工人的实际收入——主要涉及的是 1815 年以后的时期。如果 1750~1815 年间国内需求扩大了，完全可能，这不仅是增长的平均收入而造成，同时也由于增长的人口。[64]

在世界经济的范围内，同样的情况也很可能存在。因上，虽然科尔（Cole）谈到不列颠的贸易在 18 世纪晚期"空前的扩张"是在对外贸易中，不管什么情况，不如说是由于其他情况而发生的，但他还敏锐地指出，这一增长的大部分是由于"在北美市场的销售的迅速增加"，他还提到英国此时侵入欧洲其他国家的"相对萧条的市场"的能力。[65]

因此，当巴黎条约结束七年战争时，英国经济行为的水平决非明显不同于法国。的确明显存在的是每一方在商业上都有不同的优势。大不列颠在与法国竞争欧洲大陆上削弱了，但它以在"海外"的相应地位的改善来补偿这一衰落。敏锐的荷兰作家塞里奥尼的阿卡里亚斯（Acarias de

Sérionne）明确认识到了这一点。他在1778年的著作中，分析了英国人面临的困难：由于国内价格和工资上升，其生产变得昂贵，不能在大陆上与法国（和荷兰）竞争。这一困难促使英国在世界的其他地方"成功"，并且，当然也促进了技术革新——它很快重新创造出了不列颠在欧洲的竞争力。但是，在世界其他地方的这一"成功"必须仔细分析，就像布罗代尔（Braudel）坚持认为的：

> 英国说来如何把贸易推进到这些外部边缘，是很容易看出的。在大多数情况下，胜利是靠暴力来取得的。比如，1757年在印度，1762年在加拿大，或在非洲海岸，英国把竞争对手推到了一边……它高昂的国内价格迫使它……从低花费的国家……寻找原料供应。[66]

舒瓦瑟尔（Choiseul）在七年战争中想设法阻止的正是这一点，阻止英国建立"在公海上的专横势力"。[67]

大不列颠虽然取得了战争的胜利，但没有取得全然的胜利就半途而废。[68]皮特（Pitt）像舒瓦瑟尔那样清醒地看到，世界贸易的争夺在那时至关重要，但是，在1760年乔治二世（George II）死后，皮特被撤职。皮特和他的朋友痛惜瓜德罗普岛（Guadeloupe）和马提尼克岛（Martinique）回归法国，以及纽芬兰（Newfoundland）附近的大浅滩（the Grand Banks）上的捕鱼权回归法国。在关于条约的争论中，皮特在伦敦城（the City）商人的支持下，大声疾呼：

> 大臣们似乎已经忘记了这一最根本的原则，如果不仅就海上和商业势力而言，法国是首要可怕的对手。[69]

那些把注意力集中到国家在资本主义世界经济的竞争斗争中的适当角色的人，此时在英国归于失败，就像他们不久以后在法国的结局一样：

> 好像一切都在他们掌握之中，但他们失败了，因为他们缺少政治权力。失败后，他们把注意力转向了政府的制度和方法。资产阶级激进分子的黎明来临了。[70]

然而，如果说法国的海外经济基地还没有被摧毁——像皮特和他的朋友所希望的，英国至少得到了一些关键的战略地带——加拿大、多米尼加（Dominica）、圣文森特（St. Vincent）、米诺卡岛（Minorca）、塞内加尔海岸（the Senegal Coast）的一部分，当然还有孟加拉（Bengal）。法国马上求助于欧洲外交中的势力均衡这一手段，以改善处境。[71]1768年吞并科西嘉岛（Corsica）有助于调整在地中海的形势。[72]但这并不足以抵消法国经济在两个关键领域所受的损害，这一损害将成为法国毁灭的根源。

首先，七年战争中断了法国大西洋沿岸的商业和工业混合体的飞速发展。这一混合体是三角贸易、奴隶贸易和棉花制造业的纽带，我们知道它在英国运行良好。在巴黎条约前的20年，处于"现代经济发展""最前沿"的是法国的港口城市，如，南特（Nantes）。[73]然而，这场战争是"灾难性的"，封锁影响了"成长最快的部门"，并且，战争结束时出现了"一种更为谨慎的精神"。因此，这场战争标志着经济的"一个转折点"。[74]

第二，正是战争从根本上"扰乱"了国家财政，永久地中断了收入与开支间的平衡。因此，国家走上了靠未来的收入过活的危险道路，而这只能通过进一步向债权人让步而得到。[75]对法国国家来说——就像类似情况下的许多其他国家一样，这最终起了通货膨胀的作用。

在七年战争后的时期，世界贸易普遍减缓。直到1792左右，世界经济才完全走出这种康德拉提夫B时期（Kondratieff-B period）。[76]然而，在抓住这一情况好转的机会中处于最有利位置的将是大不列颠，而不是法国，这在1780年代将显现出来。我们现在将着眼于造成抓住这一机会的工农业发展。然而，记住这一点将是有益的：在与法国长期争夺日益扩大的海外市场的较量中，英国所获得的政治战略优势对于这一经济高涨是多么重要。关于其重要性，哈巴库克有精辟的表述：

> 当然，在一定程度上，英国在1780年代的出口加速是技术革新的结果。但至少是在棉花纺织业中，这些革新在一定程度上是这一事实的结果：在先前的几十年中，英国已与迅速扩大的市场联系起来。大陆的纺织工业满足需求的增长远为缓慢的市场，有鉴于此，它们无需面对改善其技术和组织方式的同样需要。[77]

好像正是在1760年代的这个时候，法国精英们——知识分子、官僚、农学家、实业家和政治家——开始表达这一感觉，即他们不知怎么地"落后于"大不列颠了，并想设法寻求"迎头赶上"的方法。根据我们今天的知识来判断，这样一种印象也许被夸大了，但这并没有抹去它在那时对社会和政治行为的影响。在农业中，这意味着三个主要的社会政治尝试：土地清理、"自由的"谷物价格和农艺的改进。

土地清理采取两种形式：分割公地和废除集体使用权［特别是强制性公共牧场（vaine pâture）］。由于法国国家法律的薄弱，这一改革尝试不得不逐省进行。虽然有这一复杂性，1769 到 1781 年间，省级法令还是接连批准分割公地，1766 到 1777 年间则是批准结束公共牧场。王权以各种方式予以支持。财政的需要刺激开垦荒地，这又进一步鼓励了土地侵占。布洛赫（Bloch）称这一尝试"规模宏大"，指出这部分地是故意模仿英国的议会程序。然而，正如他所评论的，改革者遇到了"意外的困难"，一股"胆怯和泄气的浪潮"使它夭折了。[78] 这些改革的失败现在没有争议。[79] 但是，我们能够把它归咎于对传统的一种纯粹崇拜吗？无可怀疑，改革引起了一些人的担心，——它反映了维持某些"封建"特权（比如打猎区）的愿望，但是，反抗的主要来源明显是一个受到威胁的物质利益。

公地的分割受到了大土地所有者的普遍支持，他们通过挑选权（the droit de triage）可以得到这些土地的 1/3。无地工人或那些有很小一块土地的人也能够在这一分割中得到一些好处，但这只有在所得份额与现存财产规模不成比例的情况下。一般说来，正是耕地者（Laboureurs）倾向于最强烈地反对，因为他们在耕地上的所得不能补偿他们在放牧权上的所失，并且，最贫穷的人们所得到的土地——尽管很小——足以使他们离开耕地者的劳动力市场。因此，法国的耕地者像英国的自耕农一样被引向了无产阶级化。的确，在谈及 18 世纪的法国——不是英国——时，拉杜里告诉我们，"无产阶级化取代了墓地。"[80]

然而，在禁止集体权利（公共牧场，共同放牧权）（vaine pâture, droit de parcours）的问题上，政治组合就不同了。无论如何，无地工人或土地极少的人从此得不到任何好处，废除这些权力意味着他将失去他仅有的几头牲畜的牧场。[81] 耕地者，特别是有肥沃土地的人，是现行调整中的"互惠主义"的受害者。但现在，正是他们从圈地中获取好处。[82] 然而，在这一问题上，大土地所有者则意见不一。只要是在属于大土地所有者的土地单位散布的地方，这些集体权力对他们来说像对那些少地或无地的农民一样有用,如果不是更为有用。但如果他们的土地集中起来,他们就失去了公共牧场的好处。[83]

但是,对情况的这一描述不同于我们对英国的可能的描述吗?是的,在一个根本的方面不同:在法国,土地单位的分散程度远大于英国。[84]就像我们看到的,这能够影响大土地所有者的态度。但是,法国土地所有者为什么不像英国圈地法令中司空见惯的举动那样,靠立法敕令这一简单的办法来重新组合土地呢?布洛赫提供了答案:

> 自然在一个极大部分的土地持有权(租佃)全然没有得到永久所有权的国家里,这样一种束缚(重新组合)在法国是可以接受的吗?这些经济学家,行政官员甚至没有正视这种可能性。[85]

事实再一次表明,相对于财产权不那么根深蒂固的大不列颠来说,法国管理现存财产权的严格规定是法国的"不利"。它使得法国能够更好地反抗侵占行为。

当我们转向谷物价格的开放的情况时,我们发现另一个讽刺。首先试图贯彻亚当·斯密(Adam Smith)的《国富论》(*Wealth of Nations*)——甚至在它出版之前——的国家是法国而不是英国。正是在 1763 年 5 月的"宣言"(Declaration)和 1764 年 7 月的"敕令"(Edict)中,法国政策打破了粮食供应传统,并实行"谷物自由主义"。"宣言"创造了整个法国内的自由流通,而"敕令"则允许谷物和面粉的自由出口。[86]这些法令在相当程度上是对 1763 年的"屈辱的……伤风败俗的、破坏性的"失败的反应。它们构成了"一个惊动社会的事件",标志着与一个长久传统的"断然决裂"。但是,它的持续并不长久。它结束于 1770 年经济问题的突然出现,并颁布法令再一次禁止进口,其颁布时间恰巧在 7 月 14 日。[87]

如果实行谷物自由主义的目的是降低价格、平衡地区间价格或减少年度差别,那么,在它的短期历史中,它没有明显地实现这些目的。拉布鲁斯把它的"微弱影响"归因于由交通"困难"所导致的客观经济局限。[88]但这一观点的先决条件是我们把重农论的主张作为政治解释。然而,卡普兰(Kaplan)提醒我们,虽然这一措施由于其"激进主义"而让人吃惊,但它得到了十分"传统、保守"的土地所有者的支持,他们所关心的不是自由主义思想,而是谷物贸易的直接利润。[89]谷物自由主义的执行是在

1763～1770年间，而拉布鲁斯认为，正是在这些年，出租土地不利于所有者而有利于佃农。这是全然的巧合吗？谷物自由主义可以被视为通过扩大总销售量来维持利润水平的手段。在1770～1789年这一时期，直接生产者的利润下降，同时，地租却正在上升，这样，谷物自由主义变得不再那么必要。在杜尔哥（Turgot）统治时的1774年，谷物自由主义的短暂再现遭到了大众的强烈反抗——面粉之战（the guerre des farines），[90]而没有得到土地所有者阶级的必要政治支持。1776年，杜尔哥甚至试图把谷物的自由贸易扩大到巴黎，而这在以前是被免除的。杜尔哥失去了职位。

但是，这一领域改革的失败是封建势力强大的标志吗？如果听取拉布罗斯对"幸福的土地贵族阶级"——其首要收入，即地租收入"正在上升，猛烈地上升"——的论述，就不会这样考虑了。

> 土地上的资本主义不只是扮演社会上的有影响的受保护者的角色。它也进攻，也推进，其速度空前，在它面前，农民的利润大大下降了。[91]

因此，无怪乎我们重新对土地所有权和投资感兴趣。[92]

法国的谷物自由的实际情形（与合法性相对应）与英国相比有怎样的不同呢？正如莫里诺所提醒的，由于"缺少统计数字"，我们不能真正地确信比较的谷物出口数字。但无论如何，有这样一个事实：法国供应过剩的省〔比如，布列塔尼和朗格多克（Brittany and Languedoc）〕正在船运商品到供应不足的省，[93]因此，只看对外贸易数字不能作为比较的恰当依据。如果我们忽视了这个事实——正如他所说——这一问题就不会被"恰当地摆对位置"。

如果我们回到改革的第三个舞台，即经济的改进，头奖通常要颁给大不列颠。实际上，通过研究18世纪英国对法国农学家的影响，鲍德（Bourde）得出的结论是，严格意义上的农学的后果是很少的，而且，这一影响"与其说是经济史的事实，还不如说是思想史的事实"。[94]不过，有三点还需要指出。第一，英国农学的发展虽然是真实的，但没有达到通常认为的"革命"的水平（就像已经指出的）。[95]第二，英国土壤比法国更适合新饲料作物。[96]第三，英国的新耕作制没有增加每个工人的产出，而只是增加了每个土地单位的产出。[97]

因此，对于1763~1789年间法国农业中的重农主义改革尝试的失败，人们可以有各种解释方式。法国与英国之间的真正区别被夸大了。就真正的区别而言，法国土地所有者/大包税人阶层的犹豫反映了尽可能创造直接利润的可能性的理性考虑。与英国的较低阶层相比较，法国的较低阶层在反抗资本主义剥削的进一步扩大的某些方面中更为成功。可能所有上述三点主张都是正确的。

在工业舞台上，情景又如何呢？在那里也同样，有一个广为流传的观点，即法国人正落在后面。这是那时的人们的观点，也是此后的分析家的观点。这一观点的准确性如何呢？英国棉纺织业是这一分析的中心问题。首先我们应记住，在18世纪的相当长时间里，法国的棉纺织业不仅大于英国，而且，在1732~1766年间，法国的棉纺织业规模翻了一番。1700年的保护主义反印度法规刺激英国的微弱工业开始成长，但其成长"只是在七年战争后的1760年代中期才加速了。"[98]许多作者将注意到，只是从1780年代开始，英国才有一个突飞猛进的发展。[99]

我们还应当记住，从17世纪开始，一直延续到19世纪，欧洲的小型乡村工业蓬勃兴起，它们赖以建立的资本积累水平从低级到中级不等。[100]米尔沃德（Milward）和索尔（Saul）提醒我们，到1780年为止，欧洲"最为工业化的景观"仍然不是在英国，而是在"里尔（Lille）、鲁昂（Rouen）、巴塞罗那（Barcelona）、苏黎世（Zurich）、巴塞尔（Basel）和日内瓦（Geneva）附近的乡村地区。"[101]并且，在总结了现今大量的关于所谓原工业化的论著之后，蒂利（Tilly）指出，从1650年一直到1850年，"庞大企业和巨额资本很可能经历了一个相对衰落。"[102]

从这一意义上说，我们通常所称的工业革命实际上应当理解为领先工业的再城市化和再集中，同时还有扩大规模的尝试。因此，从定义上说，只有一个或两个地区能够成为这一尝试的所在地。对法国和英国来说，生死攸关的是哪一个国家能够成功地引导这一对抗行动。恰好由于世界经济的新扩张，这一对抗行动的好处将是巨大的。

英国开始这一过程是否先于法国，我们仍然远非肯定。[103]至于工业的规模，在18世纪，是法国，而不是英国有更多的"大规模企业"。[104]虽然如此，事实仍然是这样，在1780~1840年期间，英国能够以任何国家为代价，最为直接的是以法国为代价，成为世界经济的较大规模、相对更机械化、相对高利润[105]的工业部门的中心地区。[106]这究竟是如何发生的呢？

第二章 中心地区的斗争——第三阶段：1763~1815 年

看来很明显，在 1780 年代，英国棉纺织业生产的相对效率突然提高了。这是著名的"新发明浪潮"的结果，这一浪潮在英国大于在法国。[107] 如果愿意，人们可以把这归因于更大的"创造力"。[108] 但另一个肯定有助于此的因素是这一事实：此时，英国人有进入市场的优势。[109] 这适逢"发展极从法国向西班牙的转化这一相当经典的现象，可能由于某些拥有陈旧设备的省（如，布列塔尼）的全面成熟而变得复杂"。[110]

关于市场，还有另外一个需考虑的问题。对于英国国内市场的作用，历史学家们已给予了很多注意。但这在两个方面总让我感到莫名其妙。在一个销路有如此大的部分依赖对外贸易（并如此地依赖外国进口，且形成联系，以出卖什么东西作回报）的工业中，为什么国内市场是技术进步的原因呢？难道法国国内市场不大或更大吗？至于英国生产率为什么恰在这时有这一飞跃，莱昂（Léon）的回答在我看来合理得多。"人们能不能设想，（法国）国内市场的收缩会承受得住用它的一切力量去对抗对外贸易发展的任何深刻改变"。[111] 这就是说，恰恰由于国内的利润水平很高，在海外要有竞争力的压力减弱了。这就是为什么 1786 年条约——我们很快会提及它——如此重要的原因。

尽管"降低的花费和可以扩大的市场"无可怀疑"在技术发展的（进一步）加速中具有战略重要性"，[112] 但是，英国还有一个根本的优势——乐于积极干预市场的国家机器。除了再引用芒图（Mantoux）早先的，但经常被遗忘的分析外，我不能对此有更好的说明：

> 没有比说英国棉花制造业在外国竞争面前没有得到人为保护就成长起来更不准确的说法了……不论从哪里进口印花棉布都被禁止。没有其他任何保护措施会更完全，因为它给制造者从国内市场的真正垄断……并且，不仅国内市场留给他们，而且采取措施帮助他们获取海外市场。补助金给每一匹出口的白布或平纹细布［乔治三世 21 年 40 号法案（1781 年）和乔治三世 23 年 21 号法案（1783 年）制定了严厉措施阻止（新机器）出口到外国……如果棉纺织业的历史能为自由贸易（laisseg-faire）理论提供论据这一说法是正确的，这些论据肯定不会在其早期发现。］[113]

虽然如此，即使考虑到所有这些，英国的优势也并非那样之大。正如莱维－勒布瓦耶（Lévy-Leboyer）所指出，"英国人不能指望太长时期地保持其技术和财政优势。"然而他们做到了，并超出了人们认为是合理的限度。在多大程度上应当从法国大革命（the French Revolution）——莱维－勒布瓦耶愿意"从这一角度"称它为"一个民族灾难"⑭——来寻找解释这一现象的原因呢？

如果我们着眼于导致法国大革命的一系列政治事件，有一个广泛一致的观点是，三级会议（Estates-General）的召开开始了直接的行动过程，而召集三级会议的决定是一种"君主制危机"的结果。对于这一危机，勒费弗尔（Lefebvre）有一个直截了当的解释：

> 政府危机可以追溯到美国战争（the American War）。英国殖民地的反叛可以被认为法国大革命的首要的直接原因，一方面由于它号召人权而在法国引起了大骚动，另一方面由于路易十六（Louis XVI）为支持它而陷入财政危机。⑮

这一解释导致了两个直接的问题：它对大不列颠为什么没有同样的思想影响呢？英国国家的财政又如何呢？我们必须再一次回到1763年这一转折点。当时，法国察觉了自己"落后于"英国。从根本上说，那时讨论的解决办法有两个：增强法国国家力量——从财政、社会（与地理的或阶级的离心势力相对）、军事——或从经济上"开放"国家。两者都被视为"改革"运动。其中一个是计划利用国家财力支持企业家以增强法国的经济地位，另一个是计划利用国家财力迫使法国企业家变得更有"竞争力"以增强法国地位。在上一个世纪，这种全国性争论已变得司空见惯。它是保护主义干涉者与"自由主义"干涉者间的争论。1763年以后，法国在这两者之间摇摆，其结果一塌糊涂，并成为政治性爆发——实际上发生了——的主要潜在力量。

摇摆开始于舒瓦瑟尔公爵（Duc de Choiseul），他

> 渴望这一最后结局：在世界上重新确立法国的势力，进行对英国的复仇战争。但他不愿意采取必要的手段，在法国国内恢复王家权威，改革王家财政。没有这些，所有其他改革都将是徒劳。⑯

弗尔热纳（Vergennes）继续这一政策。他在1774年到1786年任外交大臣。一系列控制法国财政的人也同样，他们是，杜尔哥（Turgot，1774～1776），内克（Necker，1776～1781），弗勒里（Fleury，1781～1783），卡洛纳（Calonne，1783～1787）。每个人都竭力解决同样的问题，每人都采用了不得人心的解决办法（各不相同），每人都没能增强法国在世界经济中的根本经济地位。如果绝对君主制能更绝对的话，它本来是能够战胜危机的。但是，1715年到1789年的所有财政改革计划都"由于最高法院（parliaments）的反对而完全失败"。[117]

政府财政始终是核心问题。如果说世界经济的长期扩张导致了拥有土地的生产者的资本得以稳定地积累——主要通过地租这一手段，那么，这一资本集中不仅只是导致了从直接生产者那里得到更多的剩余价值，而且降低了国家作为再分配中心的地位。虽然国家岁入——作为全国性产出的一部分——在17世纪稳定增加，并至少延续到1715年，但从1730年开始，它走了下坡路。[118]由于总包税公司（Company of General Farms）的制度，形势恶化了。它在18世纪（至少到1774年）是征税的首要结构，这大大便宜了征税人。[119]"王权失去了独立于（这一公司）的地位。"内克尔可能降低了这一公司的作用，但是，"要摧毁它所需要的完全应当是一场革命"。[120]

然而，正是美国战争把一个稳定的趋势变成了一个严重的问题，因为它在国家岁入下降的时代大大增加了国家开支。[121]美国战争应该有利于法国，在许多方面也的确如此。毕竟，它标志着那一殖民地区脱离大不列颠，那里是它的最重要出口场所。事实上这一战争也的确挫伤了英国，引起了对外贸易的"突然中断"[122]和对外贸易总额的下降。对法国来说，它是一场"复仇战争"，[123]其意识形态上的实质被忽略了。

虽然大不列颠输掉了美国战争，但法国所得的好处也证明是虚幻的。追溯这一事件，吕提（Lüthy）谴责这一"不自然的联盟"，它源自舒瓦瑟尔（Choiseul）在新大陆复仇的观念，并指出，和平刚刚取得，"美国人和英国人发现自己又在私下交涉，以结束他们间的家内争吵，给那些作为不远之客的外国人（拉丁人和教皇主义者）以背后一击。"[124]这一现象为什么发生呢？在20世纪的所谓非殖民化之后，发生了前殖民者与前被殖民者之间恢复商业联系的类似现象。在相当程度上，从解释这一现象的各种原因中可以看出，鉴于现存的商业、社会和文化网络，前被殖民者恢复他们的传统联系（以稍微改变的形式）比把这一关系转移到其他中心地区国家要简单得多。[125]

的确，一位敏锐的法国分析家，布瓦西埃的唐居伊（Tanguy de la Boissière），在反省了1775年以来的法—美商业关系后，到1796年就能这样写道：

> 大不列颠虽然失去了殖民地土地的所有权，实际上没有失掉什么，因为她马上得到了它的使用权。现在，她享用着庞大的商业所带来的好处，而不需行政管理的花费——像过去那样……因此，很明显地，英国从1774年的脱离中不但没有损失，反而有所得。[126]

这一分析在英国也并非不为人所知。它无可怀疑地支持了伯克（Burke）反对乔治三世的政策和观点。后者认为，这一"灾难"是"与1689年大革命（Great Revolution）所建立起的传统的分界线"。[127]伯克并非孤身一人。韦奇伍德（Josiah Wedgwood），一个"他所处时代和阶级的典型的"企业家，也反对战争。"当美国获得独立时"，他"庆幸自己的运气，和祝佑诺思勋爵（Lord North）。"[128]

然而，英国之所以能从非殖民化中获取好处，主要是由于1763年以后英国在世界商业中已取得的主导地位。在这种情况下，维持英属北美为殖民地变成了负担，不会相应地带来足够的好处，即使那时并非所有英国官员马上认识到了这一点。事后看来（但仅仅是事后看来吗?），很明显地，"从商业上来说，殖民地的脱离的结果几乎是有利于母国的"。[129]

法国本以为美国战争会"敲响英国盛世的丧钟"，结果却导致了"法国大革命"。[130]由于这一战争，法国的国家债务加倍增加。[131]不出五年，王权已变得"不再能让人放心地给予信贷"。[132]1788年，国债利息已达预算的50%。[133]国家正走向"破产"。[134]

但是，在1780年代，英国国家的处境如此地优于法国吗？1782年，英国的国债利息在政府岁入中所占的比例甚至大于法国——甚至是1788年的法国，且不说1782年的法国。两国间的差别不在1783年和平条约之时，而是在"此后所发生的一切"之中。[135]

英法间的悬殊差别出现得很突然。首先，英国提高了额外岁入，因此明显降低了国债利息。[136]但这还不足以解决问题，特别是由于1780年代荷兰投资的逐渐撤回导致英国人出现了进一步的问题。[135]这就是说，他们的债务不能再延期了。可是，我们知道，在1783年到1790年或者到1793年间，法国债务持续暴涨，而英国债务却在相当程度上偿清。[138]对此，戴维斯（Davis）的解释是由于"在普拉西战役（Plassey）之后的几十年中对印度的掠夺"。这种掠夺即使不是工业中的资金投入的主要成分，也可以被认为"为从荷兰人和其他人那里买回国债提供了基金"。[139]我们再一次看到，英国优势来自于它在1763年后获取的地位。1780年代，英国工业获得发展，"在（法—英重新）开战前夕的1792年的真正繁荣中"达到高潮。[140]当我们把英国这兴旺的十年与法国悲惨的"革命前"相比较时，我们必须把这种比较放在十分不同的国家财政状况这一背景之下。这一财政的差别本来可能只是"暂时的麻烦"[141]——如果它没有导致一次大爆发并因而最终成为造成法—英悬殊的重要因素。[142]

因此，1763年以后英国在世界经济中积累起来的优势在1780年代得以增强，到1815年取得决定性地位。法国政府企图"赶上"英国，这成为导致1780年代的大爆发的十分重要的因素。暴涨的国家债务只能用两种办法解决，其一是节省开支，其二是直接或间接地增加岁入。法国政府选择了间接增加岁入的道路。

1776年，路易十六（Louis XVI）在杜尔哥的一个备忘录的页缘写到："人们对杜尔哥先生满腹怨言。对喜欢追求新奇的人来说，我们需要一个比英格兰更英国化的法国。"[143]路易十六好像犹豫不决。内克则试图转向另一道路，即在剩余价值的分配中，提高国家的所得份额。他失败了。对于那些愿意"开放"法国，以吸收"新鲜"的清风（他们的反对者认为是狂风）并投入竞争的人来说，1780年代将再一次提供机会。一方面，那些从垄断地租中获利甚丰的人——特别是在1780年代，可以被认为已经"奋力脱离了他们所处的社会分支"。[144]另一方面，王权正在试图应付挫折（没有能力改革国内财政系统），因而转向了开放边界（进而增加关税收入）的解决办法，以此作为岁入的来源。因此，我们可以说，王权已在帮助他们脱离。这样，王权招致了资产阶级阶层的另一部分人的反对，他们担心在英国占主导的世界经济中法国会最终"半边缘化"。

新政策的第一个标志是1784年8月30日的法令，它开放法国殖民地，实行自由的对外贸易。这是企图鼓励刚独立的北美国家与法属西印度群岛（West Indies）的贸易。但这一招的结果却是至少像有益于法国一样有益于英国。[149]在这一点上，法国的港口大商人已在强烈抗议。[150]政府这样做的一个理由是垄断公司已被无处不在的走私贸易破坏。因此，1784年法令认可了并试图利用经济生活的现实情况。[145]正是这一逻辑导致1786年致命的伊登条约（Eden Treaty）。布罗代尔认为它"证明了"，而非招致了法国在争夺霸权的斗争中的失败。[148]但是，是不得不如此显眼地表明失败吗？无论如何，它难道不是唯一可行的手段吗？

是什么导致法国不仅签订1786年的英—法商约（Anglo French Commercial Treaty），而且还带头要求它呢？[149]看来很明显，法国是企图一箭双雕。一方面是通过能够向先前的走私贸易（的确也为了在全球范围内扩大这一贸易）[150]征税来解决法国国家的财政危机，另一方面是通过市场压力造成的强制性革新来解决法国生产的长期存在的结构问题。[151]从法国的角度看，还有一个非常因素刺激法国采取主动。这就是，1778年以后的时期，农业价格大幅度下降，[152]使得大土地所有者更加抗拒把剩余产品从他们手中转移到国家的任何手段。在人们看来，增加关税收入这条道路肯定更具吸引力。

英法商约涉及与英国的一个交易。更自由的贸易意味着（残酷地）更多的英国棉布（和陶器、羊毛、金属器具）出现在法国市场，以抵偿更多的法国酒（和其他农产品，还有丝绸、亚麻布、玻璃制品）在英国市场。但多到什么程度呢？答案依赖于经济预测。毋庸置疑，法国谈判者低估了英国制造品的冲击力[153]而高估了它们补偿法国工厂主的任何损失的能力。[154]但最糟的是，他们好像欢迎法国的新的半边缘角色。夏普泰尔（Chaptal）在1802年给拿破仑（Napoleon）的备忘录中，谈到了这一条约，认为法国指望着"他的农业的优势和繁荣"，他还说，英国土地上的产品"没有任何是特别或罕见的"。[155]虽然如此，就像人们所认为的，雷恩瓦尔（Rayneval）好像乐于进行任何让步，"只要能够降低（法国）农产品的税收"。[156]的确，1786年刚好在条约签订之前，雷恩瓦尔写信给在伦敦的法国大使阿德马尔（M. Adhemar）：

> 毋庸置疑，我们正输往英国的主要是我们土地上的产品，以换回英国产品。但我过去始终认为，现在仍然认为，从国家的角度来看，农业生产者是最令人感兴趣的人物。

雷恩瓦尔并没有就此停止。1786年5月21日，在行政法院（Conseil d'Etat）上，为了进一步论证条约的正当，他争辩说：

> 假设结局与我们预测的不同，是寻求几个钢铁制造商的繁荣，还是寻求王国的繁荣呢？是增加制造商的人数，还是增加农业生产者的人数呢？假设英国金属器具充斥了我们的市场，难道我们不能把它们再卖到西班牙或其他地方吗？[159]

就是这样，雷恩瓦尔心安理得地期待着法国将扮演世界经济的传送带角色的可能性，两个世纪以来，这一角色一直是西班牙和葡萄牙的光荣使命。难怪皮特在议会争论中能够这样为条约辩护："正是从工业品制造国与幸而有着奇特（原文如此！）生产的国家间的协议的自然本性而言，好处肯定最终是有利于前者。"[160]

对于恰处于旧政体（Ancien Régime）时期经济增长最高峰的法国国家来说，这是别无选择的战略吗？[161]引人注目的是，1785年到1793年间，在与法国谈判的同时，不列颠正试图与葡萄牙、西班牙、俄罗斯、英格兰、普鲁士、两西西里和荷兰进行商约谈判。议会还讨论与瑞典、土耳其和奥属尼德兰的谈判。因此，卡马森侯爵（Marquis of Carmarthen）于1786年能够谈及"目前的商约狂热"。其他谈判都没有任何结果。"[与法条约]的成功是无与伦比的"。[162]法国政府的压力无可怀疑是巨大的——政府财政状况、酒贸易危机，[163]但做出这一决定的压力也同样巨大，不论是象征性的还是实际上的压力。看来，法国国家是在改革的幌子之下，选择一种部分的非工业化，这将有利于某些农业企业家，但损害了制造业阶级的利益。这些"改革"好像类似于20世纪的国际货币基金组织（International Monetary Fund）向面临支付平衡问题的负债政府所鼓吹的那些东西。

因此，可以理解，英国对这一条约的反对虽然真实存在，但也容易克服。皮特从商业利益着眼维护这一条约。福克斯（Fox）反对它是出于纯粹的政治原因，"法国是大不列颠的天然敌人"。[162]无论如何，英国人有各种正当的、直接的经济原因支持这一条约。他们像法国人一样，试图寻找国家岁入的新来源，因而要把走私贸易合法化，进而使得法—英交易处于应纳税范围。[163]他们担心在以下地方的市场被法国占领的可能性：北美（由于战后条约）、西班牙（由于王族协定）（Family Accord）、葡萄牙（它刚给法国以最惠国地位）。因此，他们欢迎在法国本土的市场。[164]但最为重要的是，他们知道，竞争的焦点在于棉花。他们不仅对自己在法国市场销售商品的能力充满信心，[165]而且还关切着维持从英国殖民地以外的地方得到棉花进口的通道，那里目前提供着他们所需棉花的不足30%。[166]从那一视角来看，庸俗的保护主义是行不通的。

这一条约对法国的经济后果几乎马上被感受到了，特别是（正如一个1788年的法国政府备忘录所表明的）在与"精美布匹"相对应"普通布匹"——各种用于"人民"而非"富人"消费的——方面。[167]条约导致了大量进口商品涌入，造成了来自英国的棉纺织品（还有其他制造品）的"真正泛滥"。[168]这是一场"经济革命"，[169]"法国工业史的转折点"之一。[170]阿诺德（A. M. Arnould）于1791年写到，英国商品"充斥着"法国市场。[171]但是，不出五年，法国人就认识到了这一点。这些影响几乎马上成为政治讨论的话题。从那以后，人们往往认为，这是一个普遍的错觉，因为经济衰落开始于1786年，甚至是1785年，在条约的真正生效日期1787年7月1日——之前。[172]在我看来，这一观点失之偏颇。客观上说，这一影响可能在1787年后最为剧烈，但能部分地解释1786年的困难的一个因素可能是条约的预先讨论。无论如何，正是感觉，而非事实决定着政治反应。[173]

当然，法国制造商和其他人认识到，英国布匹在法国市场畅销是因为其售价低于法国布匹。[174]英国的这一优势由更显著的机械化所致，它反过来又能瓦解法国的经济。但具体情况怎样，速度又如何呢？1789年出版的一本法国百科全书写到：

> 我们刚为英国签订了一个商约，它可能造福我们的子孙后代，但它已经剥夺了王国内500,000工人的生计，破坏了10,000家商业店铺。[175]

与此同时，法国人察觉英国政府是在帮助一个倾销过程。[176]他们担心那些将"难以摆脱"的后果，比如，无业熟练工人的移居国外。[177]到1789年革命前三级会议的陈情书（cahiers de doléance）时，这一条约已如此不得人心，以至于甚至在"受影响不太直接"的省的陈情书（cahiers）中也有怨言。[178]"大众普遍的愿望是完全废除这一条约。"[179]

在1911年的著作中，穆尔洛（Mourlot）提到了那时许多人的感受。

条约把法国变成了英国的一个"经济省";它是"对南特敕令(Edict of Nantes)的一种新的废除"。[180]从政治上说,影响是显著的。制造业部门感到被国家机器抛弃了——恰在他们认为他们最需要它的时候。它肯定给人这样一种印象,好像国王的随从们乐于接受法国在自由放任主义幌子和竞争善行之下的半边缘化。毋庸置疑,在某种程度上,"竞赛已经输掉了……[并且],英国已控制了世界范围的经济"。[181]但是,条约好像是使这一状况不可逆转的法令——这一观点将导致一场强烈的抵抗运动——特别是鉴于英国的目前状况如此良好。

条约对英国有直接、"明显的好处"。国家岁入提高,出口机会扩大,贸易平衡"陡然转向"有利于英国。[182]但还有更多的好处。通过开放法国市场,伊登条约给英国制造商提供了大量经济实惠,这使得英国人能够在美国(大概还有其他地方)降低价格。早在1789年,一个英国领事(Consul)就提到,这造成了这样一种结果:"明显中断了费城(Philadelphia)的棉纺织业的发展"。[183]

本来指望,法国在棉纺织品上所受的损失将由在酒上所得的好处得到一些补偿。事实并非如此。英国人购买法国酒的数量虽然增加了,但并非如想象的那样多。[184]伊登条约导致的"危机"大概又导致了法国国内市场的衰落。因此,虽然酿酒业表现为条约中的开放贸易政策的自然的[185]和事实上的[186]支持者,他们的处境并没有实质上的改善。1777年以来,酒价格一直在下降,事实上,在1786年降到了最低点,这一低水平持续到1791年。1788年和1789年,谷物价格急剧上升,这导致了葡萄园主人岁入的减少——由购买力下降40%而造成。[187]他们又联合抵抗什一税和庄园费以求自救。难怪,制造业部门这一"可怕的"危机,加上谷物和面包高昂的价格,"将引起大革命"。[188]

怎样"解释"像法国大革命这样的复杂"事件"呢?不论把法国大革命限定为1789年7月14日所发生的事情,还是把它限定为1789年(或1787年)到1793年(或1799年,或1815年)间所发生的事情,这都无关紧要。不管这一事件的时间范围如何,对一个事件的解释从另一个事件的角度来看就不会很令人满意了。两个事件构成一因果联系。它们的联系也许是合理的,但自然还有其他"事件"相干涉,而问题通常直接出自这些其他事件对于因果关系的重要性如何。决不会有人能正当地排除没有发生的其他因果联系,认为它们没有发生的同样可能性。宣称一种后果是一种因果联系，几乎全然是一种以果为因的牵强论证。

然而，用长时段的观点（Longue durée）来解释一个"事件"同样不能让人满意。长期发展的观点解释大规模的、长期的结构变化，但不可能说明这类变化的发生只有通过特定事件。关于法国大革命的许多争论就在这一最终不得要领的水平上。一个重大事件是一个机缘（conjuncture）（这一词的英语意思是"一个结合点"）的结果，或者说是形势（conjonctures）（法语意思是中等长度的循环阶段）的结果。这个事件之所以被称为伟大主要是由于其结果而不是其起因。从这一意义上说，法国大革命无可怀疑是现代世界的"重大事件"。

两个"客观"形势已被广泛用于"解释"法国大革命的爆发：经济形势[109]和国家机器的形势，特别是国家财政的日益亏空。从前面已经谈到的可以看出，这些形势的确明显存在，事实上也的确起了重大作用。然而，如果这两个形势是历史的全部，完全可能会出现各种类型的法国大革命。[109]但倘若如此，我会很难相信它能成为现代世界体系的历史中的如此核心的事件。

法国大革命的核心地位是法—英争夺世界经济霸权的核心地位的结果。法国大革命的发生是由于法国意识到在这一斗争中面临的失败，是这一觉醒的结果。[109]并且，法国大革命之所以能对世界体系有如此的影响，正由于它发生在争夺霸权已经失败的国家。许多人本来指望法国大革命将使英国的胜利浪潮逆流，但事实上正相反，我们可以说，它在保证英国的持久胜利中起了决定性作用。但也正由于这一地缘政治、地缘经济论的失败，法国革命党人实际上达到了他们的长远的意识形态目的。

因此，我们对法国大革命历史的考察将主要从其结果的角度，而不是从人们所认为的它的起因的角度。首先，在两个关键的领域——农民生产的结构和国家在与工业生产的关系中的作用——早期革命政府的真实经济政策是什么？

很久以前，布洛赫（Marc Bloch）提出了一个观点。从它的着重强调可以看出，这一观念反对法国大革命代表着大规模农业领地的衰落这一简单化的概念。

> 人人都知道，在1789年到1792年间，领主体制如何被打得粉碎，同时打碎的还有已成为其标志的君主体制。

— 92 —

无论新型领主如何愿意视自己为手下农民的头领，实际上，他又一次初步变成了大规模经营者，就像许多普通中产阶级的类似状况一样。如果我们能够设想——这当然是荒诞的——法国大革命在1480年左右爆发，我们将发现，摆脱了领主捐税的土地几乎无一例外地重新分配给了许多小占有者。但是，在1480年到1789年间的三个世纪中，大地产复兴了。当然，像在英国和东德（Eastern Germany）一样，它并没有覆盖所有土地。大片土地——总量可能超过了大地产所覆盖的土地数量——仍然是归农民所有。但这一胜利是巨大的，虽然其彻底性各地有明显不同。法国大革命对大地产也不会有太大触动。今天，我们所看到的法国农村土地状况是：不是小地主的土地——像有时所说的那样，而是大地主和小地主的土地并存，其比例各省之间有很大区别。这一状况应由它在15到18世纪之间的演变来解释。[102]

那么，我们何以有这一印象——由于法国大革命，农民生产的作用实际上增大了——呢？一个原因是，的确有一些影响庄园主的"传统"权力的法律条文。在1789年8月4日那个著名的晚上，国民议会（the National Assembly）的确正式废除了"封建政策"，包括什一税和某些（还不是全部）领主权力。[103]然而，剩余的领主权力将依次被废除，1793年7月17日也没给以保障。不仅如此，1791年9月28日正式通过的农村法典（Rural Code）的确还批准圈占公地。1792年8月28日的法律的确还批准分割公地。教士的土地被国有化，并最终被出卖。

虽然如此，所有这些并没有像看上去那么严重。原因之一是，革命者政府不论是废除公共牧场还是公共牧权，都没超过刚过去的旧制度下的十年的农业改革家。[事实上，公共牧场直到1889年才被废除，即使那时，其废除也要得到地方同意。[104]只是在第一次世界大战（the First World War）之后，它才被无条件地废除。]允许分割公地的法令也于1797年中止。

第二个，也是更重要的原因是，一些农民的那种"所得"主要是那些拥有一定量财产的农民的所得，即那些中等富裕的耕地者（laboureurs）。并且，这种所得通常不是以小佃农、小分成制佃农和无地工人为代价。[105]固然，各种改革在法国创造了管理秩序。[106]但是，正像布尔金（Bourgin）带有几分尖刻地指出的，"它是一种超乎想象地协调一致的管理……为它服务的立法出乎预料地保守"。[107]

勒弗费尔把我们学究气的错觉——认为大革命时的农业改革是激进的——归咎于农民反抗的"猛烈"和"顽固"性，以及8月4日晚上导致的那一涉及废除封建权利的"骚动"。他认为，其立法不是激进的改革，只不过是一个"妥协"。但他的确还说，我们不能如此地轻视它。因为，如果说它减缓了经济发展，但它比英国农业变革"导致了更少的痛苦，因此也更人道"。[198]这是评述所发生的事情的一种方式，但我感到有点太唯意志论。这一"妥协"——我们将会看到——是那些从资本主义世界经济的发展中有所得的人们与那些有所失的人们之间的残酷阶级斗争的结果。[199]这一结果的"人道"是由反资本主义势力的强大而造成的。[200]

如果我们转向国家在促进工业生产中的作用，我们将会看到，在这一舞台上，法国大革命的成就至少像在农业改革的舞台上一样重要——甚至还超过。夏普泰尔在1819年的著作中，借由回溯到1789年为止的英、法工业生产形势的比较，发现，从市场的地理范围、出售商品的数量和较低的价格这些方面来看，英国有明显的优势。他从许多方面来解释英国为何能取得优势地位。其中第一个原因是"一个多世纪以来英国执行的一种制度：只允许它自己的工厂的产品进入其国内市场，通过禁止或关税手段——两者效果一样——阻止外国生产者的产品"。[201]

恢复保护主义明显的是相当一部分发动革命并（或）由于革命而掌权的人所直接关切的问题之一。"无疑地，在（制宪）会议（Constituenty Assembly）的成员和整个国家中，（1786年英—法商业）条约是不得人心的。"[202]1793年，这一条约被国民议会（the Convention）正式抛弃。

这决不会与影响工业生产的其他主要经济决策相矛盾。这就是废除国内关税，因而，它最终实现了柯尔伯（Colbert）的梦想。[203]由于这一条例（还有废除行会），大革命得到了赫克谢尔（Heckscher）的称赞，他赞颂它的"否定性结果"——摧毁旧制度下的工业立法这一"非理性怪物"。赫克谢尔称此为"一个重大的改革举措"。[204]原则上，索布尔（Soboul）应当同意这一观点，因为他视大革命为资产阶级自由放任主义的胜利。然而，他的确也评论各种保护主义措施［关税、排斥法（the Exclusif）、1793年的航海条例］："制宪会议的资产阶级，由于面临外国竞争的危险，在他们的商业自由放任政策上妥协了。"他称这是"1789年的人们的现实主义的又一证据"。[205]但这为什么是一个"妥协"呢？只有假设资本家——从定义上说——赞成自由贸易、国家的作用微不足道，这才是一个"妥协"。[206]

对许多人来说，法国大革命的整体目标是扩大——而非缩小——国家的作用。然而，是谁想这样做并且为什么这样做呢？卢梭（Rousseau）实际上已明确提出了这一问题，他区分了普遍愿望和所有人的愿望，即共同利益与特殊愿望的总和相对应。[207]处于国家间的体系之中的现代国家正是这一无休止的紧张局势的战场。加强国家的力量明显意味着降低（不是消除）特殊愿望战胜一些更普遍的愿望的能力。这些普遍愿望试图最大可能地发挥国家及其公民受益人（citizen-beneficiaries）（这一概念的范畴小于所有公民的范畴）在世界经济中的优势——与其他国家的公民受惠者相比较而言。这样，国家能够变成这样一个机构，通过它，一个特定国家的资产阶级的集体利益战胜了个别有产者的特殊利益。固然，这是一个持续的较量。但它有时也变得很剧烈。只要一个或更多的其他国家将要有大的飞跃——在与该国家的相对地位方面，这一较量就容易变得剧烈，并会因此导致一些运动。正如我们已经看到的，这正是法国在18世纪80年代的进退两难状况。[208]

正如吕提所指出的，在旧政体下的法律"混乱"中，"没有不需要保卫自己特权的……地位稳定的团体"，18世纪的所有王家行政管理也是同样，不论是新柯尔伯主义者、自由放任主义者，还是重农论者，他们都"不得不成为革命者，否则就会陷入困境"。所有"进步的"趋势都使他们把希望寄托在"开明专制"。[209]从国家的行政管理结构来说，法国大革命和拿破仑（Napoleon）正提供了那一开明专制。慎重的保守主义者托克维尔（Tocqueville）后来正认识到这一点，并在很大程度上为此而痛惜。[210]

虽然如此，事实却是，没有真正的普通愿望，只有以特殊愿望的几分稳定的政治集中为基础的国家愿望或舆论。法国这一"稳定"的破坏（即大革命）采取了两种不同的方式：特权阶层内部的损耗和特权阶层与非特权阶层的冲突。今天看来，这些都已成常识。如果像这样平淡地表述，也几乎没有人会不同意。正是围绕着试图给这两个斗争加上概念化术语，关于法国大革命（以及通过大革命而进行的现代世界体系的根本政治斗争）的历史编纂学之战进行着。

在这一争论中，几乎人人都用"阶级"这一术语来评述那些政治人物——贵族、资产阶级、无套裤汉、农民，有时还有无产阶级。这一术语深置在已渐渐使真正的斗争变得模糊的那一系列政治规约中。因此，我概述一下我对我认为是至关重要的三点争论的看法：（1）在这一时期，"贵族"与"资产阶级"实际上的关系如何？（2）在法国大革命中，"大众力量"（城市的和农村的）的实际作用和目的是什么？（3）谁是雅各宾派（the Jacobins）？

贵族和资产阶级是旧政体下的两个明确的社会法学范畴。这一点是无可怀疑的。有争议的是他们是否是不同阶级（class）的成员。关于法国或其他地方的这些团体在16世纪资本主义世界经济出现以来的经济作用，这些种类的社会学范畴是否能告诉我们很多呢——如果能告诉什么的话？本书的读者将会发现，我对此是多么的怀疑。如果它们不能告诉我们什么，如果这些范畴的成员作为实际上的资本主义企业家趋向于大量交集，那么，法国大革命中"资产阶级"对"贵族"的胜利（如果我们可以这样称它）就既不是法国从封建主义向资本主义过渡的前提，也不是其相关物，也不是其结果，而只不过是在宪法和法国国家的根本政策问题上展开的"精英集团"内部的激烈斗争（或者，如果愿意，可称之为资产阶级内部的斗争）的体现。

这一观点能得到拥护吗？如果我们争辩说法国大革命是作为上层阶级的内部争吵开始的，我们不会激怒夏托布里昂（Chateaubriand）或勒费弗尔或任何其他后来的评论家。罗伯斯庇尔（Robespierre）本人对此就有精辟的说明："因此，正是在法国，审判员、贵族、教士和富人给革命最初的推动，人民只是到后来才出现在舞台。"[211]英国作为"楷模"，其中有一点在大革命前的法国引人注目，让人称羡，并因此推进了法国顺利走上了"革命"之路，它就是英国贵族（aristocracy）的政治和经济力量。[212]这的确是这幕大战的更有讽刺意味的事实之一。毕竟，我们永远不能忘记，在"贵族"如此地保留着最大的作用并且在现代时期延续时间最长的国家中，其中一个国家恰是大不列颠——如此众多的现代资本主义国家的象征性的心脏地带。

正如我们已经论述过的，对法国大革命的所谓的社会解释（视大革命为杰出的"资产阶级革命"），近年来遭到了大量系统性的攻击。有人认为，大革命是资产阶级的事业，他们为了自己的利益（与封建贵族的利益相对），在社会结构上需要大革命。通过阅读社会解释本身对佃农的分析，就可以发现对上述观点的怀疑。马迪厄（Mathiez）在他的代表作的开篇就承认，1789年的形势是，绝对君主制的实际权力有限，领主已失去了对国家的一切公共权力，农奴制实际上已经消失，封建地租已成为一个微不足道的现象，而资产阶级"虽然受到社团政治的束缚，但无论如何，他们所受到的反对要小于我们所一直认为的"，因为，虽然还有各种约束力，但"在整个（18）世纪，商业和工业已成长起来"。[213]倘若如此，对革命的社会结构需要又表现在何处呢?[214]

勒费弗尔分析研究了《人权宣言》(Declaration of Rights of Man)。《人权宣言》为什么没有强调财产权呢？他的解释是，对起草人来说，这好像没有必要，"因为这一权利旧政制并无非议。相反，18世纪的大臣和行政官员们谈起财产时总是充满敬重，而且以全然的资产阶级口吻"。[215]并且，正是沃弗尔（Vovelle）和罗奇（Roche）令人信服地指出，在18世纪的法国，"资产阶级"这一名词，虽然指的是平民，但它"特指那些不积极主动的人们"。实际上，"法国大革命"不但还没有使得这伙人成功，相反却"给这一社会阶级以致命的打击"。[216]

摩尔（Barrington Moore）称所有这些观点为"不足挂齿的吹毛求疵"。他的理由是：大革命的"最终结果"是西方的议会民主制度，"土地贵族的政治权力的毁灭构成了法国现代化进程中作用最为显著的步骤"。[217]果真如此吗？恰恰相反，这绝非什么吹毛求疵。有两个理由。实际上，如果法国大革命继续被解释为主要是一场资本主义的资产阶级反封建的革命，那么，我们真正需要花更多的精力去搞清它为什么没能实现更重大的经济转变。霍布斯鲍姆（Hobsbawm）为这一"自相矛盾"大伤脑筋，并把它从根本上归咎于农民。[218]但是，这当然只会引我们发问：难道一场成功的"资产阶级革命"依赖于政治上软弱的农民吗？并且，如果这一"经典的"资产阶级革命"没能"达到资产阶级的目的，那么，这一概念的效用何在呢？

这又把我们引到这为什么不是吹毛求疵的第二个原因。过于强调资产阶级反封建秩序的斗争的中心地位，已导致了对人民大众的反叛的歪曲认识，当所说和所做的一切都将民众阶级的反抗视为一种非常次要的事情时，这种认识甚至（如果不是特别地）存在于热衷于社会解释的人们之中，而他们大多自认为是人民大众的拥护者。虽然学者们近来投入了惊人的精力去研究无套裤汉和农民，但是，这种状况仍然存在。[219]

这样，我们必须转向我们的第二个问题，即这些"大众力量"的作用和目的。这些大众力量是马迪厄所称的"第四等级"的人们、自然，他们大多在农村。所有关于资产阶级与这些大众力量联盟的讨论都无法解释一

— 97 —

个基本的事实。对此马迪厄指出：

> 有产的资产阶级突然惊觉第四等级的可怕面目。它不能允许贵族的财产被剥夺。因为它为自己担心。这是由于，它控制着贵族土地的大部分，并从村民那里得到庄园地租。㉕

好像从一开始就不存在一个联盟，而是人民大众的独立行动。对此，资本家阶层（不管是在这场政治肉搏战的哪一方）的对策是不同程度的暴行或恐慌。

让我们从"农民革命"开始讲起。这一名词实际上是指"处于法国大革命的核心地位"——甚至对索布尔（Soboul）来说——的一系列斗争。㉑ 如果把这些斗争视为延续整个 18 世纪的不断发展的冲突的一部分，只不过是在 1789~1793 年的暴风骤雨中达到高潮，㉒ 那么，把这种农民骚动理解为反抗"资本主义攻势"看来是合理的。这种"资本主义攻势"——圣雅各布（Saint-Jacob）的用语㉓——是指，在许多地区（特别是法国的东北部、东部和中部偏东地区）企图摧毁或缩减法国农民的"集体权利"，并且时常取得了相当的成功。农民以"防御行动"进行回击。㉔

三级会议的召集是在几十年的这种防御行动之后。此外，我们知道，它的召集还发生在特别严重的粮荒之时。农村穷人的极度痛苦与他们对自己的"集体权利"的担心（稍微富裕些的农民也有这种担心）交织在一起，并相互作用。在这一反抗"资本主义攻势"的斗争中，富裕农民和农村穷人时常并不像当时的资产阶级或后来的学者那样惯于区别"贵族"和"资产阶级"。㉕ 对农村劳动者来说，贵族和资产阶级都是"特权阶级"的一部分。㉖

如果农民反叛被视为法国大革命的"决定性暴力因素"，㉗ 我们就需要解释什么致使这些反叛具有如此的爆炸性。在我看来，这是由于反抗无产阶级化的长期过程与近期的但十分强烈的食物需要的结合。㉘ 不只是安托内特（Marie Antoinette）对此有错误认识。同样，大部分"革命"的资产阶级也没有认识到，对人民大众来说，大革命"不仅是为了得到人的政治权利，也是为了生计"。㉙

观察大恐怖（Great Fear）中的一连串事件，可以发现这些大众情感的力量。在农村地区，1788~1789 年的"日趋混乱"促使"贵族和资产阶级联合起来,以保护他们的财产免遭'第四等级'侵害"。如果说7月14日动摇了这一联盟,那么,"在随后的困境中,它在外省的重新出现比我们所知的更为频繁"。[20]7月14日以后,当大恐怖遍布法国农村的广大地区之时,革命的资产阶级谴责"贵族的阴谋",而外省的贵族也谴责革命的资产阶级。在关于到底发生了什么的详细生动的描写中,勒费弗尔打消了双方的疑虑。明确的说是,7月14日之后,农民开始落实他们的要求,停止交纳什物税和庄园费,恢复他们已丧失的集体权力。"农业人口承担起了自己的事业。"[21]大恐怖使此锅沸腾,而且通过这种方式,"它在8月4日夜晚的准备工作产生作用"。[22]所谓的1789年8月4日废除封建制度并非革命的资产阶级的计划。它是暴动的农民强加于他们的。国民议会企图尽力限制这一制度转变的实现。[23]

在某种意义上,这种状况将在以后四年中重复出现:只是在人民大众的直接压力下,政府和立法机关才采取"激进"措施,并且总是在某种意义上试图限制它。[24]像索布尔和其他许多人那样,人们可以把这解释为农民和无套裤汉迫使胆怯的资产阶级去追求资产阶级革命的必然结果。[25]在我看来,认为农民和无套裤汉是在追求他们自己的革命更直截了当、更显而易见。这一革命的对手是他们语言中的"特权阶级",即矿山中的资本家阶层。[26]1789~1793年间,这一反抗力量增大而非减弱了,这是由于,消灭作为农村地租接受者的"贵族"和教会的结果常常只不过是加剧了农村地区的农村劳动者与农村剩余价值的受益者之间的阶级斗争。[27]

从这一角度来看,如何解释旺代(the Vendée)保皇党的叛乱和朱安(chouannerie)保皇派叛乱这一著名的争论难题就不那么困难了。甚至马佐里克(Mazauric)——他的解释接近于索布尔——也断言,它们"首先是反资产阶级的"。[28]布瓦(Paul Bois)把这些反叛的关键起因归为参与者的被骗,即法国大革命没给农村耕作者带来实际利益。"按照这种或那种地契,他被迫继续交租。"[29]蒂利不仅在农民状况上得出了同样的结论,[30]而且发现,反革命势力在制造业工人中也有牢固的基础。[31]因此,为什么不明白易懂地将旺代保皇党的叛乱视为广大法国农民反资产阶级的斗争的一部分呢?

在城市地区,情况一般说来并没有很大区别。巴黎最为明显。在那里,无套裤汉,即那些被压迫但并不穷困的工人,可以说是拥有小块土地的小农(特别是耕地者)的城市对等人物。正像农民为反抗"特权阶级"

（模糊地包括着贵族和资产阶级）而战一样，城市工人也为反抗"达官贵人"（aristocracy）而斗争。"达官贵人"一词不仅指贵族（noblemen），而且还指

> 富人和游手好闲之人，大地主和资本家，投机商，吉伦特派（Gerondins），克扣工人工资的人，那些头披长发、涂脂抹粉的人，那些与还没宣誓效忠共和国的教士交往密切的人，那些持有各种类型的温和政治观点的人，甚至还有那些只不过对政治漠不关心的人。[242]

既然包括了这样一些人，就难怪无套裤汉与革命政府之间闹矛盾的时间至少像合作的时间一样长了。无套裤汉最为气愤的是指券（assignat）贬值[243]和粮食价格上涨，这两者导致了政府与他们之间的实质上的"不和"。[244]雅各宾派资产阶级满足他们的最高限价的要求并非出于自愿，而是——如索布尔所说——"被迫的和强制的"。[245]但既然如此，为什么还像索布尔那样，谈论什么"无套裤汉的模棱两可的态度"呢？[246]费赫尔（Feher）的观点远较此恰当，他称巴黎人的直接民主为"现代早期反资本家的政治愿望的最明显的例证。"[247]对于颁行禁止工人在工作中建立组织法（Loi Le Chapelier），并在热月（Thermidor）前夕痛斥工人的示威和罢工为"犯罪的伎俩"的政府，还能指望人们采取其他的态度吗？[248]

一个枝节问题时常干扰关于城市工人和资产阶级之间的阶级斗争的讨论，即无套裤汉可能不是无产阶级的性质。关于这一本质上的政治术语所指的职业类型，大多数分析家好像意见一致。它是一个"包罗万象的词"，[249]包括小店主、小商人、手艺人、帮工、工人、流浪汉和城市穷人。[250]然而，他们的"核心份子"[251]是工匠。有薪金的工人只是少数，是"其他许多成份中的一种"。[252]即使是这一小部分人，索布尔也企图否认他们具有真正的无产阶级地位，而称他们为"传统类型的工资劳动者"，[253]其意思可能是，他们在小工场而不是在大工厂工作。

无可怀疑，从叙述的角度来说，这都是正确的。然而，隐含在这一叙述中的东西与真正工业化国家的工人运动——其参与者有各种类型——可能有着明显差异。果真如此吗？后来所发生的大多工人运动难道不是这样吗？它们的力量和骨干来自一部分"经济境遇较好"一些的劳动人口，不论这部分人是技术上独立的工匠还是薪金更高的熟练的（和/或专业的）

工资劳动者。对于除枷锁外真正无可丧失的人的寻找使我们接近了法国大革命时的贫民（indigents），接近今天的各种所谓的次无产阶级、流氓无产阶级、非熟练（时常是迁移来的）工人、收入仅敷支出的人、不断失业的人。如果我们要争辩——像索布尔那样，由于城市大众听从工匠领导（即使在法国大革命期间总是这样，但实际上不是），他们"正在丧失"真正的"阶级精神"，[58]那么，对于20世纪工业化国家的劳动阶级的阶级精神，我们又如何评价呢？

在作结论之前，我们再探讨一下最后一个争论：雅各宾派的性质和作用。这一问题的讨论比其他讨论具有更浓的当代政治的含意。对这一争论的大部分参与者来说，"雅各宾派"动不动就成为在苏联（U.S.S.R.）和其他地方当权的第三国际共产主义者（Third International Communists）的代名词。这一几乎不加掩饰的代号式研究，使得对雅各宾派的实际作用的不偏不倚的分析变得十分困难。然而，看来有一种基本上的立场以一种奇怪的方式超越了另一方的阵线。或是雅各宾派（Jacobins）代表着某种与以前的掌权者——不只是旧政体（Ancien Régime）还是吉伦特派（Girondins）——根本上不同的东西，或是他们只是同一统治群体中一个更大的变异。相信这些不同的人们的阵营是索布尔和孚雷的大联盟，这是在其他观点上尖锐对立的代表人物。还包括费赫尔。其他阵营较小，但也包括这种完全不同的人物，如托克维尔（Tocqueville），盖兰（Guérin）和伊戈涅特（Higonnet）。

马迪厄（Mathiez）相当明确地陈述了热衷于社会解释的人们的立场：

> 在吉伦特派与山岳派之间，冲突是根深蒂固的，几乎达到了阶级冲突的地步……
>
> 6月2日（1793年）……超出了是一场政治革命。无套裤汉所推翻的不只是一个党派，而几乎是一个社会阶级。在贵族少数派与王权一起倒台后，现在又轮到大资产阶级了……从制宪议会开始，罗伯斯庇尔成为工匠和小业主阶级的最受欢迎的革命者，深得他们的信赖。他是无套裤汉无可争议的领导者，特别是在马拉（Marat）死后。[59]

然而，孚雷和李希特（Richet）却把大革命的转折点更多地划在1792年8月10日〔巴黎革命公社（Revloutionary Commune of Paris）的设立〕

而不是 1793 年 6 月 2 日（吉伦特派代表被抓）。[229]他们还认为，转折点与政治价值，而不是与阶级斗争的关系更为密切：

> 1792 年 8 月 10 日之后，战争和巴黎民众的压力把大革命拖出了 18 世纪的智慧和财富所追求的宏伟道路……在饶勒斯（Jaurès）如此深刻理解的大革命之外，还有一个米什莱（Michelet）本能地感受到的革命：充满痛苦与愤怒的下层人们的革命。为了与他们达成妥协，不得已，山岳派的政治家们屈服于他们的各种要求：征兵、控制物价和恐怖。但是，他们保留了对他们至关重要的东西：权力。[230]

可见，在马迪厄看来，雅各宾时期是十分积极的，而在孚雷和李希特看来则是十分消极的。但除此之外，他们实际上一致认为，它与大革命的"第一阶段"有重大区别，并且，雅各宾派与人民大众从根本上说是同一阵营的。

费赫尔提供了在同一视点上的一个稍微不同的分析方法。在他看来，雅各宾派的确在政治上代表着无套裤汉和其他人民大众。然而，他们这样做并不是作为激进资产阶级的先进代表，而是作为"反资产阶级和反资本主义"的份子。[231]但是，在费赫尔看来，就像孚雷和李希特的看法一样，雅各宾的经历是消极的。对后者来说，它是消极的是由于它偏离（derapage）了启蒙运动已接受的经济自由主义的、议会式道路，即英国道路。与他的相比较，费赫尔不仅认识到了这一点，而且还认识到这一现象背后的启蒙思想的整个传统：恰恰主张抵制英国的资本主义"解决办法"。[232]如果在费赫尔看来雅各宾时期是消极的，那是因为他相信社会主义不应当仅仅是反资本主义的，并且，恐怖不能成为社会主义的一部分。[233]

托克维尔从没有明确讨论这一问题，但是，他总体上强调连续性就排斥着关于大革命中途有一根本转折点的任何见解。要求平等和自由的冲突的感情在旧制度下已经存在，以后的斗争只不过是其延续，时起时落。"尽管大革命也许是激进的，但它所带来的变化要小于人们一般设想的"。大革命只不过十分快速地实现了"在任何情况下注定要发生——即使速度慢一些——的事情"。[234]

在许多方面，盖兰（Guérin）是社会解释学派的正统成员。他认为，立法会议的法国大革命是资产阶级革命，并且正如吕德（Rudé）所说，

"即使在雅各宾民主炉火纯青之时",[202]仍是资产阶级的。除此之外,在盖兰看来,即使那时,也不是什么"民主",而是"资产阶级专政",[203]抵抗第二个、独立的无产阶级革命。罗伯斯庇尔不是这第二个革命的代理人,而是其最聪明的反对者。他"幻想着一个大胆的计划……:向'靠力气讨论者(bras nus)'让步,但不在任何重大问题上屈服"。[204]

伊戈涅特研究这些问题的立场(在客观上,如果不是主观上)更接近于科班-孚雷(Cobban-Furet)对资产阶级革命这一概念的否定,而非更接近于社会解释,但他得出的结论仍然并非全然不同于盖兰。因为伊戈涅特视1792~1793年为"机会主义的反贵族主义"的时期之一。在这一时期,大恐怖是一个战略时段……目的是把"人民"拖入资产阶级革命事业。他认为:事实上,(吉伦特派和山岳派)对贵族的迫害是"机会主义的、策略的和煽动性的",因为它本质上服务于使大众的不满偏离开他们的真正目的,即:贵族、官员(officiers)和资产阶级长期以来所致力于的"资产阶级的、个人主义的和资本主义的世界秩序"。[205]

对于雅各宾派,我们将作何结论呢?从长时段(Longue durée)的任何角度来看,我认为好像都很明显:托克维尔所主张的连续性决定着法国政治和经济结构的平衡表。因此,关于雅各宾派、盖兰和伊戈涅特比其他人更正确一些。在我看来,把罗伯斯庇尔变成列宁的原形(不管人们如何评价列宁)明显解释错了他的角色,正像他和他的同时代人对他的看法一样。而且,在我看来,资产阶级革命的理论经不起这一事实的考验:像在西欧其他地方一样,资本主义在法国的实现远早于1789年。

那么,法国大革命是什么呢?是无事空忙吗?肯定不是。法国大革命有三个内容,三个十分不同的内容。但这三者又深深地交织在一起。第一,它是形形色色的当权的资产阶级阶层的相对自觉的行动:以英国向世界经济的霸主地位的飞跃为楷模,强制推行急需的法国国家的改革。以此为目的,它在拿破仑时期继续,并且,虽然改革完成了,但阻止英国霸权的目的没有达到。事实上,法国革命的进程增强了——正如我们将会看到的——英国的领导地位。

第二,大革命造成了公共秩序崩溃的态势,足以引起现代世界体系的历史上的第一个伟大的反制度(即反资本主义)运动,即法国"人民大众"的运动。作为这种一个运动,它当然失败了。但也正是作为这样一个运动,它已成为所有后来的反制度运动的精神支柱。之所以如此,不是由于法国大革命是一场资产阶级革命,而恰恰由于它不是资产阶级革命。

第三,大革命为整体上的现代世界体系提供了必要的冲击,以便把文化/意识形态领域最终纳入经济和政治现实的轨道。资本主义世界经济在最初几个世纪主要生存在"封建"意识形态的外衣之下。这既非异常也非意外。这种停滞是正常的,在结构上也是必需的。但它不能永久持续下去,而法国大革命——在这个意义上它只是"西方世界革命"的一部分(但是关键的一部分)——则标志着封建意识形态的最后崩溃。知识分子——伯克(Burke)和梅斯特尔(Maistre)——的反抗可资证明。因为,只有在"保守"思想从根本上受到怀疑并且不再为大多数人接受的时候,人们才公开保护它。而在1789年之前,这情况还没有发生。[206]这是一个激动人心的变化,也激励了许多人。但是,它并不标志着资产阶级的、资产主义的时代的开始,而标志着它的完全成熟。

搞清了这些之后,我们现在回到在1792年到1815年这最后一个生死攸关的时期中法—英争夺世界体系的霸权的斗争。这是一个通常在文献中被看作为康德拉基耶夫(Kondratieff)周期中经济扩张的A阶段。在对1790年到1810年间法国羊毛工业的研究中,沙萨涅(Serge Chassagne)告诫我们,这是一个"显露长期存在的弱点"的时期,同时又是"加速不可避免的革命"的时期。因此,他说,我们不要夸大这一革命时期的意外特征,并把它们与意义更为深远的"结构转化"混为一谈,由此谋求"抬高或贬低大革命"。[208]虽然如此,但大革命难道仅仅是一个意外因素吗——甚至从狭义的经济内涵上说?迄今为止,我们的论据还使我们对此表示怀疑。在相当程度上,它的爆发恰恰是对世界经济中正在发生的结构转化做出的反应,并且,正如沙萨涅本人所指出,通过其动力,将"加速"这一演变。[209]如果不是这样,这些演变是否"不可避免"我们将永远不会搞清。我们所知道的是,这些演变的确发生了。

在法/英敌对的这一时期,与前面两个时期不同的关键性政策因素是双方国家政府实质上的自动卷入——它们处于敌对的双方,卷入了所发生的每次"革命性"斗争。严格说来,这一区别并非开始于1789年,而且开始于旧政体下的1770年代。[210]正像我们所知道的,大不列颠最终在军事上称霸于全球。因此,的确可以这么说,"在普通有利的机遇(conjuncture)下,大不列颠在政治上,有时在军事上,创造了自己的机遇。"[211]正是这些政治、军事胜利决定性地拉大了经济差距——在农业、工业、贸易和财政上。

　　在农业上，关键的区别是，在法国，农民在大革命中所表现出的政治力量减缓了（甚至中止了）所有权的集中过程。[222]而与此同时，战争时期实际上加速了大不列颠的所有权集中。[223]这样就增大了差距，并且，从耕地的产出上说，为英国创造了19世纪的长期的优势。[224]

　　在工业上也同样，战争好像对至关重要的纺织业生产有明显影响。一方面，最近对于英国经济发展——特别是棉纺织业的发展——的资料的大多校订表明，人们以前好像夸大了开始于18世纪80年代的"惊人加速"，[225]取而代之的应当是谈论人们收入和总体生产率的"稳定加速"。[226]不仅如此，以前人们的印象是，这一加速对于大规模工业[227]和蒸汽动力[228]起了主要作用，好像也过分强调了这一时期。最后，查普曼（Chapman）认为，这一区分——英国是"大量生产"的，法国是"时髦的、有设计意识的"——"在1790年以后找不到证据"。[229]

　　但是，另一方面，我们知道，到1815年，英国的棉纺织业已有"无可怀疑的增长的经济优势"，超过了整个大陆，特别是超过了法国。[230]这是怎么回事呢？盖尔（Gayer）坚持认为，我们不能推断英国的扩张"如果在和平时期本来不会那么快"。[231]这也许是正确的，虽然战争明显增加了棉纺织品与亚麻纺织品和毛纺织品相比的比例——由于在战时环境下，前者的原料供应更易得到。[232]事实好像是这样，与其说英国的扩张与从前相比如此地加快了，还不如说法国的工业化步伐"明显放慢了"。[233]

　　对时局的仔细研究可以确切地告诉我们在法国发生了什么，并且，推而广之，在法国控制下的欧洲大陆其他地区发生了什么。革命时期和战争时期的发展进程实际上可以再分为1790年到1800年的低潮时期，1800年到1810年的相对高潮时期和1810年到1815年的新低潮时期。[234]第一个时期是大革命强加给自己的中断时期。第三个时期是英国强加的中断时期。在它们之间，拿破仑的英雄行为并不足以解决问题。

　　英法间的另外一个区别应当到棉纺织中去找。在这一时期，英国正在或多或少地消灭纺织业中的厂外分发制度，纺织业行为也在城市化。但法国正相反，在这一时期，法国纺织业的的确确正在创立厂外分发结构，它将延续到1860年。沙萨涅称这为"工业化的双重进程"，它把18世纪90年代的劳动分为"集中的相当资本主义化的"机械化的靠水力的纺的过程和在乡村的织的活动。[235]

如果要问这种现象为什么要发生，施米特（Schmidt）提供了一条线索并恰恰与大革命的影响有关。施米特牢记，法国人所关心的事情之一是赶上大不列颠在机械化纺线上的新发展，因此，他指出，为了快速又廉价地做到这一点，就需要利用现存的厂房。在这一点上，教会财产的国有化是一笔意外的财富。革命政府免费或廉价地把相当数量的女修道院、教会学校和修道院转给制造商，以便安装纺线机器。[㉕]然而，这种财产只能是随见随没收，而它们在农村地区最为常见。除此之外，还有一种观点，认为，厂外分发制度是"社会秩序的极好的保障"，[㉖]它本身就是大革命中法国劳动阶级的反制度暴乱的对抗手段。

无可怀疑，对农业和工业有最大影响的因素是战争对国际贸易——此时主要的发展部门——的影响。在 18 世纪的最后 20 年，英国"附加的工业产品"几乎有 60%出口到国外。[㉗]而正是在这时，曾在旧政体的最后几十年的法国经济发展中起过主要作用的法国出口贸易蒙受了"灾难性衰落"。[㉘]原因有三。第一是由于大革命，[㉙]第二是由于圣多明各（Saint-Domingue）的丧失，[㉚]第三是由于拿破仑战役（Napoleonic wars）。

116　事实看来很明显了，正是战争使英国棉纺织品的出品有"惊人的改变"，[㉛]同时也"束缚了法国"，[㉜]这样就为英国创造了"在世界市场中的永久的贸易优势"。[㉝]当然，拿破仑曾试图扭转这种局面。实际上，正是在他开始掌权的那个月（共和八年雾月），法国政府的一个国内备忘录就评论说："英国的现状完全由于其贸易和信贷，如果其中之一被撼动，她就会毁灭，就会失败。"[㉞]然而，我们知道，尽管拿破仑尽了最大努力，他却永远不能使对外贸易达到它在 1789 年的水平。[㉟]

117　当然，拿破仑的政策实际上并非开始于拿破仑。这些政策开始于 1791 年恢复保护主义，在 1793 年的法国航海条例中得以延续，1798 年又禁止运送英国商品的中立船只到达法国，只不过是在组织大陆封锁（Continental Blockade）的 1806~1807 年的柏林（Berlin）和米兰（Milan）法令中达到高潮。[㊱]

封锁本身好像主要是针对英国棉纺织生产，也的确给它造成了"危害"，因为"由于过速发展而导致生产过量"。[㊲]这一封锁特别地发生在拿破仑正经历第一次贸易危机的 1799~1802 年。[㊳]封锁是一"严重的"危害，因为大不列颠的确是"脆弱的"。[㊴]拿破仑企图在许多方面影响英国贸易：关闭制造品在欧洲的销路、封锁原材料进口、损害英国的财政信誉（通过造成支付的逆差，导致贵金属枯竭，进而导致纸币信誉的破坏）。[301]

这些目的中唯一部分地实现的是关闭在欧洲的销路。[302]由于拿破仑的权力——用海军上将马汉（Captain Mahan）的尖刻的散文语言说——"遇到海洋时就像某些男巫的权力那样立刻中止了"，[303]阻止大不列颠原料进口的希望遂化为泡影。至于英国的财政信誉，它仍然是良好的。这是由于与大陆的财政联系实际上从没中断，[304]更不用说这一事实了：作为资金转移的避难所，英国是贵金属流入的稳定接受者，先是来自大革命，后是来自拿破仑的大陆体系（Continental System）。[305]英国的国家财政处于平衡，最初是由从扩大的对外贸易中获得的收入，[306]当战争花费猛增时，则通过借钱[307]和向农业部门强加不相称地抬高的税收负担，以此保护工业和贸易。[308]

虽然拿破仑是在用国家的权力来鼓励，事实上是津贴工业，[309]但英国人也同样积极地资助他们的工业，[310]并且在阻止法国的和大陆的工业获取原材料方面取得了一些成就。[311]克劳泽特坚持认为，从经济意义上说，大陆封锁并非"没有实效"。它的确严重影响着英国的经济行为，但由于根本上的政治和军事原因，拿破仑不能把这一政策坚持到实现其目的。[312]一方面，在帝国内，法国人遭到了政治的、民族主义的抵抗。[313]另一方面，在这一有利的气氛下，英国通过大量的对外援助来买得同盟者。[314]在这一反压力下，拿破仑实际上早在1810年就开始在经济舞台上退却了。那时，他通过特许状，把法国港口重新向殖民地产品开放。通过这一手段，他的确把走私者的利润盈余吸引到国库，但这只会加剧欧洲的政治抵抗，因为它意味着以其他欧洲人为代价的隐蔽与英国的经济联系。这又增加了一个促进即将发生的同盟分裂的因素。[315]

这么说来，难道革命政府和拿破仑试图破坏大不列颠胜过法国的增长中的相对优势的努力是一极大的失败吗？也许不是全然的失败。克劳泽特认为，"到1800年，中欧受到了畜牧化的威胁，在19世纪则受到了印度命运的威胁。"[316]这一威胁没能成为现实。虽然如此，1815年的英国已比1793年取得了长足的进步，[317]这一进步恰恰由于大革命和拿破仑时代的直接的和间接的影响。

然而，还有一个因素应考虑在内，这就是法国和大不列颠的国家水平上的阶级斗争的进程。在法国，我们已经列举了在革命年代发生的城市大众的反制度暴动。我们知道，作为政治运动，不论忿激派（Enrages），或扎克卢派（Jacquesroutains）还是巴贝夫派（Babouvistes）都失败了，而且是决定性地失败了。[118]人民大众迫使革命政府答应的计划中的社会政策改革从没正式颁布。虽然如此，雅各宾的社会救济（bienfaisance）理想——贫困线以下的人们享受社会帮助的权利——却留下了"不容忽视的"政治遗产，[119]这一遗产在拿破仑时代也感受到了。

拿破仑保留了大革命所实行的一切合法的改革，事实上还把它们编进了法典。[120]当然，这并不一定意味着给工资劳动者提供了更多的安全和权力。他们在拿破仑时期的状况并没改善，或许更糟了。[121]但是，虽然如此，人民大众的经济状况在拿破仑时期大大改观了。拿破仑时代的特色是"工资的增长"。物质状况的这一改善是"无可怀疑的"，它到如此的程度，以至于在1817年的经济滑坡后，农民和城市工人追忆帝国为"一种黄金时代"。[122]无可怀疑，这一机遇（conjoncture）给拿破仑帮了大忙。但这并不意味着人民的自愿的支持。在这里，比较一下法国和大列颠在同样一个机遇下的气氛是恰当的。

法国大革命从一开始就引起了可以被广义地称为英国政治派系的左翼的大量同情。在雅各宾阶段，虽然更温和的支持者开始背离，但仍有一忠实的团体，即所谓的英国雅各宾派，他们的政见实际上比雅各宾派的政见更接近于无套裤汉。他们的力量来自工匠阶级，他们坚持"彻底地反抗"王权、贵族、国家和税收。[123]但战争一爆发，这些民间社团的成员就渐渐在政治上被"孤立"出更为主流的辉格（whig）团体。[124]

虽然如此，政府仍发现他们具有相当的危险性，担心"任何形式的民间自我行为"，因为它好像不仅威胁着传统权威，而且威胁着"政治经济的新思想"。[125]结果是残酷的并且相当有效的镇压，以至于1790年代的英国激进分子"认为他们正在经历一恐怖时代"，[126]其中包括中止人身保护权。

就控制劳工而言，在这一时期有两个最有意义的新政策：1795年的斯品汉姆兰"补贴制度"（Speenhamland allowance system）和1799年的反合并法令（Anti-Combination）。斯品汉姆兰放松了古老的1662年的"安置法"（Act of Settlement）。关于这项法令的作用，罗杰斯（Thorold Rogers）断言，它已"并吞劳动者到他居住的济贫区，并把他变成农奴"。[127]修订的济贫法（Poor Law）制度实际上提供就生活花费而言的最低工资（通过政府补贴），外加一家庭补贴制度。

关于斯品汉姆兰制度，有三个问题应该搞清。它对工人有好处吗？它对雇主（主要是农业劳工的雇主）有好处吗？它为什么被制定？鉴于它意味着即使遇上坏年景，工人也"可以靠它来避免马上挨饿"，因此显然对工人有些好处。它对雇主更有好处吗？通过补助事实上"标准以下的工资"，其结果是，在1795年到1824年间，它"压低了农业工资"。然而，布劳格（Blaug）主张，给雇主的这些补助金实际上他们是通过地方税制度来支付的，两者之间"联系"紧密。

目的何在呢？它实际上所做的是通过在一个仍然相当农业化的国家推广未充分就业来阻止失业。如果要问为什么这样做，其目的好像明显地、间接地是政治性的，即"对人民起义的恐惧"，它是作为反资本主义的革命的法国大革命的幽灵。在这方面，斯品汉姆兰制度成功了。然而，它能够做到这一点只是由于它与反合并联结在一起，"但如果没有它，斯品汉姆兰制度本来会起到增加工资的作用的，而不是像实际上发生的那样降低了工资"。普鲁姆（Plumb）指出，反合并法同时做了两件事情：它不愿食物花费增加，压低了工资，但它也使得政府能够"根除颠覆性宣传的一块最肥沃的土壤"。

因此，最后结果是，针对人民大众的政策在不列颠比在法国更苛刻，这可能是由于反制度暴动在法国——虽然被镇压——更有成效。在这方面，一个证据是在战争时期两个国家的实际工资水平和食物供应。正如我们所看到的，法国工人感受到拿破仑时代是实际工资增长的时期，而英国在这一时期却经历了工资的下降。

当这种状况遇上食物匮乏的年景——比如1809～1811年——时，艰难的生活导致了严重的骚动，它在某些方面可以与革命前的法国所发生的骚乱相比，只不过它表现的不是反政府情绪，而是反雇主、反机器情绪，即卢德主义（Luddism）。然而，其最后结果不是，或者说还不是革命的高潮。在战争时期，尽管英国工人的生活每况愈下，但他们被控制住了，这部分是借由政府的镇压，部分是无可怀疑地（就像经常所宣称的那样）通过卫理公会派（Methodism），但同时也部分是通过把民族主义（反法）情绪拉入谋求政治稳定的轨道。英国统治阶级所需做的只是开始给他们的较低阶层一点小恩小惠。但这不得不等待新的霸权时代的来临（并且，甚至那时，它的到来也是缓慢的）。

随着战争的结束，英国终于真正称霸于世界体系。通过获取一系列沿海基地，英国巩固了自己的世界权力。加上英国已占领的地方，这意味着英国现在战略性地环绕了全球。1783年到1816年间，英国在大西洋（Atlantic Ocean）地区夺取了圣卢西亚（St. Lucia）、特立尼达（Trinidad）、多巴哥岛（Tobago）、巴瑟斯特（Bathurst）、塞拉利昂（Sierra Leone）、亚松森（Ascension）、圣赫勒拿（St. Helena）、库哈的特里斯坦岛（Tristan da Cunha）、戈夫岛（Gough Island）；在印度洋（Indian Ocean）夺取了殖民地角（Cape Colony）、毛里求斯（Mauritius）、塞舌尔群岛（the Seychelles）、拉克代夫群岛（Laccadive Islands）、马尔代夫群岛（Maldive Islands）、锡兰（Ceylon）、安达曼群岛（Andaman Islands）、槟榔屿（Penang）；在澳大利亚（Australasia）夺取了新南威尔士（New South Wales）、新西兰（New Zealand）、麦夸里群岛（Macquarie Islands）、坎贝尔群岛（Campbell Islands）、奥克兰岛（Auckland Island）、豪勋爵岛（Lord Howe Island）、查塔姆岛（Chatham Island）；在地中海夺取了马耳他（Malta）和爱奥尼亚群岛（Ionian Islands）。⑭

不仅如此，在战争的过程中，英国已做到了结束荷兰昔日称霸的最后一个遗迹——她作为欧洲金融中心的角色。⑭通过控制商业和金融，英国现在开始赢得大量不显眼的存款，包括海上商人、商业代办的所得、海外专家和殖民官员的汇款、投资的利润。它们足以补偿持续的，甚至扩大的贸易亏空——在英国出口贸易规模庞大的情况下仍存在的亏空。因此，英国能够维持持续的支付顺差。⑭虽然她仍然维持极度的保护主义壁垒，⑭但她已开始扮演作为"工业欧洲的教员"的新角色。⑭

在这一时期，法国落后于英国工业这一舆论已成为认可的事实。19世纪30年代，一位法国实业家用英国工业有更强的专业化来解释英国的优势，这意味着英国能够更快、更廉价地生产。⑭至于为什么会这样，夏普泰尔（Chaptal）当时的解释强调法国的低工资是机械化的障碍因素。⑭然而，这一解释好像是可疑的，因为近来的资料表明，那时美国工业中的工人"达到了比他们的英国同行更高水平的生产率"。⑭如果我们记住这一事实，它就更令人怀疑了：关于法国比英国工资率低的资料并不一定是对"收入的平均水平"的陈述——鉴于不同的家庭收入结构，"因此"，也不是"关于这两个国家的福利情况"的陈述。⑭

英国在战争中的最后飞跃和法国的失败的明确结果之一是两个国家中相当不同的人口统计结构的出现。拉杜里有几分戏剧性地称法国大革命的法国为"人口统计的伊斯兰世界"，⑭意思是由于大革命，计划生育在乡村广为流行。莱茵哈德（Reinhard）则更冷静地指出，法国的模式只不过是后来将在各地出现的结构"原型"。㉕然而，麦克尼尔（McNeill）的看法却相当不同，他视拿破仑战争为"缓和"18 世纪的"人口迅速增长所造成的社会紧张局势"的一个途径。㉖

难道我们不能视 1815 年以后的人口统计结构为对经济和政治现实的适应吗？英国人已经得到了在世界市场中的头把交椅，需要扩大劳工力量，以最大限度地利用他们的优势。为此，他们采取了如下手段：鼓励高自然增长率，移民入境，鼓励提高工薪的与非工薪的劳工的比例的办法。㉗法国由于不能像英国那样靠国际贸易、对外投资和一般的商业服务的收入来养活扩大的劳工队伍，因此满足于通过"控制生育"来维持每个人头的相应的国内生产。㉘假若是这样，这不应用人口的缓慢增长来解释缓慢的机械化，㉙而应当相反。如果事实是这样，法国人有这种认识也许是可以原谅的："在滑铁卢（Waterloo）之后的一个世纪，成功的重商主义，而非工厂制度……在英国的优势中占有中心地位。"㉚

我们正是应当根据这一点来理解长期以来关于英国劳动阶级的生活水平的争论。实际上，这一争论主要围绕着 1815 年前后到 1840 年间发生了什么。阿什顿（Ashton）发起了 1945 以后的争论，他断言，鉴于价格的下降和英国进口的增加，"很难相信在这一所得中没有工人的份"。霍布斯鲍姆针锋相对地指出，鉴于死亡率和失业的增长，零散的证据"支持一个悲观的而非玫瑰色的观点"。哈特韦尔（Hartwell）也指出，改善"在战争期间缓慢发生了，1815 年以后速度加快，1840 年以后则变得迅速"。霍布斯鲍姆反驳说，虽然国家收入有改善，但是，有更公平的分配吗？泰勒（Taylor）继续了这一观点，指出，"劳动阶级的发展落后于整个国家的发展"。㉛

调和转述的这些现行的经济主义的研究结果好像并不困难。许多材料看来是难于辩驳的。物价大大降低了，虽然由于谷物法（Corn Laws），粮食价格的下降小于本应下降的幅度。㉜受雇于工资劳动的人们的实际工资稍微提高了。但是，农业劳工的情况并不一定如此，失业工人和城镇半被雇用的工人也不一定如此。这也不排除这种可能性：虽然他们的实际工资提高了，但工资劳动者和他的家庭的工作比从前延长了，强度也更大了。这就是说，在每个小时的实际工资不增加的情况下，每年的实际工资可以增加。最后，很明显，虽然物价下降，但棉纺织工业（还有其他工业部门）的利润却"良好地维持着"。同样很明显，这其中一个原因是实业家"享受着几乎是取之不尽的廉价劳动力供应"。㉝物质上说，英国劳动阶级的一部分人所享用的这块馅饼的比例稍微增大了。但是从整个世界经济的角度看，这与这一断言恰好一致：世界经济范围内的劳动阶级所享用的这同一块馅饼的比例降低了。

我们应当记住，正是在这时，世界经济中正在发生着一个双向运动。新的区域被大量卷入世界经济，这些新边缘地区正在遭受着生活水平的大幅度下降。然而，西欧广大地区（特别是法国、比利时、西部"德国"和瑞士）和合众国（United States）的北部各州却正在紧随大不列颠之后，走向"工业化"，并且将能够在19世纪中期成为（重新成为）强大的中心地区。与此同时，它们的劳动阶级反抗资本主义发展的斗争可能也为他们赢得了实际生产生活水平的小的提高。

这两个发展都将是后面详细分析的内容。但是，按照惯例，这里需要有一些初步的评语，以结束法英比较。在1815~1840年这一时期，法国能够特别地使它的纺织工业"现代化"，并因此"摆脱"它与英国相较的"落后局面"。但是，要密切注意这一点是如何做到的，供应于什么市场。在生产场所乡村化——正像我们已经注意到的——同时，法国致力于高级纺织品生产的专门化。关键原因之一是市场的规模。由于被剥夺了世界，法国不得不重建，以供应法国需要，而通过调整结构和工业重新布置可以做到这一点。因此，虽然这是边缘地区非工业化的时期，但在欧洲，这一"恶魔——并非不著名——则没有那么可怕"，这是因为那些国家仍强大到足以进行积极干涉，以抵抗这一威胁。但是，英国不需要欧洲的非工业化不也是事实吗？答案可能正好相反。鉴于边缘区市场的扩大，英国将需要紧随其后的工业化国家作为第二个层次，以弥补随着她的技术新发展将留下的空隙。或许它将至少在50年以内起作用。

然而，我们必须暂时以1830年（或1832年）这一政治转折点来结束这段历史。在法国，1830年7月"大于一场骚乱，但肯定小于一场革命"。在许多方面，它之于法国大革命的作用正如英国1688~1689年的光荣革命（Glorious Revolution）之于英国革命（English Revolution）的作用。它代表着统治阶级内部的思想妥协，而在某种意义上，这一妥协结束了此前革命的极端暴力所引起的思想冲突的酷烈性。它保证了统治上层的内部冲突从此以后将以"正常的"（如果不总是宪法的）政治形式进行。通过这些，它实际上把工人从对资产阶级思想家的概念依赖中解放了出来。工人们"拣起了大革命的语言，并加以改造，以适合他们自己的目标"。

1830 年的法国革命（French Revolution）在大不列颠马上有了回声，并导致了 1832 年的改革法案（Reform Act）。㊻实际上，那里 1832 年的暴力反抗"只是在第 11 个小时才被避免"。㊼这样，1832 年的改革法案结果成为 1688~1689 年革命的一种思想结局，实业家也加入了这一政治运动，他们以前被排除"不是由于他们的财产是工业性的，而是由于这一财产微不足道"。㊽它在术语上解放了工人阶级。现在，英国工人能够开始谈论他们长久以来所从事的有阶级意识的活动。

注释：

① "1762 年，巴黎和约（Peace of Paris）注定了路易十四（Louis XIV）的失败，就像 1659 年比利牛斯和约（Peace of Pyrenees）注定了菲利普二世（PhilipⅡ）的失败一样"［德希奥（Dehio），1962，117］。

② 拉布鲁斯（Labrousse）（1954，Ⅶ）。在较早的一部著作中，拉布鲁斯表述得甚至更精确。他谈到了"人们所说的法国在 1733 年到 1817 年之间的长期的繁荣"（1944，Ⅺ）。类似地，莱昂（Léon）（1966，20）谈到了摄政时期（Regency）的结束（1723 年）到七月王朝（July Monarchy）的开始（19 世纪 30 年代）之间的 100 个"决定性"年代。

③ 索布尔（Soboul）（1976a，4）。奥布莱恩（P. K. O'Brien）说："我们没有关于增长的生产的真正资料；我们只有价格资料"（私人书信）。拉布鲁斯（Labrousse）在他的关于价格的经典性著作中提供了法国的价格指数，1733 年为 100，1789 年为 192，1816 年为 254，还有欧洲的与此类似的价格指数，分别为 100，177，269。他认为，从 300 年前的那次运动以来，价格的这一上涨"在广度上……是无与伦比的"［拉布鲁斯（Labrousse），1933，143~144］。塞伊（Sée）认为它是"16 世纪的著名上涨的翻版"（1933，Ⅷ）。并且参见吕提（Lüthy）（1961，12）。据艾贝尔（Abel）（1973，269~270）计算，1740 年到 1810 年，法国的小麦价格上涨了 163%，英格兰上涨了 250%，而总体上的欧洲价格至少涨了一倍，这样，法国就成为一个相对低通货膨胀的国家。迪恩（Deane）和科尔（Cole）（1967，14）谈到了大不列颠的"价格水准上涨的趋势"，认为它"开始于这一世纪中叶稍前"，但他们把"强烈的通货骚动"这一描述留给了 1790 年代。

④ 莫里诺（Morineau）（1978，386）。

⑤ 参见达尼埃尔（Danière）（1958a，318~319）。然而，兰德斯（Landes）主张（1958a，335），收成对商业行为的这一作用局限于"极端"（即饥荒）形势下。

⑥ 在拉布鲁斯（Labrousse）的著作和其他地方，对于这一现象有许多描述。最简明的陈述可能在拉布鲁斯，1945，Ⅳ-Ⅴ。

⑦ 当然，这是拉布鲁斯（Labrousse）著作中处于中心位置的经验主义的发现。特别是参见拉布鲁斯，1933，II，379，399，444。

⑧ "法国农业的真正危机，在路易十五（Louis XV）统治结束时，在整个路易十六（Louis XVI）统治时期偶尔地，［是］变糟的气候环境导致的危机"［莫里诺（Morineau），1971，67；并且参见 1969a，419］。同时也参考下面关于"好天气"的问题。

⑨ 维拉尔（Vilar）（1974，40）。

⑩ 拉布鲁斯（Labrousse）（1944，XVI）。

⑪ 参见沃勒斯坦（Wallerstein）（1980，特别是 259~275）。

⑫ "对 18 世纪中叶以前的技术变革予以轻描淡写，相反地，对于那一世纪后半期的新技术予以浓妆艳抹，这一习惯已有很长的历史"［琼斯（Jones），1970，49］。

⑬ 迪恩（Deane）说，英国的日期一般在 1740 年代，并且即使在 1780 年代以前这一增长是"适度的"，但事实仍然是："好像是开始于 1740 年代的增长并没有倒转"（1979，214）。钱伯斯（Chambers）说，英国"人口统计的革命"的日期一般在 1750~1800 年，并且即使塔克（Tucker）（1963）的这一说法——这是对 1720~1740 年的"低增长率"的补偿——是正确的，"随之而来的对人口统计和经济形势的侧面影响也是深远的"（1972，122）。类似地，里格利（Wrigley）和斯科菲尔德（Schofield）的图表（1981，207）显示，从 1750 年起有一突然上升（但开始于 1740 年，见 210~211 页）。至于法国，拉杜里（Le Roy Ladurie）的总体观点（1975，364~365）是："1717 年后，情况开始好转（重新开始）（reprise），很快就有一个突然上升［突飞猛进（essor）］！"他称 1737~1745 年是"一个暂停，暂时的停滞"，此后，增长"在 1745~1750 年间重新开始"，并很快"冲破了最高限度"。图坦（Toutain）说，"早在大约 1720 年，［法国］人口就在增长"（1963，17）。

然而，正像赫伦纳（Helleiner）（1965，86）提醒我们的，这并非"无与伦比"的，只不过可以与以前的人口膨胀相比。里格利（Wrigley）和斯科菲尔德（Schofield）有同样的观点（1981，211）正像莫里诺（Morineau）一样。后者还怀疑"18 世纪的人口统计增长达到了已被认定的水平"（1971，85）。弗林（Flinn）（1981，76）显示了类似的怀疑，他强调从 16 世纪到 18 世纪这一整个时期与"大多欧洲国家的增长率实质上大于以前"的 19 世纪的对比。

⑭ 弗林（Flinn）（1981，18）。

⑮ 参见弗林（Flinn）（1981，21），李（Lee）和斯科菲尔德（Schofield）（1981，27）。然而，里格利（Wrigley）和斯科菲尔德（Schofield）（1981，247~248）指出，虽然这在英国是真实的，但在其他某些国家——如瑞典——死亡率的下降起了主要作用。法国被认为是处于二者之间的例子。哈巴库克（Habakkuk）

（1953，133）也说，"在原工业化社会"最大的可变因素将来自结婚年龄和因此而对出生率的影响。

⑯ 见里格利（Wrigley）（1969，181）。以科里顿（Colyton）和肖努（Chaunu）关于诺曼底（Normandy）所作的论证为基础的论断。肖努总结了一场讨论，即新奥古斯丁派（New-Augustinism）赞成一种禁欲的马尔萨斯主义（Malthusianism），即将射精中断法视为一种"较小的罪恶"。

除此之外，拉杜里（Le Roy Ladurie）（1969，1600）提醒我们，在残酷的饥荒（17世纪有许多）与暂时的绝育之间有生物上的联系。"好像是生物体压制了自身的再生功能，并且，如果代价是牺牲生命功能，这就成了一个奢侈品。"

⑰ 迪恩（Deane）（1979，49）。关于法国的著作并没有直接承认这一点，但他的确谈到了饥荒的结束。参见穆夫里（Meuvret）（1971e，275）。

⑱ 像通常那样，这个日期有许多争论。明盖（Mingay）（1956，324）把它定在1730~1750年，但特别地到1745年。钱伯斯（Chambers）谈到了1720~1750年（1972，143），利特尔（Little）（1976，5）则提到了"第二个25年"，但同时也提到了1730年代和1740年代。然而，奥布莱恩（P. K. O'Brien）说："农业价格没有下降，在1740年代以前，有的只是稳定。约翰（John）的观点没有资料依据"（私人书信）。

⑲ 克拉夫茨（N. F. R. Crafts）（1981，3）断言："农业……明显不是一个衰落的部门。事实上，在这一世纪的第二个25年，增大的需求给它有限的供应造成的压力已提高了农业价格——相对工业价格而言。"类似地，科尔（Cole）（1981，48）主张："新的估算无可怀疑地为琼斯（John Jones）的观点提供了有力的量的证据……在18世纪早期的总体上的经济增长中，提高的农业生产率是主要的因素。"然而，关于这一时期之于"即将到来的工业革命"的"重要性"，伊波利托（Ippolito）有保留意见（1975，311）。

⑳ 明盖（Mingay）（1956，324）。

㉑ 利特尔（Little）（1976，18~19）。

㉒ 巴特（Slicher Van Bath）（1969，173~174）称1755年为"价格比率的转折点"。他特别提到，欧洲的小麦平均价格在1760~1790年比1721~1745年高出30%~40%，并"在大约1660年以来的非同寻常的长期恒定价格之后"（西班牙王位继承战争时期除外）导致了一个危险的增加。奥布莱恩（1977）把上升的日期定为从1745年开始。

㉓ 艾贝尔（Abel）（1973，281）。博尔德（Bourde）（1967，III，1571）把法国农学手册"大量出现"的第一个时期定在1750~1770年。

㉔ 尤其参见迪恩（Deane）（1979，38）。

㉕ 哈夫顿（Hufton）（1980，23）。以前已经引证过了，在这一问题上，首要的争

论者是柯立芝（Kerridge）（1967）和莫里诺（Morineau）（1971）。古瓦（Goy）和黑德-柯尼希（Head-König）的修订压低了图坦（Toutain）对18世纪法国农业生产率的估算（1969，263）；同时参见拉杜里（Le Roy Ladurie）（1975，395）。奥布莱恩（O'Brien）（1977，175）没有发现英国在1745~1820年期间的"推动社会变化的能力""如此这般地给人以深刻的印象"。他提醒我们，这正是古典经济学家发明报酬递减律（the Law of diminishing returns）的时期。

类似地，特纳（Turner）指出，发生的这种生产率的变化在1770年以前所起的作用如此巨大，它因此使得人口统计的上升成为可能，而不是对这一上升的反应。他主张，"按更大的产出计算，[英国的]生产率从大约1770年或者更早开始，直到1830年以后始终处于稳定，而这是在人口统计的革命时候"（1982，506）。

㉖ 不能推断，所有封建权利的再声明都是法律上的。塞伊（Henri Sée）（1908，181~184）早就清楚地说明，这一再声明在多大程度上招致了法律上的滥用。

㉗ 福斯特（Forster）（1963，684）。

㉘ 参见拉杜里（Le Roy Ladurie）（1975，434~437）。迈耶（Meyer）（1966，II，1248）甚至在布列塔尼（Brittany）这样的封建特权的堡垒也发现了同样的情况。"实际上，确切地说，领主权利（seigniorial rights）不论如何之大，它们在贵族的岁入中仍然只占相当小的比例。'封建'制的重要性更多是在于非寻常的'税收'（额外收入：土地转让和出卖，再买回）（casuels：Lods et ventes, rachats）和采邑上的什一税的高额代价，最重要的是，在于它给土地的特有人——不论是贵族还是平民——的专横的社会权力。"

㉙ 参见拉布鲁斯（Labrousse）（1933，II，361~362）的总结。

㉚ 哈夫顿（Hufton）（1980，26，28）。

㉛ 这一用语和比例的估算是拉杜里（Le Roy Ladurie）（1975，434）中的。

㉜ 古德温（Goodwin）（1965a，358）。同时参见格鲁德（Gruder）（1968，226，228）："这看来是可能的……在［18］世纪的最后几十年，资产阶级，特别是富有的大资产阶级，并没有被与位于他们之上的人们切断关系，也没有被与职业的和社会的发迹切断联系。……社会地位并非不可改变，出身不再注定前途。如果有成功所需要的手段——能力和金钱，[资产阶级]可以在被认可的道路发迹。并且，他也想成为贵族。"

18世纪英国的状况如此地不同吗？富裕的平民变成了议会议员，从那里，他可以期待被封爵。"到1784年，下院普遍被认为是通往上院的升至高层之路"[纳米尔（Namier），1957，14]。

㉝ "（土地所有者阶级）的势力的增长大于领主贵族——在（领主权利）方面；大于教会——在（什一税）方面；大于国家——在（税收）方面。"[拉杜里（Le Roy Ladurie），1975，584]。

㉞ 阿伯德姆（Aberdam）（1975，75）。不仅如此，由于包税人（fermier）能够再包给别人，这人又可以再包出，因此，"包税人"是一个大范畴。

㉟ 这还没有说明他土地的质量。正像莱昂（Léon）（1966，18）针对东南部法国所指出的，大土地所有者有"最好的种植谷物的土地，特别是最好的葡萄园和牧场，这些是最可观的利润的所在地"。

虽然，我们应时刻牢记布洛赫（Marc Bloch）关于领主阶级的打算的慎重话语（1930，513）："……谈论领主阶级——设想他们是一个集团——的农业政策将是十分武断的；这会鉴于它的利益而认为它行动一致，认为他观点成熟……，认为他有阶级意识……而实际上他还没有那一水平。但是，我们至少可以看出某些总体的趋向。"

㊱ 博尔德（Bourde）（1967，I，538，注1）指出，包含到邻近教区放牧牲畜的互相权力的共同牧畜权（droit de parcours），其首要特征是，它是"公共牧场（vainepâture）的场所的扩大——通过（两个教区）间的互相同意"。关于它在"判例汇编"（Répertoire de jurisprudence）中的法律定义，参见塞伊（Sée）（1913，265）的引用。

㊲ 参见布洛赫（Bloch）（1930）。

㊳ 福斯特（Forster）（1970，1610）。"不太成功"并不意味着地租没有增加。但是，英国地主更多地采用圈地作为增加他们的地租总额的方法。参见明盖（Mingay）（1960，377）。同时参见帕克（Parker）（1955），他愿意强调地租增长的渐进性，强调它不具备构成人们时常断言的大变动现象的水平。

当然，法国官僚机构的权力正在增加，但没有达到大不列颠的水平。虽然法国国家不能够（不像英国国家）进行大量圈地，但它的强大足以收回以前证明领主征收义务税为正当的许多功能。通过这样"破坏"领主作为封建义务税的征收者的功能的"稳定性"，它有助于把领地投入"交易"〔鲁特（Root），1985，680~681〕。

㊴ 福斯特（Forster）（1970，1614）。

㊵ 柯立芝（Kerridge）（1967，24）在诋毁它的特异性方面走得最远。"总体来看，可以这样大致估计，1700年，东部（East）和西部（West）只剩下1/4土地需要圈占。议会圈地的极端重要性这一古老传说应当被扫进垃圾堆。"

㊶ 这一制度比人们从前所认为的有更大的"适应性"，允许更多的"发展"，并且，遭受了更多的"增长中的分化和兼并"。参见耶林（Yelling）（1977，146）。达尔曼（Dahlman）坚定地认为，只要生产主要为满足附近市场，这一制度就有经济合理性。他提醒我们（1980，178），车轮是一个重大发明，但它不是用于雪地运输。"敞地制的采用，是为了解决在外部极少发生变化并因此相当稳定的条件下，利用同样的资源生产两种不同的产品〔农耕的和畜牧的〕这一难题。"

㊷ 早期圈地发生在“那些最不适于耕作农业的地带”［耶林（Yelling），1977，58］，因此，在这地方，要想使生产达到一既定水平，就需要更大的技术和组织努力。

㊸ 达尔曼（Dahlman）（1980，154）。“一旦专门化变得有利可图，更大量的产出成为可能，圈地的耕作方式就被采纳了”（178 页）。科恩（Cohen）和韦茨曼（Weitzman）（1975，321）虽然遭到了达尔曼的批判，但从根本上说，他们提供了类似的解释：“圈地运动的主要动力在于最大限度地从土地上获取利润。”他们视这一现象为“与中世纪价值观念的决裂”（304 页），大致开始于这时，但这与早期圈地的有力证据形成对立。琼斯（E. L. Jones）（1981，84）的解释也朝同一个方向：“圈地的主要动力可能是外部的——［18］世纪中叶以后农业产品价格的相当快速的提高……生产效率的进步容易被夸大。”最后，艾贝尔（Abel）（1973，283~284）同意这一观点，指出：“当时人一致认为，圈地异乎寻常地增加的直接动力是谷物价格的提高……法国的情况与此相同。”

㊹ 迪恩（Deane）（1979，44）；同时参见希尔（Hill）（1967，269）。

㊺ 拉布鲁斯（Labrousse）（1970，698）。

㊻ 哈夫顿（Hufton）（1980，31）。

㊼ 例如，可参见阿什顿（Ashton）（1924，104）关于 18 世纪早期英国铁工业的论述：“以这种方式在国内市场出售的英国铁与外国产品竞争。鉴于铁的需求……极度无弹性，这一竞争被更强烈地感受到了。……因此，难怪苦不堪言的英国铁工业老板是十足的保护主义者。”铁供需的非弹性将随着世界经济的扩张而改变。

㊽ 马尔切夫斯基（Marczewski）谈到了 1715 年以后的增长（1963，137），福林（Fohlen）则谈到了 1715~1720 年以后的增长（1973，12）。莱昂（Léon）（1954，200）关于多菲内（Douphiné）则提到了 1732 年，它接近于拉布鲁斯给法国经济扩张的重新开始所定的 1733 年这一一般性断限。

㊾ 迪恩（Deane）和科尔（Cole）［1967，58；还有迪恩（Deane），1973a，170］已成为断限英国“工业革命”从 1740 年代开始的领头的鼓吹者。他们已遭到了批评。批评者认为，1740~1780 年的工业发展是相当微弱的，他们愿意强调——像罗斯托（Rostow）那样，1780 年代的重要性在于它是“起程”的时期。参见怀特海（Whitehead）（1964，73）。

㊿ 哈特韦尔（Hartwell）（1968，11~12）。

(51) 哈巴库克（Habakkuk）（1955，150）。

(52) 克鲁兹（Crouzet）（1967b，147）。戴维斯（Davis）的资料（1979，21，Table10）表明，1699~1701 年到 1784~1786 年间，英国向北欧和西北欧出口羊毛商品的总额持续下降。此后又开始回升，而这发生在总体上的毛织品出口增加的大环境之下。同时参见布特尔（Butel）（1978c，112~113）关于德国和北欧是法国对外贸易的“重心”的论述。迪恩（Deane）和科尔（Cole）（1967，86）特别指出，在18世纪，英国对外贸易有明显的转移。在世纪之初，4/5出口到欧洲，而在世纪末，则只有1/5。原因很简单——“［英国的］欧洲竞争者的保护性市场”。相反，英国在北美，西印度和爱尔兰的贸易则“形成了本质上的封闭体系，竞争者被严格地排除在外”。

(53) 参见戴维斯（Davis）（1973，306）。英属北美市场特别重要，这是鉴于：1700年到美国革命（American Revolution）开始时的1775年，那里的人口增长了10倍，那些殖民地盛行高工资。参见布特尔（Butel）（1978a，64）。爱尔兰是英国更重要的一个市场，类似于英属北美。参见戴维斯（Davis）（1969，107）。

(54) 米尔沃德（Milward）和索尔（Saul）（1973，104）主张：［1713年的乌特勒支条约（Treaty of Utrecht）之后］，“欧洲与其他大陆间的贸易扩张空前重要，这一贸易的发展大大快于欧洲范围内的贸易。”

(55) 参见迪恩（Deane）（1979，55）

(56) 克鲁兹（Crouzet）（1980，50）。不能确切知道的一个因素是走私将对此有什么帮助。科尔（Cole）（1969，141~142）主张，“英国进口和出口贸易的合法的和非法的两个分支在18世纪倾向于向相反的方向运行”，因此，允许走私将降低市价摆动的记录。他估计，走私商品占总额的1/4或1/5。穆伊（Mui）和穆伊（Mui）（1975）对科尔的资料提出异议。无论如何，我们没有与法国的比较。

(57) 布罗代尔（Braudel）（1984，347）从他的图像得出结论，“到17世纪末，法国实际上正在走向拥有一个紧密交织的网络，这可以被恰当地称为一个民族市场。”类似地，蒂利（Louise Tilly）发现，“早在17世纪末，法国就有一个［谷物的］民族市场的倾向”（1971，43）。拉杜里（Le Roy Ladurie）（1978，389）认为，法国“国内市场的发展”是18世纪农业扩张的主要因素（1975，398）。然而，莫里诺（Morineau）（1978，379）告诫我们，（鉴于“艰难的、花费巨大的长途运输”），价格的划一与其说预示着统一的市场，还不如说预示着“交易的封锁，即他们的居民创造的地方供应来源的经济保护区”。同时参见博舍（Bosher）（1965，577~578）。

(58) 就运河而言，英国开凿得更多，因此每人或每公里的可航行水域远远领先于法国。然而，法国运河更代表着工程技术的成就，特别是朗格多克（Languedoc）运河，它“为工业发展的下一个时期发生的欧洲运河体系的大规模扩张……打下了技术基础”［斯肯普顿（Skempton），1957，468］。关于英国的著作从运输时间的缩短等因素造成的贮存花费的节约和盗窃的减少这一角度来强调运输的“革命”。参见迪恩（Deane）（1979，85~86）；同时参见吉拉德（Girard）（1966，216~217）和巴格韦尔（Bagwell）（1974，25，43，55）。肯努（Leta Connoux）（1909，282~283）在反观法国的水路运输后指出，节约被夸大了，运输和抢劫中的损失在分析家的计算中时常被低估了。

运河和河流好于陆路；吉拉德（Girard）（1966，223）认为水运费用下降了1/2到3/4。然而，阿尔贝洛（Arbellot）（1973）特别强调18世纪法国陆路的极大改善。关于法国各地的运输革命，参见拉杜里（Le Roy Ladurie）（1975，397）。

(59) 沃勒斯坦（Wallerstein）（1980，85~90）。

(60) 参见蒂利（Tilly）（1983，126~128）关于1650年后整个西欧农村地区非农业劳动的增长这一现象的总结。这一增长到如此的程度，以至于“18世纪欧洲乡村的重要地区充满了非农民，充满了制造业的嘈杂”。

(61) 钱伯斯（Chambers）（1940，119）。他坚决主张（123页），“最小的所有者”实际上增加了。他以“这一事实”作为证据：“那些以前被认为没有义务交土地税的公地居住者（squatters）和茅舍农（Cottages）现在第一次加入了此行列。”

(62) 莫里诺（Morineau）（198，385）；同时参见拉杜里（Le Roy Ladurie）（1975，584）。

(63) 参见吉尔博（Gilboy）（1930，612~631；1975，7，16~17），塔克（Tucker）（1975，32），迪恩（Deane）（1979，31），拉布鲁斯（Labrousse）（1933，II，491，600，610）和莫里诺（Morineau）（1978，377）。

(64) 实际上，拉布鲁斯（Labrousse）（1944，XVIII）正是这一观点：“如果说实际工资［在18世纪下降了］，那么，工资劳动者的数量增加了，并且，随着总体上的生产资本的［扩大］，可供选择的就业机会增多了。”

(65) 科尔（Cole）（1973，341~342）；参较明钦顿（Minchinton）（1969，16~17）。“平衡的”观点——它既是国内的，也是国外的需求——已变得相当流行。参见兰德斯（Landes）（1969，54）、科尔（Cole）（1981，45）和克拉夫茨（Crafts）（1981，14）。然而，问题不再是法国和英国与边缘地区的对比，而是互相之间的。两者之间的区别是什么造成的？

(66) 布罗代尔（1984，575~578），他引证了塞里奥尼（Accarias de Sérionne）；同时参见弗兰克（Frank）（1978，214~218）。迪恩（Deane）（1979，10）在比较1770年代英国和法国的生活水准时，直接地验证了塞里奥尼的分析。“好像无可怀疑，普通英国人令人羡慕地富于他的法国同行。”不能在欧洲大陆竞争是英国拥有的这一国内市场优势的消极面。

(67) 转引自迈耶（Meyer）（1979a，211）。迈耶说，法国的政策是努力实现公海在战争期间的中立。但是，中立目标本身就是军事虚弱的标志。

(68)“巴黎和约确立了英国作为世界上最大的殖民国家——西班牙除外——的地位……［然而］，英国超出法国的殖民和海上优势……还［不是］不可战胜”［安德森（Anderson），1965，252］。

(69) 转引自普鲁姆（Plumb）（1956，104）；同时参见巴尔（Barr）（1949，195）。如果人们不理解皮特和伦敦城商人的观点怎么可能没占上风，人们必须牢记，有其他利益在起作用。琼斯（Jones）（1980，222）评论说：“英国商人和在西印度的英王特许领主对于吞并在加勒比海的占领地不感兴趣，因为结局将是保护性外国市场上的竞争的增加；马提尼克岛（Martinique）和瓜德罗普岛（Guadeloupe）能够削低英国殖民地指令的价格而与他们抢生意，古巴（Cuba）潜在地成为一个甚至更有力的大规模生产者。”

(70) 普鲁姆（Plumb）（1950，115）。

(71) 参见麦克尼尔（McNeill）（1982，157）；安德森（Anderson）（1965，254ff.）。但是，法国的外交地位已由于1763年的失败而大大削弱了。“在欧洲宫廷的庆典场合，英国外交代表的被邀和款待都优于法国——七年战争的结果，这一行为有时会引发异常的屈辱感”［比米斯（Bemis），1935，9］。

(72) 参见拉姆齐（Ramsey）（1939，183）。当舒瓦瑟尔（Choiseul）宁愿冒着重新开战的危险而不愿割让福克兰群岛（Falklands）（马尔维纳斯群岛）（Malouines）给英国——因为这一群岛控制着进入麦哲伦（Straits of Magellan）和合恩角（Cape Horn）的通道——时，他于1770年被驱逐了。参见吉耶姆（Guillerm）（1981，11，451）。

(73) 布尔（Boulle）（1972，109），他主张（93页）：“由于奴隶贸易，廉价和大宗——现代工业两个发动机——在南特可以得到。奴隶贸易的寡头政治集团积累的资本也是同样。”

(74) 布尔（Boulle）（1972，103，106，108，111）。达代尔（Dardel）（1963，52）转述了鲁昂（Rouen）的同样的经济逆转，但把1769年作为转折的日期。伯杰龙（Bergeron）（1978e，349）说，这一观点——法国的海上经济对以工匠和农民为支柱的真正法国来说是边际的——是“简单化者”的观点，他坚持认为两者之间在18世纪后期有“多样的、生机勃勃的结构联系”。但也正由于这种联系，大西洋法国遭到的破坏会在其他地方有惨重的反响。

(75) 莫里诺（Morineau）（1980b，298）。吕提（Lüthy）称七年战争对法国财政的作用为“18世纪的1914年”。转引自伯杰龙（Bergeron）（1978b，121）。同时参见普莱斯（Price）（1973，I，365），他视七年战争为“18世纪法国财政史的转折点”。

(76) 七年战争本身已成为此前的世界贸易扩张的原动力，因为海外军队的后勤工作本身就成为增加出口的重要原因。这一后果有些被带到了和平年代。戴维斯（Davis）（1969，114）不知道“［1763年以后］的时期［英国］扩大的向美洲出口在多大程度上根源于在殖民地维持的规模远大于战前卫戍军的需求”。

无论如何，仅有这一遗留下来的后果是不够的。商业有所下滑，虽然关于这开始于18世纪60年代［科尔（Cole），1981，39~43；克拉夫茨（Crafts），

1981，16；克鲁兹（Crouzet），1980，50~51；费舍（Fisher），1969，160；弗兰克（Frank），1978，170~171］还是仅仅开始于1770年［拉布鲁斯（Labrousse），1944，XXIII；戴维斯（Davis），1979，31~32］还有一些争论。

(77) 哈巴库克（Habakkuk）（1965，44）。同时参见科尔（Cole）（1981，41），他设想，如果英国是封闭型经济，现在会是什么样子："不是在成为工业国的道路上快跑（1800年），而是还没有开始这一征程。"

(78) 布洛赫（Bloch）（1952，I，226）。在他早期的一篇文章（1930，381）中，布洛赫强调了同一主题："胆怯明显是旧政体（Ancien Régime）的最后几年的农业政策的权威的注脚。"关于农民抵抗是"困难"之一，参见戈蒂埃（Gauthier）（1977，59~60）。

(79) 参见萨顿（Sutton）（1977，256）："对照荒地总面积，对照法国总体的农业生产，额外的300~350，000公顷只能标志着政府的土地清理政策的十分有限的成功。"同时参见拉杜里（Le Roy Ladurie）（1975，582），他说，在18世纪法国，不像在英国和普鲁士（Prussia）那样，农民的小块土地（小块土地）（Lopin）只是"边沿地受到侵害"。然而塞伊（Sée）（1923b，49；参较1908，1913）的叙述则表明，尽管政府干预减缓了，但领主的兼并"却是越靠近大革命的年代越加严重"。

(80) 拉杜里（1975，440；同时参见415~416）；并且参见布洛赫（Bloch）（1952，I，229~235）。

(81) 即使公地没有被分割，这也是正确的，因为正如布洛赫（Bloch）（1930，523）特别指出的，"几乎在任何地方，公地都不能满足需求。"同时参见穆夫里（Meuvret）（1971b，179）关于肥沃土地上的互惠的令人怀疑的好处的论述。因此，"在他们的一致抵抗中，［劳工（laborers）善于耍政治手腕的人（manoeuvriers）］在各地构成了农村反抗运动的突击队"［布洛赫（Bloch），1952，I，228］；同时参见塞伊（Sée）（1923b，76）。

(82) 参见布洛赫（Bloch）（1930，531）和穆夫里（Meuvret）（1971b，179）。

(83) 参见布洛赫（Bloch）（1952，I，230）。他特别提到，大土地所有者特别强有力地维护公共牧畜（droit de parcours）。他谈到了弗朗什孔泰（Franche Comté），在那里，他们无礼地得到了在公地和休耕地上牧养几乎没有限制的牲畜的权利。他这样评论："这些农田反而变得更有利可图，因为经济的转型保证了牲畜的饲养者有贵重的产品，与此同时，为资本主义的经营方式敞开了大门。"

穆夫里（Meuvret）（1971，195~196）则坚持认为，应该区分在休耕地上的和在耕地上的公共牧场（vaine pâture），因为实际上，休耕地是用于放牧绵羊，耕地则是放牧有角牲畜。鉴于大土地所有者有大片的羊群和有利可图的羊毛，废除休耕地上的公共牧场不符合他们的利益。

(84) 参见穆夫里（Meuvret）（1971d，196）。

(85) 布洛赫（Bloch）（1952，I，236）。

(86) 卡普兰（Kaplan）（1976，I，93）列举了当时一个著名的布雷顿（Breton）的治安法庭法官，此人用明显类似于先锋派的语言说，“敕令”（Edict）标志着法国进入“欧洲共同市场”。

(87) 卡普兰（Kaplan）（1976，I，145，163）。

(88) 拉布鲁斯（Labrousse）（1933，122，124）。

(89) 卡普兰（Kpalan）（1976，II，687）。谷物自由主义也得到了国王的顾问们的支持，他们认为，它将导致价格上升，因此会带来更高的税收。然而，这“证明是一个可怕的错误……”［哈夫顿（Hufton），1983，319］。

(90) “面对重农主义者杜尔哥（Turgot）所希望的由供需调整的疯狂的谷物价格，大量普通工人（熟练操作工人）（manoeuvriers），特别是工匠，以‘大众的道义上的经济’的名义要求公平价格”［拉杜里（Le Roy Ladurie），1975，388）］。赖利（Riley）认为谷物自由主义（和削减的和平时期税收）是“促进经济扩张的试验”，这一试验证明是“铤而走险的”（1987，237）。

(91) 拉布鲁斯（1944，XXXV）。同时参见圣-雅各布（Saint-Jacob）对同一时期的勃艮第（Burgundy）的描述（1960，428，569）。他讲述了包税人（fermier）——领主的反动的发起人——的日益增长的作用。“从那一点上说，在农民看来，领主权在于包税人。”然而，非贵族的资本主义农场主的这一成功出现将破坏领主权的根基。“成为采邑上的傲慢企业家的包税人以毁坏采邑的声誉而结束。”

(92) 参见博尔德（Bourde）（1967，III，1609）。

(93) 莫里诺（Morineau）［1971，325~326；参较勒费弗尔（Lefebvre），1939，115~116］。

(94) 实际上，博尔德（Bourde）（1953，217~218）排除了把“封建主义”作为这一现象的解释，论据是，法国农学的落后持续到19世纪。因此，他提出了一个轻视“法国农民的传统思想”而重视“法国特有的地理环境”的解释。

(95) 伯杰龙（Bergeron）（1978c，226~227）提醒我们：“最后，如果说有一个‘农业革命’，它是英国的吗？在18世纪，英国只不过是克服了与佛兰德（Flanders）和荷兰相比较的在这一领域的落后局面。”不仅如此，肯定地说，1760年后，法国也在北部地区进行了许多同样的革新。参见巴斯（Slicher van Bath）（1963，279~280）。

(96) 参见奥布莱恩（O'Brien）和凯德（Keyder）（1979，1293~1294），他们也主张，法国更大的人口稠密度导致了把更多的土地用于谷物生产和精耕细作农业。

(97) 参见蒂默（Timmer）（1969，392）。他主张：“［英国的］农业革命显然没有为工业的劳动大军提供剩余劳动力。但它的确为迅速增长的人口提供了食物，增多的农业和工业劳动力正是来自这里”（384~385页）。

(98) 戴维斯（Davis）（1973，311）；参较罗斯托（Rostow）（1971，54）关于从

1697到1831年英国棉花—羊毛进口的数字。

(99) 参见内夫（Nef）（1943，5）："从大约1735年到1785年，大不列颠工业变革的速度并不比法国快……18世纪经济史的明显特征是：大不列颠与大陆的相似性大于差异性——在经济发展的速度和这一发展的方向两个方面都如此。"内夫还主张（1968，971），在1735~1785年这一时期，法国总体上的生产，特别是铁工业生产的发展速度快于英国。同时参见沃兹沃思（Wadsworth）和曼（Mann）（1931，193），贝尔洛克（Bairoch）（1974，24），奥布莱恩（O'Brien）和凯德（Keyder）（1978，57~60），科尔（Cole）（1981，36）和克拉夫茨（Crafts）（1981，5）。

科尔（Cole）和迪恩（Deane）（1960，11）断言，"在大革命爆发时（并且可能在此前的整整一个世纪），［法国的］平均生产率落后于［英国］。但是，［他们还说］，按现代标准看，这一差距并不大。"不仅如此，他们还认为法国处于建立在"强烈的科学传统"基础之上的"优势地位。"参较马赛厄斯（Mathias）（1979，54~55）。同时参见莱昂（Léon）（1974，407），他将18世纪的法国说成是被"更新的强有力而积极的力量"所扭转。他断言"工业进步，工业增长的现实不再需要在这样一个国家来证明了，它在这两个领域失忠于将其置于欧洲国家一流地位的使命。"

(100) 参见沃勒斯坦（Wallerstein）（1980，193~200）。

(101) 米尔沃德（Milward）和索尔（Saul）（1973，94）。参见拉杜里（Le Roy Ladurie）和基耶（Quilliet）（1981，375）关于他们所称的法国的"上层斗争模式（Oberkampf model）"的论述。

(102) 蒂利（1983，130）。这一现象的原因之一是"厂外分发制度部分地合并到了新工厂制度"。一个"纺织业企业家可以被称为一个服务站……染色工和修整工也许为属于商人的呢绒而劳作；精纺羊毛的梳理工或纺线工也许取来羊毛而送回精梳毛或毛线。因此，厂外分发制度显示出了明显的适应能力，磨坊主人而不是家内手艺人是'绑腿'"［希顿（Heaton），1972，86］。

(103) 勒尔（Roehl）的观点相反，甚至宣称这一较早开始正是它的劣势。马尔切夫斯基（Marczewski）［转引自加登（Garden），1978a，16］把所有转型工业都算在内，断言，1780~1790年，工业占法国生产的总价值的42.6%。关于对近来论述法国经济发展的修正派著作的评论，参见卡梅伦（Cameron）和弗里德曼（Freedeman）（1983）。关于早期作家与修正派之间的中间观点，参见克拉夫茨（Crafts）（1984）。关于对勒尔（Roehl）的批评和他的答复，参见洛克（Locke）（1981）和勒尔（1981）。

(104) 然而，"在18世纪，吉尔（Gille）所称的'资本主义大企业'不是产生在占法国工业机构的60%到65%的纺织工业中，而是在采矿、冶金工业，运河开凿和化工工业中"［乔治（George）、泰勒（Taylor），1964，493］。

(105) 1810年出版的《不列颠百科全书》（*Encyclopedia Britannica*）第四版为这一事实而得意："东印度（East India）棉花已经被纺成了一磅价值五基尼的纱线；当被织成平纹细布并被孩子们装饰到刺绣架上时，其价值则扩张到了15镑；收入是原材料花费的5，900%"［阿农（Annon），1810，695］。

(106)"在1770年几乎是无足轻重的棉纺织品出口，在19世纪的前半个世纪已经占英国产品总出口额的近一半。棉纺织品在出口贸易中的作用的转变实质上在1800年已经完成，用了不超过一代人的时间"［戴维斯（Davis），1979，14］。同时参见克鲁兹（Crouzet）（1980，92）关于1782年到1802年间英国出口方式的明显转化的论述。

(107) 这一历史已经被多次谈论。参见兰德斯（Landes）的总结性评论（1969，84~88）。克朗普顿（Crompton）的骡机——莱维-勒希瓦耶（Lévy-Leboyer）（1964，7）断言它是决定性的——开始于1779年。关于英国生产率的提高，同时参见霍夫曼（Hoffmann）（1955，32），内夫（Nef）（1968，967），克劳泽特（Crouzet）（1980，65）和克拉夫茨（Crafts）（1981，8）。

之所以说在英国"较大"，是因为这一说法——法国在这一时期没有创新——有悖事实。巴洛（Ballot）（1923，22）称1780~1792年为法国工业中的"革新活动"的时期，其中包括机械劳动在棉纺织业中的最终渗入。

(108) 这是莱维-勒布瓦耶（Léry-Leboyer）（1964，24）的用语。

(109)"在某种程度上，两个国家都依赖于在非洲和美洲的［棉纺织品］市场，而在这里，1720年后的历史发展历程有利于英国工业——以法国为代价"［沃兹沃思（Wadsworth）和曼（Mann），1931，208］。"英国18世纪的大规模殖民地和海上扩张提供了大于法国的销售棉布的殖民地市场，而正是在棉纺织业中发生了主要的机械更新"［米尔沃德（Milward）和索尔（Saul），1973，97］。因此，18世纪80年代把这两者结合在了一起：一方面是历史地得到的进入某些市场的优势，这"给了她在主要市场上的竞争优势的成果"［凯恩（Cain）和霍普金斯（Hopkins），1980，474］；另一方面是贸易地区有利的市场环境—它"在1780年之前只是缓慢地成长"［贝里尔（Berrll），1960，358］。美国战争（American War）的结束（实际上是1781年）在英国对外贸易的"大飞跃"中起了重要促进作用［珀金（Perkin），1969，100］。关于法国在18世纪80年代的殖民地商业中面临的困难，参见克拉克（Clark）（1981，139）和斯坦（Stein）（1983，116~117）。

(110) 莫里诺（Morineau）（1978，411~412）。

(111) 莱昂（Léon）（1974，421）。

(112) 迪恩（Deane）和科尔（Cole）（1967，35）。

(113) 芒图（Mantoux）（1928，262~264）。参见汤普森（Thompson）（1978a）；同时参见杰里米（Jeremy）（1977，2~5），他特别指出，大不列颠最全面地立法禁

止技术出口的时期是18世纪80年代到1824年。

(114) 莱维-勒布瓦耶（Lévy-Leboyer）（1964，25，29）。皮尤（Pugh）（1939，312）赞同这一观点，他视卡隆（Calonne）在1783~1787年的“新政（New Deal）”是发展法国的资本主义的举措。“大革命中断了［卡隆的］事业，并使英国的工业发展能够取得如此长足的进步，以致于法国永远不能赶上。”

(115) 勒费弗尔（Lefebvre）（1939，24）。

(116) 科班（Cobban）（1963，91）。

(117) 科班（Cobban）（1968c，74）。类似地，罗宾（Robin）（1973，53）谈到了“审判员（法官）（magistrature）在阻挠一切可能性，一切妥协的努力中的决定性作用”。正像贝伦斯（Behrens）（1967，177）提醒我们的，“直到18世纪80年代末，为改革而进行的斗争还从没在第三等级（或其中任何一部分）与贵族之间进行。”

(118) 参见拉杜里（Le Roy Ladurie）和基耶（Quilliet）（1981，387~388）。当然，绝对地说，国家岁入正在增加［参见普莱斯（Price），1973，I，375，表IV］，但还少于国家生产或政府开支。

(119) 在18世纪，40%的政府岁入来自总包税区（General Farms）。但这一数字没有告诉事实的全部。“延误盛行于各地。考虑到（财政）制度的松散，许多人专门的恶意，运输的实际困难……和习惯上的散漫行为造成的整体上的复杂性，延误几乎是结构上的”［古贝尔（Goubert），1973，147］。

(120) 肖辛南-诺加雷（Chaussinand-Nogaret）（1970，266）。“大恐怖（Terror）使真相大白。1794年5月8日，在被补或被囚的36名普通包税人中，28人被处决。剥夺他们的动产是已成为王家财政的同义语的一个公司的最后一次财政投机——有利于共和国——的机会。”

这些财政官同时兼有“资产阶级”和“贵族”两种身份。他们的成长“是资产阶级的成长，这是一个朝气蓬勃的资产阶级，办事果断，时常是有知识的，推行‘重商主义’（La marchandise）……这些财政官实际上构成了一个寡头集团，关于它，人们不能说清它的建立依赖于运气还是继承”（肖辛南-诺加雷，1970，270）。“靠金钱起家的这些家族势力，很快掩盖了他们的出身和他们的地位提高的环境……财政渗入到贵族，贵族关注财政，正像财务官是资本主义企业家一样。”［索布尔（Soboul），1970b，228］。利益的这一融合依赖于资本的共同积累。正像博舍（Bosher）（1970，309）特别指出的，“国民议会的大多数人不喜欢这一财政制度正是因为它被控制在营利的资本家——他们用了这个词——手中，在这一方面，债务在他们看来是一腐败制度的最有害的性能。”

(121) 关于政府开支与正常岁入之间的增大的差额，参见盖里（Guéry）（1978）。在莫里诺（Morineau）（1980b，318）看来，不是单独一次战争，而是一系列战争造成了这一困境。“正像人们可能会猜测的，最有力的影响源自每个阶段的敌对之后的债务的累加。”甚至莫里诺也承认（311 页），正是随着 1781 年内克（Necker）辞职，“法国财政进入了一个极度难堪的时期……由于债务利息（利息的开支）（Charge des intérêts）的增加，（外债）从内部吞食了正常岁入（法国的制度区分正常的和特别的岁入）。”在美国战争期间，正像在此前的法英战争期间一样，法国人不需要在欧洲维持大规模陆军。考虑到这一点，这种财政状况就更令人注目了。参见安德森（Anderson）（1965，266）。

正是由于这一原因，斯科波尔（Skocpol）的主张（1979，64）——正是“压制不住的好战热情把 18 世纪的波旁王朝拖入了严重的财政危机”——在我看来失之偏颇。我认为，这一“喜好”在法国并不强于英国，可能更弱一些。“谁不会理解……杜尔哥似的人”在听说美国战争爆发时的“担心”呢？[莫里诺（Morineau），1980b，309]。至于内克，格兰奇（Grange）（1957，29）特别提到，正是“他所痛恨的美国战争使他不能实现他的大多设想”。让我们记住，正是皮特对巴黎和约满腹怨言。

(122) 马赛厄斯（Mathias）（1969，44）。迪恩和科尔（1967，47），他们认为美国战争是一“灾难性插曲”，否则，18 世纪 40 年代以后将是英国对外贸易“迅速发展的时期”。阿什顿（Ashton）也提到了 1775 年的“灾难”（1948，148）。

(123) 迈耶（Meyer）（1979a，187）。

(124) 吕提（Lüthy）（1961，592）。关于法国人的希望——一个扩大的北美贸易——的破灭，参见戈德肖（Godechot）（1980d，410）：其结果“不是给双方国家带来繁荣的与合众国的活跃的贸易（1778~1789 年），而是一个停滞的，甚至更糟，单一方向的贸易，它从法国带走现金，而不能为她取回任何利润。”

(125) 一个典型的例证可以在合众国的海船桅杆出口这一问题上找到。班福德（Bamford）（1952，33~34）对这一现象大惑不解：1776~1786 年，法国为什么没能大量进口这种桅杆，而使法国海军丧失了“一个庞大的森林资源。而长久以来，英国一直依赖于这一资源，而且是自由地提取，没有受到法国人的阻挠。”他的答案是：“许多法国海军官员对于美洲森林资源的无知和保守主义”，加上美洲商人不负责任的一些例子，更坚定了法国人的偏见。

(126) 布瓦西埃（Tanguy de la Boissière）（1796，19）。

(127) 普鲁姆（Plumb）（1950，135）。

(128) 普鲁姆（Plumb）（1956，129）。

(129) 德希奥（Dehio）（1962，122）。不仅法国被这一发展所欺骗。在荷兰，反省长的两个团体——摄政者派（Regents）（自由主义的大资产阶级）和爱国者派（Patriots）（激进的民主主义者）——也“相信英国在美洲的失败会给英国商业以致命一击，他们国家的利益从此以后将与法国联系在一起……（然而），荷兰与合众国间的贸易在 1783 年后并没像商人们所希望的那样意义重大，因为美洲港口与英国恢复了联系"[戈德肖（Godechot），1965，108~109]。

在经济上，由于美国战事，法国在北欧也有所失（像英国一样，但谁失得更多？），这是因为，法英海上争夺造成了一个商业空缺，它部分地由这些国家的"中立商业"补上了。参见迈耶（Meyer）（1979a，213~214）。

[130] 科班（Cobban）（1963，122）。

[131] 参见莫里诺（1980b，312~313），他认为债务达到了10亿到13德里佛尔。在美国战争期间，终身年金（rentes viagères）的出卖不问购买者的年龄，可谓孤注一掷。这在财政危机的过程中起了多大作用，尚有待争论。赖利（Riley）（1973，742）认为它是"昂贵的"；哈里斯（Harris）（1976，256）说，"这些贷款是灾难性的这一说法还有待证明。"但是，终身年金（rentes viagères）恰恰不是"贷款"——不像世袭年金（rentes perpetuelles）那样。参见泰勒（Taylor）（1961，959~960）。

不仅如此，国家贷款提供了"非同寻常的投机性利润"，从日内瓦、阿姆斯特丹、伦敦和热那亚吸收资本。其结果是，到1786年，"价格和信贷恶性暴涨"。这使人们担心国家会没有偿债能力，并威胁着"法国商业资本主义的整个结构，更不用说对外金融中心了"。这与大革命的联系可以从这一事实清楚地看到：1789年，国民议会（Nation Assembly）对于这些国家债务做出了三个明确保证。并且，"努力通过教会财产收归国有这一办法恢复政府的偿债能力的正是塔列朗（Talleyrand）这个主教和投机商"。正如我们所知道的，这只不过推进了灾难性日子。最终，指券（assignats）和1793年的国民公会（Convention）"摧毁了投机性富豪阶级"[泰勒（Tayler），1961，956~957]。

[132] 罗伯茨（Roberts）（1978，8）。

[133] 参见拉杜里（Le Roy Ladurie）和基耶（Quilliet）（1981，386）。

[134] 霍布斯鲍姆（Hobsbawm）（1962，79~80）。

[135] 莫里诺（Morineau）（1980b，329）。它也不是法国的收税官（financiers）制度与英国的英格兰银行（Bank of England）的经营方式间的区别，这一区别"有点被夸大了"（332页）。两者都是作为各自政府的"货币温床"（货币产生地）（Viviers d'argent）（332页）来使用。

[136] 参见莫里诺（Morineau）（1980b，326）。这不像紧随七年战争后的时期。参见沃德（Ward）（1965，549~550）。但在那一较早时期，大不列颠有（超出法国的）另外一个优势，即它与英属北美的顺差贸易，它使得英国在七年战争期间"仍然有偿债能力"[安德鲁斯（Andrews），1924，109]。法国情况如何呢？"没有预见到的庞大战争耗费"导致了两个政策决定，这两者结合起来，造成了国家财政的根本性混乱。一方面，法国于1755到1756年决定"用信贷而不是用税收来支付战争"。这从本质上说是由于来自最高法院（parlements）反抗增加税收的强大力量。另一方面，法国于1764年——不像1714年那样——决

定"维持债务的……神经",宁可敞开谷物价格和降低税收。我们再一次特别指出,这是太过火的自由放任主义政策(Laissez faire)。第一个决定促进了债务显著上升,而第二个决定则"保证了债务可以自由地对政体、经济和财政施加其影响"[赖利(Riley),1986,160,230~231]。

⑬ 关于荷兰持有股份在18世纪英国的重要性,参见伊格利(Eagly)和史密斯(Smith)(1976,210~211);同时参见沃勒斯坦(Wallerstern)(1980,279~280)。关于其遣返回国,参见马赛厄斯(Mathias)(1969,4)和戴维斯(Davis)(1979,54~55)。

⑬ 参见莫里诺(Morineau)(1980b,324~325)。

⑬ 戴维斯(Davis)(1979,55)。

⑭ 克鲁兹(Crouzet)(1965,73)。

⑭ 1786年10月25日,在巴黎的一个机敏的英国外交官,黑尔斯(Daniel Hailes)发给了在伦敦的卡马森勋爵(Lord Carmarthen)这样一份形势分析:"按照内克先生(M. Necker)的计算,由于十分奇特的意外,英国和法国的公共债务在战争结束时几乎是同样的数额。把一切因素考虑在内,法国像英国一样,是战争的十足的受害者,并且,她没有什么东西来安慰自己,只有看到美国政治上脱离其母国而产生的一种徒然的满足感,没有给她自己增加任何的商业优势;这也是由于她明显没有能力像英国那样完好地、廉价地或信用时间长地提供美国头等急需的东西。这样,在为自己得到合众国的贸易的希望(如果说她的确有任何希望)化为泡影后,人们本来指望她能把眼光转向国内,审视一下自己的国内环境,并且,在发现自己给自己招致的与她的敌人所遭受的相同的灾祸后,她本应采取一些有效的举措以紧缩开支,采用唯一能治愈她的创伤,使她从中解脱的良药——节约。大不列颠在这方面已树立了榜样,这使得法国采取上述措施成为双倍的急需;两个国家都已习惯,并且也是合理地,用敌手的优势和财力来衡量自己的急需和不幸。但是,此时的法国好像完全没有看到那一政策;勋爵阁下可能已经察觉,在我的通信过程中,我特别关注于那些最有可能与人们所希望的背道而驰的财政行为。"

"虽然我总是绝对相信,由杜尔哥先生(Mons Turgot)和内克先生(Mons. Necker)提出的,确切地说是由他们开始的在这一领域的制度改革对这一王朝的政府来说既不适用,也不可行,并且,虽然位于国王与人民之间的强大阶级明显需要用国家的部分岁入来扶持,然而(如果我能被允许这一表达方式),明智地管理贪污受贿,减少腐败和偏袒,以防像如今这样把大多的荣誉和报酬集于一人,这种方式能提供如此巨大的财富,以至于它也许能构成好的财政管理超出坏的财政管理的唯一根本的、可行的优势。因此,勋爵阁下,你正是必须从宫廷(Court)来寻找现今不幸的祸根"[布朗宁(Browning),1909,144~145]。

⑭² 莫里诺（Morineau）（1980b，334）。

⑭³ 转引自奥斯勒（Osler）（1978，680）的第7623条。

⑭⁴ 拉杜里（Le Roy Ladurie）（1975，422）。

⑭⁵ 卡隆（Calonne）与他的殖民地大臣、发布这一命令的卡斯特里（Castries）在殖民地应当向所有外国人还是只向北美人开放的问题上展开了争论。卡斯特里取得了胜利，他主张，实际上，通过最惠国条件，对北美人的让步意味着对任何人的让步。因此，卡隆采取措施，通过提高进口关税和给鳕鱼出口以补助金的办法来补偿鳕鱼渔夫。参见皮尤（Pugh）（1939，294~295）；同时参见哈巴克克（Habakkuk）（1965，39）。

　　布瓦西埃（Tanguy de La Boissière）在1796年的著作（22页）中，认为这一命令是在未来的与北美的商业联系中看不到希望的结果。"在凡尔赛（Versailles）的内阁……相信，给美国人再多也不过分。"唐居伊（5页）赞同地引用了阿诺德（Arnould）（1991，I，233）中的原文："与法国相比，美国人得到了一个基本的支付平衡，他们以此来挫败英国工业。这就是说那时是商业的顶峰，对此的企求使法国牺牲了几亿〔里佛尔（Livre）〕和几代人。"在阿诺德看来，这一法令没有得到报偿有两方面的原因：法国商品质量低劣和其他欧洲国家（在北美市场）的积极竞争（参见235页）。甚至荷兰人也乞求路易十六（Louis XVI）废除这一法令，认为正是英国人从中获利，受损失的不仅有法国人，还有他们荷兰人。参见莫里诺（Morineau）（1965，225）。

⑭⁶ 参见戈德肖（Godechot）（1980a，81）。

⑭⁷ 参见哈巴库克（Habakkuk）（1965，39）。

⑭⁸ 布罗代尔（Braudel）（1984，379）。

⑭⁹ 法国的首席谈判员韦尔热纳（Vergennes）和雷恩瓦尔（Rayneval），"企图采取白里安式（àla Briand）的'清理'政策解除隔离邻近两国人民的分歧。从财政的角度看，这更是一个形势严峻的时刻；重新开战也许会招致国内的崩溃。急需一个长期的和平以恢复王权和民族经济……有一点是肯定的，谈判是法国执意坚持的结果"〔卡恩（Cahen），1939，258〕。实际上，法国的最初打算遭到了小皮特（Pitt）的极度猜疑，甚至在法国人显示是带来礼物的时候，他还在怀疑〔科班（Cobban），1963，III〕。如果说英国人同意谈判，那无可怀疑是因为两方政府"都受现实性的考虑的影响——由于双方都急需增加岁入"〔亨德森（Henderson），1957，105〕。除此之外，法国还施加压力迫使英国人谈判：1785年7月17日颁布法令，恢复禁止英国制造品；积极与荷兰谈判，以签订一个新的商业条约。参见杜马（Dumas）（1904，30~35）。他们还威胁，准备废除（杜马，1904，36）1716年的乌特勒支条约（Treaty of Vtrecht）；它是一个同一天签订的涉及航海和贸易的和平条约。参见埃尔曼（Ehrman）（1962，30，注4）。记住这一点是有用的：1716年，英国议会否决了这一条约的8和9两个

条款。这两个条款本来是要广泛地开放两国之间的贸易的。英国之所以否决是因为在那时，法国工业"仍然在英国实业家中引起了如此的恐惧，以致于他们感到没有能力支撑与它的竞争"（杜马，1904，3）。布里亚瓦尼（Bri-avoinne）于 1839 年（193 页）提出了同样的看法。因此，没有了"有利的"第八和第九条款，法国人也反对"不利的"第五条款（英国船只可以进入法国港品）。参见德雷恩瓦在给卡隆的敦促开始谈判的备忘录（1784，2066）中的抱怨。

⑭ 内穆尔（Dupont de Nemours）通常被赞誉为这一条约和更自由贸易在知识界的首要鼓动者。他对这一点十分清楚。他在关于这一问题的最长的一份备忘录中主张（1786，36 的副页），应支持一个受控制的、互惠的英法间的贸易，以之取代走私贸易。由于两个国家都没有能力压制，这一走私贸易已经削夺了两个国家"从各自接收被提供的商品中应得的回报"，即关税。在两年后的辩护性小册子中，他又回到了这一主题，抱怨已经支持了走私贸易的"我们国家的关税"，认为这一条约已经"把以前用作支持非法贸易的保险金的资金……转移到了有利于国家的轨道"（内穆尔，1788，49，72）。同时参见阿尼松-杜普龙（Anisson-Dupēron）（1847，16）。

法国人内穆尔的分析十分接近于英国外交官黑尔斯（Daniel Hailes）的分析："在大不列颠，国王陛下的大臣们，以其非凡的智慧、警觉和执著，已最终找到了把长期没能兑现的岁入法律付诸实施的途径……"

"因此，法国政府感到自己没有能力把禁止进口英国制造品的法律付诸实施也是可能的。从那一意义上说，无论如何，他们可以被认为是这一条约的赢家。"

"但是，我认为我敢斗胆使勋爵阁下相信，法国之所以渴望达成贸易和解还有另外一个重要性不亚于前者的原因。我的意思是，通过增加岁入来立刻解救王家金库（Trésor Royal）。可以设想，一旦条约生效，随着各种英国商业的突然涌入，国家从合法关税中的收入将是巨大的。"〔写于 1786 年 10 月 25 日的给卡马森勋爵（Lord Carmarthen）的急件，引自布朗宁（Browning），1909，149～150〕。

⑮ 斯图姆（Stourm）（1885，31）在解释内穆尔、韦尔热纳和其他人的动机时，指出，条约不是在这条道路上的唯一的举措。"在对英国竞争造成的后果进行了英勇的补救之后，在最初几年又采取了为了同一目的的一系列措施：从英国应征店铺领班（本间主任）（Chefs d'atelier），给发明家以允诺，不但给各种机器制造人提供便利条件，而且，国家花钱一件件地进口外国机器，支持与殖民地的贸易，突袭般地禁止英国工人回国，使他们（在法国）待到合同期限，给愿意在法国定居的外国制造商（厂主）（fabricants）以特别优惠条件等等。"勒费弗尔（Lefebvre）（1932，14）认为这"在理论上是一个好主意……经由突然向具有压倒优势的英国工业（勒费弗尔的武断的主张）开放边界，将招致一个

残酷的打击。"兰德斯（Landes）（1969，139）赞同这一观点。1786年的伊登条约"把法国市场向英国棉织品开放，使得现代化变成了一个生存问题。"

⑮ 拉布鲁斯（Labrousse）（1944，417）认为下降了45%～50%。"1760年以来获得的发展就这样丧失了。"

⑯ 提到这一点会让人感到吃惊：到伊登（Eden）被皮特任命为英方首席谈判员的时候，也只有那时，韦尔热纳（Vergennes）才写信给在伦敦的法方代办（Chargē d'affaires）德巴泰勒米先生（M. de Barthélémy），询问英国政府是否给出口以奖金这类初级的信息。参见塞居尔-杜佩龙（Sēgur-Dupeyron）（1873，386～387）。雷恩瓦（Rayneval）也同样无知。参见杜马（Dumas）（1904，27）。他俩本应从霍尔克（Holker）那里获取资料。霍尔克是英国血统，但已成为法国制造业的监察长。1785年12月29日，他提醒雷恩瓦尔，英国人"能够以比我们便宜30%的价格为法国提供各种棉布。"[转引自博耶特（Boyetet），1789，86～87]但是，在伊登到达巴黎前几天，霍尔克去世。据说，曼彻斯特商人得知这一消息后欣喜若狂，不仅由于德雷恩瓦尔少了一个不可多得的顾问，也由于他们希望他本人的在鲁昂的棉纺织工厂将随着他的去世一起倒闭。参见比滕瓦尔（His de Butenval）（1869，65，70）。

⑰ 1788年，内穆尔（Dupont de Nemours）给诺曼底商会（Chamber of Commerce of Normandy）写了一封公开信，回答他们对伊登条约（Eden）的抱怨。在这封信中（1788，8），他说他长期以来一直支持政府扶植法国工业。"我当面告诉内阁大臣（Minister），写信给他，苦口婆心地一再敦促他；他不得不努力使他认为必须允许的竞争变得可以承受，甚至有利可图。他也认识到这一必要性……（然而），名人议会（Assembly of Notables）的怀疑，以及内阁（Ministry）的频繁更替，令人遗憾地妨碍了（这一意图）的落实。"

⑱ 夏普泰尔（Chaptal）（1893，86）。

⑲ 杜马（Dumas）（1904，78）。

⑳ 两段引文都转引自比滕瓦尔（His de Butenval）（1869，57，70）。人们可以理解，为什么沃勒西（Weulersee）称1786年的条约为重农派的"辉煌胜利"（1985，33）。

㉑ 科贝特（Cobbett）（1816，395）。

㉒ 马尔切夫斯基（Marczewski）（1965，XCV）把这一高峰界定在1780～1786年。

㉓ 埃尔曼（Ehrman）（1962，175）。卡马森的引文在第2页。

㉔ 参见拉布鲁斯（Labrousse）（1944，78～82），巴特（Slicher van Bath）（1963，235～236）。1802年，当波尔多商务会议（Conseil de Commerce de Bordeaux）送交内阁大臣（Minister of the Interior Chaptal）一份备忘录，为伊登条约（Eden Treaty）辩护时，葡萄园主人回溯往事，仍然十分强烈地拥护这一条约。参见比滕瓦尔（His de Butenval）（1869，107）。

⑯ 科贝特（Cobbett）(1816, 398)。这是真实的：反对党报纸《清晨使者》(Morning Herald) 认为法国制造业优于英国，英国税收更高一些。参见比滕瓦尔（His de Butenval）(1869, 134) 和杜马（Dumas）(1904, 107)。但是，正如杜马（121 页）指出，这无可怀疑是政治性宣传，企图吓坏英国制造商——但事实上没有成功。埃尔曼（Ehrman）(1962, 65) 认为，"可能正是这种（经济）论点的薄弱（导致了反对派）把精力集中在条约的外交含义。"

达尔（Dull）给这找到了例证，认为，对韦尔热纳（Vergennes）来说，这一条约是"尼克松和基辛格的俄罗斯政策在 18 世纪的翻版"(1983, 11)。然而，芒图（Mantoux）认为，英国制造商中有分歧，旧工业支持保护政策，反对这一条约，新工业则认识到，"他们的主要利益在于得到廉价的原材料和出售他们的商品的开放的市场"(1928, 400)。

⑯ 参见布朗宁（Browning）(1885, 354)。

⑯ 参见杜马（Dumas）(1904, 14~15)。

⑯ "棉纺织、铁和陶器的利益重心强有力地转向了支持政府的政策……因为所有这些贸易大大得益于扩大进入法国市场，没有人需要害怕来自法国制造业的激烈竞争"［阿什顿（Ashton），1924，171］。

曼彻斯特的两个棉布印花人，史密斯（Joseph Smith）和皮尔（Robert Peel），认为英国棉纺织品贸易的优势在于节约成本的机器生产。"不可能说清外国将在怎样短的时间内得到这些机器，但即使到那时，我们在使用它们的过程中已累积起的经验将给我们如此的优势，以至于我不必害怕竞争"［转引自爱德华兹（Edwards），1967，51］。

⑯ 参见鲍登（Bowden）(1919, 25~26)。

⑯ A. E. 46, 1788, 239。

⑯ 莫里诺（Morineau）(1978, 411)。这还被叫做"可怕的竞争"（孚雷（Furet）和李希特（Richet），1973, 26）。

⑯ 达代尔（Dardel）(1963, 71)。

⑰ 马尔科维奇（Markovich）(1966c, 130)。施密特（Schmidt）(1913, 270) 引用了一位机械师（mécanicien）的话，此人在 1788 年谈到"我们遇到的商业革命"。

⑰ 阿诺德（Arnould）(1791, 181~183)。同时参见夏普泰尔（Chaptal）(1819, I, 95~96)、杜马（Dumas）(1904, 150~151)、施密特（Schmidt）(1908, 91~92)、芒图（Mantoux）(1928, 263)、塞伊（Sée）(1930, 308)、拉布鲁斯（Labrousse）(1933, II, 320)、埃克姆（Acomb）(1939, 42)、盖兰（Guérm）(1968, I, 64~65)、蒂利（Tilly）(1968, 215~222) 和莫里诺（Morineau）(1971, 331)。

⑰ 有些学者主张，法国工业在条约之前已陷入困境，所以，不应夸大条约的作

用。参见加亚尔东（Gaillardon）（1909，151）和墨菲（Murphy）（1966，578）。在我看来，像布尔瓦桑（Bouloiseau）（1957，Liv）的观点一样，更恰当的说法是，虽然工业遇到的困难最近在1780年以来就存在，但正是条约"揭示了这一问题的广度"——揭示了其广度、加重了其程度并有把它制度化的危险。

比如，卡汉（Cahen）（1939，275）谈到这一事实：严重的经济危机的"全部责任"在于"条约所导致的混乱"。亨德森（Henderson）（1957，110）贬低了条约带给英国的好处，认为1787年到1792年间英国对法国的出口翻了一番"可能只是代表着把从前商品的走私变成了合法的贸易渠道"。

[173] "当时的人们认为1786年条约起了很大作用"〔勒费弗尔（Lefebvre），1939，118〕。同时参见赫克谢尔（Heckscher）（1922，22）。1788年8月，巴黎流传着一幅漫画。一个名叫商业的人正在一个公共广场被处以绞刑。绞绳被叫做廉价商店。从他的裸脚上挂下一重物，叫做"出口关税"。他的手被一带子捆住，这条带子意思是"贸易条约"。参见施密特（Schmidt）（1908，78）。

当时的这些知觉并非歇斯底里，而是以物质环境为依据。这一说法被塔雷德（Tarrade）证实。他指出，条约一签订，英国制造商由于期待着利润，在棉织品上进行了投机。这导致了"快速的"价格上涨，"在法国企业大胆面对英国竞争之时损害了它们"（1972，II，691）。

[174] 一个格拉斯哥（Glasgow）制造商在写于1786年或1787年的著作中，讲述了他如何在鲁昂（Rouen）碰见霍尔克（Holker），以及霍尔克如何赞同他的观点：在法国制造商降低工资的同时，他们的生产率也由于纪律涣散而下降了，因此，实际上，成本提高了。参见奥克兰（Auckland）（1861，I，516~517）。

[175] 毕舍（Jacques Peuchet）《分类百科全书》（*Encyclopédie méthodique*）（《清理学》，第九卷，警察与市政当局，第 U 案，农业）（Jurisprudence IX, *Police et Municipalités, Vagriculture*），转引自布洛赫（Bloch）（1900，242，注1）。

[176] "（英国人）以十分低廉的价格（出售他们的产品），甚至低于法国投机商——他们从英国买来货物——在不赔本的情况下的最低价格。这使我相信，他们得到了政府的秘密资助。我们知道，这是他们毁灭已允许他们出售商品的国家的工业的惯用伎俩"（A. E. 46, 236）。奇怪的是，后来的学者们无人探究这一问题，去搞清当时法国人的这一感觉是否能被事实所证明。

[177] 莱特（Letter）1788年的著作，转引自穆尔勒（Mourlot）（1911，106）。

[178] 参见皮卡德（Picard）（1910，156，161）。当然，"工业地区内的大法官辖区的陈情书（the cahiers of the bailliages）一致痛恨这一条约"〔杜马（Durmas），1904，182〕。可以相信，一些农业地区对这一条约则持相反的观点（186页）。

[179] 尚皮翁（Champion）（1897，164）和塞伊（Sée）（1931a，II，950，注1）观点一致，认为，首先，条约是"有害的"，香槟（Champagne）、皮卡底（Pi-

cardy）和诺曼底（Normandy）这些省份受害最深；第二，"在法国，不满情绪一致反对这一条约，反对英国实施条约的方式"，这可以在陈情书（cahiers）中看出。

这一敌对行为并没有在1789年中止。而是相反。"在1789~1793年的痛苦与骚乱中，该条约被视为庇特（Pitt）蓄谋已久的以法国为代价来富强英国的阴谋的序幕……1786年在旧王朝下的不成熟的行动，以及它引起的共和国时期的反抗行动，大大有助于法国的民众政府采取禁止性的或严格保护主义的政策"［罗斯（Rose），1893，705］。

⑱ 穆尔洛（Mourlot）（1911，105）。
⑱ 布罗代尔（Braudel）（1984，381）。
⑱ 埃尔曼（Ehrman）（1962，206）。
⑱ 转引自卡安（Cain）和霍普金斯（Hopkins）（1980，472）。
⑱ "英国人对酒的兴趣没有显著改变……；而英国的金属器具和亚麻布马上在法国找到了销路"［布朗宁（Browning），1885，363］。
⑱ "酒是开放经济的产物，市场调控的产物……酒经济是国际性的"（拉布鲁斯（Labrousse），1944，207，211）。
⑱ 参见拉布鲁斯（Labrousse）（1944，586~588）。
⑱ 参见拉布鲁斯（Labrousse）（1944，579~588）。
⑱ 达代尔（Dardel）（1948，62）。
⑱ 关于经济状况，勒费弗尔（Lefebvre）（1947b，89）的权威性观点是："因此，毋庸置疑，经济困境（危机）（crise）应当被列为大革命的直接原因之一。"当然，关于经济危机，至少有三种不同的看法："贫穷"危机［尤其参见拉布鲁斯（Labrousse），1944，XLii］；"发展"危机［拉杜里（Le Roy Ladurie），1976，29~30］；或"J曲线"危机，即一个好转的阶段紧随一个突然下降［托克维尔（Tocqueville），1955，176~177］。
⑩ 然而，我完全同意伊戈涅特（Higonnet）（1981）的令人信服的观点：这样一个"事件"并非不可避免，甚至不可能出现。
⑩ 这并不是一个流行的论点。正如哈特韦尔（Hartwell）和恩格曼（Engerman）所评论的（1975，193）："历史学家们已经指出，第一次世界大战是帝国主义竞争的结果。历史学家们可以以这种方式，认为拿破仑战争是资本主义—帝国主义竞争的结果；但是，他们目前为止还没有。"

好像是为了证明这一点，孚雷（Furet）不久以后大声疾呼（1978，92）："当然，可以理解，人们可以怎样称（1792~1815年的战争）为传统的法——英商业竞争的顶峰。但是，如果想再往前迈一步，夸大冲突的这一方面，夸大这一漫长战争的主旨和'客观'原因，就需要一个跳跃。而到目前为止，研究法国大革命的历史家学还没有人——盖兰（Daniel Guérin）除外——愿意进行这一跳跃。"

但这不是一个被广为接受的论点。没有人需要艰难的跳跃。所需的只是认识到这一点：德希奥（Dehio）（1962, 139）关于军事冲突的观点——"大革命进入大规模冲突阶段并不是由于对自己力量的认识，而是由于失望后的勇气"——在进行了必要的修改后适合于争夺世界经济霸权的斗争的最后一个阶段的始终。

⑫ 布洛赫（1966, 149）。我已经纠正了翻译有严重错误的第二个句子。

⑬ 参见赫希（Hirsch）（1978）。勒费弗尔（Lefebvre）（1972, 407）认为，什物税的废除"是农业革命的最重要成果"。休厄尔（Sewell）更为偏激。他视8月4日夜晚为"作为阶级斗争和作为思想转化的大革命的生死攸关的转折点……（它）是特权的大灾难"（1985, 69）。

⑭ 参见布洛赫（Bloch）（1930, 549）。关于公共牧场（vaine pâture）在19世纪的命运的详细叙述，参见克莱尔（Clère）（1982）。

⑮ 虽然圈地被正式认可，但财产权的普遍巩固实际上减缓了圈地。其结果，正如米尔沃德（Milward）和索尔（Saul）（1973, 263）特别指出的，"许多农民的收入（在革命时期）有一个陡然的上升。"无可怀疑，这解释了拉布鲁斯（Labrousse）（1966, 62）观察到的政治后果："大革命的土地改革和它建立起来的传统总是在乡村发现，虽然有保皇派运动（保皇派叛乱）（朱安党）（Les Chouanneries）和无数热情的保卫者。"

但是，正如沙贝尔（Chabert）评论的：执政府（Consulate）和帝国时期的最终的农业繁荣更有利于大地主（1949, 91）。它因此增加了，而非降低了乡村无产阶级化："革命性事件超乎其他一切地增加了强大者的力量，同时掏空了小耕地者（Laboureurs）——他们正想方设法圈起其小块土地（园地）（Clos）——的钱袋。它空前地增大了后者与大地产的差距。大革命增强了每一个地方性空间的主导特征"[佩罗（Perrot），1975a, 38~39]。

布洛赫（Bloch）的残酷的结论（1930, 544）好像得到了证明："立法机关——不仅制宪议会……甚至还有国民议会——的农业政策还没有摧毁君主政体实行的改革，而是紧随它们的足迹……革命的所为的确有一些新特色。如果（革命的立法机关）恰恰像旧政体（Ancien Régime）那样故意牺牲无产劳工（非技术工人）（manoeuvres），而不必再讨特权阶层的欢心，它就可以更紧密地与中等所有者的利益连在一起。"这一结果在北部法国特别残酷，正如索布尔（Soboul）所指出（1976a, 63），通过农民公社的分解："贫穷农民迅速无产阶级化，为现代农业和大规模工业提供了必须的劳动力。"

革命期间给大贵族地产造成的这种有限的破坏在拿破仑时期不同程度地取消了，那时，"人们目睹了从前的贵族的以土地为基础的财富的重新出现"[图拉德（Tulard），1970, 643]。同时参见夏贝尔（Chabert）（1949, 330）；迈耶

（Meyer）（1966，II，1254）；洛朗（Laurent）（1976a，643）；索布尔（Soboul）（1976b，126，132）和戈蒂埃（Gauthier）（1977，第五章和第三部分全部）。

⑯ 布洛赫（Bloch）特别提到（1930，544）革命时期农业政策的第二个新特色是："由于不那么胆怯［比旧政体（Ancien Régime）］和本质上的中央集权主义，它着手采取了适用于整个民族区域的措施。"

⑰ 布尔金（Bourgin）（1911，192）。"经济和法律的革新主要了巩固从前的所有者的地位，或者巩固那些利用特别形势而进入新团体的行列的新人的地位"（185页）。麦克莱尔（Mackrell）甚至更尖刻（1973，176~177）："一旦去掉这些名称，……封建和领主的权利就变得可被尊重了。……隶属政府只是在加紧将以前的义务赋税吸收到财产权利上过于迫切了。封建权利在它们的新形式中不只是存在下来并且得到了发展。"

鲁特（Root）在农业改革的失败中发现了软弱的法国国家的限制因素的持续存在："革命政府被迫放弃它对农业改革的承诺是由于它首先考虑财政而非农民反抗的威胁……在大革命之前和大革命期间，法国国家由于为国家战争、财政混乱和管理软弱所困扰，没有能力促进农业发展"（1987，241）。

⑱ 勒费弗尔（Lefebvre）（1963，355，366~367）。我们可以指出英国经济转型的另一个不人道的方面。英国向用煤做燃料的转化（如此经常地受赞美）直接导致了18世纪"苏格兰煤矿的生命契约"。煤矿主"发现招收劳工困难"，因而让国家强加了一种农奴身份［达克汉（Duckham），1969，178］。

⑲ 如果人们以这一方式看待它，西部法国的"反革命运动"这一棘手问题就迎刃而解了。勒高夫（LeGoff）和苏德兰（Sutherland）（1974，101）指出，在旧政体（Ancien Régime）下，布列塔尼受中央（Center）控制很弱，农村公社把它挡在了"一个适中的距离"之外。大革命带来了较为积极主义者的中央（Center）。革命的立法机关在其集权化措施中，没有考虑到那里的租佃制的特性。这一制度被叫做"可随时收回的地产"（domaine congéable），它能大大增加中等富裕的佃农的地位的不稳定性。我们已经看到，在法国的其他地方，正是这一阶层受惠于农业改革。勒高夫和苏德兰（1983，75）估计，在西部法国，改革的最后结果从零效果到农民的负担增加了40%。因此，他们指出（1974，109）：从布瓦（Bois）、福舍克斯（Faucheux）和蒂利（Tilly）的著作中抽出没有充分展开的共同的主题将是有意义的；"一般说来，定居在法国乡村的穷苦大众从大革命中得利极少——如果有所得的话；在反革命地区，正是这些人把绝望，有时是无穷的力量，转化成了不满和起义。"因此，可以把保皇派反叛朱安党（Chouanneries）解释成农民革命（以大众保皇主义为伪装），反抗"其出身与在1790年选举中掌权并在此后维持这权力的资产阶级地主有联系的人"的以城市为"基地的权威"（勒高夫和苏德兰，1983，86）。在这一解释中，反革命令人怀疑地成了革命者。面对这一观点，马佐里克（Mazauric）放弃了反

革命（Counter-revolutionary）这一名词，而赞成把大众的反抗仅仅叫做"假革命（anti-revolutionary）"这一更给人以安慰的方式（1985，239）。

⑳ 一个自由主义者主张，在整个19世纪，法国"在明显的机会面前所显出的怯懦"是农民担心"革命的土地政策"也许会被推翻的结果。关于他的观点，参见格兰瑟姆（Gramtham）（1980，529）。他痛惜（527页）法国资本家性格的不健全："如果法国的土地所有者权利更集中一些，可以肯定，每个土地所有者都会加倍努力地巩固他们的财产。"

㉑ 夏普泰尔（Chaptal）（1819，I，90）。其他六点解释类似于流行的当代学术著作中的解释：没有束缚性规章，机械化，煤和国内运河的丰富，劳动的技术分工，殖民地和海上霸权，政府有同情心地帮助寻找外部市场和阻止外国竞争（91~93页）。正如克鲁兹（Crouzet）所言："现代观察家实际上没有提出什么因素来解释18世纪英国经济的发展，而这一时期的法国观察家和作家却不止一次地看到了这些因素"（1981，72）。

㉒ 米尔沃德（Milward）和索尔（Saul）（1973，167）。有一份分析1786年条约的外交部备忘录，写于1797年。作者塞里明（M.Theremin）认为，英国人寻求"互惠"是由于他们在市场上有两个优势。第一，他们恰在那时是效率高的生产者；第二，他们实际上是在开放八百万人的英国市场，以换取三千万人的法国市场（A.E.46，287）。几年后，又有一份阿诺德（M.Arnould）写的备忘录（A.E.46，331页的副页）。它反对恢复1786年条约，理由是："公众舆论好像非常满足于已经为国家利益得受的损失复了仇，而这一损失是由1786年条约所引起，该条约被认为已经是灾难性的，我们的制造商尤其这么认为。"

然而，克鲁兹（Crouzet）（1962，217）告诫我们要警惕茹弗内尔（Jouvenel）的这一主观臆断：正是法国对英国的经济抵抗导致了波拿巴（Bonaparte）与1802年的亚眠条约（Treaty of Amiens）决裂。克鲁兹提到了一份1802年的英国备忘录，它建议英国人对恢复1786年条约保持沉默。然而，有许多原因证明英国本可以在1802年保持沉默，其中一些原因是：它可能带来错误的地理指向，法国经济的中断可能使恢复贸易不再那么有吸引力。

㉓ 参见科班（Cobban）（1963，176）。

㉔ 赫克谢尔（Heckscher）（1934，I，456~459）。

㉕ 索布尔（Soboul）（1976a，14）。

㉖ 至少庇特（Pitt）对法国国家的作用没有这种幻觉。后者的另一个进攻性行动是"开放"斯凯尔德河（the Scheldt），从16世纪尼德兰反叛（Revolt of the Netherlands）以来它一直关闭着。参见沃勒斯坦（Wallerstein）（1974，185~186；1980，53~54，198）。这被视为"对英国贸易和军事安全的直接威胁。当法国战舰强占这条河时，它意味着安特卫普这一闻名于世的指向英国心脏的'手枪'可以被用作对付英国的海上基地，甚至是进攻基地。没有任何的行动

㉗ 能刺激不情愿的庇特脱离他的中立政策"［阿舍森（Aschersson），1975，90］。

㉗ 卢梭（Rousseau）［1947（1762）］，第二册，第三章。

㉘ 水闸门好像朝每个方向敞开着。还不仅仅是伊登条约的经济后果这一直接的难题。这里特别提一下勒费弗尔（Lefebvre）所讲述的（1947b，32~33）法国财政危机的间接外交后果："由于缺少金钱，法国政府不得不让普鲁士人（Prussians）干涉荷兰（于1788年）；支持荷兰的省长（Stadholder）反对荷兰资产阶级；省长派撕毁了与法国的盟约，而与英国人结成联盟。"

㉙ 吕提（Lüthy）（1961，14~15）。

㉚ "促成君主政治倒台的那一同样的条件却有助于使它的继任者免遭此难……因此，在一个最近刚刚贬低了君主政治的国家中，又出现了一个中央权威，其权力比以前的任何法国国王所行使的权力更广、更严格、更绝对……拿破仑倒台了，但他成就中更牢固的部分保留下来；他的政府完结了，但他的管理幸存下来；每当人们试图废除专制主义时，人们所能做得最多是把自由女神（Liberty）的头嫁接到一个奴隶的身躯上"［托克维尔（Tocqueville），1955，205，209］。

㉛ 转引自科班（Cobban）（1963，137）。

㉜ "在18世纪，英国贵族政治上的优越和经济上的财富在欧洲大陆，特别是法国引起了羡慕和嫉妒，这正像英国宪政本身的羡慕和嫉妒一样……这种印象虽然是建立在对英国政治生活的内部运行和习俗的有限了解之上，并被政治偏见所曲解，但也并非是完全错误的"［古德温（Goodwin），1965b，368］。

可以相信，法国人对英国贵族的作用的这一羡慕，只是这一时期本质地统治着各个领域的法国不如英国这一更普遍的感觉的一部分。参见克鲁兹（Crouzet）对于论述这一问题的法国18世纪著作的综合评述（1981）。对于英国（土地）贵族的作用的这一羡慕可能现在还没有被取代。珀金（Perkin）认为，恰恰正是"妒忌国王的土地贵族控制政府和社会"，才使得英国能够"向工业社会制度迈出了决定性一步"。他认为，他们正创造着腾飞的政治前提条件（1969，63~64）。

㉝ 马迪厄（Mathiez）（1923~1924，9）。

㉞ 马迪厄（Mathiez）（1923~1924，47）的确着手列举资产阶级所遭受的社会伤害。但是，把革命归因于为了弥补自尊还不是社会解释。不仅如此，他以这一有点让人吃惊的评语来结束他的公开讲演（mise en scène）："如果路易十六（在1789年6月25日）跨上马，如果他亲自指挥他的军队——像亨利四世本该做的那样，也许，他本可以成功地控制（军队）尽其职责，并因而使他的力量的炫耀有所成果。但是，路易十六是一个资产阶级分子。"

㉟ 勒费弗尔（Lefebvre）（1947b，175）。

㊱ 沃弗尔（Vovelle）和罗奇（Roche）（1965，26）。

㉗ 穆尔（Moore）（1966，105~106）。或者，还有一个更温和一点的说法："无论谁赢得了大革命，贵族地主反正输了"［福斯特（Forster），1967，86］。关于类似的表述，参见吕德（Rudé）（1964，288，290）、夏皮罗（Shapiro）（1967，510）、蒂利（Tilly）（1968，161）和赫希（Hirsch）（1980，330）。

㉘ 霍布斯鲍姆（Hobsbawn）（1962，212~213）谈到了19世纪中叶法国的"巨大的自相矛盾"。那里的发展本应是最快的，因为法国拥有"典型地适合资本主义发展的制度"。然而，其发展"明显慢于"其他地方。他从法国革命史的角度来解释这一自相矛盾。"法国经济的资本主义成分是建立在农民和小资产阶级这一不可动摇的基础之上的上层建筑。"

㉙ 这里，我认为孚雷（Furet）（1982，74）完全击中了要害："正是这一革命中非资产阶级的东西、更激励人的东西——农民和城市大众——最为人所知。这也许证明，资产阶级革命这一概念并非如此这般地可以使用，因为它还没有为社会史研究开辟一个领域。"

㉚ 马迪厄（Mathiez）（1923~1924，59）。

㉑ 索布尔（Soboul）（1976a，17）。

㉒ "一方是一种以逐渐'重农主义化'的领主制本身并变得更以城市的基地，在另一方是受教育的农民少数派，他们拒绝将他们的希望牺牲在英国式资本主义革命的领主制祭坛上。他们之间在整个18世纪有着小冲突和前驱性的斗争。1789年，革命性事件把这些此前微不足道或被压制的冲突出人意料地推到了前台"［拉杜里（Le Roy Ladurie），1974，22］。

"农民对领主的痛恨不是昨天的事情……然而，如果说1789年他们处于普遍的反叛状态，一个原因应当到三级会议的召开中去找"［勒费弗尔（Lefebvre），1947b，143］。

㉓ 圣-雅各布（Saint-Jacob）（1960，572）。同时参见勒费弗尔（Lefebvre）："资本主义在封建权利的外衣下闯入农业，这使得这些权利更难忍受。资本主义曲解了这些权利的性质，因为，它们以前是用来支撑生活在他的农民之中的领主的，而现在又落入了资本家之手，这些资本家只想着从这些权利中获取利润"（1963，352）。

㉔ 蒂利（Charles Tilly）的这一短语用于他分析研究1500年到1900年之间的东盎格利亚（East Anglia）的时候，但他所描写的好像同样适合于法国："生计农业这一农民经营方式——在这一经营中，控制土地的家庭把一部分产品拿到集市上出卖——在资本主义和国家形成的早期阶段扩大了，而在这同一进程的后期阶段则衰落了"（9页）。在18和19世纪的法国，我们所发现的正是对这一后期阶段的抵抗，在这方面法国比英国更成功。

㉕ "因饥饿而铤而走险的农民是贵族无法逃避的威胁。资产阶级本身也决非安全。他们所应得的税收份额也还没得到；他们拥有相当数量的领地；他们给庄园领

主提供法官和管理者；作为包税人，他们得到了征收封建捐税的权利。大土地所有者、富裕农场主和谷物商人都像什一税征收人和庄园主那样从国王的农业政策中获利甚多。这一政策限制对农民如此宝贵的'集体权利'（droitscollectifs），并且，由于上述人的执意要求商业自由，这一政策提高了食物价格。由于人民不想死于饥饿，他们不理解富人——不管他是谁——为什么不掏出腰包为穷人做点什么。法官、放高利贷者（rentiers）、商人、农场主，在阿尔萨斯（Alsace）还有高利贷者（犹太人）（Jews）像教士和贵族一样受到威胁。他们也有理由害怕"［勒费弗尔（Lefebvre）1973，32～33］。

㊆ 勒费弗尔（Lefebvre）（1973，40）。
㊇ 斯考波尔（Skocpol）（1979，112～113）。
㊈ "无论如何，不可避免的结论仍然是：这一时期推动革命性民众的主要的、最持久的动机是要求得到便宜、充足的食物供应"［吕德（Rudé），1967，208］。关于法国的面包骚动为什么传统地主要是大田耕作区（grande culture）（从英吉利海峡到卢瓦尔河，布列塔尼除外）和葡萄栽培区的现象，而不是小型耕作地带的现象，参见哈夫顿（Hufton）（1983）。这与支持法国大革命的主要地区有互相联系。
㊉ 罗斯（Rose）（1956，171）。在批评那些相信资产阶级和"人民大众"有相同的利益并"赞成大革命的历史学家"时，勒费弗尔（Lefebvre）（1937，324）认为，与这些历史学家已承认的程度相比，"饥饿起了更重要的作用"。
㉚ 勒费弗尔（Lefebvre）（1973，46，49）。
㉛ 勒费弗尔（Lefebvre）（1973，101）。
㉜ 勒费弗尔（Lefebvre）（1973，211）。同时参见奥拉尔（Aulard）（1913，200～201）。
㉝ 参见扎普里（Zapperi）（1972）中的论述。同时参见索布尔（Soboul）（1976d，268）："封建主义在其制度和法律形式上被摧毁了；它作为一个经济现实维持了下来。"但维持的是封建主义还是资本主义呢？正如勒费弗尔（Lefebvre）（1963，356）所写，观察国民议会（National Assembly）和国民公会（Convention）从1789年到1793年的所为，所取得的总成果好像是明显的："对于绝大多数农民的愿望，大革命没有予以重视。"
㉞ "当诺埃里子爵（Viscount of Noailles）在1789年8月4日晚，求助于公众的要求，提议向人民显示出'我们不反对它，在其中有我有兴趣保护的东西。'他确实不企图限制民众对'特权'领域和封建制度的攻击，'和再花一些年来拯救财产特权。'人们必然感到要理解这种呼声的威胁！"［赫希（Hirsch），1980，327～328］。

不仅如此，农民权利的"恢复"中有相当一部分是由于他们在1789年到1792年间的直接行动，后来只是通过1792年8月28日和1793年6月10日的

㉟ 法律而合法化了。参见戈蒂埃（Gauthier）（1977，149~150，163~166）；同时参见亨特（Hunt）（1983，137）。

㉝ "1789年到1793年，在法国的广大地区，农民的反叛也是剧烈的。它构成了——这一点时常不被认识到——大革命的生机蓬勃的力量……即使法国大革命是资产阶级的，这也不意味着它只是资产阶级的功劳"[索布尔（Soboul），1973，86，87]。

　　阿多（Ado）（1977，127）走得甚至更远，他还因为大众走在资产阶级前面而斥责他们："这篇短文开头提出的总问题是：在18世纪末的资产阶级革命中，这一农民平均主义设想的历史内涵和历史意义是什么？从经济的视角来说，这一设想是反资本主义的，并因而（原文如此！）是倒退的，保守的吗？……在大多数例证中，答案应当是肯定的。"

㊱ "在摧毁旧政体的同时，农民也希望反抗这一进程：它正把社会引向经济自由和竞争性个人主义，引向资本主义社会。农民与工匠一起，反对谷物自由贸易、要求控制价格（规定价格）（la taration）。在各地，农民夺回了已被剥夺的习惯权利"[勒费弗尔（Lefebvre），1978，242]。

㊲ "许多历史学家暗示，当农民与资产阶级的革命联盟最终推翻了封建制度之时，农村问题就被认为得到了解决，农民所需要的只是享受他们新近得到的在恢复的秩序下的好处。事实决非如此。封建的、教会的敌手的被消灭，农业产品价格的上涨，所有这些都刺激了地主的胃口。由于他们最为经常地控制着市政当局，对他们来说，把这些对农民的传统保护措施变成对付在土地上劳作的人们的武器是易如反掌的事情"[阿伯德姆（Aberdam），1975，73]。进一步指出了"资产阶级什一税"这一说法的出现（88页），并说（89页）："大革命中的分成制佃农——三个世纪以来通过抵抗他们的主人而进行反封建斗争的人们的后代，所保护的实际上是一种虚假的工资。"

㊳ 马佐里克（Mazauric）（1965，71）。他提出了关于这一点的许多详细证据，但是，他然后得出结论（75页）："总之，只要是在资产阶级被认为是寄生的地方，只要是在它与封建制度妥协而非引进分工和资本主义这一革命进程的地方，当它成为历史性'失败'的例证之时，保皇派叛乱（朱安党）（chouannerie）就发展起来。"并且，他又一次因农民走在了时代前面而谴责他们（66页）。"（如果一个历史学家）设想法国大革命代表着进步，他就不能认为保皇派叛乱是'合法的'，甚至如果他发现了发动它的民众基础，和丰富的悲惨动人和个人英勇行为的资料时也是如此。"在其他地方，马佐里克（1967，364）提醒我们注意饶勒斯（Jaurès）的观点，"正是人民强加了他们的看法，挽救了启蒙运动（Enlightenment）的资产阶级革命。"因此，没有"人民"，资产阶级革命可能已经失败了。但是，当"人民"在法国西部反对革命政府时，他们又变成"非法"了。

第二章 中心地区的斗争——第三阶段：1763~1815年

㉓⁹ 布瓦（Bois）（1971，347）。"正是在摆脱各种形式的统治这一最大愿望没能被满足的地方，人们对城镇资产阶级接管政权的不信任最为强烈"（344页）。参见苏德兰（Sutherland）（1982）关于乡村保皇派叛乱的阶级基础的论述（佃农与独立的自耕农相对）。虽然苏德兰说这并不是问题的全部，他也只是详细修改了这一观点。米契尔（Mitchell）也视旺代保皇党叛乱（Vendēe）为"公众不满的表现"（1974，117）。

㉔⁰ "从大革命一开始，（农民）就抵抗并痛恨资产阶级企图控制公社的努力"［蒂利（Tilly），1968，281］。

㉔¹ "事实上，经过仔细考察可以发现，在所谓的1789年西部（West）的农民反叛（Peasant Revolt）中，有相当多的小事件的参与者的核心成份是农村成半城市工人而不是农民……在整个大革命期间的大众暴动中，有三个最为骚乱的系列——1789年曼恩（Maine）和诺曼小树林（Norman Bocage）的'农业'革命，1793年开始的曼恩、诺曼底（Normandy）、布列塔尼（Britany）和北安茹（Anjou）的朱安（Chouan）游击队，还有旺代（Vandée）保皇党叛乱本身——爆发在西部的农村纺织业地区。看来，这不仅仅是一个巧合"［蒂利（Tilly），1968，XI］。记住：如果伊登条约（Eden Treaty）复活并导致纺织生产下降的话，这些纺织工人中有许多会丧失工作。

福舍（Faucheux）主张，城市和农村造反者都"主要为物质考虑所推动"（1964，384）。多年来，旺代保皇党比法国其他地方经历了更惨重的饥饿状态（191页）。本迪巴尔（Bendjebbar）特别指出，田地为树木围隔的地区被转向了市场，"指券（assignat）破坏了屠宰业的肉类循环"（1987，95）。

㉔² 休厄尔（Sewell）（1980，111）。用休厄尔的话说，这一用语"与无套裤汉对劳动在社会中的地位的理解紧密相关……对无套裤汉来说，有用的劳动……只是通过用双手工作的人来进行的"。

㉔³ 费赫尔（Fehér）（1987，40）在福克纳（Falkner）（1919）著作的基础上，十分令人信服地表明，指券（assignat）的历史并非一个偶然的不幸，而是所选择的一项政策，在这一政策中，"持续的贬值为政治的和暂时的上等人提供了预算上的需要，即使是以靠工资过的人为代价。"

㉔⁴ 索布尔（Soboul）（1958a，259）。"无套裤汉与商业资本的敌对主要表现在他们坚持不懈地反对用货币进行贸易"（475页）。正是由于他们不信任政府，他们从没"停息地要求让人民批准法律"（510页）。

无套裤汉感到这一敌对如此强烈，以至于他们心甘情愿地断绝甚至与小资产阶级的关系。大众暴力使无套裤汉运动失去了许多人的同情："小资产阶级、房东、小店主、临街房屋的拥有者（ayant pignon sur rue），这些人虽然在相当程度上与无套裤汉的上层社会属于同一社会范畴，但他们惊愕于并且厌恶破坏财产……普通的雅各宾派不能不谴责一个看来不能给民间和平提供保障的运动；旧制度之所以已被推翻是由于它不能维持国内秩序，还没有公开指责法国领主的掠夺性暴力的巴黎店主……结果发现自己被处于半饥饿的妇女的盲目狂怒包围了"［科布（Cobb），1959，64］。

㉔ 索布尔（Soboul）（1958，II）。

㉖ 索布尔（Soboul）（1954，55）。正如索布尔所说，这一"模糊性"说明了丹尼尔·盖兰（Daniel Guérin）的那种"看待问题的某些错误"。

㉗ 费赫尔（Fehér）（1987，82~83）。当然，费赫尔强调这一点的反面作用，断言这一"反资本主义政治愿望……与恐怖思想有千丝万缕的联系。"即使以此解释1793年是正确的，我也不能赞同认为它肯定不可避免地是这样的任何推论。

滕内森（Tonnesson）（1959，347）在评述共和三年（1795年）芽月和牧月（Germinal and Prairial）的暴动时，也提醒我们，正是"无套裤汉对富人的这种仇恨……使这些暴动具有了阶级冲突的性质"，他还说，"在防栅的另一边"，这一态度也"是同样有意识的"。关于无套裤汉不但是穷人，同时也是政治斗士的论述，参见伯斯坦（Burstin）（1986，45~46）。关于无套裤汉应主要被看作社会运动还是政治运动的争论，参见吕德（Rudé）（1962，370~372）和察赫尔（Zacker）（1962，384）。

㉘ 卡普兰（Kaplan）（1979，75），他还说："执政府（Consulate）的警察对工人骚动的诋毁与'英国委员会'的所为是如此不同吗？它与使得杜尔哥（Turgot）能够否定小麦之战的民众性和自发性的一个阴谋的主旨十分不同吗？在旧制度下的违抗君命的罪名，经过一个几乎毫无意识的转化，变成了反革命的罪名。两者同样具有颠覆性，同样名声扫地。"

不仅如此，可以这样说，大革命部分地是一个手段，通过它，资产阶级减弱了城市工人的阶级压力。加登（Garden）（1970，592）描述了丝织业业主与他们的工人间的剧烈"阶级斗争"，这种斗争在旧制度的最后几年尤其剧烈，但"自相矛盾地，里昂（Lyon）的大革命历史的特征是工人的要求的倒退以及他们的地位的降低。需要花很多年时间，里昂工人才能恢复他们的凝聚性和力量，并努力再一次摆脱商人制造业主加在他们身上的依赖性枷锁。"

㉙ 威廉斯（Williams）（1968，19）。

㉚ 这是吕德（Rudé）的清单（1967，12）。

㉛ 威廉斯（Williams）（1968，20）。但也参见松南斯舍（Sonenscher），他主张，无套裤汉实际上更是帮工而非工匠，并且，如果政治语言同化了这两类人，"那也在相当程度上是建立在帮工提出的条件之上的合作"（1984，325）。

㉜ 滕内森（Tonnesson）（1959，xviii）。同时参见肖辛南-诺加里（Chaussinand-Nogaret）（1981，548）。

㉝ 索布尔（Soboul）（1968，192）。把这一观点与加登（Gardon）描写（1970，595）的里昂相对照："1789年以前，在一个贵族兴起有限作用的城市，它自然

是一个在整个18世纪都在建设中的阶级社会——虽然有传统力量。以不止一种方式，里昂社会预示着19世纪的社会：资产阶级统治工业劳动大举已成为其本质特征。"同时参见"马克思主义史学家内部"关于用"前无产阶级"一词来称呼无套裤汉的争论［吕德（Rudé），1962，375～377；洛泰（Lotté），1962，387～390；索布尔（Soboul），1962，392～395］。

㉔ 索布尔（1981b，356）。滕内森（Tonnesson）类似地谈到了正在变成"无套裤汉庇护人的政治被保护者"的穷人（1959，XV）。

㉕ 马迪厄（Mathiez）（1923～1924，262，383，405）。这就是"误入歧途的无套裤汉"最后转向反对罗伯斯庇尔为什么是一"有讽刺意味的悲剧"的原因（577页）。

㉖ "在大革命的历史上，1793年6月2日还不具有1792年8月10日那样的重要性"，即使它的确标志着一个"决裂"、"议会制政府的失败"并因而是"大革命的失败"［孚雷（Furet）和李希特（Richet），1973，201～202］。

㉗ 孚雷（Furet）和李希特（Richet）（1973，253）。

㉘ 费赫尔（Fehér）（1987，131）。

㉙ 费赫尔（Fehér）（1987，54～55）坚持认为，在相当程度上，雅各宾主义是有意识地努力排除"英国式发展，或者至少是雅各宾感觉中的这一发展"。他援引了罗伯斯庇尔于1793年5月10日在国民公会（Convention）上的演说［《著作集》（*Oeuvres*），IX，499］："让我们亲眼看看英国吧！在那里，君主的黄金和权力不停地向天平的同一侧……；一个怪异的政府形式，其公共品德只不过是厚颜无耻的体现：自由的幻影扼杀了自由本身，法律把专制奉为神圣，人民的权利成为公开交易。在那里，腐败没有受到廉耻心的束缚。"

㉚ 参见费赫尔（Fehér）（1987，149～154）关于"从雅各宾主义所学到的东西"，认识到的反资本主义和社会主义不能等同的论述。

㉛ 托克维尔（Tocqueville）（1955，20）。最近有一经验主义式研究坚定了这一主题，这就是布吕日耶尔（Brugière）的研究（1986）。他表明了法国财政从路易十六，经过大革命和拿破仑时代，到以后的连续性，不仅在结构和政策方面，甚至某种程度上在人事方面。

㉜ 吕德（Rudé）（1954，247）。

㉝ 盖兰（Guérin）（1968，II，II）。

㉞ 盖兰（Guérin）（1968，I，405）。像勒贝鲁（Rebérioux）（1965，197～198）那样，时常有人反对盖兰，认为他没有考虑到"在1793～1794年进行真正的社会主义选择的不可能"。但即使这些反对是正确的，它们也只是论证了城市大众的追求的明智，而不是他们实际上到底追求了什么。

㉟ 伊戈涅特（Higonnet）（1981，39，91，112，131）。伊戈涅特的观点使我们能够易如反掌地解释国民公会的某些行为的残酷性，比如，1793年3月13日，

㉖㉕ 它宣布对于"提出农业法"——（它意味着强有力地重新分配土地财富）——"的任何人"处决死刑。参见罗斯（Rose）（1984，113）。

㉖㉖ 参见韦斯顿（Western）（1956，603~605）关于英国保守思想是"法国大革命的产物"的论述。

㉖㉗ 关于大不列颠，参见盖尔（Gayer）等人（1975，486~500，623~658，和第二卷全部）；关于法国，参见拉布鲁斯（Labrousse）（1965，480~494）。

㉖㉘ 沙萨涅（Chassagne）（1978，164~165）。同时参见马尔科维奇（Markovitch）（1976a，484）。

㉖㉙ 借由比较两国冶金业发展得出的一项初步统计数字，就可以得到说明。1720年到1790年间，英国增长了100%，而法国增长了468%。然而，在1720年到1830年间，英国增的是2608%，而法国只是908%。参见莱昂（Léon）（1960，179）；参较莱维-勒布瓦耶（Lévy-Leboyer）（1964，326~332）；伯奇（Birch）（1967，47~56）。

㉗㉚ "革命的斗争……和英法之间的斗争是分离的。不列颠政府反对每一种革命的努力。……另一方面，法国在波旁（Bourbon）和随之而起的共和政府两者之下，实际上赞助所有革命的骚动。"帕玛（Palmer），1954，9~10。

㉗㉛ 莫里诺（Morineau）（1976b，69）。霍布斯鲍姆（Hobsbawm）提出了同样的观点。"不管把英国的发展归结为什么原因，它反正不是由于科学和技术的优势……（英国）拥有足以能够从竞争者手中夺取市场的强大经济和进攻性国家。实际上，1793~1815年的战争从根本上把所有竞争者驱逐出了非欧洲世界，在某种程度上只有年轻的美利坚合众国除外"（1962，47，51）。

内夫（Nef）（1957，86）走得甚至更远。他提出——违背事实地——如果没有大革命，法国也许已经跑在大不列颠前面："（在18世纪的）技术发展中，模仿英国已成为法国人的一个口号……到这一世纪末，他们已开始在许多方面改善技术。如果没有法国大革命和拿破仑战争，可以设想，他们也许在这时超过了英国，甚至是在以煤燃料为动力的技术发展中。"但是，这当然是把政治发展当成了偶然事件，——如果不是不相干的事件。

另一方面，哈特韦尔（Hartwell）则表示怀疑，因为他宣称英国也遭到了损失。他主张，如果没有战争，"形势也会是这样；英国领先，法国和德国的工业化稍后"（1972，373）。另一方面，麦克尼尔（McNeill）嘲笑战争对英国经济几乎没有什么影响的观点。他指出，战争在增加国外需求的同时增加了政府开支，在增加国内需求的同时提高了补助金，更不用说在为出口铺平道路的同时增加了战争开支了。如果没有这些，"让人相信英国工业生产的增长会像事实上的速度那样看来是不可能的"（1982，211）。

㉗㉜ 参见伯杰龙（Bergeron）（1970，490），蒂拉德（Tulard）（1970，645~646），米尔沃德（Milward）和索尔（Saul）（1973，262~263）。作为一个明知不对而

第二章　中心地区的斗争——第三阶段：1763～1815年

争论不休的人，克鲁兹（Crouzet）在与索布尔（Soboul）的争论中主张，封建课税的废除"不是发展所必需的因素"，因为它可能降低了需求。索布尔的答复是，农民在拿破仑时期的生活改善了。对此，克鲁兹反击："我完全同意；但是，他们生活改善这一事实标志着生活消费的提高，此外，贮藏可能也增加了，以期购买土地。从经济分析的角度说，这代表着发展的中断"（1971，556～557）。

㉓ 科尔（Cole）（1952，42）说，在18世纪英国，农业的各种变化一直在进行。由于这一系列战争，其速度"惊人地加快了"。约翰（John）（1967，30）特别提到，高昂的价格导致了"圈地行为的加快"，在1727年到1845年的所有圈地中，有一半是发生在1793～1815年这一时期。休克尔（Hueckel）（1976a，343）特别提到，价格上涨给地主带来的好处具有非弹性土地上的"自然增值"的性质，与只提供劳动和资本的佃农相对。虽然这些佃农可以通过在新技术上投资来增加他们的绝对利润，但是，"超出平常水平的资本利润率是短命的"，因为农业是一个"竞争性事业"。

㉔ 参见奥布莱恩（O'Brien）和凯德尔（Keyder）（1978，136～138）。他们特别指出，"法国（在19世纪）的迟滞……（根源于）小型所有权和小型耕作生产可转化性剩余产品的能力有限"，他们又把这一形势归结到"大革命中断了大地产的复兴"这一事实。格兰瑟姆（Grantham）（1978，311）把北部法国延迟采用精耕混合农业归因于"1840年以前肉类和奶产品需求的缓慢增长"，但肯定的，这至少部分地由于同样地缺乏农业经营的集中以及它所带来的生活品生产的更高的水平。

然而，劳伦特（Laurent）断言，从1815年到1880年，法国小麦和裸麦产量不断提高（但没有与大不列颠的比较）（1976b，683）。

㉕ 克拉夫茨（Crafts）（1983，186）。

㉖ 哈利（Harley）（1982，286）。惹人注目的是，"贬低"18世纪后期英国经济发展水平的两个这种类似的修正——哈利和克拉夫茨（Crafts）（1983）在不到一年的时间里分别在英国和美国的两个著名的经济史杂志上发表。

㉗ 查普曼（Chapman）（1971，75）。他得出结论："实际上，在显微镜下观察早期棉纺织工业的时间越长，其生命周期的早期阶段所显现出的革命性就越弱"（76页）。

㉘ 参见查普曼（Chapman）（1972，18～19）和克鲁兹（Crouzet）（1958，74）。关于水力动力直到1840年的持续重要性（以之对抗不太经济的蒸汽动力），参见贝尔洛克（Bairoch）（1983）和昂德雷（Endrei）（1983）。同时参见吉勒（Gille）（1959，28），罗宾逊（Robinson）（1974，101），马森（Masson）（1976，416～417）和范滕泽尔曼（Von Tunzelmann）（1978，6）。

㉙ 查普曼（Chapman）（1972，22）。

㉘⓪ 盖尔（Gayer）等人（1975，649）。参见戈德肖（Godechot）（1972，370，表53）的数字。

㉘① 盖尔（Gayer）等人（1975，649）。

㉘② 爱德华（Edwards）（1967，33）。他指出，1790年代，棉布在英国国内市场上的优势是由美男子布鲁梅尔（Beau Brummel）日益成为男性时装的仲裁人而煽动起来的。他强调经洗性和式样。"白布和平织细布正适合这些要求"（35页），让人们也可以仿效他们。

㉘③ 弗林（Fohlen）（1973，69）。同时参见克鲁兹（Crouzet）（1967a，173）和莱维-勒布瓦耶（Lévy-Leboyer）（1968，282）。戈德肖（Godechot）曾责备莱维-勒布瓦耶夸大了法国大革命对法国工业的消极影响，但甚至他也承认，"毋庸置疑"，革命"不仅抑制了"大陆欧洲达到英国工业的水平，"甚至还拉大了差距"（1972，370）。特别是就法国而言，他认为大革命"严重干扰了工业化的演进"（戈德肖，1972，362）。除此之外，还有对法国特定地区的影响。克鲁兹（1959）断言，1793年是西南部法国的转折点，此前，那里的工业化程度不低于法国其他地方，而此后，它变成了一个非工业化地区，并把这种状况延续到1815年以后。

㉘④ 马尔切夫斯基（Marczewski）（1963，127）提到了1796年的最低潮，1812年的第二个中断点。索布尔（Soboul）（1976a，4）谴责指券（assignat）和通货膨胀造成了1790年到1797年的"断裂"，这一断裂"暂时中断了发展，导致了无法弥补的社会后果"。克鲁兹（Crouzet）（1926，214）谈到了"督政府时期和执政府开始时的暴跌"，他把此归因于"法国工业丧失了外国市场"。伯杰龙（Bergeron）（1970，504~505）说，1800~1810年的好年景"处于两个灾难性事件之间，其一从大革命最初几年对旧政体（Ancien Régime）局面的破坏到战争开始，其二从大陆封锁政策的相对失败到拿破仑垮台"。

㉘⑤ 沙萨涅（Chassagne）（1979，104）。虽然沙萨涅特别提到，法国棉纺织业的这种农村化在旧政体（Ancien Régime）的最后几年已经开始了，但是，"大革命加速了这一社会—经济'革命'"。

㉘⑥ 参见施密特（Schmidt）（1914，51）。

㉘⑦ 沙萨涅（Chassagne）（1979，107）。

㉘⑧ 克拉夫茨（Crafts）（1983，199）。

㉘⑨ 马尔切夫斯基（Marczewski）（1965，IX）。他主张，直到1855年，法国才再次达到了1787~1789年的对外贸易水平。

㉙⓪ 布罗代尔（Braudel）说，"革命法国的（对外）贸易的衰落——甚至在1792~1793年的引人注目的事件之前，在其历史上留下了很深的烙印"（1982，219）。

㉙① 在旧政体（Ancien Régime）的最后几年，圣多明各本身就提供了法国对外贸易的1/3。"只要法国仍然拥有'这一群岛'，特别是拥有'西印度的明珠'（圣

多明各），旧政体法国的经济体系就会安然无恙。"但是，这恰恰是旧政体下"崩溃"的"第一个部分"[吕提（Lüthy），1961，596]。正如伯杰龙（Bergeron）继续指出的："从那时起说，在被切掉了那一最有活力的部分后，法国经济发现自己屈从了农村化的诱惑，或者至少是，在不太有利的环境下，被迫面对向工业时代的转化"（1970，476）。

㉒ 迪恩（Deane）和科尔（Cole）(1967，30)。同时参见施洛特（Schlote）(1952，42，表8），克鲁兹（Crouzet）(1958，178~192)，迪恩和哈巴库克（Habakkuk）(1963，77) 和爱德华（Edwards）(1967，27~29)。戴维斯（Davis）强调是技术而非需求是解释是英国棉纺织生产扩张的因素，但即使他这样的作者也特别提到，在18世纪90年代，出口迅速增加了，它遭到了战争引起的贸易模式的"扭曲"——他如此称之。在我看来，"扭曲"一词扭曲了现实。哈巴库克和迪恩（78页）的观点更为正确："对于18世纪90年代和19世纪最初几年发生的市场的扩展，英国海军力量的贡献至少像英国实业家的创造力的贡献那样多。"

㉓ 弗林（Fohlen）(1973，13)。莱维-勒布瓦耶（Lévy-Leboyer）(1964，246~247)特别提到，在19世纪前半期，"争夺海洋的斗争几乎无一例外地在盎格鲁-萨克逊人间进行"，这在早些时候是"始料不及的"，特别是对法国来说。"1793年的切断和供给的新来源的出现，将给（法国和荷兰海上）运输以致命一击。"同时参见克鲁兹（Crouzet）(1962，215)："在执政府之初，法国所缺少的是外部市场，而不是生产能力。虽然其生产能力在大革命期间遭受损失，但仍然在相当程度上没得到充分发挥。"对于克鲁兹的发现（1962）——这一时期缺乏市场（与缺乏工业能力相对）对他们的工业的生死攸关的影响，埃利斯（Ellis）(1981，102）以阿尔萨斯为例给以恰当的证实。

㉔ 迪恩（Deane）(1973a，208）。同时参见奥布莱恩（O'Brien）和凯德尔（Keyder）(1978，76)。他们提醒我们注意梯也尔（Adophe Thiers）的解释："我们没有在特拉法尔加（Trafalgar）战役中取胜。我们不是海洋的主人，我们没有两亿消费者——像英国那样。这就是我们的劣势的所有秘密。"莫里诺（Morineau）(1978，416）指出了这一连锁反应：由于"法国的被迫让出"，英国的传统销路又增加了在大陆得到的市场，而向南美洲的扩张更增大了其范围。"在此之后，一切转入正轨，游击战结束了。"克鲁兹（Crouzet）(1980，72）特别提到，1783年到1812年，英国"附加的出口"有60%到新大陆，23%到欧洲大陆。

兰德斯（Landes）首要强调的是他所称的工业发展的地方性决定因素，但甚至他也谈到（1969，145）了大革命的动荡导致的大陆工业化延迟所造成的"次要结果"："特别地，大陆与英国之间工业装备的差距增大了。虽然这一扩展在理论上可能意味着对现代化的更大的刺激，但实际上却成为一个障碍。"

他有两点解释。其一，增加的生产额意味着晚近的装备"不大适应滑铁卢之后的大陆市场了"（146页），但这当然是由于英国现在控制着进入非欧洲市场的通道。其二，这是由于现在必须的"大量初始投资"的增加（147页）。因此，兰德斯说，大陆工业正陷于"自愿的萎缩"，并且承认，这"有助于维持英国在第三市场上的竞争优势"。但是，在相当程度上由政治军事优势所创造的经济结构如何自愿呢？兰德斯实际上是在评述"霸权"的形势。在这方面，参见米尔沃德（Milward）和索尔（Saul）（1973，307~309）。

㉕ A. E. 46, f326。1847 年，一个德国作者写到："（1792~1815 年的法国与英国间的）这一战争——后人会相信吗？——是作为讨伐糖和咖啡、高级密织薄纱和平纹细布的十字军而宣战的"［施莱格尔（Schlegel），转引自林厄巴赫（Lingelbach），1914，257］。

㉖ 索布尔（Soboul）（1976b，105）说，"这又一次突出了旧政体（Ancien Régine）末的大规模殖民贸易的重要性及其这一贸易的遭破坏所带来的无法弥补的后果。"

㉗ 参见伯杰龙（Bergeron）（1978e，358）和罗斯（1893，704）。至于英国的封锁，迈耶（Meyer）主张，"早在1778 年，英国就给荷兰人施加压力，让他们背弃与法国的商业条约，这是大革命和帝国期间英国'大陆'封锁的遥远的先例"（1979a，213，注脚）。

㉘ 克鲁兹（Crouzet）（1958，I，86）。

㉙ 参见布特尔（Butel）（1970）。他特别提到，1802 年，随着亚眠和约（Peace of Amiens）而出现的改观的形势在1803 年夏天随着海上战争的重新开始又急转直下了。虽然如此，英国此时的封锁"仍然是相当宽容的"，这是因为，英国允许"经由中立的中介人、特别是美洲人的间接地与殖民地的贸易"（546页）。

㉚ 克鲁兹（Crouzet）（1958，I，203）。

㉛ 克鲁兹（Crouzet）（1958，I，57~63，91~97，102，122~123）。

㉜ 克鲁兹（Crouzet）（1958，I，126~152）。

㉝ 马汉（Mahan）（1893，II，279）。关于1806 年，马汉谈到了"英国海军的霸主地位以及它的无所不在，这使得悬挂敌旗的船只不可能在海上维持"（308页）。马汉得出结论："通过垄断海洋，通过摧毁法国的殖民体系和商业，（英国）把敌人赶到了大陆体系（Continental System）的战场，在那里，他的最后崩溃是无可怀疑的。"（400~401）。

㉞ 参见富吉尔（Fugier）（1954，236）。

㉟ 参见莱维-勒布瓦耶（Lévy-Leboyer）（1964，708）。布罗代尔（Braudel）谈到了革命法国的"资本的大规模外流"（1982，219）。

㊱ 参见舍威格（Sherwig）（1969，12）。

㊲ "借钱以支付战争的早期实践比人们通常所认识到的有更多的好处，一方面是

维持了就业水平，另一方面，它在英国经济发展的可能的关键时期维持了发展势头"［安德森（Anderson），1974，618］。

⑧ 参见迪恩（Deane）（1979，52）和约翰（John）（1969，47）。

⑨ 国家的扶植有三种主要形式：（1）把教会财产出租成低价售给制造商（这对工业的长期结构意味着什么我们前面已特别提到了）；（2）政府鼓励由英国模型演化而来的新机器；（3）给那些装配这种机器的人以适当的津贴（特别用于帮助那些否则就有破产危险的雇主）。参见伯杰龙（Bergeron）（1978b，213~214）。莱勒（Leleux）提起了拿破仑帝国的大实业家——多尔富斯（Dollfus）、奥伯康夫（Oberkampf）、理查-勒努瓦（Richard-Lenoir）、泰尔诺（Ternaux）、鲍温（Bauwens）——"他们感到被理解、被资助、被支持"（1969，122）。同时参见沙萨涅（Chassagne）（1980，336）。

⑩ 英国人是他们的技术优势的积极保护者。他们制订了各种立法，并在1795年的一个综合法令中予以巩固。此法令禁止机器出口（包括器具、草图或机器模型），同时禁止熟练工人移居国外，违犯者予以严重处罚（丧失英国居民身份、剥夺财产）。固然，这种法律并非100%成功。然而，它们是有效的，只是到1824年才被取消——即使那时也只是部分地取消。直到1843年才完全废除。参见克拉夫（Clough）（1957，1346）。

⑪ 参见科班（Cobban）（1965，52）和戈德肖（Godechot）（1967b，167~168）。布维尔（Bouvier）把法国1810~1811年的工业危机归咎于封锁（Blockade）造成的"获取原材料供应的困难"。同时参见富吉尔（1954，237~238）。

⑫ 克鲁兹（Crouzet）（1958，Ⅱ，855~860）。

⑬ 参见戈德肖（Godechot）（1967a，180~200）关于西班牙、德国和意大利的反抗运动的论述。克鲁兹（Crouzet）（1958，Ⅰ，408）特别指出，封锁在西班牙的结果对法国来说是"灾难性的"。法国现在最终眼睁睁看着英国人取代了西班牙市场。参见布罗德（Broder）（1976，310）。同时参见迪潘（Dupin）（1858，160）。他表明，1807年到1812年间，英国产品在伊比利亚半岛的销售量翻了5倍。

民族主义反抗拿破仑不仅有政治基础，而且还有经济基础。参见波拉德（Pollard）讲述的拿破仑的打算："（法国）边缘的其他国家，特别是意大利，将成为某些原材料的供应者和它的制造品的市场。欧洲其他地方——只要是稍微引人注目的地方，将成为属地，任凭被法国的保护性并精心培养的工业所淹没，而那里的制造品则完全被排除在宗主国市场之外。法国的视野就是排他性的民族主义"（1981，24）。

⑭ "财政援助开始于1794年的普鲁士威胁，由于事态发展的压力"而日益慷慨。到1806~1807年冬，财政援助是"少量地……分发"［舍威格（Sherwig），1969，181］。到1812~1814年，这种财政援助占到了英国总课税收入的大约

14%（354页）。1793~1816年的财政援助总量为"57,000,000镑以上"［克拉潘（Clapham），1917，495］。

⑮ 参见茹弗内尔（Jouvenel）（1942，399~417）。埃利斯（Ellis）（1981，266）主张，拿破仑经济政策失败的原因之一是它们相对欧洲大陆其他地方来说的"刻意的单向性"。拿破仑没有去促成大陆关税同盟（Continental Zollverein），而是创造"一个适合法国利益的庞大的'奇异市场'（Uncommon Market）。"

⑯ 克鲁兹（Crouzet）（1964，579）。

⑰ 参见克鲁兹（Crouzet）（1958，II，872）。

⑱ 参见滕内森（Tonnesson）（1959），马尔科夫（Markov）（1960），索布尔（Soboul）（1963），罗斯（Rose）（1965，1972，1978），伊戈涅特（Higonnet）（1979）。

⑲ 佛瑞斯特（Forrest）（1981，172）。

⑳ 参见索布尔（Soboul）（1970a，335）。关于制宪会议的"社会成就"，他谈到了波拿巴。同时参见戈德肖（Godechot）（1970，795~796）。

㉑ 勒费弗尔（Lefebvre）（1969，153）。

㉒ 图拉德（Tulard）（1970，659~661）。

㉓ 汤普森（Thompson）（1968，171~172）。关于工匠此时在英国劳动阶级激进主义中的领导作用，同时参见琼斯（Gareth Stedman Jones）（1974，484），普罗瑟罗（Prothero）（1979），卡尔霍恩（Calhoun）（1982，7）。

㉔ 古德温（Goodwin）（1979，26）。

㉕ 汤普森（Thompson）（1971，129）。

㉖ 埃姆斯利（Emsley）（1981，155）。除了对叛国者和煽风点火者的起诉外，还有大量的"私人迫害"（174页）。勒费弗尔（Lefebvre）特别提到（1968，616）了在法国被称作"断头台沙滩（guillotine sèche）"的广泛运用，即驱逐出境。

㉗ 罗杰斯（Rogers）（1884，434）。

㉘ 麦克尼尔（McNeill）（1982，209）。当然，它是通过消灭了对生产率的任何促进的制度来做到这一点的。用波拉尼（Polanyi）的话说（1957，79~80），这"就等于放弃了都铎王朝立法，不是由于家长作风淡漠了，而是由于它更浓了。"他说，从长远来看，"结局是可怕的"。

㉙ 布劳格（Blaug）（1963，162，168，176）。

㉚ 参见布劳格（Blaug）（1963，176~176）。

㉛ 芒图（Mantoux）（1928，448）。

㉜ 参见麦克尼尔（McNeill）的分析（1982，209）："如果没有济贫法的帮助，在饥荒之时，或在一年中土地上的劳动最松的季节，农村劳工就会别无选择地逃进城镇……1788~1789年，由于歉收，成群的这类人就曾涌进巴黎。"然而，

1795 年后，类似的事情不可能在英国发生了，波拉尼（Polanyi）（1957，93）引用了坎宁（Canning）的信条："济贫法（Poor Law）使英国避免了一场革命"。

这让人完全赞同钱伯斯（Chambers）和明盖（Mingay）（1966，109~110）的结论："从根本上说，正是一个人道主义者政策帮助了膨胀的农村人口的维持——以农场主的利润和地主的地租为代价。"

㉝ 波拉尼（Polanyi）（1957，81）。"1793 年到 1820 年间，60 个以上的以抑制劳动阶级的集体行为为目的的法令被议会通过。到 1799 年，从本质上说，各种形式的劳动阶级组织或集体行为都成为非法，或者都要得到治安法官的许可"[芒格（Munger）1981，93]。

㉞ 普鲁姆（Plumb）（1950，158）。类似地，芒图（Mantoux）（1928，456）主张，这一法令是由"对革命，比如正在法国发生的那种革命的恐惧而激起的"。

㉟ 芒图（Mantoux）（1928，436）认为这一下降的特点是其剧烈性。"名义上的工资提高……与战争引起的价格上涨根本不成比例。"同时参见福斯特（Foster）（1974，21）、琼斯（Jones）（1975，38）、图泽尔曼（Von Tunzelmann）（1979，48）。奥布莱恩（O'Brien）和恩格曼（Engerman）（1981，169，表 9.1）表明，实际工资接近于一稳定水平，但在中间有一剧降。

㊱ 关于食物骚乱，参见斯蒂文森（Stevenson）（1974）。关于 1809~1811 年的英国可以与 1786~1789 年的法国相类比，参见坎宁安（Cunningham）（1910，75~77）。关于卢德主义是工人极度穷困的反映，参见托米斯（Thomis）（1972，43~46）。

㊲ 奈恩（Nairn）（1964，43）的总体印象有点不同："英国劳动阶级的早期历史是……一种反抗史，延续半个多世纪，从法国大革命时期到 1840 年代的宪章运动（Chartism）的顶峰。"对此，我并非不同意。但我感到法国人的反抗更成功，这在相当程度上由于他们作为反资产阶级、反资本主义的力量的早期成功。他们变得日益勇敢，而法国资产阶级有点不如他们的英国同行大胆。法国资产阶级增补工人日益困难，因为用于此项的剩余日益减少。

㊳ 最完整的论证是由斯梅尔（Semmel）来做的。他收集论据，并从而主张（1973，7）："卫理公会派（Methodism）可能帮助了阻止法国大革命在英国的暴力响应——通过以先买权取得法国大革命的关键呼吁和目的。"同时参见基尔南（Kiernan）（1952，45）、汤普森（Thompson）（1968，419）。

㊴ 参见安德森（Anderson）（1980，37~38）。"国家系统地组合起来的民族共同体意识，在拿破仑时代很可能是一强大的现实力量，超出了前一世纪的任何时候……（反革命的民族主义）普遍而持久，其组织重要性肯定大于更是地方和局部现象的卫理公会派……"但也参见科利（Colley）。他主张，英国国家是够强大，感觉不到有必要"鼓动和利用民族自觉性"（1986，106）。

㊵ 参见格雷厄姆（Graham）（1966，5）、肖（Shaw）（1970，2）、达比（Darby）

和富拉德（Fullard）（1970，12~13）。
㊹ 参见格雷厄姆（Graham）（1966，7），布罗代尔（Braudel）（1982，395）。
㊷ 参见伊姆拉（Imlah）（1958，40~42）。
㊸ 英国的工业保护主义只是到1842年才结束。参见伊姆拉（Imlah）（1958，16，23）。英国的航海条例只是到1849年才废除。参见克拉潘（Clapham）（1966，169~170）。同时参见莱维-勒布瓦耶（Lévy-Leboyer）（1964，213~214）和迪恩（Deane）（1979，203）。当然，法国的保护主义延续时间更长。参见莱维-勒布瓦耶（1964，15），布罗德（Broder）（1976，334~335），多马尔（Daumard）（1976，155~159），莱昂（Léon）（1976a，479），沙萨涅（Chassagne）（1981，51）；关于欧洲的普遍情况，参见吉尔（Gille）（1973，260）。
㊹ 亨德森（Henderson）（1972，212）。
㊺ 转引自吉尔（Gille）（1959，33）。参见斯特恩斯（Stearns）（1965）。他分析了法国实业家在1820年到1848年感受到的"英国工业的压倒优势"（53页）。
㊻ 夏普泰尔（Chaptal）（1819，II，31）。兰德斯（Landes）（1969，161~164）同意。然而，克鲁兹（Crouzet）（1972e，286）列举"廉价而聪明的劳动大军"为1815年以后的时期法国与大不列颠相比的为数不多的优势之一。
㊼ 奥布莱恩（O'Brien）和凯德尔（Keyder）（1978，174；同时参见表4.3，91页）。作者的确特别提到，这是一"非正统的发现"。
㊽ 奥布莱恩（O'Brien）和凯德尔（Keyder）（1978，74）。
㊾ 拉杜里（Le Roy Ladurie）（1975，378）。塞迪约（Sédillot）更为严肃地指出了这一点。他断言，1789年到1815年间，法国人口增长了9%，而大不列颠是23%，"这有助于缩小人口规模的差距，并为将来的鸿沟做了准备"（1987，37）。
㊿ 莱因哈德（Reinhard）（1965，451）。
㉛ 麦克尼尔（McNeill）（1982，201）。迪帕克耶（Dupâquier）（1970，340~341）好像赞同这一观点。
㉜ 参见特兰特（Tramter）（1981，209~216）的评论。他主张，从1780年到1860年，劳动力增长中的最大部分源自自然增长。同时参见莱因哈德（Reinhard）（1965，458）。关于爱尔兰在英国人口增长中的作用，参见康奈尔（Connell）（1969，39）。
㉝ 奥布莱恩（O'Brien）和凯德尔（Keyder）（1978，75）。
㉞ 这一观点反映在吉尔（Gille）（1959，40），莱昂（Léon）（1976a，478），休厄尔（Sewell）（1980，153）。
㉟ 奥布莱恩（O'Brien）和凯德尔（Keyder）（1978，75）。
㊱ 阿什顿（Ashton）（1949，28），霍布斯鲍姆（Hobsbawm）（1957，52），哈特韦尔（Hartwell）（1961，412），霍布斯鲍姆（1963，126），泰勒（Taylor）

（1960，25）。同时参见伊姆拉（Imlah）（1958），哈特韦尔（1963，1970a），威廉斯（Williams）（1966），尼尔（Neale）（1966），古维斯（Gourvish）（1972），弗林（Flinn）（1974），哈特韦尔和恩格曼（Engerman）（1975），许克尔（Hueckel）（1981），奥布莱恩（O'Brien）和恩格曼（1981），克拉夫茨（Crafts）（1983），林德特（Lindert）和威廉森（Williamson）（1983）。

读一下布里阿瓦尼（Briavoinne）于1838年对这一论题的非难是很迷人的；"有物质上的得益这一点是显而易见的。但有一个结果到现在好像还没有足够的证据，虽然这一点不再为许多杰出人物怀疑。这就是，要清楚新工业制度是否有助于激起劳动者更健全的自尊意识、更规律的工作习惯、更强烈的节约爱好、更纯洁的品行。节余贮存的现状已经列举了。但是，这一物质上的证据之外，人们可以易如反掌地提出其他相反的证据：反映家庭内部的混乱与不幸的出生登记档案和弃婴收容所的档案；证明轻罪和重罪行为稳步上升的犯罪统计资料。因此，这些问题还没有成熟；还没有充足的资料以进行明确的分析"（1838，98）。人们怀疑，这一问题即使今天是否"成熟"了。

(357) 迪恩（Deane）（1979，208）说，1815年到1846年，谷物法是"富人与穷人冲突的一个标志"。

(358) 迪恩（Deane）（1979，99~100）。

(359) 莱维-勒布瓦耶（Lévy-Leboyer）（1964，144~145，169~171，342，411~414）。

(360) 原文短缺此注——编者按

(361) 参见克鲁兹（Crouzet）（1964，586）。从沿海地区向内的这一转化当然开始于战争期间，并涉及了整个前洛林吉亚（ex-Lotharingia）：法国东北部，根特（Ghent）、韦尔维耶（Verviers）、列日（Liege）、亚琛（Aâchen）、阿尔萨斯（Alsace）。

(362) 莱维-勒布瓦耶（Lévy-Leboyer）（1964，186~191）。

(363) 蒙戈尔菲耶（Montgolfier）（1980，7）。

(364) 休厄尔（Sewell）（1980，281）。他也说："在紧随1830年革命而来的民众骚动中，阶级意识第一次在法国出现。"但是，正如我在前面证明的，阶级意识已经在那里存在了。还没有做到的是把它理论化。这一点现在开始了。

(365) 参见汤普森（Thompson）（1968，911）。

(366) 汤普森（Thompson）（1978b，46~47）。他还加上了这一十分中肯的历史编纂学评论："如果事态的发展不是如此，那么，这样假设是合理的：革命可能已经促成了一个十分快速的激进主义过程，走过并超越雅各宾的经历；并且，不论是采取了什么形式的反革命，也不管最终怎样稳定下来，18世纪的许多社会机关——上院、国教会、君主制——的幸存是不太可能了，法律上的和军事上的显贵可能已被肃清——至少暂时地。倘若事态照这样发展，至少那些喜欢建立模式的人们现在会感到满足了；1832年将成为英国的资产阶级革命，而1640

年将被忽略，只不过被视为一个'早熟的'爆发，一种胡格诺战争（Huguenot wars）与投石党运动（the Fronde）的混合物。暗示某种类型的'封建'社会在英国一直存在到1832年前夜的倾向（以此作为解释法国大革命——"封建制度"于1788年在法国盛行——的一些马克思主义学派隐约透出的古怪意向的参照）也会增强。"

㊗ 汤普森（Thompson）（1978b，50）。

第三章插图 "欧洲使节与大维齐在国会大厅的晚宴"

贝诺瓦斯特（可能是 M. A. Bénoist）所作。（1785）
巴黎：国家图书馆，版画部。

这幅雕版画描绘的是在奥斯曼（Ottoman）宫廷接见一位欧洲使节所精心安排的过程之一部分。这是在使节将要觐见苏丹（sultan）之前，在国务会议厅（Divan）与大维齐（Grand Vizier，首相）交换国书后提供典礼用餐。这幅饰刻画是贝诺瓦斯特（M. A. Bénoist）在1785年制作的（也许是贝诺瓦斯特，他于1780~1810年在巴黎工作），并由德尔沃（Delvaux）完成，［也许是雷米（Rémi）·德尔沃，1750~1832］。它出现于第一本主要向欧洲公众介绍奥斯曼的风俗习惯和历史的书的插图中。这本名为《奥斯曼帝国的总图景》（*Tableau généralde l'Empire Ottoman*）的书，是道森（Ignatius Mouradgea d'Ohsson）所写，他曾是瑞典驻帝国政府（Sublime Porte）的代办。它分成三卷在法国巴黎于1787年、1790年和1820年出版。

第三章 巨大的新地带并入世界经济：1750~1850年

在1733年~1817年这个恢复经济扩张（和通货膨胀）的时期（或长或短）的过程中，欧洲世界经济突破了它在漫长的16世纪创造的疆界，并开始将巨大的新地带并入它所包含的有效带动分工中。它开始于合并从16世纪以来已经是它的外部竞争场的地带——最特殊和最重要的是印度次大陆、奥斯曼（Ottoman）帝国、俄罗斯（Russian）帝国和西部非洲。

这些合并发生在18世纪下半期和19世纪上半期。其速度正如我们所知的，随之加快了，到19世纪末和20世纪初最终包括了全球，甚至那些从来连资本主义世界经济的外部竞争场都不是的地区也被拉了进来。这种合并到现存的资本累积进程的过程的模式适合于这四个地带。虽然每个地带的合并过程在细节上有些不同。这四个进程或多或少是同时发生的，并且在本质的特点上显示了实质上的类似。

合并到资本主义世界经济中从来不是由于那些被合并者的主动。这个进程源自世界经济扩张其疆界的需要，一种由于这个世界经济内部压力的结果本身的需要。像合并这样主要的和大规模的社会过程再者说也不是一个突如其来的现象，它们产生于持续进行的活动的潮流中。若我们能够给出它们追溯性（和大致的）的时期的话，这些转折点也很少是明显的，而它们的影响是真实的，并最终它们的发生会被觉察到。

在这部著作的前面，我们已经探讨了系统地区分哪些（在漫长的16世纪）是世界经济的边缘地带和那些在其外部竞争场的地区。我们认为在俄罗斯（在外部竞争场）和东欧（在边缘）与西欧的联系之间有三种在方式上的主要不同："（a）在贸易性质上的不同，（b）在同家机器的力量和作用上的不同，和（c）作为前两点的结果，本地市镇资产阶级在力量和角色上的不同。"①

我们现在要研究的问题，是一个在时间的一点上是这个世界经济外部竞争场的地带，在以后时间的一点上变成这同一个世界经济的边缘地区的过程的性质。我们认为这种转变是一个中间性的过渡时期，并且将它命名为"合并"（incoporation）时期。所以，我们使用的模式对一个"地带"（zone）而言，包括三个接续的阶段——处于外部竞争场，被合并和被边缘化。这些阶段没有一个是静止的，它们全都包含着一个过程。

合并在基本上意味着至少在一个既定的地理场所有一些重要的生产过程成为资本主义世界经济中构成进行着的劳动分工的种种商业链条的一部分。而我们怎样会知道是否一个特定的生产过程是这个劳动分工"整体中的一部分"？一个生产过程只能在这种情况下被认为是其整体的一部分，即如果它的生产在某种意义上是对这个世界经济不断变化（不管这些变化的来源是什么）的"市场状况"的反应，这种反应以那些控制着这些生产进程的人在这个"市场"内最大程度地进行资本累积的努力为方式——如果不是以非常短期行为的方式，至少是以有某种道理的中期行为。只要这不能说是整体上发生的，只要这些特有的生产进程的不可预测的变化，还能够解释为出于与使得在世界经济中达到最大程度的资本累积有所不同的考虑，那么这些特定进程所处的地带应当认为还留在世界经济的外部竞争场中，尽管存在着贸易联系，不管所进行的"贸易"看来是多么广泛或有利润也罢。

当然，尽管以这种方式尽多地对这种分别下定义，可能在理论上会澄清这个问题，它对将一个特定情况作正确描述的经验指标而言却几乎没有用处。要找到这样的指标，我们必须转向这种整体化的某些经验性结果。而在这里我们必须对"合并"阶段（不管有多么长）和随后的"边缘化"阶段之间作为区分。如果可以使用一个类比的话，合并意味着将这个地带"攫获"进世界经济圈内，以使其完全不能再逃脱这样的方式。而边缘化意味着这个地区的小结构的继续转变，其方式有时可以认为是资本主义发展的深化。

也许我们如果要问自己这个简单的问题，为了使一个地方性的生产过程在某种意义上对一个世界经济的不断变化的市场状况作出反应需要的是什么。我们可以确定我们所需要的标准。看来清楚的是做出反应的能力部分取决于做出决定的单位的大小。一个较大的单位更易于有基于其自身的影响，和它自己的对资本累积的期望，并以其所认为一些市场的变化状况的看法来改变它的生产决定。随之而来的是，因为在一个地带的企业开始以这种方式做出反应时，它们就可能必须变得更大。这种做出决定的较大单位的创立，可能发生在一个直接生产的地点（例如创造一个"大农场"），或者在一个商品出产的聚集地点，提供给聚集者，也就是商人，有着某种控制机制，必然是控制着众多小生产者（例如债务人）的活动。其次，决定，最简单地就是那些扩张契约性生产的决定，必须依据获得（或免除其责任）进入生产进程的因素的能力——机器、原料、资本，还有更重要的，人加人的劳动力必须是以某种方式"可强制性的"。第三，那些控制生产进程的人，如果与权力与权威有关的政治机构允许，鼓励和资助这样的反应，比起没有这种条件的情况更会做出反应。最后，反应需要有合理的担保和适当的流通安排这类制度化的基础设施。

　　由此而来的就是分析一个既定地带的生产进程是否是一个世界经济更大的劳动分工中的一部分，我们应该探究作出经济决定的结构的性质，使劳动力各有不同地应用于这些生产进程的运行的方法，统治单位与资本主义世界经济的政治上层结构的要求相适应的程度，最后还有所必须的制度化的基础设施的出现，或者说这些已经存在于资本主义世界经济中的基础设施扩张到包括了被合并的地带。这就是我们在这章中打算讲述的故事。

　　让我们从回顾在什么意义上这四个地带没有在1500~1750年这个时期被合并，并且在这个时期，所有这四个地带可以说作为外部竞争场的一部分，一直与欧洲世界经济有着持续的贸易关系开始。

　　首先是这种贸易的性质。两个地带之间贸易的独特性不是在一个单一的劳动分工之中，而是围绕着这种区分，用较早时代的语言说是在"富人贸易"和"劣等的"（coarse）或"粗制的"（gruff）货物贸易之间。今天我们作这种区分一方面是在"奢侈品"货物，另一方面是"大宗货物"或"必需品"之间。奢侈品当然是一个其所用定义是与规范估价相关的术语。我们今天知道甚至像生存的最低生活标准这样一个生理学概念也是由社会来定义的。如果没有其他原因，这是因为我们必须将人们度量生存的时间长度放进这个方程式。难于决定什么特定的产品——香料、茶叶、毛皮或确实的奴隶——在一个既定的情况下是还不是奢侈出口货品，更不用说金银这种特别例子了。我让奢侈品出口，是因为在经济意义上一种奢侈品进口的概念几乎没有什么意义。如果一项物品被带入市场，那是因为有些人主观上感到对这项物品有"需求"，分析观察家断言这种"需求"是不真实的就显得愚蠢。在托马斯（Thomases）的经典表述中说，"如果人们认定情况是真实的，它们在其影响上就是真实的。"②确实，有些项目的物品每单位是昂贵的，有些则不昂贵，但是与商人有关系的是买卖数量中总售出量增长的回报率。

但是，奢侈品出口可以有一种更具分析性的定义。它应用于将社会上低价值的货物从它们的另外用途中以比它们能得到的要高得多的价格进行处理。这是一个只能够应用于人们讨论两个分离的历史体系之间的贸易，这就可以料到会有社会价值的不同度量标准。因而"奢侈品"和"外部竞争场"的概念是携手并行的。如果我们现在考察一下文献，我们就会发现，作者们往往使用"奢侈品"贸易这种语言来描述印度和西部非洲。例如库尔什雷斯特拉（Kulshresthra）注意到："吉朋（Gibbons）说东方贸易的目的是辉煌而又无关重要的。而这对于 16 和 17 世纪而言是格外真实的。"③诺思拉普（Northrup）在谈到大西洋商业在尼日尔河三角洲（Niger Delta）的发展时，观察到阿罗人（Aro）以"奢侈物品——奴隶、马匹、牛群等用于礼仪活动的东西和珠串"进行贸易，④而这样的商业活动是不在本地市场上进行的。

但是是什么使得奢侈品成为奢侈品的？阿明（Amin）发现关键性的一个变数被忽视了。他将"长途贸易"中货物的"稀有"与这个事实联系起来，即这种贸易是以商品交换为基础，"因为每一方都不知道另一方的生产费用。"⑤如果无知是一个关键因素，我们立刻就会看到在什么情况下这种奢侈品贸易将会自行消灭。随着贸易的扩张，这种无知的基础就会消失。这于是就带给我们第二个关键因素，即由波拉尼（Karl Polanyi）提出的，并特别应用于 18 世纪达荷美（Dahomey）的情况。这就是"贸易港"的概念。我们可以将其重新下概念为"政治构想"，由此这种"无知"就被保全了。

如阿诺德（Rosemary Arnold）所详述的达荷美（Dahomey）的"贸易港"功能那样，如惠达（Whydah），关键是在于达荷美王国的"贸易组织和军事组织的彻底在制度上分离"。⑥在地域上和制度上的情况一样——因为战争位于"内陆"而贸易位于海岸，这意味着这个王国的军事目标，包括奴隶捕获，能够在"没有来自贸易者的干预，不管是欧洲人还是达荷美人"的情况下进行。⑦但什么是干预呢？很清楚，阿诺德（Arnold）的意思不是军事的而是经济干预，而经济干预包括了对市场状况的了解。

第三章 巨大的新地带并入世界经济：1750~1850年

为了维持对这种了解的垄断，"贸易港"的概念与统治者的贸易垄断相联系，商人们的作用只是作为统治者的雇员或代理人。[8]除了自然上的分离和王家的垄断外，奥斯汀（Austen）加上了第三个因素。"一种将收集国际贸易商品与为内部非洲使用的货品生产保持分离的体制。"[9]这种假定可能是不正确的，即收集的内部基础结构相对于"生产"而言是薄弱得多的，并且因为如此，收集活动数量扩张和收缩的费用就比卷入生产活动的情况要大为减少。

确实，这种波拉尼-阿诺德（Polani-Arnold）理论一直没有受到达荷美王国经验性描述的挑战。特别是王家对奴隶贸易的垄断似乎不总是完全性的。然而，阿盖尔（Argyle）对此进行了批评，他考察到国王的权力足以要求非洲的奴隶捕获者和欧洲的商人都在与其他人做交易之前首先与国王做买卖，以"规定价格"卖给国王，并用比"他们给予其他交易者"要高的价格从他那里买东西。[10]曼宁（Manning）的批评形式也许更适当。他认为波拉尼-阿诺德模式由于将三个不同的世纪混同起来，因而是"扭曲的和反历史的。"[11]因而这种描述只对最早的时期是真实的。并且，这种为了防止合并建立的贸易港，却可能导致相同于合并的其他依赖模式。因为贸易港需要一个较强有力的国家形式，一个西非洲人在卷入奴隶贸易时的特点，这点经常被提到，对此我们以后再论。而较强国家的真正生存就要越来越依赖于贸易联系。[12]

在外部竞争场的国家机器的力量成为一个关键的变数，但是它对合并的影响要比我们一直愿承认的要更复杂。从与另一个世界体系作最初接触而言，强大的国家机器能够确保两个外部竞争场之间的贸易以平等交换的方式进行。这种贸易的实际进程可能会加强双方的某些国家机器，正如我们所知在这种历史情况下所发生的那样。一些外部竞争场中的国家增强的力量因而激起了在欧洲世界经济中掌握权力的人以更大的努力在关系上投资，以求打垮这种对合并的垄断性壁垒。在某种意义上，在外部竞争场中的国家从强大变得更强大再到相对弱小。

诺尔蒂（Nolte）的论证反对我在以前所作的区分，即波兰在16和17世纪已被合并和边缘化，而我认为俄罗斯在那时仍在外部竞争场。他的论证的关键是俄罗斯与西欧贸易的扩展。他确实承认俄罗斯的"合并进程"开始得比波兰要晚。然而他恰好说："这更多是因为政治和社会的原因而不是经济上的。"[13]但这恰恰是我的观点。[14]

我们也不应被单纯的文化借用所欺骗。苏丹（Sultan）阿赫迈德三世（Ahmed III）统治奥斯曼（Ottoman）帝国时期（1718~1730年）以"郁金香时代"（Tulip Age）闻名，因为宫廷据说迷恋于从荷兰进口的郁金香。霍奇森（Hogdson）请求我们将这种奥斯曼帝国对西方文化的借用理解为"外国奢侈品的夸示"，（这符合我们所坚持的进口货物从不是奢侈品），而应是奥斯曼统治者"恢复绝对君主制"以反对一直发生的地区性权力分散的努力。而当这种绝对君主制的反对者求助于伊斯兰教（Islam）的价值观猛烈抨击"宫廷反信仰的（和商业竞争性的）奢侈品，"霍奇森认为他们明显"有意的"反对与西方（Occident）的那些贸易联击，"这会增加宫廷的权力。"[15]

类似地，对印度洋时代近来的学术研究倾向于贬低而不要夸大我们对葡萄牙人在16世纪海洋上统治地位的理解。（从来没有人相信任何西方强国在18世纪的后半期之前在印度次大陆控制大规模地区的问题。）迪格比（Digby）注意到，葡萄牙人在为所谓国家（也就是地区内）的贸易份额的竞争中"只取得了有限的成功"，以致使得他们必须"与其他掌权者"在这个地区达成"互惠调解"。[16]

最后，这是个熟知的故事，即在奴隶贸易的进程中，从西非洲到中非洲海岸，沿着这个地带或在其内陆，出现了新的王国，旧的王国也变强了。结果是在大部分情况下，一种"非洲人发号施令的地方"的形势，[17]特别在西非形成的贸易制度普遍实行的方式——就是说，这些非洲人统治着这些中介者王国，而不是那些被掠劫的地区。当然人们应当牢记，这些王国的力量是与本地商业阶级的力量联手并进的。[18]

这些外部竞争场与欧洲的（和资本主义的）世界经济进行的贸易所具有的第四个特点是引人注目的——持续的长期贸易不平衡。[19]在1750年前这个时期金银流向印度次大陆长期受到注意。乔杜里（Chaudhuri）称之为一个"悖论"（paradox），即甚至印度在1660~1760年这个时期对欧洲的进口需求增加时，也不足以克服"这种根本上结构的不平衡。"[20]我们可以由两条途径去考虑这种现象。一是人们可以将其看作这些地带是在购买一种必需的商品金银，因而这就变成不是属于外部竞争场，且恰恰相反，被合并入欧洲世界经济的象征。这就是乔杜里采取的途径，将其说成是"本质上是由于美洲金银矿开采而造成的流通增加"，[21]这造成了"一种在国际生产费用和价格上的相对差异。"[22]波林（Perlin）进一步论证，认为这种金银的进口是"一种商品贸易,这用斯拉法(Sraffa)的观点来说就是进入了……所有商品的生产。"[23]这和诺尔蒂(Nolte)对贵金属流入俄罗斯的看法是同一思路:"它们在本质上是为了使货币流通循环。"[24]

但是为什么当时满是对贵金属流失的抱怨呢?如果事实上金银只是另一种商品,那么在一个世界体系之内的贸易,相对于两个世界体系之间(也就是分离的和可能不同的经济结构)的贸易之间就不可能有有意义的区别。那为什么在印度这种情况下这种流失如此剧烈地改变了呢?"金银的进口……在1757年之后停止了。"[25]

另一种考虑这种流失的途径是以欧洲世界经济的观点看待其本质,无足轻重的余额的流出(因而是一种"奢侈品""出口")在17世纪欧洲世界经济长期收缩的时期(当时发生了大量的流失),是这样的,但在1730~1750年左右之后欧洲世界经济的重新扩张中,这种流失就不再是无足轻重的了。由此从欧洲世界经济的观点看,这种与这些外部竞争场的联系必须改变或是切断。因为还有其他的动机也将合并作为解决办法,这个进程就开始了。

从这些对欧洲世界经济而言是外部地带——印度次大陆、奥斯曼帝国、俄罗斯——的观点看,他们实际上坚持接受金银这个事实,显示出其他欧洲产品对他们没有足够的吸引力,这可以解释为意味着它们还没有被包括到构成资本主义世界经济商品链条中被合并的环节。欧洲人在出售上要比购买困难一直受到注意。例如,最初是葡萄牙人,后来的荷兰人和英国人必须在印度洋地区从事"地区间"(或"运输")贸易来为他们得到购买的资金。[26]这种情况首先是出现在奥斯曼帝国[27]也出现在西非洲。[28]

在1750年左右某个时期,所有这一切开始迅速改变,而印度次大陆、奥斯曼帝国[或至少是鲁米利亚(Rumelia)、安纳托利亚(Anatolia)、叙利亚和埃及]、俄罗斯(或至少其欧洲部分),和西非(或者至少是其更靠海岸的地区)被合并到资本主义世界经济的生产程序(所谓的劳动分工)相联系的发展趋势中去。这种合并过程约在1850年完成(在西非可能晚一些)。在这种生产进程的方式中有三个主要变化,我们将陆续讨论:一种"出口"和"进口"的新模式;更大的经济"企业"的创立(或做出经济决定的实体)在这四个地带的创立;和对劳动力实行强制的大规模增加。

这种"出口"和"进口"创新模式将是重复资本主义世界经济中构成了轴心劳动分工的核心-边缘两分法。这在实质上在那时意味着边缘地区的原料与中心地区的工业制成品的交换。为了使这四个地带集中力量于原料的出口，在它们的生产进程中必然会有两个方向改变：在创立或大规模扩张商品化农业（初级领域产品生产的类似形式），它取决于资本主义世界经济市场上的销售；还有减少或消灭当地的工业制造活动。在这两者中前者在时间上或许在重要性上是首要的，但是最终后者必然也会发生。必然这种商品在作物（和类似物品）出口的创立会带动进一步建立一系列土地集合，在上面种植一些特别作物，如棉花等。如果这些土地集合用来种棉花，这一般就意味着它们不再用于种用作食品的作物。随着越来越多比例的土地面积特别用于种植用于"出口"的特定作物，其他土地集合必然开始特别用于种植食品作物，以出售给在第一类土地集合上工作的工人。并且当经济合理化向创造劳动力等级制发展时，可能在财产所有者的权力之下，其他区域开始致力于输出人口，使之服务于商品化作物土地集合以及食品作物土地集合。这种在一个地带中三级空间分离的专门化——"出口"商品化农作物，"地方性市场"食品农作物，和移民工人"作物"——的出现，一直是一个过去的外部竞争场合并到这个资本主义世界经济发展着的劳动分工中的明显信号。

在1750年之后，大不列颠和法国两者的贸易——这两个当时资本主义世界经济的主要经济中心——大规模扩张到我们分析的这四个地带。对这两个国家，拿破仑战争（Napoleonic Wars）使这种贸易降低，而在1815年之后法国的作用变得比大不列颠要小得多，但是仍没有完全消失（可能除了印度之外）。在每个地方，这四个地带对西欧的出口以更快的扩张拉开与进口的差距，但支付的平衡却不再通过从西欧出口金银作为弥补手段。一个迅速的扫描会证实这幅图景是如何具有一致性的。

无疑，最熟知的故事是在印度次大陆。在这之前那一个世纪，1650~1750年，大洋贸易的旧中心——马苏利帕特南（Masulipatnam）、苏拉特（Surat）和胡格利（Hugli）——在重要性上衰落了，开始将地位转让给予欧洲贸易联系的新中心，如加尔各答（Calcutta）、孟买（Bombay）和马德拉斯（Madras）。[29]1750~1850年这个时期整齐地由两个对贸易模式有着直接影响的政治事件划出界线。东印度公司（East India Company）在印度无限制地将政治和经济控制相结合；从1757年经营到1813年。然而乔杜里（Chaudhuri）认为，在这个时期贸易"继续沿着传统的渠道流通"，并且其性质也是相同的。[30]达塔（Datta）对此表示同意，虽然他将转折点定在

1793年［康沃利斯的《永久居留法》（Permanent Settlement of Cornwallis）］，这看来是一个更合理的年代。[31]

即使这样，在1757~1793年这个时期和更早时期已有着一个重大区别——没有金银出口了。[32]有两种途径不必从欧洲出口金银就可以弥补贸易差距达到平衡。一个是使用新获得的孟加拉总督府（Bengal Presidency）的国家财政来源，它看来在这个时期足够用于孟加拉的行政，不列颠在这个次大陆其他地方的征服和行政费用，还留下一些用来购买出口到不列颠的物品。[33]

第二条途径是从1765年起被称为抵押的制度。东印度公司在伦敦以印度总督权的名义出售汇票，在印度以英格兰的名义购买汇票。印度货物通过公司向英国商号出口，是作为公司在英格兰的贷款保险抵押的"抵押品"，以此公司将不列颠的出口货物买到印度。公司在这其间预付钱给在印度的货物出售者，贷款以作为印度向不列颠出口的货物偿付。在这种情况下就不需要金银流出了，而公司还收取了船运利润，加上因此比它在伦敦借款要高的向印度贷款的利息率得到的不等差额比。[34]

当孟加拉总督权（Bengal Presidency）的掠夺能够提供一种转变的联系时，我们就可以说只是在1757年之后，通过"急剧的扩张"，沿着恒河（Ganges）的贸易通过加尔各答（Calcutta）与世界经济联系起来，[35]而在南印度类似的扩张是在1800年之后。[36]

到19世纪前半期，四种原料产品主宰了出口，占总量的约60%：靛青、生丝、鸦片和棉花。[37]当前两项产品向西运到欧洲时，棉花和鸦片在那时主要运到中国。我们将讨论在这种现象下的原因，和这种印度—中国—不列颠（所谓的）三角贸易的重要性。

对于在1778年或1779年欧洲建立的第一批靛青工厂的直接推动力看来是美国革命，它切断了不列颠先前的北美洲供应来源。[38]这种在世界经济中供应的短缺后来由于圣多明各（Santo Domingo）因其革命停止了供应而更加严重。[39]而在这世纪交替时，西属美洲实际上已放弃了种植靛青。[40]而因靛青生产在莫卧儿（Mughal）印度时期已有商业上的重要性，在不列颠统治下在绝对产量上又扩张了3到4倍。[41]

棉花也是印度的老产品，主要是在古吉拉特（Gujarat）。但是在1770年之前古吉拉特的棉花从未出口到信德（Sind）、马德拉斯（Madras）和孟加拉之外，[42]并且生产已下降了一个世纪。[43]到1775年，不列颠开始从印度到中国的棉花出口贸易。⁴⁴1793年之后，随着在欧洲的战争，在欧洲也出现了这样一个市场，虽然比起合众国（United States）的出口这是一件"小买卖"。⁴⁵增长的世界性需求似乎是在1800年合并苏拉特（Surat）的因素之一。⁴⁶丝生产的扩张也与拿破仑的"大陆体系"（Continental System）有联系，这体系剥夺了不列颠市场来自意大利的供应。⁴⁷只有鸦片生产的扩张与世界经济其他地方生产上的变化没有直接联系，不过它也相当引起了东印度公司对中国贸易需要的作用。⁴⁸从长远看，这四种商品没有一种会持续成为印度对世界经济劳动分工的主要贡献（虽然棉花在很长一段时期在印度出口生产中仍有着重要性），但是它们提供了一种模式，据此印度能够在1750~1850年这个时期被合并进来。

奥斯曼帝国的故事是类似的。贸易的规模在1750年左右突然增加。例如，法国贸易在整个18世纪控制着奥斯曼统治地区，在这个世纪后半期增长到4倍。⁴⁹在这同一个时期，在出口上有着从"制成品或部分加工货物（向）原料的稳步转变"——安哥拉羊毛线取代了呢布，生丝取代了丝网，棉花代替了棉纱线。⁵⁰

在巴尔干地区（Balkans），是当地物产的生产的扩张是最显著的，⁵¹特别是1780年以后谷物的增长被称为"奇迹般的"；⁵²棉花当时在巴尔干的生产中也是非常重要的，⁵³在西部安纳托利亚（Anatolia）也是如此。在18世纪晚期，它是法国棉花工业原料的关键来源，对于这点马赛（Marseilles）的商会（Chamber of Commerce）在1782年可以说"地中海东部地区（Levant）的使命是养育……法国的工业。"⁵⁴一种"在安卡拉（Ankara）生产和在伊兹密尔（Izmir）向海外出口的联系"在那时"牢固地建立起来。"⁵⁵

不列颠人和奥地利人一道在19世纪取代了法国人成为主要的直接贸易伙伴。安纳托利亚棉花的作用面对美国的竞争衰退了（如在印度的情况），⁵⁶正如面对埃及竞争的情况那样。⁵⁷尽管如此，棉花出口还会在美国内战期间有一个重新暂时的扩兴。⁵⁸并且，安纳托利亚棉花向不列颠出口的衰落被这同一时期奥斯曼统治的巴尔干地区小麦向不列颠和奥地利出口的稳步增长更多地补偿，巴尔干地区与俄罗斯南部作为一个出口地带而相竞争。⁵⁹

俄罗斯的情况也是这样，它与西欧的贸易在1750~1850年这个时期有着一个"显著的上扬"。⁶⁰在这个时期，它出口的构成同样有相当急剧的变化，初级产品达到95%。⁶¹俄罗斯的主要出口在这种情况下必然是大麻和亚麻,"对于不列颠制造工业极为重要的原料",[62]而最初对于法国人也同样如此。[63]俄罗斯的大麻由于其质量,它的种植者"精心的对待"和"缓慢和细致"的制作过程,使它如此有用,克罗斯比(Crosby)将其归因于俄罗斯"便宜的劳动力和生产费用"的特点。[64]

在18世纪晚期,俄罗斯的铁(它在俄罗斯加工)仍是一种重要的出口产品,因为俄罗斯(还有瑞典)有着以木炭冶炼技术为基础的高质量产品的两个重要因素——大量的森林和丰富的铁矿[65]——还加上我们将会提及的奴役劳动。当新的不列颠技术在19世纪早期导致了俄罗斯铁出口工业的垮台时,一种新的主要出口品小麦取代了铁。[66]到1850年,小麦出口达到了平均收成量的20%。俄罗斯主要出口小麦的昂贵品种,"它们极少进入国内消费。"[67]确实,俄罗斯对于至少直到1820年代的世界小麦价格的稳步上升做出了反应,[68]在此后主要的出售者俄罗斯贵族,在小麦生产上投入如此之深,致使他们几乎再无选择。[69]

值得提出的是,俄罗斯在那时的主要贸易伙伴不只是英格兰,(并且在18世纪晚期还有法国),还有两个半边缘地带,它们能够为俄罗斯的合并贡献力量。它们是苏格兰和美利坚合众国。苏格兰的情况是,在18世纪晚期"真正剧变性的"经济进步是以与俄罗斯贸易的增长为"特有"标志的,俄罗斯成为1790年代时向英格兰的"主要大陆出口者"。[69]在合众国的情况是,它的经济"在一个可观的程度上……繁荣是因为它得到了俄罗斯农夫(muzhik)无尽的劳动力和粗重技术。"[71]

至于西非洲,这里像其他地方一样,合并到资本主义世界经济中不是那些被合并者所寻求的事情。如罗德尼(Walter Rodney)所说,"从历史上看,发动者来自欧洲。"[72]通常认为从奴隶贸易向所谓合法贸易的转变导致了这种合并。这是不正确的。最初的推动力是奴隶贸易本身的扩张。由于这种扩张,奴隶抓捕越过了从提供一种聚集"剩余价值"的奢侈出口品到成为一种真正的生产企业的界限,进入了资本主义世界经济进行着的劳动分工。[73]这种转变可以认为是在18世纪随着奴隶价格的稳步上升发生的,[74]这反映了奴隶需求的增长,欧洲奴隶贸易商之间竞争的加剧,和在同一空间内扩大供应奴隶的困难增多的结合效应。[75]所有这些都是一个世界经济全面扩张时期的典型现象。奴隶贸易的高峰看来发生在1793年之前的十年间,[76]法国—不列颠战争导致了它如同所有大洋贸易那样的衰落,后来,废止奴隶制和海地的(Haitian)革命的共同效应使得这个数量没有再度上升,虽然它们直到至少1840年代早期仍保持着重要性。[77]

萦绕着对这个时期奴隶贸易的讨论,更为热衷而没有妥当定位的问题之一是有关奴隶贸易的所谓"有利可图"与否的讨论。人们会认为,任何兴旺了一个长时期的贸易必然对某些人有利可图。否则很难想象私人贸易商在没有法律强制赋予特惠的贸易中会继续进行这种贸易。这场辩论起源于文化非殖民化的一场运动。面对标准的和传统的以不列颠废奴主义者作为伟大的人道主义者的图景,这可以在库普兰(Coupland)的经典著作(1964年,但第一版是1933年)中引人注目地看到。威廉斯(Eric Williams,1944年)企图揭穿这幅全然自负的图景;论证禁止奴隶贸易中潜伏的经济动机。他的论点是,大部分是由于美国独立战争的和工业革命的结果,不列颠在西印度群岛(West Indies)的产粮殖民地变得"对于不列颠的资本主义越来越无足轻重"。[78]这导致不列颠的资本家们成功地推行了三方延续的改革——在1807年反对奴隶贸易,在1833年反对奴隶制,在1846年反对粮业种植义务制。"这三个事件是不可分的。"[79]这些行动的原因是,由于不列颠属西印度群岛的"垄断"和竞争优势的丧失,主要问题是粮的"生产过剩",而解决办法是在于这些立法行为。[80]

从事实上看,这本书表面上的中心论点是属于一种技术上的攻击而并非毁灭性的,[81]毕竟不能唤起热情。因为更根本的论点是,奴隶贸易加上奴隶劳动的蔗粮种植业是所谓的不列颠工业革命的资本累积的一个主要来源。这当然是这个附带论点的一种较早说法,是大胆的陈述而非充分的证实。安斯蒂(Anstey)的相反思考导致他得出结论,奴隶贸易对不列颠资本构成的贡献是"微不足道的"。[82]托马斯(Thomas)和比恩(Bean)作得更进一步,他们宣称,在理论上可以假定奴隶贸易有完善的竞争市场,奴隶贸易商是"捕人渔夫"。如同在捕鱼中那样,在奴隶贸易中利润必然是很低的,奴隶的价格很低,其结果是种植业商品的价格很低。这种在经济角度上明显是荒谬的企业的唯一受惠者是"烟草、粮、靛青、大米、棉花等的消费者。"[83]

这种天真的论证只有三个毛病:奴隶贸易如我们将揭示的那样远非是竞争性的;原料的主要的"消费者"是欧洲的制造业主〔因而这加强了而不是削弱了威廉斯(Williams)的例证〕;而奴隶贸易在18世纪后半期有足够的吸引力来把一些投资者从纺织业生产上吸引过来。[84]

然而真正的回答是确切的百分比是不重要的。正如我们一直企图揭示的，18世纪晚期是一个资本主义世界经济全球扩张的时期。某个地带的每种产品尽能占整体中一个小的百分比。这个整体明显是有利可图的，而事实上这确实导致了大量的资本累积，并最终因为我们已经讨论过的原因，更多地集中在不列颠而不是在法国或西欧的其他地方。不需要论证从奴隶贸易得到的利润是格外的大，[85]来推断出它们是这幅图景的中心部分，并构成了西非洲在这种假定下对这个时期对全球性累积的贡献。[86]

在不列颠人废除奴隶贸易有着经济动机这个问题上，考察一下丹麦人（Danish）和法国人的辩论可以更冷静地看待它。丹麦人事实上（深思熟虑地）抢先了不列颠人一步。当时的丹麦财政大臣任命了一个委员会在1791年为他作顾问。他们的主要发现导致他建议发布废除敕令，这是由于他们在西印度群岛的奴隶人口在一个转变时期和引入了某些社会改良之后，能够不需要新的供给自行维持。[87]法国的情况是奴隶贸易已在大革命中被废除，[88]后来又恢复了，然后在1815年"维也纳条约"（Treatics of Vienna）中被宣布为非法。然而实际上抵抗却是很强大的。[89]原因是简单的。法国人将这种强制解释为"英格兰的马基雅维利式（Machiavellian）的发明，希望用剥夺对其繁荣不可缺少的奴隶人力来毁灭我们的殖民地。"[90]这样看来这个时期的分析比威廉斯（Eric Williams）提早了125年。

尽管如此奴隶贸易的废除最终产生了它的效果。奴隶作为出口品衰落了，被原料出口所代替。这种转变大部分发生在1800～1850年这个时期。虽然这两种出口贸易不具有固有的互斥性。如罗德尼（Rodney）提醒我们的，"奴隶从来不是西非洲唯一的出口品。"[91]在这个时期确实改变的是，出口品首次不再是"征掠来的"物品（例如象牙、黄金、宝石、颜料树，当然还有奴隶），而是变成了农业产品，它们是"普遍的、单位价值低"的物品，如棕榈油和花生。[92]如果说这些出口品的总价值仍然偏低（1817年以后这个时期在世界经济中是通货紧缩的），其数量更是引人注目的；确实这种增长是"惊人的"增长了"6或7倍。"[93]

基本上，从西非向欧洲世界经济的出口在这个合并时期的类型经过了三个阶段：（1）增加和继续集中于奴隶出口，在绝对数量和也许在相对比例上，从1750年左右（特别地）到1793年；（2）维持大量的奴隶出口，但同时，所谓的合法贸易量也稳步增长，从1790年代到1840年代；（3）大西洋奴隶贸易实际上消失，初级产品出口（特别是棕榈油和花生）的稳步扩张，从1840年代到1880年代全面殖民化时代的开始。

重要的是要牢记，虽然确实从长期观点看奴隶抓捕和商品作物生产实际上是不能共存的，因为两种趋向合并起来就会造成一种在使用劳动力上不可能的矛盾，从短期来看却不是这样。两种出口能够同时繁荣，并确实持续了约30到40年。确实如诺思拉普（Northrup）论证的，解释棕榈油生产迅速增长的真正因素之一——如所知的，当然是欧洲人不可缺少的（和新的）对脂肪和油类需求，用于工业润滑油、个人卫生和蜡烛照明——是先前奴隶贸易的大量增长刺激了非洲人对外来货物的需求，扩展了贸易团体网络，和（经常被忽视的）扩展了"市场、道路和流通这些经济基本设施。"[94]而且，奴隶能够直接用于生产"合法的"货物——首先作为向双方巨货的搬运工，[95]再者，作为种植园的工人［最著名的在达荷美（Dahomey），在1830到1860年代之间］。[96]这两种用途都可以产生减少生产费用的作用。[97]

但棕榈油经于开始取代奴隶抓捕成为主要的生产性企业。它的扩展早在1770年代在尼日尔河三角洲（Niger Delta）地区就开始了。[98]到1830年代，沿着海岸它成为一种稳步增长的贸易，"尽管物价是波动的。"[99]当然，欧洲市场上价格的全面改善在1840年代之后给它以进一步的经济激动。[100]

法国人不像不列颠人、德意志人和美国人，最初在文化上抵制棕榈油产品，但这在1852年随着发现一种化学方法将黄肥皂变白而结束。[101]确实，花生贸易的起源正是基于法国消费对黄色肥皂的抵制。马赛（Marseilles）的肥皂制造者在19世纪上半期已经发现花生油加上橄榄油制造出一种蓝大理石花纹的肥皂。[102]花生贸易始于1830年代，并坚定了法国人在奴隶贸易结束后仍留在塞内加尔（Senegal）的决心，这种"进一步卷入的经济基础"与法国国内各种要求一种"更积极的"的殖民政策的压力结合到了一起。[103]

在商品作物生产和市场导向的食品生产之间的联系一直在很大程度上被忽视，特别是从我们一直称之为合并的进程的观点而言，尽管如此，看来在印度和西非洲仍然有一些证据可以观察到。哈比卜（Habib）发现就农业生产而言，在莫卧儿（Mughal）和不列颠属印度之间关键区别，是在于"为遥远的市场而生产"方面不像后者在"在特定地域大规模在地理上集中生产特定作物"，使土壤用于它"最适宜"的目的。[104]将地区的自给自足让位于世界经济的自给自足。高夫（Gough）分析了在马德拉斯（Madras）于19世纪前半期，沿着商品作物地区（种植棉花、靛青、胡椒、烟草),其他地带开始专门为地区性市场生产粮食,[106]而还有其他地带开始派出契约劳工,最初只是到南印度,但最终派到锡兰(Ceylon)、缅甸(Burma)、马来亚(Malaya)、毛里求斯(Maruitius),直至西印度群岛。[106]而贝利(Bayly)指出重要的一点,"薄弱的"城镇经济的一次新扩张在靛青和棉花商品作物地区出现,是"给以一小类商业作物依赖的中介环节"提供房屋的结果。[107]

对于西非洲,罗德尼(Rodney)提请注意,运奴船的"食物供应"问题受到"不认真的对待。"[108]但是很清楚,需要大量的食物,并且要部署许多奴隶从事当地食物生产来供给其他运往南北美洲的奴隶路上吃。例如,莱瑟姆(Latham)注意到,在1805年到1846年之间,在卡拉巴尔(Calabar)以东大规模安置了奴隶,但他们不是用于棕榈油生产的。他推测这可能是"为卡拉巴尔生产食品的"。[109]最后,纽伯利(Newbury)注意到"大宗货物中心"与当地食物市场的成长的紧密联系,因为大量移民进入贸易网络的这些场所。[110]

另一方面,即为合并而驱使的进出口模式的重物的背面是被合并地带制造业领域的衰落。这个论题长期以来与印度次大陆的经验联系在一起,致使在某种程度上启发我们认识到这绝非是印度所特有的情况。但还是让我们从印度的情况开始。很清楚在1800年之前,印度次大陆从世界的标准衡量,是纺织业生产的一个主要中心。确实乔杜里(Chaudhuri)认为,它"也许是世界上棉纺织业最大的生产者"。[111]衰落是突然发生的。虽然拿破仑战争的早年确实经历了一个短暂的出口繁荣,柏林法令(Berlin decrees)加上英国人的竞争"意味着苏拉特(Surat)布匹向伦敦出口的结束。"[112]而对于孟加拉(Bengal)的棉布匹而言,它们在1820年代左右从"东印度公司的出口货单上"实际消失了,在这之后不久也从私人贸易商货单上消失了。[113]在一段时期内,仍有着(或开始了)对中国的纺织品出口贸易,但这后来也消失了,这样在统计上就显示出一种持续的衰落,棉布匹的出口价值在1828年到1840年之间在已经大量减少的基础上又减少了50%。[114]此外,由于观察到19世纪在比哈尔(Bihar)生产的急剧衰落,而这是一个从未向欧洲出口的地区,我们看到了对"国内"市场同样的影响。[115]

对此的一个解释只是由于不列颠的新技术和因此的竞争优势。斯梅尔瑟(Smelser)给予自动机器(或自动骡机)以不列颠的印度市场"最后征服者"的荣誉。[116]人们就会要问如果是这样,为什么不列颠人还要依靠用

— 173 —

政治手段来确保他们的市场霸主地位。在 1830 年，马奇班克斯（Charles Marjoribanks）在议会下院作证说：

> 我们用高额禁止性关税在英格兰排除了印度的制成品，并对将我们自己的制成品引入印度给予一切鼓励。用我们自私的（我用了这个招人恶感的词）政策，我们打垮了达卡（Dacca）和其他地方的当地制造业，在他们的国家充满了我们的货物。[117]

他也解释了为什么与中国的贸易进行得不那么好："我们对中国人不能行使我们对印度帝国同样的权力。"晚至 1848 年，当议会委员会认为没"必要"从印度进口棉布，因而认为取消进口粮到不列颠的关税是正当的，在这些条件下："如果你为了她的粮取得印度的市场，你就要以同样的比率或更大的比率破坏她的制成品货物在英格兰的市场。"[118]无论如何，很难否认这个精心使印度非工业化的论点，当不列颠的东印度与中国协会（East India and China Association）的主席在当时所夸耀的。在 1840 年，兰伯特（George G. de H. Lampert）作证说：

> 公司已经用各种方法，在我们伟大的制造业的才能和技巧的鼓励和帮助下，成功地将印度从一个制造业国家转变为一个出口原料产品的国家。[119]

奥斯曼帝国在这个时期没有变成不列颠的殖民地，如印度次大陆那样。但是，其经历明显地类似，时间上甚至更早。在 18 世纪前半期，奥斯曼帝国仍然出口丝绸和棉纱到欧洲。在 1761 年，法国人对从奥斯曼帝国进口的棉纱设置了高额保护性关税，而这种关税加上英国的机器纺纱关闭了西欧的市场。[120]热斯（Genc）将工业部门的高峰期定于 1780 年代，并且说在这之后，到那时为止西欧和奥斯曼纺织业生产的类似进程分化了，奥斯曼的工业开始衰落，不只是在出口方面，甚至还在"它自身过去已达到的生产水准"方面也是如此。[121]尽管从塞利姆三世（Selim III）在 1793～1794 年的法令开始，帝国政府（Sublime Porte）试图采取一系列政治和经济对策，[122]到 1856 年一位英国作家谈到这个事实，在土耳其制造工业已"大大衰落"，土耳其现在出口原料，此后再以制成品的形式返回。[123]到 1862 年，另一位不列颠作家的评论的调门甚至更坚决:"土耳其不再是一个制造业国家。"[124]

如我们将国家先从安纳托里亚(Anatolian)的核心地带转到外国的埃及和叙利亚,事情也是相同的。尽管阿里(Mohammed Ali)试图在埃及"强行工业化",[125]他失败了。其原因中重要的有这个事实,英国—土耳其商务条约在1841年强制给他的条款规定,而这"使得他在尼日尔河上的工厂生锈和毁坏。"[126]而在叙利亚,制造业的"灾难性衰落"开始于1820年代。[127]而到1840年代,这个进程在阿勒颇(Aleppo)和大马士革(Damascus)完成了。[128]

俄罗斯在遏止这个潮流方面有更好的措施吗?是好一些但也不多。18世纪前半期俄罗斯的工业处于一个高峰。乌拉尔(Ural)的金属工业从1716年起有一个迅速扩张的时期。[129]在女沙皇伊丽莎白(Tsaritsa Elisabeth)统治下,特别是从1745年到1762年,有着一次"工业化的第二次复兴",在凯瑟琳二世(Catherine II)统治下达到一个"黄金时代",[130]当时向英格兰的出口"迅速地"增长。[131]无怪乎俄罗斯的历史学家塔尔列(Tarle),在他1910年的教科书中认为,在18世纪,"俄罗斯的落后状况放在当时欧洲的总背景中,显得不是很大。"[132]而到1805年之后,俄罗斯在铸铁生产上开始落后于不列颠,而一旦焦炭熔炼成为主导技术,俄罗斯的生产就处于劣势。[133]加上在尼古拉一世(Nicholas I)统治下(1825~1855年),主要官员对工业增长变得"冷漠"甚至"怀有敌意",害怕引起社会动乱。然而,尽管主要工业生铁的出口急剧衰落,俄罗斯人能够为他们的丝织业保持一个国内市场,在1830年代之后靠的是高额关税保护和一些进口技术的结合。他们也能创建一种甜菜炼糖工业。[134]对于这种抵抗全面非工业化的有限能力,俄罗斯军队持续相对的强大是一个不小的有益因素,这部分解释了他们在20世纪开始时在世界经济中起了与印度或土耳其不同作用的能力。

最后,我们通常不认为西非洲有过工业。而确实纺织品被进口到西非已经是在18世纪。[135]但对此不应予以夸大。罗德尼(Rodney)注意到,直到1750年之前,在几内亚(Guinea)海岸当地的棉花"抵抗住了"英国制造品的"竞争"。[136]而诺思拉普(Northrup)论及18世纪的尼日尔河三角洲(Niger Delta)时,观察到如铁业这样的进口品仍需要大量加工"并由此对内部经济具有增值的作用"。[137]只是在拿破仑战争之后,和不列颠的船只在1807年后退出奴隶贸易时,"进口品的性质和质量改变了"。[138]这不只对于纺织品而且对于铁制品都是确实的。西非的铁加工业和炼铁业被19世纪早期便宜的进口品"毁灭了"。[139]

大规模的,出口导向的初级产品,如我们已经解释的,如果它是市场回应性的,就能够有效地运作。而这只能当有效的做出决定的实体足够大,以致在他们若改变生产和商贸决定就能真正影响到他们自己的财富时,情况才确实如此。不重要的参与者的自身利益对于市场的"调整"不是必要的,或者说无论如何比大规模的参与者要差得多。

有两种主要场所,在这里人们可以创建做出决定的实体的大的中心。一个是可以将初级生产集聚在大的单位中——我们可以将其称为"种植园"解决办法。或者可以在商业环节的开端生产地带后面的一个场所创建一个大的中心。例如,有些大的"商人"〔法国人称之为"大宗买卖批发商"（négociants）相对于"个人贩子"（traitant）或"小商人"（commercants）〕能够将他们自己安置在流通的瓶颈上。但是这还不足以创造一个商品交易的半垄断或买方市场。对于这个（让我们这样称呼他）大宗贸易商人（或商人—银行家）也很关键的是,在一群小生产者中建立大众对他的依赖。最简单并可能是最有效做到这点的方法是债务奴役（debt bondage）。用这种方法,当大宗贸易商人希望对世界市场作"调整"时,他能够迅速以他发现有利可图的方法改变生产模式。[140]这些大规模经济单位的创建——不管是种植园或是大宗贸易商人的瓶颈——是合并的一个首要特征。

在这个时期,印度的出口集中于四种主要作物周围——靛青、棉花、丝和鸦片。在这四者中,靛青是最具种植园导向的。在18世纪最后25年,由于西半球供应的不稳定性和迟缓,许多英国私人贸易创建了种植园。[141]此外,他们给予小规模生产者以贷款,这种贷款很快在"衰退的最早迹象出现时"被收回,而这导致了土地的没收,进一步集中了土地。[142]外加工制度,[143]在这个进程中是关键的,只是在这个时期才用于靛青生产中。[144]在那种情况中——直接生产或是借贷给小生产者的制度——靛青种植者将基本的生产决定权掌握在他们手中,使用"小规模的压迫"或"债务奴役制"来实现他们的目的。[145]

类似地在粗棉生产中,当它变得更加以出口为导向时,就出现了"高利贷和商业资本对生产的加紧控制"使"租金和利息的实际负担变得……更重了"。[146]鸦片的情况实际上是一种国家的商品垄断（通过东印度公司),

起了控制生产的数量和质量，确定价格水准的同样目的，并有效地监督了为中国市场的国际竞争。在1848年，普利多（Prideaux）在议会下院的指定委员会上作证言，"没有什么在印度种植的东西不会增值，粮、靛青，和各种种植作物都可以从这个国家出口。"还有，尽管缺少像在西印度群岛那种一般意义上的欧洲"种植园主"，然而确实如克拉芬（Clapham）所论证的，这些出口货物大多数有着"某种他称之为旧式的种植园或殖民地特征。"罗瑟蒙德（Rothermund）正是从改变功能方面捕捉到了从外部竞争场向被合并的转变。正如他描述关于（贸易）代理商的情况，从在船上进行的买卖，到发出特定的订货单，到以借款资助这些订货单，到利用借款刺激生产，到通过外加工制度和管理工厂来组织生产。

在奥斯曼帝国种植园形式的契夫特里克（Ciftliks）是一个要花些时间讨论的问题。契夫特里克是特指一种土地租佃的法律名词。这个词的起源是指一个契夫特（Cift）（或一对）牛，由此指一对半在一天内能够耕作的土地数量。因而引起了某些混乱，因为主要是这些契夫特里克（Ciftlik）要远比一个契夫特（Cift）要大，更接近于通常意义上的种植园，并看来一直直接与出口导向的商品作物生产相联系。

斯托亚诺维奇（Stoianovich）将契夫特里克的扩展［特别是较大的哈萨-契夫特里克（hassa ciftlik）］与"新殖民地产品：棉花和玉米耕种的散布"从1720年代在巴尔干地区开始直接联系起来。甘德夫（Gandev）类似地将它们在保加利亚西北部的增长看作是大规模商品作物土地单位的出现。它们是资本投资和资本累积的对象。休格（Peter Sugar）也强调它们的市场导向，新作物的耕种，和村民的债务奴役。麦高文（Mcgowan）注意到它们位于靠近海的地区，它们在晚期奥斯曼帝国的发展"几乎总是……与商品的对外贸易相联系。"最后，伊纳尔契克（Inalcik）也将较大的契夫特里克与市场导向和"类似种植园的结构"联系起来，他说其分布特别与土地开垦和边缘荒地（miri）的改良联系在一起。

至于埃及，很清楚棉花生产的兴起直接与在19世纪过程中大地产的创建相联系。还在1840年，鲍林（John Bowring）在他给议会下议院的证词中解释了是为什么。他谈到埃及农夫（fellah）不愿意生产棉花，因为害怕被欺骗，害怕税收，因为这使得一年中只有一种作物。解决办法呢？

后来许多大片土地被转让给同意代为支付拖欠税款的资本家们，

他们由于雇佣这些埃及农夫（fellahs）作为计日劳工，而从他们那里接过交还土地税，和由官员巴夏（Pasha）规定价格造成生产量下降的负担。⑱

在俄罗斯，当然已经有大量土地集中在贵族阶层手中。在合并期间发生的事情强化了这个进程，并加强了它与商品作物生产的联系。如布卢姆（Blum）指出的，这些领主"显然是市场的主要供应者。"例如，他们生产多达90%市场上的粮食。⑲在这同一时期我们有了三种作物连续轮作的这项主要农业革新。⑳

于是在18世纪晚期，"农村经济具有一种更加商业化的特点。"㉑农奴制模式的变化，从交纳实物货币制（obrok）改变为劳务制（即强制劳役，barshchina）㉒——这种改变我们将在以后从强制劳动的方面讨论，它也被视为土地集中的一种模式。它不是所有权的集中，因为它已经是如此了，但在生产中作决定的程序集中了，这对商品化农业而言是关键的。而在那些保留交纳实物货币制（obrok）的地产上，领主们通常鼓励和保护那些成为商业企业家的农民（尽管有法律上的限制），因为这不只使得那些农民交付更多的实物与货币，而且能让领主们利用他们作为"农村公社中不那么富裕的成员的担保人。"㉓

西非洲的景象又一次带有比偶然更大的相似性。我们先谈奴隶市场，它绝不是鼓励无限制竞争的，这导致了商品化的瓶颈。我们发现在每个地方都存在着"限制性的贸易联合和活动，有时是官方的，有时是私人的，而有时包括这两者之间的结合。"㉔而且，这种如棕榈油这类商品作物的转变伴随着创建种植园结构的努力。确实，废奴主义者自己直接支持这种作法，他们认为这作为一种手段可以给予合法贸易一个巩固的经济基础。㉕强大的君主，奴隶劳动，可能还有资本的结合，使种植园主要在达荷美（Dahomey）和约鲁巴兰（Yorubaland）获得成功，这意味着这些君主能够从相当遥远的内地出口棕榈油，否则就太昂贵了。㉖但是，哪里转运不太成问题，棕榈油（和花生）的生产技术就可以为小规模农夫所利用。㉗

然而正如劳（John Law）指出的，谈及在这个生产进程中对国王和军事首领统治地位的侵蚀，如同最终从奴隶贸易到橄榄油的转变那样，"然而这种改变的受益者，包括农夫也包括富有的商人。"㉘换言之，集中化的场所只不过是从一个产品集散地转换到另一地，一个如果我们集中注意于榨炼棕榈油这种相对小的单位时就会错过的地点。确实，国家权力和商品集中之间的联系，在这个合并时期是特别大的。纽伯里（Newbury）清楚地介绍了这种现象。

> 达荷美（Dahomey）或尼日尔河三角洲（Niger Delta）的商业国家……（提供了）非洲统治者从贸易收入中得到支持的（好）例子……如奥波博（Opobo）的扎扎（Ja Ja）或瓦里（Warri）的那那（Na Na）这样的统治者更好说是机敏的商人，而非榨取贸易商的非洲官僚。[109]

若要理解到底怎么回事，我们必须注意到贸易商的多重结构的出现。在大西洋港口有商人或进出口商，他们代表欧洲商号，并且通常是欧洲人。这些商人与大规模的经纪人与中间商（法语称为 négociants）做交易，他们再与身为行贩商（法语称为 traitants）的中间商做交易，于是这些行贩商经常与直接生产者做交易。通常在经纪人的层面上我们注意到哪里有着小规模的生产。当这个地带落入殖民统治之下时，正是这些经纪人被欧洲商号吸收或取代。[110]

我们已经论证，合并的过程多少导致一种相对大规模的决策单位的建立，根据自身利益回应世界市场变化着的需求。这些单位的规模部分起了促进需求变化的作用，因为它们造成的变化对于它们累积的可能性有重大影响，但是一部分也产生增加其反应能力的作用，因为它们控制着充足的资本和商品流通而影响世界市场。对这种反应能力而言，还有一个因素要讨论，就是在使产品具有竞争性价格的条件下获得充足劳动力的能力。

对一个工人，特别是农业工人而言，被陷于商品作物生产，特别（但不只是）在类似种植园的结构之内，是几乎提供不了什么内在的吸引力的。因为它不可避免地减少了为生存和甚至相对富裕保证的各种实质服务的时间和可用的体力。这不足为奇，至少在最初和此后一段长时间内，在经历着合并的地带，市场生产所需要的劳动力供给必须是强制性的，不管是直接或间接的，在适当的地方以适当的节奏工作。这种强制包括两个因素，应当在概念上区分开来。使工人工作得更辛苦（更有效率？）和更长时间（每天，每年，每人一生）的方法；和工人的合法权利或法律地位，和由此与其工作有关的选择范围。

莫卧儿（Mughal）帝国统治下的印度是很少的地区之一，我们有它合并到世界经济之前劳动阶层生活标准的一些资料。有四种比较。哈比卜（Habib）认为在1600年平均农业出产量不比在1900年同样地区的要少，也不少于1600年西欧的平均农业产出量。⁽¹⁷¹⁾斯皮尔（Spear）认为在莫卧儿帝国的印度普通人吃得要比他的西欧的同类要好。⁽¹⁷²⁾而德赛（Desai）累积的统计资料支持这个论点，即在阿克巴（Akbar）的帝国比起在1960年代的印度"食物消费的平均标准……看来要高"。⁽¹⁷³⁾而一旦我们看到1750年后合并刚开始时，就会听到（不列颠人）抱怨孟加拉农民的"懒惰"。⁽¹⁷⁴⁾对这种"懒惰"的解决办法不久就找到了，其中之一我们以前已经论及，就是"预支贷款"制度。我们发现这种现象作为强制的主要机制突然在所有商品作物地区出现。

在这时，两种土地持有制度，地主制（柴明达尔 zamindari）和佃农制（罗特瓦尔 ryotware）发展起来，两者都规定或不如说是重新定义附带行政权的所有权的意义。这种土地保有形式的发展方向是卷入资本主义世界经济的一个证明，因为行政权对土地商业化是不可缺少的，它本身是解放所有使资本无限制累积的各个因素成为可能的必要条件。地主制度是在孟加拉由1793年的永久安置法（Permanent Settlement）创立的。⁽¹⁷⁵⁾在这种制度中，居住在他们土地上的佃农（或农民）就被地主（zamindars）认为是他的佃农，因而易于被提高租金或被驱逐。其结果是："租金提高了，而且农民被驱逐是常事。"⁽¹⁷⁶⁾但同时也种植了新的作物和获得了新的劳动力。⁽¹⁷⁷⁾

佃农（ryotwari）制度则相反，经由将行政权直接给予佃农（ryot）本人，基本上去除了地主（zamindar）作为中介者的情况。这被鼓吹为一种"在理论上更周全，在实践上更方便和有益，与本地的制度、习惯和人民的风俗更协调"⁽¹⁷⁸⁾的制度。这种制度最初应用于马德拉斯（Madras），并通常认为是在南印度的制度，但是同样在北方甚至被孟加拉利用。在实际上，得到行政权的农民（ryots）在大多数情况中往往是较高种姓（caste）的村庄头领。这些农民当然是耕作者，但他们也是中介人［尽管比地主（zamindars）的规模要小］，因为他们在许多情况下是较低种姓的直接劳动者的监督者。⁽¹⁷⁹⁾

我们应当注意的重要事情是，在这两种制度中，行政权的结合加上预付贷款的制度使苛刻的强制成为可能。如一个1861年的不列颠议会报告谈到靛青生产时提到的：

在哪里种植园主有地主的（zamindary）权利，佃农（ryot）也许就没有多少选择……这种影响也许最好描述为一种道德习惯上的强制，和对具体的武力的恐惧。[180]

但事实上，靛青在佃农（ryotwari）制度下更经常种植。然而这对直接生产者也并不更好些：

甚至在最好的季节，靛青的种植也很少按靛青种植园主给出的价格支付……（靛青种植园主）强加给佃农（ryots）预付贷款，而佃农不能供应种植靛青土地上的应交配额。……将这种靛青种植制度描述为靛青奴隶制是没错的。[181]

难怪这些靛青种植园主"因为苛征压迫而恶名昭彰"。[182]

棉织工比种植靛青的农民也好不了多少。在1787年7月于孟加拉颁布的"织工规章"，一旦织工从东印度公司接受了预支贷款，他就必须向公司交付棉布，将棉布卖给其他任何人就是非法的。公司被授予强制监管织工使其完成契约义务的权利。[183]其结果当然是"他们经济状况的显著恶化"，而这些织工最终"由于他们的职业而变得贫困"。[184]公司将其政策扩展到印度东南部。一旦东印度公司能够驱逐其荷兰和印度的竞争者，如在1770年代，公司就让他们的商人"与织工缔结苛刻的合同"。[185]工人的实际收入从实际得到报酬角度下降了，加上因为他们在新状况下不能"在耕种田地的同时"进行纺织。[186]至于棉花种植本身，我们有特纳（J. A. Turner）在1848年曼彻斯特（Manchester）商业协会上的讲话为证，他断言，"印度以其便宜的劳动力，将在任何时候能够与美利坚的奴隶劳动作竞争。"[187]

盐业生产提供给工人的状况甚至更恶劣。由于报酬可怜和工作状况恶劣，"明显地"若制盐业"没有强制性"则是不能进行的。利用预支贷款在这里采取了格外扭曲的方式。一旦一个人被雇用，甚至是在自愿的基础上，他在将来就"有义务被扣押"；并且他的后代也"永久性地"被束缚。在这样的环境中，人们可以想象到接受预付贷款是不情愿的。因此它经常是被扔在一个潜在的工人的门前。"只要看一眼这笔钱就会使他有被送进盐场（aurangs）的义务。"[188]一种类似的对工人的强迫预付贷款也有记载，是在1800年后的比哈尔（Bihar）用于硝石生产。[189]总而言之，这种预付贷款制度产生了长期的强制。如库马尔（Kumar）所说，农奴制"是在实际中表现得如此持久"的原因之一，是这些预付贷款造成的"债务负担"。[191]

在俄罗斯正如我们已经提到的，比农奴制更具压迫性的强制劳役制（barshchina）取代免役租制（obrok）发展起来，而不是相反（在过去这种情况是很容易发生的），特别是在1780~1785年和1850~1860年之间这个时期。[191]康菲诺（Confino）对这种滑向强制劳役制（barshchina）给予的解释，正是资本主义市场和资本主义信条的发展所致，尽管可以说代役租制（obrok）似乎表面上看来更与之相适合。他将关键的转折点定为1762年，在那时（而在1775年之后以更为迅速的方式）贵族们开始收回他们的土地，这是一个与世界市场上谷物价格上涨直接联系的现象。看来强制劳役制（barshchina）在大多数情况中，对于种植商品作物的地主而言比代役租制（obrok）"更为有利"。[192]卡汉（kahan）提到了有利于强制劳务制（barshchina）的第二个因素。乡绅的"西方化"导致进口物品的大量增加，贵族们的实际收入需要有"大量的增长"，因而导致他们对农奴压榨的增加。[193]强制劳役制（barshchina）的增加使得大地产以吞没农民小块土地的方法扩张成为可能，大地产"更易于适应和更能够从变化的市场形势中获取短期收益"。[194]

并非强制劳役制（barshchina）成为农村劳动的唯一形式。康菲诺（Confino）在事实上认为一种混合强制劳役—代役租（barshchina-obrok）义务的形式有其优点，它提供领主大地产上劳动力供应的保证，加上在收成不好的年份中从代役租制（obrok）可得到某些立即的收入。这种结合的形式在这个时代中变得更为常见。[195]这是一个何者优先的问题。由于事实上这些领主自营地具有了一个"经济企业"的特点，代役租（obrok）制度的缺点看来大于优点。当地主们寻求提高代役租制（obrok）农奴的地租时，农奴经常在其他地方寻找雇佣工作以交足代役租（obrok）义务。于是，到18世纪末，代役租制农奴（obrotchnik）被认为是不再耕种土地的某种人，而这个名称经常"在侮辱的意义上用作'流浪汉'的代称。"[196]因此若要生产仍然是他们基本收入来源的小麦，地主们需要强制劳役制（barshchina）。

并且，我们必须抛弃强制劳动必然是无效率的劳动这种迷思。[197]事实上，在强制劳役制增长最大的地带，黑土地带，也有着最大的农艺上的革新（例如引进马铃薯作为一种园艺作物。）无论如何，可耕土地的扩展和产出量的提高主要发生在大地产上,而不是代役租制(obrok)农民的土地上。[198]

最后我们必须牢记,强制劳动的强化不是偶然事件,而是政治决策的结果。在1754年废除国内关税和在1766年使粮食出口合法化,便利了谷物生产的增长。获取南方大草原和黑海(Black Sea)的港口也促进了粮食的出口,并因此被并入世界经济。而1762年的宣言,解除了领主们的官僚服务义务,给予他们成为农业的资本主义企业家的方便。[199]

并且,增长着的土地集中化进程在很大程度上得到凯瑟琳二世(Catherine II)于1765年命令彻底测量土地的帮助,因为除非特别的抗议外承认所有现存疆界在法律上有效,国家就默认了以前夺取的国家土地和无主荒地,并"批准了对自由农民和小农奴所有者的掠夺"。[200]勒多内(Le Donne)将凯瑟琳(Catherine)的行政大改革,即省(guberniya)的建立,看作创建了"一个能够便于最大程度上剥削农奴劳动的机构"。[201]而也是在凯瑟琳(Catherine)统治下,农奴制的法律定位终于充分发展了,认可了事实上的情况,也排除了几乎所有农民所谓的个人法律地位。结果是事实上的自由农民成为"潜在的农奴,不管什么时候政府要使用他们,就能变为实际上的农奴"。[202]

俄罗斯的合并最有趣的方面之一,是制铁业起了向更为常常强调的商品作物出口的过渡作用这种途径。这有些类似于在西非洲的奴隶贸易和在印度的棉布出口那种作用。乌拉尔(Urals)制铁工业的大规模兴起是在18世纪中期,由于欧洲1754~1762年间战争引起的需求增加而真正的起飞,这是俄罗斯政府和英国市场的购买成为主要销路的结果。[203]这种制造品出口的作用从长期来看不会持续下去,并且很大程度上是以强制劳动为基础的。

在乌拉尔(Urals)工厂中的工作是艰辛的,并且报酬不高。对于许多人而言,"状况和待遇常比那些农业农奴要坏得多"。[204]这当然对于无技艺的学徒和"矿上的年轻人",即从事辅助工作的非常年轻的儿童是特别真实的。[205]有技艺的工人部分是外国人(人们认为是以有吸引力的条件招募的),部分是从俄罗斯中部招募的冶金专家,部分是当地的手工艺人。[206]他们是工业中挣工资的人。技术工人不只有现金薪水,并且在许多情况下还有小块土地,它带来的收入经常与从工厂领取的工资一样多。[207]

然而,无技艺工人则"被归类为"农民,他们从事多种辅助性的工

163 作——伐树，炼木炭，和运输原料和完成的产品。最初，这些"被归类的"农民只是本地的定居者，以作这种工作来支付他们应交的税。[208]但光是这些本地定居者是不够的。1721年的一道法律允许工厂主人购买整个村庄的农奴，他们于是被称为专有的农奴，附属于工厂而不是工厂的主人。还有从国家领地来的逃亡者，他们自愿来到工厂，于是就成为专有农奴而重新组合到封建制度中。[209]最后，在工厂中也有代役租制（Obrok）农奴，但是他们更多是被安置在纺织而不是冶金工厂中。他们从他们的村庄被"分离"出去，和其他农奴工人相比要自由些，与工厂主交涉待遇报酬时地位也较有利。[211]这显示出这个制度从工厂厂主的观点而言提供了"有适应性和便宜的劳动力"，[212]但从工人的观点而言是"可恶的"。[213]

由于这种压迫性的状况，这些工厂主必须依赖大量的武力，他们保持了大地产的监狱来惩罚酒鬼、好争吵的人，甚至懒惰或不胜任的工人。[214]不用说，强制劳动，恶劣的状况，和维持纪律的惩罚合起来导致激发反叛的情势。早在18世纪中期，骚乱就在乌拉尔（Urals）开始了。[215]当普加乔夫（Pugachev）在1773年发动大起义时，乌拉尔的工业农民像农业农奴一样支持他。[216]我们会看到他们并非独有的一类人群。

164 在西非洲内部"奴隶制"的存在一直是一个争论很多的论题，在其中显示出时期和定义上的混乱，并由此带来在社会原因和意义上的混乱。奴隶制成为这样一个概念，它经验性的内容至少延展到像工资劳动者那样广泛的一个系列。如果我们将其最低限度定义为，一个人对另一个人某种无限期延续的工作义务，而工人不能够单方面取消它（和直到奴隶由主人任意处置的程度），无疑地在西非洲就存在着奴隶制的各种形式，或者说至少在西非的部分地区存在了一段长时期。在许多地区确实有着所谓家庭奴隶制的某种形式，它可以看作是包括了将亲属作为伪亲属强迫结合进来充当相对低下地位的家庭角色。这看来是与向他人出售的奴隶化过程，或使用奴隶作为"田间"劳动力非常不同的现象，甚至在这后一种情况中，这个名词用来包括的不只是种植园奴隶，也有向其主人交纳实物租或服劳役租的人。（在这种情况下这个名词使用得很不严格，因为后一种人在欧洲背景下在历史上被称为农奴而不是奴隶）。我们在这个问题上不应试图在这定义的迷宫中作归纳。而是应集中在看使西非洲先成为欧洲的外部竞争场，其后又被合并到资本主义世界经济中的趋势是什么。

似乎相当清楚的有一个序列，在每个地方或多或少不完全地遵循发展着。从一个某种形式的家庭奴隶制占支配地位（如果说不是真正唯一的存在形式）的时期（不是在所有地方均如此），到奴隶搜捕成为主要现象（这些奴隶通过商业网络出售）的时期，再到奴隶越来越多地用在西非内部本身的生产企业中的第三个时期。奴隶搜捕当西非洲在外部竞争的最初时期起了重要作用，并作为一种合并模式持续下来（甚至其重要性有所增长），在合并时期让位于一种所谓合法贸易的形式，这种形式实际上本身就包含了在西非商品农作物生产中大量的奴隶劳动，这是一个只是缓慢消失的现象。在18世纪晚期和19世纪，在西非洲内部还有着大量的奴隶，一个原因是由于那些出售俘虏的人"为他们自己的用途保留了一些俘虏"。[217]如科皮托夫（Kopytoff）简单地说明的，"以非洲的情况而言，当从俘虏的人中使用劳动力获得利润的可能性上升时，这种使用就增加了"。[218]但正如我们看到的，这不是非洲特有的现象。

那第一次转变，是当非洲人开始认识到"奴隶"不是某种由于犯罪或因为"极度贫困"而被奴役，和因而成为一个新家庭的伪亲属的人，而是作为一种"可出售的商品"。一个看来是起源于奴隶出口贸易的概念。[219]并且，看来在一个出售奴隶的民族和一个使用奴隶的民族之间有着一种清楚的关系，一种随着时代出现的关系。其次序不是很确定的，但是更可能是出售是在使用之前，而不是相反。[220]

当向更大的商品作物的过渡开始时，特别是在不列颠宣布废止奴隶贸易后的数十年间，出售奴隶的国家面临了经济困难，丧失了他们奴隶的一些销路，并且还失去了一些转售欧洲产品的贸易利润。在那里他们不能延缓这种影响，他们就立即做出"将他们不能出售的奴隶转入生产替代的作物中"的反应。因此，阿贾伊（Ajayi）主张，废除奴隶贸易事实上直接导致了"更大规模和集中地使用家庭奴隶。"[221]

在西非内部更大规模和更集中地使用奴隶，是合并进入世界经济的标志。因此这比奴隶贸易本身更代表决定性的转变。[222]再加上被出售给作为合并到世界经济的商品链条中的企业工人，奴隶还成为金融投资的目标——一种资本利益，一种财富储备，和一种投机的目标。[223]

为商品生产而增长的强制在西非洲也采取了其他形式，如在其他地方那样——债务束缚。这始于欧洲人的船只给非洲经纪人以预付贷款；[224]这种活动然后从经纪人转到行贩商人推向内陆。例如，在尼日尔河三角洲（Niger Delta），一种秘密社团埃克帕（Ekpe）发展起来，它具有收取债务的作用，开始于18世纪奴隶贸易迅速扩展的时期。用莱瑟姆（Latham）的话说，埃克帕（Ekpe）是一个"不成熟的资本主义机构"。下一步是易于进行的；欧洲的进口品以赊账的方式预付，"而不是贸易商纺的季节性供应"，纽伯里（Newbury）将这看作是"从这种新的大宗产品贸易中产生的一个主要的结构性革新"。

如果奥斯曼帝国的文献讨论这个时代劳动强制的增多较少，这可能只是在学术上忽视的结果。我们的确有依据这些线索得到的少量资料。斯托亚诺维奇（Stoianovich）在讨论奥斯曼的征税结构时，估计伯罗奔尼撒（Peloponnesian）的农民在18世纪最后一段时期必须提供比同时期的一个法国农民"至少要多50%的劳役"。麦高恩（McGowan）指出马其顿（Macedonia）受制于增加的劳役偿债制：因债务施加的压力；因小块园艺式土地而来的引诱。他也谈到罗马尼亚（Romania）和多瑙河（Danube）以南地区，政府以与当地领主合作的方式"将几乎整个农民阶级，即克拉卡西（Clacasi），陷入完全从属的地位，在法律上越来越多地规定了更有压榨性的劳役要求"。而伊萨维（Issawi）注意到，在叙利亚（Syria）农民土地所有者转化为佃农，并观察到商品作物生产导致地主们增加役使制劳动。佃农在安纳托利亚（Anatolia）也是常见的。

我们已力图证明，合并包括了将生产领域并入资本主义世界经济的商业链条，而这种并入在这个合并时期，趋于需要既建立更大的经济决策单位（通常是指种植园，但不都是如此），又要增加劳动力的强制性。造成混乱的相反例子也提出来过，但不一定中肯。这是因为一个次要的现象出现时，它通常没有被充分地与合并区别开来。

当一个既定地带被合并到世界经济中时，这经常会导致一个毗邻的更远地带被牵入外部竞争场。这好像是有一种扩张的向外冲击波。当印度被合并时，中国成为外部竞争场的一部分。当巴尔干地区，安纳托利亚和埃及被合并时，富饶的新月形（Fertile Crescent）地区和马格里布（Maghreb）就变成了外部竞争场。当俄罗斯欧洲的部分被合并时，中亚细亚（甚至中国）进入了外部竞争场。当西非海岸地带被合并时，西非大草原地带变成一个外部竞争场。

从资本主义世界经济的观点看来，一个外部竞争场是这样的一个地带，在那里资本主义世界经济需要得到货物，但是它却抵制（也许是在文化上）进口的成品货物作为补偿。并且在政治上强大得足以维护它的选择。欧洲从18世纪早期起一直购买中国的茶叶,但发现他们除了白银之外不接受其他东西作为支付方式。印度的合并为不列颠提供了某些其他选择,这对其更有利并还能为中国所接受。这就是所谓的印度—中国—不列颠三角贸易的起源。

三角贸易是东印度公司的一个发明。早在1757年,公司就开始用船运孟加拉的白银去购买中国的茶叶。[220]在此后70多年间,公司在中国的购买量(其中90%是茶叶)增长到五倍。[221]使用白银的费用是很高的。公司受到很大压力要求采取某些措施改变这种情况。[222]有一个解决办法是同时安排好两件事情。一方面正如我们已经看到的,一个减少在印度的棉布制造业的进程在进行,印度棉布制造业在西欧曾找到市场,当然在印度次大陆各部分也是这样,它取代了不列颠棉布进口品。但是这个过程形成一个问题,即怎样处理印度的棉花产品,因为在那时用船将它运到欧洲实际上是不经济的。中国看来需要更多的原棉,并且不像印度棉加工业,中国的棉制品并不出口到欧洲,因此也不构成竞争的威胁。印度棉花出口到中国于是提供了一个适合的市场销路。[223]从不列颠的观点而言是这样,这同时还不再需要以不列颠的白银出口到中国。[224]

然而棉花出口产生了另一个问题,因为中国本身也生产棉花,从印度的进口只是一种补充。印度棉花的价格随着中国每年作物的收成情况变动,造成了利润的不确定,导致东印度公司宁愿作为在中国的委托代理人而不是自身进行活动,将作物变化造成的经济负担用长期契约的手段转嫁给行(Hong)商。1820年当中国的需求降低时特别困难。[225]

于是不列颠发现了棉花的替代品——鸦片,它生长于马尔瓦(Malwa)和孟加拉。虽然在理论上中国皇帝禁止进口它,但"腐败的官僚阶层(Mandarinate)和海军的弱小"结合在一起为鸦片贸易打开了中国的港口。[226]当时进口数量变得如此之高,使得原来的形势逆转过来,中国开始出口白银来支付鸦片费用。当1836年,中国皇帝试图更严厉地执行对鸦片的禁令时,就导致了1840年的鸦片战争。由于1842年的下关条约,中国开始走上她自身被合并之路。[227]但这是另一桩事情了。

印度被合并进世界经济导致了在生产模式上的变化(棉布制造业的衰落),这给古吉拉特(Gujarat)的棉花生产者造成了问题,要靠在外部竞争场中找到销路(中国)来解决。同样地,将西非洲海岸地区合并到世界经济中,导致了它经济模式的变化(最终是奴隶贸易的结束),它给奴隶出售地带造成了问题。一些地方复原到出售商品作物给资本主义世界经济。其他地方因为各种原因，不能在那时及时地这样做。他们在新的外部竞争场，西非洲大草原上为新产品发现了新销路。

撒哈拉（Saharan）的商业的规模——这是一个包括西非洲的大草原或撒哈拉（Sahelian）地带向北到马格里布（Maghreb）的贸易和向南（向西）到西非洲的森林和海岸地带的贸易的专门名词——在1820年到1875年之间有着一次"复兴"或"突然的增长"。[238]阿散蒂，一个18世纪晚期在森林地带主要的出售奴隶国家，大规模扩张了它向北方豪萨（Hausa）地区的可拉（Kola）出口，作为"阿散蒂（Asante）政府对19世初早期大西洋奴隶贸易衰落的对策"。[239]但是最显著的变化是在大草原地带本身，它以两个主要现象为标志：主要的伊斯兰改革主义和扩张主义的国家建设运动的特别扩展，最著名的有弗迪奥（Uthman dan Fodio）、乌玛尔（Al Hajj Umar）和萨摩里（Samory），还有奴隶制现象同样的特别扩展。

关于伊斯兰教运动的情况，这个事件主要是从18世纪晚期整个伊斯兰教世界苏菲（Sufi）教团的复兴开始的。这无疑与意识到（基督教）欧洲扩张构成的威胁，和当时三个伊斯兰教的主要政治实体——莫卧儿（Mughal）、沙法维（Safavid）和奥斯曼（Ottoman）帝国——的衰落有联系。[240]在西非洲，由大西洋奴隶贸易引起的内部持续瓦解无疑为这一种忧患意识提供了更多的根据。[241]主要的宗教运动不能贬低为只是为政治服务，如那么多的评论家所主张的那样。[242]但是它也证明了这些宗教运动导致的政治改变，只能从社会与经济改变的更大背景中得到解释。我们将就这些政治改变本身作简短的讨论。让我们先集中讨论经济的变化。

为什么奴隶制在那时在大草原如此显著的扩张？在一个意义上这个回答是简单的。对奴隶的需求在其南方和北方的邻近地区，在大草原内部都增长了。[243]我已经叙述了其南方需求的来源。大规模生产的增长创建了"依靠增长的奴隶数量的劳力密集型经济"。[244]奴隶向北出口到的黎波里（Tripoli），再向外到埃及、塞浦路斯（Cyprus）和君士坦丁堡（Constantinople），比起18世纪增长了一倍。这是因为19世纪经济上的"繁荣"性质所致。尽管这种贸易有一大部分是女性奴隶，因而还反映出一种家庭的奢华消费。[245]

最后，大量的奴隶保留下来用于大草原地带，在新的种植园结构中用来为地区经济进行生产。[246]在某种意义上，西非洲海岸地区合并的波浪性效应，在19世纪西非洲大草原地区，引起了在18世纪早期海岸地区仍处于外部竞争场时曾发生的同样现象；出售奴隶的国家的兴起，和使用奴隶从事本地—地区性生产的扩大。

合并进入世界经济意味着必然要将政治结构嵌入国家间体系。这意味着已经在这些地区存在的"国家"必须或者将它们自己转变为"国家间体系内的国家"，或者被采取这种形式的新政治结构所取代，或者被其他已经在国家间体系的国家所吞没。一种整合的劳动分工的顺利运作，不能够在没有关于商品、货币和人员跨越边界有规律流通可能性的确实保证的情况下进行。这不是说这些流通必须是"自由的"。实际上，它们几乎从来不是自由的。但正是这些对这类流通加以限制，使其在某种规则的管制之中行动，这在某种意义上是由国家间体系中的以国家为其成员的集体推行的（但在实际上是由少数较强的国家）。

从现存国家间体系的观点看，在一个经历着合并的地区的理想形势，是存在着一个既不太强又不太弱的国家结构。如果它们太强，它们就会在并非出于在世界经济中最大程度地累积资本的考虑的基础上，防止跨边界的必要流通。而如果它们太弱，它们就会不能防止它们领土内的其他人妨害这类流动。在合并进程结束时，人们应当期望发现的国家是在内部有足够强大的官僚机构，能以某些方式直接影响生产进程，并且在外部联系在国家间体系正规的外交和通货网络之中。

梅拉索（Meillasoux）在讨论19世纪西非洲国家与商人的关系时，精彩地总结了这种转变包含的内容：

> （没有）任何清楚的方法可以证实，贸易在任何地方都受到既有的国家制度的鼓励。后者的黩武主义与商人的和平主义是相反的。……据19世纪的旅行者所说，旅行队应避开的最危险地区，是在这些国家最集中的领土上，这是由于它们之间进行的战争……当国家的行政手段（交通、通货、公共秩序）成为商业手段时，国家便开始在促进贸易上扮演积极角色。这种倾向导致商人作为国家的一个属民被结合进来，并去掉了他的（外国人）地位。这种现象大部分发生在几内亚湾（Gulf of Guinea），那里盛行奴隶贸易。[267]

作为一个已被合并进世界经济的地带，它的跨边界贸易对于世界经济变为"内部的"，而不再是某种"外部的"东西。贸易从曾要冒很大的危险的事情变为得到国家间体系促进和保护的事情。我们要谈的正是这种转变。

当然,我们已经分析过的这四个地区以前的政治形势彼此之间是很不相同的。其他所需政治改变的详情因而也是非常不同的。然而正如我们将会看到的,在合并结束时,其结果变得比在起点的不同之处要少,虽然每个地区的特有之处绝不会被完全抹杀。

让我们这次从分析奥斯曼(Ottoman)帝国开始。从1683年对维也纳围攻失败后,帝国在它的所有边界都处于持续的压力之下。接连的战争,主要是与奥地利(Austria)和俄罗斯的战争,在整个18世纪(还有19世纪),造成了缓慢但却持续的领土丧失,其最终结果是土耳其共和国,它现在的边界缩减到主要是安纳托利亚(Anatolia),奥斯曼帝国原来的核心。奥斯曼帝国有形的退却,在一个长时期内,与其用它在扩张时代建立的机构在政治上控制帝国的能力的衰退相称。特别是这个国家经历了它控制生产、流通、暴乱和行政管理各种手段的能力的严重衰退。[204]

帝国领土扩张的终结,是对它结构的基石提玛(timar)制度的一个严重打击。在这个制度中新近获取的土地分配给中级官员(Sipahis,塞帕希斯),他们是中央国家的地方代表,特别是作为收税官服务。在这同时中央国家也失去了用土地酬劳其臣属的能力,它维持财政水平的能力经历了长期的衰落过程——部分是因为物价上涨(成为世界经济外部竞争场和收纳从世界经济中流出的白银的影响),部分是因为曾是有利可图的贸易路线的转移(因为欧洲世界经济在16和17世纪新的大西洋和印度洋网络的出现)。为解决这个问题,国家转向农业征税,这最终导致了帝国土地的半私人契约化。

在经由希萨(Hisha)规章严密控制商业活动方面也有类似的衰退情形。政府控制所有商业交易以便给予奥斯曼帝国中心地区优先供给地位的能力,让位给一种欧洲通货自由在帝国流通的体系,于是借钱给官僚阶层就变得流行了。

在军事领域,帝国在17世纪到来时发现自己开始落后欧洲人。为弥补这个问题,中央政府于是授权地方行政长官建立雇佣军团,[塞克班(sekban)军队],并扩张它自己的雇佣军力量[近卫军(janissaries)]。由于增长的财政困难,雇佣军队的增加从长期来看,只能意味着既难于控制又骚动不安的仆从团体的增长。

最后,帝国看到地方官员和当地贵族(ayan)的权力,随着他们从向农业征税获取收入和从塞克班（sekban）军队获取军权而增长。[29]在此时我们看到由于在战争中被俄罗斯打败，于1774年在凯纳尔贾（Küçük Kaynarca）缔结的"灾难性和约"[50]的时代，贵族以"各地区事实上（de facto）的统治者"的姿态出现，并处于"争权"的有利位置。[51]

地区性权力的兴起发生在奥斯曼帝国的每个地方——在鲁梅利亚（Rumelia）[巴尔干人（Balkans）]，在富饶新月地（Fertile Crescent），在埃及和在北非洲。它在埃及采取了最具戏剧性的形式，阿里（Mohamed Ali）在实际上分离出来，他事实上的新国家起于拿破仑入侵后的局面。但是埃及的自治不只是奥斯曼帝国内部衰落的相关结果，这只是其先决条件。假若只是这样，阿里就会成功地创建一个新的强大的对抗帝国。在合并过程的背景下，在大不列颠和法国之间的世界战争最初允许了他的分离；但是后来，不列颠（在四十多年中）束缚了他巩固这样一个新帝国结构的能力。[52]

在巴尔干地区（balkans）实际上"自治"的兴起是同样明显的。到18世纪末，奥斯曼帝国对巴尔干省份的控制变为"纯粹是名义上的"。[53]如塞尔维亚（Serbia）的奥斯曼帕夏（Pasvanoglu Osman Pasha）和亚尼纳（Janina）的阿里帕夏（AliPasha）这样的人物成为"半独立的"。他们的基础确实是大地主阶级，但是他们同样也受到当地商人阶级的支持，他们"的一切利益在于创立一个能够制止无政府状态的强有力的政府机构，对此帝国政府（Sublime Porte）不再能有所作为"。[54]这种正在出现的强有力的机构，却是在比帝国的省（sandjaks）要大的中等规模单位的架构中创建的。

苏丹（Sultan）马赫穆德二世（Mahmud II）改革的目标是结束这种中央权力的瓦解。而最终他能够废除贵族（ayans）和近卫军（janissaries）。[55]他的成就在于他"建立了一种绝对君主制，由一个中央的官僚阶层和一支从平民中征募的国家军队支持，并由一种新的世俗化和进步的导向构成"。[56]但是这种强化是有代价的。在某种意义上，从长期来看他的确成功地建立了一个"有着国家内部体系的现代国家"，但只是在比以前的奥斯曼帝国要小的一个地带中。

马赫穆德二世（Mahmud II）在19世纪初期进行改革和重新中央集权化的努力，成为"希腊起义的直接原因"。[57]第一次成功的真正分离。虽然希腊人的事业最终采取了一种经典的民族主义形式，建立在共同的语言和宗教的根据之上。[⑱]作为对奥斯曼帝国重新中央集权化进行抵抗的较广大基础，可以由"保加利亚人（Bulgarians）"在希腊战争和罗马尼亚（Romania）的政治抵抗两者的早期所起到的重要作用来衡量。[⑲]

正是在企图遏止中央集权的衰落和抵挡外来军事压力的背景之下，奥斯曼帝国成为"第一个加入欧洲国家体系的非基督教国家，并无条件地接受它的外交模式"。[⑳]如果说第一个西方"外交家"，一个名叫哈布伦（William Harborne）的英格兰人，早在1583年就到达伊斯坦布尔（Istanbul），[㉑]奥斯曼帝国的唯我独尊主义（unilateralism）和对欧洲国家的轻蔑在那时仍是毫无顾忌的，并且基本上到18世纪末还是如此。然而，1699年的卡尔罗维茨（Karlowiz）和约，是奥斯曼帝国在欧洲地理上退却的第一步，标志着至少是一段时间内对谈判和承认规则予以默认的开始，因此也标志着一种奥斯曼帝国的新外交观点。[㉒]

一种类似的演进是开始于"领事"（consul）的作用。这种"治外法权"（capitulations）最初是一种属于一个非穆斯林宗教团体［米列特，（millet）］的外国民族被授予的特权，其代表是"领事"。迟至1634年，苏丹（Sultan）在没有等巴黎说什么的情况下就"任命"了法国大使。但是一旦在1683年之后地理上的退却开始，治外法权就成为帝国政府（Sublime Porte）能够做交易以取得欧洲的"外交支持"反对其他欧洲强国的手段。[㉓]在1740年，法国人正是因为在1739年于贝尔格莱德（Belgrade）与俄罗斯人的和平谈判中的帮助给予了这种酬报。这导致了法国人与奥斯曼帝国贸易的大量增加。[㉔]

但是最重要地，在这种与法国人的新协议中，奥斯曼人（Ottomans）将"治外法权"的意义重新规定，将这种保护证书［授权书（berats）］从外国民族扩展到奥斯曼帝国的非穆斯林臣民，他们被接受并置于处于外国领事的保护之下。[㉕]这会造成商业阶级全部社会组成的深刻变化，从一种穆斯林一直是"多数或强有力的少数"处于大多数地区的形势，变为在金融中，在工业中，和在对外贸易中非穆斯林（希腊人）、亚美尼亚人（Armenians）、犹太人（Jews）、利凡特人（地中海东部）（Levantines）通过治外法权与外国领事的联系而拥有势力的形势。[㉖]

当凯纳尔贾（Küçük Kaynarca）1774年的条约，强加给奥斯曼人一个"严酷的事实"，即他们在没有援助的情况下不能够在军事上保卫自己，他们就"得出明显的结论"，他们必须将自己并入欧洲国家间体系"复杂的机制"之中。[20]在塞利姆三世（Selim III）统治期间（1789~1807年）奥斯曼帝国作了它第一次"互惠外交的实验",[21]并在同时寻求"减少"在治外法权行政管理上的"弊端"。后一项努力被欧洲的大使们成功地抵制了，领事们"将各种改革看作只是减少利润的新尝试"，这些利润是他们和由他们保护的商人通过这些"弊端"得到的。[22]

这种新的氛围并没有阻止欧洲强国给予帝国内部反中央集权的努力以支持。波拿巴（Bonaparte）入侵埃及，这就最终结束了旧政体（Ancien Régime）谨慎的保守政策，这是由于害怕这种入侵只会有助于俄罗斯和不列颠占到便宜,[23]而确实结果就是这种情况。[24]不列颠事实上支持了希腊人争取独立的斗争，拜伦勋爵（Lord Byron）唱出了它的抒情诗。[25]

塞利姆（Selim）的改革是不够的，因为奥斯曼帝国的外交缺乏以一个固定的专业官僚阶层为条件的有组织的基础。这是马赫穆德二世（Mahmud II）统治时期（1808~1839年）的另一项成就。[26]一旦不列颠获得了它明确的霸权地位，它就取代了法国成为奥斯曼帝国的完整的保护者，它将这看作是遏制奥地利人和俄罗斯人的野心，和确保到印度的生命线，那时这已成为不列颠人首要关心的事情。[27]但是最重要的是，大不列颠现在能够将它的条件强加给奥斯曼人，作为它保护帝国的代价。这些条件是颇高的。在马赫穆德二世（Mahmud II）统治的最末期1838年，不列颠和奥斯曼帝国签署了英国—土耳其商务条约（ATCC），[在巴尔塔利曼（Balta Limann）]。在八月签订的这个条约的直接前奏是阿里（Mohamed Ali）宣告埃及人（加上叙利亚人）独立。不列颠将帮助帝国使这个宣告无效。[28]作为回报，英国—土耳其商务条约（ATCC）确认了所有以前的治外法权特权的"永久性"，和限制奥斯曼人对进口按价值（ad valorem）征收高于3%的关税（包括过境贸易）和对出口征收高于12%的关税的权利。并结束所有的垄断，给予不列颠人最惠国地位。[29]不列颠的进口商也同意付2%的税以代替其他国内税。这有支持奥斯曼帝国的中央反对像埃及这样潜在的分离主义者的效果。

如所有的观察家都同意的，这个条约表示奥斯曼人"实质上采纳了自由贸易"。[30]这个条约的负面影响是很大的。[31]再加上它对产品构成的影响（奥斯曼的制造业的衰落），它也严重地削减了奥斯曼的国家财政收入，导致在1854年奥斯曼国家成为一个借债大国，最终于1878年的大崩溃达到顶点，并因而受到债务监护。[32]在1838年之后，土耳其成为不列颠商品第四大购买者,到 1846 年,帕麦斯顿勋爵(Lord Palmerston)能够告诉议会,"我们进行商业交易的外国中,没有一个像土耳其那样有如此之低的关税和如此自由。"㉙

在新苏丹阿布杜麦吉德一世(Abdulmecid I)登位时,以 1839 年的《御园敕令》(Gulhane Rescrup)进行坦志麦特(Tanzimat)政治与行政改革,标志着这个进程的最后阶段。"向西方的大门开得更宽了。"㉚合并变得如此完全,以致到 1872 年,一位不列颠的臣民,法利(J. Lewis Farley),作为帝国政府(Sublime Porte)驻布里斯托(Bristol)的领事(Consul),能够认为因为土耳其,"已经完全进入了国际社会",并且因为她的行政制度已经"改造",还因为她承认普世得救主义的至高地位在教派的主张之上,因而也许现在治外法权的某些方面可以修正。㉛简而言之就是不再需要它们了。

在印度次大陆政治结构的重建与奥斯曼帝国相比遵循的是完全不同的轨道。奥斯曼帝国的情况是,到 1850 年的结果是国家的内部比起 1750 年要强大,但是外部却更弱,并且在地理范围上缩小了。最终其领土还会进一步再划分,但是所有这些继承国家都充分参与了国家间体系并受其束缚。相反地,在 1750 年,莫卧儿帝国(Mughal Empire)正处于比奥斯曼帝国在政治瓦解进程中走得程度要远得多的尽头〔无疑莫卧儿人(Mughals)从来没有像奥斯曼人那样的内部凝聚力和地理上的扩张〕。合并的结果是到 1857 年莫卧儿帝国和曾存在于印度次大陆的其他较小政治结构被完全废除,它们全被一个单一的(但是复杂的)行政单位所取代,即印度,然而它没有主权。在 20 世纪正是这个实体向独立迈进,形成了两个(后来是三个)主权国家。然而这两个地带在 1750 年到 1850 年间的历史演化在重构国家结构方面显示出某种清楚的类似,就是既不太强也不太弱,正好完全安置到国家内部体系之中。

对 17 和 18 世纪莫卧儿帝国(Mughal Empire)衰弱的解释,一直是印度历史编纂学中辩论很多的问题。哈比卜(Irvan Habib)和钱德拉(Satish Chandra)的解释是其中主要的两种。从根本上说,哈比卜(Habib)认为中央政府企图从农民那里征收足够的税收,以确保它的军事力量。但是没有多到使农民不能维持生活的程度。但是莫卧儿帝国像所有这样的机构那样,必须依赖一些中间干部来收集财税,在这个帝国称为札吉达尔(jagirdars)。中间人的利益与中央政府是很不同的。他们倾向于随着时间不断提高剩余产品榨取的水平,来为他们自己保留更多的东西。用哈比卜的话说,这是"不顾后果的",因为这导致(应当加上在莫卧儿帝国与其他地方的情况一样)农民从土地上逃走,武装抵抗和农耕业的衰落,从长期而言损坏了帝国结构的经济基础。[203]

钱德拉(Satish Chandra)解释的说法有些不同。他说这种制度在对付这个"根本问题"上,即可利用的剩余价值"不足以支付行政费用,支付这种或那种类型的战争,并给予统治阶级保持其所期望的生活水准"。[204]阿里(Athar Ali)感到在钱德拉和哈比卜的论证之间有着矛盾,认为哈比卜认为曼萨巴达尔(mansabdar)制度执行得非常好,而钱德拉认为它执行得不够好。我自己不认为有矛盾。哈比卜描述的进程导致了钱德拉描述的形势。唯一的问题是这个进程是否是由于欧洲人出现在亚洲而在很大程度上突然走下坡路。阿里自己的回答是,由于生产没有扩展的条件,欧洲对亚洲货物的需求起了这些产品在亚洲市场上实际价格上涨的作用,因而引起了它们经济中的"严重混乱,并加剧了统治阶级的财政困难"。[205]这就部分地解释了哈比卜所说的榨取的增加,并且影响的不只是直接生产者,还有在这个结构中那些处于同一水准之上的人。古普塔(Gupta)说,这于是在实际上导致了当地资本的枯竭,不能够支付"过高的财政资金"给帝国,当地的土地管理者经常被诱导将他们收税的权利通过出售或抵押转让出去,尽管这是非法的。因此他认为,"在印度为一个土地市场运行的前提条件……在莫卧儿统治的最后日子里已经产生了。"[206]

莫卧儿帝国军事上的崩溃,次大陆上大量的战争,和新的自治地带的兴起,无疑使欧洲的贸易公司认识到,到1740年代"促进他们自己的经济利益的政治机会到来了",[207]但是只是因为"机会"存在并不意味着抓住机会。因为这类"机会"有其要付出的代价。政治征服和直接的行政管理有许多优点,但它们需要大量的财政支出。总而言之,如果没有它们可以得到同样的利润,这些扮演着强大的经济角色的国家会企图避免这样的支出。很清楚地,不只是在1740年代,而且在半个世纪甚至一个世纪后,在大不列颠有许多强权人物,认为避免这样的支出是谨慎的。而正如我们所知道的,他们正是这么作了。

在七年战争期间,印度是法国—不列颠战争的一个重要场所,这场战争起了它的作用。正如斯皮尔(Spear)所说的,它给予欧洲人"一种新的信心,因为他们的武装力量在印度情况下是优势的,"[208]克莱武(Clive)

时期也许更加传播或夸大了印度作为一个"有着丰饶财富的土地"的神话。[29]它掩盖了军事和行政花费代价的现实。在越来越卷入世界经济的生产网络，和由此带来的政治网络的重新构建之间的联系，那时的当地统治者对此的认识，可以由关于一位在1784年从马拉巴尔（Malabar）旅行到卡利卡特（Calicut）的商人的轶闻中描述出来。据说他看到：

> 在他经过的路上所有的白檀树和胡椒树都被砍倒。人们告诉他纳瓦布（Nawab）[即铁普苏丹（Tipu Sultan）]下达了严格的命令让他们如此毁坏，因为这些商品使欧洲人要与他们进行战争。[29]

正如马歇尔（Marshall）所主张的，也正如这段轶事所显示的，印度绝不是"一个无能力的牺牲品，正准备好给任何欧洲国家去征服，被选来确认其不可抵抗的力量。并且在18世纪，不列颠政府和东印度公司的董事院（Court of Directors）都没有表现出任何使用军事力量的强烈愿望"。[29]而"奇怪的是"，正如哈洛（Harlow）所说的，[29]获取最大的，人口最多的土地面积进行殖民化的实际成果，却是在这之前或是之后。

这种殖民化的一个原因，是在印度舞台上有着三个而不是两个主要角色。除了不列颠政府和东印度公司的董事院之外，还有私家贸易商。并且至少有两种私家贸易商，一种是本身为东印度公司的服务人员，另一种则不是。[29]显然那些是公司雇员的人有着利益上的矛盾；给予他们私人利益以余地的是有效的集中管理的遥远和极为困难这个现实。而且看来很清楚，对这些私人经济利益的追逐，经常导致公司的服务人员以政治方式使用他们的权威向印度的国家施加压力。如马歇尔（Marshall）所说的，"他们属于运用（他们的军事优势）从印度的统治者们那里逼迫各种让步，它们的最大效果是削弱和最终毁灭这些国家"。[29]

这种政治控制的驱动力并不是在公司的机构中没有大量争辩的情况下发生的。在1770和1780年代在所谓黑斯廷斯（Hastings）派和弗朗西斯（Francis）派之间不和的核心问题就在于此。[29]但事实是甚至反对介入武力的态度也不是明确的。例如，这两派确实争论过应否合并处于内陆的奥德（Oudh），而威尔斯利（Wellesley）最终于1801年将其合并。但是反对介入武力者有其经济打算，也并不比那些希望合并者不明确。如马歇尔（Marshall）所说：

第三章 巨大的新地带并入世界经济：1750～1850年

　　自由贸易是一场需要不只一个参加者的游戏。如果欧洲人要放弃支持他们贸易的政治影响，他们就会感到［奥德（Oudh）的］瓦扎尔（Wazir）必然要被迫使去弥补这种状况，从他们的观点而言，这就算是运用了必要的政治影响力。[27]

　　总之，在公司和贸易商之间有着一种授与受的关系。后者经常需要躲在"国家的保护"，和东印度公司的存在这个事实而支付的信贷利息之下。但是相反地，他们也利用了公司的商业基本设施。他们支付关税，他们促进贸易。从诸如汇寄财产的贴现、给付的批准费、规定的损失赔偿费、禁运货物的运费和罚金等这样一些"无形的收入"得到的优惠，所有这些都有助于抵消时常发生的迫害行为，所有这些显示出一种"困难的"和"爱恨交织"的关系。[28]因此，这些私人贸易的利益能够逃避先是东印度公司，后来是不列颠政府的过分管束。

　　而人们还是要问，为什么在某些关键时刻，没有严格地应用这种刹车。我想我们必须将这个问题在时间上分为两段，从1757年到1793年，和1793年之后。事实上，政治获取的孟加拉（Bengal）在我们要讨论的紧接其后的时期变得非常有利可图。金银停止从不列颠流出，而因为棉布匹和其他货品仍然运抵不列颠，很明显地就是有某些东西用来支付它们。国家财政必然有这些东西。确实如我们所知，孟加拉的白银开始流向其他省管区（Presidencies），并也资助了它们的征服和行政管理。[29]因为这发生在不列颠国家财政由于美国革命的后果大紧缩（对法国也是如此）的时刻，从印度次大陆流入的资金不会不受欢迎或不被注意。凯恩（Cain）和霍普金斯（Hopkins）将这种形势说得很好："普拉西（Plassey）的劫掠者没有开启工业革命，但是它确实帮助了不列颠从荷兰人（Dutch）那里赎回了国家债务"。[30]简言之，对直接殖民统治的短期理由倾向于压倒了从中期来看的否定理由，不然后者就会控制着伦敦制定的政策。

　　与法国的竞争是关键性的。就部分而言，这无疑是人们通常会设想的那种直接竞争，即为了控制世界经济的新边缘地带所作的竞争。虽然在这里应该强调，从它们在世界经济中不同的地缘政治战略的观点而言，这对不列颠比对法国更为真实，特别是在1763年之后。[31]但是从更大的范围而言，可以说它在使得不列颠能够解决1780年代的国家财政危机上间接起了关键作用，而法国却恰恰不能够克服，这是一个我们已经从与法国大革命

182

有联系的角度上讨论过的事实。正如我们所看到的,英法竞争的第三轮的最终结果导致不列颠经济榜样最终被奉为神圣。

摆在董事院(Court of Directors)和不列颠政府面前的两难问题因而是清楚的。他们可能对他们被导入这场缓慢进行的政治统治感到不快,他们被迫不去使用这些刹车。他们开始感到不列颠政府确实只有一个选择,就是将这种工作更直接接收过来。这就是庇特(Pitt)的解决办法,它最终实施了。如哈洛(Harlow)所说的,东印度公司的雇员已经脱离控制,成为"对公司的一种威胁",因此必须"转变为准公仆"。[302] 不论喜欢与否,而董事院是不喜欢的,董事院事实上也不能单独这样做。不列颠国家不得不开始卷入。斯托蒙特勋爵(Lord Stormont)在当时明确提出的目标是"一个强有力的在印度的政府,隶属于国内更强有力的政府的约束与控制之下"。[303] 他们做到了这点。据1784年庇特(Pitt)的《印度法案》[304] 及此后十年间康沃利斯勋爵(Lord Cornwallis)的改革,公司的服务人员作为独立的角色的局面就消失了。[305]

当然,一如明智和谨慎的预想的那样,政府的直接和间接费用变得比预期的要大。"收支平衡"情况又回到原状,白银重新外流又开始了。并且,有持续的白银外流到东方的另一个大贸易地带——中国。为解决这个问题,不列颠现在能够将其正在形成的政治统治地位作良好地运用。斯皮尔(Spear)这样总结了18世纪末期的形势:

> (东印度)公司在印度的贸易不再有利可图,因为它的利润,代之以孟加拉的财政增加,事实上却被行政花费吸收了。它的利润来自中国……对于在印度的霸权的一个强有力的经济理由就是保持对中国的贸易。[306]

因为公司控制了印度,它能够创造出能在中国找到市场的出口作物,在中国它还不能以强力推行生产过程的再建构。

这个妥协包含在1793年重新制定的公司特许状的形式内,并良好地安排了这些利益。不列颠政府加强对公司的控制,而公司保持了对中国贸易的垄断权,还有在印度的某些垄断权。但是私家贸易商得到了进行某些一定数量的船运的法定权利。这种妥协结合着当不列颠在进入与法国的长期战争时所需的稳定,[307] 一种私家贸易商从中受惠的稳定[308] 又保证了东印度公司积极地推进与中国的贸易。值此之际，1793年也是康沃利斯（Cornwallis）发布"永久安置法"（Permnanent Settlement）的一年，这个法律与行政改革的高峰，其效果是除去了认为土地是"在市场上买卖的一种商品"的障碍。[309]

随着拿破仑战争将尽，在1813年，不列颠政府能够进一步确立其直接控制，当时东印度公司再次提出修订特许状（Charter）。在这段时期内，私家贸易商成功地扩展了他们的贸易，并且被如通过公司汇款造成的损失这类束缚所激怒。兰开郡（Lancashire）的制造业者现在也卷入了冲突，渴望在印度扩展他们自己的市场。因此，新特许权结束了在印度的所有垄断权，但是将公司对中国贸易的垄断延长20年。这个特许状也规定了领地与商业事务的完全分离，由此为一种完全正式的殖民政府管理准备好了途径。[310]"到1837年，不列颠人不再只是在印度的一个政权。他们就是统治印度的政权。"[311]

俄罗斯的合并又完全是另一回事。俄罗斯在16和17世纪是否是欧洲一部分（因而属于欧洲的国家间体系）过去和现在都是一个学术上的疑问。但是无论甚至在20世纪俄罗斯是否是"欧洲"的一部分对某些人还是个问题，没有疑问地苏联（U.S.S.R.）今天完全是（现在是世界范围的）国际体系的参与者。而我要提出的论点是，俄罗斯只是到18世纪才成为（那时是欧洲的）国际体系完全组合进来的成员。

如德希奥（Dehio）提醒我们的，在一方面，"俄罗斯人和土耳其人不同，在种族上和心理上是西方各民族的远亲"，而在另一方面，"青年时代的莱布尼茨（Leibniz）仍然以同样的口气谈及俄罗斯、波斯（Persia）和阿比西尼亚（Abyssinia）"。[312]无论怎样，如果人们使用互惠外交存在与否的标准来看，只有到彼得大帝（Peter the Great）统治时期（1689～1725年）我们才发现其开端。[313]这是与对外贸易的大规模扩张，和"俄罗斯逐步摆脱欧洲其余部分的政治和文化上的孤立状态"相协调一致的。[314]

彼得（Peter）将他自己表现为一个伟大的"西方化者"（Westernizer），或者用今天的话说，是一个伟大的"现代化者"，在俄罗斯和其他地方的许多人，在当时和现在，都接受这种描述。这同样的角色［在细节略有不同（mutatis mutandisz）］，埃及的阿里（Mohamed Ali），或是不那么鲜明（éclat）的苏丹马赫穆德二世（Sultan MahmudII）也曾宣称过。彼得经由在1711～1712年间创建的治理参议院（Ruling Senate），无疑地开始了一个创造一个中央集权化的官僚阶层的过程。[315]他也借由使贵族们强制和永久服役改造了军队。⑯一般来讲都认为，正是这支现代化的军队的作为"建立了俄罗斯作为欧洲政治体系中一个重要部分的地位。"⑰

然而，近来的学术界更为怀疑彼得大帝究竟取得了多大成就，将其和他所希望的或宣称达到的东西区分开来。克拉克拉夫特（Cracraft）认为彼得的（Petrine）神话可能比"彼得政权取得的任何成就有更大的历史重要性"。⑱而托克（Torke）称彼得实行的行政变革被"大大估计过分"了，并认为在这方面他"几乎没有什么成就"。他说真正的"转折点"是1762年，即凯瑟琳二世（Catherine）登上王位的那年。⑲

彼得的工作在某种意义上是过渡性的工作。他将贵族在一种常备军的基础上编入军队，并将军队在同样的基础上纳入政府。他因而以占取贵族的时间和使他们相互对抗以确保更多的剩余价值国内收入，抑制了反中央集权化的倾向。要由凯瑟琳（1762~1796年）来结束贵族的强制终生军役，建立一个非军人机构来取代其地位，这还有使贵族有时间成为商品农作物企业家的效果。凯瑟琳取消了旧的省份，将俄罗斯划分为50多个"省"（gmberniyas），[下面再划分为"县"（nezds）]，每个"省"有一个高等行政机构，部分由中央指派的官员，部分由地方上选举的代表组成。⑳她这样就从根本上改造了俄罗斯的政府，"从一个收集贡赋的等级制度，变成一个国家的行政机关，它的仆人如军队中的服役者那样，了解一般目的。"㉑在1766年，凯瑟琳签署了《英俄商务条约》，对原材料出口给予低关税，对不列颠很有好处。㉒正是在这种背景下我们才能评估凯瑟琳带有某种侵略性的军事政策，战胜奥斯曼帝国，参与瓜分波兰，给予"俄罗斯的活力……以一种势不可挡的印象"。㉓但正是似乎看来这种对外政策是要补偿对外贸易政策，这使得凯瑟琳有可能热诚地接纳这种政策，通过她的行政改革，"（俄罗斯的）国内空间组织起来了"。㉔

这种国内的重组当然还意味着其他事情，正如我们所看到的，对劳动力有效率的压榨增加了。这种压迫既导致了俄罗斯农民的"大规模逃亡"，向东越过伏尔加河（Volga），到达乌拉尔（Urals）甚至西伯利亚（Siberia），㉕又导致了与"恶化的……经济状况"相联系的民众叛乱。㉖当卷入世界经济的程度增长时，这种"发展"越来越侵害到曾经是遥远而自由的哥萨克（Cossack）边民。㉗他们的不满，和新工业农奴与在商品作物大地产上加强的农奴制（这些我们已经解释过）的不满联系在一起，加上旧教信徒（Old Blievers）的反对，㉘造成了一种爆炸性的混合，在普加乔夫（Pugachev）起义中到达了极点，而这正是在凯瑟琳的统治时期。潜在的意识形态主题是属于农民的记忆，"回归到当他们的祖先是自由人的时代"[532]，或者至少是比合并入一个资本主义世界经济的状况要自由的人。

凯瑟琳却立场强硬。她镇压了农民，并保持了自由贸易。这种政策有足够的负面效果，导致她的继承者们采纳了如丘科夫（Chulkov）这样的"坦率的保护主义者"们的建议，他们在俄罗斯—不列颠的关系中要求更大的互惠。这些保护主义者对"长期受憎恨的不列颠商人"的猛烈攻击在沙皇保罗（Tsar Paul）于1800年与不列颠断交时达到了顶点，禁止不列颠的货物，并没收了不列颠的船只。[533]

但是俄罗斯发现自己被国家间体系的束缚抓牢了，并发现她的行动自由非常有限。在1780年代，俄罗斯就已经企图增加她与不列颠的周旋余地，靠的是发展与法国的商业联系，由于两国在对奥斯曼帝国的关系上利益相反而失败。[534]俄罗斯凭借她在"东方"的扩张主义角色——在政治上和经济上——来确保她作为一个半边缘国家而不是作为一个边缘化地带被合并。而确实在凯纳尔贾（Küçük Kaynarca）条约中战胜奥斯曼人标志着"俄罗斯的国际地位的一次飞跃。"[535]她做到这点的能力无疑是由于这个事实，在1783年，法国和大不列颠正专注于他们之间与美国独立战争有关的斗争，不能作什么来实行"他们所声称反对俄罗斯吞并克里米亚（Crimea）。"[534]

但是这场游戏有一种代价。俄罗斯在中东（Middle East）需要至少有一个西欧大国的善意中立。因为法国在18世纪晚期在外交上支持奥斯曼人，俄罗斯感到她必须保持与不列颠的联系。因而保罗（Paul）在1800～1801年的做法是不能令人满意的。特别是鉴于拿破仑（Napoleon）的长期进逼，俄罗斯被迫回到不列颠的阵营。俄罗斯被两个方面所吸引和束缚，一方面她努力巩固她在东南欧、黑海（Black Sea）和高加索（Caucasus）地区的统治和影响，另一方面她面对西欧要创造一种更强的地位。[535]为做到前一方面，她牺牲了后一方面，于是在被合并到世界经济中时的方式就确定和促成了后来的作者们写到的著名的"落后性"。但是俄罗斯仍享有一种比起其他被合并地带不那么弱的国家间地位，而这个事实最终使她有能力发动俄国革命。

西非洲与所有其他三个地带不同，在1750年，在这个地区没有在幅员和组织上可以与奥斯曼、莫卧儿或俄罗斯帝国相比的世界性帝国。有的是许多强大的，大部分是出售奴隶的国家，和大量在军事和政治上弱小的小实体。

我们已论证过，为合并到世界经济中，需要国家既不太强也不太弱，但是对国家间体系的"游戏规则"要能做出适当回应。通常认为，西欧国家在这些地带施加政治压力的原因之一，是要"恢复"这个地区的"秩序"，那里的"无政府状态"使和平的贸易不可能进行。我们已经指出，我们认为这对于印度次大陆而言是个有疑问的解释，在那里这种"秩序"中有许多被不列颠人在1750年后恢复，以弥补在这之前100年，因西方的闯入扮演主要角色而确实造成的"无政府状态"。重点在于资本主义需要的不是"秩序"而是可以称之为"有益的秩序"（favorable order）。促进"无政府状态"常常是为了摧毁"无益的秩序"，也就是有能力抵抗合并的秩序。

在西非的历史编纂学中，一个熟知的论题是所谓奴隶——枪支的循环。在获取火药武器和获取奴隶之间联系的证据大体看来是强有力的。"对于专业的奴隶捕捉者而言，火药武器代表着重要的收入"。理查兹（Richards）认为，这种"高度相关性"在1658～1730年这个时期已经出现，并随之导致了西非洲政治图景的"最富戏剧性的变化"。因为正是在这个时期，大的出售奴隶国家，如达荷美（Dahomey）和阿散蒂（Asante）成形了。无疑地这些国家如波拉尼（Polanyi）所论证的，认为它们创造了独立于世界市场影响的状况。但是同样真实的是，"一旦被抓捕奴隶战争的恶性循环牵涉进去，这种依赖性只能增强"。然而从世界经济的经济力量的观点来看，这些增长着的出售奴隶的结构正在其他地带创造"无政府状态"，因而摧毁了"无益的秩序"。这就是艾金乔格宾（Akinjogbin）称作奴隶贸易的"最大矛盾"的来源：

> 在18世纪初，阿贾（Aja）人的政治状况因为贸易的增长变得混乱。在这个世纪末，不稳定局面开始在达荷美王国出现，却是因为贸易在衰落。

然而，这种出售奴隶国家现有的"有益秩序"依赖的是非常有限的经济活动范围。当西非洲卷入世界经济的中心焦点从一个主要是奴隶出口贸易的时期转换到一个混合出口商品的时期，再到更后来完全没有奴隶出口的时期——一个我们已经描述过的进程——在一个更大的、更具"无政府状态"的地带中，这种出售奴隶国家相当小的容积就变得不那么有用了。所需要的是新的国家，在大多数情况下比现存的国家大，但还是要既不太弱又不太强。

因此在黄金海岸（Gold Coast）的不列颠商人强有力地援助芳蒂（Fanti）人的国家抵抗阿散蒂（Asante）的扩张，因为他们"相信如果能够将阿散蒂的强权摧毁，一片广阔的商业领域就会向他们敞开"。[540]19世纪伊斯兰教（Islamic）的冲击，正如我们看到的，是朝着"几个小国和小公国的大规模组合"[541]的一种运动。而那里没有国家形式存在，如在伊博（Ibo）人地区，一种"部分的国家结构"以阿罗丘库（Aro Chuku）的形式成长起来。[542]

在其他事情中，人们可以将不列颠人反对奴隶贸易的驱动力解释为一种摧毁较小的单位的"无益秩序"，以有利于重新建立较大单位的驱动力。当然其目的也是在于削弱法国人和其他经济竞争者的地位。[543]如果在这个时期我们还不能谈到互惠外交，我们确实看到了更具结构性的政治实体的出现，它们开始确保新出现的商品作物生产流向世界经济。

我们主张将这个合并进程的时期大略定为1750～1850年。（或者西非洲的情况可能是1750～1880年）。这是唯一可能有的分期吗？明显地不是。对这个分期问题有着广泛的实证性辩论。不幸的是，这些参与者中许多人没有一个清楚的过程模式，或者至少他们没有运用我们一直在运用的同样模式：外部竞争场——合并——边缘（或半边缘）地带。依照这种模式，我们看到的是有些作者将合并的时期推回到一个地带成为外部竞争场一部分的时候。在另一方面，一些作者却认为一个地带开始起到世界经济中一个边缘地带的作用时，才算得上被合并。这两类作者都没有理解到，我们所论证的方式中，是将"合并"当作一个特定的过程。

系统地说明这场辩论的一个标准方法，是论证"资本主义"开始的时期。一些作者认为，随着"外部竞争场"在较早时期长途贸易的广泛发展，我们已经看到了资本主义，或至少是原始资本主义。这经常伴随着一种资本主义"本地"根源的理论，或是欧洲人的闯入"打断"了这个过程。其他作者主张真正的最早"资本主义"时期发生的要晚得多。极端的例子是有些人认为它甚至在今天也几乎不存在。我们认为没有多种资本主义国家，只有一个资本主义世界体系，要成为其中的一部分，至少要被组合进它的生产网络或商品链之中，并且位于构成这个资本主义世界经济政治上层建筑的国家间体系的参与国之中。这样界定的合并正是指这种组合发生的时期。

注释：

① 沃勒斯坦（Wallerstein，1974，320）。
② 托马斯夫妇（Thomas & Thomas，1928，572）。
③ 库尔什雷斯特拉（Kulshresthra，1964，220）。古普塔（Das Gupta）特别批判了勒尔（Leur）的理论，即印度洋贸易在1750年之前是"奢侈品"贸易，说这种论证是"难以站住脚的"，因为虽然有些贸易是通过"奢侈品"，贸易的这部分"比起大量的纺织商品是不足道的，占压倒性的是各种普通的物品"（1974，103）。但让我们在这里留心这种体系性的界限。古普塔谈到的是印度洋内部之间的贸易，这不属于这个论题，这里要谈的是印度洋地带和欧洲世界经济之间的贸易。

参见拉伊乔杜里（Raychandhuri）关于地区间贸易的类似论证。但是他所指的是印度次大陆不同"地区"之间的贸易；"尽管陆上运输花费很大……食品和种类广泛的纺织产品贸易，其中一些确实不能说成是奢侈品，而是（1750年之前）地区间贸易最重要的组成部分"（1982b，329）。然而当它成为拉伊乔杜里所说的纺织品"国际间贸易"时，他指出，欧洲人购买的"只占整个贸易很少一部分"（1972，234）。

④ 诺思罗普（Northrup，1972，234）。
⑤ 阿明（Amin，1972b，508）。对诺思（North，1985）而言，这种无知是可以界定的增长了的"交易费用"背离了市场竞争的效率原则。

张伯伦（Chamberlin，1979，421）比较了西非的"大宗出口贸易"，他认为这是所谓合法贸易，和"奢侈品出口贸易"，他将后者定义为"每磅商品的高价值"。虽然在许多情况中可以使用每磅的价值比，依我看来似乎不是本质性的。在世界的某些部分和在某些背景中，出口用于宫廷典礼的大象是一种十分典型的"奢侈"产品——在花费上，然而非本质上的，它们是捕获而不是生产的，稀少的但又是十分沉重的。

⑥ 阿诺德（Arnold，1957a，174）。
⑦ 阿诺德（Arnold，1957a，175）。
⑧ 波拉尼（Polanyi，1966）。也见埃尔韦特（Elwert，1973，74，及各处）。
⑨ 奥斯汀（Austen，1970，268）。
⑩ 阿盖尔（Argyle，1966，103）。劳（Law）抓住了阿盖尔奴隶贸易是在国王和其他出售者之间分享的观点，称王家商业垄断的概念"在本质上是神话"（1977，556）。然而劳接着提到，"达荷美（Dahomey）的国王们看来不允许从内陆国家

来的商人直接与在惠达（whydah）的欧洲商人打交道"（564 页）。因此，取代王家垄断地位概念的是它处于奴隶抓捕者和欧洲贸易商之间，并在实际上将其分离开。劳以一种在国王和达荷美的（Dahomean）的私家贸易商间分享的垄断来取代它。从封锁信息来源的方面来看，这似乎没有很大不同。见波伊克特（Peukert），他也强调达荷美私家贸易商的作用（1978，xiii-xiv），但是他企图用同样强烈地驳斥"欧洲中心论的世界历史分析"来平衡他对波拉尼（Polanyi）将达荷美作为一个"独立的经济"的理论的批评倾向（224 页）。

⑪ 曼宁（Manning，1982，42）。在结尾曼宁本人为历史的无知还作了辩护："人们还不能说国家在多大程度上乐于调节和保护奴隶贸易，和它在多大程度上实际上进行了收集和出售奴隶的工作。例如，如果大多数奴隶是在战争中俘虏的，必然存在着一种机制将奴隶从这个国家中转手出去，它也许宣称他们是俘虏，让商人们将他们出口。在这点上和关键的细节上，当代欧洲的观察者可以辩称无知"（143 页）。

⑫ 考虑一下在达荷美（Dahomey）王国的晚期发生了什么。在 18 世纪晚期，达荷美的当权者减少了奴隶贸易。这部分是要减少对被看作是一个衰落而不稳定的市场的依赖（似乎是起因于一种"贸易港"的刺激），部分是要安抚奥约（Oyo）王国，它在那时名义上是达荷美的宗主，也是她在供应奴隶方向的竞争者。然而，这种减少在王国的各个群体中造成了足够大的负面影响，以致在 1818 年发生了一场某种政变，使哥佐（Ghezo）登上国王王位。确实今天哥佐（Gezo）被视为达荷美历史上的伟大领袖之一。他作了什么呢？"哥佐复兴了停滞的奴隶贸易，开创了一个领土扩张和经济增长的时代……刺激促进他的王国经济的，是用俘虏来的劳动力强迫在达荷美的种植园工作，是通过在惠达（Whydah）的市场出售奴隶得到的资金，是通过建立在新征服领土上达荷美建立的贸易垄断"［约德（Yoder），1974，423~424］。这种卷入世界经济的特有模式，因为这就是当时所造成的情况，它看来会发展为用来阻止这种卷入的强大国家结构。它只是由于不列颠人到 1843 年对惠达的奴隶贸易进行积极封锁才告结束。

约翰劳（John Law）怀疑达荷美的当权者曾经减少奴隶贸易。但是，他将强大的国家看作是"由于奴隶贸易造成的秩序问题的一个解决办法"而创造出来的东西（1986~1266）。

⑬ 诺尔蒂（Nolte，1982，47）。

⑭ 此外，我完全同意诺尔蒂（Nolte）所总结的矛盾之处："并且，延迟俄罗斯合并到世界体系之中从长远来看是优点还是缺点，是一个明摆着的问题。从经济上说，这种延迟导致了俄罗斯自己制造业的发展。从沙皇（Tsar）的角度看它也有政治上的优点，由于它反对瑞典的合法绝对君主制的斗争"（48 页）。这又正是我的观点。最后这个论证要落实到俄罗斯是在 1750 年之后被"合并"

[以在凯瑟琳二世（Catherine II）统治下为标志]，还是在彼得大帝（Peter the Great）统治下已被合并，或是甚至更早。我们将在下面讨论这个时期问题。

例如，布兰克（Blanc）对彼得大帝的评价是："彼得是信奉保护主义的……在彼得统治之后的政府有时比他更开放。1731年的关税，或甚至在1734年条约后授予英国人的优惠，标志着比起彼得大帝无可争辩的'重商主义'来所显示的明确进步"（1974，29）。

⑮ 霍奇森（Hodgson，1974，II，137~140），拉斯托（Rustow，1970，I，677）指出："郁金香时期（Tulip Era）在伊斯坦布尔（Istanbul）的田园诗已经被（回历1182~8年即1768~74年的）奥斯曼—俄罗斯战争粗暴地粉碎了，而并非在此之前。""在屈奇克-凯纳尔贾（küchük Kaynarca）和约中，苏丹（Sultan）被迫割让克里米亚（crimea）——第一块被奥斯曼人出让给基督教徒的穆斯林土地"。海德（Heyd）说，郁金香时期是"短命的"（1970，I，363）。这是足够真实的，但是我们应该将它看作为抵抗合并的压力而设的一道最后防线的一部分。

有时，作为早在1750~1850年之前奥斯曼帝国衰弱和被合并迹象的证据，引用了奥斯曼的臣民被葡萄牙人剥夺了在印度洋贸易中的角色的情况。海斯（Hess，1970，1917~1918）说这是一个纯粹的以葡萄牙为中心的观点。"以（16）世纪的标准和根据构成他们社会的机构而言，奥斯曼人成功地在他们的边界上抵御外来海上的挑战——地中海（Mediterranean）的外部边缘和印度洋的非开放区域是16世纪奥斯曼海军的主要边界"。

⑯ 迪格比（Digby，1982，150）。也见马歇尔（Marshall，1980，19）："在印度洋西部，葡萄牙海军力量的大部分努力没有遇到有效的抵抗，越往东它就遇到更大的竞争"。

日本有能力在1637年终结了所有的西方贸易，除了少量通过在长崎（Nagasaki）的"贸易港"进行的之外，这在17世纪中期是引人注目的。"在锁国令实行之后，'幕府'（Bakufu）或将军（Shogun）政府……发展出了一个有组织的官僚阶层，在一个'大老'（elders）会议的控制之下。于是通过恢复长期内战之后的和平和一个强有力的中央政府，日本能够无畏地面对世界"[潘尼迦（Panikkar），1953，87]。类似地，"取代衰微的明朝（Mings）的一个具有活力的新朝代在一个非常重要的时期使中国强大起来"（77页）。

⑰ 马丁（Martin，1972，14）。这种描述是关于卢安戈海岸（Loango Coast），但是这种同样的论述也能很容易地由其他地区得出。马丁指出两种主要的情况使这成为事实："一个是强化了的欧洲人竞争，另一个是没有欧洲人在沿岸得到永久的立足点"（115页）。当然在西非洲，第二种情况被堡垒的建立破坏了，而作这种努力是为了减少竞争。而这种情况要直到欧洲得到另一个转机的事件（比如说是1815年）时，这种竞争才能在很大程度上被控制。

⑱ 关于葡萄牙非洲混血人（Luso-Africans）的作用，特别是在 16 和 17 世纪，见布勒盖（Boulégue，1972）。

⑲ 关于白银流出到印度，奥斯曼帝国和俄罗斯在 17 世纪的情况，见我以前的讨论[沃勒斯坦（Wallerstein），1980，106~110]。

⑳ 乔杜里（Chaudhuri，1978，159）。"东印度由西北欧洲航海国家进行的贸易的建立，大部分是基于用西方贵金属交换亚洲的制成品"（97 页）。

㉑ 乔杜里（Chandhuri，1981，239）。

㉒ 乔杜里（Chaudhuri，1978，456）。乔杜里说，西欧人必须为印度货物支付金银，因为他们"不能够以他们大量需求的为西方产品的市场来衡量价格"。这几乎没什么说服力。美利坚合众国（United States）今天是怎样向印度出售计算机的呢？

㉓ 波林（Perlin，1983，65）。

㉔ 诺尔蒂（Nolte，1982，44）。

㉕ 达塔（Datta，1959，318）。

㉖ 晚至 1730 年代，"看来无疑，只有英格兰的国家船运增加了"。[弗伯（furber），1965，450]。

㉗ "巴尔干（Balkan）各民族（在 18 世纪）对欧洲货物的需求小于西方对巴尔干货物的需求[斯托亚诺维奇（Stoianovitch），1960，300］。欧洲人进行的贸易到 19 世纪在奥斯曼帝国一直顺利"。见伊萨维（Issawi，1966，1980a）。

㉘ "为获得他们国内市场所需的黄金和象牙（如同胡椒），葡萄牙人作为中间商必须花费大量精力，沿着西部海岸运送货物"[诺思拉普（Northrup），1978，22］。他得出结论："葡萄牙人的到来……不需要在[尼日尔河三角洲（Niger Delta）］地区的贸易生活中引起突然变化，他们要的是被容纳到已经很好地建立起来的商业组织模式之中"（129 页）。

㉙ 沃森（Watson，1980a，42），他指出，正如英格兰的私家贸易商作为当地商人阶级的一个补充部分的程度那样。存在下来的那些人是否是那些与英国人合作的人，如古普塔（Das Gupta，1970）所说的那样，沃森说："仍需要一个答案"。

㉚ 乔杜里（Chandhuri，1983a，806）。

㉛ 《永久居留法》（*Permanent Settlement*）起了去除使土地成为"一种可以在市场上买卖的商品"的障碍的效果[科恩（Cohn），1961，621]。

㉜ 见达塔（Datta，1959，317~318）。

㉝ 见巴格奇（Bagchi，1976c，248），甘古利（Ganguli，1965），阿拉萨拉特南（Arasaratnam，1979，27）。辛哈（N. K. Sinha）说："在 1757 年孟加拉的白银储备不但没有再加补充，而且其中大部分由于各种途径而流失殆尽了。"（1956，14）。

㉞ 见辛哈（Sinha，1970，28~29），乔杜里（Chandhuri，1966，345~346）。

㉟ 基辛格（Kessinger，1983，252）。"到18世纪末，如甘蔗、鸦片，和靛青这样的一些商品作物有着较高的价格和增长的需求"［科恩（cohn），1961，621］。

㊱ 巴塔查尔雅（Bhattacharya，1983，359）。

㊲ 乔杜里（Chaudhuri，1983a，844），他在（1966，348~349）中叙述了进一步的详情。也见索万尼（Sovani，1954，868~870）。

㊳ 见马歇尔（Marshall，1976，153）。

㊴ 见达特（Dutt，1956，280）。

㊵ 辛哈（Sinha，1970，1）。

㊶ 见哈比卜（Habib，1963，44）。

㊷ 见古哈（Guha，1972，2）。

㊸ 见哈比卜（Habib，1963，39~40）。

㊹ 见奈廷格尔（Nightingale，1970，128）。这原来只是指印度西部和中央北部。南印度开始向中国出口棉花要到1803年。见卢登（Ladden，1985，137~138）。

㊺ 哈洛（Harlow，1964，II，292）。塞迪奇（Siddiqi，1973，154）。联系到由于美利坚合众国在1820年后的竞争造成的生产衰落。到1850年代，"棉花在印度只是一种次要的作物，种植主要供国内消费"［特里帕蒂（Tripathi），1967，256］。棉花在美国内战时期（1861~1865年）获得一个暂时的增产，但是甚至那时不列颠对棉花种植的政策仍是"半心半意的"（262页）。

㊻ 见奈廷格尔（Nightingale，1970，160）。

㊼ 见辛哈（Sinha，1974，2）。

㊽ 见古哈（Guha，1976，338~339）。关于当时印度商品作物的一个纵览和它们的地区分布，见达特（Dutt，1956，272~285）。

㊾ 见弗朗加基斯（Frangakis，1985，152）。也见戴维斯（Davis，1970，204）。

㊿ 弗朗加基斯（Frangakis，1985，241~242），参见卡帕特（Kavpat，1972，246）。关于南部叙利亚/巴勒斯坦（Syuia/Palestine）出口导向棉花出产的扩张，见欧文（Owen，1981，7）。

㉓ 见麦高文（McGowan，1981a，32）。他指出这开始了一种奥斯曼帝国内部的贸易。

㉒ 斯托亚诺维奇（Stoianovitch，1976，189）。希钦斯（Keith Hitchens）怀疑这对于1830年代以前的瓦拉几亚（Walachia）和摩尔达维亚（Moldavia）是否真实（个人通讯）。

㉓ 斯托亚诺维奇（Stoianovitch，1983，349）。帕斯卡列娃（Paskaleva）谈到（1968，275），巴尔干地区在棉花出口上的一次"大扩张"。

㉔ 他们继续说："我们从它那里取得的只是原材料，我们用王国制成品货物剥削它"。引自马森（Masson，1911，431~432）。马森说地中海东部地区（Levant）在那时对法国起了芒图（Mantoux）所说的东印度群岛（East Indies）对英格兰

所起的同样作用（见 434 页）。

(55) 弗朗加基斯（Frangakis，1985，248）。

(56) 见伊萨维（Issawi，1966，67）。

(57) 见理查兹（Richards，1977，17）。埃及人在那时用有许多优点的长纤维棉花迅速扩张。

(58) 在 1862 年，法利（Farley）写道："在现时感到有很大的迫切性来关心这种重要物品（棉花）的未来供给，如果我指出那里感兴趣的人注意到这种便利存在于在奥斯曼帝国种植的增长与改良，就不会失去供给地"（55 页）。

(59) 见普里尔（Puryear，1935，也见 132~139，180~226）。普里尔指出，到这个时期的末尾，不列颠人由于政治原因越来越不依赖俄罗斯的小麦，结果就转向巴尔干的小麦（见 215~217 页，227 页）。

(60) 吉勒（Gille，1949，154）。关于英国—俄罗斯贸易在 1750 年后的迅速增长，见纽曼（Newman，1982，96）。

(61) 吉勒（Gille）显示出（1949，156）从 1778~1780 年到 1851~1853 年，"初级产品"加上"食品"出口的百分比从 71% 上升到 95%，而制造业出口从 20% 下降到 2.5%。

(62) 卡汉（Kahan，1979，181），他继续说："可以有把握地做出结论，俄罗斯的大规模原材料出口在很大程度上扩张了不列颠的工业，有助于维持其增长与对劳动力的需求"（182 页）。这在某种程度上也是那时从自我利益出发的观点。福斯特先生（Mr. Foster），俄罗斯公司的代理人（Agent），于 1774 年在议会作证说，没有俄罗斯的进口，"我们的海军、我们的商业、我们的农业都要完结"。引自杜克斯（Dukes，1971，374）。当拿破仑的"大陆体系"干扰了俄罗斯对大不列颠的出口时，不列颠人却发现，总的来说这些进口产品除了大麻之外，都是可以替代的或次要的。见安德森（Anderson，1967，73~74）。

(63) 见贝塞特（Besset，1982，207~208）。

(64) 克罗斯比（Crosby，1965，20~21）。

(65) 克罗斯比（Crosby，1965，16）。

(66) 俄罗斯政府对小麦出口的限制一直实行到 18 世纪后半期。当凯瑟琳二世（CatherineII）得到黑海（Black Sea）的港口时，"中央的出口开始增加"［布卢姆（Blum），1961，287］。后来，在不列颠的谷物法（Corn Laws）在 1846 年取消后，有另一个主要的飞跃。

(67) 雷格莫特尔（Regemorter，1971，98）。

(68) 见康菲诺（Confino，1963，22，注脚 1）。

(69) 关于俄罗斯贵族依赖对外贸易来维持他们的生活方式，见克罗斯比（Crosby，1965，36）。

(70) 麦克米伦（Macmillan，1979，168~169）。在较早的一篇文章中，麦克米伦讨论

⑦ 了苏格兰人（Scottish）使用"给俄罗斯商人和生产者以长期借贷"来刺激这种贸易，并得出结论说这种贸易对苏格兰的发展的重要性是"不容否认的"（1970，431，441）。

⑦ 克罗斯比（Crosby，1965，24）。在1783年到1787年间，美国与俄罗斯的贸易增长为"一种重要性不小的交易"：美国人特别购买铁和大麻，并且"他们购买的价格在圣彼得堡（St. Peterburg）造成了效应"[拉施（Rasch），1965，64]。

⑦ 罗德尼（Rodney，1970，199）。

⑦ 例如，格麦里（Gemery）和霍根多恩（Hogendorn）（1978，252~253）提到他们称之为商品化的技术变革：重新确定导向和调整长距离网络，建立移动营帐与仓库，新的船只，使用奴隶取代搬运工的任务。

⑦ 柯廷（Curtin）谈到"奴隶的实际价格在18世纪超乎寻常的上升"（1975a，165）。19世纪早期奴隶贸易的废除，由于坚持进行贸易的费用增加，驱动价格甚至更高。见阿盖尔（Argyle）论哥佐（Ghezo）在1818年掌权之后的达荷美（Dahomey）："大量运奴船仍然来往于惠达（Whydah），为奴隶支付很高的价钱，以致由此而来的财政收入没有减少很多，即使出口的奴隶减少了"（1966，42）。也见利文（Le Veen）："（不列颠海军的作用）使得新进口到巴西和古巴的奴隶价格上升到没有这种干涉时的两倍"（1974，54）。当然最后当奴隶的需求停止时，"奴隶的价格实际下降了"（曼宁 Manning，1981，501），但这也许是晚得多的事。

⑦ 见马丁（Martin，1972，113）。确实由于主要是"战争的影响"每年有着波动。[拉姆（Lamb），1976，98]。

⑦ 卢安戈海岸（Loango Coast）在1763年到1793年之间达到其高峰。见马丁（Martin，1972，86）。以欧洲来衡量，南特（Nantes）的奴隶贸易在1783~1792年这个时期是"特别重要的"，"超过了——并且是大大地——从1748年到1754年的繁荣的大进发"（迈耶 Meyer，1960，122）。因为世界粮市场的扩张，法国政府在18世纪后半期为运奴船提供了奖金和额外的支付，如果这些船在法属西印度群岛（West Indies）登陆的话。见霍普金斯（Hopkins，19773，91）。诺思拉普（Northrup）说："奴隶贸易在比夫拉湾（Bight of Biafra）的商业中只是到了18世纪中期才达到了主导地位"（1978，50）。柯廷（Curtin，1969，266）将大西洋奴隶贸易的全面高峰定在1790年代。

⑦ 见埃尔提斯（Eltis，1977），曼宁（Manning，1979）和诺思拉普（Northrup，1976）。确实，虽然也许在1790年代没有达到这个数字。弗林特（Flint）论证说，因为来自巴西、古巴和美利坚合众国的需求，"尽管不列颠人和法国人禁止，（在西非洲）从1807年到大约1830年，奴隶贸易实际上增长了"（1974，392）。

⑦ 威廉斯（Williams，1944，132）。但是，见德雷舍尔（Drescher）的批评，他的

论证思路是"废奴主义不是追随着反对奴隶制的潮流而来的,而是面对着有利的情况"(1976a,171)。阿希格布(Asiegbu)在另一方面,论证说是"相对于(不列颠的)的竞争者们的巨大劳动力优势的大好前景,使得对种植园主坚持实行了国际性废奴,这在很大程度上解释了西印度群岛(West Indian)在1807年的行动,当时殖民者们参加了母国对废奴法令的起草"(1969,38)。

⑦ 威廉斯(Williams,1944,136)。

⑧ 见威廉斯(Williams,1944,154~168)。汉考克(Hancock)也将它们看作是联系的,但却是错误的:"但是不列颠人的理想主义的左手几乎不知道它的右手在干什么。随着废除奴隶制取消了糖业的强制劳役,起了使西印度的糖业暴露在古巴由奴隶种植的糖业的毁灭性攻击之下的效果。古巴对非洲劳力的需求抬高了非法奴隶贸易的利润(又是这种利润!),因此引起了西非洲的一次新的高水平出口。合法贸易的萎缩就不足为奇了"(1942,160)。

⑧ 安斯蒂(Anstey)对威廉斯(Williams)最直接的攻击,得出的结论却比人们期待的更为谨慎:"而尽管从1833年的角度看经济上的证据似乎有说服力,但从1807年的角度看则明显是薄弱的,它仍有待于证实"(1968,316)。

⑫ 安斯蒂(Anstey,1974,24)。见罗宾逊(Robinson)批评安斯蒂将他的利润分析局限在那些"十分严格意义上掌握奴隶的人……(他似乎不)理解利润可以从商品投机、货币流通、信贷扩张的增值、奴隶炫耀的影响力、任何数量的资本形式(例如保险)中获得"(1987,134~135)。

⑬ 托马斯和比恩(Thomas & Bean,1974,912)。托马斯-比恩的文章导致了一系列抨击与辩护的回应:英尼克里(Inikori,1981),安德森和理查森(Anderson & Richardson,1983),英尼克里(1983),安德森和理查森(1985),和英尼克里(1985)。

⑭ 见布勒(Boulle):"也许鲁昂(Rouen)的纺织品生产在1763年到1783年间衰落了,除了印花棉布(indiennes)(它出口到西非洲以交换奴隶),不是破产的结果,而是精心将资本从一个衰落中的领域转移到另一个更有前途的领域。在这种情况中,奴隶贸易可以说使得鲁昂和它的区域向工业革命的方向迈出更大的一步"(1975,320~321)。维勒斯(Viles)指出,"奴隶贸易……(在法国)被认为是西印度贸易一个更有收益的变种"(1972,534)。

⑮ 布勒(Boulle)指出,每次航行的高额利润必然为实现利润所花的时间长度的考虑所抑制。使得它们"最初看来与那些从非航海投资中的所得没有显著的差别"(1972,83)。也见理查森(Richardson)所说的,在经过所有适当的调整之后,回报率"虽然不特别可观……但是……牢靠和明显合理的"(1975,305)。

无论怎样,如达里蒂(Darity)所说:"在威廉斯(Williams)的理论中,从奴隶贸易中有利可图或是利润不是本质性的,但是美洲殖民地没有奴隶制是

— 211 —

不能发展的"（1985，703）。

⑧ 这种理论的用语一直清楚地出现在谢里登（Sheridan）和托马斯（Thomas）的对话中。谢里登认为"已非套在母国脖颈上的磨石，西印度群岛殖民地就此成为18世纪不列颠经济的一个关键部分……（它们）以不小的规模为母国经济的增长做出贡献"。（1965，311）

　　托马斯回答说："一个殖民地对整体经济的经济增长的贡献，正是在于从它那里使用资源所获得的，相对于它们若作另一种最好的选择的话所获得要不同（正面或负面的）……（这只能）说是资源的一种巨大的错位配置处理"（1968b，31）。

　　谢里登的补充回答是，"托马斯实际上是在推测在事件中会发生什么情况，而这事件若在其他情况下是本不该发生的"（1968，60）。

　　对此托马斯坚持说，除非谢里登"能够显示出，大不列颠的总收益超过了她的花费，并充分地包括了投资到西印度群岛（West Indies）的资本以另一种最好选择所获得的回报，他就没能抓住他本来要问的问题作回答"（1968b，47）。

　　为什么使用"大不列颠的总收益"作为评估单位才有意义？企业家们按他们自己的利益行事，看来这是合理的。不列颠政府在实际上会有比最大限度地扩大大不列颠的总收益更多的目标。最后，在所有这种反事实推论史中，我们必须要问，为什么在事实上没有采用"另一种最好的选择"。

⑧ 见格林-佩德森（Green-Pedersen，1979，418）。

⑧ 关于制宪会议（Constituent Assembly）不愿意投票通过废奴决议，见昆内（Quinney，1972）论原种植园主在殖民地委员会（Comité des Colonies）的作用，而雷斯尼克（Resnick，1972，561）显示出，甚至对于"黑人之友协会"（Société des Amis des Noirs），"奴隶制仍是……一个非常附带关心的问题"。也见杜布瓦（Dubois）和特里耶（Terrier）（1902，29）。在1789年，甚至"黑人之友协会"对废奴这种附带的关心，也导致他们被指控为"一个外来势力的工具"（是指英格兰），是要"摧毁"法兰西帝国的类似维持的东西。引自维诺尔斯（Vignols，1928a，6）。

⑧ "法国殖民体系的崩溃没有结束法国的奴隶贸易，而是尽可能多地调整了它。在技术上，这种贸易在1814~1815年被宣告为非法，但它实际上，继续到19世纪后半期"［斯坦（Stein），1979，198］。也见达格特（Daget，1975，131~132）。

⑨ 德巴施（Debbasch，1961，315~316）。"废奴（被胜利者）强加给失败者"［达格特（Daget），1971，57］。在1838年，夏托布里昂（Chateaubriand）写到1822年的维罗纳会议（Congress of Verona）时评论说："所有这些30年来一直反对威尔伯福斯（Wilberforce）的建议的托利党人（Tories），（却突然）变成黑人（Negroes）自由的热情拥护者了……这些矛盾的秘密在于私人利益和英格

⑨⓪ 兰的商业精神"。引自埃斯科费尔（Escoffier, 1903, 53~54）。

⑨① 罗德尼（Rodney, 1970, 152）。

⑨② 蒙罗（Munro, 1976, 48）。也见考奎里－费德罗维奇和蒙涅特（Coquery-Vidrovitch & Moniot, 1974, 297~298）。

⑨③ 纽伯里（Newbury, 1971, 92）。见他进一步的评论："19世纪早期西非洲贸易最显著的特点是大宗进口和出口从相当低的基准上的增长。不列颠和法国的贸易统计数字对1850年代之前与非洲的贸易所作的'官方'评估应当作为过低的评估不予重视；制成品出口的数量提供了更为可靠的指南"（1972, 82）。

⑨④ 诺思拉普（Northrup, 1976, 361）。也见曼宁（Manning）："奴隶商业因为战争和出口奴隶限制了商品交换体系，在另一方面又通过进口制成品和进口货币的流通扩展了商品交换体系"（1982, 12）。但是莱瑟姆（Latham）将他的论证建立在奴隶出口与棕榈油生产可以共存的基础上，其根据是后者只需要很少的劳动力，因此，"在闲暇的选择上只有小的变化"（1978, 218）。

⑨⑤ 见阿达姆（Adamu, 1979, 180）和马丁（Martin, 1972, 118）。

⑨⑥ 见曼宁（Manning, 1982, 13）。见雷诺兹（Reynolds, 1973, 311）论19世纪初在黄金海岸（Golld Coast）丹麦人（Danish）的种植园中奴隶劳动的使用。

⑨⑦ 曼宁（Manning）认为"（在种植园中）得到的经济效益可能更多地靠使奴隶长时间地工作，而不是任何技术上效率的增长"（1982, 54）。没关系！经济效益就是经济效益。

⑨⑧ 见诺思拉普（Northrup, 1978, 182）。这当然恰恰是某些人所害的。在1752年贸易部（Board of Trade）拒绝批准非洲贸易商人公司（Company of Merchants Trading to Africa）在非洲开始糖业种植，并说："无法说这会在何处止步。现在靠战争为生的非洲人会变成种植园主"。引自罗利（Rawley, 1981, 424）。贸易部感到在西非洲比在西印度群岛对糖业种植会更难予以控制，因为在西非洲，英国人"只是土地的租佃者，我们是靠当地人的好意持有这些土地的。"

⑨⑨ 梅特卡夫（Metcalfe, 1962, 116）。他特别指的是开普海岸（Cape Coast）和周围地区。

⑩⓪ 见纽伯里（Newbury, 1961, 43）。英格兰已经在1817年降低了以前的高关税。

⑩① 见施纳佩尔（Schnapper, 1961, 118~128）。关于法国殖民地部（Ministry of Colonies）在1820年代晚期较早的不成功努力以刺激商品作物的生产，见哈迪（Hardy, 1971, 215~216, 231~249）。在这期间，法国人继续从树胶贸易中挣钱，使用奴隶收集树胶。见查理（Charles, 1977, 29）和哈迪（Hardy, 1921, 353~354）。

⑩② 克莱因（Martin A. Klein, 1968, 36~37）。

⑩③ 克莱因（Klein, 1972, 424）。克莱因将开始花生生产的时期，在（不列颠属）冈比亚（Gambia）定于1833年，在（法国属）塞内加尔（Senegal）定于1841

⑩④ 年。布鲁克斯（Brooks, 1975, 32）说花生首先于 1829 年或 1830 年在冈比亚商业化。

⑩④ 哈比卜（Habib, 1963, 56, 75）。

⑩⑤ 高夫（Gough, 1978, 32）。

⑩⑥ 高夫（Gough, 1978, 35）。

⑩⑦ 贝利（Bayly, 1975, 499）。

⑩⑧ 罗德尼（Rodney, 1968, 282）。也见约翰逊（Johnson, 1976, 26）。诺思拉普（Northrup）说："到 19 世纪早期，（食品）作物的种植据说在博尼（Bonny）完全停止了"（1978, 89）。这是因为他们完全卷入了奴隶贸易。明显地，他们就必须从某些地方购买食品。他本人指出了为棕榈油地区的以奴隶为基础的食品生产（220 页）。

⑩⑨ 莱瑟姆（Latham, 1973, 92）。也见戴克（Dike, 1956, 156）进一步使食品作物专业化的是政治。莱瑟姆认为埃菲克（Efik）人的棕榈油商人，"将新（棕榈油）贸易得到的利润投资于奴隶，将他们安置在新发现的农业地区，作为在内部政治中对其主人安全很重要的自给的家仆"（146 页）。

⑩⑩ 纽伯里（Newbury, 1971, 96）。

⑪ 乔杜里（Chaodhuri, 1974, 127）。莫里斯（Morris）认为这不像看来的那样："有一个广为传播的概念，印度是一个伟大的前工业时期制造业国家。这非常像在 18 世纪的印度已达到了如晚期中世纪欧洲生产水平的技术。……虽然印度生产优良的纺织品和一些有杰出工艺技巧的例子，我们不要将手工艺的高超错当作生产率，也不要意想这种高超意味着复杂的工具和制造技术的体现，事实上相反而言倒是真实的"（1968, 5~6）。

拉伊乔杜里（Ray chaudhuri）对莫里斯的回答是："这样一种观点对这个事实是不够公正的，印度是纺织品的主要供应者——不只是精制棉布，还有大众的日常穿着——对于整个东南亚、伊朗、阿拉伯国家和东部非洲等都是这样。……（并且），除了数量不大的奢侈品外……，印度在 19 世纪之前不进口金属制成产品"（1968, 85）。然而，拉伊乔杜里确实承认："与印度作为一个制成品出口国的杰出地位形成强烈对比的是，她的技术与这个时期的其他先进文明相比较显着落后，特别是欧洲和中国"（1982a, 291）。他又说，"手工技艺的水平接近于难以置信地可以用来代替复杂的技术和工具的程度"（294 页）。

⑫ 奈廷格尔（Nightingale, 1970, 223）。

⑬ 辛哈（Sinha, 1970, 4）。出口价值从 1792~1793 年的 610 万卢比（610 lakh rupees）下降到 1819 年的 140 万卢比，再到 1823 年的 30 万卢比（3 页）。

⑭ 乔杜里（Chaudhuri, 1968, 34）。在同时，棉纱进口增加了 80%，棉花增长了 55%。

⑮ 见巴格奇（Bagchi, 1976a, 139~141）。

⑯ 斯梅尔瑟（Smelser, 1959, 127, 注脚 5）。无论如何，参见曼（Mann）："这种自动机被宣称是一种近乎完美的机器，但它没有很快传布开来。到1839年它的利润还没有超过 7000 英镑"（1958, 290）。

⑰ 引自辛哈（Sinha, 1970, 11）。辛哈自己的观点是，出口到"欧洲的外国"和美利坚合众国的棉布匹的关税也一样地再加上内陆税"可能比便宜的不列颠布匹本身的竞争更迅速而有效地有助于扼杀印度的棉花工业"（7页）。

也应注意到关于丝制品的情况，当对印度向法国出口的禁令在1830年代短暂放开时，不列颠向法国的出口几乎消失了，而印度的出口特别上升了。见12页的图表。

⑱ 不列颠议会文件（BPP），委员会的报告（1848b, 10）。

⑲ 不列颠议会文件（BPP），委员会的报告（1848b, 24）。

⑳ 伊萨维（Issawi, 1966, 41）。

㉑ 热斯（Genc, 1976, 260~261）。伊萨维（Issawi, 1966, 49）将这个转折点定为 1815~1820 年，考伊曼（Kōymen, 1971, 52）说危机开始于 1825 年。

㉒ 克拉克（Clark, 1974）对这些作了详细说明，他对到1850年代的最后崩溃没有较好的解释。他确实顺便提到，根据 1838 年巴尔塔-利曼（Balta-Limann）英国—土耳其商务协定，要求奥斯曼政府开放一切进出口控制。

㉓ 乌比契尼（Ubicini）一本叫《土耳其通信》（*Letters on Turkey*）［伦敦 London］，1856, III］的书。再印于伊萨维（Issawi, 1966, 43）。乌比契尼不只谈到棉花货品，并且谈到钢和武器，还有丝、金钱、鞣制皮革、陶器、马具和各种纺织品。

㉔ 法利（Farley, 1862, 60）。

㉕ 伊萨维（Issawi, 1961, 6）。

㉖ 克拉克（Clark, 1974, 72）。

㉗ 斯米连斯卡雅（Smilianskaya），见伊萨维（Issawi, 1966, 238）。也见谢瓦利埃（Chevalier, 1968, 209）。

㉘ 波尔克（Polk, 1963, 215）。

㉙ 见库塔索夫（Koutaissoff, 1951, 213）；也见戈德曼（Goldman, 1956, 20）。

㉚ 科钦（Coquin, 1978, 43, 48）。

㉛ 波特尔（Portal, 1950, 307）。美国独立战争加上革命的拿破仑战争对此有某些帮助。波特尔指出："俄罗斯的金属冶炼生产，在它 1750 年后的大扩张阶段，是……大部分导向出口的"（373 页）。

㉜ 引自杜克斯（Dukes, 1971, 375）。

㉝ 见贝科夫（Baykov, 1974, 9~13）。

㉞ 见福尔库斯（Folkus, 1972, 36~39）炼糖业的第一次繁荣开始于1820年代。

㉟ 事实上，印度纺织品早在 17 世纪就通过欧洲贸易商到达那里。见弗伯

(Furber，1965，12）。布勒（Boulle，1975，325）甚至认为西非洲市场是"有着很大重要性的"（de taille，极大的），对于18世纪中期英国人和法国人的出口而言。例如在1760年代，在所有英国出口的布类中，43%到非洲，而只有39%到南北美洲。梅特卡夫（Metcalf）观察到，纺织品是比火药武器更有吸引力的进口品，而这些纺织品"是为大众消费而不是精英们的装饰品"（1987，385）。

⑬⑥ 罗德尼（Rodney，1970，182）。

⑬⑦ 诺思拉普（Northrup，1978，149）。

⑬⑧ 诺思拉普（Northrup，1978，175）。也见约翰逊（Johnson，1978，263），柯廷（Curtin，1975a，326），对塞内冈比亚（Senegambia）所定的时期略晚，在1830年代。

⑬⑨ 弗林特（Flint，1974，387）。

⑭⓪ "借贷契约"也缩小了直接生产者控制价格的能力，并使大商人能够稳定其供应市场［乔杜里（Chaudhuri），1978，143］。

⑭① 见弗伯（Furber，1951，290～291）。

⑭② 塞迪克（Siddiqi，1973，151）。

⑭③ 乔杜里（Chaudhuri）这种"欧洲人的"概念"尽可能多地模糊了它所显示的东西"（1974，259）。也许是这样。那么让我们发现另一个术语。阿拉萨拉特南（Arasaratham）赞同地引用乔杜里的观点，然而继续承认这种有关一个织工团体的制度的本质之处："虽然有着处理最终产品的自由，进入市场的限制性质和购买货物近乎垄断的状况存在于许多遥远的织工村庄，使这种自由不如说是一种空谈"（1980，259）。

⑭④ 见拉伊乔杜里（Raychaudhuri，1965，756；也见1962，180～181）。

⑭⑤ 费希尔（Fisher，1978，115）。在118页，费希尔衡量了每种制度的缺点：直接耕作花费更大；借贷制度更易于引起农民的不满。

⑭⑥ 古哈（Guha，1972，18，28）。

⑭⑦ 见理查兹（Richards，1981，61）。国家垄断使用了私家大规模商人对其他产品用过的同样制度："这全部过程，从为（鸦片）种子准备土地，到在加尔各答（Calcutta）的最后拍卖，都是基于精密的借贷支付制度"［欧文（Owen），1934，26］。

⑭⑧ 不列颠议会文件（BPP），委员会报告（1848a，21）。

⑭⑨ 克拉潘（Clapham，1940，232）。

⑮⓪ 见罗瑟蒙德（Rothermund，1981，76）。

⑮① 见甘多夫（Gendev，1960，209）；斯托亚诺维奇（Stoianovitch，1953，401），和布施-赞特纳（Bursch-Zantner，1938，81）。

⑮② 斯托亚诺维奇（Stoianovitch，1953，401），"奥地利、萨克森（Saxony）、普鲁

士（Prussia）和瑞士新的纺织工厂需要马其顿（Macedonia）和塞萨利（Thessaly）的羊毛和棉花，法国人、德意志人和意大利人上升的需求使得马其顿的棉花生产在1720年到1800年间增长到3倍"（斯托亚诺维奇，1960，263）。也见斯托亚诺维奇（1976，184）。

⑤ 见甘多夫（Gendev, 1960, 210~211）。

⑭ 见休格（Suger, 1977, 211~221）。

⑮ 麦高恩（McGowan, 1981a, 79）。麦高恩仍谨慎地说："奥斯曼帝国农业中目标在于出口的部分……在（17和18世纪）这个时期必然只能缓慢地增长"（170页）。并且"一般的巴尔干的契夫特里克（Chiftlik）是一个租地经营单位，在它的特点和规模上更为接近于地主庄园经济（Grundherrschaft）所曾见有的发展情况，而不是人们通常想象的农场主经济（Gutsherrshafte）那种特点"（79页）。然而，他在对外贸易导向的较大的契夫特里克，和不那么有这种导向的普通规模者之间作了区分（见1981b, 62）。

⑯ 伊纳尔契克（Inalcik, 1983, 116）。在西部安纳托利亚（Anatolia），正是"高的生产率与高的土地价值……解释了契夫特里克（Ciftlik）的小规模"（117页）。由开垦获得土地的权利在奥斯曼帝国的古典时期已经是一个特点，与被开垦的土地规模没有法律联系。然而这时它被用来创建大的契夫特里克。

⑰ 见贝尔（Baer, 1983, 266~267）。

⑱ 重引自伊萨维（Issawi, 1966, 387）。

⑲ 布卢姆（Blum, 1961, 391~392）。

⑳ 见康菲诺（Confino, 1969, 39）。情况特别在北方和中央少黑土（necernozem）地带和黑土地北部是这样。

㉑ 凯泽维特（Kizevetter, 1932, 637）。

㉒ 关于这种不同，见康菲诺（Confino, 1961b, 1066, 注脚2）。向强制劳务制（barshchina）转变已经在17世纪中期开始，但是在18世纪中期扩张，特别是在少黑土（necernozem）地带。这部分是为弥补私人地产上农民百分比的下降，因为那些在国家或宫廷地产上的农民通常是支付实物货币租（obrok）的。

㉓ 布卢姆（Blum, 1961, 289）。这些企业家中有许多是从受迫害的旧教徒（Old Believers）中招募的。他们的神学可能完全不是"新教的"（Protestant），但是迫害的驱使导致了阅读经文的需要，用钱保卫他们自己的需要和秘密写作的需要，当然所有这些都与训练一个商人阶级有关。见格申克龙（Gerschenkron, 1970, 35~37）。

㉔ 洛夫乔伊和霍根多恩（Lovejoy & Hongendorn, 1979, 232）。霍根多恩进一步提到："获取奴隶要用来对付知道如何保卫他们自己的民族是一项昂贵的事业。这就是如［托马斯和比恩（Thomas & Bean）所说的］这些鱼会反击"（1980, 480）。松德斯特罗姆（Sundstrom）强化了这同一主题："非洲外部贸易最令人

注意的方面之一，是中间商强有力的地位，经常近于垄断——商业垄断部分建立在河流交通的排他性控制上"（1974，254~255）。也见但泽（van Dantzig，1975，264），他强调奴隶贸易的资本密集性，和由此而来的大规模经营倾向。

⑯ 见阿贾伊和奥罗朗提姆辛（Ajayi & Oloruntimehim，1976，211）。关于丹麦人（Danish）企图废奴后的种植园，见诺里加德（Noregard，1966，172~185），米勒（Miŭler）认为，至少在伊格博人（Igbo）人口稠密的地区，棕榈油出口生产开始于一个已经"生产油和其他物品由于交换"的地带（1985，58）。

⑯ 见曼宁（Manning，1969，287）。

⑯ 见霍普金斯（Hopkins，1973，125），奥日（Angé，1971，161）。但描述的是南部象牙海岸（Ivory Coast）在19世纪后半期的棕榈油生产，提到了从家族中招募劳动力的困难，结果求助于俘虏劳动力。这当时大约是发生在某种程度上较大规模的单位。

⑯ 劳（Law，1977，572）。

⑯ 纽伯里（Newbury，1969，74~75）。

⑰ 关于这种多层性，见钱伯林（Chamberlin，1979，422~423）和纽伯里（Newbury，1971，100）。关于中间商（négoclant）与行贩商（traitants）的区别，见哈迪（Hardy，1921）。一般而言在那时，这种旅行贸易在较低水平上是无规则的，竞争性的和充满斗争的。这三个地区那里不是这样——十字河（Cross River）盆地，[旧卡拉巴尔（Old Calabar）]，尼日尔河三角洲（Niger Delta），奥波博（Opobo）和达荷美（Dahomey）——恰好是政治集中化和最大的出口生产地区。见钱伯林（Chamberlin，1979，434）。

⑰ 见哈比卜（Habib，1969，434）。

⑰ 见斯皮尔（Spear，1965，II，47）。他继续说："将全莫卧儿帝国（Mughal）的所有人都算上，估计有上亿居民，将其一个半世纪的生活水准与当时的欧洲作大略的比较……农民可吃的东西要略多一点，商人花钱的机会要少一些。"

⑰ 德赛（Desai，1972，61）。这为穆斯维（Moosvi）所支持（1973，189）。赫斯顿（Heston，1977）举证据予以反驳，他说他重新计算"确实削弱了（德赛的）论点，即实际工资从阿克巴（Akbar）时代下降了"（394页）。德赛反过来反驳赫斯顿，同样进行了重新计算并得出结论，阿克巴（Akbar）时代比起1960年代，有着"更高的作物产出量"和"依据城镇工资有更高的购买粮食的能力"（1978，76，77）。

⑰ 见辛哈（Sinha，1962a，II，217~218）的讨论，他指出有着肥沃的土壤，三个月艰苦的劳动，再加上几个星期的收割时期，足以生产一种稻谷作物来维持这种合理的生活水准。然而，这种劳动量不足以生产为世界市场的商品作物。

孟加拉（Bengal）的形势和由此而来的农民的"懒惰"的观点，确实因1770年"灾难性"的饥荒而强化了，它加剧了劳动力的缺乏，并无疑因此增加了那些幸存下来的人讨价还价的力量。见乔杜里（Chaudhuri, 1976, 290~292）。

⑮ 当然，在莫卧儿（Mughal）统治下就有着地主（Zamindars）制度，但是他们没有行政（guiritary）权，在任何情况下，除了为"钱袋"；他们在农业剥削制度中的角色一直是"次要的"［穆斯维（Moosvi），1977，372］。

⑯ 尼尔（Neale, 1962, 69）。

⑰ 见巴塔查尔雅（Bhateacharya, 1983, 308），对孟加拉的地主（Zamindars）使用部落的劳动力的论述。乔杜里（Chaudhuri, 1976, 320~323）也描述了招募移民劳动力，包括部落成员和穆斯林。

⑱ 古普塔（S. C. Gupta, 1963, 126）。

⑲ 见穆克哈吉和弗里根堡（Mukherjee & Frykenberg, 1969, 220）。

⑳ 不列颠议会文件（BPP），文件记录（1861，XV）。

㉑ 辛哈（Sinha, 1970, 21~22）。

㉒ 辛哈（Sinha, 1956, I, 199）。

㉓ 见恩布里（Embree, 1962, 105~108）。

㉔ 侯赛因（Hossain, 1979, 324, 330）。她说随着时间推移，存在着"生产组织的进一步压榨，和由此促进的等级结构的加强"（345页）。

㉕ 阿拉萨拉特南（Arasaratnam, 1980, 271）。

㉖ 阿拉萨拉特南（Arasaratnam, 1980, 262）。"这种由英国公司带来的变化倾向是使纺织者成为工资工人"（280页）。

㉗ 不列颠议会文件（BPP），委员会报告（1848a, 83）。

㉘ 赛拉米丁（Serajuddin, 1978, 320~321）。

㉙ 辛格（Singh, 1974, 283）。

㉚ 库马尔（1965, 75~76）。确实，她说持久性的另一个解释因素是种姓（caste）制度。但这确实解释了奴役在那时增强，而没有解释在没有种姓制的其他地方类似奴役的发生。也许种姓制在这个时期采取了这种形式，后者是这种奴役的一个结果而不是一种原因。

㉛ 见康菲诺（Confino, 1963, 197）。他谈及了俄罗斯欧洲部分的 20 个"省"（guberniya）。强制劳役制（Barshchina）从 1790 年代的 50%上升到 1850 年代的 70%。见雅内（Yaney, 1973, 151）和凯泽维特（Kizevetter, 1932, 636）。杜克斯（Dukes, 1977）认为 19 世纪早期俄罗斯的这种农奴制的情况事实上可以与同时期美利坚合众国的奴隶制相比较——在道德上、政治上和经济上。

㉜ 康菲诺（Confino, 1963, 229）。布卢姆（Blum）将这种变化的时间定得比 1762 年早一点。它开始于彼得大帝（Peter the Great）时"统治者加强了农奴制的束缚"（1961, 277）。强迫劳役制（Barshchina）特别遍布于俄罗斯黑土地区、白俄罗斯（White Russia）、乌克兰（Ukraine）、伏尔加河（Volga）地区和东部大

草原。世纪末标志着"农奴经济制度发展的高峰"。在那时,"它消耗了农奴劳动时间的主要部分(也就是一星期五到六天),留给他微不足道部分的时间供他维持自己的生存"〔利亚什琴柯(Lyashchenko),1970,277,314〕。

⑬ 卡汉(Kahan,1966,46)。

⑭ 卡汉(Kahan,1966,54)。关于农奴负担的下降,卡汉认为是从 1730 年代到 1790 年代。朗沃思(Longworth)认为,甚至在这个时期,只以免役租和人头税为根据来统计的这幅图景也是"不令人满意的","这没有算进去劳役、间接税、土地资源、盗用公款,也没有算上累积拖欠的人头税的影响"(1975b,68,注脚 14)。

即使如此,卡汉的论点仍然站得住脚。免役租和人头税是在下降。但正是这导致了一场反击:"到 1760 年代地主们感到他们是处于环境的困境之中:粮食的价格和生活的费用上涨了,而财产收入相对于购买力却保持停滞或下降。他们相信解决所处困境的办法在于有更多可利用的粮食,不管是低价购买,或是可以以更大利润可供在农业市场上出售的剩余产品……他们相信增加收入的一条途径是迫使农民留在乡间,并比起从事其他职业来更宁愿耕作土地"〔里夫(Reaff)1971a,97〕。

⑮ 见康菲诺(Confino,1961b,1079,1094~1095)。

⑯ 拉兰(Laran,1966,120)。

⑰ 见布卢姆(Blum,1961,343)中肯的批评。

⑱ 见卡汉(Kahan,1966,50)。

⑲ 见康菲诺(Confino,1963,21~22)。

⑳ 雷夫(Raeff,19716,168)。

㉑ 勒东尼(Le Donne,1982,164)。

㉒ 雅内(Yaney,1973,135)。

㉓ 见波特尔(Portal,1950,131,注脚 1,及各处,131~174)。确实工业的起源是在 1716 年,当彼得大帝(Peter the Great)在遥远的乌拉尔(Urals)建立了工业企业,因为北方战争切断了他以前的供应者瑞典,他正与其进行战争。但是政府不久就丧失了兴趣,存留下来的工业是由少数私人企业家经营的,著名的有德米多夫(Nikita Demidov),见波特尔(Portal,1950,26,34,52~130)。

㉔ 福尔库斯(Falkus,1972,25)。

㉕ 有技术和无技术人员的比例大约为 1:3,或者说每 12 个专家和 20 个技术工人,就有 50 个学徒和 50 个"矿中青年人"。见波特尔(Portal,1950,258~259)。

㉖ 波特尔(Portal,1950,44)。

㉗ 见波特尔(Portal,1950,251~252)。利亚什琴柯(Lyashchenko)指出,许多制造商由分散的单位组成,包括由手工业者(Kustars)(或小家庭)在家中以

部分时间工作的可能性。

⑳ 见库塔索夫（Koutaissoff, 1951, 254）。

⑳ 见福尔库斯（Falkus, 1972, 24~25），波特尔（Portal, 1950, 47）。这些领有农奴占到总数的30%。在1736年，一个法令使他们"永远"附着于工厂。见库塔索夫（Kontaissoff, 1951, 259）。在1734年，女沙皇安娜·伊凡诺夫娜（Tsaritsa Anne Ivanovna）发布命令，任何开办一个铁厂的人，每个鼓风熔炉工厂可以得到100~150家国家分派的农奴，每个锻铁厂可以得到30家国家农奴。见布卢姆（Blum, 1961, 309）。布朗克（Blanc）谈到"在18世纪的第二个25年中劳动力的进一步强制化"（1974, 364）。

随着工业的增长更为重要，工人的状况继续恶化。见波特尔（Portal, 1950, 366）。在1797年，保罗一世（PaulⅠ）给予领有制工人的概念进一步在法律上的正规确认。在1811年，财政部（Ministry of Finance）正式区分了私人企业和领有制工厂。后者有从国家接受农民或土地，森林和矿藏的权利。见康菲诺（Confino, 1960a, 276~277）。

⑳ 如波特尔（Portal）所说，这只是"对自由的暂时征服，一旦逃跑，一个人对国家的关系就迅速结束了"（1950, 233）。也见布卢姆（Blum, 1961, 311）。

⑳ 见波特尔（Portal, 1950, 236~237）。

⑳ 茨切尔卡索娃（Tscherkassowa, 1986, 26）。

⑳ 这种制度正式提供了这种可能性，即农奴可以用一个代替者取代自己。一种只有在南部乌拉尔（Urals）才能实现的可能性，在那里自由的巴什基尔（Bushkir）人口中存在着潜在的代替者。见波特尔（Portal, 1950, 272~273）。"农民们同意支付高额的赔偿费以替换出他们，是他们厌恶在工厂工作的强有力证据"。

⑭ 见波特尔（Portal, 1950, 143）。

⑮ 见波特尔（Portal, 1950, 143）。直接的因素是农民的状况由于领主权的重新确立（上升）而突然恶化，由于派遣到工厂的农民的百分比的增长（并且在那里，领有制的和其他属于农奴者的工资要比作相同任务的契约工人的工资低）；由于监督管理的加强，由于食品价格的上涨的合并作用。见波特尔（Portal, 1950, 278~279）和利亚什琴柯（Lyashchenko, 1970, 279~280）。

⑯ 见布卢姆（Blum, 1961, 313）和波特尔（Portal, 1950, 337~341）。

⑰ 罗德尼（Rodney, 1967, 18）。关于从家内奴隶制到奴隶贸易，再到商品作物奴隶制在西非洲内部的次序关联，见艾格塞（Aguessy, 1970, 76）和梅拉斯索（Meillassoux, 1971a, 20~21, 63~64）。如艾格塞所主张的，这三个时期不是"完全分离的"（90页）。

⑱ 科皮托夫（Kopytoff, 1979, 65~66）。

⑲ 约翰逊［Johnson, 1976, 38, 注脚31；参见马丁（Martin），1972, 104］。但是

见费奇（Fage），他主张国内的奴隶制随着国家的发展进行，并"在15世纪欧洲人与西非洲的海上贸易开始之前已经发展得相当好了"（1969，397）。但乌佐伊格维（Vzoigwe）主张，由奴隶贸易造成的大规模农奴阶级是新生的。对这类奴隶就所知的程度，在此之前"数量一直是微不足道的"（1973，205）。洛夫乔伊（Lovejoy）的主张在某种意义上走得更远，他认为晚至17和18世纪，"尽管奴役，奴隶出口，和家内奴隶都在增长，奴隶对于经济和社会至关重要的地区仍是相对有限的……"（1979，36）。也见曼宁（Manning）："在19世纪奴隶制的巨大规模在几乎整个大陆是个新近的现象，它不能在时间上向以前推想"（1981，525~526）。最后，罗德尼（Rodney）主张"在上几内亚海岸（Upper Guinea Coast）18世纪晚期的形势在数量上和本质上"与家内奴隶制不同（1975a，293~294）。

⑳ 但泽（Van Dantzig）提醒我们，总的来说，人们既用奴隶来生产（这是奴隶抓捕的目的），抓捕奴隶，也出售奴隶。"一旦一个国家成为掠夺性的或从事出卖奴隶，它的未来就确定了"（1975，267）。一个后果是它的人口增长了——靠繁荣，靠不失去人口作奴隶，也许靠"移民"到一个繁荣地区，并非常可能是靠奴役。出售奴隶并没有"减少过多的人口"（226页），如费奇（Fage，1975，19）所认为的，出售奴隶地带有着作为奴隶贸易结果的稠密人口。

也见罗德尼（Rodney）："这是一个明显的事实，在上几内亚海岸（Upper Guinea Coast），大西洋奴隶贸易的最大代理人，曼德人（Mande）和富拉人（Fulas），是真正后来继续掌握国内奴隶贸易的部落，而它们的社会变得包括了大量剥夺权利的人在强制下劳动"（1966，434）。

㉑ 阿贾伊（Ajaye，1965，253）。但是我认为，"家庭内的"这个形容词是有一些误导的。因为我们实际上指的是树脂或棕榈油生产这类活动。见卡奇波尔和阿金约格宾（Catchpole and Akinjogbin，1984，53），他们指出在"出口商品"和这种"家内奴隶制"的高度协调一致性。类似地，在弗里敦（Freetown）和巴瑟斯特（Bathust），那里早在成功的压力之下停止了卷入大西洋奴隶贸易。法伊夫（Fyfe）指出，"仍需要一种国内奴隶贸易，以为蔬菜生产的收获提供劳动力。不再跨过大西洋出口直接为欧洲人工作，奴隶们现在在西非洲海岸内出售，间接为欧洲市场工作"（1976，186）。

克莱因（Klein）和洛夫乔伊（Lovejoy），在答复我1976年的文章时认为："我们修正了沃勒斯坦（Wallerstein）的论点，即注意到西非洲奴隶的密集使用。"这显示出"边缘化的过程比沃勒斯坦认为的在18和19世纪推进得更甚。"（1979，211，注脚103）。这很好地掌握了这篇文章的要点，除了我要说明，进行的是"合并"而不是"边缘化"。

㉒ 见阿格西（Aguessi，1970，89）的类似观点。

㉓ 见莱瑟姆（Latham，1971，604）。

第三章 巨大的新地带并入世界经济：1750～1850年

㉔ 对于基督教徒而言，借款给非洲人尽管有危险（给予贷款超出了"文明的"政府的文化疆界并首先是其司法疆界），其优点不只是支付的利息，还在于这个事实，借款给予出借者以相对其他购买者的竞争优势。借款的活动是为了确保对债务者的经营进行准垄断，这早在1677年就由王家非洲公司（Royal African Company）的冈比亚（Gambia）商站所表明了。[柯廷（Curtin），1975a，303]。也见马丁（Martin，1972，103）。

㉕ 莱瑟姆（Latham，1973，29）。确实，德雷克（Drake）相信，尼日尔河三角洲（Niger Delta）有能力维持一个大的内部网络，在埃克帕（Ekpe）的基础上建立一个它的信贷系统，"它虽然在起源上是传统的，却明显能够用于作为一个收集债务的代理者"（1976，149）。

㉖ 纽伯里（Newbury，1971，97～98；也见1972，85）。

㉗ 斯托亚诺维奇（Stoianovitch，1976，177）。

㉘ 麦高文（McGowan，1981a，72～73）。

㉙ 伊萨维（Issawi，1966，236）。

㉚ 辛哈（Sinha，1956，I，222）。不列颠人也将开始深入西藏（Tibet）（在1772～1774年）"以保持对中国的陆路畅通"［海厄姆（Hyam），1967，124］。因为廓尔喀人（Gwrkhas）威胁要关闭它，这是必须的。见马歇尔（Marshall，1964a，17）。

㉛ 钟（Chung，1974，412）。

㉜ "这使（不列颠的）有野心的制造商们恼怒，他们看到印度和中国的货物大规模地进口到伦敦并有着相应的出口，谴责完全集中在东印度大厦（East India House）的门口"［哈洛（Harlow），1964，II，489］。这是许多人所争论的问题，即公司的垄断性活动限制了私家贸易商扩大贸易网络。

㉝ "到1789年任何数量的原棉都停止从古吉拉特（Gujarat）向孟加拉（Bengal）出口了，但它转而大宗出口到中国。这种贸易的大量增长大约从1784年开始，当时庇特（Pitt）的减免法案（Commutation Act）（关于茶叶关税）使东印度公司大规模增加了在广州（Canton）购买茶叶"［奈廷格尔（Nightingale），1970，23］。也见穆伊和穆伊（Mui & Mui，1963，264）。

㉞ 辛哈（Sinha，1956，II，222）将白银停止向中国出口定在1790年代的某个时候，而格林伯格（Greenberg，1951，10）将1804年作为结束时期。马歇尔（Marshal）说"到18世纪末，印度（与不列颠的）贸易的增长，不考虑到广州（Canton）创造的需求和机会，（就变得）不可解释了"（1964a，16）。

㉟ 见格林伯格（Greenberg，1951，80～81，82）。

㊱ 格林伯格（Greenberg，1951，111）。既然棉花的利润是低而不可靠的，"没有其他商品能够像鸦片那样有利可图，它几乎不需要投资"［钟（Chung），1974，422］。也见辛哈（Sinha，1970，27）。到1821年，鸦片取代茶叶成为这种三角

贸易的首要货品（钟，1974，420）。而到1840年，印度出口到中国的鸦片超过出口棉花的三倍［费伊（Fay），1940，400］，也见欧文（Owen，1934，62，及其后）。

㉛ 见格林伯格（Greenberg，1951，141，198~200，214）。

㉜ 梅拉斯索（Meillassoux，1971a，13，57）。它在1870年代达到高峰，它的价值相等于西非洲海岸在1860年代的棕榈油贸易。见纽伯里（Newbery，1966，245）。

㉝ 威尔克斯（Wilks，1971，130）。豪萨（Hausa）与海岸的联系可回溯到18世纪初［科尔文（Colvin），1971，123］。但是它们在19世纪大规模增长。

㉞ 见马丁（Martin，1976，2~3）。

㉟ 例如，在描述凯约（Kayor）和博尔（Boal）［位于现在的塞内加尔（Senegal）/马里（Mali）］的形势时，贝克尔（Becker）和马丁（Martin）观察到："资料有力地表述了奴隶贸易和内部的混乱之间存在着强有力的联系"（1975，272）。他们继续说，"对这些农民反抗进行考察——显示出它主要不是国内政治问题，而是对首领参加大西洋贸易的后果的特有反应。叛乱的目标是结束'掠夺'和奴隶抓捕"（291~292页，注脚31）。

㊱ 沃尔德曼（Waldman，1965）讨论了弗迪奥（Uthman dan Fodio）如何将许多动机结合到一起来吸引支持，其中只有一个是被压迫者反对压迫者，这个因素霍金（Hodgin，1960，80）强调过。拉斯特（Last，1974，10）主张，农民们和商人们"很少卷入"圣战运动（jihad）。但是，希斯凯特（Hiskett）详细解释（1976，136~139）了圣战运动的社会和经济背景，包括"奴役的暴力进程"，和欧洲人用海岸上的贝壳的流入引起的子安贝（cowrie）货币的通货膨胀。

当乌玛尔（Al Hajj Umar）运动过去75年之后，奥罗朗提姆辛（Oloruntimehin，1974，351~352）批评苏里-卡纳尔（Suret-Canal，1961，191~192）认为阿尔"哈吉"乌玛尔是在反贵族的基础上动员他的追随者的看法，主张是在"宗教因素"的基础上。拉斯特（Last）说乌玛尔与法国人的斗争"不是他圣战运动的核心"（1974，21）。希斯凯特（Hiskett）也是在某种程度上更为接受社会论点，但只是在一点上。圣战运动"发生在法国殖民渗透到西非洲的高潮期间，结果它通常表现为反对欧洲殖民主义的抵抗运动。这样一种解释，虽然不是完全无用的，也是过于简单的"（1976，155）。

㊲ 见洛夫乔伊（Lovejoy，1979，42）。

㊳ 坦博（Tambo，1976，204）。他论述索科托（Sokoto）的哈里发国（caliphate）是那时贝宁和比夫拉海湾（Bights of Benin and Biafra）奴隶的主要来源。也见克莱因和洛夫乔伊（Klein & Lovejoy）："在森林地区，到19世纪大规模的生产也是常见的。在阿散蒂（Asante）的库马西（Kumasi）周围可以发现种植园，和成千的奴隶用于金矿……在达荷美（Dahomey）和约鲁巴（Yoruba）国家，

政府同样卷入了在农业和贸易上依靠奴隶劳动的大规模生产……在伊格博土地（Igboland）东北部的新农业土地上，洋山芋种植园是常见的。在伊格博国家的中部种植棕榈树，北方边疆就成了食物的一个重要来源。一种类似的模式出现在卡拉巴尔（Calaber）邻接的内陆中。”（1979，197）。

245 奥斯汀（Austen，1979，60~61，图表 2・7），博亨（Boahen，1964，128）估计妇女奴隶占 60%，10 岁以下的儿童占 10%，并说男人主要用作阉奴。也见姆博科罗（M’Bokolo，1980）。

246 见洛夫乔伊（Lovejoy，1979，1267~1268，也见 1978）。梅拉斯索（Meillassoux）报告说（1971b，184~186）在大草原地带更西部有类似的现象。

247 梅拉斯索（Meillassoux，1971a，74）。

248 在沃勒斯坦和卡萨巴（Wallerstein & Kasaba，1983，338~345）中，这个论题得到详细得多的论述。

249 关于贵族（Ayans）在提玛尔（timar）的作用衰落时的兴起，见苏切斯卡（Sucéska，1966）。

250 海德（Heyd，1970，355）。

251 卡帕特（Karpat，1972，355）。

252 见艾比尔（Abir）：“奥斯曼中央政府的权威与权力在 18 世纪后半期和 19 世初迅速衰落……在企图以牺牲中央政府来巩固他们的自治的瓦利（Valis，地方总督）中，埃及的阿里（Mohamed Ali）是格外突出的……阿里的扩张得益于奥斯曼帝国中普遍存在的衰弱和不稳定。对他来说不幸的是，这与不列颠人对这个地区兴趣的增长是同时存在的”（1977，295，309）。

253 斯基奥提斯（Skiotis，1971，219）。贵族们（Ayans）现在形成了“对奥斯曼国家最危险的挑战”[耶拉维奇和耶拉维奇（Jelavich & Jelavich），1977，16]。对于在富饶新月地（Fertile Crescent）同样的现象，见霍拉尼（Hourani，1957，93~95）。

254 布达（Buda，1972，102）。关于在大马士革（Damascus），阿勒颇（Aleppo），和圣城（Holy Cities）的地方政权的类似联合基础（地主们和商人们），见霍拉尼（Hourani，1968，52~54）。

255 见卡帕特（Karpat，1972，243~256）。

256 伯克斯（Berkes，1964，92）。

257 布劳德和刘易斯（Braude & Lewis，1982，19）。他们继续说：“在 18 世纪末和 19 世纪初，希腊的（Greek）的海员和商人团体大规模繁荣起来。奥斯曼的旗帜，在革命和拿破仑战争的一些关键年代中是中立标志，给了他们大量商业上的好处；奥斯曼帝国这个时期松弛和高度非集权化的行政管理，使他们有机会经营他们自己的行政，政治甚至军事机构。治理希腊大部分地区的统治者和豪门大部分是穆斯林。但是他们管理着大部分是希腊人的公国，由希腊人的大臣和代理人服务，甚至使用希腊人军队。马赫穆德二世（Mahmud II）恢复奥斯曼中央政府的直接权力的企图，于是就在实际上表现为严重地缩减了希腊人已经享有的自由。"

  应当提到马赫穆德二世花了一段时间来推行他的改革计划。由于鲁斯屈克（Rusccuk）的贵族（Ayan），穆斯塔法帕夏（Alemdar Mustafa Pasha）在他1807年攫取权力上起了很大作用，马赫穆德二世事实上是在1808年发布《改革敕令》（*Senedi Ittifak*）开始他的统治的，他授予贵族（Ayans）们在他们在鲁梅利亚（Rumelia）和安纳托利亚（Anatolia）的领地以大量的自由，这被卡帕特（Karpat）认为是一个"屈辱的让步行动"（1974，275）。

㉘ 见达金（Dakin，1973，56）。

㉙ 见托多罗夫（Todorov，1965，181）。

㉚ 霍洛维茨（Hurewitz，455-456；1961b，141）。他说："奥斯曼人认识到与欧洲建立完全的外交互惠关系是这个欧洲国家体系进入世界体系的过渡的重要步骤。"

㉛ 见安德森（Anderson）（1984，xv）。

㉜ 在卡洛维兹（Karlowitz），一个威尼斯的参与者鲁西尼（Carlo Ruzzini）注意到在奥斯曼人谈判的方式作了特别的改变。他强调他们对"参与者的平等"的接受度，愿意认可方式上的差别，和他们对"沟通规则的考虑"。无论如何，这不是奥斯曼的自我图像。他们想要确定"没有一个同盟国（Allies）能够对'古代'逐字口授的沟通程序提出改变"。

㉝ 埃诺契克（Inalcik，1971，1180，1185）。

㉞ 见巴黎斯（Paris，1957，93~101）。但是在1768~1789期间，当法国不再能有效地援助反抗奥斯曼/俄罗斯的攻击，和法国的商业联系就缩减了，且英国也开始以贸易伙伴的身份兴起（pp.104~106）。

㉟ 见哈奇森（Hodgson）（1974，III，142）。

㊱ 伊沙维（Issawi）（1982，262）。即使在农业上，虽然穆斯林人较有支配力（土耳其在安纳托利亚，阿拉伯在西亚），粟黍仍是重要的，特别是棉花，它已经变成"农业上最快速增长的区域（p.263）。"

㊲ 海德（Heyd，1970，I，356）。吉卜（Gibb）和鲍文（Bowen）提出比这时期更早时奥斯曼帝国统治阶层的领导者就已没有低于欧洲的感觉。"只因为两场战争灾难似的经验，其一是由1767年到1774年，另一场由1788到1792年，这就会导出态度的转变（1950，19）。"

  再加上对凯纳尔贾（Küçük Kaynarca）的军事措施，卡帕（Karpat）提醒我们它的经济后果："黑海到俄罗斯的开放，和借由凯纳尔贾和贾西（gassi）在1774和1792年的和平条约，伴随其同一海域的北海岸领地的损失，都剥夺了奥斯曼国家的主要经济基础。黑海已经成为排除奥斯曼贸易的区域，这点弥补了法国和不列颠对地中海商业的支配权（1972，246）。"

㉘ 霍洛维茨（Hurewitz，1961a，460）。在1792年，第一位永久大使要被派驻海外，法国是合理的选择。"无论如何，在考虑上，这个举动怕也可能冒犯到其他那些与法国开战并可能因而拒绝接受奥斯曼使者的欧洲国家"（Naff，1963，303）。在伦敦设立使馆之后代之而起的是1794年在维也纳设使馆，1795年在柏林，1796年在巴黎。参见肖（Shaw，1971，187~189，247~248）。

外交的互惠措施也包含奥斯曼晚期在其大使出使苏丹时的错误条约。不列颠的大使在1794年报告说："有别于之前已经传达给王室首领的公使苏丹人的愠怒和轻蔑的自尊表现，我从当朝王子那里受到宽大殷勤的接待，一如我从其他任何欧洲主权那里所能期待的那样。"〔记录在贺拉尼（Hourani）的报告，1975，116〕。

在西欧和中国之间的外交互惠只用于1875年，而1870年与日本，1862年与波斯。"相对的，所有主要的欧洲强权和一些较小的国家，也在18世纪末之前在伊斯坦堡（Istanbal）保有外交任务。"（霍洛维茨，1961b，144~145）。

㉙ 肖（Shaw，1971，178~179）。

㉚ 在1784年，韦热纳（Verrgennes）指令法国大使舒瓦瑟尔-古菲埃（Comte de Choiseul-Gouffier），提供给土耳其人（Turks）军事使团，帮助他们"革新他们的武器"〔罗什（Roche），1985，84~85〕。

㉛ "波拿巴（Bonaparte）远征最直接的后果，就是将奥斯曼帝国政府（the Porte）推向法国的敌人，大不列颠和俄罗斯……就这样波拿巴的轻率赌博以法国在中东的地位和价值为代价，而这是几个世纪才建立起来的。"〔肖（Shaw），1971，262~263〕。

㉜ 美利坚合众国也是如此，见厄尔（Earle，1927）。

㉝ 见芬德利（Findley，1980，126~140）。芬德利（1972，399~400）却相信塞利姆（Selim）的"短命"革新起了奠定基础的作用。关于马赫穆德二世（MahmudII）的贡献，这"也应给予其公正的评价。"见伯克斯（Berkes，1964，92）。

㉞ 见耶拉维奇和耶拉维奇（Jelavich & Jelavich，1977，22）。

㉟ 通过这么做，他们也排除了奥斯曼人从俄罗斯寻求帮助的任何进一步需要。这样就破坏了1833年的洪克尔/伊斯凯莱西（Hünkâr-Iskelesi）条约，它准许了俄罗斯人的要求，在战争情况下关闭达达尼尔（Dardanelles）海峡。见普里尔（Puryear，1935，第3章）。

㊱ 见普里尔（Puryear，1935，123~125）。

㊲ 芬德利（Findley，1980，341），伊那尔契克（Inaljik，1971，1187）谈到它将奥斯曼帝国变为完全开放的市场，这正当欧洲机械化工业为它们的产品寻求销路的时候。在随后十年，地方工业垮台了。卡帕特（Karpat）谈到（1972，

247），它给予不列颠"对于国内制造业无可争辩的竞争优势"，因而导致了奥斯曼国家经济的彻底崩溃。伊萨维（Issawi）提醒我们，建立这种"事实上的自由贸易区"是一种模式的一部分；"不列颠政府，特别是帕麦斯顿勋爵（Lord Palmerston），——迫切地要让阿里（Muhammed Ali）回到原来的地位。"并且应用于土耳其的这种经济政策接着在1841年用于伊朗（Iran），在1842年用于中国，在1856年用于摩洛哥（Morocco），这就是所谓"自由贸易帝国主义"（1980b，125）。

㉘ 见康恰尔（Kancal，1983），但是见库尔姆斯（Kurmus，1983）的质疑。

㉙ 见普里尔（Puryear，1935，104~105），他认为："阿里（Muhammed Ali）是对的；从长期来看，英国——土耳其商务协定对土耳其的伤害比对埃及大。"

㉚ 引自考伊曼（Köymen，1971，50）。

㉛ 伯克斯（Berkes，1964，137）。也见芬德利（Findley）："改革者们到1830年代末看来已经相当清楚地掌握了革新性改革所包含的向合理法制秩序运动的程度……（证据是）拉希德（Mastafa Resid）当时将欧洲支持帝国反对阿里（Muhammed Ali）理解为奥斯曼国家'进入欧洲法权体系'（dans le drolt européen）的事件。"（1980，163）。

㉜ 法利（Farley，1872，161）。

㉝ 见哈比卜（Habib，1963，319~338）。

㉞ 钱德拉（Chandra，1972，XIIV）。

㉟ 阿里（Athar Ali，1975，388）。

㊱ 古普塔（Gupta，1963，28）。

㊲ 乔杜里（K. N. Chaudhuri，1982，395）。当然鲍林（Perlin）十分正确地强调了欧洲人对这些"机会"本身有所作为的程度。"这些在边疆和新近获得的领土上无政府和无秩序状况，激起了不列颠人如此之大的在道德上的愤慨，使最终的军事行动显得合乎正义，造成了他们参加这些侵略运动的结果，无论从长期和短期看都是如此。"（1974，181）。也见沃森（Watson，1978，63~64）。

㊳ 斯皮尔（Spear，1965，79）。她继续说："于是主要的印度武装力量被集中并恢复了平衡，如古典时代那样，变为少量的高度有训练的步兵。"当然，欧洲的海军力量在印度洋贸易中长期占有优势。葡萄牙人在16世纪用他们优越的海军力量打破了穆斯林的垄断。见博克塞（Boxer，1969，46）和乔杜里（Chaudluri，1981，230），后者认为"卢济塔尼亚人（Lusitanian）使用了暴力的方法。"蔡尔德爵士（Sir Josiah Child）在17世纪解释莫卧儿人（Moghal）不能与英国人进行战争，因为英国人能够在那时"阻断他们与所有东方国家的贸易"，这就会给他们带来饥饿和死亡［引自伍德拉夫（Woodruff），1953，73］。普拉卡什（Prakash）指出，荷兰人（Dutch）能够强加给印度商人一种"护照""制度"，（允许在指定港口贸易和免受海岸攻击），因为"莫卧儿印度几

乎完全没有海军力量"（1964，47）。但是所有这种海军力量都不足以改变印度次大陆的生产或政治结构。

㉘⁹ 布特尔（Butel，1978b，102）。

㉙⁰ 古普塔（Das Gupta，1967，113）。并且，铁普（Tipu）是绝对正确的。当铁普在1789年攻击特拉凡哥尔（Travencore）时，康沃利斯勋爵（Lord Cornwallis）曾一直寻求和平解散了孟买省府（Bombay Presidency），（也就是放弃了西部印度），到1790年改变了他的立场。"（康沃利斯）这些相当模糊的想法，将西印度恢复到迈索尔（Mysore）兴起之前的状况，产生了一种坚定而明确的合并政策"奈廷格尔（Nightingale，1970，58）。

㉙¹ 马歇尔（Marshall，1975b，30）。

㉙² "政治的或帝国主义的冒险在印度会使得在国内的东印度公司感到不快，由于同样理由在早期开办新工厂也不受欢迎，它们会使经常性的开支费用增加，而带不来直接的财政回报"（乔杜里，1978，56）。并且，如罗瑟蒙德（Rothermond）所说："欧洲的工厂介入印度经济内部有着足够的效率，不需要领土的统治"（1981，88）。

㉙³ 哈洛（Harlow，1964，1）。

㉙⁴ 这幅图景在事实上更为复杂。沃森（Watson，1980a，81）区分了五种类型的私家贸易商：公司的服务人员，印度—欧洲航船的指挥和海员，居住在东方的自由商人，私贩商，和公司雇用的印度银行家和商人。

㉙⁵ 马歇尔（Marshall，1975b，43）。

㉙⁶ 见恩布里（Embree，1962，62）。当然，黑斯廷斯（Hastings）派不只在印度，并且在不列颠有着政治力量。见菲利普斯（Philips，1961，23~24）。

㉙⁷ 马歇尔（Marshall，1975a，470）。

㉙⁸ 沃森（Watson，1980a，179，189）。沃森进一步指出，一种英国人的"国家利益总是体现在"东印度公司从一开始的商业中。"大量公众在1708年之后卷入东印度公司反映了在英格兰这种信念的力量"（361页）。

㉙⁹ 见巴格奇（Bagchi，1976c，248），甘古利（Ganguli，1965）和阿拉萨拉特南（Arasaratnam，1979，27）。辛哈（N. K. Sinha）说："在1757年孟加拉（Bengal）的白银储备不只没有得到补充，而且大多数通过各种渠道流失了"（1956，14）。

㉚⁰ 凯恩和霍普金斯（Cain & Hopkins，1980，471）

㉚¹ 吕提（Lüthy）在叙述印度公司（Compagnie des Indes）与法国政府的关系时，掌握了这种不同："对法国政治而言，只代表一种，当它没有成功或变得过于耗费时就可轻易放弃……确实，从奥地利王位继承（Austrian Succession）战争到拿破仑战役，当这场竞争在很久以前对法国而言已经失败时，每场新斗争都会见到法国的官方人员、军官和雇佣军首领（condottieri）与印度王公缔结联盟，在印度重新开战。正是这种持续出现的威胁，使英国人的征服不可逆转，

使英国人不能听之任之,即使他们有这种希望……对于英格兰,在欧洲大陆进行的战争才是牵制"(1960,860~861)。也见穆克哈吉(Mukherjee,1955,85)。

302 哈洛(Harlow,1964,18)。见博尔顿(Bolton):"东印度公司的富人们(nabobs)证明像英裔爱尔兰人(Anglo-Irish)和美洲殖民者那样是隶属英国政府的一个大难题。他们希望不列颠纵容他们以一个海外社团掌握主权,他们只有当白厅(Whitehall)的权力在同他们一步步作斗争中扩张时才被控制。"(1966,196)。

303 引自哈洛(Harlow,1940,142)。

304 在关于《印度法案》的发言中,庇特(Pitt)最详细地阐述了他的目标:"首先和主要的目的是小心防止政府的野心和致力于征服……商业是我们的目的,并且要进一步予以扩展,和平的制度应当占有优势,并且还要有一种防卫和怀柔的制度。"因此,监督董事会(Board of Control)应当监督董事院(Court of Directors),"在法律能够允许的范围之内在印度进行掠夺的时代完结了"[引自奈廷格尔(Nightingale),1970,8]。

305 见辛哈(Sinha,1956,219)。

306 斯皮尔(Spear,1965,113)。斯皮尔还加上了两个动机推动进行统治:"更多希望的到来"和既得利益。正如钟(Chung)所说明的:"茶叶给印度的获利者提供了一个很好的手段,将不列颠在印度的钱转变为不列颠在国内的钱"(1974,416)。

307 特里帕塞(Tripathi)称这为"在1793年唯一可能的(态度)",即是"在不列颠曾进行过的最大战争的前夕"。他又说,"一种新制度完全会使公司的存在濒于危境,而它到那时还有着虚幻的优势"(1956,32~33)。

308 见菲利普斯(Philips):"在1793年与法国战争的爆发在商业世界造成了大动乱……在东方海洋中法国的私掠者从波旁(Bourbon)岛和毛里求斯岛(Mauritius)出发进行军事行动,掳获了更大量印度建造的私人船只,特别是在1803年到1809年间。无疑地,假如印度贸易在1793年对不列颠私人贸易商开放,他们就会遭受惨重的损失"(1961,99)。公司的贸易由护航加以保卫。

309 科恩(Cohn,1961,621)。关于居留法(Settlement)的条款,见赖特(Wright,1954,212),他引用会议记录(Minutes):"为了简化土地持有者对农民(Ryots)或土地耕种者的要求,我们必须从确定政府对前者的要求开始。"古普塔(Gupta)说最重要的目的,除了确保财政收入外,是"促进耕作向巨大绵延的荒地上扩展,并由此促进这个省份的贸易"(1963,72)。

310 见特里帕塞(Tripathi,1956,132~136)。这当然被奈廷格尔(Nightingale)称为"私家贸易商的帝国主义"(1970,127)所加强。关于制造商的利益,见奈廷格尔(Nightingale,1970,236~237)。

311 弗利肯堡(Frykenberg,1965,24)。

第三章 巨大的新地带并入世界经济：1750~1850 年

㉜ 德希奥（Dehio，1962，94~95；也见 93~107，各处）。

㉝ 见萨姆纳（Sumner，1949，59）和安德森（Anderson，1978，77~78）。

㉞ 卡汉（Kahan，1974a，222）。卡汉认为，对外贸易扩张最突出的因素之一，（是）需要彼得大帝（Peter the Great）活跃的对外政策的支持，这造成了几乎没有停顿的战争，包括与瑞典的北方战争，和与奥斯曼帝国及波斯的战争，（223 页）。这样卡汉就暗示出一个序列：战争的需要导致赋税增加，再导致商品作物的增长。但是这些"战争需要"从哪里来呢？确实北方战争的发动原因包括有某些瑞典人看到彼得企图组合进世界经济，也许从长远看会牺牲瑞典的担心。见沃勒斯坦（Wallerstein，1980，218~222）。而与奥斯曼帝国和波斯的战争的目标是确保俄罗斯在这个世界经济中更强大的作用。卡汉指出（见 224~225 页），对这种企图的束缚之一是俄罗斯商人不能在与西欧商人进行贸易时在信用方面与其竞争。后者更易于使用资本市场，保险费和船运费率更低等等。然而，在与奥斯曼帝国、波斯和中国进行贸易时，俄罗斯商人发达起来。俄罗斯以一个典型的半边缘地位出现。见福斯特（Foust，1961）。

㉟ 见雅尼（Yaney，1973，7），他详细阐述了在凯瑟琳二世（Catherine II）统治下和以后在 19 世纪继而进行的步骤。

㊱ 见雷夫（Raeff，1966，38~47）。这个步骤被认为改变的不只是军队。雷夫认为："在一个现代化的合理化和官僚化的机构中服务，教导给贵族这样的思想，明确的指令环节、等级制的相隶属关系和绝对地服从是好的政府机构的本质性的东西"（49 页）。雅尼（Yaney）也说："在军队中俄罗斯的乡绅能够在一个制度化的组织的框架内与俄罗斯农民一道工作"（1973，61）。

波特尔（Portal）总结出这种经验最重要的会议："（贵族）将这些军事和政策思想带到领地的管理之中。他强加给农民的是一种监护政策，使理论上的象征是'村杜'（mir）这种相对自由的机构变形。这种团体选出的领袖变成了领主的代理人"（1963，10）。

㊲ 安德森（Anderson，1978，6）。塞顿-沃森（Seton-Watson）对此强调的甚至更为有力："但是俄罗斯帝国［彼得（Peter）发明的称号］现在无疑是欧洲的大强国之一"（1967，10）；也见费多罗夫（Fedorov，1979，137）。

㊳ 克拉克拉夫特（Cracraft，1980，544）。

㊴ 托克（Torke，1971，457~458）。基普（Keep，1972）批评了托克的观点，托克作了回答（1972）。苏联（Soviet）学者大多数认为，在 1760 年代在俄罗斯"建立了资本主义制度"［德鲁泽尼娜（Druzhinina），1975，21a］。也见巴伦（Baron，1972，717）论重要的 1965 年文件，《在俄罗斯从封建主义向资本主义的过渡》（*Perekhod of feodo Lizma K Kapitalismu v Rossii*）。

㊵ 见雅尼（Yaney，1973，69）。格里菲思（Griffiths）主张，凯瑟琳（Catherine）和她的顾问们理解到，俄罗斯"在实质上落后于"西欧的先进国家，并且通过

— 231 —

㉑ 明智的立法人们能够跨越这道鸿沟，使得这种落后"成为短暂的"（1979，471）。

㉑ 雅尼（Yaney，1973，59）。

㉒ 见克伦德宁（Clendenning，1979，145~148，156）。

㉓ 戴克（Dyck，1980，455）。

㉔ 马丁利（Garrett Mattingly）的这个用语为勒东尼（Le Donne，1983，434）应用于凯瑟琳（Catherine）的政策。公平地说，凯瑟琳确实投入"大量精力于……鼓励国家的商业航运"［阿斯特罗姆（Aström），1983，156］。

㉕ 格申克龙（Gerschenkron）将这个时期定为从彼得大帝（Peter the Great）开始，因为其政策"以非常现实的意识增加了农奴制度的有效性"（1970，91）。

㉖ 波特尔（Portal，1966，37）。

㉗ 朗沃思（Longworth，1975b，18）。

㉘ 见朗沃思（Longworth，1969，26~27，28）。

㉙ 见格申克龙（Gerschenkron，1970，28~29）。

㉚ 朗沃思（Longworth，1979，269）。

㉛ 麦克米伦（Macmillan，1979，171，176~177）。

㉜ 见西罗特金（Sirotkin，1970，71）。

㉝ 戴维森（Davison，1976，464）。

㉞ 费希尔（Fisher，1970，137）。

㉟ 见多伊诺夫（Dojnov，1984，62~63）。

㊱ 英尼克里（Inikori，1977，351）。他指出："不只是博尼（Bonny）贸易地区进口（在 1750~1807 年期间）了比西非洲其他地区绝对要多的枪支，并且也进口了远比每个奴隶出口所需的要多的枪支"（361 页）。

㊲ 理查兹（Richards，1980，57）。

㊳ 克莱因（A. Norman Klein，1968，211）。

㊴ 阿金约格宾（Akinjogbin，1967，209）。

㊵ 法因（Fynn，1971，28）。1831 年阿散蒂国（Asantehene）与麦克莱恩（George MacLean）［代表开普海岸（Cape Coast）商人委员会］的条约的主要成就，是要求阿散蒂国"声明联合的［芳蒂人（Fanti）］部落是脱离其控制而独立的"［麦特卡夫（Metcalfe），1962，140］。

㊶ 奥罗朗提姆辛（Oloruntimehin，1971~1972，34）。

㊷ 史蒂文森（Stevenson），1968，190；参见戴克（Dike，1956，38。但是诺思拉普（Northrup，1978，141~142）对这种名称有所保留。

㊸ "一旦在 18 世纪曾掌握了这种贸易最大份额的不列颠人决定放弃它，他们的利益就在于推动其他人同样放弃它"［阿贾伊和奥罗朗提姆辛（Ajayi & Oloruntimehin，1976，207）］。

戈雷（Gorée）曾经是法国在西非洲主要的贸易基地，它在1815年之后的时期是如此衰落，它只能靠将自身转变为一个自由贸易港才能存在下去。见朱卡莱里（Zuccarelli，1959）。总而言之，这种独家经营（Exclusif），虽然在1817年虚张声势地恢复了，但在1868年终被废弃。见施纳佩尔（Schnapper，1959，150～151，198）。

第四章插图 "杜桑将军将两封信交给英军将领"

格伦尼尔（Francois Grenier）所画。（1821）
巴黎：国家图书馆，版画部。

法国艺术家和平版印工，大卫（David）的学生圣马丁的格伦尼尔（Francisque-Martin-François Grenier de Saint-Martin，1793－1867）所画。他专门从事描述历史事件的绘画工作。这幅1821年完成的绘画表现了卢维杜尔（Toussaint L'Ouverture）将军在把两封信递给1798年在海地统率英国军队的一位将军。这些信指出法国政府特派员要求杜桑抓住英国将军，而杜桑拒绝执行命令，原因是他不能因食言而使自己蒙受耻辱。格伦尼尔说："这是一个高尚的回绝，"在画的下面，我们可以看到海地的图画，铭文是"自由、平等！"（Liberté，Egalité）。

第四章　南北美洲定居者的非殖民化：1763~1833年

从法律上讲，18世纪中叶，南北美洲一半以上的地域都是由欧洲国家的殖民地构成的。这些殖民地主要是英国、法国、西班牙和葡萄牙的。剩下的地域则处于国与国之间资本主义世界经济体系的管辖之外。到19世纪中叶，（当在原有的管理实体中进行了某些组合和分裂之后）这些殖民地实质上已经变成了独立的主权国家。此外，当时那些新独立的国家已经宣布在法律上拥有南北美大陆剩下的地域的权利。

很明显，这种对国家间经济体系面貌的重塑是卓越的。南北美洲的"非殖民化"（decolonization）是发生在欧洲殖民者的庇护下的。这一举动不仅仅排斥美洲印第安人，而且排斥移居到美洲的非洲人，尽管事实上在很多这类新的主权国家中，美洲印第安人和黑人在人口中占有相当的比例（甚至是大多数）。可以肯定，海地（Haiti）是个例外。正如我们将看到的那样，这个例外将在历史上扮演一个重要的角色。在任何情况下，这次"非殖民化"运动与发生在20世纪的第二次伟大的"非殖民化"运动有明显的区别。这种区别则恰恰体现在人口问题上。而人口问题必将决定那些最终成为主权国家的命运。

正确地说，或按传统的说法，非殖民化的故事是从1763年开始的，是"一个伟大的转折点"（a great turning point）。[①]七年战争（Seven Years' War）的结果，使英国有效地把法国从西半球赶了出去。这一事实本身使得西班牙和葡萄牙完全没有可能试图趁机利用面目一新的扩大的世界经济体系，也没有可能（重新）维护他们对美洲殖民地在经济上的真正控制。但是，英国的这一特别的胜利，实质上在南北美洲第一次提出了大国内部分赃不均的问题。正如我们知道的那样，关于分赃的争论将导致殖民者，先是那些到达北美的英国移民，然后是那些在西班牙属美洲的（Hispanic

America）和巴西（Brazil）的移民，寻求建立另外的国家的问题。

1763年英国面临这些问题，在一个重要的外交事件中很好地反映了出来，在导致签署《巴黎条约》（Treaty of Paris）的讨论中，一个重要的问题是英国是否会从法国那获得对加拿大或对瓜德罗普岛（Guadeloupe）的领土控制权。从讨论一开始，英国不能同时获得两个地区，但是英国可以有所选择的观点就被采纳了。那些要求保留对瓜德罗普岛控制权的不列颠人指出，这个小小的出产糖的岛屿远比荒凉的加拿大富饶得多。得到它将使英国繁荣，而对法国来说则是一个极大的损失。当然，这恰恰是当时生活在英国西印度领域的甘蔗种植者们的担心，因为他把瓜德罗普岛产的糖视为不受欢迎的竞争对手。他们的观点最终很有说服性。②

除了这个绝对的经济论争外，还有一场区域性的政治论争。提出保留瓜德罗普岛的人们指出，保卫加拿大对法国而言是一个长期不断的耗费精力的负担，法国的海军在打这样一场帝国主义战争方面不够强大。但是加拿大对英国北美殖民地人士态度的潜在影响比加拿大对法国在战略上的影响更重要。1761年5月9日贝德福公爵（Duke of Bedford）在写给纽卡斯尔公爵（Duke of Newcastle）的信中就指出：

> 我不知道法国的邻居对我们独立于母国的北部殖民地来说，是不是最安全的，我担心当这些殖民地对法国的担心解除之时，它们会对自己的祖国表示怠慢的。③

这一论断非常有远见性。此外，有一位英国殖民者发表了同样的见解："（殖民地）似乎希望加拿大就是法国，这便使这些殖民地（对英国来讲）是举足轻重的。"④

如果这场关于把加拿大留给法国的地缘政治性的论争没有展开的话，那是因为，除了西印度群岛（West Indeans）的甘蔗糖业对伦敦的利益有足够的分量之外，还有英国在领土征服方面的傲慢以及英国对殖民者的漫不经心。这些殖民者的"双重嫉妒"被认为是不断独立于母国的一种保证。但是，毫无疑问，最激烈的争论是关于国家财政的争论：

> 如果把最小的一块地留给在大陆的法国的话，英国便没必要保留一大批必须保持的常规部队，这将使英国节省一大笔开支。⑤

— 238 —

第四章 南北美洲定居者的非殖民化：1763~1833年

正如我们已经讨论过的那样，英国比法国更具有良好地控制国家财政的能力，这种能力是他们争夺霸权最后一场争斗中至关重要的一个因素。因此，这一论断可能和其他论断一样也具有远见性。

长期以来英国面临的问题一直是如何在自己的边疆内以及在国际关系范畴内建立一个强大的国家，而不至于产生公众财政负担过重的不良后果。七年战争使这个问题更加恶化。[6]沃尔波尔（Walpole）根据对光荣革命（The Glorious Revolution）"广泛一致的意见"而提出了"膨胀的极权政府（Leviathan of government）"的论断。这个膨胀的极权政府由于它腐败、善于讨好和大权独揽所造成的臃肿不堪而受到攻击。[7]"巴黎条约"签署后在世界上表现的新的实力关系（rapport de force）更使英国在两方面获利：由于法国的逐步衰亡而降低了军费开支；有可能把他宗主国国土以外征收的部分税收转嫁给英属北美殖民地的定居者。

但是，这些英国殖民者认为，巴黎条约具有一种几乎相反的含义。他们现在从对法国人（以及西班牙人）的恐惧中"解脱"出来了，他们因而可以为"向西扩张……而带来的权利和财富的大幅度增长"这一前景贡献自己的能力和资源。[8]因此，在英国本土居民和在北美的移民"闭口不谈他们取得的胜利"[9]的同时，他们从胜利中看到了相反的前景。英国人预见到一个帝国存在的"合理性"，因此试图"加强管制"。另一方面，移民们都期待着"放松强制"。[10]建立"一个更加高度控制的……帝国组织"[11]的那种需要对英国人来说仅仅是确保他们的成功的一个合理目标，而在殖民者们看来却是对帝国中现存的道德规范的根本性攻击。[12]尽管他们不会脱离大英帝国，但是冲突却是不可避免的。

大量关于在英属北美发生的革命的历史书籍都着重于解释革命前长期的经济、社会或是意识形态方面的趋向——各类史学家们说——这些趋向在1765至1776年间发生的事件中达到高峰，这些趋向因而使我们能够描绘出"美国革命"（American Revolution）的真正特征是什么。史学家们讲的大部分是正确的，正如他们解释的那样，对于美国革命的大部分论断是相对正确的。一切主要的政治事件都有长期的根源，尽管这些根源常常容易在回顾时（ex post facto）比当时更易辨明。但是这些长期的发展趋势不可能只能导致一种事实上真正发生了的特殊的（甚至被广泛地下了定义的）后果。但这并不是说那种后果在逻辑上看是来偶然的。当我们越来越强调特殊的后果时，我们宁可在计算过程中把越来越多的特殊因素包括在内，而这些因素很多无疑是关联性的[13]而不是结构性的。

最重要的关联性的整体变化要算是18世纪资本主义世界经济的重新扩张，以及英国有能力在与法国争夺霸权的斗争中取胜。但是关联性趋势对英属北美的形势更为独特。1720年以来，英属北美总体的经济状况一开始时便逐渐有所改善，而在1745年以后，发展更为迅速。[14]当然，扩张并不意味着均衡分配。一方面，这种扩张导致了在殖民地发生了"财富突然集中在部分人手中"，[15]这对殖民地社会变得"不那么有凝聚力，与此同时变得更加僵化"[16]的这一明显的矛盾进行了简单的解释。另一方面，这种经济扩张也使英国和殖民地私有贸易利益的敌对情绪尖锐化。英国资本扮演的角色甚至不断地伤害了殖民地比较富有的商人和种植园主。英国公司的"代理"取代了殖民地商人们的位置。在半个世纪过程中，"边际利润减少了，地区发展的可能性也没有了"。[17]

在这一时期殖民地商人遇到的困难日益增长，这使我们考虑"长期困扰的严峻问题"[18]的说法，即《航海条例》（Navigation Acts）强加给北美殖民地人的负担有多重的问题。对后来研究北美殖民地的历史学家们来说，这一直是一个长期困扰的严峻问题，但对当时的殖民地人民来说是个长期困扰的严峻问题吗？格林（Greene）认为，"殖民地"依从英国为其颁布的商业条款的"程度"说明，殖民地人民要有对这一条款"高程度的适应力"才行。听上去这一论点似乎很合乎情理，前提是我们认为要有高度的适应力才行。他还说，谈到繁荣的程度，很多人在保持他们与英国的关系问题上具有"强大的既得利益"。这种关于保持高度繁荣的说法又是一个似乎很合乎情理的假设。[19]自从哈伯（Lawrence Harper）第一个提供数据以来，如同很多这类辩论一样，假设的商业条款的"负担"一直是一个连续不断的有关数量的辩论，这是一个关于计算什么以及多少数量就是太多了的问题。哈伯最初的结论是：即使商业法是由一个制衡平等的政府"非常公正地"发布的，但是这些决定是以遥远的英国作出的，而"殖民地却处于一种不利的地位。"[20]除了后来围绕哈伯提供数据的价值量而展开的尖刻的辩论外，很大部分的讨论是集中在计算方面，也就是计算如果殖民地独立提前发生了的话，是否会有什么不同的结果。这也就是所谓的反事实假设。

这种反事实的假设文字是由托马斯（Robert Paul Thomas）于1965年提出的，而且直至今日仍在引用。托马斯认为，商业法带来的"最大负担可能仅仅是国家收入的1%强一点"㉒因此并不重要。普莱斯（Price）认为，托马斯提供的低数据甚至也是夸大其辞，因为有意义的生活单位是一个公司，而不是一笔交易。公司考虑一笔单独的交易的售价之外更多的成分。公司考虑普莱斯称之为"全面交易"的平衡（比如计算赊欠成本）这类事情。因此，即使在没有商业压力的情况下，他们很可能为固守传统的贸易中心而寻找"合理的商业理由"。㉓普赖斯的论点试图进一步削弱哈伯的论点，但事实上，他的论点却进一步证实了哈伯的论点。他提醒我们（特别是史诗式作家cliometricians），计算真正经济利润应放在更广泛的范围的地域和更长的时间之内。㉔

兰塞姆（Ransom）继续指出，把北美经济聚集在一起计算很可能掩盖了《航海条例》给不同地区带来的不同后果，而且它对南美国家的出口带来的影响非常坏。㉕托马斯在回答这一问题时赞同这一观点，并且承认这种论断很可能证明以"经济方式解释"美国革命的起因是正确的，因为这种经济上的悬殊很可能会导致产生一个"激昂的少数派"，这些人会对这种政治结局提出挑战。他甚至提出，当时很多事件，比如反对《货币条例》和《印花税条例》的人的举动都对这种解释提供了凭证。㉖那么这很可能就是要害之处。正如布罗茨（Broeze）对这一辩论所作的评论所指出的那样，在新经济史（New Economic History）可能提供计算真正经济增长的方法（布罗茨本人对这种做法根本不持敌意）的同时，它根本不能告诉我们任何关于如同人们感到的"负担"这类"主观意向"的问题。历史学家们对行为者情绪的假设"只能通过当事人所写的和所做的了解到并加以理解"。㉗《航海条例》的真正代价这一主题很可能会成为"一个使人极烦恼"的东西，㉘但是集体行为的动力这一主题却永远是个中心议题。

我们现在来讨论1760年代经济局势的问题以及美洲人是如何看待的。七年战争结束后带来的是一场战后经济衰退，㉙这是紧随七年战争的"前所未有的繁荣"㉚之后而发生的。这场经济衰退对几乎北美经济的各个方面——商人、种植园主、小农以及奴隶们，都带来了消极影响。

施莱辛格（Schlesinger）在他关于北美商人的经典研究中从这样一个前提入手进行分析，即《巴黎和约》签署之前的一个世纪，是北美商人的"黄金时代"。㉛因此，当英国企图重新组织帝国和"使殖民地处于一个更为附属的地位"㉜时，便在"实质上拖延了"战后正常的经济衰退和重整经济的发生。这样做便给予商人阶级"进行清醒思考的养料"。㉝商人们比任何

人对"1763年以后新的游戏规则"㉞都感到奇怪和愤愤不平。在自我保护方面,他们转向以不进口英国货物来进行解脱。㉟

与此同时,南部种植园主们遇到了麻烦。因为他们长期以来对苏格兰代理人(Scots)负有债务。1762年,信用贷款暴跌,这使得马里兰和弗吉尼亚的种植园主们受到冲击。㊱殖民地政府一直以称为"现金信贷"制的方式为他们现金支出筹措资金,这种制度包括为预期要偿还的税款发行纸币。㊲这一行动过程的扩大,使英国商人关心起债务证券的问题并导致在1764年《现金法案》(Currency Act)的通过。1767年的《现金法案》提出一种妥协的办法,即纸币对于公共债务来说将继续是合法货币,而对私人债务来说,再也没用了。殖民地种植园主是这方面蒙受损失的主要人物,他们因而"求助于政治"。㊳继1762年危机后在1772年发生了更严重的一场危机。在普遍存在的种植园主与殖民地人民紧张关系的前提之下,《现金法案》所带来的"心理上的影响"是非常重要的。它"持续不断地暗示",㊴殖民地依附于帝国政府在经济上首先损害殖民地人民的做法。

当时总的形势使小农和有权势的种植园主之间的关系更加恶化。正是在那个时期,较大的种植园主们正以这种或那种方式向英国政府挑战,而小农们却在本地区采取行动。这些区域性行动的作用是向本地权势们控制的"州级行政机构的权力进行挑战并削弱它们。"㊵在小农们参与政治煽动活动的同时,他们在一些地方使"爱国的行为"㊶激进化,而在另一些地方,他们又反对爱国行为。㊷很明显,小农们至少如同关心反对英国的斗争一样关心反对种植园主的斗争。

城市的穷人们最终也骚动起来。1763年以后,在都市里,特别是在波士顿,"经济不平等迅速地增长"。㊸1765至1775年间,波士顿"这个主要城市繁荣程度最低"。因此,在那些年代中,波士顿是"最激进的城市"这一点不是偶然的。㊹纳什(Nash)认为,"大部分社会力量"正是由于这些不满"才认识到革命很可能会创造一种新的社会秩序。"㊺

但是,对于英国来讲,1763年标志着一个转折点,比经济衰退更为重要。它标志着法国和英国争夺霸权的第二阶段的结束。但是,在英国于1763年原则上取得成功的同时,在1763至1815年间,在法国不再争夺这一问题之前,还要有一场最后的争夺。我们在上文中已经试图把英国最后的胜利置于重新制订的资本主义经济的扩张环境中(逻辑上的A阶段)。我们估计这个阶段大约从1730年代到(传统的)1817年。

第四章 南北美洲定居者的非殖民化：1763~1833 年

正如我们已经从 17 世纪（第二卷，第二章）荷兰的例子中看到的那样，霸权是一种状态，在这种状态下，霸权国家并不惧怕来自其他核心国家经济方面的竞争。因此，它倾向于满足最大程度开放的世界经济。这一政策就是一些历史学家们称之为非正规帝国（也就是非殖民化的帝国主义，甚至是反对殖民的帝国主义）采取的政策。在英帝国机构的特殊形式下，这正是哈洛（V. Harlow）取名为建立"第二个"英帝国的结构的基础。哈洛认为，在 1763 年，《巴黎条约》签订之后，英国"在海上进行持续性地掠夺"，这些举动最初是出现在都铎（Tudor）统治时期。这样做的目的是在一连串的贸易港口和海军基地的基础上，创造一个贯穿太平洋和印度洋的"商业交换网络"，但是这个网络不是建立在殖民地基础上的。印度在这一模式中是个例外，我们已经讨论过这个问题。

"头号"英帝国的"旧的"殖民地在何处符合这个架构呢？这些"旧的"殖民地主要是在南北美洲。正如哈洛讲的那样，在 18 世纪后半叶，由于同美国殖民者的争吵变得激烈了，"英格兰激进的经济学家们鼓吹一个令人吃惊的主张，就是希望政治分离是尽善尽美的。"[46]但是这种观点在政治决策者中是否很普遍呢？我们没有什么证据可以证明事实如此，特别是在政治分离进程的开始。也许一个小小的事件可以证明这一观点是构成伯克（E. Burke）关于美国革命论断的基础。[47]但是，总的来讲，政治家们很少是大胆、有远见卓识的发明家。大多数资本家也一样。当时的投资者们没有表现出"注意到"在大陆贸易帝国和西半球殖民地制度之间"进行选择的需要"。相反，他们在那些"有可能获得利润的地方"投资。[48]

但是，问题不是在远见上。结构性变化，根据他们自己的需要，将会缓慢的，但决定性地改变态度和政策。造成美洲殖民者们烦躁不安的原因很多。但是英国政府在做出反应时发现自己处于这样一种形势下，即它在世界经济中势力的扩大迫使它考虑比以前更为广泛的利益。这就造成一种进退两难的局面。在这种情况下，正如马歇尔（P. Marshall）所说的那样，"困境是灾难的前提"，[49]或者那些在一开始看起来至少像是灾难的情况。

第一个困境是在政治上寻找解决办法方面陷入的困境。这种解决办法可以使在远方的白人殖民者当时开始提出的要求符合在英国本土保持内部政治平衡的需要。我们在前面讨论过 1688 至 1689 年光荣革命（Glorious Revolution）是大英帝国的英格兰政治势力之间达成共识的基础，也是在 1707 年通过《联合法案》（*Act of Union*）后，政治势力间意见统一的基础。⁵⁰传统上只为贵族服务的上议会在宪法中的权力是至高无上的，这就是，妥协在机构上的关键所在。上议会起的这种作用在而后的几世纪中受到了更多的限制。白人殖民者提出分散立法权力的任何要求不仅对英国对殖民地的集中控制是个威胁，而且对英国本土在宪法方面的妥协也是个威胁。"由于1707年增加了苏格兰和在沃尔波尔（Walpole）和乔治三世（George III）统治下议会的腐败"⁵¹这种妥协已经受到了指责。用纳米尔（Namier）的话来说要求国王在英国议会外实行任何一种权利，看起来"是危险的并且对君权是不符合宪法的变异。"⁵²这个君权就是贵族的君权。

对于英国来说，考虑建立19世纪和20世纪那种英联邦体制为时过早，更接受不了。具体地讲就是因为英国的贵族在英国本土太强大了。在一定程度上，英国当时正在进入一个"利益时代"。在这个时代，人们希望议会在行使权力方面对多种院外压力集团作出反应，而在北美的殖民者们比很多具有竞争力的势力的影响要小。"北美洲的政治影响是无法与其经济上的重要性相匹敌的。"⁵³

以英国在北美的殖民者角度看，这确实是个问题。1763年以后英国政府作的第一件事就是推行在1758年时与俄亥俄河谷（Ohio Valley）印第安人签订的一项条约。这个条约提出的条件是，如果印第安人叛离法国人，他们将会"安全地待在他们的土地上。"⁵⁴1763年10月7日，英国发布了一项声明，规定俄亥俄河谷将作为一个印第安人保留地而保存下来，因此不许往那里移民。但是在此前20年间，殖民人口数量的大量增加是基于"有不少便宜的土地"⁵⁵的前提下的。"禁止西移界线"（proclamation line）的确立，看起来关闭了移民的大门。

为什么英国要制造出一条禁止西移界线？是的，他们已同印第安人签订了条约，但条约本身很难对划定界线这一行为做出解释。英国战胜法国的结果是为两批急于开辟这一领域的人们打开了通往"西北部"的大门。这两批人中首当其冲的是从前被法国人赶走的新英格兰皮货商。随后而来的是具有潜力的定居者和土地投机商。新来的皮货商人给印第安人带来立即的"苛刻"待遇⁵⁶以及印第安人对《巴黎条约》⁵⁷的全面性的恐惧导致了一场大的起义。这就是庞蒂亚克阴谋（Conspiracy of Pontiac）。参与这一行动的有由各个印第安群体组成的一个重要军事组织。这场暴动被一场"灭绝性的战争"⁵⁸镇压下去了，但是英国人从中很快吸收了教训。

皇家敕令（Royal Proclamation）瓜分了新法兰西（New France）。它在

北部成立了一个称为魁北克（Quebec）的新政府，但是把原附属于魁北克的拉布拉多半岛（Labrado）和安蒂卡斯蒂（Anticosti）划归纽芬兰（New-foundland）了。但是，"皇家敕令"把阿勒根尼以西的所有地区都变成由一个印第安人行政机构（Indian Service）保护的保留地了。[59]英国商人很快接替了法国人在蒙特利尔（Montreal）的角色，在十年内发展起了"一个组织，这个组织具有法国统治时期不少组织所具有的相同的特征。"[60]的确，随着英国的实践不断发展，事实上皮货贸易已成为"一种需要给予贴补的工业。"[61]因为印第安人当时从两个渠道得到日常用品：他们用皮货付款，从商人那购买东西；并由英国政府向他们免费提供一定的物品。

因此，这个敕令使英国和他们在北美的移民者之间"长期的利益分歧"更为突出。英国人企图"号召人们停止向西部扩张它的殖民地"，并且用跨阿帕拉契亚山脉这一地区作为通过同可靠的土著人进行和平贸易进行榨取的一种方式。这项政策是"出自贸易原因和经济方面的考虑"而制订的。

与此同时，英国采取行动，迫使北美的殖民者们开始为帝国的开销付款，并且大大加强了对商人进行贸易活动的规定。这便导致了整整十年的论争。在这场论争中，殖民地的反对力量使英国政府事实上不断地改变以往的主张——比如：征税，然后废除"印花税条例"；征税，然后废除汤生（Townsend）税法——这样做常常伴有英国企图推行新的政策。在这一过程中，双方都变得更有"原则性"或更有思想。1766 年，当议会废除了"印花税条例"时，议员们同时通过了"宣告条例"，声明英国对殖民地征税的绝对权。在十年间，那些反对特别条例的殖民地人转为否定英国议会这一绝对权力——"没代表权就不付税。"

这犹如一种冲突的升级，或分贝的升高。"十年的论争根本没有解决一件单一的基本问题。"[63]但是回想起来，这些问题本身看起来不都是难以驾驭的，也不全是新问题。诺伦伯格（Knollenberg）说："这些问题是从 1759 年开始有的。[64]格林[65]（Greene）认为是从 1748 年就开始了。在没有明显的经济衰退的情况下，没有什么理由可以怀疑整个论争原本可以化解为一场暂时的风波。"[66]

还有另外一种观点，持这种观点的人中贝林（B. Bailyn）的观点最具代表性。他认为，殖民地人民关心的根本问题不是经济问题，而是"意识形态"问题。贝林把它称为权力与自由之间的一场斗争。[67]这一观点认为，

> 不符合宪法原则的赋税，对职位的侵犯，司法部门的削弱，冗员杂多，威尔克斯党人（Wilks），常备军队——这些都是权力对自由任意践踏的主要证据。[68]

他说，《茶叶条例》（Tea Act）对殖民地人们恰恰是个转折点。"在更根本的经济问题上"他们的愤怒不可能"仅仅像商店橱窗一样轻易地消失。"[69]

但是当贝林转而在另一个方向进攻时，他逐渐地削弱了自己证明意识形态是主要的动力的事例。贝林在反对那些同意美国革命的重要性在于它是一场社会革命，是一场取得推翻一个"旧政体"的斗争胜利的观点的人们时，他希望坚持这样一种观点，即事实上这场伟大革命的目标是争取"法律面前的平等地位"，而这一平等地位在英属北美殖民地早已开始实行了。他争辩说，在实际中如此。但他也承认，在理论上并不是这样。"很多人感到这些变化……代表了不正常；一言以蔽之，这些变化缺乏合法性。"这一方面代表了"在思维习性和信念之间的分歧"。他说，这种习性在某种意义上保持了"贵族习性"，即认为殖民地人民"给予出身贵族家庭的人实行公共事务的权利。"另一方面的分歧是"经验和行为间的分歧"。这一分歧最终导致了美国革命；而"这种提升到有意识和高道德目的的捐赠，这些处于萌芽状态的、令人费解的社会因素和政治变化……便是美国革命。"[70]

但是贝林的观点是不能两全其美的。如果促使殖民地人民进行革命的动力是意识形态的，而不是其他方面的，他们不可能对这些动力毫无意识；他们不可能仅仅受到"处于萌芽状态的、令人费解的社会因素和政治变化"的驱使。[71]正如施莱辛格（A. Schlesinger）讲的，首先，那种认为革命是"一场就绝对的政府权力问题而展开的有争议的争论"的观点"是没有经过细致研究的"。那种观点认为，出于极简单的理由，意识形态方面的例子从来没有被经常不断地提出来过：

> 至多，考虑到反对议会党从一种战略地位退却到另一种战略地位，因而对其政治主张进行曝光。在放弃了他们的自由是建立在契约权利之上的观点之后，他们诉诸他们身为英国人的宪法权利；当得不到这种地位时，他们就援引人权原则。[72]

当然，殖民地人民在意识形态方面也从一个观点跳到另一个观点。在严肃的政治争论中，我们都企图使用现成的论点进行辩论，而且有时我们毫无疑问地开始热情地相信这些论点的效力。过后我们喜欢这样去思考，即我们平时的感受和最终的感受永远是一样的。但是对一位分析家而言，意识到意识形态地位的一种推论的（a posterion）边际效益以外的事是值得商榷的。事实是，只要殖民地人们继续享有"帝国实质性的好处"，他们是不会造反的。但是当"七年战争的结局彻底改变了形势，"[73]他们在政治和思想上的态度也随之改变了。

但是，他们为什么不能更耐心些呢？克里斯蒂（Christie）和拉巴雷伊（Labaree）认为，他们对"英帝国确立的惯例"的担心"似乎映出对当时人口发展趋势的应用的一种奇怪的盲目性。"他们主观地认为，如果他们再等上不到两代人的时间，殖民者们很可能"会处于物质上优势的地位同大英帝国进行斗争。"[74]但是，"奇怪的盲目性"是一个分析家的傲慢看法。为什么不能寻求一个较简单的解释呢？反对1765年的《印花税条例》和1767年的汤生税法（Townsend duties）首先会与他们直接的财政影响有关，受到这种影响直接的就是税收，间接的就是对贸易平衡的动产的影响。殖民地人民和他们在英国的朋友们都担心这种反对作法是正在"杀死一只会孵金蛋的鹅。"[75]正如处理绝大多数经济危机那样，消极的因素增加了。例如，自1764年起英国农业的连续歉收导致了从北美中部殖民地进口粮食的需求的增加。毫无疑问，这样做是有好处的。但是由于城里失业率高，贫困率高，英属北美殖民地随之而来的粮食价格的激增，引发了禁止粮食出口的要求。[76]这种不满情绪的增长达到了这样一种程度，以至于一小点火星就足以把双方推到动武的境地。我们已经回顾了为什么当英国殖民者越来越愤怒时，英国人却变得越来越不那么灵活的原因所在。那些散布独立要求的"激进"人士看来越来越不能令人信服了。在这种气氛下，英国提出了一个大胆的但又是不明智的政策，这就是《魁北克法案》（Quebec Act）。这个条令于1774年6月22日生效成为一省的宪法。

《魁北克法案》有两方面的问题：一个是魁北克政府以什么方式组成的问题。这是一个牵扯到老的讲法语的（和天主教）移民与新的讲英语的基督教移民间的冲突的问题。第二个问题是魁北克边境延伸到包括俄亥俄谷在内的区域。这牵扯到从事皮毛货商和从事农业生产的殖民地人民控制俄亥俄谷的问题。[77]

自从大英帝国入侵后，在魁北克的讲英语的基督教殖民者试图建立一个自治的地方政府，而这个自治政府把讲法语的"罗马天主教徒"排除在外。在一个讲法语殖民者反对的压力下，英国政府，特别是在卡拉顿（Carleton）总督时期，一直拒绝英国殖民者的这些要求。辩论是从1764年开始的。英国政府的行政官员最后促使不情愿的乔治三世答应讲法语殖民者的基本要求：天主教徒可以在宽松地解释为"至高无上的"英国教会领地内进行宗教活动的自由；重新制订法国的（罗马—荷兰的）民法；允许天主教会收什一税；解除公务服务人员进行反对天主教宣誓的要求。[78]

与此同时，俄亥俄谷成为魁北克领土的一部分。这对于魁北克讲法语的农民们来说，没有什么特殊的利益可言。但是对皮货贸易商来讲，却意义重大。当然，人们可能会提出疑问，为什么1763年建立的一个印第安人保留地制度没实现？尼特比（Neatby）说，皮货贸易的非常成功，皮货贸易扩大带来的"与印第安人的复杂关系"，造成了对某些直接性条款的需要。可以在蒙特利尔或阿尔巴尼两个皮毛贸易入口港中作选择。如果作出选择的话，"毫无疑问会选中魁北克"。但对于争夺土地的人们来说，当时的形势变得甚至更为"难以忍受"，[79]更不用提及对住在阿尔巴尼的皮货商们的排斥了。[80]

这一决定使沿海岸线的殖民地在很多方面极为恼火。首先，"七年战争的结果（看上去）造成很多损失，害怕被来自北部和西部的印第安人和法国殖民者包围的恐惧感很容易便复苏了。"[81]其次，殖民者们"害怕在他们身边组成一个绝对主义的政府，以及他们认为是不可容忍的，与宗教法庭有关的天主教教会。"[82]再次，他们感到特别沮丧，因为管理俄亥俄谷的法律条款是如此"非英国化的一种土地所有权形式。"[83]最后，《魁北克法案》是与《不容忍法案》（Intolerable Acts）一起通过的，因此，"受到这个伙伴契约的感染"。殖民地人民因此把《魁北克法案》看作是老的北部殖民地自然地，如果是非不分，对沿海殖民地人民在制度方面重新设的一种威胁。这一次是英国达到目的了。[84]

在费城（Philadelphia）出席大陆会议（Continental Congress）的代表们因此而处于一种进退两难的境地——如何为实现他们的目标把魁北克争取过去，同时又反对《魁北克法案》。决定是，大陆会议推动一个"微妙的"运动，在这场运动中，他们强调税收问题，并且争辩说《魁北克法案》只是教士和庄园主组成的一个联盟取得的胜利。[85]这在讲法语的普通农民中也有共鸣。⑥

至于商人，尽管大陆会议"愿意为赢得加拿大的商人阶层而尽可能地进行让步，"⑦但后者的反应非常谨慎。一方面，他们对剥夺了他们享有的英国民事法和贸易法［以及可以由大陪审团提审和享有人身保护权（habeas corpus）］而感到愤怒，另一方面他们与新英格兰的商人们直接竞争。⑧

1774年9月，大陆会议向"加拿大人民发出一个信息"，强调《魁北克法案》条款中没包括有关民主政府的内容，同时引证孟德斯鸠（Montesquieu）关于广泛自由的论述和赞美瑞士实行由基督新教和天主教联合管辖行政区的典范。他们甚至把这些信息印成法文，广泛散发了2000册。⑨但是，他们同时发了一份《致大英帝国书》（Address to Great Britain），反对《魁北克法案》。在《致大英帝国书》中他们谈到天主教徒把血带到了英格兰。这些天主教徒是邪恶的和偏执的。卡拉顿总督（Governor Carleton）把这封《致大英帝国书》拿到不愿讲双语的魁北克散发。⑩但是，当大陆军（Continental Army）在1775年夏侵占了魁北克省时，很多讲法语的农民不顾与英国结盟的商人们的威胁，不顾他们拒绝给不愿打击入侵者的人领圣体，甚至要开除教籍的威胁，⑪而仍旧要称这个军队"的确是一个带来了解放的军队"。⑫

这个军事行动一开始取胜了（蒙特利尔沦陷了），而后却失败了。造反的殖民地人民仍旧是优柔寡断的。《独立宣言》（Declaration of Independence）还没诞生。⑬信仰基督新教的商人阶级坚决认为他们"最为需要的是与伦敦的密切关系和与在遥远西部的印第安人进行不受限制的贸易往来。"而这正是那些造反的殖民地人无法给予的。⑭讲法语的居民认识到，他们被要求同意接受更为激进的结局；而美国殖民地人民却没被要求这样做。因为后者的目标是以"自由和基督新教为特征的。"这不仅使一个国家的首脑受到挑战，而且也是对"独立主义的基督教会秩序"的一种挑战。因此，居民们最初的同情转向更为巨大的对抗。⑮正如德希奥（Dehio）讲的那样，英国最后"由于这一原因"使加拿大"没有英国殖民者"。当地的天主教徒认为，他们的清教徒邻居比伦敦这个"粗心大意、有容忍力的当局"更为狂热。⑯

由于美国殖民地人民变得更为好战，支持这一运动的社会基础开始发生变化，正如在革命的情形下常常发生的那样。社会保守势力常被他们关心自身的反抗者们造成的势头所吓坏了。从整体上看，施莱辛格对北方殖民地商人们的评价可能更为正确：

> 1764 至 1776 年之间的经验使商人们有理由相信另一种反映。为了证明自己做的事是对的，他们以极大的热情请别人帮助解决人口中难以控制的那些人的问题，但是由于好高骛远而失败了……商人们模糊地开始察觉到一批觉醒了的、有自我意识的激进分子的危险。[97]

正如詹森（Jenson）认识到的那样，尽管在 1774 或 1775 年以前革命运动"除了漫不经心之外"，还不是一个民主的或激进的运动。对大众广泛的动员使形势有些转变，并且使大众关心的目标提到了第一位。[98]形势是不是到了这样一个转折点，即斗争不能不首先被称作是一场"人民战争"。[99]在这场人民战争中，"革命党的力量大部分来自于普通百姓，有别于贵族"？[100]

也许是这样的吧！看上去很清楚的是，"当时的人根本没有怀疑伴随着独立战争（War of Independence）的是一场在国内应由谁掌权的斗争。"[101]但是对这种发展中的进化观点，有两种保守的反映。一种是根本撤回对革命的支持；有些人这样做了。[102]但是第二种反映是抢先恢复斗争领导权，从而使阶级斗争目标转向纯民族性的斗争目标。[103]出现了这两种反映，这就是在富有阶层人中间出现革命派和效忠派分歧的原因所在。从历史角度讲，那些试图通过参加独立运动而缓和独立运动的政治后果的人们比亲英分子更为重要。长远地看，他们能够达到自己的目的，因为形势一直保持这样一种状态。在这种状态下，"事实上……激进分子是殖民地人民中的少数派。"[104]

当然，更重要的一点是，那些已经准备好同英国政府诉苦的人们并没有在各方面取胜。1763 年以后，英国在南北美洲有 30 个殖民地。所有殖民地都受到贸易和航海条令的管辖。正如哈伯讲的那样，对美国独立战争一个正确的解释"必须指出为什么 13 个殖民地造反；而 17 个殖民地却保持对英国的忠诚。"[105]基于 13 个殖民地做了各种努力以保证其他殖民地也效仿他们这一点来看，这一观点尤为正确。

那种企图使魁北克也加入这场革命的作法是失败的。但魁北克是一个特殊的事例，因为大多数居民只在短时期内受到英国的统治，而且并没有认为自己是"英国人"。东佛罗里达也同样是个特殊的事例。[109]但是在北美大陆还有一个由绝大多数新英格兰人（New Englanders）组成的英国殖民地，所以让他们加入这场革命的可能性很大。这个殖民地就是新斯科舍（New Scotia）。布雷布纳（Brebner）指出，如果在北美大陆殖民地有个地理中心的话，在1774年那里"即将爆发的革命的火焰"正在熊熊燃烧。火势看上去越到边缘地区越小。佐治亚（Georgia）、佛蒙特（Vermont）、缅因（Maine）和新斯科舍都"处于危险之中"。[107]但是只有新斯科舍最终没有加入独立革命。

在当时，新斯科舍和新英格兰之间有着密切的经济（确确实实的家族性的）关系。此外，像南部种植园主那样，新斯科舍在当时已经"负债累累"，而且很可能因为负债问题而造反。[108]尽管如此，他们并没有对已经提出的团结一致的做法表现出"漠不关心"。[109]相反，他们坚定地保持着一种"中立"的地位。[110]一方面，他们不愿考虑加入造反行列的一个主要原因是他们在军事方面的弱点，这就是他们是一个没有防御能力的、居民住得非常分散的半岛。[111]另一方面，新英格兰已经保存了"扩张实力"来对付魁北克，而且并没有认为新斯科舍重要到足以让它进行军事进攻的地步。[112]

当然，新斯科舍人属边疆民族。"如果所有边疆民族一样，新斯科舍人是主张分裂的。"[113]但是他们发现自己在政治上，也就是军事上，过于软弱而无法进行对抗。因此，或者说看上去他们发现自己发泄的方式是通过一场宗教运动，即大觉醒运动（Greet Awakening）。新斯科舍的殖民者中大部分是公理会教徒。他们害怕由伦敦和哈利法克斯（首府）强加于他们头上的反复出现的"主教制度的威胁"。此外，当他们发现自己受到威胁并且无法在自己对新英格兰的亲密关系和对英王的（Crown）的忠诚之间做出选择时，宗教的复苏"立刻提供了一种解脱和一个证明。"[114]

所谓的新光明（New Light）运动，如同其他地方的革命运动一样，是由于同样的社会的不安定和不满状况下发展起来的。[115]但是，显而易见，在政治上使英国容易接受。此外，这便给予新斯科舍"一个新的身份"，以至于到1783年新斯科舍看上去好像成为"基督教世界极其重要的中心"。[116]因此，新斯科舍也从正在建立的美国势力范围内退了出来。这对于未来的美国来讲，在经济上并不重要。但是在短时期内，可能对新斯科舍有利。[117]如果新斯科舍成为北美第十四个殖民地的话，那么从长远观点来看，这在地域政治方面是举足轻重的。毫无疑问，英国将会感到很难抓住加拿大不放,英国也很有可能会被"逐出"美洲。[119]如果上述情况确实发生了的话,非殖民化的殖民定居的整个过程将会大大改观。

在加勒比地区,各殖民地与英国的关系却大不一样。与正在处于经济衰落阶段的英属北美殖民地不一样,西印度群岛由于主要出口蔗糖,而进入了一个繁荣时期。[119]此外,1766年《自由港条令》成功地使西印度群岛抵制了贸易衰落,这场贸易衰落源于1751年。西印度贸易中的走私成分已达100年之久了。这种走私活动只是大英帝国和西班牙属美洲殖民地之间贸易的主要方式。大约在1751年,在这种贸易中出现了一个"激进的变化"。[120]西班牙船队开始频繁地停靠英国港口,而不是英国船队在西班牙港口进行贸易往来。当然,这也是完全违反《航海条令》的。但是当地的英国当局认可了这种作法。1763至1764年间,又通过了一些新的条令,作为由格伦维尔(Grenville)提出的全面严厉实施的法令的一部分,这便使停靠在英国港口附近的外国船只很容易便被捉到。[121]

1765年,当罗金汉(Rockingham)内阁上台时,为迎合北美殖民地居民而废除了《印花税条例》,通过了《自由港条例》,从而安抚了西印度地区的商人们。采取这种行动最初的动力是与法属岛屿(French Island)的糖业贸易有关。英国的殖民主义者以前反对占有瓜德罗普岛(Guadeloupe),因为他们害怕竞争。但是英国岛屿的物产,在满足英国本土的供应之外,不能满足重新向北美大陆出口的需要。靠向法属岛屿的非法出口开放英国的西印度港口,就可以使法属岛屿的蔗糖可以通过英国运到北美大陆销售。英国事实上可以两者兼得,即在不让殖民地当局政治上付出代价的情况下,获得贸易和海运的利润。

作为已经通过的法令,《自由港条例》的目的不仅是要求法属岛屿的食粮,而且恢复与西属西印度(Spanish Indies)间的贸易,特别是与牙买加的贸易。如果恢复贸易往来的活动最初是缓慢的话,从长远来看将是非常成功的。在任何情况下,它促使西班牙马上作出反应。[122]但是,西班牙仅仅对《自由港条令》中指向西班牙的大的困境中一小部分作出反应。由于一个很简单的原因,《巴黎条约》从长远观点看对美国对英属殖民地一样重要。随着作为一个重要角色的法国从美洲舞台上的隐退,"西班牙却留下来独自面对未来20年的英国的威胁。"[123]西班牙的根本问题如同它以往那样至少存在了100年。17世纪德国国际法专家普芬道夫(S. Pufendoof)嘲笑说,"西班牙养乳牛,而欧洲其他国家喝牛乳。"[124]但是现在能否保住母牛，看来也成为问题了。

当然，这一问题在签署《巴黎条约》之前就出现了。在1740年代，英国的商人就已经在牙买加进行活动，力图完全回避在加的斯（Cádiz）的货物集散地。[125]1762年英国占领了哈瓦那（Havana）（和马尼拉）（Manila），并且对维拉克鲁斯（Veracrug）施加威胁。尽管《巴黎和约》使哈瓦那回到西班牙手中，此外，尽管法国因为西班牙在七年战争中支持过自己而把路易斯安那让给了西班牙，无论如何，英国的威胁仍旧是切实存在的。1765年西班牙的查理三世（Charles III）提出了与他的政权相关的重要改革，这就是使自由贸易（comercio libre）制度化。

自由贸易无疑是查理三世的"战略"，[126]但是应该清楚地记得，在当时的情况下，自由贸易的内涵是有局限性的。西班牙的政策事实上"只是在帝国主义的框架内对贸易的一种自由主义化。"[127]1765、1778和1789年连续几年颁布的法令基本上规定了三件事：给西班牙殖民地建立殖民地之间一定贸易关系的自由；解除西班牙半岛对塞维尔（Seville）和加的斯（Cádiz）的部分垄断；允许西班牙殖民地的人民从西班牙殖民地向西班牙港口自行运行货物。[128]这种帝国主义国家间的贸易自由化的基本目的是为了"对英国实行报复。"[129]

报复是经由两个途径进行的。一个途径是通过殖民地人民与西班牙半岛进行贸易，从而使西班牙殖民地的人民更加受益，而同英国（和其他国家）间的非法贸易会变得不太有吸引力。这可能恰恰削弱英国制订的《自由港口条令》（Free Port Act）试图达到的目的。但是，第二个途径是更直接的。帝国主义国家间贸易自由化的对手是宗主国真正地、更大地实行帝国的统治。哈布斯堡（Hapsburgs）领导下的西班牙殖民地的官僚精神据说是"我服从但我不执行命令"（Obedezeo pero no cumplo）。从查理三世开始，波旁王朝决心改变这种状态。因此，从表面上看意味着更多自由的"自由化"（Liberalizarion），实际上意味着"事实上更少的自由……正如（美洲人）当时受到更有效的垄断资本的剥削，特别是被排除在给西班牙人的好处之外。"[130]这种表面上的反论是从这样一个事实得出的结论。这个事实是，西班牙政府在削弱住在西班牙半岛的居民和在殖民地的居民的贸易权的区别的同时，却事实上同时扩大了在殖民地的西班牙半岛居民和在殖民地的克里奥尔人（Creoles）间权力上的区别。

观察到英国和西班牙在1763年在两方面面临的类似的问题是至关重要

的。首先，他们管理殖民地贸易的法律被他们自己的公民"几乎泰然地"破坏了。当他们没有泰然地去破坏这些法律时，更主要是由于"对他们有利和有好处，而不是由于害怕高压统治。"[131]1763年以后，作为回报，英国和西班牙政府趋向于使用更多的高压统治。[132]

两国政府面临的第二种类似的问题是国家机器承担的财政负担越来越重。因此两国都在1763年以后企图增加殖民地税收。英属殖民地人民于1770年把茶叶倾倒到波士顿港口，1781年西班牙殖民地人民在索科罗（Socorro）把甘蔗酒（和烤过的烟草）倾倒入海。这种反弹并没有阻止英国/西班牙坚持把命令强加于殖民地人民的做法。而这种强制性做法，在两个殖民地区域中引起了类似的不满。英国和西班牙殖民地人民反抗的做法，都是以继承以前权力分散（decentralization）的传统的名义搞的。正如费伦（Phelan）讲的那样，唯一的区别就是英国国王以前分散的行政权大部分是在司法方面，而西班牙国王以前分散的行政权大部分是在官僚机构方面。[133]

七年战争也使葡萄牙受到挫折。1750年成为外交大臣的庞巴尔（Pombal）的侯爵（Marguis）曾提出创造一种形势使葡萄牙得到经济上更大的独立性。在这种形势下，在"美洲领土方面的获利会大大地增加"。如果不是把葡萄牙本土居民"排除在外的话。"[134]最先采取的一种机制是对殖民地经济加强"国家控制"。这在费伦看来的确是他政治经济学概念的"基础"。[135]毫无疑问，他的这一关于经济学概念的说法大部分是通过国家对极度增加的巴西金矿开采业的控制加以证实的。[136]的确，结果是葡萄牙那时比法国的人均税收要高。20世纪下半叶布罗代尔（Braudel）建议科威特（Kuwait）采取类似的做法。[137]

庞巴尔（Pombal）并没有试图对葡萄牙在历史上与英国的结盟提出疑问。他仅仅是试图利用提供给葡萄牙的新的世界经济形势这一"大的进行政策调试的机会。"但是，1762年西班牙入侵葡萄牙的做法对于（庞巴尔的）基本论断却是"一个"破坏性的挑战。"而1763年以后西班牙在南北美洲持续不断的威胁，却根据葡萄牙的基本需要使英国保留了亲善友好的态度。"[138]英国付出的代价是为葡萄牙放弃自己的主张，而庞巴尔的继承人会改变他的政策。当然，这种情况直到晚些时候才发生。[139]当时，庞巴尔的政策大大减少了葡萄牙（以及巴西）同英国的贸易[140]并且引发了在巴西的商人们一系列的消极反映。[141]

因此，正是在1763年，不仅仅是英国而且还有西班牙和葡萄牙不得不对他们在南北美洲的移民日益增长的不满采取行动。事实上，人们可以说西班牙和葡萄牙通过某种成功的努力，使西班牙和葡萄牙的势力在世界体系中重新建立这种作法，激起了他们在美洲的殖民者的不满。西班牙和葡萄牙是靠加强两个帝国的联合管理、靠加强军队以及靠把两个中央政府建立在更为坚实的财政基础之上来实现在世界体系中势力的重建的。

查理三世从各方面出击来加强西班牙政府解决同宗主国（西班牙半岛）、同其在南北美洲殖民地以及同世界关系的能力。尽管得到西班牙式的启蒙运动（Ilusrtacion）思想的影响，而制定出的实际政策却是（重新）在西班牙建立一个专制主义国家，削弱贵族统治的作用，削弱教会的势力，把他的政府建立在一种更专业的、有薪金的民事和军事的官僚政治基础之上。其目的就是通过改革贸易条款，鼓励殖民地出口贸易达到在经济活动方面的扩张。然后，通过这个有效的官僚政治机构来"收获财政丰收"。起初，经济的（和财政的）成功是"惊人的",[12]但是西班牙势力的这种极大的增长结果是建立在"一种脆弱的均衡"[13]之上的。这种脆弱的均衡是不可能保持的，因为世界经济力量是西班牙国家无法控制的。我们现在必须转题来讲讲这方面的事情。

由于七年战争是"变化的催化剂"，西班牙在战争中遭受了不愉快的军事挫折（最明显的是哈瓦那的陷落，但这不是唯一的例子），查理三世的改革中的第一步是军事改革，战士们想在政府的革命中扮演主要的角色。而这场政府的革命甚至被称为"重新征服南北美洲。"[14]但是最激进的变化是在行政管理方面。这个变化牵扯总视察（visita general）机构的复苏，从马德里派遣一位拥有最高权力提出要求和采取行动的官员。在改革中出现的关键人物是加尔维斯（Don José de Gálvez），他最初是作为1765至1767年新西班牙（New Spain）第一位总视察官员（Visitors General）出现的。

但是，最重要的改革是采用了地方行政长官的做法。地方行政长官是国家实行中央集权制的柯尔伯主义者的（Colbertion）传统机制。地方行政长官是为了取代区域地方法官（alcaldes mayores）和地方长官（corregidores）（印第安贡品收集人、印第安劳动力的征募人和分配人）。这些人的官位已被出卖达100余年，而他们一直利用这些职位（和征税的权利）谋求私利。1768年，加尔维斯（Gálvez）和新西班牙的克拉瓦克斯总督（Viceroy

Croi）提出全部废除这类在压迫印第安人的同时获得主权的大部分财政税收的官员的职务。当加尔维斯于1776年成为西印度大臣（Minister of Indies）时，他开始使波旁王朝（Bourbon）政府的改革热情[145]个人化，最后，于1786年，他推行了自己的改革。这可以被解释为对坚持不懈努力的一种回报；这也同样可以解释为证明了在"宗主国不变"[146]的气候下进行改革是如何的不易。

加尔维斯最长远的影响就是他实现的在政治地理学方面的改变。这一改变对未来非殖民化的进程具有重大的影响。1776年，他作为西印度大臣后采取的一系列行动中的第一个行动便是建立拉普拉塔的总督区（Viceroyalty of La Pleta）。在16世纪，只有两个总督区，一个在新西班牙，一个在秘鲁。第三个在新格拉纳达（New Granada），于1739年被建立。为什么加尔维斯在1776年又创建了第四个总督区［以及在总指挥区（Capitanerias Generales）和法官管区（Audiencias）那样一批较小的机构］1776年并不是一个偶然的年代。英属北美殖民地的独立战争已经开始了。这看上去是转而反对大英帝国及其盟友葡萄牙人的黄金时刻。葡萄牙人在干其他事的同时，当时正忙于在萨克拉门托（Sacramento）到布宜诺斯艾利斯（Buenos Aires）之间的航线上进行非法贸易来对西班牙统治下的南美洲印第安人区域进行经济渗透。查理三世试图建立一个能够阻止这种渗透的一个强大的政府。这就是拉普拉塔。它包括今天的阿根廷（Argentina）、乌拉圭（Uruguay）、巴拉圭（Paraguay）和玻利维亚（Bolivia）。"在通常的情况下，英国是不会容忍这种企图的。"[147]但是这些情况不是通常发生的。恢复了元气的军队实行了报复行动。1776年由8500人组成的远征军穿过拉普拉塔河（Rio de laPlata），"第三次并且是最后一次"[148]占领了萨克拉门托。西班牙的这一胜利在1778年签署的圣伊尔德丰索条约（Treaty of San Iledefonso）中认可，而葡萄牙人对东岸地区（La Banda Oriental）（今天的乌拉圭）的渴望永远告一终结。

在北美大陆的斗争对拉丁美洲来说一直是一种不断的压力。它为改革运动提供了"一种紧迫的特征"这一改革运动导致了1778年第二批自由贸易法令的颁布。即法国1777年加入对英战争之后，西班牙屈于高压，也于1779年加入了反对英国的战争。在某种意义上讲，法国的决定是很明显的。他们自从1763年时起，就一直试图削弱大英帝国在南北美洲的势力。当1770年，舒瓦瑟尔公爵（Duc de Choiseul）退位时，他留下了一份备忘录。在备忘录中，他重申了这样一个政策中的五个必要原则：避免战争，与西班牙和荷兰结盟，削弱英国的财政信用，促进英属美洲殖民地的独立，以及减少英属殖民地与西班牙和葡萄牙殖民地之间的贸易往来。当韦尔热纳（Vergennes）于 1774 年上台时，他恢复了舒瓦瑟尔的政策。[131]但是，美洲殖民地当时以开始了一场战争的方式迫使法国采取行动。

一开始，法国人限制自己对北美革命者们的秘密援助。法国内阁是分裂的，杜尔哥（Turgot）相信应该避免这场罪大恶极的战争。人们不能肯定北美的革命者们能够长时间地坚持下去。他们最终还是于 1776 年 8 月 27 日在长岛一战中战败。因此，1777 年 10 月 16 日在萨拉托加（Saratoga）击败柏高英（Burgoyne）将军一事对于法国和西班牙都有极大的影响。[132]法国突然开始担心比英国的一场胜利更为严峻的事情会发生。这场胜利是在法国没有援助起义势力的情况下取得的。也就是说很有可能会出现一个独立的和不友好的美国。[133]1778 年 2 月 6 日法国与美国签订条约，并且公开加入战争。

现在压力是指向西班牙了。而西班牙非常不情愿参战。西班牙犹豫于去作任何会使殖民地造反行动合法化的事情。再者，西班牙当时正与英国就割让直布罗陀（Gibratar）和米诺卡岛（Minorca）的问题进行讨价还价。西班牙持一种中立的态度，而英国认为没有进行交易的需要。法国更渴望得到西班牙的支持，并在 1779 年签署的阿兰胡埃斯条约（Treaty of Aranjuez）中为西班牙付出了代价。这个代价就是答应联合入侵英国。西班牙想把入侵英国看作是在它这个"过分扩张的和易于遭到攻击的殖民帝国"受到攻击之前结束这场战争的一种途径。[134]西班牙同法国签订了条约而不是同美国签约。[135]当然，这样做的目标很明确，就是重新获得米诺卡岛和直布罗陀，但是它的另一个目标是"把英国从加勒比（Caribbean）地区所占地驱逐出去，这些地区有路易斯安那（Louisiana）、蚊子海湾（Mosquito Coast）、牙买加（Jamaica）和小安德列斯群岛（Lesser Antilles）。"[136]

西班牙在"血和财富"[137]方面付出的代价是昂贵的。战争导致拉丁美洲同西班牙关系连续不断破裂中的事实上的第一次破裂。加拉加斯公司（Company of Caracas）破产了。国库并没从南北美洲人那获得收入。加泰隆（Catalan）的棉花工业遭受损失。[138]而仍旧作为最重要的贸易组织成员的加的斯（Cádiz）商人们的贸易已陷入极大的困境，这必然有助于走私贸易。而走私活动当时正处于"繁荣发展时期。"[139]

最大的灾难很可能就是当时开始的通货膨胀的周期。直到1774年康波曼内斯伯爵（Count of Campomanes）一直把西班牙没有纸币膨胀作为一个"国家大的宝贵的财产"的事例加以引证。但是，战争的开销和已经减少的收入使皇家的财政库存消耗殆尽。1793年又发生了同样的事情。由于开销是真的，西班牙不得不以某种方式重新获得收入。事实上，"对美洲殖民地征税，为的是补偿"在乱发纸币上出现的纸币膨胀问题。[161]当然，对西班牙本土的人民也要征税。最终，通货膨胀成为促成拿破仑（Napoleonic）入侵西班牙和美洲殖民地独立运动的一个因素。

西班牙"半心半意地"参与美国独立战争因而"在西班牙统治的南美洲产生反弹。"[162]两个重要的暴动正是在这一时刻爆发的。这就是在秘鲁发生的阿马鲁（Túpac Amaru）和在新格拉纳达（New Granada）[163]发生的暴动。阿马鲁暴动震撼了南北美洲，而这场暴动的真正目的仍是争议极大的课题。它是进行独立运动的最初的号角还是它几乎起了恰恰相反的作用？

有些人把由阿马鲁在安的斯山（Andes）领导的印第安人起义看作是"没被征服的印第安人所做出的最后的一次重大的努力。"[164]但让我们记住阿马鲁领导的起义仅仅是长时期暴动的高潮和最有影响的一次暴动。[165]上述那些人的观点很明显是当时很多统治者的观点，往坏的地方想，就是这些印第安人基本拒绝接受文明的生活方式；往好的地方想，暴动犹如他们发出的一声"社会性的尖叫"，[166]这种尖叫如果不能被接受或默认的话，也是可以理解的。这个阵营的人与另一批人的观点截然相反。那批人试图把在安的斯山爆发的印第安暴动的历史视为"独立运动的一个先兆"。一些晚期的秘鲁史学家们为这一暴动所作的解释被肖努（Chaunu）驳斥了。肖努认为，"这完全是一个误解"（Contresens）。他辩道，这些印第安人的暴动是一场印第安人反对"他们唯一的敌人，……克里奥尔人（Creole）压迫的暴动。"[167]印第安人的暴动是与美洲反对欧洲的暴动绝对无关的。根据对于这些事件的这种解释，大大强调了阿马鲁（Tûpac Amaru）断言他的运动是"效忠"[168]国王的，尽管不是效忠国王的奴仆的这样一个事实。但是效忠主义有双重含义。阿马鲁的起义的一个结果便是使部分白种人感到殖民地制度是"对其霸权的最佳维护，也是反对立即灭绝更多的土著人及混血的种族的唯一保障。"[169]

但是，还有第三种观点。这就是既不把阿马鲁看作是效忠主义者，他的争吵是与克里奥尔人进行的；也不把他看作是第一位为争取独立而战斗的战士，而是把他当作一位社会革命家。只有当我们把这些起义置于世界经济的循环周期阶段（cyclical phase）［或衔接期（conjunction）］之中来看才有意义。这里有三点考虑。第一点，我们知道1763年以后经济的全面下滑。这种经济下滑到1776年造成了英属北美殖民地独立事件的发生以及1779年西班牙参与反对英国的战争。第二点，我们知道，由查理三世发动的改革以及改革在1778年达到了第二个高潮。第三点，在安的斯地区，农产品价格的下跌带来了一些影响。事实是，1779至1780年的情景"恰恰反映出一百年间价格下跌中最急剧的一次。"物价位于自1725至1727年以来的最低点。此外，1779至1780年间是自1759年的物价下跌这一周期以来唯一最低的年头。[109]

远远不是出于原始的反抗，这些起义首先是由于印第安人参与了资本主义的世界经济。而仅仅到了现代，这种资本主义的世界经济才进一步得到各式各样企图"加强中央集权"的验证。[110]秘鲁在腐败和滥用其市镇权利（conegidores）方面是臭名昭著的。当康多坎基（Jos'e Gabriel Condorcangui），又称作阿马鲁二世·印加（Túpac AmaruIIInca），于1780年起义时，他把用收取过高的税收来剥削印第安人和破坏经济的"坏政府"作为进攻的主要目标。

这种试图解释阿马鲁个人行动的社会动机的说法确实没有打到重点上。最重要的是，他引起的社会回响。起义的中心可以在农村的印第安人中找到，但不是各地的印第安人的水准都一样。格特（Gotte）做了一些粗糙的，但有说服力的统计。他设计了一个各省平均总收入目录（这个收入在土地状况、出口量以及矿产业雇员工资收入机会的不同而有明显的差异）。他从平均水准的税收中推论出合法和非法征收的实际税收。他发现，少纳税同参加起义的程度之间几乎非常相关。[111]皮尔（Piel）正确地指出，阿马鲁的起义与我们前面讨论过的几乎同时发生的普加乔夫（Pugachev）起义（1773至1775年）两者间有很多相同之处：他们都自称是一个"沙皇"（tsar）或是一个"印加王"（Inca）；参加起义的农民占有大量土地；而且有一部分是靠奴役制运转的大的矿业工人来参加——简单地说，这些大量遭受强迫劳役的人参加了以市场活动为目的的劳动。[112]

阿马鲁得到了克里奥尔人的支持。的确，一开始，殖民地当局怀疑是对即将进行的改革表示愤怒的地方长官们（corregidores）唆使阿马鲁进行起义的，在这方面很可能有证据可查。[113]但是，这两批人的利益是截然不同的。与印第安人、黑人、欧洲人与美洲印第安人的混血人（mestizo）以及黑人与白人的混血人（mulatto）不同，克里奥尔人对于"血统的骄傲"（Pride of blood）不仅仅是因为从一开始西班牙和葡萄牙统治的美洲这样一个社会事实，而因为在18世纪这种对"血统的骄傲"实际上已经增长了。[174]这种对于社会地位悬殊的感觉是相互的。[175]

人口统计的数据是清楚的。1780年，秘鲁人口中的60%是印第安人，但是只有少数印第安人住在利马。只有12%是西班牙人（克里奥尔人或西班牙半岛人）。剩下的就是所谓的种族阶层的人——主要是黑人、欧洲人与美洲印第安人的混血儿以及黑人与白人的混血儿。[176]对于印第安人来讲，他们最直接的敌人就是那些控制了经济和社会生活的人，"总体上讲，就是那些克里奥尔人"，而不是在西班牙半岛的西班牙人。[177]此外，阿马鲁许诺要解放奴隶，并且提出对财产持"怀疑"的态度，例如，要摧毁克里奥尔人拥有的制造业（obrajes）。面对这种起义，"克里奥尔人不久便同西班牙人（Spaniards）联合起来了。"[178]正如卢因（Lewin）讲的那样，总的来说，在拉丁美洲，当时有两场不同的革命运动，一场是克里奥尔人的，另一场是印第安人的。"有时他们的斗争是相交叉进行的，……有时他们又各自互不相干。"[179]

阿马鲁的起义被对劳役摊派制的让步和军事力量两者的结合镇压了。但是这场起义的重要性在于它对拉丁美洲带来的政治后果。印第安人"绝对地丧失了进行任何更重大起义的积极性。"[180]原因是阿马鲁起义的程度、早期的成功以及其勇猛性把白种人吓坏了。1780年以后，不会有更多的白种人和近似白种人的人"支持"这种起义了。[182]的确，克里奥尔人会从此开始承担革命的领导权。当然，作为一个通常的规律，甚至当克里奥尔人真的承担起领导权以后，赞成分离和独立的人"在占人口多数的印第安人和黑人中成反比"。[183]在独立战争中，特别是在秘鲁的独立战争中，印第安人被迫受到两面夹击。"他们受到所有军队的掠夺。"[184]

阿马鲁最初的胜利激起了在邻近的新格拉纳达总督区（Viceroyalty）爆发的一场称为公社派（Comuneros）的运动。[185]它也是由波旁王朝改革过程衬托（但不是引起）的一场"伟大的革命进程"的一个现象。[186]马鲁起义的成功也使新格拉纳达的首都圣塔菲（Santa Fé）德·波哥大（Bogotá）的克里奥尔人以及在其他城市中心的克里奥尔人处于一种"持续的热情"的状态之中。[187]

对新的钦差督察皮内德斯（Juan Froncisco Gutiérrez de Pinedes）推行的新的苛刻的征税程序以及增加了的销售税（alcabela）表示的愤怒是引起1781年3月16日公社社员起义的直接原因。中心议题是"谁有权征收新的财政苛捐杂税"。[108]因此，这一问题是个宪法问题，与英属北美殖民地人民提出的问题是相同的。不同的是，在新格拉纳达有众多的印第安人，他们不关心中央财政权力转移的问题，而更关心滥用这一权力的问题，比如过多的税收和对印第安人部落（Resguardos）土地的侵占。而这些土地被拍卖给克里奥尔人中大的土地拥有者（hacendados）以及小的土地购买者。这些购买者中大部分是混血种人。当地纺织工业衰落这一事实使情况更加恶化。而纺织工业衰落也是由于世界经济在总体上出现问题而造成的。[109]

反之，在秘鲁这个社会引火箱内，一旦引燃之时，他们就落入了印第安领袖［尽管是印第安人酋长（caciques）而且是自称有老的印加人的贵族血统］之手。在新格拉纳达，起义从一开始就有一大批混血种人参加，而领导权是由克里奥尔人贝尔贝奥（J·F·Berbeo）掌握的。他是一个地主（hacendado）（尽管是个小的土地拥有者）。因此，在新格拉纳达，事实上有两个起义，差不多都在混血种人这一旗号下——以索科罗（Socorro）为中心的克里奥尔人的起义和在卡萨纳拉大草原（the llanos of Casanare）的印第安人的起义。

起义队伍朝着圣塔菲（Santa Fé）前进。在圣塔菲，由于混乱，权力曾一度落入大主教贡戈拉（Archbishop, Antonio Caballeroy Góngora）手中，他的阵线是难以捉摸的，并起到调解作用。贝尔贝奥"阻止了起义军队的行动"[110]并与卡巴列罗（Antonio Caballero）进行谈判。谈判结果是一个妥协，斯帕奇拉的投降（1781年6月8日）。协议条款中规定降低税收，使非西班牙大陆的人有更多担任政府职务的机会，并且改善印第安人的状况。但是，印第安人把这些协议条款基本上看作是一种"背叛"，[111]看作是抚慰起义者中的克里奥尔人和混血种人。印第安人试图继续独自进行斗争，但是他们的斗争却在他们以前的盟友帮助下被击垮了。

最终，由不喜欢西班牙的一部分贵族和没有继承权的"庶民"组成的临时同盟是一个不可能的联盟。[112]贵族的参与是由于受到他们的对手，在北美的殖民者起义的激励。[113]庶民的参与是由于受到阿马鲁起义榜样的激励。结果，克里奥尔土地所有者"不仅没有支持庶民的起义，反而公开地挫败了他们并且与当局勾结在一起。"[114]但是，在新格拉纳达，贵族们（根据某种不同的人口统计证明）很快便从阿马鲁的事情中接受了教训。借由承担起义的领导权和从起义运动内部渐渐削弱它的作法，他们在维护自己对未来的选择权方面，比与西班牙面对面地寻求自己的利益做得要好得多。玻利瓦尔（Bolivar）将在新格拉纳达出现并将在 1820 年代在秘鲁遭到了非常不同的待遇。

因此争取独立的克里奥尔人当时发现独立具有双重的刺激——克里奥尔人对西班牙本土的人不满，以及两者都害怕具有非白人的低阶层的地位。正是因为前者，克里奥尔人和西班牙本土人间的敌对的问题实质上成为拉丁美洲殖民地末期史学理论关注的中心（对巴西关注的程度要小些）。一个克里奥尔人的概念就是一个西班牙人的后裔。在拉丁美洲的各个时期，正如在所有有移民的殖民地那样，白人中的一部分人是在殖民地出生的，另一部分人是从君主国移民来的。在后者中间，一些是新的移民，另一些人是临时移居殖民地的，为的是某种官职，然后再回到宗主国去。有些人达到了这一目的，而另一些人却没有实现自己的意图。在任何情况下，即使一个西班牙人回到了宗主国，他有在殖民地出生的孩子，而孩子选择留在殖民地的可能性是非常大的。

从某种意义上讲，这个讨论经历了两个阶段。传统的观点是，为了迎合西班牙人，在 18 世纪克里奥尔人是不许做官的，这便是他们不满的原因所在。[195]从 1950 年代开始，这一观点遭到批判。比如，伊萨奎尔（Eyzaguirre）认为克里奥尔人"毫无疑问"仍旧保持"在贵族中的多数地位"。问题是克里奥尔人试图把他们的多数地位改变为对争取官位的一种"排外性"。[196]修正学派认为，导致克里奥尔人不满的波旁王朝（Bourbon）的改革事实上起了相反的效果。克里奥尔人的控制引起了对西班牙官僚作风的"警告"。[197]波旁王朝的改革是克里奥尔人主张的结果，而不是"起因"。[198]

无论这一事件发展的后果如何，无论在观念方面实际程度如何，西班牙人在拉丁美洲人心目中的"位置"变得"更加明确了"，也就是更公开化了，以及在争端中，殖民地当局"全力支持"西班牙人的问题，看上去是清楚的。[199]这看来不是制订新的立法的问题，而是推行旧的立法的问题。[200]一方面，这一问题变得更为明确还因为克里奥尔人数有急剧的增长。[201]另一方面，正是由于西班牙努力"重新"征服南北美洲和进行经济扩张，所以会有大量新的移民。[202]

毫无疑问，在克里奥尔人看来，形势的恶化是由于君主国当局的"专横",[203]在西班牙当局来看,形势的恶化毫无疑问是由于克里奥尔人的"无能和令人怀疑的不忠实"造成的。[204]如同在英属北美洲一样,相互间的猜疑可能是慢慢地,但是稳定地发展起来的。但是还有更复杂的情况——种族主义。在英属北美殖民地,形势相对来说比较清楚。那里有白人,也有黑人。种族性的隔阂很严重。印第安人受到轻视,但是他们大部分位于经济制度之外。穆拉托(黑白混血)(Mulattoes)算是黑人。在白人中,区别大部分是在阶级阵线方面,由于过多的种族划分使白人中的区别不太复杂。可以肯定,在殖民者中有些人的祖先不是来自英国,比如是来自德国。但是无论在这方面存在什么样的对抗,种族在政治动乱中没起什么作用。那里有效忠派和爱国者,但是没有西班牙人,也没有克里奥尔人。

种族的界线在拉丁美洲(如同在葡萄牙和法国殖民地那样)更为复杂。那里有一个复杂的等级制度而不是一种简单的白人—黑人(或非白人)的划分。三百多年来性习惯事实说明,西班牙人是"纯粹白人",而克里奥尔人是"多少有点白"。正如林奇(Lynch)指出的那样,很多克里奥尔人事实上有黑色的皮肤,厚厚的嘴唇,粗糙的皮肤,"非常像玻利瓦尔本人。"[205]

在一个看重"白"的社会结构中,事实上是混血〔根据肖努(Chaunu)的观点,三个克里奥尔人中有两个是混血〕[206]这一事实毫无疑问使得很多克里奥尔人把他们作为西班牙人的"后裔"(尽管带有含混不清的种族色彩)的高等社会地位,转变为在阶层上高于新来的移民。这群克里奥尔人的祖先中大部分是在16和17世纪从安达卢西亚(Andalucia)、埃斯特雷马杜拉(Extremadura)和卡斯提尔(Castile)来的,他们把18世纪来的新移民视为分别从坎塔布连(Cantabrian Mountain)山脉和加利西亚(Galicia)地区来的为数不等的人群,而不是西班牙人。"反'西班牙移民'(anti-gachupin)〔(gachupin)是以嘲弄的口吻称呼西班牙半岛的人〕的民间风俗表现出对反坎塔布连人(anti-Cantabrian),甚至对塞维利亚的'反加利西亚人'民间风俗十分的怀念。"[207]克里奥尔人还称西班牙半岛人是哥特佬(godos),大概把他们暗中比喻成进入罗马帝国统治的西班牙的"野蛮的"哥特人的后裔的同类。[208]而西班牙半岛的人把克里奥尔人划分为"游手好闲的"人作为回报。[209]作为殖民者的西班牙半岛人事实上常常是一些在社会地位方面上升的穷人。[210]"克里奥尔人常常被困在一个经济地位下降的电梯中。"[211]事实上,虽然克里奥尔人和西班牙半岛人把等级问题看得很重，但只到一定程度。甘第亚（Gandia）提醒我们，当政治斗争的危难状况最终来临时，这些称号反映的常常不是家族史，而是当时个人作出的政治选择。"难以令人理解的事情是，这些应该是克里奥尔人的人，常常不是克里奥尔人，而是西班牙半岛人。而西班牙半岛人又不是西班牙半岛人，而是克里奥尔人。"[212]人们进行决定性考虑的是经济问题。正如伊泽德（Izard）谈到委内瑞拉时讲的，"商人和地主间的冲突并没有出现在宗主国人和克里奥尔人之间，而是出现在生产者和买主之间。"[213]他说，当西班牙半岛的商人在委内瑞拉独立之后全部消失时，冲突仍在继续，这便是一个例证。

波旁王朝的改革使这些问题明朗化了是再清楚不过的了。如果西班牙要限制即将来临的英国对于其在拉丁美洲的经济利益所做的最后的冲击——一种"孤注一掷的后卫行动"[214]的话，它试图坚持中央控制权只是一个打不赢的战略。如果查理三世和他的代理人加尔维斯（Gálvez）输了的话，英国人便会取胜。但是，查理三世和加尔维斯并没有输。比如，他们在控制教会方面是非常成功的。清除耶稣会士的工作是十分轻而易举的，并且为西班牙国解决了各种财政和代理权问题。但是，在清除过程中，克里奥尔人的忠诚被严重地扭曲了。因为这1,000余位回到欧洲的美洲耶稣会士事实上"正是克里奥尔贵族中的精英。"[215]为这一政策付出的代价是"疏远了"那些留下的克里奥尔人。[216]由于耶稣会士，由于替换了地方行政长官，由于更有效地征收高利税，这种疏远便导致贵族走上独立之路，特别是考虑到当时世界制度的政治气候。到1781年，万莱恩苏拉（M. M. Valenzula）给查理三世写了一份备忘录，预见到上述事情将会发生。[217]

因此，这就是在1763年签署《巴黎协议》之后，在不到20年间，美洲人——所有的美洲人看上去不可避免地要沿着建立一系列独立的殖民国家的道路走下去。此后的50年仅仅是把一个模式展开，这个模式的总线条如果没有细致地勾画出的话，但也是早就勾画好了的。事情为什么会是这样，原因可能不太在于某些关于殖民者一方为"自由"而献身的史诗，或在于某些宗主国判断的错误——这是两种特别受人欢迎的观点——正如在新出现的英国的世界秩序中，（对各方）的开销和收益进行递增估计的积累那样。可以肯定地说，这并不完全是个预测。这一行动一旦开始了，争取独立的殖民者便会积蓄力量，它导致的结果常常是对集体利益进行的比较狭隘的估计所估计不到的。最终的结果同时对英国人和在南北美洲的殖民者来说在不同的方面都有利。当然，有利的程度和质量是不一样的。主要的输家是伊比利亚半岛的国家（Iberian states）和南北美洲的非白人人口。这是一种不公平的争夺，事后来看，结果可能是明显的。事实上，那些得胜的人组成的长期的联盟是这样一种联盟，这个联盟为世界体系提供了最直接的政治稳定，因此也会对世界性的资本积累表示满意。

在1781年，美国军队在约克城（Yorktown）击败了英国人。这看上去对大英帝国来说是一个极大的挫折，毫无疑问，这也使英国清醒起来。但是直到1783年《凡尔赛和约》（Treaty of Versaille）签署后，才真正实现了和平。这就是把真正的世界军事形势进行分析的原因所在。因为英国不仅仅在与它的殖民地交战。它与法国、西班牙以及荷兰交战，而且欧洲大部分国家事实上都联合起来反对它。在1781至1783年间，英国舰队在西印度群岛（West India）的圣各诸岛战役（Battle of the Saints）决定性地击败了法国舰队。而法国与西班牙（Franco-Spanish）对直布罗陀（Gibraltor）的进攻证明是无效的。英国对其欧洲敌人的胜利在价值上超过了其在约克城的失败，并且意味着在1783年之后，不列颠人（Britania）将继续在海上称王称霸，尽管它失去了在北美大陆的13个"大陆殖民地（Continental colonies）。"[29]

根据英国的观点，1783年并没有标出和平，而只是战争中的一个休战。这对它争取霸权的势力没有阻碍。我们已经（在第二章中）讨论过法国是如何试图接着以——《伊登条约》（Eden Treaty）、法国大革命（the Revolution）、革命战争、拿破仑扩张（Napoleonic expansion）以及在欧洲大陆进行封锁（Continental Blockade）——来对付英国。我们现在必须回到殖民者是如何试图保护他们的利益这件事上。1783年以后，有三个关键的"时刻"使殖民者的斗争力量失去平衡：海地（Haidi）的革命，拿破仑入侵西班牙和1815年法国最终的崩溃。我们将根据美洲人的观点就这些事件一一做出解释。

1783年以后，新独立的美国（United States）试图使它成功的果实更为逼真。它变得比人们希望的更为强硬。特别是在它实现其经济的两个中心目标方面——实现对欧洲、对加勒比地区（Carribean）以及世界其他地方极大的出口扩张；获得通往北美大陆边疆地区的通道并控制这片土地——根本不是简单地靠终止英国的统治实现的。此外，革命战争（Revolutionary War）已经挑起了很多社会的内部冲突，这些冲突威胁着这个新国家的稳定,因而也威胁着殖民者自己制定的经济目标的可能性。

在独立战争中,大陆会议(Continental Congress)当然切断了与英国的经济联系。在国际上,大陆会议早在1776年就采取了一个强硬的自由贸易立场,它在独立战争中一直坚持这一立场。[19]中止从英国进口产品部分是靠增加殖民地的产品和增加从法国、荷兰和西班牙的进口来加以补偿的。对于进口,小部分是靠出口进行偿还的,一大部分是靠补贴和贷款偿还的,以及法国的消费力量是靠其自身的支出支撑着生产部门这一事实偿还的。但是,总体来讲,战争并没有对经济,特别是对制造部门产生"革命性的作用"。[20]

此外,在战后立即发生的贸易萧条方面,大英帝国(失败者)看上去比美国和法国(胜利者)的处境要好。美国实际上保持着一种十分依赖大英帝国的状况,[21]这件事对于美国和法国两国来说都是具有某种受挫感。根据我们现在理解,原因看上去是非常明显的。对于美国来说,英国的贸易是强大的并在出口方面价格便宜。最重要的是,美国的商人们"长期以来与英国的贸易中心建立了贸易往来",这就意味着有长期的信誉。人们也不应忘记一种共同的语言和文化的价值。[22]此外,1783年以后,英国的商人们"激励自己重新获得与美洲的贸易"。英国政府提出给这些商人们如同当年美国还是英属殖民地时他们享有的同样的退税、免税和补偿金来支持他们。[23]相反地,对于法国商人们来说,由于港口商人们在战争中遭受了重大的损失,与美国发展贸易需要开辟新的贸易渠道,而在1783年,他们无法"允许自己享有更多创新的奢侈。"[24]

因此,美国发现其贸易又受到英国所控制,尽管总体的水准比较低,[25]而且两国"所处的地位也不平等"。这是因为"无论美国的贸易对于英国是多有价值,英国的贸易对于美国来说是至关重要的。"[26]杨(Arthur Young)能在1789年与雷诺(Abbé Raynal)修道院长的一次谈话中反映出这一观点是不足为奇的。杨说,对于人民失去一个帝国"并且借由损失而获利",这在"世界政治中"是"一个极特别的事件。"[27]

美国可以希望扩张其贸易的最明显的地区就是加勒比地区,而它与该地区已经有长期的贸易了。但是,在这方面1780年代也是一个国难的时期。英属西印度群岛上上下下尽管全部都声明对美洲的独立战争表示同情,并且给予某种程度的转变性的支持,但是它们并没有加入这场战争。[28]原因可能有两个:人口统计学表明,事实上黑人(大多数是奴隶)大约占人口的7/8;[29]而这些小岛屿容易受到英国海上力量的军事进攻。[30]

但是，恰恰是因为生产蔗糖的单一经营方式的不断增加导致了西印度群岛必需要进口食品，所以在美国独立革命爆发之前的几十年间，北美大陆殖民地和英属西印度群岛之间的关系已发展得很牢固了。战争的混乱使这一贸易关系出现了"严重的短期的脱节"，因此蔗糖生产的开销也提高了，尽管西印度群岛的人对立即恢复贸易关系怀有极大的动力。但是，1783年以后，英国不许美国的船舰进入它的西印度群岛殖民地（正如不让进入西班牙殖民地那样）。[32]这对于蔗糖种植园主们来说也是一个坏消息。"从1783年开始，边远地区的蔗糖种植业开始衰退。"[33]

如果对外贸易的前景在新的殖民国家看来只是一时间的黑暗的话，他们认为，他们至少可以通过对"边疆"地区的殖民来扩大他们在北美大陆的经济发展。但是英国和西班牙都不会支持与他们的自身利益背道而驰的这种野心。人们可以把北美大陆的东半边想象为构成了一个长方形。在1783年，新生的美国在这个长方形中组成了一个盒中之盒。尽管这个小盒子东边的边界与较大的盒子的边界是一样的——即大西洋（Atlantic Ocean），它在北边被加拿大包围，而加拿大又不在其管辖范围内，在它的南边，墨西哥湾（Gulf of Mexico）（从路易斯安那到佛罗里达）都在西班牙管辖之下，在它的西边，在密西西比（Mississippi）和阿帕拉契山脉（Appalachians）之间一片大的区域，这块土地的管辖权还在争夺之中。

在凡尔赛进行和谈时，毫无疑问是讨论过美国能否获得加拿大这一问题。在战争中，美国人没能在军事上或政治上把加拿大弄到手。他们在这方面肯定没有得到法国在外交方面的支持。[34]如果有区别的话，英国人比法国人在对待加拿大的问题上要更加小心。[35]是否应该允许美国向西扩张是个比较大的问题。1783年的和约规定，大英帝国归还所谓的西部港口（Western ports），就是从密西根湖（Lake Michigan）到尚普兰湖（Lake Champlain）之间在美国边界一方的8个边疆港口。英国人办事拖拖拉拉，借口便是美国拒绝归还效忠派被没收的财产。而美国则反驳，英国已允许成千名黑奴移居加拿大（因此就不"归还财产"）。事实是，英国只不过想给加拿大皮毛商充足的时间来"重新组织他们的买卖并且撤回他们的财产。"[36]这个问题直到1796年签署杰伊（Jay）条约时才解决。然而，正是因为英国期望把美国作为一个经济卫星国来扶植，美国才最终平息了与英国的纷争。[37]此外，英国很有可能怀疑美国新政府会粉碎边疆人民强烈的分

裂主义愿望这一阻碍其向西扩张的真正障碍。㉙

西北部的情况是复杂的。除了美国和大英帝国各自怀有不同想法之外，美国各个州都有不同利益可图，如皮毛商和土地投机商，又如白种边疆人和土著美洲人（所谓的印第安人）。

从一个新兴国家的角度看，这个问题包含两个相关的问题：首先，在东海岸各种各样的13个殖民地中澄清所有权问题；其次，解决东海岸［在有些地区称为"潮水"（Tidewater）］和边疆（横断阿巴拉契亚山脉大部分但不是整个的地区）之间的争端。

第一个问题是围绕假定的古代权利而反复出现的。6个洲——马萨诸塞（Massachusetts）和康涅狄格（Connecticut）（在北部）和弗吉尼亚（Virginia）、北卡罗来纳（North Carolina）、南卡罗莱纳（South Carolina）以及佐治亚（Georgia）（在南部）——声称他们的特许证是"从海洋到海洋"，因而允许他们无限期地向西部扩张。在中部的州——著名的宾夕法尼亚（Pennsylvania）、马里兰（Maryland）、特拉毕（Delaware）和新泽西（New Jersey）——在成立州时制定的文件中没有这类条款，因而会被排除在土地投机的热潮之外。他们试图组成私人公司［如：印第安纳公司（Indiana Company）和伊利诺-沃巴什公司（Illinois-Wabash Company）］，并请求新兴的美国帮助他们，如同他们以前求英国帮助他们那样。㉙结局是个妥协，即1787年的西北土地法令（Northwest Ordinance）。拥有"从海洋到海洋"特许证的那些州把这些条文让给了美国，允许它出售土地（因此可以减少美国的债务），但是必须以每份640英亩的量出售，这样便可以使有"民主"风尚的大土地投机商们满意。

但是，土地法令还有另一个条款，即在这一地区建立新州的可能性。又一次同样把东海岸"帝国主义"排除在外条款，可能最终成为解决潮水涨落的边远地区的人之间紧张关系的一个办法。这种紧张关系在整个革命过程中一直困扰着大陆会议。这便是北卡罗来纳的"管理者"（Regulators）的敌对情绪和佛蒙特（Vermont）人对革命事业的矛盾心理。㉚总的来讲，"西部人"特别是居住在肯塔基（Kentucky）和田纳西（Tennessee）新领土的那些人把国会的控制视为是"在立法机构中沿海地区所发挥的作用。"㉛边疆人认为，"他们在继续1776年的战斗。'他们自己是受压迫的殖民地人民'，而东部沿海那些州的政府却扮演了'以前是由乔治三世充当的暴君'的角色。"㉜此外，经济地理的形势是这样的，他们利用内陆航运把产品向东北方运送到英国管辖的区域和向西南方运送到西班牙管辖的区域，比由陆地运到东部沿海各州要容易得多。[243]

西北土地法令从创造出一种区分美国中央政府和东部各州的办法扭转了这一不满情绪。但是还有第二个问题，这便是触犯印第安人的反对把边疆地区分裂出去的做法。英国人正在做一个传统的游戏，即试图在美国境内创造出一个"中立的印第安屏障国"，[244]而边疆人基本上渴望得到印第安人"没有放弃的"土地。美国可以在这方面帮助他们，特别是在1789年正式成立了一个联邦政府之后，以及英国在同一时期由于法国大革命及其后果而感到心烦意乱。"欧洲的不幸对美国是有利的。"[245]那对于白人殖民者是有利的，对美洲土著（Native Americans）是不利的。对于后者来说，

> 美国总统是个让人生畏的人，是沙皇（czar）、皇帝和苏丹（Sultan）直接的同类；对于克里克人（Creeks）和切罗基人（Cherokees），奇克索人（Chickasaws），肖尼人（Shawnees），温纳贝戈人（Winnebagos）以及很多其他的印第安人来说，华盛顿（Washington）这一新兴城市正如芬兰人（Finns）眼中的圣彼得堡（St. Petersburg），苗族人（Miao）眼中的北京（Peking）或塞尔维亚人（Serbs）眼中的君士坦丁堡（Constantinople）：一种变幻莫测的、专制权力的席位。[246]

而大英帝国对于美国向边疆的扩张行动的态度犹如一个霸权国家解决一桩小的、基本性的问题，如果有麻烦的话。而西班牙必须严肃地对待这个问题。他们正在保卫一个已经受到攻击并且不能为美国提供经济上的成功或推广美国政治榜样的机会的美洲帝国。英美和约和英国西班牙和约都是在1783年9月3日签署的。但是它们在影响整个密西西比河谷（Mississippi Valley）的一个关键问题上是相互矛盾的。英国与美国的条约给予美国在密西西比河（Mississippi River）航行的自由权利，并且把南部边界固定在纬度30°的地方。英国与西班牙的条约没有谈到在密西西比河航行的问题。但是，它提供的条件是，根据英国1764年颁布的一项咨询枢密院后不经议会同意的敕令（order-in-council），西班牙可以保留包括密西西比河纳齐兹（Natchez）港和北至32°26′的一切领土在内的西佛罗里达（West Florida）。[247]

起初，西班牙人发现很难区别英格兰这个他传统的敌人和英格兰人的后裔，他们称为"盎格鲁—美洲人"（Anglo-Americans）[248]的美国（United States），但是，西班牙开始进行区分了，这种区别对美国是不利的。也许正如西班牙人色利奥尼（Jacques Accarias de Sérionne）在1776年作的精明的预测：

> 由于西班牙失去了它的殖民地，因而新英格兰（New England）可能比老英格兰更令人恐惧。盎格鲁——美洲人的人口和自由看起来像是从遥远的地方发出的声明，要征服美洲最富有的地区、建立一个英国人的新帝国和独立于欧洲。[249]

西班牙人发现，在新占领的圣奥古斯丁（St. Augustine）、莫比尔（Mobile）和彭萨科拉（Pensacola）港口的英国商人比与他们有"长期积怨"的美国商人喜欢这些港口。但是，西班牙人付出的代价是由于他们自己经济上的衰弱而造成的。"为了阻止（美国的）美洲人同他们的邻居印第安人进行贸易往来，（西班牙）不得不允许英国人通过西班牙的港口同印第安人做买卖。"[250]

作为在西南部对付美国土地投机商，保护皮货商的西班牙不能像英国在西北部地区扮演的同一角色那样成功，特别是由于非西班牙人在路易斯安那（Louisiana）和佛罗里达当地经济中发挥了大的作用。西班牙永远无法把（所有新近获得的）这些地区融于它自己的殖民地制度之中，这预兆着（分别在1815和1819年）使两个殖民地落入美国手中。[251]

新的美国在南北美洲不仅仅是一个要寻求经济利益的新的大国。它也是殖民者独立的一个象征。它信奉共和主义这一原则。但是共和国是什么？在很多人看来，共和国是包括自由贸易、自由人和平等的一种思想体系。我们恰恰刚刚看到，美国在1780年代并没有鼓励自由贸易。正如麦科伊（McCoy）观察的那样，1780年代的商业危机确实"对美国人看待他们自己和他们社会的方式起了深远的、使人不安的影响。"[252]对外贸易方面的失败毫无疑问是造成1783至1791年间宪法危机的诸因素之一，而当时新的州是否能够作为一个统一的政治实体存在下去还是个问题。但是，长远地看，在美国展示自己并认为自己是殖民者争取独立的一个榜样的范围内，对于世界体系最为重要的是它如何解决这一阶段内自由人和平等的问题。

自由人的问题并没有围绕土著美洲人反复出现。他们位于这个领域之外（直到1924年在美国宪法上仍是这样规定的）。殖民者们想迫使印第安人离开他们的土地，并不想在他们的经济活动中把他们当作一种劳动力来进行合作。[23]黑人，大都是奴隶的黑人，不在这个领域之外。他们是一个整体，确实是生产过程中的中坚。1774年，13个殖民地（Thirteen Colonies）（不包括印第安人）的人口是230万。当然，其中20%是黑奴，另外1%是自由的黑人。[24]18世纪运到美洲的奴隶数量平稳地增加。[25]造成这一现象的主要原因之一就是契约劳动力制度的严重崩溃和最终消除。英属北美殖民地的情况是，17世纪契约劳动力主要是英国人，但是在18世纪，契约劳动力中的种族成分有了变化，当时大部分是德国人（Germans）、瑞士人（Swiss）、苏格兰人（Scots）、苏格兰—爱尔兰人（Scotch-Irish）、爱尔兰人等等。[26]殖民地时代的最后20年间，北部主要城市中"迅速地放弃了契约劳动力"。这样做当然部分是由于经济困难，并且甚至确实导致了手工业工人对"奴隶劳动力竞争作法的不满"以及对奴隶的进攻。[27]但是，较长期的原因是，随着对劳动力需求的增加，提供奴隶比提供契约劳动力的弹性更大，因此，由于前者的需求量，后者的成本也大大提高。[28]

当杰弗逊（Jefferson）想把谴责乔治三世不许在废除奴隶贸易方面做出努力的一段写入《独立宣言》（Declaration of Independence）中，不仅受到来自拥有众多奴隶的佐治亚和南卡罗莱纳的代表的"激烈反对"，而且受到那些把奴隶贸易作为一种重要的生意的马萨诸塞、康涅狄格和罗得岛（Rhode Island）的代表的"激烈反对"。[29]甚至在北部各州中也有奴隶，如果那里的奴隶数目"相对的少"的话，但还是"常见的和能让人接受的。"[30]当英国和殖民地人都考虑有可能把黑奴作为美国独立战争中的战士对这个问题暴露出来了。尽管这个想法甚至在英国也不太受欢迎，但是"战争展示了它遇到的现实情况。"一开始，英国人从黑奴中征兵，然后，尽管很不情愿，但大陆会议和北部各州也从黑奴中征兵，把给予他们自由作为"他们效忠行为的一种回报。"[31]

黑人（自由人和奴隶），尽他们最大的努力周旋。那些成为效忠派的人"不太倾向于英国，而更倾向于黑人（proBlack）。"他们把自己视为"黑人解放的鼓吹者"。[32]另一些人参加了革命事业，因而在根除奴隶制的过程中做出了贡献。在战争结束时，根除奴隶制的活动在除纽约州（New

York）和新泽西州之外的所有北部各州中展开。[20]很明显，关于各州根除奴隶制的信息至多是混杂的。而且战后奴隶制的模式在各州也不一样。1787年的西北土地法令确实禁止了这一地区的奴隶制。而且在大陆会议上，奴隶贸易这一问题引起了广泛的争论。一个著名的妥协案，也就是全面废除奴隶贸易的妥协案是在20年（1808年）前后才生效的。这一妥协案具有的一个重要的副作用就是把奴隶制"进一步地"赶到了"南方"。[24]几年以后，即1857年，大法官（Chief Justice）塔尼（Roger Taney）曾在斯考特判决案（Dred Scott decision）中宣布，正如1787年时那样，黑人"不具有一个人应考虑的那些权利。"正如利特沃克（Litwack）讲得那样，"这不是在道德上麻木不仁的一个标志，而是一个重要的史实。"[25]殖民地人民的"不可剥夺的权利"中没有包括黑人的权利。

然而，当时至少所有的白人是否都享有平等权呢？并不十分如此。我们知道，在导致独立战争爆发的那个时期，不平等的状况日趋严重。问题在于是战争本身，还是战争随即带来的后果对经济上的两极分化的程度和正在形成的政治思想起了极大的影响。最初把在英属北美殖民地的国王的效忠派和反叛者分裂开的是对待（被广泛认为是会把人引入歧途的）英国政治的态度，而不是对它的感性认识。辉格党人（Whigs）认为，他们造反是为了英国民族主义的理想；托利党人（Tories）认为，应保持对王权（Crown）的忠诚，尽管内阁是愚蠢的。同意建立一个新国家的行动是后来才出现的。正是"革命事件的进展，才促使美洲人不可抗拒地构成建立一个国家的思想。"[26]这是要记住的重要一点，因为正在形成的一种民族主义的原动力，对于社会上对不平等的看法有很大的影响。

为了理解所发生的事情，我们必须看一看谁对革命是冷淡的。我们必须永远记住，在革命初期，只有一小部分人坚决地参加或不参加革命，如同在绝大多革命情况下那样。大多数人是"犹豫不决的、害怕的、动摇不定的和优柔寡断的。"[27]看来托利主义（Toryism）（或至少是效忠主义）在3个地区有它最强大的立足点。一个是由中部殖民地的沿海区域构成的地区，这便是社会保守主义的托利主义。他们就是害怕新英格兰活动家是"激进的平等主义者"的那些人。[28]他们就是把自己看作是与其他殖民地的人民就"美国应该拥有什么样的宪法"而进行了一场伟大的战斗的那些人。如果一个人把托利党人与爱国者（Patriots）进行比较，他可以把这说成是一场"内战"，在这场内战中，爱国者是想变化的一方，他们反对保持现状的托利党一方。[26]这就是作为一场社会革命的美国革命神话的基础，而这个神话看来在某一点上是有道理的。

但是，还有另外的托利党人。这第二类托利党人的主要成员是从佐治亚州（Georgia）到佛蒙特州的边疆人，他们在西部北卡罗来纳州的管理者运动（Regulator Movement）中最为著名。"无论在哪些海员、渔民、看矿山人和商人的人数多于农民和种植者人数的地方，那里的托利党人就会多于辉格党人。"[27]有些效忠派指望英国政府对东海岸贪婪的土地投机商们进行控制。正如我们刚刚读到的那样，恐怖心理是确实存在的而且是可以得到充分证明的，爱国的殖民地人使边疆人遭到厄运。也许在任何情况下他们都会"遭厄运的"，但是毫无疑问，美国革命加速了他们遭厄运的过程。对于这些效忠派来讲，爱国者代表了一种保守的力量而不是激进的力量。

还有第三种反抗力量，即"文化少数民族"，他们中所有的人看上去都表现出一种较高程度的效忠主义。这批人与边疆人中的一些人是一样的，他们更多地受到贫困的困扰。从宾夕法尼亚到佐治亚，内陆的州"大部分居民"是苏格兰人、爱尔兰人和德国人。内陆人和沿海居民血统的不同最主要是表现在南、北卡罗来纳（Corolinas），在那事实上发生了最严重的冲突。[27]宗教的少数派和少数民族（当然他们常常是相同的）也倾向效忠主义。北部殖民地的圣公会成员（Episcopolians），南部殖民地的长老会信徒（Presbyterians），各地的虔信派教徒（Pietists）和浸礼会教徒（Baprists）并不倾向革命事业。[27]所有这些人怀疑新的国家的和民族主义的主流派会考虑他们的利益。他们担心强调了个人利益会根除他们的群体利益。

因此，谈到保护社会特权，有这样的效忠派，他们是效忠派，因为他们害怕平等的趋向，而且还有另一种效忠派，他们因为完全相反的原因而成为效忠派。最后，帕尔默（Palmer）的评价看来是十分公正的："爱国者是那些看到与英国决裂会带来更多机会的人；而效忠派多为那些从与英国的联系中得到好处的人，"或人们可以补充说，他们至少是那些没有理由相信他们可以从与英国的决裂中得到好处的人。[27]

最后一个考虑。为什么可能会被称为左派的托利主义不比它以前更不强大呢？这些人不是爱国者（Patriots），恰恰是因为他们害怕那些不享有平等权利的绝大多数人。因为它曾经在政治上强大过，很可能是这些殖民者永远不会打赢同英国的战争。摩根（Morgan）指出，在培根叛乱（Bacons Rebellion）[24]的1676年和1776年的气氛之间，这种阶级冲突的强度有何等的

238

不同。他说，在两次事件之间，"奴隶制的膨胀抑制了一个自由的、受压迫的较低阶级，相应地扩大了白人的社会和经济机遇。"[275]

对于美国独立战争带来的社会影响的矛盾心理一直延续到1783年以后。两极分化的现实事实上增长了。比如，如果波士顿（Boston）这个推动革命的激进城市在革命之前就存在严重的不平等的话，在革命之后，"会发展起一个更不平等的社会"。[276]在1783年以后的时期，当新英格兰（New England）商人们发现英国人的报答是把他们排除在西印度群岛之外时，他们靠"收债"来解决自己的经济困难。在马萨诸塞西部的小农抱怨时，镇压性的立法使接着颁发了，它"促使很多农民直接采取行动，"这就是1786年称为谢司起义（Shays Rebellion）的暴动。[277]它被镇压下去了。

这种矛盾心理便是1787年起草宪法（Constitution）的原因。比尔德学派（Beardian）的解释[278]与美国在50和60年代的庆典中有很大的争议，但是正是比尔德学派时宪法的解释是有价值的。如果社会革命家在发动革命时发挥了大的作用的话，他们激进的行为随着革命的具体进程更强大了的话，制宪会议（Constitutional convention）看上去显然是代表了试图阻止这一行为的一种企图。1776年引人注目的、受欢迎的领袖人物们没有出席1787年的制宪会议，他们中的绝大多数"为民主而痛惜并且同意建立一个权威的中央政府来除去由于邪恶势力而使国家受到困扰的恶行。"[279]这一事件是如此有影响，以至于废除了认可程序，这便导致了1791年的会议，通过了宪法的头10个宪法修正案（Amentments of the Constitution），即人权法案（the Bill of Rights）。[280]

如果1783年的和平为美国开辟了一个大的变化不定的阶段，长远的看，这对于拉丁美洲是更为严峻的，因为西班牙恰恰不仅要解决她自己的人口问题，对付她以前的欧洲对手，而且现在还要对付美国。[281]在一种程度上，这对于西班牙殖民地经济是一个黄金时代。1782至1796年（西班牙和大英帝国再次开战的一年，而且英国海军的一次封锁破坏了贸易）西班牙对拉丁美洲的年平均出口量是1778年（在西班牙与大英帝国开战前）出口量的四倍多。特别是在1784至1785年间，贸易有"巨大的发展"。[282]这部分是由于西班牙严厉地减少了非法贸易的数量。这一能力在1761年以后一直平稳地增长。[283]

可以肯定地说，如果放在世界经济全面增长的背景下来考虑，这一黄金时代只是"短暂的"，在1778年宣布贸易自由（comercio libre）和1796

第四章 南北美洲定居者的非殖民化：1763~1833 年

年英国海上封锁之间，西班牙的贸易扩张看上去也是"不太引人注目的"。[285]斯坦因派（the Steins）甚至谈到西班牙（和葡萄牙）在民族主义经济方面做出的努力所得到的"微不足道的回报"。伊比利亚（Iberian）的殖民地贸易仅仅"支撑着'野蛮人的大厦'，而这并不正好是准备对付大的危机的办法。"[286]拉丁美洲的地方性手工业和制造业生产由于西班牙对贸易的解放而"受到了危害"。但是，这对于宗主国西班牙仅仅是暂时有利，因为西班牙作为一个物质生产国和资本输出国是不能与大英帝国相匹敌的。因此，正是在加拉加斯（Caracas）和拉普拉塔（La Plata）这些外国渗透最厉害的地方，一些殖民者开始考虑"如果他们只得摆脱西班牙的束缚的话"，也许"对于他们来说，这一黄金景象就要到来。"[287]同时，由于英国商人可以立即从废除垄断权方面获利，[288]因而在加的斯（Cádiz）和里斯本（Lisbon）的英国商人们"看起来特别幸运和幸福。"此外，甚至会出现这种情况，西班牙反对干涉他人事务的人的作法本身在政治上对西班牙是产生副作用的，因为以前这些干涉他人事务的英国人"依靠向西班牙统治的美洲（Spanish-American）殖民地提供所需的东西，使他们不至于尽早地起来反对西班牙的统治。"[289]

当然，在 1780 年代这个短暂的间歇期间，在拉丁美洲，没有什么事件发生，而美国也正在集中精力解决自己的困难。1789 年爆发的法国大革命（French Revolution）令人不安。但是，事实上，法国大革命的爆发使圣多明各（St. Domingue）正在酝酿一个运动的进程，这便导致了在现代世界体系中第一个黑人共和国的出现。通过暴力斗争而诞生的海地（Haiti），在南北美洲历史上，是比我们以往想象得要更为关键的一个因素。应赞誉它为加速和澄清世界其他地方殖民地独立的模式所做的贡献。自治的思想，遭到某些希望把个人权利（以及因此可以共同分享对任何潜在的自主权的控制）给予所谓的"自由混血人"（一种合法的人种）并甚至想解放奴隶的人的反对。[293]回应是迅速的。在 1790 年 4 月 15 日，法国国民议会（the general Assembly）驻圣多明各的地区代表（Sector）在圣马克（Saint-Marc）聚会，拒绝接受殖民地这一头衔。法国国民议会议长谢瓦拉利（B. de la Chavelerie）提出了下列问题："人们根据什么精明的推理得出他们可以把自由的和独立的征服者置于最令人惊讶的专制控制之下的结论？"[294]（1776 年的阴影）。

区别就在于，在法国，革命宣称其目的是要终止在法律上的特权，而在圣多明各的白人殖民者却宣称要"在政治上不存在其他自由人和……在政治上以及在民间没有奴隶"的基础上建立自治政权。简言之，他们想给"一个据有支配地位的特权阶级"永久的法律地位。[28]但他们在实现这一目标方面失败了。

1790年，法国的制宪会议（Constituent Assembly）模棱两可地给予在圣多明各的有产黑白混血人投票权。当黑白混血人种的一位政治领袖回到圣多明各并准备组织起义从而实行这一权利时，他受到逮捕、遭到拷打并被处死。国民大会气愤了，通过了另一个不太模棱两可的法令。白人殖民者起来反对法国和黑白混血人。在这一切发生的过程中，黑奴的第一个暴动突然爆发了。如同在法国的其他殖民地，如法兰西岛（Isle-de-France）和波旁岛（Isle de Bourbon）发生的那样，种植园主和富有的黑白混血种人在没有组成政府的"阶级联盟"的情况下起来反对贫穷的白人、黑白混血种人和黑奴，一场"种族战争"开始了。[29]

这场种族战争并不是当白人殖民者最初试图获得他们纯种族性自治时的那种战争。也不是在巴黎的法国大革命的参加者（French Revolutionaries）想要进行的，因为对他们来说，"保护领土"的原则性是很强的。[29]这也不是"自由有色人"——常常是那些富有的、拥有奴隶的黑白混血种人——在他们申明自己的平等权利时想干的。但是这场种族战争是黑奴们自己想发动的，这只能被看作是在资本主义经济历史上最成功的奴隶暴动。当时在圣多明各开始了"三次内战"时期，这便是三个相继发生的起义——"重要的白人投石党，黑白混血种人的造反以及黑人的革命。"[29]

这一形势使在那个地区的四个国家——法国、大英帝国、美国和西班牙都感到惊恐、害怕和不满。法国国民议会和美国制宪会议对这一形势的看法是多种多样的，可能是疑惑不解的。但是总的来讲，制宪会议是支持黑白混血人种的，犹如一个文明的过渡期的保护者那样。正如塞泽尔（Césaire）讲的那样，在巴黎的著名的黑人之友社协会（Société des Amis des Noirs）是"第一个和最重要的黑白混血种人社团（Society of the mulattoes）。"[30]

对英国来讲，大英帝国和法国的战争在1793年2月一爆发，白人殖民者便要求英国给予支持，并秘密地与英国达成协议。[30]英国把这看作是破坏法国贸易的一个好时机。英国派出了一个远征军，但是他们对圣多明各的

第四章 南北美洲定居者的非殖民化：1763~1833年

占领遭到了严重的反击，成为"英国军事史上最大的灾难。"[302]英国的干涉使法军、西班牙军和英军都争取奴隶的支持，这实际上"明显地扩大了当时软弱无力的（奴隶）暴动的规模，并且使它从可能快要濒临失败的边缘解救出来。"[303]

但是，和英国一样害怕"自由的病毒可能会在奴隶暴动的过程中传染其他奴隶"的美国，对英国的干涉"根本不感到兴奋"。而英国的干涉威胁着美国的贸易伙伴圣多明各，要把它也置于"航海制度管辖之列。"[304]因此美国尽力保持并扩大其为圣多明各粮食供应者的角色，与此同时不发生任何政治关系。[305]

当然，西班牙人也对英国保持同样的警惕。岛的东半部是他们的圣多明各（Santo Domingo）殖民地。黑人革命除了被压制之外，实际上并没有在那里展开。那里的经济状况也不一样（从事家畜饲养和维持农业生产，而不是种植蔗糖）。人口统计学角度看也不一样——那里有白人、获得自由的奴隶（libertos）（大多是黑白混血种人，但也有一些黑人），还有相同比例的黑奴。最后，社会结构也不一样。不像黑白混血种人在圣多明各那样，获得自由的奴隶并不是一个重要的经济力量，西班牙政府能够更严格地控制他们。[306]西班牙对圣多明各最初的干涉并不比英国的干涉更为成功。

卢维杜尔（Toussaint L'Oúverture）能够利用法—英战争来巩固自己的政权，并且建立了一支有纪律的军队。他使种植业继续发展，靠把种植业的产品的1/4分给黑人工人来把他们限制在种植业行业内。但是随着欧洲人暂时停止了他们之间的战争，他们把对黑人共和国的担忧变为企图扼杀它这样一种新的念头。1802年拿破仑的军队逮捕了杜桑。西班牙、美国和大英帝国都在企图重新建立殖民地方面默然地与法国勾结在一起。尽管这个岛屿独立了并在一定时期内有两个政府存在，但四个大国在一段时间内根本"没有考虑"承认它的独立。[308]

回顾这段历史，我们也许可以说，尽管玻利瓦尔（Simón Bolivar）和混血种人统治的海地南部的两个继任国之一的总督佩蒂翁（Alexandre Pétion）有着友好却又存在分歧的联系，然而圣多明各的黑人革命减缓了拉丁美洲争取独立的速度。圣多明各的作用是不仅向欧洲大国灌输了大量谨慎行事的思想，而且也使在南北美洲的白人殖民者感到应谨慎行事。[309]

正是在这同一时期，一场爱尔兰革命（Irish revolution）结束了。这场革命的前景最初看上去是由横扫英属北美殖民地的同一股浪潮席卷的，但后来却形成了一种社会革命的框架。爱尔兰首先扮演了使英国陷入1760年代帝国危机的角色。从某些方面看,大英帝国在北美不断地重复地表现出来并使用它已为爱尔兰的革命形势制订的态度和政策。⑩爱尔兰本身在很多方面比英属北美的状况差得多。英国的基督新教(Protestant)殖民者对稠密的爱尔兰天主教(Catholic)农民人口强行进行统治,而不是对一批居住分散大量从事狩猎的部落进行统治。这种形式在结构上更类似于秘鲁或中墨西哥,而不同于13个殖民地。⑪

但是,信奉天主教的殖民者们(如同在1691年时那样)没有任何政治权利这一点说明,正是那些信奉基督新教的殖民者才感到"英国在贸易戒备状态方面所带来的全部压力。"因此,正是这个"受到信任的'驻军'(被)当作贸易方面的一个威胁者。"⑫信奉基督新教的殖民者甚至没被准许建立一个造船业〔在新英格兰的殖民者(the New England settlers)却有〕,而爱尔兰也没被准许成为美洲和欧洲之间的一个货物集散地。的确,直率的北美殖民者当时的一个担心就是他们可能会被迫使处于"爱尔兰北部所处的那种悲惨的境地。"⑬

因此,随着法国在七年战争中战败,一个"盎格鲁-爱尔兰(Anglo-Irish)民族主义的殖民思想"⑭发展起来了,其发展的原因如同在北美一样。在爱尔兰议会中,出现了一个称为爱国者(Patriots)的改革派。就在同一时期,汤生(C. Townshend)正试图把印花税法案强加给英属北美殖民地,他派自己的长兄乔治作为副总督长官(Lord Lieutenant)到爱尔兰"加强了英国的直接控制,使爱尔兰也为帝国支付一大笔防务开支。"⑮这明显地说明为什么北美和爱尔兰的殖民者感到他们都对宪法表示不满,并把宪法作为攻击的目标。因此,在1775年很多爱尔兰人"自然而然地"对北美洲人表示"同情"——就是很多信奉基督新教的爱尔兰人,因为信奉天主教的教徒趋向于支持英国在美洲的政策。⑯

事实上,美国革命使爱尔兰的经济形势恶化了。英国的战败激起了对爱尔兰的需求。1782年英国愿意给予爱尔兰更大的政治自治权。庇特(Pitt)甚至提出了经济特许权的观点,但是这种特许权是在爱尔兰共同担负帝国的防务开支情况下才有的。⑰1783年与法国签署和平条约之后,英国的方针立即进一步强硬了。⑱爱尔兰的爱国者们仍旧没有为争取独立做好准备,因为他们没有为创造"一个包容一切的党"做好准备,他们也没有为组织"一个完全全国性的运动"做好准备。⑲(当时如同在20世纪时一样)

他们担心会发生国内社会革命,这一担心使他们裹足不前。

法国革命对爱尔兰影响极大,为它开辟了新的机会。天主教和信奉基督新教的持不同政见者(Dissenters)开始组织在一起以进行实现反叛性共和国计划。天主教徒要求解放(Emaneipation)。信奉天主教的佃户也开始起来反对地主(基督新教徒)的压迫。正是在1795年这一时刻,橙带协会(Orange Society)作为基督新教社会的一个秘密组织组成了,进而反对天主教徒的要求。1796年爱尔兰联合会(United Irishmen)这一民族主义运动的领导人托恩(Wolfe Tone)从美国来到巴黎,帮助计划一项对爱尔兰的远征。他使执政府(Directory)相信爱尔兰"已经孕育着一场革命"。他不仅指望天主教徒的支持,而且期待北爱尔兰厄尔斯特(Ulster)的基督新教徒的支持,因为他们具有长期的共和的传统,他们的领导人以1688年发生的先例证实他们要求法国人的支持是对的。

入侵失败,天气恶劣,航海技术不佳。法国人选择登陆地点班特里湾(Bantry Bay)也选得不好。爱尔兰人联合会(United Irishmen)在这个地区只有很少人支持,但爱尔兰人差一点就获得了成功。英国在爱尔兰的领地此时已"处于岌岌可危的境地"。班特里湾是个转折点,它对世界体系具有重大的影响。正如汤普森(Thompson)所说:"法国失去欧洲,不是在莫斯科之后,而是在1797年,这是可以论证的。当时在叛乱前夕,只有叛变的海军站在法国人和爱尔兰之间。"

爱尔兰人联合会的谋反在1798年仍在进行。厄尔斯特长老会的教友(Ulster Presbyterians)此时对法国革命的信心已经冷却,而橙带秘密会社(Orange lodge)的力量却日益壮大。英国人对反叛者毫不留情,拿破仑决定不进行第二次入侵而将军队转向征服埃及,据说对此决定拿破仑甚为懊悔。革命者的失败也影响了爱尔兰议会中像格拉顿(Arthur Grattan)这样的温和改良派的地位。英国人决定强行废除1782年的改革。庇特(Pitt, William)在1800年努力通过了联合法案(Act of Union),爱尔兰议会已不复存在。新教徒移民事实上放弃了(被迫放弃)关于自治的一切希望,因为他们害怕这是一种他们无法控制的自治,是一种过于民主的自治。

至此,18世纪90年代经历了白人移民者的两次重大失败——在圣多明各(St. Domingue)和在爱尔兰。两者历史状况不同,最后的结局也不同——海地的黑人共和国被放弃,爱尔兰重新统一于殖民地母国。但是两者都是一个信号,警告美洲的白种人移民,走向建立移民共和国的道路十分艰难，布满危险。如果有人想取得期望的结果，那么十三个英国殖民地的榜样是很难效法的。18世纪90年代的海地和爱尔兰就是步了80年代阿马鲁（Túpac Amaru）和公社派（Comuneros）的后尘。独立无疑是一桩冒险的事。

所以，那时像米兰达（Miranda）和玻利瓦尔（Bolivar）那样倡导移民革命的人在极大程度上只得到谨慎的信任就不足为奇了。然后，一个事件改变了世界的政治形势：拿破仑在1808年入侵西班牙。但在我们讨论为什么这一事件能使美洲移民独立事业具体化并赋予事业新生命之前，我们必须来看看在此之前在那唯一存在的移民共和国内发生了些什么事。

对年青的美国来说，1793至1807年是"非常繁荣的年代"。在回顾起来似乎是美国经济历时甚久的增长模式中，这个时期是一个特别"增长"的时期，因为美国利用了它在英法战事时的"中立"场面获取了横越大西洋贸易的很大一部分。[⑳]

之所以能有这样的局面，是由于美国在1794年作出了一个具有战略性的决策，即把他们的"中立"，向他们的前殖民主子英国这可能的胜利者和霸权大国倾斜。实际上，1793年爆发的战争促成了1794年以杰伊条约（Jay's Treaty）形式出现的这个决策。英国曾拒绝承认美国要求战事时期同法属西印度群岛贸易的全部权利，美国作为报答，心照不宣地在归还西部港口（它们自1783年起一直是美国的合法领土）和要求在英属西印度群岛上有新贸易权的问题上给予让步。[㉑]条款基本上不利于美国，但美国比英国更怕与对方开战。从根本上说，杰伊条约"延缓了英美之间的对抗"，直到形势对美国更为有利的1812年。[㉒]在此期间，美国把这条约看作是为了英国工业的利益和美国自由贸易的保证。[㉓]

在美国作出这个具有战略性选择的决策后面，看来有两方面巨大的经济压力。运输业的经济因素仍使美国处于从对外贸易中赚取大部分收入的状况，虽然后来在1820年后这情况有了变化。[㉔]第二个因素是由于1793年发明了轧棉机，美国南方有机会复兴农业。革命战争对早期南方有相当大的破坏性，他们的主要物产靛青和大米似乎不可能有广大的市场。[㉕]18世纪90年代的南方，"迫切需要一种新的农作物"。[㉖]棉花正是这样的新作物，棉花需要英国这个主顾。[㉗]

的确，美国和英国达成的这笔政治地理和经济的交易，对力量软弱的伙伴有它不利的方面，它降低了美国制造厂的发展速度。纵然在1793年以后的一个时期内,"外贸能赚得高额利润",但美国工厂作为投资场所是无法参加竞争的。1808年,有位美国作家奇塔姆(James Cheetham)曾吹嘘过这个事实,说美国"像施了魔法似的,成了世界上最大贸易国的一帆风顺的对手。"欧洲重新出现的敌对行为戳穿了这种天真的气泡,也许对美国来说是件幸事。1807年11月11日,英国全面禁止美国同拿破仑统治下的欧洲港口进行贸易。杰弗逊总统(Thomas Jefferson)企图对英法两国都实行禁运以便对他们施加压力。1808年的禁运法案只实施了一年,结果反而对美国有害,但它最终导致了1812年重燃和英国的冲突,我们以后还要来谈这个问题。它当时使美国在美洲非殖民化过程中重新充当了英国对手和合作者的角色。

关于美国人尤其是法国革命对西属美洲的克里奥尔人们思想上所起的精神鼓舞作用已经写了很多。无疑这是事实,至少对某些阶层来说是如此。但是,在最后的政治结局使得革命思想传布的重要性似为可信的情况下,事后很容易夸大革命思想传布的重要性。艾扎奎尔(Eyzaguirre)对智利作的结论可能实际上更合乎事实:"不能证明法国革命是独立主义思想的催化剂;它甚至可能正好相反是西属美洲克里奥尔人重申他们对君主国忠心的适当时机。"

1793至1796年,西班牙与革命的法国交战。但是西班牙首相戈多伊(Manúel de Godoy)在1796年签订圣伊尔德丰索条约(Treaty of San Ildefonso)使西班牙和法国结成联盟。英国则以切断西班牙和美洲的海上联系作为报复。但英国此时不愿对蓬勃发展的移民独立运动给予任何重大支持。

无论如何,查理三世实行的使西班牙重新繁荣昌盛的新保护主义和帝国内部自由主义相结合的经济改革,其全部经济影响在1797至1814年间"全化为乌有"。其改革对西属美洲的一些地区也产生了同样巨大的影响,尤其是委内瑞拉在1797年陷入了经济困境。反应之一是走私的合法化。墨西哥物价猛涨加剧了经济上的两极分化以及非特权阶层中的不满情绪。但这些困难周期性地一再出现,若是在另一种政治地理条件下,本不会产生多少重大的政治影响。

1806年,一支未经批准的英国远征军占领了布宜诺斯艾利斯。但当地居民证明忠于西班牙并成功地打退了远征军,事实证明居民"不愿再更换另一个帝国主子"。同年,米兰达解放委内瑞拉的一支小远征军遭到失败,从表面上看至少部分地是由于海地人的援助。[544]即使在委内瑞拉和阿根廷（不久就充当调停人），显然也缺乏独立的热情。

所有这一切突然起了变化。1807年，拿破仑劝诱西班牙同法国一起征服葡萄牙。若奥（Dom João）逃亡巴西。戈多伊允许法国军队进入西班牙转道葡萄牙，导致了西班牙民族主义者的反对行动和戈多伊的下台。查理四世（Charles IV）被其子费迪南七世（Ferdinand VII）废黜。费迪南被拿破仑召至巴荣纳（Bayonne）后将王位归还查理，但查理立即让位于波拿巴（Joseph Bonaparte），费迪南也放弃了他的权利。西班牙王国突然没有了合法当权者。中央执政团（Júnta）在塞维利亚（Seville）僭取政权并和英国签订盟约。执政团宣称美洲属地不再是殖民地，并邀请他们参加议会（cortés）。但法国人强迫执政团逃至加的斯（Cádiz），后即解散。西属美洲一片混乱。"爱国主义者"组织的地方委员会在多处以费迪南名义取代西班牙当局接管政权。现在西属美洲的克里奥尔人以效忠的名义事实上自己管理自己。[545]1810年加拉加斯的地方会议更进一步，它们以效忠费迪南七世的名义，毫不隐讳地不承认新成立的西班牙摄政评议会（Spanish Council of Regency，加的斯顶替会议的机构）为权力机构。随后发生了阿根廷、智利和墨西哥的叛乱，他们都宣称他们的港口允许自由贸易。玻利瓦尔于1810年赴伦敦，受到外交大臣韦尔斯利勋爵（Lord Wellesley）的接待，他劝告玻利瓦尔"继续效忠西班牙将是取得美国援助的最佳途径。"[546]

墨西哥的革命已证明从社会意义上说是最激进的革命。1810年有一个教区的牧师伊达尔戈（Miguel Hidalgo y Castilia）在他所著《多洛雷斯呼声》（Grito de Dolores）一书（他是抄《陈情书》的书名吗？）中号召永远取消总督。他联合一切西属美洲克里奥尔人组织反对总督以及西班牙当局。伊达尔戈领导的起义横扫墨西哥中部，"传播恐怖和惊骇"。"实际上没有武器的"印第安人便转移到首都，在途中吸收了20000人，并在估计总共有15000的居民中，处决了2000个西班牙人。伊达尔戈起义被新西班牙强大的西属美洲克里奥尔人兵团所扑灭。伊达尔戈下面的一个中尉莫雷洛斯（José Maria Morelos）也是位牧师，他成了斗争的领导人。这次他创建了一支"组织精良和有战斗力的军队"，并提出了一个包括激进社会改革在内的明确政治纲领。在起义的第二阶段，比起印第安人来说，得到了更多印欧混血的梅斯蒂索（Mestiso）人的支持。莫雷洛斯不是那么轻而易举可被压倒的，但在西属美洲克里奥尔人代表大会一朝在1813年宣告独立抢先占用了他的政纲时,他的军事力量迅速减弱。

现在有三个因素决定了西属美洲移民独立最后阶段的范围和特点:那就是英美之间1812年的战事(实际上是1812年至1814年),1813年西班牙费迪南七世恢复王位以及1815年的维也纳会议。

1812年战事大概是美国移民非殖民化的最后一幕。自1783年起,英国和美国的关系一直阴影重重,但还没有真正破裂。英国希望美国成为一个市场而不是一个竞争者,而美国则企图改善它在世界经济中的地位。英法战争对美国说来既是一个机会,又令美国恼火。当英国的海上地位变得无可匹敌时,美国对英国对其贸易限制的愤怒也越益加深。所以战争在大陆再次爆发时,美国向英国施加压力或征服加拿大的机会来了。在某一方面来说,美国在战争中表现不好。于是无论在说英语的加拿大人中还是在说法语的加拿大人中,现在对与美国合并一事都无甚热情了。加拿大仍属英国,毛皮贸易的重要性减少了。英国在海运业航海法所作的种种限制方面并未作出任何真正的让步。英国在根特条约中(Treaty of Ghent)所作出的全部让步只是模糊地认可美国有权向西和向南扩张,以及在美洲非殖民化过程中对未来发展有发言权(至少是一种后辈的发言权)。当然,这点极为重要。

英美战事于西班牙危急时刻爆发。由于拿破仑的失败,费迪南在1814年恢复王位。他废止了1812年的自由主义宪法并企图恢复包括西属美洲在内的旧况。西属美洲的大多数起义在一年之内均被费迪南的军队平靖。玻利瓦尔人曾这样写过1812年的战事,"委内瑞拉本可以单枪匹马地取胜,那样南美洲原可不受西班牙残酷统治的蹂躏和被革命无政府状态所摧毁。"

从很短时期来看,玻利瓦尔也许是对的。但是实际上西班牙的复辟保证了西属美洲稍稍迟到的独立。费迪南的复位使美国和英国放开手脚随其所好去支持移民运动。而且,根特条约也打消了美国和英国害怕这些独立会对对方有利的共同念头。

最后是维也纳会议,它在支持正统和君主专制政体的基础上建立了和平,并与希望者意愿相反,削弱了西班牙对西属美洲的主权要求。主要的欧洲列强害怕西班牙的镇压措施"不太可能有效",导致西属美洲独立的革命可能会"鼓励欧洲的自由派革命"。因而他们更情愿西班牙给予殖民地"让步"。这就更进一步使英国放手在拉丁美洲谋求她的商业利益,特别是拉丁美洲现在已经成为英国扩大棉织品销售的主要地区。

移民要做的事就是弄清楚现在已没有重大障碍的独立会真正握在自己手中，而不落入其他团体手里。斗争的第二回合开始了，不同殖民地斗争形式的许多差别，是西属美洲克里奥尔白种人、黑人、印第安人、梅斯蒂索人（mestizo）、帕多人（Parcilo）、黑白混血人关系的结果。确实，西属美洲克里奥尔人特权阶层对立即独立问题的拥护、反对或又赞成又反对的程度，在极大程度上是由他们对"包括群众实在的或潜在的反叛意识所需条件"的评价决定的。一旦西班牙王国开始解体，许多原先对独立心存怀疑的西属美洲克里奥尔人，都觉得有必要转向有胜利把握的一方，他们的目的主要不在于从西班牙手里夺取政权，而"主要在防止梅斯蒂索人夺取政权。"我们不需用秘鲁和墨西哥的勉强的、太迟的和多少保守的独立运动来证明，在拉普拉塔和委内瑞拉激进先锋的独立运动中，就可以看出这点。

拉普拉塔是西属美洲克里奥尔人占极大比例的一个殖民地，也许占人口的一半。这殖民地可以轻易地支持以西属美洲克里奥尔人为基础的革命，因为在拉普拉塔，对印第安人、黑人、梅斯蒂索人和帕多人，都采取"开明"的态度。在拉普拉塔，就和以前在英属北美洲一样，殖民统治者和移民革命者"开始都犹豫不决"地想招募黑人和帕多人士兵入伍，答应最后给他们自由。就像在英属北美洲那样，黑人从中得到了少许好处，但是付出了重大死伤的代价。印第安人从土著居民村落（委托监护地）（enconcieúda）中获得了自由，但只被招募在甘蔗种植园作强迫劳动的苦工，而梅斯蒂索和高乔（gaucho）人的混血儿被迫在牧场劳作。

委内瑞拉有许多大地主领地，奴隶制和苦工问题比拉普拉塔的还要严重。白种人只占人口的20%，其中许多人还是白种穷人，通常属加那利（Canary）血统。当玻利瓦尔在1816年重新发起斗争时，他从海地到达委内瑞拉时，他看到"有需要将西属美洲克里奥尔人、帕多人和奴隶的起义融合成一个巨大的运动。"玻利瓦尔允诺解放委内瑞拉和其他地方的奴隶。但是他未能强迫他的大农场主同胞实行废奴，因而黑奴对独立渐渐失去热情并转入中立。后来在1854年才实现全面废除黑奴。玻利瓦尔本人为了报复早期海地人的支持，后来拒绝承认海地，也拒绝邀请海地参加1826年的巴拿马会议。确实，"由于害怕建立另一个海地……不去侵犯古巴成了一个决策。"

现在西属美洲国家接二连三相继独立,经过了含糊不清的,或激烈的,或保守的革命。他们一个个地向前进,玻利瓦尔关于模仿十三个殖民地所创立的联邦公式的梦想失败了。当然,牵涉到的地域要分散得多,因此不可能把建立美国过程中军事斗争一个重要因素统一起来。玻利瓦尔于1826年6月召开的巴拿马会议也全盘失败。

1823年独立有了结果。英国国务大臣坎宁(George Canning)和美国总统门罗(James Monroe)争先恐后想知道究竟谁能得到给予西属美洲独立确立恩赐的名望。与此同时,在西班牙1823年4月法国的入侵使费迪南七世得以不受"宪法拥护者"的约束而实行一种"未缓和的反动"政策。从1823到1833年的十年,被人称之为"不吉利的十年"。但是,费迪南在国内的胜利意味着西班牙在美洲的一切希望,现在注定要失败。

巴西的情况基本上和西属美洲不相上下。它是同时非殖民化(1789~1831)和英国渗入巴西经济(1810~1827)的一段历史。巴西在后庞巴尔(post Pombaline)时期发生了两起"阴谋",即所谓的1788至1789年吉拉斯(Minas Gerais)的小团体密谋(Inconfidencia mineira)和1798年的巴伊亚联合(Conjurācao Bahia)起义。它们都在早期企图独立。第一次是由克里奥尔人上层阶级领导的抗议税收的"先兆"。第二次在城市中发生,性质更为激进,"主旨在黑白混血(mulatto)人、自由黑人和奴隶举行武装起义"。它特别受到法国革命的鼓舞,企求"一个完全的革命",以便建立一个"白种人、黑人和黑白混血人(mulatto)之间没有区别"的社会。

同样在巴西,拿破仑由于迫使摄政王子若奥(Dom João)出逃至巴西,使事态突然发生变化。当然,这形成了和西班牙废黜王位不同的情况。葡萄牙国王可以准备合法地转变到最终的独立。若奥在1815年没有回葡萄牙而是把巴西提高到地位平等的王国,并把双君主政体的中心设在巴西。结果葡萄牙实际上由里斯本一个摄政委员会统治〔后来它由一个英国元帅贝雷斯福德(Beresford)做主席,贝雷斯福德是葡萄牙军队的总司令,军队重新占领了葡萄牙直到后来〕。

1820至1821年,爆发了一次自由主义的叛乱并通过了新宪法。叛乱蔓延至巴西。代表克里奥尔人上层阶级的"巴西人民党""赢得了最高权力",而平民阶级不能"得到他们的要求。"葡萄牙人帮助巴西人实现独立的愿望。有个葡萄牙议员莫拉(Jose Joaquim Ferreirade Moura)曾为1821年派军队去巴伊亚(Bahia)辩解说,这是因为"由黑人、黑白混血人

(mulatto)、克里奥尔人和各种各样欧洲人组成的"巴西人民正处于"沸腾热情"的冲动之中,需要帮助去恢复秩序。[509]若奥返回葡萄牙,巴西人现在害怕他们不会有充分的平等。他们从效忠国王若奥六世转而效忠摄政王子佩德罗(Dom Pedro),人们劝说他留了下来。不久以后,佩德罗于 1822 年成了巴西皇帝,他得到了英国的支持和保护。[510]

就这样在五十多年中,白种人移民慢慢地在西半球建立起一个个国家,它们成了国际体系的成员。他们以这种或那种方法都受到新的霸权大国英国的保护,虽然美国能把自己塑造成一个助手的角色,因而也是英国潜在的和最终的对手。

海地是个例外,海地是被排斥的。法国、西班牙和葡萄牙有效地被排除担任任何角色,但是黑人和印第安人也毫无地位。莫雷洛斯有关他能以欧洲法治理论为榜样建立一个宣告"古阿兹特克(Aztec)人是本国之本"的共和国的梦想,仍是一个被粉碎的梦。[511]新的民族主义"几乎全部没有了社会内容。"[512]

在 18 世纪后期的伟大革命中——所谓的工业革命,法国革命,美洲的移民独立运动——没有一个能代表对世界资本主义体系的根本挑战。他们只代表了资本主义体系的进一步巩固和确立。人民的力量受到压制,人民的潜在能力实际上受到政治变革的遏制。这些力量(与其说是他们的继承人)在 19 世纪将会反思他们的失败并构思出一个完全新的斗争策略,一个更为有组织的系统的和自觉的斗争策略。

注释:

① 安德鲁斯(Andrews)(1924,122)。

② 见尼古拉斯(Nicolas)(1967);也见惠特森(Whitson)(1930,74)和哈克(Hacker)(1935,289~290)。

③ 引自纳米尔(Namier)(1930,320)。当时在魁北克的穆瑞(Murray)将军也发表了同样的见解:"如果我们明智的话,我们不会要(加拿大)。新英格兰需要继续不断地吞食一小块土地,我们将给她一小块土地使他忙碌,但却不保留这个国家。"引自赖尔森(Ryerson)(1960,197)。后来的学者们同意这一观点:"对加拿大的征服切断了连接在殖民地和英国之间在物质方面的主要结合物,使得这些殖民地的独立在政治上成为一种可能"(比尔,1907,172~173)。

1749 年一位法国人科尔姆(Pierre Kolm)阐述了恰恰相同的观点:"没有相邻的法国人,美国人会很快切断他们自己与英格兰的关系。"引自维格诺斯

(Vignos, 1928b, 790)。到 1758 年，法国海军部中一位资深官员实质上已经鼓吹为实现这一目标法国在加拿大所扮演的角色已经结束。见埃克尔斯（Eccles）（1971，21，注解 96）。众所周知，舒瓦瑟尔预见到这是《巴黎条约》的后果。

④ 瓦茨（John Watts）1764 年 5 月 16 日写给蒙克顿（Monckton）将军的信，引自纳米尔（Namier）（1930，327）。

⑤ 1760 年 1 月 15 日莫顿伯爵（Earl of Morton）写给哈德威克伯爵（Eanl of Hordwicke）的信，引自纳米尔（Mamier）（1930，323）。

⑥ "由于七年战争（Seven Years' War）（英国）的国债翻了一番，在美洲建殖民地的年开销是以前的 5 倍。"（布雷布纳）（Brebner）（1966，44）。

⑦ 贝林（Bailyn）（1973，8~9）。

⑧ 吉普森（Gipson）（1950，102）。

⑨ 布雷布纳（Brebner）（1966，32）。

⑩ 迈尼格（Meinig）（1986，295）。

⑪ 克里斯蒂和拉巴雷（Christie & Labaree）（1976，274）。

⑫ 格林（Greene）（1973a，79）。

⑬ 在这方面，布罗代尔（Braudel）（1958）用过这个名词，更广义地讲，用除英文外其他欧洲语言的经济史学家们也用这一名词。

安德鲁斯（charles M. Andrews）（1924，28）在他关于美国革命（American Revolution）的经典讲座中对这个名词的起源作了我个人认为，是结构性的而不是关联性的解释："因此，英国历史最主要的特点可以用'扩张'和'中央集权'的过程这些词归结起来。而扩张和中央集权的过程是在贸易、殖民地和海上霸权这些更为广阔的领域里实现的。英国关于其殖民地的政策是为了其商人们的贸易利益而确保一个更为严密的和有效的殖民地政府；而对于那些殖民地人民来说，尽管他们接受自己作为效忠王权的臣民的责任，但早就开始为行动上的更大自由而奋斗了，而不是实施在法律上严格规定的作为殖民者的责任。"

但是内特尔斯（Nettels）坚持认为，在 1763 年以前，"殖民地人民作为一个整体并没有由于英国的统治而感到极为反感……，（但是）1763 年以后，情况就不同了"（1952，113~114）。给殖民地人民的奖赏减少了，英国的苛求（税收，实行限制等等）极大地增长。

⑭ 见埃格纳尔（Egnal）和厄恩斯特（Ernst）（1972，11）。比如，克林格门（Klingaman）发现在 1740 和 1770 年间，在种植烟草的殖民地，由于出口烟草和麦子这两类产品，经济增长了 35%（1969 年，278）。谢泼德（Shepherd）和沃尔顿（Walton）坚持认为：由于造船业和其他贸易活动带来的收入的增加甚至比由"农产品"带来的收入更为重要（1972，158）。但是参阅安德森（T.L Anderson）的不同看法。安德森争辩说，从北美最初的殖民地时期到今天这一长期发展趋势看，"一个凄凉的时期……就是 18 世纪最初的 80 年"（1979，

256)。

⑮ 洛克里奇（Lockridge）（1973，416）。财富集中的另一面是贫困的增加。纳许（Nash）声称，在这一时期，在海港城市中20%的住户处于长期的贫困之中，（1976b，574）这便导致了"一股阶级对抗滚翻的兴起和政治觉悟的提高"（1976a，18）。琼斯（A. H. Jones）在她对美国革命前150年的财富不均状况的研究中指出，不平等确实增加了，"但是并没有急剧地增加"（1980，269）。对于财富极大的不平等的论述持更大怀疑态度的，见布朗（Brown）（1995b）和沃登（Warden）（1976）。

另一方面，伯索夫（Berthoef）和穆林（Murrin）提到一种与在欧洲同时代的"封建复苏"情况类似的状况。"到1730年，老的殖民地已经人口稠密到足以使老牌的封建的要求达到令人难以置信的生利的地步⋯⋯旧的特权被恢复了，因为它们可以带来利润。在殖民地，如同在法国一样，这些要求引起了不满，恰恰是因为他们不愿从更广义的社区福利中获利"（1973，265~267）。

⑯ 格林（Greene）（1973b，10）。

⑰ 埃格纳尔（Egnal）和厄恩斯特（Ernest）（1972~3）。

⑱ 埃格纳尔（Egnal）（1975，192）。

⑲ 格林（Greene）（1973a，47，50）。

⑳ 哈伯（Harper）（1939，31）。也见哈伯（1942）书中关于计算的论述和明智的评估。迪克森（Dickerson）对于哈伯的攻击，极大地夸大了哈伯的谬误，暗示哈伯相信航海条令（Nanigation Acts）逐步迫使南北美洲沦为毫无希望的贫困的境地（1955，55）。

㉑ "对于哈伯的衡量技术不能宽宏大量，只能贴上荒谬的标签。"[麦克莱兰（McClelland），1937，679]。

㉒ 托马斯（Thomas）（1965，638）。

㉓ 普莱斯（Price）（1965，659）。

㉔ 在对托马斯的批评中：麦克莱兰讲得很正确（1969，376）"只要（违反实际的假设）只局限在13年（1763~1775年）间，那么极力夸大⋯⋯（由于英国干预海外贸易而使殖民地的国民生产总值的）百分比（蒙受损失）的那种能动影响的可能性看上去是十分微小的。"

㉕ 他争辩道，南部种植园主的出口很可能是"不受限制的67%强"，而南部的全部收入则是2.5%强，"这不是一个微不足道的数目"[兰塞姆（Ransom）1968，433~434]。记住，对于托马斯来说，10%是不重要的。

㉖ 托马斯（1968a，438）。

㉗ 布伦斯（Broeze）（1973，678）。

㉘ 克鲁斯（Krooss）（1969，385）。

㉙ 实际上布里登博（Bridenbaugh）把这个年代算作是1760年，这是殖民地城镇

商人阶级年景"最好"的一年（1955年，282）。也见罗森堡（Rosenberg）关于英属北美殖民地的价格索引（1979，981）。

㉚ 哈克（Hacker）（1935，293）指出，"在西印度群岛正在扩大的市场，英国军需军官的大量开销，与敌对势力进行的非法和走私贸易，所有这些都为稳步地雇佣工人和获利地卖出小农的产品提供了条件。"战争的结束导致了失业，小商人的破产以及缩小了的小农市场。"再者，逃到边疆区域——这永远是这些被遗弃的人最后的避难处所——的通道已被关闭了"（293~294）。

㉛ 施莱辛格（Schlesinger）（1917，15）。

㉜ 布里登博（Bridenbàugh）（1955，251）。

㉝ 施莱辛格（Schlesinger）（1917，91）。

㉞ 沃尔顿和谢泼德（1979，175）。不知怎么地，这些作者感到这表明，这些不是经济问题，而是对"已经建立了的一种自由"的威胁（153）。但是关于自由的花言巧语常常是与经济利益的实际情况混淆在一起的。

㉟ 埃格纳尔和厄恩斯特论证说，这"仅仅是偶然地设计好来迫使议会（Parliament）废除令人反感的法规"（1972年，第17页）。这也许是可能的，但是对一个政治主张定形可能至少可以为他们的鼓励提供一个具体的，可以实现的目标。

㊱ 见埃格纳尔和厄恩斯特（1972，28）。

㊲ 见厄恩斯特（1973a，22）；也见弗格森（Ferguson）（1953）。

㊳ 厄恩斯特（1973a，360）。厄恩斯特谈到了"北美债务中的"一个"量的飞跃"（第356页），但是，沃尔顿和谢泼德（1979年，第108页）说，债务问题"在革命的前夕并不是很普通的。"安德鲁斯（Andrews）同意这个问题在1770年以前并不严重的观点。但是，正在这一时期，在殖民地"无节制地"买进，在英国以增加大约300万镑受惠数额卖出，并且在短时期内展示出奢侈和通货膨胀。价格的下跌是迅速的（1924，109）。此后，这便导致了1772年严重的收支差额危机和一个严重的、富有爆炸性的"信贷短缺"时期。谢里登（Sheridan）（1960，186）。

㊴ 格林和杰利森（Jellison）（1961，518）。厄恩斯特（1976）论证说，1772年的危机标志着从作为改革的反抗运动转变为作为一个独立运动的反抗运动。

㊵ 康特里曼（Countryman）（1976a，57）。巴克（Barker）谈及马里兰的领主制时说，这是"为革命所受的正规教育"（1940，375）。

㊶ "革命不再是（城市知识分子和具有激进分子头衔的商人们）唯一的财产，即便它曾经是的话。正由于它不是这些人的唯一财产，因此它更是一场革命了"（康特里曼）（1976a，61）。

㊷ 见在北卡罗来纳西部［格林，1943 凯（Kay），1976］的管理者（Regulators）和其他"不情愿的革命者"［霍夫曼（Hoffman），1976］扮演的具有矛盾心理

㊷ 的角色。另一方面，施莱贝克（Schlebecker）申明，小农村于革命的支持表现在英国人必然在革命战争（Revolutionary War）把食品和弹药送给他们的军队（1976，21）。

㊸ 库利科夫（Kulikoff）（1971，409）。也见纳什（1979年，第253页），在波士顿、纽约和费城，1763年开始的经济贫困导致了劳动阶级中"一个由完全贫困的群体组成的阶级的迅速的成长"。

㊹ 普莱斯（1976，708~709）。

㊺ 纳什（1984，250）。普莱斯的观点是更为可疑的。"具有从属地位的穷人是否……与革命活动有很大的关系还是（一个）问题"（1976，709）。

㊻ 哈洛（Harlow）（1952，3~5）。

㊼ 科恩（F.Cohen）在1949年英国殖民地委员会的一份报告中以这种方式提出这一问题："为什么国内政治的反对力量［举两个最明显的例子，伯克（E.Burke）和赫斯特（Hearst）］常常支持从属国人民的独立运动？我认为，对这两个问题的答案可以通过承认这样的事实而得到，这就是经济帝国主义不必要依赖政治帝国主义，而有时却甚至是受到政治帝国主义的阻挠的。这种障碍在什么地方出现，这便有利于经济帝国主义者来消除殖民主义的政治状态"（1949，103）。另一方面，纳米尔（Namier）的观察（1930，45）至少是值得考虑的。"如果伯克在美国革命（American Revolution）期间在任的话，我们也许不得不把他的反革命的英国保守党主义的时间提前大约20年。"

㊽ 马歇尔（Marshall）（1964a，213）。

㊾ 马歇尔（1964b，145）。

㊿ 见沃勒斯坦（Wallestein）（1980、第三、六章）。格林（1968a，168）谈到"非常赞同"建立在1688~1714年神圣不可侵犯的殖民时期（Settlement）的18世纪英国政治文化的"基本原则"。由于七年战争刚刚达到詹姆士党（Jacobitism）的最终目的。"到1760年，苏格兰杂志（Scots Magazine）所做出的统计是，苏格兰人中每4个达到参军年龄中的一个人是在英国的陆军和海军中服役；在战后，这些从军者中不少人一直留在英格兰服役，在回家前，常常是讨了英格兰人为妻"［科利（Colley），1986，100］。

㉛ 英尼斯（Innis）（1943，321）。

㉜ 纳米尔（1930，42）。

㉝ 坎门（Kammen）（1970，95，113）。"同时期的人把西印度群岛拥有的财产，而不是大陆拥有的财产看作是帝国的宝石"［拉加茨（Ragetz），1935，8］。也见帕尔默（Palmer）（1959，173）：必须承认，英国政府要考虑很多利益，而美洲人则把这些作为外国的而不加考虑——比如，西印度群岛的蔗糖种植者、法属加拿大人、美洲的印第安人，以及东印度公司（East India Company），更不用说英国的付税人了。

正如博尔顿（Bolton）补充的那样，当时在英帝国各地也出现了要求不纳税这一特权的事情。“从这方面看，美国革命仅仅代表了调和这些问题的最不成功的意图”（1966，200）。

(54) 吉普森（Gipson）（1950，94）。

(55) 迈尼格（Meinig）（1986，289）。

(56) 肖努（Chaunu）（1964，170）。

(57) “割让阿巴拉契亚山脉西部的消息使印第安人大吃一惊”［詹宁斯（Jennings），1976，334］。

(58) 里奇（Rich）（1960，第二章，4）说，英国的总司令阿默斯特（Amherst）将军“正在考虑……甚至在不满的印第安部落中传播天花，像对待牲畜那样，而不像对待人类那样对待印第安人。”

(59) 见赖尔森（Ryerson）（1960，201）；也见肖努（1964，171）。肖努认为，英国“采取了一项保护印第安人的政策，因而部分地毁坏了”他们通过七年战争“从西部获得的巨大的同情资本。”

(60) 英尼斯（1956，176）与伦敦的商号有联系的蒙特利尔的商号与像米奇里—麦基诺岛（Michili-Mackinac）和底特律（Detroit）那些西部城镇中的小商人来往。这些小商人又转而同随着印第安人旅行的游动小贩打交道。这便是法国人称之的（深入加拿大印第安人地区的）皮货商（Coureurs de bois）。英国人仍继续使用法国商人，尽管当时各种各样的英格兰人、苏格兰人和爱尔兰人也加盟了。这批人基本上是从事与印第安人的赊购交易，印第安人用打猎之后获得的利润再支付欠款。见史蒂芬（Stevens）（1926，122~124，145）。

(61) 史蒂芬（1926，161）。

(62) 哈洛（1952，179，184）。

(63) 史密斯（Smith）（1964，6）。

(64) 诺伦伯格（Knollenberg）（1960，1）谈到“1765~1766年间殖民地起义”是对印花税条令的反抗。1759至1764年间，“英国施行的一些颇具挑衅性的措施”把殖民地推到了反抗的边缘：1759年枢密院（Privy Council）否决了弗吉尼亚条令；1761年支持海关机构的总条文；1761年禁止总督颁布英王不能废除的委任状以及英格兰教会官员企图加强他们自己的地位。

(65) 英国管理殖民地的当局在1763年并不是突然地……做出“放弃沃尔波尔（Walpole）关于调解的政策以及企图使殖民地置于更强硬的控制之下而决定的……而是从1748年开始的10年间逐步地做出这些决定的”（格林，1973a，65）。因此，对于格林来说，在诺伦伯格看来是新的措施的那些事情，“仅仅是早些时候的改革政策的补充和扩大”（74）。

(66) 巴克谈及马里兰的情况在我看来从广义上看更为真实：“如果没有烟草贸易持续不断的萧条，政治上的不满和各殖民地间的联系都不会如此突出。立宪方面

㉗ 如果不是我，便是贝林（Bailyn）把这一问题拟人化了："权力自身天生的掠夺性这一事实使在权力方面敢作敢为变成超常地重要。权力必然的牺牲品是自由，或法律或权利"（1967，57）。

㉘ 贝林（1967，57）。

㉙ 贝林赞同地引用了詹森（Merrill Jensen）的一句话（1967，118，注脚 26）。

㉚ 贝林（1962，348，350~351）。

㉛ 对于贝林关于意识形态和它在美国革命中的作用的富有洞察力的一般性批评，见厄恩斯特（1973b）。奇怪的是，贝林坚持意识形态对美国革命有影响的观点却在一个历史唯物主义者阿普特克（Herbest Aptheker）那里引起了共鸣："把大众的主权……作为政府权力唯一合理的基础……进行宣传的做法……基本上是一个革命活动……革命代表了……对政府理论的——根本性的决裂"（1960，233~234）。

㉜ 施莱辛格（1919，76）。

㉝ 厄恩斯特（1976，172）。

㉞ 克里斯蒂（Christie）和拉巴勒（Labaree）（1976，276）。很有意思的是，他们提到的人口趋向基本上是白人殖民者。他们忽略了另一类人口趋向。从 1670 至 1770 年，英属北美殖民地人口中的黑人从 4% 增加到 20%。1700 至 1775 年间，运进的非洲奴隶的人数与欧洲的移民人数相同。见沃尔顿和谢泼德（1979，56~57）。这也是一种"初期的、混乱的社会……变化……因素"，这很可能构成了殖民地殖民者们的部分潜意识。

㉟ 安德鲁斯（1924，139）。

㊱ 见萨克斯（Sachs）（1953，284~290），厄恩斯特（1976 年，180~181），和纳许（1979，VIII）。

㊲ 魁北克条令还归还给魁北克有拉布拉多半岛（Labrador）、马德连群岛（Iles de la Madeleine）和安蒂科斯塔群岛（Ile d'Anticosta）。

㊳ 见兰可托特（Lanctot）（1965，21~38）。

㊴ 尼特比（Neatby）（1966，134~135）。

㊵ "魁北克条令……承认加拿大经济中皮毛的优势以及蒙特利尔对西部的控制……（它）为扩张而进行的一次新的努力打下了基础"［韦洛特（Ouellet），1971，102］。他特别提到，直到当时，以蒙特利尔为基地的作海狸毛皮交易的商人仅仅进行了"缓慢的征服"，但是现在一个富有的权势阶级可以出现了。与此同时，"1774 至 1775 年标志着阿尔巴尼（Arbany）在皮毛出口和向西部重新分派贸易项目两方面都在衰落。"

㊶ 阿尔斯丁（Van Alstyne）（1960，38）。英尼斯（1956，178），观察到："从一

个非常大的范围来看，美国革命和新法兰西（New France）的陷落是反对皮毛贸易而殖民的斗争时期。"他认为，1754年法国占领俄亥俄河谷是1754至1763年法国人和印第安人战争（French and Indian War）中直接发生的事件，这因与1776年革命有关的魁北克条令是类似的。

㉒ 特鲁德尔（Trudel）（1949b，16）。

㉓ 诺伦伯格（1975，124）。

㉔ 布雷布纳（Brebner）（1966b，54）。

㉕ 这并不是不正确的。正如韦洛特讲的那样："1774年发生的每一件事都使教士和庄园主站在政府一边。由于资产阶级没有要求议会控制，也没有为社会提出一个新的价值系统，因此，相信一个建立在神权基础上的绝对的君主制度的信念比以往任何时候都具有更重大的意义"（1971，118）。

㉖ 兰克托特（Lanctot，1965，87~88）。韦洛特（Ouellet）指出，讲法语的农民的反应"比当时人们相信的那种反应更为复杂。"这种反应包括对他们安全的担忧，因为英国当局的军事力量薄弱。但与此同时，农民们反对自愿从军。因为他们相信，自从1760年以来，"英国政府希望最好是使（他们）签约以组织一个大规模的放逐"（1971，122）。

㉗ 史蒂文斯（1926，49）。

㉘ 韦洛特（1971，120）。此外，他们担心"皮毛贸易会转到（讲法语的）加拿大人手中"（兰可托特，1969，51）。作为一个推论，"毫无疑问，他们的兴趣使那些参与皮毛工业的人保持对英国的忠诚"（史蒂文斯，1926，49）。也见克拉克（Clark）（1959，118）："正是由于蒙特利尔的商人们不愿放弃英国市场，这才使他们拒绝向大陆会议派代表的提议。"

㉙ 赖尔森（1960，208~209）。

㉚ 见特鲁德尔（1949b，25~31）。

㉛ 克拉克（1959，101）。

㉜ 见赖尔森（1960，208~210）。

㉝ 赖尔森认为，区别在于："加拿大人在同美国人结盟方很可能提出的一个主要问题便是整个国家独立于异国统治的问题。但是，美洲的殖民地还没有采取彻底独立的行动。他们的独立宣言（Declaration of Independence）只是在入侵加拿大之后才正式通过的。亚当斯（Samuel Adams）……沮丧地评论说，如果独立宣言提前九个月制订出来的话，加拿大如今很可能会是我们的了"（1960，214）。

㉞ 克莱顿（Creighton）（1937，64）。

㉟ 克拉克（1959，117）。

㊱ 德西奥（Dehio）（1962，122）。

㊲ 施莱辛格（1917，91~92）。

⑱ 詹森（Jensen）（1975，326）。詹森根据下面一段话做出了总结："美国革命是一场民主运动，并非起因，而是结果。"（341）。

⑲ 阿普特克（Aptheker）（1960，59）。

⑳ 詹森（1926，25）。

㉑ 林德（1961，33）继续指出："对恰恰这样一场内部革命的担心，使得利文斯顿（Robert R. Livingston）在独立前夕犹豫了很长时间。"

㉒ "很多商人……受到对阶级利益一种更广泛的理解的驱使，坦率地（在1775～1776年间）把自己的命运同祖国的命运联系在一起"（施莱辛格，1977，604）。

㉓ "在新英格兰地区以外的辉格党领袖们看来并没有把与英国作战视为独立的一种方式，而把它看作是革命的替代物，甚至是对革命的防御。这场战争……有意地使除托利党人以外的所有美洲人暂时团结起来，并给予他们直接针对英国可能会用来反对殖民地已经建立的社会秩序的能力"［内尔森（Nelson），1961，117］。

也见赫尔德尔（Hoerder）："由于支持既成事实的自发暴动的某些作法，辉格党的杰出人物甚至在试图赶上大众的行动时仍以领导人的姿态出现……用一致的利益和对领导人大约屈尊的花言巧语把群众的要求扭曲了"（1976，265～266）。

㉔ 施莱辛格（1919，75）。

㉕ 哈伯（1942，24）。哈伯的大约有30个殖民地的数字可能是较低的，不准确的。根据查阅《新剑桥现代历史地图集》，我计算出是39个殖民地。毫无疑问，这要看你如何估算在西印度群岛的各种各样的殖民地。

㉖ 1763年从西班牙手中征得了东佛罗里达（East Florida）。有一些英国殖民者想效仿南卡罗莱纳（Sonth Carolina）的一种种植园经济结构，但是种植稻米的失败和能产生靛青的植物的缓慢生长是"抑制殖民的明显因素"（切斯纳特，978，14）。

这些种植园雇佣从欧洲南部来的劳动力，大约1400个劳动力被招到新斯米尔纳（New Smyrna），其中大多数人是来自米诺卡岛（Minorcans），有100名意大利人是从里窝那（Leghorn）来的，还有一些希腊人。"异族人群使殖民地微薄的资源赋税过重，在（1768年）到达后的两个月内，由意大利和希腊人领导的一场起义发生了。"尽管这场起义被镇压了，它的两位领导人被处死了，但是动乱仍旧在继续。"随着美国革命的暴发，米诺卡岛人，迄今为止是在殖民地的最温和的份子，被认为与在哈瓦那的西班牙人共同策划阴谋"（莫里斯，1946，178～180）。在效忠派的种植园主和倾向西班牙的米诺卡岛人两者之间，没有向美国革命补充新成员的余地。

㉗ 布雷布纳（1966b，56～57）。纽芬兰的人口也少，经济上也薄弱，是不会被考

⑱ 虑会发生暴动的;它"迄今为止是不会独立地从事一项活动的。"

⑱ 布雷布纳（1937，293）。

⑲ 正是布雷布纳（1937，353）讲的,这"可以归咎于与不同的殖民中出现的地形的屏障差不多的贫困问题……［新斯科舍（Nova Scotia）］甚至不可能在她自己的议会中得到合适的代表席位。"也见克尔（Kerr）（1932a，101）讲的："新斯科舍的新英格兰人对他们在暴动中的关系持一种被动的同情心理是毋庸置疑的;但是他们没有严肃地仔细考虑自己应采取的行动这一点也是清楚的。"

⑩ 声明持有一个中立地位的做法,"提供了一种保护同与相邻的参与革命的殖民地关系的方式,与此同时,也避免了同英国的公开决裂。"（克拉克，1959，105）。

⑪ "在1776年,只有英国的海军和陆军妨碍了新斯科舍成功地加入……暴发革命的殖民地的行列……革命的失败主要是由于英国在军事上在一个地区开战方面的优势,而在一个地区开战是会被海军包围或封锁的。"美国革命运动是一场大陆运动（克拉克，1959，102）。也见罗利克（Rawlyk）（1963，380）。"不管'新斯科舍'普遍存在对革命原则的同情",但仍不愿加入暴动,这一点被它没有海军这一事实解释得特别令人满意。

⑫ 罗利克（1973，230）。他争辩说,"1776年马萨诸塞没能成功地强行进入新斯科舍是因为其自身的薄弱。"很难相信马萨诸塞怎么会在1776年不太在意新斯科舍（第240页）。

⑬ 克拉克（1959，70）。

⑭ 阿姆斯特朗（Armstrong）（1946，54）。

⑮ 克拉克（1959，111）。

⑯ 罗利克（1973，250~251）。

⑰ "随着与新英格兰贸易关系的中断……哈利法克斯（Halifax）在军事上的战略地位给予它作为一个贸易中心的新的重要地位……由于老殖民地被排除在贸易往来之外,作为大英帝国一个成员的殖民地逐步享有经济上的优势证明了这一点"（克拉克，1959，110~111）。

⑱ 韦弗（Weaver）（1904，52）。

⑲ 佩尔斯（Pares）（1960，40）称巴黎协议和美国革命爆发之间的年代为"银色的蔗糖年代。"

⑳ 阿米塔奇（Armytage）（1953，22）。

㉑ 为在英国港口征用外国船舶而制定的第二十三条款中提出了蔗糖条令（the Sugar Act）。"牙买加商人正是把西班牙贸易的衰败……归咎于这些条文"［克里斯特洛（Christelow），1942，320］。关于把自由港口条令（the Free Port Act）作为恢复被扣押的西班牙船舶的作用一种努力的论述,见威廉斯（1972，378~379）。

— 295 —

⑫ 西班牙人和法国人很可能对英国用来破除每个国家在其殖民帝国实行的垄断的方法而生气。就西班牙人来说，随着英国自由港口的开放之后，便出现了一些加强保护西班牙的垄断的企图（阿米塔奇，1953，48）。也见哈米特（Hammett）（1971，27）。西班牙的反映仅仅使英国更加努力使西印度群岛成为"与被禁止的区域进行贸易的一个贸易中心"〔戈贝尔（Goebel，1938，289）〕。

⑬ 布朗（1928，187）。也见萨维尔（Savelle）（1939，162）。

⑭ 在克里斯特洛的书中引用（1947，3）。

⑮ 见斯坦（Stein）和斯坦（1970，95~96）。

⑯ 阿瓦利诺（Avelino）（1978，83）。

⑰ 斯坦和斯坦（1970，100）。

⑱ 见阿西拉（Arcila）（1955，94~95）。改革的这些方面的第二点当然对于西班牙半岛来说也是个内部问题，并且代表了西班牙的边界地区战胜了加的斯（Cádiz）的垄断的中央集权主义。"但是，正如伯拉达的凡兹奎斯（Vázquez de Prada）补充的那样（1968，220），这一胜利更多的是英国经济对于西班牙经济的胜利。"

⑲ 加西亚（Navarro Garcia）（1975，137）。

⑳ 林奇（1973，13）。

㉑ 克里斯蒂和拉巴里伊（Christie and Labaree）（1976，27）谈到英国的这一问题，但是这对于拉丁美洲来讲，也是同样适用的。根据肖努所做的估计，在整个18世纪走私贸易数量超过了加的斯合法垄断的贸易量，尽管18世纪末来，由于自由主义，"垄断贸易比走私贸易发展得更为迅速"（1963，409，注脚14）。

㉒ 但是，在他们使用合作的程度方面是有区别的。"英国提出的那部分是靠收缩贸易行为来实现的，西班牙提出的那部分是靠放松贸易行为来实现的"〔汉弗莱（Hamphreys），1952，215〕。

㉓ 见费伦（Phelan）（1978，34）。

㉔ 克里斯特洛（1947，9）。

㉕ 赖斯〔1960，Ⅰ（2），327〕。见诺瓦伊斯（Novais）关于为什么葡萄牙的内政改革是受文艺复兴思想的鼓舞和殖民地商业的增加影响，"在表面上仅仅"是"一个矛盾：它本身是使自己受到伤害的一种倒退"的论述（1979，223）。

㉖ 见加西亚（N. Garcia）（1975，249）。

㉗ 见布罗代尔（Braudel）（1984，304）。这是一个科威特，但是，它的收入来源主要是来自殖民地。"正是由于巴西产品的出口起了作用，因而葡萄牙的贸易顺差（在这一时期）才成为可能〔诺瓦伊斯（Novais，1979，293）〕。"葡萄牙驻巴黎大使库尼亚（Dom Luis de Cunha）在1738年就已经写道："为了保存葡萄牙，国王需要巴西的财富比需要葡萄牙本身的财富还要多。"〔席尔瓦

第四章 南北美洲定居者的非殖民化：1763～1833年

(Silva) 在书中引用，1984，469]。有一种观点认为，这一说法大大夸大了18世纪葡萄牙经济的关节断离，而且只适合于1808年以后的一段时期，见伯伊拉 (Pereira)，1986。

⑱ 麦斯威尔（1973，22，33，38）。见席尔瓦（1984，484～485）关于1763年葡萄牙被西班牙在南美洲击败后，庞巴尔（Pombal）要求英国援助的论述。

⑲（英国对葡萄牙贸易的）盛衰加速了法国大革命。法国的战争，正如那场老的战争一样，把英国和葡萄牙驱赶到一块儿了［曼彻斯特（Manchest），1933，5329]。

⑭⓪ 英国与葡萄牙的贸易从其"在世界各地贸易中最有利的地位下降到从英国购物的外国国家中的第六位"（曼彻斯特，1933，46）。

⑭① 殖民地人民最大的反弹是反对庞巴尔关于使葡萄牙（Luso）—巴西贸易国有化的政策。正是那些巴西商人们常常感到自己的利益因为王权的利益而作出牺牲，就像在宗主国的商人们感到他们为庞巴尔的"巴西建立垄断的'有特许证的殖民地'政策做出牺牲一样"［（拉塞尔-伍德）（Russel-Wood），1975，28～29]。

⑭② 布雷丁（Brading），（1984，408）。从16世纪以来，查理三世的统治就是"最少伤害国家尊严的"王朝［惠特克（Whitaker），1962a，2]。也见肖努（1963，417）。他称1770～1800这一阶段是"西班牙复苏"的阶段。最后，加西阿-巴奎罗（Garcia-Baquero）称1778年以后的时期为加的斯贸易"惊人地发展的时期"（1972，127）。但是这也适用于加泰隆尼亚（Catalonia）的状况；也见德尔加多（Delgado）（1979，25～26）。最后，费希尔（Fisher）称查理三世的自由贸易政策是一个"引人注目的成就，特别是它对拉丁美洲的经济生活所产生的影响。它对于半岛经济的影响从某种角度讲是比较有节制的"（1985，62）。

⑭③ 布雷丁（1984，439）。也见汉弗莱（1952，213）："在查理三世统治下，并且据回忆，在查理四世当政的头几年，（西班牙）看上去如同享有一个繁荣的小阳春。对于西班牙是如此，对于她控制的地区也不例外。"

⑭④ 布雷丁（1984，339～400）。

⑭⑤ 加西亚（Navarro Garcia）（1975，160）。

⑭⑥ 斯坦（1981，28）。斯坦关于加尔维斯成功的看法是有点尖刻的："在加尔维斯为在新西班牙的地方行政长官提出一个计划的18年之后，在他被任命为西印度的主管大臣（Minisrer of Indies）的10年之后，在阿马鲁在安的斯山中部地区掀起大的印第安人起义的6年之后，在秘鲁收到了它的法令2年之后，在1786年12月4日，加尔维斯才终于能够推行他向新西班牙长期许诺的法令。在几个月后，他去世了"（第13页）。几乎就在他死后不久。他原先制订的计划的合作者，当时的秘鲁总督克鲁瓦（Croix）建议在秘鲁重新恢复对贸易的份

额（repartimiento de mercancias）的承担，旧的地方长官制度中最邪恶的部分。
⒇ 加斯蒂罗的塞斯皮德斯（Céspedes del Castielo）（1946，865）。
⒈ 布雷丁（Brading）（1984，401）。在军事上恢复元气的状况可以在几年后西班牙加入北美战争和入侵彭萨科拉（Pensacola）时继续显示出来。1783年，英国把彭萨科拉和东佛罗里达都割让给了西班牙。也就是在这同一时期，西班牙最终把英国逐出了蚊子海岸（Mosquito Coast）（现在在尼加拉瓜的东部）。
⒉ 罗德里奎斯（Rodriquez）（1976，23）。
⒊ 见萨维尔（Savelle）（1939，164~165）。
⒋ 梯恩（Van Tyne）（1916，530）。
⒌ "在1777年10月16日，柏高因（Burgoyne）将军在萨拉托加（Saratoga）向盖茨（Gates）将军投降。对于我们来讲，很难了解这一新闻在当时意味着什么。用1776年一位英国小册子的作者的话来讲，直到当时，这场战争在欧洲看来犹如昏头昏脑的殖民地人的领袖们的蛮横无理。这些人是野心勃勃的煽动者，他们把无知的群氓一步步地引到无法摆脱的困难境地，如果不是不可能的话。突然，这批无知的群氓打败了旧世界最强大的军队，军事史上装备最精良的军队之一"［马德里亚加（Madariaga），1948，300］。
⒍ "从1776年开始，韦尔热纳（Vergennes）一直被鬼怪缠绕着。这便是美国独立斗争的一个结果，法国和西班牙将会失去他们拥有的西印度群岛"［范梯尼（Vay Tyne，1919，534）］。1776年，大陆会议在巴黎的代表迪恩（Silas Deane）"警告法国人，如果没有足够的支持，美国人会被迫与英国人重新联合起来，另一方面，一个独立的美国会使法国在主宰世界贸易方面成为英国的一个继承人"（卡普兰，1977，138~139）。1777年7月23日，韦尔热纳给路易十六发了一份备忘录，他在备忘录中说："如果英格兰不能迅速地镇压美国的暴动，她必须与美国达成协议。在对秘鲁、墨西哥和法国的蔗糖岛屿的富人同时进行进攻时，她可以把没有继续作为臣民来对待的人当作盟友。"［引自科温（Coriwin）的著作，1915，34］。

　　法国仍旧怀疑美国的真正用意，这在后来1782~1783年间在巴黎进行和平谈判时是法国向英国施加压力，让英国保留加拿大的一个主要因素，早在1778年，大陆会议促成法国人同意殖民地人征服加拿大（以及新斯科舍和佛罗里达）。但是，韦尔热纳于1778年3月在写给他在美国的外交官吉拉尔（Conrad Alexandre Gérard）的信中做出指示，英国"对这三个（反抗的）地区的占有，或至少是对加拿大的占有，会是对付美洲人不确定性的一种有用的原则和防范。这会使他们感到更加需要同英王的友谊和联盟，而且英王本身并不希望破坏这种友谊和联盟"［在弗利高特（Frégault）和特鲁戴尔（Trudel）的书中重新印出，1963，153］。1779年韦尔热纳在卢泽恩（Luzerne）宣称，法国没有兴趣"看到北美发挥一个强国的作用并且处于使它的邻国不安的状态。"当真正开始在巴黎进行谈判时，英国实际上已经做好了比法国人希望他们所做出的让步还要多的准备［比如，在圣劳伦斯（St. Lawrence）的捕鱼权］，甚至更重要的，比1775年殖民者们拥有的更广阔的边界。不用说，美国人并不赞赏法国人的态度。见特鲁迪尔（Trudel）（1949b，213~214）。

⑮ 达尔（Dull），（1985，108）。

⑮ "在盎格鲁—美国革命期间，西班牙（是）法国的盟国，但从来不是美国的盟国。她是在英国承认了美国的独立之后才承认美国的"（比米斯，1943，16）。

⑯ 加西亚（Navarro Garcia）（1975，141）。事实上，西班牙得到的一切便是美洲的佛罗里达和蚊子海岸（Mosquito Coast），他们为了得到这些地方，实际上是用伯利兹（Belize）作为交易。西班牙还得到米诺卡岛，但没有得到直布罗陀。

⑰ 汉密尔顿（Hamilton 1944，40）。

⑱ 见赫尔（Herr 1958，145~146）。

⑲ 加西亚-巴奎罗（Garcia-Baquero）（1972，43）。最受人喜爱的走私方式是"hacerse el sueco"，也就是采用瑞典的中立国旗帜。

⑳ 汉密尔顿（1944，41，48）。

㉑ 利斯（Liss）（1983，137）。

㉒ 正如马达里阿加（Madariaga）中肯地做出的评论那样："暴动是易于传染的……照这种情景，与阿马鲁-康多坎奎（Tubac Amaru-Condorcanqui）暴动相关的革命运动一直持续到1783年，也就是一直持续到凡尔赛和约（Peace of Ver-sailles）的签署"（1948，302~303）。

㉓ 见博尼拉（Bonilla）（1972，17）。

㉔ 哈洛（1964，636）。

㉕ 瓦拉卡尔斯尔（Valcárcel）（1960，358）。瓦拉卡尔斯尔没想到的唯一另一种可能性便是，我们把它视为"一场目的在于建立一个新国家的政治运动"，他说认为这种说法很可能是"毫无意义"的。

㉖ 肖努（1964，194）。

㉗ 瓦拉卡尔斯尔（1957，241）。

㉘ 阿尔庇林-多基（Halperin-Donghi）（1972，118）。也见肖努的著作（1963，406），他把阿马鲁的暴动看作是造成"秘鲁效忠主义最基本的原因之一。"

㉙ 唐迪特和瓦赫特尔（Tandeter & Wachtel，1983，231~232）。他们指出，这类似于拉布鲁斯（Labrousse）"为法国革命描绘的场景。"

㉚ 科恩布利特（Cornblit）（1970，131）。正如他争辩的那样，"现代化的决定性方案……是从冲突中概括出的结果（133）。"

㉛ 见戈尔特（Golte）（1980，176~179）。

㉜ 见皮尔（1975，205，注脚22）。

㉝ 见费希尔（1971，409~410）。

⑭ 科尼特茨科（Konetzke）（1946²，232）。
⑮ 西班牙人和欧洲人的白种后代克里奥尔人希望与印第安人毫无关系，而献身于自己种族和传统的印第安人与他无视或痛恨的克里奥尔人也无关系［甘迪亚（Gandia），1970，10］。
⑯ 见戈尔特（1980，42~43）。当然，这并不是南北美洲的唯一的人口统计的模式。百分比在墨西哥、危地马拉和玻利维亚是相似的。但是，在格拉纳达，混血儿的人数比印第安人的人数多得多。在巴西和加勒比地区，黑人是占绝对优势的。在北美洲，白人居多。见在肖努（1964，196）书中复制的亨布尔特（Humboldt）在1820年制的图表。有关拉丁美洲种族制度的分类方法，见麦卡利斯特（McAlister）（1963）。
⑰ 费希尔（1971，921）。
⑱ 汉弗莱和林奇（1965a，28）。"通加苏阿（Tungasua）黑奴的解放，在暴动过程中对克里奥尔土著劳役的破坏，以及首要的在印第安人口中进行独立动员的潜在的危险是使朋友分开和尔后使克里奥尔人反对印第安人最充足的原因"（博尼拉，1972，19）。
⑲ 卢因（Lewin）（1957，143~144）。
⑳ 见戈尔特（1980，202）和费希尔（1971，411）。
㉑ 博尼拉（1972，16）。
㉒ 坎贝尔（1981，693）。
㉓ 肖努（1963，408）。在委内瑞拉和拉普拉塔这两个革命的中心白人的百分比最高，其次是在新格拉纳达，再次是在新西班牙和秘鲁（第408页，注脚13）。
㉔ 林奇（1973，276）。
㉕ 索可罗地区的人（Socorranos）［索可罗（Socorro）是暴动的所在地］被传说的阿马鲁的胜利所陶醉了（费伦，1978，68）。
㉖ 阿奎勒（Liévano Aguirre）（1968，467），也注意到阿马鲁的暴动"对于公社派的革命（Revolution of the Comuneros）进程具有决定性的共鸣"（第470页）。
㉗ 阿科斯塔（Cárdenas Acosta）（1960，I，88）。
㉘ 费伦（1978，XVIII）。
㉙ 见洛伊（Loy）（1981，255）。
㉚ 林奇（1985，34）。
㉛ 林奇（1985，36）；也见阿西尼加斯（Arciniegas）（1973）的第十四章，题目是"背叛者。"
㉜ 阿奎尔（1968，447）。
㉝ 见阿科斯塔（1960，I，88）。
㉞ 伊泽德（Izard）（1979，134）。还有一个可以考虑的因素——黑奴。阿马鲁声称要废除奴隶制的做法吓坏了克里奥尔人。虽然这个问题没有直接在公社派起

义过程中提出，但是它是有背景的。委内瑞拉（Venezuela）长期以来一直是逃跑的奴隶所谓的聚集的重要的居住区，那里已经繁荣起来了，很多的奴隶从事于"社会性的盗匪活动"并且与在种植园的奴隶们保持一种勾结的关系，这样可以使奴隶们以逃亡来报复的威胁作为同奴隶主讨价还价的武器。"委内瑞拉并不是一个田园诗般的、和平的地方"［多明奎茨（Dominguez）1980，48］。一个延长了的印第安暴动很可能会引发由黑奴组织的起义。

⑮ 这是 19 世纪自由派史学家的观点。这看法现在也得到了迪菲（Diffie）（1945，488）和哈林（1947，136，194）的赞同。科利尔（Collier）（1963，19）说，这是一个夸大了的，但却是真正的观点。博尼拉（1972，58）认为，在 1776~1787 年时事情确实如此。关于这一历史事件在史学理论方面的讨论，见坎贝尔（1972a，7）和伯克霍尔德（Burkholder）（1972，392）。

⑯ 伊萨奎尔（Eyzaguirre）（1957，54，57）。巴比尔（Barbier）也强调克里奥尔人在政府中的优势作用（1972，434）。

⑰ 坎贝尔（1972a，20）。

⑱ 马尔萨尔（Marzahl）（1974，637）。

⑲ 阿尔庇林-多基（Halperin-Donghi，1972，127）。

⑳ 见科尼特茨科（1950）。

㉑ 见肖努书中的数据（1964，195）。

㉒ "在寻找新世界时，官僚和商人们都纷纷涌入殖民地。这个新世界是适合于西班牙人的世界，在那里他们仍旧喜欢更高的统治政权，在那儿贸易自由（Comercio libre）已经为西班牙半岛的垄断者们建立了防护设施"（林奇，1973，16）。

㉓ 阿奎勒（1968，439）。

㉔ 坎贝尔（1976，55）。坎贝尔是特别指加尔瓦茨（Galvez）对克里奥尔人在阿马鲁起义中的作用的反映。

㉕ 林奇（1973，19）。

㉖ 肖努（1964，197）。

㉗ 肖努（1963，412~413）。肖努认为，这些紧张关系存留在 19 世纪查理王子战争中（Carlist Wars）。

㉘ 见肖努（1964，197）。

㉙ 布雷丁（Brading）（1971，213）。

㉚ 见西班牙属美洲大会（Congreso Hispánoamericano）（1953，273）。

㉛ 布雷丁（1973b，397）。

㉜ 甘迪亚（Gandia）（1970，27）。

㉝ 伊泽德（1979，54）。

㉞ 布雷丁（1984，438）。

㉕ 布雷丁（1984，402）。也见鲍尔（Bauer）(1971，80~85)。驱逐耶稣会士的做法标志着从哈布斯堡（Hopsburg）的政策转向波旁王朝政策的另一个转折点。"在哈布斯堡使用牧师的地方，在波旁王朝雇用了士兵"（布雷丁，1971，27）。

㉖ 布雷丁（1984，403）。

㉗ 见欧拉（Muñnoz Oraá）(1960)。

㉘ 戈特沙尔特（Gottschalk）(1948，7)。也见安德森（1965，267~268）。

㉙ 见比米斯（1935，45~46）和内特尔斯（Nettels）(1962，1~6)。

㉚ 内特尔斯（1962，44）；也见沃尔顿和谢泼德（1979，181~182）。相反，美国独立战争看上去在这方面对苏格兰很适用。通过摧毁格拉斯哥（Glasgow）作为一个贸易中心的作用，这一作法加快了重新建立一个经济优势的速度。"只要格拉斯哥保持与美国进行烟草贸易方面的垄断地位，制造业——甚至棉花加工——很可能会处于贸易的从属地位"[罗伯逊（Robertson），1956，131]。

㉛ "对于英国来说，从声誉方面看，（战争）的失败比物质利益方面的损失要大得多：美国经济的独立远远落后于赢得并运用国家主权"（马歇尔，1964a，23）。

㉜ 克劳德（Clauder）(1932，16)。

㉝ 内特尔斯（1962，47）也认为"英国商人在放弃了资本之后，货物贷款的期限从12个月提高到18个月"（第231页）。

㉞ 迈耶（Meyer）(1976b，181)。也见福伦（Fohlen）(1979)关于为什么法国商人错过了他们"把英国人从北美市场上逐出的唯一机会"的论述（第98页）。

㉟ "以整个1780年代对英国的出口为标准，对外贸易没能达到其革命前2/3的水准"（杰里米 Jeremy，1981，14）。

㊱ 本尼安斯（Benians）(1946，16)。比米斯认为，当时英国—美国间的贸易"对于美国作为一个国家的存在是非常必要的……（1789年）美国进口的90%是来自大英帝国，而且美国的税收主要是来自进口税。突然打乱与大英帝国的贸易关系……将意味着破坏了美国3/4的对外贸易。用汉密尔顿后来讲的一句话来形容，这将从根本上断绝了贷款的来源"（1923，35~36）。

此外，英国人意识到他们在当时的优势。谢菲尔德勋爵（Lord Sherlild）反对放松航海法，他说："我们也许确实可以对他们友好，而且善待他们，但是我们应该等待事件的发生而不应力图促使事件的发生……由于谨慎行事，（英国）将会得到她希望得到的符合她利益的（美国）贸易。"[引自斯托弗（Stover）的著作，1958，405]。

㊲ 杨（Young）带着一种20世纪老练的帝国主义非殖民者的情绪继续说，而且还表示了对殖民地的国家可能会自愿地摆脱殖民状况的疑虑，尽管"放弃殖民地会是明智的"。他叹息道："法国紧抓着圣多明各不放；西班牙紧抱着秘鲁；而英国则紧抓着孟加拉（Bengal）。"[引自洛克（Lokke）(1932，155)]。正如我们所知道的那样，前两个大国正处于快没有能力保住这些殖民地的状况。

㉘ 见布拉斯韦特（Brathwaite）（1971，68~71）和克尔（1936，61）。
㉙ 见在诺伦格伯书中的数据（1960，298）。百慕大（Bermuda）和巴哈马（Bahamas）是两个最积极地支持13个殖民地的殖民地，是唯一两个白人殖民者居人口多数的殖民地。
㉚ 见布朗（1974，20）。当然，这是几个主要解释新斯科舍为什么没有支持独立战争的原因的说法中的一个。
㉛ 奈特（Knight）（1983，243，246~247）。
㉜ 见沃尔顿和谢泼德（1979，183）。威廉姆斯解释了1783年12月经议会同意而颁布的敕令的原因所在。这一敕令是由于英国傲视美国无能力进行报复从而禁止美国船舰而发布的："这是海运部门的利益……他们的观点已经很有说服力。他们坚持认为，英国无需害怕在美国市场上与其他国家或本国劳力就制造业产品而展开的竞争……"

"英国掌握了美国市场这一可靠的假设，看上去很快就被事实加以证明。"（1972，220，222）。

他们还丧失了英国军舰对他们在地中海贸易的保护，这将导致他们同北非伊斯兰教国家（Barbary）海盗间的矛盾。至于同爱尔兰（Ireland）的贸易，"在殖民地时期"，直接贸易"是无足轻重的"，直到现在也没发展起来（纳许，1985，337）。

一个光明的前景，但仅仅从长远的观点看是重要的前景，便是开辟了对中国的贸易，"这是美国革命带来的一个直接后果"［斯蒂格（Ver Steeg），1957，366］。

㉝ 克拉顿（Craton）争辩道，即使"在1783至1805年间，（蔗糖生产）增加了70%并不是会带来大利润的先兆，而恰恰相反；由于通货膨胀它代表了通过已增加的产量来恢复利润这一企图"（245~246）。

1780年至1786年间从未预见到的一系列飓风，使人们无法航行，这便造成无法从美国进口粮食的局面。谢里登（Sheridan）（1976a，615）说，结果是"一连串的危机。"

㉞ 关于在这一问题上从舒瓦瑟尔（Choiseul）到韦尔热纳（Vergenes）执政期间法国政策的连续性（1949b，131）。1778年舒瓦瑟尔在退位时给韦尔热纳写了一个备忘录，认为法国可以从美国争取独立的战争中获得好处，但却不能从尚在英国人控制下的加拿大、新斯科舍（Nova Scotia）以及卡罗莱纳得到什么好处。韦尔热纳在给吉拉尔（Gérard）的回信中说，这种结局可以使一旦独立的殖民地为使法国获益，而能够"毫无疑问地延长他们同英国关系的破裂。"

㉟ 在1782年春季期间，谢尔本（Shelbourne）勋爵和他的代理奥斯瓦德（Richard Osward）看上去小心翼翼地准备把整个加拿大作为无偿的附加物送给一个独立的美国的做法，可以从（他们对于自由贸易的观点中）找到答案。他们的观点

大体是，大英帝国比美国在工业和贸易方面处于如此领先的地位，因而以前的英属的美洲必须继续成为一个独立的、或不独立的丰富并日益扩大的市场。尽可能地把法国彻底排除在外便是真正的目标。布雷布纳（Brebner, 1966b, 62）。

㉓⁶ 琼斯（Jones）（1965，508）。也见伯特（Burt）（1931）。里比（Rippy）指出，英国不愿放弃海港还有另一个动机，那就是害怕那样做会使美国"威胁加拿大"（1929，23~24）。

法国对于英国故意拖拉的做法并没有感到不满意。见特鲁德尔（Trudel）（1949a，195）。加拿大在这一问题上还不是一个统一的势力。大商人感到，1783年条约（Treaty of 1783）已经摧毁了圣劳伦斯河（St. Lawrence）的贸易帝国，并且直到1815年一直为修改边界施加压力，但是1783年也标志着效忠党（Loyalists）人从当时已经独立的殖民地来到加拿大。这些效忠党人以前是农民，并且把"出口产品"带到"最初是经营皮毛贸易的州的中心"［克莱顿（Creighton），1937，89］。

至于美国，它与西方接触的方式看上去只是一种"报偿"。这种做法允许它一方面承担公共债务，另一方面为大批人提供机会来"聚集财富"（亨德森Henderson）（1973，187）。因此，英国的拖延看上去是肆无忌惮的。

㉓⁷ "在1783年之后的头两个十年当中，英格兰与美国的经济伙伴关系使（加拿大和纽芬兰）的作用降到不太重要的地位"［格雷厄姆（Graham），1941，56］。也见布雷布纳（1366，85）的著作。他观察到了"英国在沿海问题上不向（美国）妥协和在大陆问题上讨好美国的截然不同的做法。"

㉓⁸ 哈洛（Harlow）（1964，603）当时在英国政府内压倒一切的意见是"看上去美国的西部边疆可能会保持在阿勒根尼（Allegheny）和阿帕拉契山脉。一个靠近大西洋海岸的联邦政府把它的政权扩大到山那边辽阔的荒野的做法看上去是行不通的。"

㉓⁹ 见詹森（Jensen）（1936，28~30；也见1939）。扩张的计划被美国独立革命吸收了。就在革命爆发之前，为了收编印第安纳和俄亥俄公司（Indiana and Ohio Companies），成立了范代利亚公司（Vandalia Company）。1773年，这个公司从上议院贸易和均平专员委员会（the Lords Commissioners of Trade and Planations）得到一份报告，这份报告建议授予大约包括当今西弗吉尼亚（West Virginia）和被称为范代利亚（Vandalia）的东肯塔基的两块土地。尽管除要履行一小部分正式手续外，移交土地使用权的进程已在实施之中，美国革命的爆发使授予土地一事暂时告一段落［特纳（Turner），1895，74］。

㉔⁰ 在美国的教科书中，伊桑·艾伦（Ethan Allen）是个革命英雄。事实上，他和他的兄弟在1777年建立了一个独立的联邦，并向英国讨价还价的，要求承认佛蒙特（Vermont）的独立。这一讨价工作一直持续到1789年李维·艾伦（Levi

Allen）到伦敦与乔治三世（George Ⅲ）进行磋商。在与（1790年放弃了一些土地要求的）纽约州进行了进一步的讨价还价之后，佛蒙特于1791年作为第14个州"加入"美国。见布雷布纳（1966b，66~67）。从马塞萨诸塞"独立"出来的缅因州也存在同样的问题。见格林（1943，408~409）。

㉔ 特纳（1896，268）。

㉔ 惠特克（1962a，92）。

㉔ 见比米斯（1916，547）。

㉔ 比米斯（1923，109）史蒂文斯（Stevens）（1926，14~15）认为，英国战胜印第安人，使他们直到1812年战争（War of 1812）之后在西北地区仍在贸易方面处于优势地位。也见赖特（Wright）（1975，35）。

㉔ 比米斯（1943，18）。

㉔ 米尼格（Meinig）（1986，369~370）。肖努（Chaunu）（1964，183）把皮毛商和移民看作是征服印第安人的特殊作法。"设陷阱的捕兽者向前设置的陷阱超过了真正的边疆的界线，这个边疆的界线是（持火把和斧子）的农民把已经被威士忌酒、朗姆酒和肯定的是被火枪征服的印第安人向后驱赶形成的。"

㉔ 见惠特克（1962a，11）。

㉔ 惠特克（1962a，33~34）。

㉔ 色隆尼（Accarias de Sérionne）（1766，Ⅰ，73）。

㉚ 惠特克（1962a，37，43）。也见威廉斯（Williams）（1972，57~59）。这是有前提的。当1769年欧雷利（O'Reilly）将军到达新奥尔良（New Orleans）时，西班牙已经从法国手中承担了对路易斯安那（Louisians）的有效控制。但是，当1770年欧雷利回到哈瓦那（Havana），禁止作为对古巴出口的构成威胁的劣质的路易斯安那烟草出口时，英国人事实上已作为秘密的贸易者又回来了。见克拉克（1970，170~180）。

㉛ 见惠特克（1928，198）和克拉克（1970，220）。

㉜ 见麦克伊（McCoy）（1980，105）。

㉝ 关于对印第安人有限的意义的1924年公民法案（the Citizenship Act of 1924），见莱西（Lacy）（1985，91ff）。关于联邦条例（Articles of Confederation）中有关印第安人问题的争论是反复围绕着中央政府与地方政府的作用而展开。中央（the Center）的胜利事实上是在思想意识上把印第安人排除在国家之外。印第安人保留地的概念加强了。不仅仅是处于边界线之外的，禁止殖民者和没有执照的商人进入的印第安人保留地领域；而且这也是联邦政府施行统治的一块地域。联邦法律控制着印第安人，而印第安贸易只能在印第安人的保留地内进行；在这个保留地之外，他们无权进行贸易。普鲁查（Prucha）（1970，31）。

对于印第安人的这种排斥态度标志着对印第安人的看法从殖民地早期认为他们"可以（以欧洲的方式）融合于他们自身的生活之中"的看法的一个转变

[麦克尼科尔（McNickle），1957，87］。

㉔ （A. H. Jones，1980，39，表 2.4）。1760 年梅因（Main）的数字表明，人口中 23% 是黑奴，其中 4/5 在南部各州（1965，271）。

㉕ 见柯廷（Curtin）（1969，216，表 6.5）关于这样一个估计，即在一个世纪之间，劳动力成倍地增长。

㉖ 见莫里斯（Morris）（1946，315~316）。

㉗ 纳什（1979，320~321）。

㉘ 见盖伦森（Galenson）（1981b，175）。当时弗吉尼亚公开为奴隶制辩护的种种原因中有一点是"为奴隶提供的食品、服装及住所只需占用在养育白人侍者身上的开销的 1/4"。此外，据说，黑奴比从白人社会渣滓中选出的、不习惯于干农活、厌恶艰苦的工作、受不了弗吉尼亚的"酷暑"和"严寒"的、可能会从他们的主人那里成功地潜逃的白人侍者干得更好。格雷（Groy）和伍德（Wood），1976，356。

　　1774 年法国正式废除了契约劳动力（engagés）制度。从此以后，便把依靠奴隶作为"解决殖民地劳动力问题的唯一办法"［维戈斯（Vigols）1928a，6］。

㉙ 阿普特克（Aptheker）（1860，101）。奴隶贸易特别集中在罗德岛商人手中，这些商人在 1725 至 1807 年间控制了从 60% 增加到 90% 的奴隶贸易。见库格特里（Coughtry），1981，6，25。

㉚ 齐佛斯米特（Ziversmit）（1967，7）。

㉛ 夸尔斯（Quarles）（1961，100，198）。也见伯林（Berlin）（1976，352~353）。英国殖民主义者争夺黑人支持的斗争可能是由弗吉尼亚总督邓莫尔爵士（Drd Dunmore）发起的。他于 1775 年 11 月允许给予那些与好人和持枪者为伍的黑奴以自由。"英国人不是正在试图发动一场革命，而是结束一个暴动。回复战前的状态（Status quo ante bellum）是他们的基本政策"［罗宾森（Robinson），1971，105］。当英国军队在战争结束后离开美国时，他们把"上千名"黑人带到英国、加拿大、西印度群岛甚至是非洲（伯林，1976，355）。正如我们在前面讲述的那样，这实际上成为与美国政府进行竞争的一个缘由。

㉜ 沃克（Walker）（1975，53，66）。

㉝ 见齐佛斯米特（Zilversmit）（1967，137，146~152）和利特瓦克（Litwack）（1961，3~4）。这一进程是缓慢的。只有两个州——佛蒙特于 1777 年以及马萨诸塞于 1783 年——废除了奴隶制。其他州只是部分地参与了废奴运动。这一运动在北部各州拖拖拉拉地进行，直到新泽西州（New Jersey）于 1846 年进行扫尾工作时，才最终全部废除了奴隶制。戴维斯（Davis），1983，273。

㉞ 弗里林（Freehling）（1972，89）。必须进一步认清，排斥印第安人的活动是与扩大使用黑奴的活动紧紧相连的。"美国革命使南部奴隶主摆脱了英帝国各种各样的限制，开辟了印第安人迁移和奴隶制向西部扩大的方式"（戴维斯，

1983，273）。
㉖⑤ 利特瓦克（1987，316）。
㉖⑥ 萨维尔（Savelle）（1962，916）。
㉖⑦ 夏伊（Shy）（1973，143）。
㉖⑧ 亨德森（1973，180）。
㉖⑨ 内尔森（Nelson）（1961，1）。
㉗⓪ 内尔森（1961，88）。
㉗① 格林（1943，158）。
㉗② 内尔森（1961，90）。但是天主教徒和犹太人是个"例外"。是不是他们感到"应该为了自身的安全而服从看上去是大多数的意见"或是因为他们没有理由相信英国会保护他们？在爱尔兰（Ireland）的天主教徒们的举止却大不一样。
㉗③ 帕尔默（Palmer）（1959，Ⅰ，201）。
㉗④ 见在米德尔考夫（Middlekanff）著作中的文件。
㉗⑤ 摩根（1973，296）。
㉗⑥ 库里科夫（Kullikoff）（1971，376）。
㉗⑦ 查特玛丽（Szatmary）（1980，92）。
㉗⑧ 见比尔德（1913；1915）。关于近期时对比尔德的说法的有理智的辩护，见麦圭尔（McGuire）和奥斯费尔特（Ohsfeldt）（1984，577）。他们认为制宪会议（Constitutional Covention）的投票形式支持一个狭义的比尔德式的说法，即："能起作用的唯一经济利益便是一个重要的财政利益正处危险之中的那些利益。"但是，制订宪法会议上的投票却支持一个"广义的比尔德理论"，即"一切经济利益都是有关系的，无论他们的影响有多大。"
㉗⑨ 詹森（1974，172）。
㉘⓪ 当时，这一对抗"动摇"革命的努力的保守主义企图并没有完结。"老的、顽固的贵族"继续试图建立"堡垒……以确保既得的财产权并保持原有的地位"［布鲁切（Bruchey），1987，309］。
㉘① "如果真的不能实现一个和平的话，那便是1783年的和平……因为没有一项条约限定了在美洲、西班牙和美国的最老的和最新的帝国的敌对关系，或限制这种敌对"（惠特克，1962a，1）。
㉘② 费希尔（Fisher）（1981，32）。加西亚（Navarro Garcia）（1975，173）谈到新西班牙（New Spain）在这一时期"不知不觉地达到了兴盛的水平"。
㉘③ "看来在1792到1795年间，在宗主国和殖民地之间走私贸易已经占合法贸易量的1/3弱。同早些时候（16世纪除外）比较而言，这已构成事态的全部扭转"［伯斯凯特（Bousguet），1974，21］。
㉘④ 布雷丁（Brading）（1984，Ⅰ，413，418）。
㉘⑤ 斯坦和斯坦（Stein & Stein）（1970，104）。以及惠特克（1962a，16）使用了

"美洲的病人"这句话。

㉘⑥ 布斯凯特（1974，42）。关于墨西哥在这一时期制造业（obrajes）方面的衰退，见格林利夫（Greenleaf）(1967，240）和萨尔福西（Salvucci）（1981，199）。

㉘⑦ 惠特克（1928，22）。

㉘⑧ 克里斯特罗（Christelow）（1947，8）。

㉘⑨ 潘塔里奥（Pantoleão）（1946，275）。这可能是指这一时期西班牙与西属美洲的贸易看上去不是希望之中的"达到惊人的程度"［维拉娄伯斯（Villalobos），1965，10］。

㉙⓪ 斯托达德（Stoddard）（1914，Ⅶ）。斯托达德的书尽管有偏见，但却是一部清晰的、由浅入深地描绘了整个海地革命（Haitian revolution）的政治历史专着。

㉙① 斯托达德（1914，18）。德比因（Debien）（1953，52）把白人殖民者在1786年的态度解释为不愿再继续扮演任何灰姑娘（Cinderella）的角色了。"他们同时感到，宗主国已无能力竞争了，而他们自己还有在主持自己的事务，首先是主持自己的贸易事务方面有竞争力。"

㉙② 关于殖民地代表权的要求，不是由路易十六（Louis XVI）提出的，因此这一要求便成为"一个革命的条令"［塞泽尔（Césaire），1961，37］。

㉙③ 1788年的政府人口调查表明，白人人口是28，000，"自由有色人口"为22，000人而奴隶为405，000人。1789年地方行政长官所作的估计是，前两类人口的数目稍稍高一些，这可能更准确，但区别并不大。见斯托达德（1914，8～9）。

㉙④ 在德比因的著作中引用了（1953，215）。关于1786年以前白人殖民者中"美洲爱国主义"（Ameican Patriotism）这种情绪的背景，见德比因（1954）。关于1769年白人反叛咖啡种植园主斗争初期的情况，见特鲁伊洛特（Trouielot）（1981）。关于1789年以前法国对于"非殖民地"的概念和矛盾的心理，见塞伊（Sée）（1929）和洛克（Lokke）（1932）。

㉙⑤ 塞恩托扬特（Saintoyant）（1930，Ⅰ，75～76，423）。

㉙⑥ 见斯托达德（1914，97～99）。

㉙⑦ 塞恩托扬特（1930，I，376），也认为国民公会（Convention）只能把海地革命看作是比包括旺代（Vendée）暴动在内的法国本土各种各样的暴动更具威胁力。"这种威胁不仅对于新的政权的存在，而且对于法国自身的存在都更具威胁力"（I，233）。

㉙⑧ 欧特（Ott）（1973，51）。

㉙⑨ 塞泽尔（1961）。

㉚⓪ 塞泽尔（1961，85）。在标题为"法国革命的局限性"一章中，塞泽尔说："让我们面对这样一个事实。法国议会侈谈黑人，但为黑人的利益却没干什么事"（159页）。正如萨拉-莫令斯（Sala-Molins）指出的那样："（在1794年2月4

第四章 南北美洲定居者的非殖民化：1763~1833 年

日），国民公会并没有因为黑人动人的眼睛而为他们废除奴隶制，而是由于暴动才迫使他们这样做的；是由于当时英国和西班牙在遥远的向风群岛（Windward Islans）推行破坏法国的统一性和不可分割性的政策，才迫使他们这样做的"（1987，262）。

㉛ 见德比因（1954，53~54）。

㉜ 葛古斯（Geggus，1981，285）"还有一个政权的旗帜上写的是'圣多明各'。没有一个总督或将军把占领的历史铭记在心。这是一个最易忘记的乐章，这也是 19 世纪无需记住的一个乐章"（葛古斯，1982，387）。

㉝ 葛古斯（1982，389）。短时间内，这一切对于英属西印度群岛的繁荣是非常重要的。在圣多明各内战和 1796 年收复荷兰殖民地两件事发生之间的年代中，"英国突然几乎成为欧洲（蔗糖）的唯一提供者"［切克兰德（Checkland），1958，461］。这一繁荣景象的"最后一个阶段"仅持续到 1789 年。

英国在处理他们自己在西印度群岛对黑人的占有问题上吸取了在圣多明各的教训。他们从 1795 年起武装了西印度群岛军团（West India Regiments）的黑人。因此，他们赢得了对白人殖民者和黑奴的控制。因为当时英国拥有"会管辖在加勒比地区巨大奴隶帝国的"奴隶［巴克利（Buckley），1979，140］。

㉞ 珀金斯（Perkins）（1955，106）。乔丹观察到，对于美国来说，"圣多明各呈现出一个吓人的充满暴力的火山的状态"威胁着要重新讨论奴隶制这一"已议决了的主题"。此外，海地的难民殖民者把奴隶带到了美国，这些奴隶是传播"暴动瘟疫的媒介"。他说，"从一开始"便考虑到这是"……对美国安全的一个威胁"（1968，380~386）。

但是，正如欧特讲的那样，这一理论被第二种理论抵消了。这第二种理论"有时"与为南部奴隶社会辩护的理论相佐。"对新英格兰人的利益来说，第二种理论是使圣多明各持续成为一个贸易基地"这一理论"永远意味着支持当政的政府"（1973，53~54）。在 1798 至 1800 年间，当美国正与法国展开"一场半官方战争"时，亚当斯（John Adams）甚至与英国和卢维杜尔（Toussait L'Ouverture）结成"半官方的联盟"，并给予卢维杜尔以"半官方的认可"［洛根（Logan），1941，68］。

㉟ 见特伦德利（Trendley）（1961）。

㊱ 见弗朗哥（Franco）（1968）。当然，西班牙当局是担心的。1791 年佛罗里达布兰卡（Floridablance）伯爵（Conde）指示墨西哥和圣菲（Santa Fe）的总督（Viceroys），哈瓦那、波多黎各、圣多明各、特立尼达和卡塔赫纳（Cartagena）的地方长官确信"暴动的蔓延不应传播到西班牙拥有地区，而且特别是为了达到这一目的，圣多明各政府应在边疆建立一个军事防线（cordon）。"［韦尔纳（Verna），1984，747］。关于在圣多明各发生的圣多明各革命，见阿方索（Dilla Alfonso）（1982，83~90）。西班牙政府分别于镇压 1795 年在路易斯安

那，1794年在马提尼克岛（Martinique）和瓜德罗普（Guadelope）、1792年在铁拉菲尔梅（Tierra Firma）和1797年在危地马拉（Guatemala）发生的反对奴隶制的暴动。

⑳ 见洛克（1928）。当时杰弗逊（Thomas Jefferson）总统讲到要试图"使杜桑挨饿"并称海地为"另一个阿尔及尔（Algiers）"（324页）。

尽管卢维杜尔死了，但是波拿巴（Bonaparte）的远征是一场灾难。获利最大的不是法国而是美国。人们一般认为，这一经历使得拿破仑把路易斯安那让给（卖给）了美国。见莱热（Léger）（1934，17）、斯隆（Sloane）（1904，514）、洛根（Logan）（1941，142~144）和惠特克（1962b，234~236）。关于路易斯安那和圣多明各之间以前广泛的社会联系，见鲍尔（Baur）（1970，401~404）。因此，关于杰弗逊为什么害怕拿破仑的胜利会给路易斯安那带来危险，见411~412页。但是正如乔丹观察到的那样："美国在当时以及后来都没有因为海地的帮助而感激不尽，因为到了1804年，美国在新兴的海地共和国（Repulic of Haiti）身上只看到了黑人统治的实例"（1968，377）。

⑳ 洛根（1941，152）。艾吉尔（Liévano Aguirre）谈到了"为孤立海地而设立的"一个"安全线"（1968，954）。法国已在1825年承认了海地，英国在1833年（解放奴隶之年）承认了海地，而美国则更晚，是在1862年承认海地的。见洛根（1941，76~77）和乔丹（1968，378，注脚2）。甚至西属美洲的那些共和国也与海地保持一定的距离，1824年哥伦比亚率先把海地逐出巴拿马大会（Congress of Panama）。见韦尔纳（1969，477~495）和博尔（Baur）（1970，410）。直到1865年巴西承认海地之前，没有一个拉丁美洲国家愿意承认海地。墨西哥直到1934年才承认海地。

在杜桑逝世后，海地的"黑色"才得到更大的重视。他死之后的第一位继位人德萨林（Dessalines）禁止非黑色人种的人拥有财产，而只对那些支持过海地独立的法国人以及有助于海地事业的德国人和波兰人予以例外对待（韦尔那，1969，64；尼科尔斯，1978，179）。关于其标准，见帕孔斯基（Pachonski）和威尔森（Wilson）（1986）。只在德萨森遇刺之后，海地才被分割为北部由克里斯托弗（Eenri Christophe）统治的一个黑人当政的王国和在西部及南部由后来成为玻利瓦尔的朋友的佩蒂翁（Alenandre Pétion）统治的一个由黑白混血儿为主的共和国。这分开的两部分于1811年又结合在一起。关于这一时期，特别是关于海地的土地改革，见拉萨尔特（Lacerte，1975）；也见伦达尔（Lundhal）（1984）。特鲁伊洛特（1971）认为，联合进程的终结正是他称为黑人克里奥尔人的胜利。相同观点见约钦（Joachim）（1970）。

⑳ 见马达里亚加（Madariaga）（1948，324~325）和谢里登（1976b，237）。它对古巴有特殊的影响，古巴当时可以取代圣多明各成为一个蔗糖供应国。圣多明各的奴隶暴动对于古巴的克里奥尔人和西班牙人都是一个"可怕的警告"（汉

弗莱和林奇，1965a，19）。托马斯补充说，这个警告的威力是极大的，"足以使古巴的种植园主们在近100年内从未向奴隶们做出过让步"（1971，77）。也见奈特（Knight）（1970，25）和科温（A. F. Corwin）（1967，22），科温也观察到："当关于海地奴隶起义的消息在1791年传到古巴时，在古巴的蔗糖利益发言人阿伦格〔（Francisco de）Aranga（y Parrens）〕认为，对于奴隶人数相对的少的古巴来说，这不是一个吓人的范例，而在法属海地受损害的情况下，对古巴却是一个黄金一般的机会"（13～14页）。

⑩ 例如，1766年废除印花税条例（the Repeal of the Stamp Act）之后通过了罗金汉（Rockingham）的宣告令（Declaratory Act）。这个法令"几乎是根据1720年爱尔兰法案（the Irish Act of 1720）逐字逐句抄下来的，而爱尔兰法案则是英国首脑和殖民地的领导人都熟悉的"。宣告令使北美大陆的人极为恼火〔詹姆斯（James），1973，296〕。

⑪ 做一个特有的比较，见哈洛（1952，503）。他认为在16世纪，爱尔兰和爱尔兰人被看作如同条顿骑士团（Teutonic Knights）看待住在奥德河（The Oder）和维斯杜拉河（the Vistula）之间的野蛮土著人那样的人。也见詹姆斯（1973，289～290）。

⑫ 哈洛（1952，505～506）。

⑬ 萨维尔（Savelle）（1953，207）。

⑭ 帕尔默（Palmer）（1959，Ⅰ，165）。

⑮ 多伊尔（Doyle）（1981，153）。

⑯ 麦克道尔（McDowell）（1979，241）。关于英国从天主教徒中招募送往北美洲的士兵，见克劳斯（Kraus）（1939，343～344）。

⑰ 见克劳斯（1939，346）和哈洛（1952，495）。

⑱ 见戈德肖（Godechot）（1965，145）。

⑲ 多伊尔（1981，157）。因此，他们甚至不能从他们获得的有限的主权中获利。关于爱尔兰不能控制她自己的生活，如同在1770年和1790年间，与葡萄牙人谈判达成一项贸易协约的企图是无效的所说明的那样，见拉梅（Lammey）（1986，40）。

基督新教徒们的确争取过天主教徒的支持。但是天主教徒不愿意让基督新教徒议会中的代表他们。"天主教徒们事实上是会被代表的。这就是为什么爱尔兰革命（Irish Revolntion）没达到预期目的的原因所在"（哈洛，1952，511）。

⑳ 莱基（Lecky）（1972，309）。

㉑ 莱基（1972，388）。

㉒ 莱基（1972，313）。1797春年厄尔斯特的总司令莱克将军（General Lake）在给总督卡姆登（Viceroy Lord Camden）的报告中说："下层民众和大多数中资产

阶级都是坚决的共和份子，他们接受法国的道德观念。如果不达到革命目的，是不会满意的"（第135页）他推荐采用"最强烈的高压手段"。

㉓ 汤普森（Thompson）（1968，470）。

㉔ "那时的爱尔兰新教教会受到欺骗、恐吓、诱惑和劝服—有的被收买—去毁灭1782年取得的成就。1800年联合法案决定爱尔兰和英国合并成一个王国，议会在伦敦。在1782年后的几年中，教会显示了它的无能，在某一方面来说，它未能了解教会本身胜利的意义：独立必须成为政策"（多伊尔）（Doyle）1981年，第179页。

㉕ 诺思（North）（1974，67，73）。参看内特尔斯（Nettles）（1962年）。戈尔丁（Goldin）和刘易斯（Lewis）在美国靠中立政策在航运和出口业方面所取得的"极大刺激"实际究竟增加了多少个人平均增长率方面，是有保留的（1980，22）。参看大卫（David）（1967，154，188~194）和亚当斯（Adams）（1980，714，734）相同的观点。但是，丘恩卡（Cuenca）很支持诺思的看法，他特别强调与西班牙世界贸易的重要性，说这是"在国际债务即将到欠债时刻的……一个意外的收获和极重要的补偿"（1984，540）。参看泰勒（George Rogers Taylor）（1964，431）。

㉖ 参看内特尔斯（1962，324~325）。这是与法国一场"准战争"的结果。

㉗ 比米斯（Bemis）（1923，270）。比尔德（Beard）提出，1794年与英国贸易关系的中断可看作"对美国商人不可弥补的损失"并损害了政府和个人的信用。和平在另一方面"至少"能使"南方的贷方暂时安心，对各处农民都不会造成困难"（1915年，第274~275页）。参看威廉斯（Willams）（1972，228）。

㉘ 见格拉汉（Graham）（1941，91）。

㉙ "在美国革命时，一吨货物可以从欧洲海运3000英里到美洲，其运费和在这新国家运输30英里一样便宜"（诺思）（1965，213）。美国国内的运输费用，由于1816年汽船投入使用和1825年后建设运河系统而大幅度降低。参看科克伦（Cochran）（1981，44~48）。

㉚ 见比约克（Bjork）（1964，184）。

㉛ 内特尔斯（1962，184）。

㉜ 1787年，美国进口棉花的一半来自西印度群岛（属欧洲各列强），其他1/4则来自奥斯曼帝国。到1807年，在282,000包棉花中，美国供应171,000包。见诺思（1966，41）。

㉝ 布鲁奇（Bruchey）（1965，90~91）。指在美国建立可在国际市场上有竞争能力的纺织工业的经济障碍。见杰瑞米（Jeremy）（1981，34~35）。由1786至1792年贸易萧条引起的制造商暴动，被1793年后商业兴起所压服。见内特尔斯（1962，125）。

㉞ 奇塔姆（Cheetham）于《和平或战争》（*Peace or War*）一书中写的（第20

页），载于克劳德尔（Clauder）（1932，134）。

㉟ "禁运法案由于自身的苛刻而导致失败"［菲顿（Fitton）（1958，313）］。虽然这法案在经济上对英国的损害比对美国的损害要大，但它也导致美国国内政治严重分裂。见弗兰克尔（Frankel）（1982，309），他坚持说禁运"执行情况良好"和"有效"。

㊱ 见利比（Rippy）（1929，Ⅵ—Ⅶ）。

㊲ 伊萨奎尔（Eyjaguirre）（1957，79）。见布拉丁（Brading）（1983）关于西属美洲独立的两个观点，一个观点认为是大西洋革命的第三幕，另一观点认为在1808年仓促完成。

㊳ 见肖努（Chaunu）（1964，193，205）。

㊴ "正如英国人原来摇摆于掠夺西属美洲殖民地和同它们贸易之间那样，现在（1796～1808）英国也在征服这些殖民地还是解放这些殖民地之间犹疑不决"［汉弗莱斯（Humphreys）（1952，225）］。其实，两者皆不需要，因为如肖努所说，从1797年到1810年，"伊比利亚人的美洲已成为英国殖民地中最美丽的殖民地"（1964，210）。确实，有一些如波纳尔（Thomas Pownall）的英国知名人士鼓吹建立一个和英国联合在一个大西洋联盟里的美洲国家独立团体。见舒茨（Schutz）（1946，264）。1785年，法国驻西班牙大使报告说，西班牙外交部长佛罗里达布兰卡（Floridablanca）表示害怕英国企图以给西班牙同样的损失来补偿它丧失13个殖民地的损失。见塞居尔-德佩隆（Ségur-Depeyron）（1873，376）。但事实上英国行动十分谨慎。

㊵ 布斯凯（Bousquet）（1974，14）。"1789年法国革命后加速了西班牙经济崩溃的趋势"［罗德里格斯（Rodrignez）（1976，23）］。这对西班牙国内的影响极大。西班牙首先是与法国，然后是与英国的冲突，付出了很高的代价。为了获得足以"避免破产"的国家收入，西班牙于1801年对中立船舶开放港口［巴比尔（Barbier）（1980，37）］。这涉及"放弃作为1778条例（reglamento）基础的民族主义原则"［费希尔（Fisher）（1985，63）］。"在这过程中。必须牺牲波旁王族一直企图建立的统一经济，于是在王室保护下开始了会被认可独立的分裂"（巴比尔）（1980，21～22）。

㊶ 见伊泽德（Izard）（1979，27～41）。

㊷ 见加纳（Garner）（1942）和弗罗勒斯卡诺（Florescano）（1696，188～194）。

㊸ 林奇（Lynch）（1985，25）。

㊹ 见卢宾（Lubin）（1968，304～305）和林奇（1985，48～49）。

㊺ 这些新的执政团声称爱好和平并以它们的合法性为基础，霍尔珀林—唐伊（Halperin-Donghi）问："革命者自我形象的真诚性怎样？"他说我们不应忘记他们"并不认为他们（在1810年）是反叛者，而是一个也许永远衰落的权力的继承人。没有理由对他们现在认为是他们的并想利用它谋私利的政治继承物表

— 313 —

㊻ 示不同政见"（1972，129）。

㊽ 考夫曼（Kaufmann）（1951，50~51）。此时，英国利用西班牙衰弱的这个时机来建立和西班牙几个主要港口的"牢国贸易关系"（丘恩卡）（1981，419）。参见利比（1959，18~19）。

㊾ 见安娜（Anna）（1978a，64，76和第三章各处）和安娜（1985，67~68），肖努讲到墨西哥知道"阿马鲁的起义迟了30年"（1964，207）。

㊿ "如果英国和法国一直维持和平关系，看来就不大可能发生1812年的英美战争"（霍斯曼 Horsman）（1962，264）。参见吉布斯（Gibbs）说的："按照亚当斯（J. Q. Adams）的看法，1812至1814年战争的主要原因是英国坚持有权搜查中立国船只，但是争端的根源也许是要征服加拿大"（1969，88~89）。

㊾ 加拿大沿海诸省觉得在"抵制美国联邦政策的及英政府方面"，可与新英格兰联合一致（克拉克）（Clark, 1959, 240）。至于法国发言人，当他们对法国革命的同情以及他们的"革命热情"冷却后，也没有被美法新联盟重新燃起革命热情（第244页）。关于后者，参见乌利特（Ouellet）（1971，230）。

㊿ 见乌利特（1971，37）。

㊾ 见格拉汉："在美国革命以后英国政策的各种变化中，从未放弃过航海法的根本原则——垄断运输……当英国从漫长的与拿破仑的斗争中得胜时，殖民垄断的原则基本上未受损害"（1941，197，218）。

㊿ 英国人实际上取消了在佛罗里达对西班牙的支持。直到1811年，美国国会通过了不得转让决议，希望西佛罗里达并入（于1813年完成）并警告英国勿企图重新从西班牙手中获得东佛罗里达。见比米斯（1943，28~30）和内特尔斯（1962，322~324）。1819年，美国取得了巨大的"外交上的胜利"，使西班牙割让佛罗里达（如果不割得克萨斯）并承认"美国对直达大西洋之间的领土有无可争议的权利"（比米斯）（1943，37~38）。

㊾ 见珀金斯（Perkins）（1964，137~138）书中有关根特条约中各国所得的分析。

㊿ 转引自利斯（Liss）（1983，209）。

㊾ 见霍尔珀林-唐伊："英国政府直到西班牙恢复王位以前一直对独立运动保持谨慎的模棱两可的态度。如她现在不打算公开支持革命事业，也不会对志愿者参加对西班牙军队太注意。至于美国方面，在这点上表示出了对爱国者更仁慈的面孔：最后购买武器和招募海盗船变得容易得多"（1972，144）。事实上，美国对西属美洲运动援助的最后一个因素，即补充海盗船变得容易这事损及了美国本身。在1810年到1823年间西印度群岛就广泛出现了海盗，他们成了美国和西印度群岛之间"主要的贸易妨碍"［钱德勒（Chandler）1924，482］。

㊾ 沃德尔（Waddell）（1985，205）。

㊿ 见布斯凯（Bousquet）（1978，57）。19世纪的头15年中，只有拉丁美洲和西欧极大地扩张了英国的纺织品出口。

(358) 安德鲁斯（Andrews）（1985，128）。见费希尔（Fisher）："1814到1815年库斯科（Cuzco）起义是一次受到秘鲁南部的人和印第安人广泛支持的争取独立的革命。如果利马和沿海居民支持的话，这次革命几乎可以肯定会取得成功。他们之所以未能成功只能解释为他们根深蒂固的保守主义和他们害怕印第安人"（1979，257）。到1821年，"秘鲁就只有很少西属美洲克里奥尔人独立动员民众的迹象了"［博尼拉和斯伯丁（Bonilla & Spalding）1972，108］。参见拉德（Ladd）对墨西哥的看法："害怕群众是上层克制牢骚的至关重要的因素"（1976，89）。

当然，这不是唯一的因素，对于西属美洲克里奥尔人上层对独立运动不同程度支持的经济因素的仔细分析（特定农业出口区，扩展能力，竞争性质），见布斯凯（1974）。

(359) 汉弗莱和林奇（Humphreys & Lynch）（1965a，124）。

(360) 劳特（Rout）（1976，165）。西属美洲克里奥尔人领导人的态度远非受人欢迎。阿根廷第二次去北秘鲁（Upper Peru）远征军的司令官贝尔格拉诺将军（General Belgrarlo）说："黑人和黑白混血人（mulatto）是暴民，他们又胆小又残忍……唯一的安慰是白人官员正在途中"（转引自林奇，1973，85）。

(361) 林奇（1973，210）。

(362) 见比尔克（Bierck）（1953，365）。西班牙人利用这个诺言来反对他。并夸大海地军事援助的程度。见韦尔纳（Verna）（1983，146）。

(363) 1953年一位委内瑞拉历史学家门多萨（Cristobal Mendoza）贬低印欧混血人（mestizo）（和黑人）在独立中的作用，他提出是"上层阶级西属美洲克里奥尔人发动了独立运动"。无疑，他是对的。但为什么？关于西属美洲克里奥尔人不能得到群众的支持，见阿吉埃（Lievano Aguirre）（1968，947~948）。关于大地主的作用，见伊泽德（Izard 1979年，第50~51页）。关于独立斗争是一场"内战"，见巴古（Bagú 1979年，第13页）。关于大地主的领地，见布里托（Brito）（1966，第1卷，219~220）和伊泽德（Izard）（1979，163）。

(364) 隆巴迪（Lombardi）（1971，46）。

(365) 奥特（Ott）（1973，194）。美国非常担心古巴。卡尔霍恩（Calhoun）在1822年鼓吹合并。美国的两桩害怕的事是古巴可能"落入英国之手"或"被黑人革命化"（利比）（1929，80~81）。

(366) 这些是林奇（1973年）分别用来形容秘鲁、委内瑞拉和墨西哥的形容词。

(367) 见利比（1929年，112~114）和坦珀利（Temperley 1925a，53）。关于美国承认独立，见罗伯逊（Robertson）（1918b，261）。

(368) 卡尔（Carr）（1969，452）。

(369) "在失去美洲方面，费尔迪南体制起了重大的作用"（安娜）（1978b，357）。霍尔珀林—唐伊阐明了西班牙事件和坎宁—门罗立场之间的关系："由于1823年西班牙专制主义的恢复，英国人的中立更为肯定地倾向于西属美洲革命的一边……与此同时，美国在1822年购买了佛罗里达（条约签订于1819年，但到了1822年西班牙才批准），已失去了注意勿去冒犯费迪南西班牙的最后一个理由，使其政策和英国的保持合作"（1972，146）。参见沃德尔（Waddell）（1985，213~223）。

⑩ 见莫塔（Mota）（1973，76）。关于英国在巴西的突出地位，见曼彻斯特（Manchester 1933，第九、十章）。

⑪ 其他两次——1794年在里约热内卢和1801年在伯南布哥（Pernambuco）——均被立即粉碎。

⑫ 卢兹（Luz）（1960，第一卷，第二部分，405）。在这次叛变中，奴隶问题被看作是一个"可能的障碍"，问题的解决办法可能是解放黑白混血人（mulatto）（原文如此！）（399）。诺瓦伊斯（Novais）也用了"先兆"（precursor）这个字（1979，170）。

⑬ 贝瑟尔（Bethell）（1985，166）。参看莫塔（Mota）（1967，103~194）论两次起义的区别。麦斯威尔（Maxwell）指出克里奥尔人害怕种族动乱导致一种"和英国政府显然一致的观点"（1973，238）。

⑭ 诺瓦伊斯用的字是"preta"和"parda"来分别代表黑人和黑白混血人。

⑮ 普拉多（Prado）（1957，48）。

⑯ 转引自塔瓦勒斯（Tavares）（1977，57）。

⑰ 见莫塔（1972，71~72）。

⑱ 费伦（Phelan）（1960，768）。参看格里芬（Griffin）（1962，20）。

⑲ 林奇（1973，340）。

参考文献

Abel, Wilhelm. (1973). *Crises agraires en Europe (XIIIe–XXe siècle)*. Paris: Flammarion.
Aberdam, Serge. (1975). "La Révolution et la lutte des métayers," *Etudes rurales*, No. 59, 73–91.
Abir, M. (1977). "Modernisation, Reaction and Muhammad Ali's 'Empire,'" *Middle Eastern Studies*, **XIII**, 3, 295–313.
Abou-el-Haj, Rifa'at Ali. (1967). "Ottoman Diplomacy at Karlowitz," *Journal of the American Oriental Society*, **LXXXVII**, 4, 498–512.
Abou-el-Haj, Rifa'at Ali. (1969). "The Formal Closure of the Ottoman Frontier in Europe: 1699–1703," *Journal of the American Oriental Society*, **LXXXIX**, 3, 467–475.
Abou-el-Haj, Rifa'at Ali. (1974). "Ottoman Attitudes toward Peace Making: The Karlowitz Case," *Der Islam*, **LI**, 1, 131–137.
Abray, Jane. (1975). "Feminism in the French Revolution," *American Historical Review*, **LXXX**, 1, 43–62.
Accarias de Sérionne, Jacques. (1766). *Intérêts des nations de l'Europe développés relativement au commerce*, I. Paris: Desain.
Acomb, Frances. (1939). "Unemployment and Relief in Champagne, 1788." *Journal of Modern History*, **XI**, 1, 41–48.
Adams, Donald R., Jr. (1970). "Some Evidence on English and American Wage Rates," *Journal of Economic History*, **XXX**, 3, 499–520.
Adams, Donald R., Jr. (1980). "American Neutrality and Prosperity, 1793–1808: A Reconsideration," *Journal of Economic History*, **XL**, 4, 713–737.
Adamu, Mahdi. (1979). "The Delivery of Slaves from the Central Sudan to the Bight of Benin in the Eighteenth and Nineteenth Centuries," in H. A. Gemery & J. S. Hogendorn, eds., *The Uncommon Market*. New York: Academic Press, 163–180.
Ado, A. (1977). "Le mouvement paysan et le problème de l'égalité (1789–1794)," in A. Soboul, dir., *Contribution à l'histoire paysanne de la Révolution française*. Paris: Ed. Sociales, 119–138.
Aguessy, Honorat. (1970). "Le Dan-Homê du XIXe siècle était-il une société esclavagiste?" *Revue française d'études politiques africaines*, No. 50, 71–91.
Agulhon, Maurice. (1980). "1830 dans l'histoire du XIXe siècle français," *Romantisme*, **X**, 28/29, 15–27.
Ahlström, G. (1983). "Aspects of the Commercial Shipping between St. Petersburg and Western Europe, 1750–1790," in W. J. Weringa et al., eds., *The Interactions of Amsterdam and Antwerp with the Baltic Region, 1400–1800*. Leiden: Martinus Nijhoff, 153–160.
Aiton, Arthur S. (1932). "Spanish Colonial Reorganization under the Family Compact." *Hispanic American Historical Review*, **XII**, 3, 269–280.
Ajayi, J. F. Ade. (1965). "West African States at the Beginning of the Nineteenth Century," in J. F. Ade Ajayi & I. Espie, eds., *A Thousand Years of West African History*. London: Nelson, 248–261.
Ajayi, J. F. Ade & Oloruntimehin, B. O. (1976). "West Africa in the Anti-Slave Trade Era," in *Cambridge History of Africa*, V: John. E. Flint, ed., *From c. 1790 to c. 1870*. Cambridge, Engl.: Cambridge University Press, 200–221.
Akinjogbin, I. A. (1967). *Dahomey and Its Neighbours, 1708–1818*. Cambridge, Engl.: At the University Press.
Albion, Robert Greenhalgh. (1926). *Forest and Sea Power: The Timber Problem of The Royal Navy, 1652–1852*, Harvard Economic Studies, Vol. XXIX. Cambridge, MA: Harvard University Press.
Alden, Dauril. (1961a). "The Undeclared War of 1773–1777: Climax of Luso-Spanish Platine Rivalry," *Hispanic American Historical Review*, **XLI**, 1, 55–74.
Alden, Dauril. (1961b). "The Marquis of Pombal and the American Revolution," *The Americas*, **XVII**, 4, 369–382.
Alden, Dauril. (1976). "The Significance of Cacao Production in the Amazon Region During the Late Colonial Period: An Essay in Comparative Economic History," *Proceedings of the American Philosophical Society*, **CXX**, 2, 103–135.

Aldrich, Robert. (1987). "Late-Comer or Early Starter? New Views on French Economic History," *Journal of European Economic History*, **XVI**, 1, 89–100.
Alexander, John T. (1970). "Recent Soviet Historiography on the Pugachev Revolt: A Review Article," *Canadian–American Slavic Studies*, **IV**, 3, 602–617.
Almeida Wright, Antoñia Fernanda P. de. (1973). "Os Estados Unidos e a independencia do Brasil (revendo a posiçao norte-americana," *Revista de Historia*, **XLVI**, 94, 369–382.
Almquist, Eric L. (1929). "Pre-famine Ireland and the Theory of European Proto-industrialization: Evidence from the 1841 Census," *Journal of Economic History*, **XXXIX**, 3, 699–718.
Ambrose, Gwilym. (1931). "English Traders at Aleppo (1658–1756)," *Economic History Review*, **III**, 2, 246–266.
Amin, Samir. (1971). "La politique coloniale française à l'égard de la bourgeoisie commerçante sénégalaise (1820–1960)," in C. Meillassoux, ed., *The Development of Indigenous Trade and Markets in West Africa*. London: Oxford University Press, 361–376.
Amin, Samir. (1972a). "Préface" to B. Barry, *Le Royaume de Waalo*. Paris: Maspéro, 7–54.
Amin, Samir. (1972b). "Underdevelopment and Dependence in Black Africa—Origins and Contemporary Forms," *Journal of Modern African Studies*, **X**, 4, 503–524.
Anderson, B. L. & Richardson, David. (1983). "Market Structure and Profits of the British African Trade in the Late Eighteenth Century: A Comment," *Journal of Economic History*, **XLIII**, 3, 713–721.
Anderson, B. L. & Richardson, David. (1985). "Market Structure and the Profits of the British Africa Trade in the Late Eighteenth Century: A Rejoinder Rebutted," *Journal of Economic History*, **XLV**, 3, 705–707.
Anderson, J. L. (1972). "Aspects of the Effects on the British Economy of the War Against France, 1793–1815," *Australian Economic History Review*, **XII**, 1, 1–20.
Anderson, J. L. (1974). "A Measure of the Effect of British Public Finance, 1793–1815," *Economic History Review*, 2nd ser., **XXVII**, 4, 610–619.
Anderson, M. S. (1952). "Great Britain and the Russian Fleet, 1769–70," *Slavonic and East European Review*, **XXXI**, No. 16, 148–163.
Anderson, M. S. (1954). "Great Britain and the Russo-Turkish War of 1768–74," *English Historical Review*, **LXIX**, No. 270, 39–58.
Anderson, M. S. (1965). "European Diplomatic Relations, 1763–1790," in *New Cambridge Modern History*, **VIII**: A. Goodwin, ed., *The American and French Revolutions, 1763–93*. Cambridge, Engl.: At the University Press, 252–278.
Anderson, M. S. (1967). "The Continental System and Russo-British Relations During the Napoleonic Wars," in K. Bourne & D. C. Watt, eds., *Studies in International History*. London: Longmans, 68–80.
Anderson, M. S., ed. (1970). *The Great Powers and the Near East, 1774–1923*. London: Edward Arnold.
Anderson, M. S. (1978). *Peter the Great*. London: Thames & Hudson.
Anderson, M. S. (1979). *Historians and Eighteenth-Century Europe, 1715–1789*. Oxford: Clarendon Press.
Anderson, M. S. (1984). "Preface" to A. I. Bağış, *Britain and the Struggle for the Integrity of the Ottoman Empire*. Istanbul: Isis.
Anderson, Perry. (1964). "Origins of the Present Crisis," *New Left Review*, No. 23, 26–54.
Anderson, Perry. (1980). *Arguments Within English Marxism*. London: New Left Books.
Anderson, R. L. & Richardson, David. (1983). "Market Structure and Profits of the British African Trade in the Late Eighteenth Century: A Comment," *Journal of Economic History*, **XLIII**, 3, 713–721.
Anderson, Terry L. (1979). "Economic Growth in Colonial New England: 'Statistical Renaissance,'" *Journal of Economic History*, **XXXIX**, 1, 243–257.
Andrews, Charles M. (1924). *The Colonial Background of the American Revolution: Four Essays in American Colonial History*. New Haven, CT: Yale University Press.

Andrews, Charles M. (1926). "The American Revolution: An Interpretation," *American Historical Review*, **XXXI**, 2, 219–232.
Andrews, George Reid. (1985). "Spanish American Independence: A Structural Analysis," *Latin American Perspectives*, **XII**, 1, 105–132.
Anisson-Dupéron, Etienne-Alexandre-Jacques. (1847). "Essai sur les traités de commerce de Methuen et de 1786 dans leur rapports avec la liberté commerciale," *Journal des économistes*, 6e année, **XVII**, 1–17.
Anna, Timothy E. (1974). "Economic Causes of San Martin's Failure at Lima," *Hispanic American Historical Review*, **LIV**, 4, 657–681.
Anna, Timothy E. (1975). "The Peruvian Declaration of Independence: Freedom by Coercion," *Journal of Latin American Studies*, **VII**, 2, 221–248.
Anna, Timothy E. (1978a). *The Fall of the Royal Government in Mexico City*. Lincoln, NE: University of Nebraska Press.
Anna, Timothy E. (1978b). "The Buenos Aires Expedition and Spain's Secret Plan to Conquer Portugal, 1814–1820," *The Americas*, **XXXIV**, 3, 356–379.
Anna, Timothy E. (1983). *Spain and the Loss of America*. Lincoln, NE: University of Nebraska Press.
Anna, Timothy E. (1985). "The Independence of Mexico and Central America," in *Cambridge History of Latin America*, **III**: L. Bethell, ed., *From Independence to c. 1870*. Cambridge, Engl.: Cambridge University Press, 51–94.
Anon. (1810). "Cotton," *Encyclopedia Britannica*, 4th ed., Edinburgh.
Anstey, Roger. (1968) "Capitalism and Slavery: A Critique," *Economic History Review*, 2nd ser., **XXI**, 2, 307–320.
Anstey, Roger. (1974). "The Volume and Profitability of the British Slave Trade, 1761–1807," in S. L. Engerman & E. D. Genovese, eds., *Race and Slavery in the Western Hemisphere: Quantitative Studies*. Princeton, NJ: Princeton University Press, 3–31.
Anstey, Roger. (1975). *The Atlantic Slave Trade and British Abolition, 1760–1810*. London: Macmillan.
Anstey, Roger. (1976a). "The Historical Debate on the Abolition of the British Slave Trade," in R. Anstey & P. E. H. Hair, eds., *Liverpool, The Slave Trade, and Abolition*. Bristol, Engl.: Western Printing Service, 157–166.
Anstey, Roger. (1976b). "The British Slave Trade, 1751–1807: A Comment," *Journal of African History*, **XVII**, 4, 606–607.
Anstey, Roger. (1977). "The Slave Trade of the Continental Powers, 1760–1810," *Economic History Review*, 2nd ser., **XXX**, 2, 259–268.
Appleby, Joyce. (1984). *Capitalism and a New Social Order: The Republican Vision of the 1790s*. New York: New York University Press.
Aptheker, Herbert. (1960). *The American Revolution, 1763–1783*. New York: International Publ.
Arasaratnam, S. (1978). "Indian Commercial Groups and European Traders, 1600–1800: Changing Relationships in Southeastern India," *South Asia*, n.s., **I**, 2, 42–53.
Arasaratnam, S. (1979). "Trade and Political Dominion in South India, 1750–1790. Changing British–Indian Relationships," *Modern Asian Studies*, **XIII**, 1, 19–40.
Arasaratnam, S. (1980). "Weavers, Merchants and Company: The Handloom Industry in South-eastern India, 1750–1790," *Indian Economic and Social History Review*, **XVII**, 3, 257–281.
Arbellot, Guy. (1973). "La grande mutation des routes en France au milieu du XVIIIe siècle," *Annales E.S.C.*, **XXVIII**, 2, 764–791.
Archer, Christon I. (1974). "Pardos, Indians and the Army of the New Spain: Inter-relationships and Conflicts, 1780–1810," *Journal of Latin American Studies*, **VI**, 2, 231–255.
Archer, Christon I. (1977). *The Army in Bourbon Mexico, 1760–1810*. Albuquerque, NM: University of New Mexico Press.

Archer, Christon I. (1981). "The Royalist Army in New Spain: Civil–Military Relationships, 1810–1821," *Journal of Latin American Studies*, **XIII**, 1, 57–82.

Archer, Christon I. (1982). "The Officer Corps in New Spain: The Martial Career, 1759–1821," *Jahrbuch für Geschichte von Staat, Wirtschaft und Gesellschaft Lateinamerikas*, **XIX**, 137–158.

Archives de la Ministère des Affaires Etrangères (France). (1788–1789, 1797). *Mémoires et Documents, Angleterre*, No. 46: *Mémoires sur le Commerce, le Finance, etc., 1713 à 1811* (Arch. A.E. 46): 21. f°239–243 [ca. 1788–1789], 3e mémoire, Recherche sur ce qui est relatif aux étoffes de laines; 29. f°287–297, may 1797, Remarques sur le traité de commerce entre la France et l'Angleterre de l'an 1786, par Theremin; 37. f°326–328, Brumaire an VIII, Moyens d'attaquer l'Angleterre dans la source de sa prospérité; 38. f°329–334, Paris, 29 nivose an 8, Arnould, membre du tribunal au Ier consul Bonaparte, sur la Paix: De la Paix avec l'Angleterre sous les rapports de la marine et du commerce de la France.

Arcila Farias, Eduardo. (1955). *El siglo ilustrado en América. Reformas economicas del siglo XVIII en Nueva España*. Caracas: Ed. del Ministerio de Educación.

Arciniegas, Germán. (1973). *Los Comuneros*. Medellin: Ed. Bedout.

Ardant, Gabriel. (1975). "Financial Policy and Economic Infrastructure of Modern States and Nations," in Charles Tilly, ed., *The Formation of National States in Western Europe*. Princeton, NJ: Princeton University Press, 164–242.

Argyle, W. J. (1966). *The Fon of Dohomey: A History and Ethnography of the Old Kingdom*. Oxford: Clarendon Press.

Armengaud, André. (1973). "Population in Europe, 1700–1914," in C. M. Cipolla, ed., *Fontana Economic History of Europe*, **III**: *The Industrial Revolution*. London: Collins/Fontana, 22–76.

Armstrong, Maurice W. (1946). "Neutrality and Religion in Revolutionary Nova Scotia," *New England Quarterly*, **XIX**, 1, 50–62.

Armytage, Frances. (1953). *The Free Port System in the British West Indies: A Study in Commercial Policy, 1766–1822*, Imperial Studies Series, Vol. XX. London: Longmans, Green.

Arnold, Rosemary. (1957a). A Port of Trade: Whydah of the Guinea Coast," in K. Polanyi *et al.*, eds., *Trade and Market in the Early Empires*. New York: Free Press, 154–176.

Arnold, Rosemary. (1957b). "Separation of Trade and Market: Great Market of Whydah," in K. Polanyi *et al.*, eds., *Trade and Market in the Early Empires*. New York: Free Press, 177–187.

Arnould, Ambroise-Marie. (1791). *De la balance du commerce et les relations commerciales extérieures de la France dans toutes les parties du globe, particulierement à la fin du règne de Louis XIV et au moment de la Révolution*, 2 vols. Paris: Buisson.

Artola, Miguel. (1952). "Campillo y las reformas de Carlos III," *Revista de Indias*, **XII**, 50, 685–714.

Ascherson, Neal, ed. (1975). *The French Revolution: Extracts from The Times, 1789–1794*. London: Times Books.

Asdrubal Silva, Hernán. (1978). "The United States and the River Plate: Interrelationships and Influences Between Two Revolutions," in S. Tulchin, ed., *Hemispheric Prospectives on the United States*. Westport, CT: Greenwood Press, 22–36.

Ashton, T. S. (1924). *Iron and Steel in the Industrial Revolution*. Manchester, Engl.: Manchester University Press.

Ashton, T. S. (1948). *The Industrial Revolution, 1760–1830*. London: Oxford University Press.

Ashton, T. S. (1949). "The Standard of Life of the Workers in England, 1790–1830," *Journal of Economic History*, Suppl. IX, 19–38.

Ashton, T. S. (1959). *Economic Fluctuations in England 1700–1800*. Oxford: Clarendon Press.

Asiegbu, Johnson U. J. (1969). *Slavery and the Politics of Liberation, 1787–1861*. London: Longmans.

Athar Ali, M. (1975). "The Passing of Empire: The Mughal Case," *Modern Asian Studies*, **IX**, 3, 385–396.

Auckland, William. (1861–1862). *The Journal and Correspondence of William, Lord Auckland*, 4 vols. London: Richard Bentley.

Auffray, Danièle, Baudouin, Thierry, Collin, Michèle & Guillerm, Alain. (1980). *Feux et lieux: Histoire d'une famille et d'un pays face à la société industrielle*. Paris: Galilée.

Aufhauser, R. Keith. (1974). "Profitability of Slavery in the British Caribbean," *Journal of Interdisciplinary History*, **V**, 1, 45–67.

Augé, Marc. (1971). "L'organisation du commerce pré-colonial en Basse Côte d'Ivoire et ses effets sur l'organisation sociale des populations côtières," in C. Meillassoux, ed., *The Development of Indigenous Trade and Markets in West Africa*. London: Oxford University Press, 153–167.

Aulard, A. (1913). "La nuit du 4 août," *La Révolution française*, **XLIV**, 200–215.

Austen, Ralph A. (1970). "The Abolition of the Overseas Slave Trade: A Distorted Theme in West African History," *Journal of the Historical Society of Nigeria*, **V**, 2, 257–274.

Austen, Ralph A. (1979). "The Trans-Saharan Slave Trade: A Tentative Census," in H. A. Gemery & J. S. Hogendorn, eds., *The Uncommon Market*. New York: Academic Press, 23–76.

Avelino, Ivone Días. (1978). "Instituição do 'comercio livre' na mudança estrutural do sistema colonial espanhol," *Revista de historia de América*, No. 85, 59–83.

Avrich, Paul. (1973). *Russian Rebels, 1600–1800*. London: Allen Lane.

Ayandele, E. A. (1967). "Observations in Some Social and Economic Aspects of Slavery in Pre-colonial Northern Nigeria," *Nigerian Journal of Economic and Social Studies*, **IX**, 3, 329–338.

Azevedo, João Lucio d' (1922). *O Marques de Pombal e a sua época*, 2a ed. con emendas. Rio de Janeiro: Anuario do Brasil.

Bâ, Amadou Hampaté & Daget, Jacques. (1962). *L'empire peul de Macina*, **I**: *(1818–1853)*. Paris & La Haye: Mouton. (Originally published in *Etudes Soudanaises*, **III**, 1955.)

Baer, Gabriel. (1983). "Landlord, Peasant and the Government in the Arab Provinces of the Ottoman Empire in the 19th and Early 20th Century," in J. L. Bacqué-Grammont & P. Dumont, dirs., *Economie et sociétés dans l'Empire ottomane (fin du XVIIIe–début du XXe siècle)*, Colloques Internationaux du CNRS, No. 601. Paris: Ed. du CNRS, 261–274.

Bagchi, Amiya Kumar. (1976a). "De-Industrialization in India in the Nineteenth Century: Some Theoretical Implications," *Journal of Development Studies*, **XII**, 2, 135–164.

Bagchi, Amiya Kumar. (1976b). "De-Industrialization in Gangetic Bihar, 1809–1901," in *Essays in Honour of Professor Susobhan Chandra Sarkar*. New Delhi: People's Publ. House, 499–522.

Bagchi, Amiya Kumar. (1976c). "Reflections in Patterns of Regional Growth in India During the Period of British Rule," *Bengal Past and Present*, **XCV**, Part 1, No. 180, 247–289.

Bagchi, Amiya Kumar. (1979). "A Reply," *Indian Economic and Social History Review*, **XVI**, 2, 147–161.

Bağiş, A. I. (1984). *Britain and the Struggle for the Integrity of the Ottoman Empire: Sir Robert Ainslie's Embassy to Istanbul, 1776–1794*. Istanbul: Isis.

Bagú, Sergio. (1979). "Prólogo," in M. Izard, *El miedo a la revolución*. Madrid: Ed. Tecnos, 13–17.

Bagwell, Philip S. (1974). *The Transport Revolution from 1770*. London: B. T. Batsford.

Baillargeon, Georges E. (1968). *La survivance du régime seigneurial à Montréal. Un régime qui ne veut pas mourir*. Ottawa: Le Cercle du Livre de France.

Bailyn, Bernard. (1962). "Political Experience and Enlightenment Ideas in Eighteenth-Century America," *American Historical Review*, **LXVII**, 2, 339–351.

Bailyn, Bernard. (1967). *Ideological Origins of the American Revolution*. Cambridge, MA: Belknap Press of Harvard University Press.

Bailyn, Bernard. (1969). "A Comment," *American Historical Review*, **LXXV**, 2, 361–363.

Bailyn, Bernard. (1973). "The Central Themes of the American Revolution: An Interpretation," in S. G. Kurtz & J. H. Hutson, eds., *Essays on the American Revolution*. Chapel Hill, NC: University of North Carolina Press, 3–31.

Bailyn, Bernard. (1986a). *The Peopling of British North America: An Introduction.* New York: Knopf.
Bailyn, Bernard. (1986b). *Voyagers to the West: A Passage in the Peopling of America on the Eve of the Revolution.* New York: Knopf.
Bairoch, Paul. (1973a). "Agriculture and the Industrial Revolution, 1700–1914," in C. M. Cipolla, ed., *Fontana Economic History of Europe*, **III**: *The Industrial Revolution*. London: Collins/Fontana, 452–506.
Bairoch, Paul. (1973b). "Commerce international et genèse de la révolution industrielle anglaise," *Annales E.S.C.*, **XXVIII**, 2, 545–553.
Bairoch, Paul. (1974). *Révolution industrielle et sous-développement*, 4ᵉ ed. Paris & La Haye: Mouton.
Bairoch, Paul. (1983). "La place de l'énergie hydraulique dans les sociétés traditionelles et au cours des XIXe et XXe siècles," paper delivered at XV Settimana di Studio, Ist. Int. di Storia Economica "Francesco Datini," Prato, 15–20 apr., mimeo.
Ballot, Charles. (1923). *L'introduction du machinisme dans l'industrie française.* Paris: Comité des travaux historiques, section d'histoire moderne (depuis 1715) et d'histoire contemporaine, fasc. IX. Lille: O. Marquant.
Bamford, Paul Walden. (1952). "France and the American Market in Naval Timber and Masts, 1776–1786," *Journal of Economic History*, **XII**, 1, 21–34.
Barber, Elinor. (1955). *The Bourgeoisie in Eighteenth-Century France.* Princeton, NJ: Princeton University Press.
Barbier, Jacques A. (1972). "Elites and Cadres in Bourbon Chile," *Hispanic American Historical Review*, **LII**, 3, 416–435.
Barbier, Jacques A. (1977). "The Culmination of the Bourbon Reforms, 1787–1792," *Hispanic American Historical Review*, **LVII**, 1, 51–68.
Barbier, Jacques A. (1980). "Peninsular France and Colonial Trade: The Dilemma of Charles IV's Spain," *Journal of Latin American Studies*, **XII**, 1, 21–37.
Barel, Yves. (1968). *Le développement de la Russie tsariste.* Paris & La Haye: Mouton.
Barkan, Ömer Lütfi. (1954). "La 'Méditerranée' de F. Braudel vue d'Istamboul," *Annales E.S.C.*, **IX**, 2, 189–200.
Barkan, Ömer Lütfi. (1956). "Le Servage existait-t-il en Turquie?" *Annales E.S.C.*, **XI**, 1, 54–60.
Barker, Charles Albro. (1940). *The Background of the Revolution in Maryland.* New Haven, CT: Yale University Press.
Barnave, Antoine. (1960). *Introduction à la Révolution française*, Cahiers des Annales, No. 15. Texte établi sur la manuscrit original et présenté par Fernand Rude. Paris: Armand Colin.
Baron, Samuel H. (1972). "The Transition from Feudalism to Capitalism in Russia: A Major Soviet Historical Controversy," *American Historical Review*, **LXXVII**, 3, 715–729.
Baron, Samuel H. (1973). "The Fate of the *gosti* in the Reign of Peter the Great," *Cahiers du monde russe et soviétique*, **XIV**, 4, 488–512.
Baron, Samuel H. (1974). "Who were the Gosti?" *California Soviet Studies*, **VII**, 1–40.
Barr, Stringfellow. (1949). *The Pilgrimage of Western Man.* New York: Harcourt, Brace.
Barrow, Thomas C. (1968). "The American Revolution as a Colonial War for Independence," *William and Mary Quarterly*, 3rd ser., **XXV**, 3, 452–464.
Barry, Boubacar. (1972). *Le royaume de Waalo: Le Sénégal avant la conquête.* Paris: Maspéro.
Barthélemy, Edouard. (1848). *Notice historique sur les établissements des Côtes occidentales d'Afrique.* Paris: Arthus Bertrand.
Bartlett, Roger P. (1979). *Human Capital: The Settlement of Foreigners in Russia, 1792–1804.* Cambridge, Engl.: Cambridge University Press.
Bathily, Abdoulaye. (1986). "La traite atlantique des esclaves et ses effets économiques et sociaux en Afrique: Le cas de Galam, royaume de l'hinterland sénégambien au dix-huitième siècle," *Journal of African History*. **XXVII**, 2, 269–293.

Bauer, Arnold J. (1971). "The Church and Spanish American Agrarian Structure, 1765–1865," *The Americas*, **XXVIII**, 1, 78–98.

Bauer, Arnold J. (1983). "The Church in the Economy of Spanish America: *Censos* and *Depósitas* in the Eighteenth and Nineteenth Centuries," *Hispanic American Historical Review*, **LXIII**, 4, 707–734.

Bauer, John E. (1970). "International Repercussions of the Haitian Revolution," *The Americas*, **XXVI**, 4, 394–418.

Baykov, Alexander. (1974). "The Economic Development of Russia," in W. Blakewell, ed., *Russian Economic Development from Peter the Great to Stalin*. New York: New Viewpoints, 5–20. (Originally published in *Economic History Review*, n.s., **VII**, 1954.)

Bayly, C. A. (1975). "Town Building in North India, 1740–1830," *Modern Asian Studies*, **IX**, 4, 483–504.

Bayly, C. A. (1985). "State and Economy in India Over Seven Hundred Years," *Economic History Review*, 2nd ser., **XXXVIII**, 4, 583–596.

Bayly, C. A. (1986). "The Middle East and Asia during the Age of Revolutions, 1760–1830," *Itinerario*, **X**, 2, 69–84.

Bazant, Jan. (1964). "Evolución de la industria textil poblana (1544–1845)," *Historia Mexicana*, **XII**, 4, 473–516.

Beales, H. S. (1929). "Historical Revisions: The 'Industrial Revolution,'" *History*, n.s., **XIV**, No. 54, 125–129.

Bean, Richard. (1974). "A Note on the Relative Importance of Slaves and Gold in West African Exports," *Journal of African History*, **XV**, 3, 351–356.

Beard, Charles A. (1913). *An Economic Interpretation of the Constitution of the United States*, New York: Macmillan.

Beard, Charles A. (1915). *Economic Origins of Jeffersonian Democracy*. New York: Macmillan.

Béaur, Gérard. (1984). *Le marché foncier à la veille de la révolution*. Paris: Ed. de l'E.H.E.S.S.

Beck, Thomas. (1981). "The French Revolution and Nobility: A Reconsideration," *Journal of Social History*, **XV**, 2, 219–233.

Becker, Charles & Martin, Victor. (1975). "Kayor et Baol, royaumes sénégalais et traite des esclaves au XVIIIe siècle," *Revue française d'histoire d'Outre-Mer*, **LXII**, 226/227, 270–300.

Beckett, J. V. (1977). "English Landownership in the Later Seventeenth and Eighteenth Centuries: The Debate and the Problems," *Economic History Review*, 2nd ser., **XXX**, 4, 567–581.

Beer, George Louis. (1907). *British Colonial Policy, 1754–1765*. New York: Macmillan.

Behrens, Betty. (1965). "'Straight History' and 'History in Depth': The Experience of Writers on Eighteenth-Century France," *Historical Journal*, **VIII**, 1, 117–126.

Behrens, Betty (C. B. A.). (1967). *The Ancien Regime*. New York: Harcourt, Brace, Jovanovich.

Behrens-Abouseif, Doris. (1982). "The Political Situation of the Copts, 1798–1923," in B. Braude & B. Lewis, eds., *Christians and Jews in the Ottoman Empire*, **II**: *The Arabic-Speaking Lands*. New York: Holmes & Meier, 185–205.

Belaunde, Victor Andrés. (1938). *Bolivar and the Political Thought of the Spanish American Revolution*. Baltimore, MD: Johns Hopkins University Press.

Bell, Herbert C. (1916). "British Commercial Policy in the West Indies, 1785–93, *English Historical Review*, **XXXI**, No. 123, 429–441.

Bemis, Samuel Flagg. (1916). "Relations Between the Vermont Separatists and Great Britain, 1789–1791," *American Historical Review*, **XXI**, 3, 547–560.

Bemis, Samuel Flagg. (1923). *Jay's Treaty: A Study in Commerce and Diplomacy*. New York: Macmillan.

Bemis, Samuel Flagg. (1935). *The Diplomacy of the American Revolution*. New York: Appleton-Century.

Bemis, Samuel Flagg. (1943). *The Latin American Policy of the United States: An Historical Interpretation*. New York: Harcourt, Brace.

Bemis, Samuel Flagg. (1949). *John Quincy Adams and the Foundations of American Foreign Policy.* New York: Knopf.

Bemis, Samuel Flagg. (1956). *John Quincy Adams and the Union.* New York: Knopf.

Bendjebbar, André. (1987). "Les problèmes des alliances politiques, sociales et économiques dans la Contre-Révolution angevine (1787-1799)," in F. Lebrun & R. Dupuy, eds., *Les résistances à la Révolution.* Paris: Imago, 87-96.

Benians, E. A. (1940). "The Beginnings of the New Empire, 1783-1793," in J. H. Rose *et al.*, eds., *The Cambridge History of the British Empire,* **II:** *The Growth of the New Empire, 1783-1870.* Cambridge, Engl.: At the University Press, 1-35.

Ben-Shachar, Ari Y. (1984). "Demand versus Supply in the Industrial Revolution: A Comment," *Journal of Economic History,* **XLIV**, 3, 801-805.

Bent, J. Theodore. (1890). "The English in the Levant," *English Historical Review,* **V**, No. 20, 654-664.

Berend, Iván T. & Ránki, György. (1982). *The European Periphery and Industrialization, 1780-1914.* Cambridge, Engl.: Cambridge University Press.

Bergeron, Louis. (1970). "Problèmes économiques de la France napoléonienne," *Revue d'histoire moderne et contemporaine,* **XVII**, 3, 469-505 ("Discussion," 630-638).

Bergeron, Louis. (1978a). "Introduction," in Pierre Léon, dir., *Histoire économique et sociale du monde,* **III:** Louis Bergeron, dir., *Inerties et révolutions, 1730-1840.* Paris: Lib. Armand Colin, 7-9.

Bergeron, Louis. (1978b). "Les réseaux de la finance internationale," in Pierre Léon, dir., *Histoire économique et sociale du monde,* **III:** Louis Bergeron, dir., *Inerties et révolutions, 1730-1840.* Paris: Lib. Armand Colin, 119-135.

Bergeron, Louis. (1978c). "La révolution agricole en Angleterre," in Pierre Léon, dir., *Histoire économique et sociale du monde,* **III:** Louis Bergeron, dir., *Inerties et révolutions, 1730-1840.* Paris: Lib. Armand Colin, 226-232.

Bergeron, Louis. (1978d). "La révolution industrielle anglaise," in Pierre Léon, dir., *Histoire économique et sociale du monde,* **III:** Louis Bergeron, dir., *Inerties et révolutions, 1730-1840.* Paris: Lib. Armand Colin, 317-345.

Bergeron, Louis. (1978e). "L'économie française sous le feu de la révolution politique et sociale," in Pierre Léon, dir., *Histoire économique et sociale du monde,* **III:** Louis Bergeron, dir., *Inerties et révolutions, 1730-1840.* Paris: Lib. Armand Colin, 347-369.

Bergeron, Louis. (1978f). *Banquiers, négociants et manufacturiers parisiens du Directoire à l'Empire.* Paris & La Haye: Mouton.

Bergier, J. F. (1973). "The Industrial Bourgeoisie and the Rise of the Working Class, 1700-1914," in C. M. Cipolla, ed., *Fontana Economic History of Europe,* **III:** *The Industrial Revolution.* London: Collins/Fontana, 397-451.

Berkes, Niyazi. (1964). *The Development of Secularism in Turkey.* Montreal: McGill University Press.

Berlin, Ira. (1976). "The Revolution in Black Life," in A. F. Young, ed., *The American Revolution: Explanations in the History of American Radicalism.* DeKalb, IL: Northern Illinois University Press, 349-382.

Bernstein, Harry. (1945). *Origins of Inter-American Interest, 1700-1812.* Philadelphia, PA: University of Pennsylvania Press.

Berov, Ljuben. (1974). "Changes in Price Conditions in Trade Between Turkey and Europe in the 16th-19th Centuries," *Etudes balkaniques,* **II**, 2/3, 168-178.

Berrill, K. E. (1960). "International Trade and the Rate of Economic Growth," *Economic History Review,* 2nd ser., **XII**, 3, 351-359.

Bertaud, Jean-Paul. (1975). "Voies nouvelles pour l'histoire militaire de la révolution, *Annales historiques de la Révolution française,* **XXVII**, No. 219, 66-94.

Berthoff, Rowland & Murrin, John M. (1973). "Feudalism, Communalism, and the Yeoman Freeholder: The American Revolution Considered as a Social Accident," in S. G. Kurtz & J. H. Hutson, eds., *Essays on the American Revolution.* Chapel Hill, NC: University of North Carolina Press, 256-288.

Besset, Giliane. (1982). "Les relations commerciales entre Bordeaux et la Russie au XVIIIe siècle," *Cahiers du monde russe et soviétique*, **XXIII**, 2, 197–219.

Bethell, Leslie. (1969). "The Independence of Brazil and the Abolition of the Brazilian Slave Trade: Anglo-Brazilian Relations, 1822–1826," *Journal of Latin American Studies*, **I**, 2, 115–147.

Bethell, Leslie. (1985). "The Independence of Brazil," in *Cambridge History of Latin America*, **III**: L. Bethell, ed., *From Independence to c. 1870*. Cambridge, Engl.: Cambridge University Press, 157–196.

Bezanson, Anna. (1922). "The Early Use of the Term Industrial Revolution," *Quarterly Journal of Economics*, **XXXVI**, 2, 343–349.

Bhattacharya, Neeladri. (1986). "Colonial State and Agrarian Society," in S. Bhattacharya & R. Thapar, eds., *Situating Indian History*. Delhi: Oxford University Press, 106–145.

Bhattacharya, Sabyasachi. (1983). "Regional Economy: Eastern India," in D. Kumar, ed., *Cambridge Economic History of India*, **II**: *c. 1757–c. 1970*. Cambridge, Engl.: Cambridge University Press, 270–332.

Bhattacharya, Sukumar. (1954). *The East India Company and the Economy of Bengal from 1704 to 1740*. London: Luzac.

Bien, David D. (1974). "La réaction aristocratique avant 1789: l'example de l'armée," *Annales E. S. C.*, **XXIX**, 1. 23–48; **XXIX**, 2, 505–534.

Bierck, Harold C., Jr. (1953). "The Struggle for Abolition in Gran Colombia," *Hispanic American Historical Review*, **XXXIII**, 3, 365–386.

Bils, Mark. (1984). "Tariff Protection and Production in the Early U. S. Cotton Textile Industry," *Journal of Economic History*, **XLIV**, 4, 1033–1045.

Birch, Alan. (1967). *The Economic History of the British Iron and Steel Industry, 1784–1879*. London: Frank Cass.

Birmingham, David. (1966). *Trade and Conflict in Angola: The Mbundu and their Neighbours under the Influence of the Portuguese*. Oxford: Clarendon Press.

Birmingham, David. (1970). "Early African Trade in Angola and Its Hinterland," in R. Gray & D. Birmingham, eds., *Pre-Colonial African Trade*. London: Oxford University Press, 163–173.

Bjork, Gordon C. (1964). "The Weaning of the American Economy: Independence, Market Changes, and Economic Development," *Journal of Economic History*, **XXIV**, 4, 541–560.

Blanc, Simone. (1964). "Aux origines de la bourgeoisie russe," *Cahiers du monde russe et soviétique*, **X**, 3, 294–301.

Blanc, Simone. (1969). Tatiščev et la pratique du mercantilisme," *Cahiers du monde russe et soviétique*, **X**, 3/4, 353–370.

Blanc, Simone. (1974). "The Economic Policy of Peter the Great," in W. Blakewell, ed., *Russian Economic Development from Peter the Great to Stalin*. New York: New Viewpoints, 23–49. (Transl. from *Cahiers du monde russe et soviétique*, **III**, 1962.)

Blaug, Mark. (1963). "The Myth of the Old Poor Law and the Making of the New," *Journal of Economic History*, **XXIII**, 2, 151–184.

Blaug, Mark. (1964). "The Poor Law Report Reexamined," *Journal of Economic History*, **XXIV**, 2, 229–245.

Bloch, Camille. (1900). "Le traité de commerce de 1786 entre la France et l'Angleterre," in *Etudes sur l'histoire économique de la France (1760–89)*. Paris: Alphonse Picard et fils, 239–269.

Bloch, Camille. (1901). *Mémoire sur le Traité de Commerce de 1786 entre la France et l'Angleterre, d'après la correspondance du plenipotentiaire anglais*. Paris: Imprimerie Nationale. (Extract from *Bulletin des sciences économiques et sociaux du Comité des Travaux historiques et scientifiques*, 1900, 257–269.)

Bloch, Marc. (1930). "La lutte pour l'individualisme agraire dans la France du dix-huitième siècle," *Annales d'histoire économique et sociale*, **II**. 329–383; 511–556.

Bloch, Marc. (1952, 1956). *Les caractères originaux de l'histoire rurale française*, 2 vols. Paris: A. Colin.

Bloch, Marc. (1966). *French Rural History*. Berkeley & Los Angeles: University of California Press.
Bloch, Raymond (1970). "Préface," in Albert Soboul, ed., *La civilisation et la Révolution française*, **I**: *Crise de l'Ancien Régime*. Paris: Arthaud, 11–13.
Blum, Jerome, (1960). "Russian Agriculture in the Last 150 Years of Serfdom," *Agricultural History*, **XXXIV**, 1, 3–12.
Blum, Jerome. (1961). *Lord and Peasant in Russia from the Ninth to the Nineteenth Century*. Princeton, NJ: Princeton University Press.
Boahen, A. Adu. (1964). *Britain, the Sahara, and the Western Sudan, 1788–1861*. Oxford: Clarendon Press.
Bois, Paul. (1971). *Paysans de l'Ouest*. Paris: Flammarion.
Bolton, G. C. (1966). "The Founding of the Second British Empire," *Economic History Review*, 2nd ser., **XIX**, 1, 195–200.
Bondois, Paul-M. (1933). "L'organisation industrielle et commerciale sous l'Ancien Régime: Le privileġe exclusif au XVIIIe siècle," *Revue d'histoire économique et sociale*, **XXI**, 2/3, 140–189.
Bonilla, Heraclio.(1972). "Clases populares y Estado en el contexto de la crisis colonial," in *La Independencia en el Perú*, Perú Problema, No. 7. Lima: Institute de Estudios Peruanos, 13–69.
Bonilla, Heraclio & Spalding, Karen. (1972). "La Independencia en el Perú: las palabras y los hechos," in *La Independencia en el Perú*, Perú Problema, No. 7. Lima: Instituto de Estudios Peruanos, 70–114.
Bosher, J. F. (1965). "French Administration and Public Finance in Their European Setting," in *New Cambridge Modern History*, **VIII**: A. Goodwin, ed., *The American and French Revolutions, 1763–93*. Cambridge, Engl.: At the University Press, 565–591.
Bosher, J. F. (1970). *French Finances 1770–1795: From Business to Bureaucracy*. Cambridge, Engl.: Cambridge University Press.
Boulègue, Jean. (1972). *Les Luso-africains de Sénégambie, XVIe–XIXe siècles*. Dakar: Université de Dakar, Faculté des Lettres et Sciences Humaines, Département d'Histoire.
Boulle, Pierre H. (1972). "Slave Trade, Commercial Organization and Industrial Growth in Eighteenth-Century Nantes," *Revue française d'histoire d'outre-mer*, **LIX**, 1ᵉʳ trimestre, No. 214, 70–112.
Boulle, Pierre H. (1975). "Marchandises de traite et développement industriel dans la France et l'Angleterre du XVIIIe siècle," *Revue française d'histoire d'outre-mer*, **LXII**, 1e et 2e trimestres, Nos. 226/227, 309–330.
Bouloiseau, Marc. (1956). "Aspects sociaux de la crise cotonnière dans les campagnes rouennaises en 1788–1789," in *Actes du 81ᵉʳ Congrès national des Sociétés savantes Rouen–Caen: Section d'histoire moderne et contemporaine*. Paris: Imprimerie Nationale, 403–428.
Bouloiseau, Marc. (1957). *Cahiers de doléances du Tiers Etat du Baillage de Rouen pour les Etats généraux de 1789*. **I**: *La Ville*. Paris: Presses Universitaires de France.
Bouloiseau, Marc. (1960). *Cahiers de doléances du Tiers Etats du Baillage de Rouen pour les Etats généraux de 1789*. **II**: *La baillage principal*. Rouen: Imprimerie administrative de la Seine-Maritime.
Bouloiseau, Marc. (1983). *The Jacobin Republic, 1792–94*. Cambridge, Engl.: Cambridge University Press.
Bourde, André J. (1953). *The Influence of England on the French Agronomes, 1750–1789*. Cambridge, Engl.: At the University Press.
Bourde, André J. (1967). *Agronomie et agronomes en France au XVIIIe siècle*, 3 vols. Paris: S. E. V. P. E. N.
Bourgin, Georges. (1908). "Les communaux et la Révolution française," *Nouvelle revue historique de droit français et étranger*, 3e sér., **XXXII**, 6, 690–751.
Bourgin, Georges. (1911). "L'agriculture, la classe paysanne et la Révolution française (1789–an IV)," *Revue d'histoire économique et social*, **IV**, 155–228.

Bourgin, Hubert. (1904–1905). "L'histoire économique de la France de 1800 à 1830," *Revue d'histoire moderne et contemporaine*, **VI**, 22–37.

Bousquet, Nicole. (1974). "La dissolution de l'empire espagnol au XIXe siècle et son contexte économique," unpublished M. A. thesis, McGill University.

Bousquet, Nicole, (1978). "La carrière hégémonique de l'Angleterre au sein de l'économie-monde et le démantèlement des empires espagnol et portugais en Amérique au début du XIXe siècle," unpublished Ph.D. thesis, McGill University.

Boutier, Jean. (1979). "Jacquerie en pays croquant: les Révoltes paysannes en Aquitaine (décembre 1789–mars 1790)," *Annales E. S. C.*, **XXXIV**, 4, 760–786.

Bouvier, Jean. (1970). "A propos de la crise dite de 1805. Les crises économiques sous l'Empire," *Revue d'histoire moderne et contemporaine*, **XVII**, juil.–sept. 506–513.

Bowden, Witt. (1919). "The English Manufacturers and the Commercial Treaty with France," *American Historical Review*, **XXV**, 1, 18–35.

Boxer, C. R. (1969). *The Portuguese Seaborne Empire, 1415–1825*. New York: Knopf.

Boyetet, M. (1789). *Receuil de divers memoires relatifs au traité de commerce avec l'Angleterre, faits avant, pendant et après les négotiations*. Versailles: Baudouin.

Brading, David A. (1970). "Mexican Silver-Mining in the Eighteenth Century: The Revival of Zacatecas," *Hispanic American Historical Review*, **L**, 4, 665–681.

Brading, David A. (1971). *Miners and Merchants in Bourban Mexico, 1763–1810*. Cambridge, Engl.: At the University Press.

Brading, David A. (1973a). "La estructura de la producción agricola en el Bajío de 1700 a 1850," *Historia Mexicana*, **XXIII**, 2, 197–237.

Brading, David A. (1973b). "Government and Elites in Late Colonial Mexico," *Hispanic American Historical Review*, **LIII**, 3, 389–414.

Brading, David A. (1983). *Classical Republicanism and Creole Patriotism: Simon Bolivar (1783–1830) and the Spanish American Revolution*. Cambridge, Engl.: Centre of Latin American Studies, Cambridge University.

Brading, David A. (1984). "Bourbon Spain and its American Empire," in *Cambridge History of Latin America*, **I**: Leslie Bethell, ed., *Colonial Latin America*. Cambridge, Engl.: Cambridge University Press, 389–439.

Brading, David A. & Wu, Celia. (1973). "Population Growth and Crisis: León, 1720–1860," *Journal of Latin American Studies*, **V**, 1, 1–36.

Brathwaite, Edward, (1971). *The Development of Creole Society in Jamaica, 1770–1820*. Oxford: Clarendon Press.

Braude, Benjamin. (1979). "International Competition and Domestic Cloth in the Ottoman Empire, 1500–1650: A Study in Underdevelopment," *Review*, **II**, 3, 437–451.

Braude, Benjamin & Lewis, Bernard. (1982). "Introduction," in B. Braude & B. Lewis, eds., *Christians and Jews in the Ottoman Empire*, **I**: *The Central Lands*. New York: Holmes & Meier, 1–34.

Braudel, Fernand. (1958). "Histoire et sciences sociales: La longue durée," *Annales E. S. C.*, **XIII**, 4, 725–753.

Braudel, Fernand. (1979). *Civilisation matérielle, économie et capitalisme, XVe–XVIIIe siècle*, **I**: *Les structures du quotidien*, **II**: *Les jeux de l'échange*, **III**: *Le temps du monde*. Paris: Lib. Armand Colin.

Braudel, Fernand. (1980). "L'empire turc est-il une économie-monde?," in *Memorial Ömer Lütfi Barkan*, Bibliothèque de l'Institut Français d'Etudes Anatoliennes d'Istanbul, Vol. XXVIII. Paris: Lib. d'Amérique et d'Orient A. Maisonneuve, 39–51.

Braudel, Fernand. (1982). *Civilization and Capitalism, 15th–18th Century*, **II**: *The Wheels of Commerce*. New York: Harper & Row.

Braudel, Fernand. (1984). *Civilization and Capitalism, 15th–18th Century*, **III**: *The Perspective of the World*. New York: Harper & Row.

Brebner, John Bartlett. (1937). *The Neutral Yankees of Nova Scotia: A Marginal Colony During the Revolutionary Years*. New York: Columbia University Press.

Brebner, John Bartlett. (1966a). "Laissez-faire and State Intervention in Nineteenth-Century Britain," in E. M. Carus-Wilson, ed., *Essays in Economic History*, Vol. III. New York: St. Martin's Press, 252–262. (Originally published in *Journal of Economic History*, 1948.)

Brebner, John Bartlett. (1966). *North Atlantic Triangle: The Interplay of Canada, the United States and Great Britain*. Toronto: McClelland & Stewart.

Briavoinne, Natalis. (1838). "Sur les inventions et perfectionnemens dans l'industrie, depuis la fin du XVIIIe siècle jusqu'à nos jours," Mémoire couronné le 8 mai 1837. *Mémoires couronnés par l'academie royale des Sciences et Belles-Lettres de Bruxelles*, **XIII**, 5–187.

Briavoinne, Natalis. (1839). *De l'industrie en Belgique, causes de décadence et de prosperité, sa situation actuelle*, Vol. I. Bruxelles: Eugene Dubois.

Bridenbaugh, Carl. (1955). *Cities in Revolt: Urban Life in America, 1743–1776*. New York: Oxford University Press.

Briggs, Asa. (1960). "The Language of 'Class' in Early Nineteenth-Century England," in A. Briggs & J. Saville, eds., *Essays in Labour History*. London: Macmillan, 43–73.

British Parliamentary Papers (BPP), Reports from Committees. (1832). X, Parts I & II. *Minutes of Evidence taken before the Select Committee on the Affairs of the East India Company, II: Finance and Accounts–Trade*, ordered by the House of Commons to be printed on August 16.

British Parliamentary Papers (BPP), Reports from Committees. (1840a). VII. *Report from the Select Committee on East India Produce*, ordered by the House of Commons to be printed on July 21.

British Parliamentary Papers (BPP), Reports from Committees. (1840b). VII. *Report from the Select Committee of the House of Lords appointed to consider the petition of the East India Company for Relief*, ordered by the House of Commons to be printed on June 4.

British Parliamentary Papers (BPP), Reports from Committees. (1848a). IX. *Report from the Select Committee on the Growth of Cotton in India*, ordered by the House of Commons to be printed on July 17.

British Parliamentary Papers (BPP), Reports from Committees. (1848b). XXIII, Part IV. *Supplement No. 1 to the Eighth Report from the Select Committee on Sugar and Coffee Planting*, ordered by the House of Commons to be printed on May 29 (361—II—Suppl. No. 1).

British Parliamentary Papers (BPP), Accounts and Papers. (1861). XLIV. *Report of the Indigo Commission*, ordered by the House of Commons to be printed on March 4.

Brito Figueroa, Federico. (1966). *Historia económica y social de Venezuela*, 2 vols. Caracas: Universidad Central de Venezuela.

Broder, Albert. (1976). "Le commerce extérieur: L'échec de la conquête d'une position internationale," in Fernand Braudel & Ernest Labrousse, dirs., *Histoire économique et social de la France*, **III**: *L'avènement de l'ère industriel (1789-années 1880)*. Paris: Presses Universitaires de France, 305–346.

Broeze, Frank J. A. (1973). "The New Economic History, the Navigation Acts, and the Continental Tobacco Market, 1770–90," *Economic History Review*, 2nd ser., **XXVI**, 4, 668–678.

Brooks, George E. (1975). "Peanuts and Colonialism: Consequences of the Commercialization of Peanuts in West Africa, 1830–70," *Journal of African History*, **XVI**, 1, 29–54.

Brooks, Philip Coolidge. (1936). "Spanish Royalists in the United States, 1809–1821," in A. C. Wilgus, ed., *Colonial Hispanic America*. Washington, DC: George Washington University Press, 559–572.

Brown, Jonathon C. (1979). *A Socioeconomic History of Argentina, 1776–1860*. Cambridge, Engl.: Cambridge University Press.

Brown, Murray. (1965). "Towards an Endogenous Explanation of Industrialization," *Social Research*, **XXXIII**, 2, 295–313.

Brown, Robert E. (1955a). "Economic Democracy Before the Constitution," *American Quarterly*, **VII**, 3, 257–274.

Brown, Robert E. (1955b). *Middle-Class Democracy and the Revolution in Massachusetts, 1691–1780*. Ithaca, NY: Cornell University Press.

Brown, Vera Lee. (1922). "Anglo-Spanish Relations in America in the Closing Years of the Colonial Era," *Hispanic American Historical Review*, **V**, 3, 325–483.

Brown, Vera Lee. (1928). "Contraband Trade: A Factor in the Decline of Spain's Empire in America," *Hispanic American Historical Review*, **VIII**, 2, 178–189.

Brown, Vera Lee. (1929–1930). "Studies in the History of Spain in the Second Half of the Eighteenth Century," *Smith College Studies in History*, **XV**, 1/2, 3–92.

Brown, Wallace. (1974). "The American Colonies and the West Indies," *American History Illustrated*, **IX**, 2, 12–23.

Browning, Oscar. (1885). "The Treaty of Commerce between England and France in 1786," *Transactions of the Royal Historical Society*, n.s., **II**, 349–364.

Browning, Oscar, ed. (1909, 1910). *Despatches from Paris, 1784–1790*, **I**: *(1784–1787)*, Camden Third Series, XVI, 1909; **II**: *(1788–1790)*, Camden Third Series, XIX, 1910. London: Offices of the Royal Historical Society.

Bruchey, Stuart. (1958). "Success and Failure Factors: American Merchants in Foreign Trade in the Eighteenth and Early Nineteenth Centuries," *Business History Review*, **XXXII**, 3, 272–292.

Bruchey, Stuart. (1965). *The Roots of American Economic Growth, 1607–1861: An Essay in Social Causation*. New York: Harper & Row.

Bruchey, Stuart. (1987). "Economy and Society in an Earlier America," *Journal of Economic History*, **XLVII**, 2, 299–319.

Brugière, Michel. (1986). *Gestionnaires et profiteurs de la Révolution: L'administration des finances françaises de Louis XVI à Bonaparte*. Paris: Olivier Orban.

Brunet, Michel. (1959). "The British Conquest: Canadian Social Scientists and the Fate of the Canadiens," *Canadian Historical Review*, **XL**, 2, 93–107.

Buckley, Roger Norman. (1979). *Slaves in Red Coats: The British West India Regiments, 1795–1815*. New Haven, CT: Yale University Press.

Buda, Aleks. (1972). "Problèmes de l'histoire de l'Albanie des VIIIe–XVIIIe siècles dans les recherches de la nouvelle historiographie albanaise," in *Actes du IIe Congrès International des Etudes du Sud-Est Européen*, Athènes, 7–13 mai 1970, **I**: *Chronique du Congrès, Rapports*. Athènes: Comité Hellénique d'Organisation, 87–103.

Bullion, John L. (1983). *A Great and Necessary Measure: George Greenville and the Genesis of the Stamp Act, 1763–1765*. Columbia, MO: University of Missouri Press.

Burckhardt, Jacob. (1965). *Fragments historiques*. Genève: Lib. Droz.

Burkholder, Mark A. (1972). "From Creole to *Peninsular*: The Transformation of the Audiencia de Lima," *Hispanic American Historical Review*, **LII**, 3, 395–415.

Burkholder, Mark A. (1976). "The Council of the Indies in the Late Eighteenth Century: A New Perspective," *Hispanic American Historical Review*, **LVI**, 3, 404–423:

Burstin, Haim. (1986). "I sanculotti: un dossier da riaprire," *Passato e presente*, No. 10, genn.–apr., 23–52.

Burt, A. L. (1931). "A New Approach to the Problem of the Western Posts," *Report of Annual Meeting of Canadian Historical Association*, Ottawa, May 26–27. Ottawa: Department of Public Archives, 61–75.

Busch-Zantner, R. (1938). *Agrarverfassung, Gesellschaft und Siedlung in Südosteuropas in besonderer Berücksichtigung der Türkenzeit*. Leipzig: Otto Harrasowitz.

Bushnell, David. (1985). "The Independence of Spanish South America," in *Cambridge History of Latin America*, **III**: L. Bethell, eds., *From Independence to c. 1870*. Cambridge, Engl.: Cambridge University Press, 95–156.

Butel, Paul. (1970). "Crise et mutation de l'activite économique à Bordeaux sous le Consulat et l'Empire," *Revue d'histoire moderne et contemporaine*, **XVII**, juil.–sept., 540–558.

Butel, Paul. (1978a). "Les Amériques et l'Europe," in Pierre Léon, dir., *Histoire économique et sociale du monde*, **III:** *Louis Bergeron, dir., Inerties et révolutions, 1730–1840*. Paris: Lib. Armand Colin, 53–92.

Butel, Paul. (1978b). "La richesse des Indes," in Pierre Léon, dir., *Histoire économique et sociale du monde*, **III:** *Louis Bergeron, dir., Inerties et révolutions, 1730–1840*. Paris: Lib. Armand Colin, 93–109.

Butel, Paul. (1978c). "Marchés europeens, traditions et renouvellements," in Pierre Léon, dir., *Histoire économique et sociale du monde*, **III:** *Louis Bergeron, dir., Inerties et révolutions, 1730–1840*. Paris: Lib. Armand Colin, 109–119.

Cadot, Michel & Van Regemorter, Jean-Louis. (1969). "Le commerce extérieur de la Russie en 1784, d'après le journal de voyage de Baert du Hollant," *Cahiers du monde russe et soviétique*, **X,** 3/4, 371–391.

Cahen, Léon. (1939). "Une nouvelle interprétation du traité franco-anglais de 1786–1787," *Revue historique*, 64 année, **CLXXXV,** 2, 257–285.

Cain, P. J. & Hopkins, A. J. (1980). "The Political Economy of British Expansion Overseas, 1750–1914," *Economic History Review*, 2nd ser., **XXXIII,** 4, 463–491.

Cain, P. J. & Hopkins, A. G. (1986). "Gentlemanly Capitalism and British Expansion Overseas. I. The Old Colonial System, 1688–1850," *Economic History Review*, 2nd ser., **XXXIX,** 4, 501–525.

Calhoun, Craig. (1982). *The Question of Class Struggle: Social Foundations of Popular Radicalism during the Industrial Revolution*. Chicago, IL: University of Chicago Press.

Callahan, William J. (1968). "A Note on the Real y General Junta de Comercio, 1679–1814," *Economic History Review*, 2nd ser., **XXI,** 3, 519–528.

Callender, Guy S. (1902). "The Early Transportation and Banking Enterprises of the States in Relation to the Growth of the Corporation," *Quarterly Journal of Economics*, **XVII,** 1, 111–162.

Cameron, Rondo E. (1956). "Some French Contributions to the Industrial Development of Germany, 1840–1870," *Journal of Economic History*, **XVI,** 3, 281–321.

Cameron, Rondo E. (1958). "Economic Growth and Stagnation in France, 1815–1914," *Journal of Modern History*, **XXX,** 1, 1–13.

Cameron, Rondo. (1982). "The Industrial Revolution: A Misnomer," *The History Teacher*, **XV,** 3, 377–384.

Cameron, Rondo. (1985). "A New View of European Industrialization," *Economic History Review*, 2nd ser., **XXXVIII,** 1, 1–23.

Cameron, Rondo. (1986). "Was England Really Superior to France?" *Journal of Economic History*, **XLVI,** 4, 1031–1039.

Cameron, Rondo & Freedeman, Charles E. (1983). "French Economic Growth: A Radical Revision," *Social Science History*, **VII,** 1, 3–30.

Campbell, Leon G. (1972a). "A Colonial Establishment: Creole Domination of the Audiencia of Lima During the Late Eighteenth Century," *Hispanic American Historical Review*, **LII,** 1, 1–25.

Campbell, Leon G. (1972b). "Black Power in Colonial Peru: The 1779 Tax Rebellion of Lambayeque," *Phylon*, **XXXIII,** 2, 140–152.

Campbell, Leon G. (1976). "The Army of Peru and the Túpac Amaru Revolt, 1780–1783," *Hispanic American Historical Review*, **LVI,** 1, 31–57.

Campbell, Leon G. (1979). "Recent Research on Andean Peasant Revolts, 1750–1820," *Latin America Research Review*, **XIV,** 1, 3–49.

Campbell, Leon G. (1981). "Social Structure of the Túpac Amaru Army in 1780–81," *Hispanic American Historical Review*, **LXI,** 4, 675–693.

Campbell, R. H. (1967). "The Industrial Revolution in Scotland: A Revision Article," *Scottish Historical Review*, **XLVI,** 1, 141, 37–55.

Cannadine, David. (1984). "The Past and the Present in the English Industrial Revolution, 1880–1980," *Past and Present*, No. 103, May, 131–172.

Cárdenas Acosta, Pablo E. (1960). *El movimiento comunal de 1781 en el Nuevo Reino de Granada (Reivindicaciones históricas)*, 2 vols. Bogotá: Ed. Kelly.

Carr, Raymond. (1969). "Spain and Portugal, 1793 to c.1840," in *New Cambridge Modern History*, **IX**: C. W. Crawley, ed., *War and Peace in an Age of Upheaval, 1793–1830*. Cambridge, Engl.: At the University Press, 439–461.

Carrera Damas, Germán. (1963). "A propósito de los hipótesis de Charles C. Griffin: Cuestiones económicos–sociales de la emancipación," *Crítica contemporanea*, No. 10, marzo–abril, 13–21.

Carrière, Charles. (1973). *Négociants marseillais au XVIIIe siècle*. Marseilles: Institut Historique de Provence.

Carus-Wilson, E. M. (1954). "An Industrial Revolution of the Thirteenth Century," in E. M. Carus-Wilson, ed., *Essays in Economic History*, Vol. I. London: Edward Arnold, 41–60. (Originally published in *Economic History Review*, 1941.)

Castañeda, C. E. (1929). "The Corregidor in Spanish Colonial Administration," *Hispanic American Historical Review*, **IX**, 4, 446–470.

Catchpole, Brian & Akinjogbin, I. A. (1984). *A History of West Africa in Maps and Diagrams*. London: Collins Educational.

Cavanaugh, Gerald J. (1972). "The Present State of French Revolutionary Historiography: Alfred Cobban and Beyond," *French Historical Studies*, **VII**, 4, 587–606.

Cazals, Rémy. (1983). *Les révolutions industrielles à Mazamet, 1750–1900*. Paris & Toulouse: La Découverte-Maspéro, Privat.

Césaire, Aimé. (1961). *Toussaint Louverture: La Révolution française et le problème colonial*. Paris: Présence africaine.

Céspedes del Castillo, Guillermo. (1946). "Lima y Buenos Aires: repercusiones económicos y políticas de la creación del Virreinato del Rio de la Plata," *Anuario de Estudios Americanos*, **III**, 667–874.

Chabert, Alexandre. (1945). *Essai sur les mouvement des prix et des revenus en France de 1798 à 1820*. Paris: Lib. de Médicis.

Chabert, Alexandre. (1949). *Essai sur le mouvement des revenus et de l'activité économique en France de 1798 à 1820*. Paris: Lib. de Médicis.

Chalmin, Pierre. (1968). "La querelle des Bleus et des Rouges dans l'Artillerie française à la fin du XVIIIe siècle," *Revue d'histoire économique et sociale*, **XLVI**, 4, 465–505.

Chaloner, W. H. (1957). "The Agriculture Activities of John Wilkinson, Ironmaster," *Agriculture History Review*, **V**, 1, 48–51.

Chaloner, W. H. (1964). "Hazards of Trade with France in Time of War, 1776–1783," *Business History*, **VI**, 2, 79–92.

Chamberlin, Christopher. (1979). "Bulk Exports, Trade Tiers, Regulation, and Development: An Economic Approach to the Study of West Africa's 'Legitimate Trade,'" *Journal of Economic History*, **XXXIX**, 2, 419–438.

Chambers, J. D. (1940). "Enclosure and the Small Landowner," *Economic History Review*, **X**, 2, 118–127.

Chambers, J. D. (1953). "Enclosure and Labour Supply in the Industrial Revolution," *Economic History Review*, 2nd ser., **V**, 3, 319–343.

Chambers, J. D. (1957). "The Vale of Trent, 1670–1800, a Regional Study of Economic Change," *Economic History Review*, Suppl. No. 3. London: Cambridge University Press.

Chambers, J. D. (1972). *Population, Economy, and Society in Pre-Industrial England*. London: Oxford University Press.

Chambers, J. D. & Mingay, G. E. (1966). *The Agricultural Revolution, 1750–1880*. London: B. T. Batsford.

Chambre, Henri. (1964). "Pososkov et le mercantilisme," *Cahiers du monde russe et soviétique*, **IV**, 4, 335–365.

Champion, Edne. (1897). *La France d'après les cahiers de 1789*. Paris: Armand Colin.

Chandler, Charles Lyon. (1924). "United States Commerce with Latin America at the Promulgation of the Monroe Doctrine," *Quarterly Journal of Economics*, **XXXVIII**, 3, 466–486.

Chandra, Bipan. (1968). "Reinterpretation of Nineteenth Century Indian Economic History," *Indian Economic and Social History Review*, **V**, 1, 35–75.

Chandra, Satish. (1966). "Some Aspects of the Growth of a Money Economy in India during the Seventeenth Century," *Indian Economic and Social History Review*, **III**, 4, 321–331.

Chandra, Satish. (1972). *Parties and Politics at the Mughal Court, 1707–1740*, 2nd ed. New Delhi: People's Publishing House.

Chandra, Satish. (1974). "Some Aspects of Indian Village Society in Northern India during the 18th Century—The Position and Role of the *Khud-kásht* and *páhi-kásht*," *Indian Historical Review*, **I**, 1, 51–64.

Chapman, Stanley D. (1965). "The Transition to the Factory System in the Midlands Cotton-Spinning Industry," *Economic History Review*, 2nd ser., **XVIII**, 3, 526–543.

Chapman, Stanley D. (1970). "Fixed Capital Formation in the British Cotton Industry, 1770–1815," *Economic History Review*, 2nd ser., **XXIII**, 2, 235–266.

Chapman, Stanley D. (1971). "Fixed Capital Formation in the British Cotton Manufacturing Industry," in J. P. P. Higgins & S. Pollard, eds., *Aspects of Capital Investment in Great Britain, 1750–1850: A Preliminary Survey*. London: Methuen, 57–107.

Chapman, Stanley D. (1972). *The Cotton Industry in the Industrial Revolution*. London: Macmillan.

Chapman, Stanley D. (1979). "Financial Restraints on the Growth of Firms in the Cotton Industry, 1790–1850," *Economic History Review*, 2nd ser., **XXXII**, 1, 50–69.

Chaptal, Jean-Antoine. (1819). *De l'industrie françoise*, 2 vols. Paris: A. A. Renouard.

Chaptal, Jean-Antoine-Claude (1893). "Un projet de traité de commerce avec l'Angleterre sous le Consulat," *Revue d'économie politique*, **VII**, 2, 83–98.

Charles, Eunice A. (1977). *Precolonial Senegal: The Jolof Kingdom, 1800–1890*. Boston, MA: African Studies Center, Boston University.

Chassagne, Serge. (1978). "L'industrie lainière en France à l'époque révolutionnaire et impériale (1790–1810)," in A. Soboul, dir., *Voies nouvelles pour l'histoire de la Révolution française*, Commission d'histoire économique et sociale de la Révolution française, Mémoires et Documents, Vol. XXXV. Paris: Bibliothèque Nationale, 143–167.

Chassagne, Serge. (1979). "La diffusion rurale de l'industrie cotonnière en France (1750–1850)," *Revue du Nord*, **LXI**, No. 240, 97–114.

Chassagne, Serge. (1980). *Oberkampf: Un entrepreneur capitaliste au Siècle des Lumières*. Paris: Aubier Montaigne.

Chassagne, Serge. (1981). "Aspects des phénomènes d'industrialisation et de désindustrialisation dans les campagnes françaises au XIXe siècle," *Revue du Nord*, **LXIII**, No. 248, 35–58.

Chaudhuri, Binoy Bhushan. (1976). "Agricultural Growth in Bengal and Bihar, 1770–1860. Growth of Cultivation since the Famine of 1770," *Bengal Past and Present*, **XCV**, 1, No. 180, 290–340.

Chaudhuri, K. N. (1966). "India's Foreign Trade and the Cessation of the East India Company's Trading Activities, 1828–1840," *Economic History Review*, 2nd ser., **XIX**, 2, 345–363.

Chaudhuri, K. N. (1968). "India's International Economy in the Nineteenth Century: A Historical Survey," *Modern Asian Studies*, **II**, 1, 31–50.

Chaudhuri, K. N. (1971). "Introduction," in K. N. Chaudhuri, ed., *the Economic Development of India under the East India Country, 1814–58. A Selection of Contemporary Writings*. Cambridge, Engl.: At the University Press, 1–50.

Chaudhuri, K. N. (1974). "The Structure of the Indian Textile Industry in the Seventeenth and Eighteenth Centuries," *Indian Economic and Social History Review*, **XI**, 2/3, 127–182.

Chaudhuri, K. N. (1978). *The Trading World of Asia and the English East India Company, 1660–1760*. Cambridge, Engl.: Cambridge University Press.

Chaudhuri, K. N. (1979). "Markets and Traders in India during the Seventeenth and Eighteenth Centuries," in K. N. Chaudhuri & Clive J. Dewey, eds., *Economy and Society: Essays in Indian Economic and Social History*. Delhi: Oxford University Press, 143–162.

Chaudhuri, K. N. (1981). "The World-System East of Longitude 20°: The European Role in Asia, 1500–1750," *Review*, **V**, 2, 219–245.

Chaudhuri, K. N. (1982). "Foreign Trade: European Trade in the India," in T. Raychaudhuri & I. Habib, eds., *Cambridge Economic History of India*, **I.** *c.1200–c.1700*. Cambridge, Engl.: Cambridge University Press, 382–407.

Chaudhuri, K. N. (1983a). "Foreign Trade and Balance of Payments (1757–1947)," in D. Kumar, ed., *Cambridge Economic History of India*, **II:** *c.1757–c.1970*. Cambridge, Engl.: Cambridge University Press, 804–877.

Chaudhuri, K. N. (1983b). "The Trading World of Asia and the English East India Company, 1660–1760: A Review of Reviews," *South Asia Research*, **III**, 1, 10–17.

Chaunu, Pierre. (1954). "Pour une histoire sociale de l'Amérique espagnole coloniale," *Revue historique*. 78ᵉ année, **CCXI**, 2, 309–316.

Chaunu, Pierre. (1963). "Interprétation de l'indépendance de l'Amérique latine," *Bulletin de la Faculté des Lettres de Strasbourg*, **LXI**, 8, TILAS III, 403–421.

Chaunu, Pierre. (1964). *L'Amérique et les Amériques*. Paris: Lib. Armand Colin.

Chaunu, Pierre. (1966). *La civilisation de l'Europe classique*. Paris: Arthaud.

Chaunu, Pierre. (1972a). "Les enquêtes du Centre de Recherches d'Histoire Quantitative de Caen: Réflexions sur l'échec industriel de la Normandie," in Pierre Léon *et al.*, dirs., *L'industrialisation en Europe au XIXe siècle*, Colloques Internationaux du CNRS, No. 540. Paris: Ed. du CNRS, 285–299 (with "Discussion," 300–304).

Chaunu, Pierre. (1972b). "Interpretación de la independencia de América," in *La Independencia en el Perú*, Perú Problema, No. 7. Lima: Instituto de Estudios Peruanos, 167–194.

Chaussinand-Nogaret, Guy. (1970). *Les financiers du Languedoc au XVIIIe siècle*, Paris: S.E.V.P.E.N.

Chaussinand-Nogaret, Guy. (1975). "Aux origines de la Révolution: noblesse et bourgeoisie," *Annales E.S.C.*, **XXX**, 2/3, 265–278.

Chaussinand-Nogaret, Guy. (1981). "La ville jacobine et balzacienne," in G. Duby, dir., *Histoire de la France urbaine*, **III**: E. Le Roy Ladurie, dir., *La ville classique de la Renaissance aux Révolutions*. Paris: Seuil, 537–621.

Chaussinand-Nogaret, Guy. (1985). "L'identité nationale et le problème des élites: la France du XVIIIe siècle," *Commentaire*, No. 31, aut., 856–863.

Checkland, S. G. (1958). "Finance for the West Indies, 1780–1815," *Economic History Review*, 2nd ser., **X**, 3, 461–469.

Chesnutt, David R. (1978). "South Carolina's Impact Upon East Florida, 1763–1776," in S. Proctor, ed., *Eighteenth-Century Florida and the Revolutionary South*. Gainesville, FL: University Presses of Florida, 5–14.

Chevallier, Dominique. (1968). "Western Development and Eastern Crisis in the Mid-Nineteenth Century: Syria Confronted with the European Economy," in W. R. Polk & R. L. Chambers, eds., *Beginnings of Modernization in the Middle East*. Chicago, IL: University of Chicago Press, 205–222.

Chicherov, A. I. (1971). *India, Economic Development in the 16th-18th Centuries*. Moscow: Nauka.

Choulgine, Alexandre. (1922). "L'organisation capitaliste de l'industrie éxistait-elle en France à la veille de la Révolution?," *Revue d'histoire économique et social*, **X**, 2, 184–218.

Christelow, Allan. (1942). "Contraband Trade Between Panama and the Spanish Main, and the Free Port Act of 1766," *Hispanic American Historical Review*, **XXII**, 2, 309–343.

Christelow, Allan. (1947). "Great Britain and the Trades from Cadiz and Lisbon to Spanish America and Brazil, 1759–1783," *Hispanic American Historical Review*, **XXVII**, 1, 2–29.

Christie, Ian R. & Labaree, Benjamin W. (1976). *Empire or Independence, 1760–1776.* New York: W. W. Norton.
Chung, Tan. (1974). "The British–China–India Trade Triangle (1771–1840)," *Indian Economic and Social History Review,* **XI**, 4, 411–431.
Cipolla, Carlo. (1961). "Sources d'énergie et histoire de la humanité," *Annales E.S.C.,* **XVI**, 3, 521–534.
Cipolla, Carlo M. (1973). "Introduction," in C. M. Cipolla, ed., *Fontana Economic History of Europe,* **III**: *The Industrial Revolution.* London: Collins/Fontana, 7–21.
Clapham, J. H. (1917). "Loans and Subsidies in Time of War, 1793–1914," *Economic Journal,* **XXVII**, No. 108, 495–501.
Clapham, J. H. (1920). "Europe After the Great Wars, 1816 and 1920," *Economic Journal,* **XXX**, No. 120, 423–435.
Clapham, J. H. (1923). "The Growth of an Agrarian Proletariat, 1688–1832: A Statistical Note," *Cambridge Historical Journal,* **I**, 1, 92–95.
Clapham, J. H. (1940). "Industrial Revolution and the Colonies, 1783–1822," in J. Holland Rose, A. P. Newton & E. A. Benians, eds., *The Cambridge History of the British Empire,* **II**: *The Growth of the New Empire, 1783–1870.* Cambridge, Engl.: At the University Press, 217–240.
Clapham, J. H. (Sir John). (1944). *The Bank of England: A History.* Cambridge, Engl.: At the University Press.
Clapham, J. H. (1966). "The Last Years of the Navigation Acts," in E. M. Carus-Wilson, ed., *Essays in Economic History,* Vol. III. New York: St. Martin's Press, 144–178. (Originally published in *English Historical Review,* 1910.)
Clark, Edward C. (1974). "The Ottoman Industrial Revolution," *International Journal of Middle East Studies,* **V**, 1, 65–76.
Clark, G. N. (1953). *The Idea of the Industrial Revolution.* Glasgow: Jackson, Son & Co., 1953.
Clark, J. C. D. (1985). *English Society, 1688–1832: Ideology, Social Structure, and Political Practice during the Ancien Regime.* Cambridge, Engl.: Cambridge University Press.
Clark, J. C. D. (1986). *Revolution and Rebellion: State and Society in England in the Seventeenth and Eighteenth Centuries.* Cambridge, Engl.: Cambridge University Press.
Clark, John G. (1970). *New Orleans, 1718–1812: An Economic History.* Baton Rouge, LA: Louisiana State University Press.
Clark, John G. (1981). *La Rochelle and the Atlantic Economy during the Eighteenth Century.* Baltimore & London: Johns Hopkins University Press.
Clark, S. D. (1959). *Movements of Political Protest in Canada, 1640–1840.* Toronto: University of Toronto Press.
Clark, Victor S. (1916). *History of Manufactures in the United States, 1607–1800.* Washington, DC: Carnegie Institution.
Clarkson, Jesse Dunsmore. (1970). "Some Notes on Bureaucracy, Aristocracy, and Autocracy in Russia, 1500–1800," in G. A. Ritter, hrsg., *Entstehung und Wandel der modernen Gesellschaft.* Berlin: Walter de Gruyter, 187–220.
Clauder, Anna C. (1932). *American Commerce as Affected by the Wars of the French Revolution and Napoleon, 1793–1812.* Philadelphia: University of Pennsylvania Thesis.
Clendenning, P. H. (1972). "Eighteenth Century Russian Translation of Western Economic Works," *Journal of European Economic History,* **I**, 3, 745–753.
Clendenning, P. H. (1979). "The Background and Negotiations for the Anglo-Russian Commercial Treaty of 1766," in A. G. Cross, ed., *Great Britain and Russia in the Eighteenth Century: Contrasts and Comparisons.* Newton, MA: Oriental Research Partners, 145–163.
Clère, Jean-Jacques. (1982). "La vaine pâture au XIXe siècle: un anachronisme?" *Annales historiques de la Révolution française,* LIV année, No. 244, 113–128.
Clogg, Richard. (1973). "Aspects of the Movement for Greek Independence," in R. Clogg, ed., *The Struggle for Greek Independence.* London: Macmillan, 1–40.
Clough, Shepard B. (1957). "The Diffusion of Industry in the Last Century and a Half," in *Studi in onore di Armando Sapori,* Vol. II. Milano: Istituto Ed. Cisalpino, 1341–1357.

Coale, A. J. & Hoover, E. M. (1969). "The Effects of Economic Development on Population Growth," in Michael Drake, ed., *Population in Industrialization*. London: Methuen, 11–20. (Originally published 1958.)

Coats, A. W. (1958). "Changing Attitudes of Labour in Mid-Eighteenth Century," *Economic History Review*, 2nd ser., **XI**, 1, 35–51.

Cobb, Richard. (1959). "The People in the French Revolution," *Past and Present*, No. 15, 60–72.

Cobb, Richard & Rudé, George. (1955). "Le dernier mouvement populaire de la Révolution à Paris: Les journées de germinal et de prairial, an III," *Revue historique*, **LXXIX**, No. 219, 250–281.

Cobban, Alfred. (1954). "British Secret Service in France, 1784–1792," *English Historical Review*, **LXIX**, No. 271, 226–261.

Cobban, Alfred. (1956). "The Vocabulary of Social History," *Political Science Quarterly*, **LXXI**, 1, 1–17.

Cobban, Alfred. (1958). *Historians and the Causes of the French Revolution*, Historical Association, Pamphlet No. 2. London: Routledge & Kegan Paul.

Cobban, Alfred. (1963). *A History of Modern France*, **I**: *Old Regime and Revolution, 1715–1799*, 3rd ed. Hammondsworth, Engl.: Penguin.

Cobban, Alfred. (1964). *The Social Interpretation of the French Revolution*. Cambridge Engl.: Cambridge University Press.

Cobban, Alfred. (1965). *A History of Modern France*, **II**: *From the First Empire to the Second Empire, 1799–1871*, 2nd ed. Hammondsworth, Engl.: Penguin.

Cobban, Albert. (1967). "The French Revolution, Orthodox & Unorthodox: A Review of Reviews," *History*, **LII**, No. 175, 149–159.

Cobban, Alfred. (1968a). "The Enlightenment and the French Revolution," in *Aspects of the French Revolution*. New York: George Braziller, 18–28. (Originally published 1965.)

Cobban, Alfred. (1968b). "Historians and the Causes of the French Revolution," in *Aspects of the French Revolution*. New York: George Braziller, 29–67. (Originally published 1958.)

Cobban, Alfred. (1968c). "The *Parlements* of France in the Eighteenth Century," in *Aspects of the French Revolution*. New York: George Braziller, 68–82. (Originally published in *History*, 1950.)

Cobban, Alfred. (1968d). "The Myth of the French Revolution," in *Aspects of the French Revolution*. New York: George Braziller, 90–111. (Originally published 1955.)

Cobbett, William, ed. (1816). *The Parliamentary History of England from the Earliest Period to the Year 1803*, **XXVI**: *15 May 1786 to 8 Feb. 1788*. London: T. C. Hansard.

Cochran, Thomas C. (1981). *Frontiers of Change: Early Industrialism in America*. New York: Oxford University Press.

Coelho, Philip R. P. (1973). "The Profitability of Imperialism: The British Experience in the West Indies, 1768–1772," *Explorations in Economic History*, **X**, 3, 253–280.

Cohen, Felix. (1949). Appendix XIV to United Kingdom, Colonial Office, Gold Coast: *Report to His Excellency the Governor by the Committee on Constitutional Reform*, Colonial No. 250. London: HMSO, 100–104.

Cohen, Jon S. & Weitzman, Martin L. (1975). "A Marxian Model of Enclosures," *Journal of Development Economics*, **I**, 4, 287–336.

Cohn, Bernard S. (1961). "From Indian Status to British Contract," *Journal of Economic History*, **XXI**, 4, 613–628.

Cole, Arthur H. (1959). "The Tempo of Mercantile Life in Colonial America," *Business History Review*, **XXXIII**, 3, 277–299.

Cole, G. D. H. (1952). *Introduction to Economic History, 1750–1950*. London: Macmillan.

Cole, W. A. (1969). "Trends in Eighteenth-Century Smuggling," in W. E. Minchinton, ed., *The Growth of English Overseas Trade in the Seventeenth and Eighteenth Centuries*. London: Methuen, 1969, 121–143. (Originally published in *Economic History Review*, 1958.)

Cole, W. A. (1973). "Eighteenth-Century Economic Growth Revisited," *Explorations in Economic History*, **X**, 4, 327–348.
Cole, W. A. (1981). "Factors in Demand, 1700–80," in R. Floud & D. N. McCloskey, eds., *The Economic History of Britain Since 1700*, **I**. *1700–1860*. Cambridge, Engl.: Cambridge University Press, 36–65.
Cole, W. A. & Deane, Phyllis. (1966). "The Growth of National Incomes," in H. J. Habakkuk & M. Postan, eds., *Cambridge Economic History of Europe*, **VI**: *The Industrial Revolutions and After: Incomes, Population and Technological Change*. Cambridge, Engl.: Cambridge University Press, 1–55.
Coleman, D. C. (1956). "Industrial Growth and Industrial Revolutions," *Economica*, n.s., **XXIII**, No. 89, 1–22.
Coleman, D. C. (1964). "Industrial Revolution," in Julius Gould & William L. Kolb, eds., *A Dictionary of the Social Sciences*. London: Tavistock, 326–327.
Coleman, D. C. (1966). "Industrial Growth and Industrial Revolutions," in E. M. Carus-Wilson, eds., *Essays in Economic History*, Vol. III. New York: St. Martin's Press, 334–352. (Originally published in *Economica*, 1956.)
Coleman, D. C. (1983). "Proto-Industrialization: A Concept Too Many," *Economic History Review*, 2nd ser., **XXXVI**, 3, 435–448.
Colley, Linda. (1984). "The Apotheosis of George III: Loyalty, Royalty and the British Nation, 1760–1820," *Past and Present*, No. 102, 94–129.
Colley, Linda. '(1986). "Whose Nation? Class and National Consciousness in Britain, 1750–1830," *Past and Present*, No. 113, 97–117.
Collier, Simon. (1963). *Ideas and Politics of Chilean Independence, 1808–1833*. Cambridge, Engl.: At the University Press.
Collins, E. J. T. (1975). "Dietary Change and Cereal Consumption in Britain in the Nineteenth Century," *Agricultural History Review*, **XXIII**, Part II, 97–115.
Colvin, Lucie G. (1971). "The Commerce of Hausaland, 1780–1833," in D. McCall & N. Bennett, eds., *Aspects of West African Islam*, Boston University Papers on Africa, Vol. V. Boston, MA: Boston University African Studies Center, 101–135.
Comadrán Ruiz, Jorge. (1955). "En torno al problema del indio en el Rio de la Plata," *Anuario de Estudios Americanos*, **XII**, 39–74.
Comninel, George C. (1985). "The Political Context of the Popular Movement in the French Revolution," in F. Krantz, ed., *History From Below: Studies in Popular Protest and Popular Ideology in Honour of George Rudé*. Montreal: Concordia University, 143–162.
Comninel, George C. (1987). *Rethinking the French Revolution*. London: Verso.
Confino, Michael. (1960a). "Maîtres de forge et ouvriers dans les usines métallurgiques de l'Oural aux XVIIIe–XIXe siècles," *Cahiers du monde russe et soviétique*, **I**, 2, 239–284.
Confino, Michael. (1960b). "La politique de tutelle des seigneurs russes envers leurs paysans vers la fin du XVIIIe siècle," *Revue des études slaves*, **XXXVII**, fasc. 1-4, 39–69.
Confino, Michael. (1961a). "La compatabilité des domaines privés en Russie dans la seconde moitié du 18 de siècle (d'après les 'Travaux de Société Libre d'Economie' de St. Petersbourg)," *Revue d'histoire moderne et contemporaine*, **VIII**, 1, 5–34.
Confino, Michael. (1961b). "Problèmes agraires, le système des redevances mixtes: Dans les domaines privés en Russie (XVIIIe–XIXe siècles)" *Annales E.S.C.*, **XVI**, 6, 1066–1095.
Confino, Michael. (1963). *Domaines et seigneurs en Russie vers la fin du XVIIIe siècle: Etude de structure agraires et de mentalités économiques*. Paris: Institut d'Etudes Slaves de l'Université de Paris.
Confino, Michael. (1969). *Systèmes agraires et progrès agricole: L'assolement triennal en Russie aux XVIIIe-XIXe siècles*. Paris & La Haye: Mouton.
Confino, Michael. (1986). "The Limits of Autocracy: Russia's Economy and Society in the Age of Enlightenment," *Peasant Studies*, **XIII**, 3, 149–170.
Congreso Hispánoamericano de Historia. (1953). *Causas y caracteres de la independencia hispanoamericano*. Madrid: Ed. Cult. Hispánica.

Connell, K. H. (1950). "The Colonization of Waste Land in Ireland, 1780–1845," *Economic History Review*, 2nd ser., **III**, 1, 44–71.
Connell, K. H. (1969). "Some Unsettled Problems in English and Irish Population History, 1750–1845," in Michael Drake, ed., *Population in Industrialization*. London: Methuen, 30–39. (Originally published in *Irish Historical Studies*, 1951.)
Conrotte, Manuel. (1920). *La intervención de España en la Independencia de los Estados Unidos de la America del Norte*. Madrid: Lib. General de Victoriano Suarez.
Cooper, Frederick. (1979). "The Problem of Slavery in African Studies," *Journal of African History*, **XX**, 1, 103–125.
Coquery-Vidrovitch, Catherine. (1971). "De la traite des esclaves à l'exportation de l'huile de palme et des palmistes au Dahomey: XIXe siècle," in C. Meillassoux, ed., *The Development of Indigenous Trade and Markets in West Africa*. London: Oxford University Press, 107–123.
Coquery-Vidrovitch, Catherine & Moniot, Henri. (1974). *L'Afrique noire de 1800 à nos jours*, Nouvelle Clio, No. 46. Paris: Presses Universitaires de France.
Coquin, François-Xavier (1978). "En Russie: l'initiative étatique et seigneuriale," in Pierre Léon, dir., *Histoire économique et sociale du monde*, **III**: Louis Bergeron, dir., *Inerties et révolutions, 1730–1840*. Paris: Lib. Armand Colin, 39–50.
Cornblit, Oscar. (1970). "Levantimiento de masas en Perú y Bolivia durante el siglo dieciocho," *Revista latinoamericana de sociología*, **VI**, 1, 100–141.
Corwin, Arthur F. (1967). *Spain and the Abolition of Slavery in Cuba, 1817–1886*. Austin, TX: University of Texas Press.
Corwin, Edward S. (1915). "The French Objective in the American Revolution," *American Historical Review*, **XXI**, 1, 33–61.
Corwin, Edward S. (1916). *French Policy and the American Alliance of 1778*. Princeton, NJ: Princeton University Press.
Costeloe, Michael P. (1981). "Spain and the Latin American Wars of Independence: The Free Trade Controversy, 1810–1820," *Hispanic American Historical Review*, **LXI**, 2, 209–234.
Cottret, Monique. (1986). *La Bastille à prendre: Histoire et mythe de la forteresse royale*. Paris: Presses Universitaires de France.
Coughtry, Jay. (1981). *The Notorious Triangle: Rhode Island and the African Slave Trade, 1700–1807*. Philadelphia, PA: Temple University Press.
Countryman, Edward. (1976a). "'Out of the Bounds of the Law': Northern Land Rioters in the Eighteenth Century," in A. F. Young, ed., *The American Revolution: Explorations in the History of American Radicalism*. DeKalb, IL: Northern Illinois University Press, 36–69.
Countryman, Edward. (1976b). "Consolidating Power in Revolutionary America: The Case of New York, 1775–1783," *Journal of Interdisciplinary History*, **VI**, 4, 645–677.
Coupland, (Sir) Reginald. (1964). *The British Anti-Slavery Movement*. London: Frank Cass. (Original edition 1933.)
Cracraft, James. (1980). "More 'Peter the Great,'" *Canadian–American Slavic Studies*, **XIV**, 4, 535–544.
Craeybeckx, Jan. (1968). "Les débuts de la révolution industrielle en Belgique et les statistiques de la fin de l'Empire," in *Mélanges offerts à G. Jacquemyns*. Bruxelles: Université Libre de Bruxelles, Ed. de l'Institut de Sociologie, 115–144.
Crafts, N. F. R. (1976). "English Economic Growth in the Eighteenth Century: A Re-Examination of Deane and Cole's Estimates," *Economic History Review*, 2nd ser., **XXIX**, 2, 226–235.
Crafts, N. F. R. (1977). "Industrial Revolution in England and France: Some Thoughts on the Question, 'Why was England First?'" *Economic History Review*, 2nd ser., **XXX**, 3, 429–441.
Crafts, N. F. R. (1978). "Entrepreneurship and a Probabilistic View of the British Industrial Revolution," *Economic History Review*, 2nd ser., **XXXI**, 4, 613–614.
Crafts, N. F. R. (1981). "The Eighteenth Century: A Survey," in R. Floud & D. N. McCloskey, eds., *The Economic History of Britain Since 1700*, **I**. *1700–1860*. Cambridge, Engl.: Cambridge University Press, 1–16.

Crafts, N. F. R. (1983). "British Economic Growth, 1700–1831: A Review of the Evidence," *Economic History Review*, 2nd ser., **XXXVI**, 2, 177–199.

Crafts, N. F. R. (1984). "Economic Growth in France and Britain, 1830–1910: A Review of the Evidence," *Journal of Economic History*, **XLIV**, 1, 49–67.

Crafts, N. F. R. (1985). "English Workers' Real Wages During the Industrial Revolution: Some Remaining Problems," *Journal of Economic History*, **XLV**, 1, 139–144.

Craton, Michael. (1974). *Sinews of the Empire: A Short History of British Slavery*. New York: Anchor Press.

Creighton, Donald. (1937). *The Commercial Empire of the St. Lawrence, 1760–1850*. Toronto: Ryerson Press.

Crosby, Alfred W. (1965). *America, Russia, Hemp., and Napoleon: American Trade with Russia and the Baltic, 1783–1812*. Columbus: Ohio State University Press.

Crouzet, François. (1958). *L'économie britannique et le blocus continental (1806–1813)*, 2 vols. Paris: Presses Universitaires de France.

Crouzet, François. (1959). "Las origines du sous-développement économique du Sud-Ouest," *Annales du Midi*, **LXXI**, No. 45, 71–79.

Crouzet, François. (1962). "Les conséquences économiques de la Révolution: A propos d'un inédit de Sir Francis d'Ivernois," *Annales historiques de la Révolution française*, **XXXIV**, 2, 168, 182–217; No. 169, 336–362.

Crouzet, François. (1964). "Wars, Blockade, and Economic Change in Europe, 1792–1815," *Journal of Economic History*, **XXIV**, 4, 567–590.

Crouzet, François. (1965). "Bilan de l'économie britannique pendant les guerres de la Révolution et de l'Empire," *Revue historique*, 92ᵉ année, **CCXXXIV**, 1, No. 234, 71–110.

Crouzet, François. (1966). "Le charbon anglais en France au XIXe siècle," in L. Trenard, dir., *Charbon et Sciences humaines, Actes du colloque*, Lille, mai 1963. Paris & La Haye: Mouton, 173–206.

Crouzet, François. (1967a). "Agriculture et Révolution industrielle: quelques réflexions," *Cahiers d'histoire*, **XII**, 1/2, 67–85.

Crouzet, François. (1967b). "England and France in the Eighteenth Century: A Comparative Analysis of Two Economic Growth," in R. M. Hartwell, ed., *The Causes of the Industrial Revolution in England*. London: Methuen, 139–174. (Translated from *Annales E.S.C.*, 1966.)

Crouzet, François. (1970). "Essai de construction d'un indice annuel de la production industrielle française au XIXe siècle," *Annales E.S.C.*, **XXV**, 1, 56–99.

Crouzet, François. (1971). "Discussion" of paper by Albert Soboul, in *L'abolition de la "feoauté" dans le monde occidental*, Colloque de Toulouse, 12–16 nov. 1968, 2 vols. Paris: Ed. du CNRS, **II**, 556–558.

Crouzet, François. (1972a). "Introduction," in F. Crouzet, ed., *Capital Formation in the Industrial Revolution*. London: Methuen, 1–69.

Crouzet, François. (1972b). "Capital Formation in Great Britain during the Industrial Revolution," in F. Crouzet, ed., *Capital Formation in the Industrial Revolution*. London: Methuen, 162–222. (Originally published in *Second International Conference of Economic History*, **II**, 1965.)

Crouzet, François. (1972c). "Encore la croissance économique française au XIXe siècle," *Revue du Nord*, **LIV**, No. 214, 271–288.

Crouzet, François. (1980). "Toward an Export Economy: British Exports During the Industrial Revolution," *Explorations in Economic History*, **XVII**, 1, 48–93.

Crouzet, François. (1981). "The Sources of England's Wealth: Some French Views in the Eighteenth Century," in P. L. Cottrell & D. H. Aldcroft, eds., *Shipping, Trade and Commerce: Essays in memory of Ralph Davis*. Leicester, Engl.: Leicester University Press, 61–79.

Crouzet, François. (1985). *De la supériorité de l'Angleterre sur la France—L'économique et l'imaginaire, XVIIe–XXe siècles*. Paris: Lib. Académique Perrin.

Crummey, Robert O. (1977). "Russian Absolutism and the Nobility," *Journal of Modern History*, **XLIX**, 3, 456–468.

Cuenca Esteban, Javier. (1981). "Statistics of Spain's Colonial Trade, 1792–1820: Consular Duties, Cargo Inventories, and Balances of Trade," *Hispanic American Historical Review*, **LXI**, 3, 381–428.
Cuenca Esteban, Javier. (1984). "Trends and Cycles in U. S. Trade with Spain and the Spanish Empire," *Journal of Economic History*, **XLIV**, 2, 521–543.
Cunningham, Audrey. (1910). *British Credit in the Last Napoleonic War*. Cambridge, Engl.: At the University Press.
Cuno, Kenneth M. (1984). "Egypt's Wealthy Peasantry, 1740–1820: A Study of the Region of al-Mansūra," in T. Khalidi, ed., *Land Tenure and Social Transformation in the Middle East*. Beirut: American University of Beirut, 303–332.
Currie, R. & Hartwell, R. M. (1965). "The Making of an English Working Class?" *Economic History Review*, 2nd ser., **XVIII**, 3, 633–643.
Curtin, Philip D. (1950). "The Declaration of the Rights of Man in Saint-Domingue, 1788–1791," *Hispanic American Historical Review*, **XXX**, 2, 157–175.
Curtin, Philip D. (1969). *The Atlantic Slave Trade: A Census*. Madison, WI: University of Wisconsin Press.
Curtin, Philip D. (1974). "Measuring the Atlantic Slave Trade," in S. L. Engerman & E. D. Genovese, eds., *Race and Slavery in the Western Hemisphere: Quantitative Studies*. Princeton, NJ: Princeton University Press, 104–128.
Curtin, Philip D. (1975a). *Economic Change in Precolonial Africa: Senegambia in the Era of the Slave Trade*. Madison, WI: University of Wisconsin Press.
Curtin, Philip D. (1975b). *Economic Change in Precolonial Africa: Supplementary Evidence*. Madison, WI: University of Wisconsin Press.
Curtin, Philip D. (1976). "Measuring the Atlantic Slave Trade Once Again: A Comment," *Journal of African History*, **XVII**, 4, 595–605.
Curtin, Philip & Vansina, Jan. (1964). "Sources of the Nineteenth-Century Atlantic Slave Trade," *Journal of African History*, **V**, 2, 185–208.
Cvetkova, Bistra A. (1960). "L'évolution du régime féodal turc de la fin du XVIe jusqu'au milieu du XVIIIe siècle," in *Etudes historiques*, à l'occasion du XIe Congrès International des Sciences Historiques—Stockholm, août. Sofia: Académie des Sciences de Bulgarie, 171–206.
Cvetkova, Bistra. (1969). "Quelques problèmes du féodalisme ottomane à l'époque du XVIe–XVIIIe siècles," in *Actes du Premier Congrès International des Etudes Balkaniques et Sud-est Européennes*, Sofia, 26 août-1 septembre 1966, **III**: *Histórie (Ve–XVe ss.; XVe–XVIIe ss.)*. Sofia: Ed. de l'Académie Bulgare des Sciences, 709–721.
Cvetkova, Bistra. (1970). "Les *celep* et leur rôle dans la vie économique des Balkans à l'époque ottomane (XVe–XVIIIe siècles)," in M. A. Cook, ed., *Studies in the Economic History of the Middle East*. London: Oxford University Press, 172–192.
Daget, Serge. (1971). "L'abolition de la traite des noirs en France de 1814 à 1831," *Cahiers d'études africaines*, **XI**, 1, 14–58.
Daget, Serge. (1975). "Long cours et négriers nantais du trafic illégal (1814–1833)," *Revue française d'histoire d'outre-mer*, **LXII**, 1e et 2e trimestres, Nos. 226/227, 90–134.
Daget, Serge. (1979). "British Repression of the Illegal French Slave Trade: Some Considerations," in H. A. Gemery & J. S. Hogendorn, eds., *The Uncommon Market*. New York: Academic Press, 419–442.
Dahlman, Carl J. (1980). *The Open Field System and Beyond*. Cambridge, Engl.: Cambridge University Press.
Dakin, Douglas. (1973). "The Formation of the Greek State, 1821–33," in R. Clogg, ed., *The Struggle for Greek Independence*. London: Macmillan, 156–181.
Daniel, Norman. (1966). *Islam, Europe and Empire*. Edinburgh: Edinburgh University Press.
Daniels, George W. (1915–1916). "The Cotton Trade During the Revolutionary and Napoleonic Wars," *Transactions of the Manchester Statistical Society*, 53–84.

Daniels, George W. (1917–1918). "The Cotton Trade at the Close of the Napoleonic War," *Transactions of the Manchester Statistical Society*, 1–29.

Danière, Andre. (1958a). "Feudal Incomes and Demand Elasticity for Bread in Late Eighteenth-Century France," *Journal of Economic History*, **XVIII**, 3, 317–331.

Danière, Andre. (1958b). "Rejoinder," *Journal of Economic History*, **XVIII**, 3, 339–341.

Darby, H. C. & Fullard, Harold. (1970). *New Cambridge Modern History*, **XIV**: *Atlas*. Cambridge, Engl.: At the University Press.

Dardel, Pierre. (1948). "Crises et faillites à Rouen et dans la Haute-Normandie de 1740 à l'an V," *Revue d'histoire économique et sociale*, **XXVII**, 1, 53–71.

Dardel, Pierre. (1963). *Navires et marchandises dans les ports de Rouen et du Havre au XVIIIe siècle*. Paris: S.E.V.P.E.N.

Darity, William, Jr. (1985). "The Numbers Game and the Profitibility of the British Trade in Slaves," *Journal of Economic History*, **XLV**, 3, 693–703.

Das Gupta, Ashin. (1967). *Malabar in Asian Trade, 1740–1800*. Cambridge, Engl.: At the University Press.

Das Gupta, Ashin. (1970). "Trade and Politics in 18th-Century India," in D. S. Richards, ed., *Islam and the Trade of Asia: A Colloquium*. Oxford, Engl.: Bruno Cassirer & Philadelphia, PA: University of Pennsylvania Press, 181–214.

Das Gupta, Ashin. (1974). "Presidential Address" ("The Maritime Merchant, 1500–1800"), *Proceedings of the Indian History Congress*, Thirty-Fifth Session, Jadavpur (Calcutta), 99–111.

Das Gupta, Ashin. (1979). *Indian Merchants and the Decline of Surat c. 1700–1750*. Wiesbaden: Franz Steiner Verlag.

Datta, K. K. (1959). "India's Trade in the Europe and America in the Eighteenth Century," *Journal of the Economic and Social History of the Orient*, **II**, Part 3, 313–323.

Daumard, Adeline. (1976). "L'état libéral et le libéralisme économique," in F. Braudel & E. Labrousse, dirs., *Histoire économique et social de la France*, **III**: *L'avènement de l'ère industriel (1789–années 1880)*. Paris: Presses Universitaires de France, 137–159.

Daumard, Adeline & Furet, François. (1961). *Structures et relations sociales à Paris au milieu du XVIIIe siècle*, Cahier des Annales, No. 18. Paris: Armand Colin.

Daumas, Maurice (1963). "Le mythe de la révolution technique," *Revue d'histoire des sciences et de leurs applications*, **XVI**, 4, 291–302.

Daumas, Maurice. (1965). "Introduction," in M. Daumas, dir., *Histoire générale des techniques*, **II**: *Les premières étapes du machinisme*. Paris: Presses Universitaries de France, v-xix.

Daumas, Maurice & Garanger, André. (1965). "Le machinisme industriel," in M. Daumas, dir., *Histoire générale des techniques*, **II**: *Les premières étapes du machinisme*. Paris: Presses Universitaires de France, 251–288.

David, Paul A. (1967). "The Growth of Real Product in the United States Before 1840: New Evidence, Controlled Conjectures," *Journal of Economic History*, **XXVII**, 2, 151–197.

Davidson, Basil. (1961). *Black Mother: The Years of the African Slave Trade*. London: Victor Gollancz.

Davidson, Basil. (1971). "Slaves or Captives? Some Notes on Fantasy and Fact," in D. I. Huggins et al., eds., *Key Issues in the Afro-American Experience*, Vol. I. New York: Harcourt, Brace, Jovanovich, 54–73.

Davies, Alan. (1958). "The New Agriculture in Lower Normandy, 1750–1789," *Transactions of the Royal Historical Society*, 5th ser., **VIII**, 129–146.

Davies, K. G. (1957). *The Royal African Company*. London: Longmans, Green.

Davis, David Brion. (1975). *The Problem of Slavery in the Age of Revolution, 1770–1823*. Ithaca, NY: Cornell University Press.

Davis, David Brion. (1983). "American Slavery and the American Revolution," in I. Berlin & R. Hoffman, eds., *Slavery and Freedom in the Age of the American Revolution*. Charlottesville, VA: University of Virginia Press, 262–280.

Davis, Ralph. (1969). "English Foreign Trade, 1700–1774," in W. E. Minchinton, ed., *The*

Growth of English Overseas Trade in the Seventeenth and Eighteenth Centuries. London: Methuen, 99–120. (Originally published in *Economic History Review*, 1962.)

Davis, Ralph. (1970). "English Imports from the Middle East, 1580–1780," in M. A. Cook, ed., *Studies in the Economic History of the Middle East.* London: Oxford University Press, 193–206.

Davis, Ralph. (1973). *The Rise of the Atlantic Economies.* London: Weidenfeld & Nicolsen.

Davis, Ralph. (1979). *The Industrial Revolution and British Overseas Trade.* Leicester, Engl.: Leicester University Press.

Davison, Roderic H. (1976). " 'Russian Skill and Turkish Imbecility': The Treaty of Kuchuk Kainardji Reconsidered," *Slavic Review*, **XXXV**, 3, 463–483.

De, Barun. (1964). "Some Implications and Political and Social Trends in 18th Century India," in O. P. Bhatnagar, ed., *Studies in Social History (Modern India).* Allahabad, India: St. Paul's Press Training School, 203–271.

Deane, Phyllis. (1957). "The Output of the British Woolen Industry in the Eighteenth Century," *Journal of Economic History*, **XVII**, 2, 207–223.

Deane, Phyllis. (1972). "Capital Formation in Britain before the Railway Age," in F. Crouzet, ed., *Capital Formation in the Industrial Revolution.* London: Methuen, 94–118. (Originally published in *Economic Development and Cultural Change*, 1961.)

Deane, Phyllis. (1973a). "Great Britain," in Carlo Cipolla, ed., *Fontana Economic History of Europe*, **IV**: *The Emergence of Industrial Societies.* London: Collins/Fontana, Part One, 161–227.

Deane, Phyllis. (1973b). "The Role of Capital in the Industrial Revolution," *Explorations in Economic History*, **X**, 3, 349–364.

Deane, Phyllis. (1979). *The First Industrial Revolution*, 2nd ed. Cambridge, Engl.: Cambridge University Press.

Deane, Phyllis & Cole, W. A. (1967). *British Economic Growth, 1688–1959*, 2nd ed. Cambridge, Engl.: At the University Press.

Deane, Phyllis & Hubakkuk, H. J. (1963). "The Take-Off in Britain," in W. W. Rostow, ed., *The Economics of Take-Off into Sustained Growth.* London: Macmillan, 63–82.

Debbasch, Yvan. (1961). "Poésie et traite, l'opinion française sur le commerce négrier au début du XIXe siècle," *Revue française d'histoire d'outre-mer*, **XLVIII**, Nos. 172/173, 3ᵉ et 4ᵉ trimestres, 311–352.

Debien, Gabriel. (1953). *La Société coloniale aux XVIIe et XVIIIe siècles.* **II**: *Les colons de Saint-Domingue et la Révolution. Essai sur le club Massia (Août 1789–Août 1792).* Paris: Lib. Armand Colin.

Debien, Gabriel. (1954). *Esprit colon et esprit d'autonomie à Saint-Domingue an XVIIIe siècle*, 2e éd., Notes d'histoire coloniale, XXV. Paris: Larose.

DeClercq, Jules. (1864). *Receuil des Traités de la France*, **I**: *1713–1802.* Paris: Aymot.

De Gregori, Thomas R. (1969). *Technology and the Economic Development of the Tropical African Frontier.* Cleveland, OH: Press of Case Western Reserve University.

Dehio, Ludwig. (1962). *The Precarious Balance.* New York: Knopf.

Delcourt, André. (1952). *La France et les établissements française au Sénégal entre 1713–1763: La compagnie des Indes et de Sénégal.* Dakar: Institut français d'Afrique noire.

Delgado, José Maria. (1979). "Comerç colonial i reformisme borbònic: els decrets de lliure comerç," *L'Avenç*, No. 15, 24–28.

Desai, Ashok V. (1972). "Population and Standards of Living in Akbar's Time," *Indian Economic and Social History Review*, **IX**, 1, 42–62.

Desai, Ashok V. (1978). "Population and Standards Living in Akbar's Time. A Second Look," *Indian Economic and Social History Review*, **XV**, 1, 53–79.

Devine, T. M. (1976). "The Colonial Trades and Industrial Investment in Scotland, c. 1700–1815." *Economic History Review*, 2nd ser., **XXIX**, 1, 1–13.

Devlashouwer, Robert. (1970). "Le Consulat et l'Empire, période de 'take off' pour l'economie belge?" *Revue d'histoire moderne et contemporaine*, **XVII**, 610–619.

Deyon, Pierre & Guignet, Phillippe. (1980). "The Royal Manufactures and Economic Progress in France before the Industrial Revolution," *Journal of European Economic History*, **IX**, 3, 611–632.

Dhondt, Jean. (1955). "L'industrie cotonnière gantoise à l'époque française," *Revue d'histoire moderne et contemporaine*, **II**, 4, 233–279.

Dhondt, Jean & Bruwier, Marinette. (1973). "The Industrial Revolution in the Low Countries, 1700–1914," in C. Cipolla, ed., *The Fontana Economic History of Europe*, **IV**: *The Emergence of Industrial Societies*, Part 1. London: Collins, 329–366.

Dickerson, Oliver M. (1942). "Discussion of Professor Harper's and Professor Root's Papers," *Canadian Historical Review*, **XXIII**, 1, 29–34.

Dickerson, Oliver M. (1951). *The Navigation Acts and the American Revolution*. Philadelphia: University of Pennsylvania Press.

Diffie, Bailey W. (1945). *Latin American Civilization: Colonial Period*. Harrisburg, PA: Stackpole Sons.

Digby, Simon. (1982). "The Maritime Trade of India," in T. Raychaudhuri & I. Habib, eds., *Cambridge Economic History of India*, **I.** *c. 1200–c. 1700*. Cambridge, Engl.: Cambridge University Press, 125–159.

Dike, K. Onwika. (1956). *Trade and Politics in the Niger Delta, 1830–1885*. Oxford: Clarendon Press.

Dilla Alfonso, Haroldo. (1982). "La evolución histórica dominicana y sus relaciones con Haiti, 1492–1844," *Santiago*, No. 48, 65–119.

Dipper, Christof. (1971). "Die Bauern in der Französischen Revolution: Zu einer aktuellen Kontroverse," *Geschichte und Gesellschaft*, **VII**, 1, 119–133.

Disney, Anthony. (1978). "Commentary on the Papers by S. Arasaratnam and I. Bruce Watson," *South Asia*, n.s., **I**, 2, 65–66.

Dmytryshyn, Basil. (1960). "The Economic Content of the 1767 *Nakaz* of Catherine II," *American Slavonic & East European Review*, **XIX**, 1, 1–9.

Dobb, Maurice, (1946). *Studies in the Development of Capitalism*. London: Routledge & Kegan Paul.

Dobb, Maurice. (1961). "Alcune considerazioni sulla rivoluzione industriale," *Studi Storici*, **II**, 3/4, 457–464.

Dodgshon, Robert A. (1976). "The Economics of Sheep Farming in the Southern Uplands during the Age of Improvement, 1750–1833," *Economic History Review*, 2nd ser., **XXIX**, 4, 551–569.

Doerflinger, Thomas M. (1976). "The Antilles Trade of the Old Regime: A Statistical Overview," *Journal of Interdisciplinary History*, **VI**, 3, 397–415.

Dojnov, Stefan. (1984). "La Russie et le Mouvement de Libération Nationale Bulgare au XVIIIe siècle," in *Etudes historiques*, **XII**, à l'occasion du Vème Congrès International des Etudes Balkaniques du Sud-Est Européennes—Belgrade. Sofia: Ed. de l'Académie Bulgare des Sciences, 37–67.

Dominguez, Jorge F. (1980). *Insurrection or Loyalty, the Breakdown of the Spanish American Empire*. Cambridge, MA: Harvard University Press.

Doniol, Henri. (1886–1899). *Histoire de la participation de la France à l'établissement des Etats-Unis d'Amérique*, 6 vols. Paris: Imprimerie Nationale.

Doubout, Jean-Jacques. (1974). "Problèmes d'une période de transition. De Saint-Domingue à Haiti—1793–1806," *La Pensée*, No. 174, 67–80.

Dovring, Folke. (1966). "The Transformation of European Agriculture," in H. J. Habakkuk & M. Postan, eds., *Cambridge Economic History of Europe*, **VI**: *The Industrial Revolutions and After: Incomes, Population and Technological Change*. Cambridge, Engl.: At the University Press, 604–672.

Dovring, Folke. (1969). "Eighteenth-Century Changes in European Agriculture: A Comment," *Agricultural History*, **XLIII**, 1, 181–186.

Doyle, David Noel. (1981). *Ireland, Irishmen and Revolutionary America, 1760–1820.* Dublin: Mercier Press.
Doyle, William. (1972). "Was There an Aristocratic Reaction in Pre-Revolutionary France?," *Past and Present*, No. 57, 97–122.
Doyle, William. (1980). *Origins of the French Revolution.* London: Oxford University Press.
Drake, B. K. (1976). "The Liverpool–African Voyage c. 1790–1807: Commercial Problems," in R. Anstey & P. E. H. Hair, eds., *Liverpool, The Slave Trade, and Abolition.* Bristol, Engl.: Western Printing Service, 126–156.
Drake, Michael. (1963). "Marriage and Population Growth in Ireland, 1750–1845," *Economic History Review*, 2nd ser., **XVI**, 2, 301–313.
Drake, Michael. (1969). "Introduction," in Michael Drake, ed., *Population in Industrialization.* London: Methuen, 1–10.
Drescher, Seymour D. (1976a). "Capitalism and Abolition: Values and Forces in Britain, 1783–1814," in R. Anstey & P. E. H. Hair, eds., *Liverpool, The Slave Trade, and Abolition,* Bristol, Engl.: Western Printing Service, 167–195.
Drescher, Seymour. (1976b). "Le 'declin' du système esclavagiste britannique et l'abolition de la traite," *Annales E.S.C.,* **XXXI**, 2, 414–435.
Drew, Ronald F. (1959). "The Emergence of an Agricultural Policy for Siberia in the XVII and XVIII Centuries," *Agricultural History,* **XXXIII**, 1, 29–39.
Dreyfus, François-G. (1978). "Le nouveau démarrage industriel des Allemagnes," in Pierre Léon, dir., *Histoire économique et sociale du monde,* **III:** Louis Bergeron, dir., *Inerties et révolutions, 1730–1840.* Paris: Lib. Armand Colin, 36–39.
Druzhinin (Družinin), Michail Nikolaevic. (1973). "Besonderheiten der Genesis des Kapitalismus in Russland," in P. Hoffmann & H. Lemke, hrsg., *Genesis und Entwicklung des Kapitalismus in Russland.* Berlin: Akademie Verlag, 26–62.
Druzhinina (Droujinina), E. I. (1975). "Les rapports agraires en Russie aux XVIIe et XVIIIe siècles," in *Le Village en France et en URSS: des origines à nos jours,* Colloque franco-soviétique organisé à Toulouse du 24 au 29 mai 1971. Toulouse: Université de Toulouse-Le Mirail, Service des Publications, 209–221.
Dubinovsky de Bueno, Adela. (1985). "Los orígenes de la República en Chile," *Cuadernos Hispanoamericanos,* No. 418, 111–120.
Dubois, Marcel & Terrier, Auguste. (1902). *Un siècle d'expansion coloniale, 1800–1900,* Collection, les Colonies français, Tome I. Paris: Augustin Challamel.
Dubuc, Alfred. (1967). "Les classes sociales au Canada," *Annales E. S. C.,* **XXII,** 4, 829–844.
Duckham, Baron F. (1969). "Serfdom in Eighteenth-Century Scotland," *History,* **LIV,** No. 181, 178–197.
Duignan, Peter & Clendennen, Clarence. (1963). *The United States and the African Slave Trade, 1619–1862.* Stanford, CA: Hoover Institution on War, Revolution, and Peace, Stanford University.
Dukes, Paul. (1967). *Catherine the Great and the Russian Nobility.* Cambridge, Engl.: At the University Press.
Dukes, Paul. (1971). "Russia and the Eighteenth Century Revolution," *History,* **LVI,** No. 188 371–386.
Dukes, Paul. (1977). "Catherine II's Enlightened Absolutism and the Problem of Serfdom," in W. E. Butler, ed., *Russian Law: Historical and Political Perspectives.* Leiden: A. W. Sijthoff, 93–115.
Dukes, Paul. (1984). *The Making of Russian Absolutism, 1613–1800,* 2nd impr. London & New York: Longman.
Dull, Jonathan R. (1983). "France and the American Revolution Seen as Tragedy," in N. L. Roelker & C. K. Warner, eds., *Two Hundred Years of Franco-American Relations.* Worcester, MA: Hefferman Press, 1–22.

Dull, Jonathan R. (1985). *A Diplomatic History of the American Revolution*. New Haven, CT: Yale University Press.
Dumas, François. (1904). *Etude sur le Traité de Commerce de 1786 entre la France et l'Angleterre*. Toulouse: E. Privat.
Dumbell, Stanley. (1923). "Early Liverpool Cotton Imports and the Organization of the Cotton Market in the Eighteenth Century," *Economic Journal*, **XXXIII**, No. 131, 362–373.
Dunham, Arthur Louis. (1955). *The Industrial Revolution in France, 1815–1848*. New York: Exposition Press.
Dupâquier, Jacques. (1970). "Problèmes démographiques de la France napoléonienne," *Revue d'histoire moderne et contemporaine*, **XVII**, 339–358.
Dupâquier, Jacques. (1972). "La non-révolution agricole du XVIIIe siècle," *Annales E.S.C.*, **XXVII**, 1, 80–84.
Dupin, Baron Charles. (1858, 1859, 1860). *Force productive des nations, depuis 1800 jusqu'à 1851*, Introduction aux rapports de la commission française instituée par la jury international de l'exposition universelle à Londres, en 1851. 4 vols. Paris: Imprimerie Impériale, I : 1 : 1–2, 1858; I : 2, 1859; I : 3, 1860.
Dupont de Nemours. (1786). "Observations sur la Note concernant la Base du Traité de Commerce, communiqué par Monsieur le Comte de Vergennes à Monsieur le controlleur Général," in *Archives des Affaires Etrangères (Paris): Angleterre*, No. 65: *1786: Mémoires sur le projet de traité de Commerce. Dix pièces*, 34–234.
Dupont de Nemours. (1788). *Lettre à la Chambre de Commerce de Normandie sur le Mémoire qu'elle a publié relativement au traité de commerce avec l'Angleterre*. Rouen & Paris: Moutard.
Dutt, Romesh Chunder. (1956). *The Economic History of India under the Early British Rule*, 8th impr. London: Routledge & Kegan Paul. (Originally published 1901.)
Dyck, Harvey L. (1980). "Pondering the Russian Fact: Kaunitz and the Catherinian Empire in the 1770s," *Canadian Slavonic Papers*, **XXII**, 4, 451–469.
Eagly, Robert V. & Smith, V. Kerry. (1976). "Domestic and International Integration of the London Money Market, 1731–1789," *Journal of Economic History*, **XXXVI**, 1, 198–212.
Earle, Edward Meade. (1927). "American Interest in the Greek Cause, 1821–1827," *American Historical Review*, **XXXIII**, 1, 44–63.
East, Robert A. (1946). "The Business Entrepreneur in a Changing Colonial Economy, 1763–1795," *Journal of Economic History*, Suppl. VI, 16–27.
Eça, Raul d'. (1936). "Colonial Brazil as an Element in the Early Diplomatic Negotiations Between the United States and Portugal, 1776–1808," in A. A. Wilgus, ed., *Colonial Hispanic America*. Washington, DC: George Washington University Press, 551–558.
Eccles, W. J. (1971). "The Social, Economic, and Political Significance of the Military Establishment in New France," *Canadian Historical Review*, **LII**, 1, 1–22.
Edwards, Michael M. (1967). *The Growth of the British Cotton Trade, 1780–1815*. Manchester, Engl.: Manchester University Press.
Eeckante, Denise. (1965). "Les brigands en Russie du XVIIe au XIXe siècle: mythe et réalité," *Revue d'histoire moderne et contemporaine*, **XII**, 3, 161–202.
Egnal, Mark. (1975). "The Economic Development of the Thirteen Continental Colonies, 1720–1775," *William and Mary Quarterly*, 3d ser., **XXXII**, 2, 191–222.
Egnal, Mark & Ernest, Joseph A. (1972). "An Economic Interpretation of the American Revolution," *William and Mary Quarterly*, 3d ser., **XXIX**, 1, 3–32.
Egret, Jean. (1962). *La pré-Révolution française (1787–1788)*. Paris: Presses Universitaires de France.
Ehrman, John. (1962). *The British Government and Commercial Negotiations with Europe, 1783–1793*. Cambridge, Engl.: At the University Press.
Eisenstein, Elizabeth L. (1965). "Who Intervened in 1788? A Commentary on *The Coming of the French Revolution*," *American Historical Review*, **LXXI**, 1, 77–103.
Eisenstein, Elizabeth L. (1967). "A Reply," *American Historical Review*, **LXXII**, 2, 514–522.

Ellis, Geoffrey. (1978). "Review Article: The 'Marxist Interpretation' of the French Revolution," *English Historical Review*, **XCIII**, No. 367, 353–376.

Ellis, Geoffrey. (1981). *Napoleon's Continental Blockade: The Case of Alsace*. Oxford: Clarendon Press.

Ellison, Thomas. (1862, 1863). "The Great Crises in the History of the Cotton Trade: A Retrospect of Prices and Supply, 1790 to 1862," *Exchange, a home and colonial review of commerce, manufactures, and general politics* (London), **I**, 306–315 (1862); **II**, 45–54 (1863).

Eltis, David. (1977). "The Export of Slaves from Africa, 1821–1843," *Journal of Economic History*, **XXXVII**, 2, 409–433.

Elwert, Georg. (1973). *Wirtschaft und Herrschaft von 'Dāxome' (Dahomey) im 18. Jahrhundert: Ökonomie des Sklavenraubs und Gesellschaftsstruktur, 1724 bis 1818*. München: Kommissionsverlag Klaus Renner.

Embree, Ainslee T. (1962). *Charles Grant and British Rule in India*. New York: Columbia University Press.

Embree, Ainslee T. (1964). "Landholding in India and British Institutions," in R. E. Frykenberg, ed., *Land Control and Social Structure in Indian History*. Madison, WI: University of Wisconsin Press, 33–52.

Emsley, Clive. (1981). "An Aspect of Pitt's 'Terror': Prosecutions for Sedition During the 1790s," *Social History*, **VI**, 2, 155–184.

Endrei, Walter. (1983). "Energie hydraulique et révolution industrielle," paper delivered at XV Settimana di Studio, Ist. Int. di Storia Economica "Francesco Datini," Prato, 15–20 apr., mimeo.

Engels, Frederick. (1971). "The Position of England: The Eighteenth Century," in Karl Marx & Frederick Engels, *Articles on Britain*. Moscow: Progress Publishers, 9–31. (Originally published 1844.)

Engerman, Stanely L. (1972). "The Slave Trade and British Capital Formation in the Eighteenth Century: A Comment on the Williams Thesis," *Business History Review*, **XLVI**, 4, 430–443.

Engerman, Stanley L. (1975). "Comments on Richardson and Boulle and the 'Williams Thesis,'" *Revue française d'histoire d'outre-mer*, **LXII**, 1^e et 2^e trimestres, Nos. 226/227, 331–336.

Engerman, Stanley L. (1976). "Some Economic and Demographic Comparisons of Slavery in the United States and the British West Indies," *Economic History Review*, 2nd ser., **XXIX**, 2, 258–275.

Engerman, Stanley L. (1981). "Notes on the Patterns of Economic Growth in the British North American Colonies in the Seventeenth, Eighteenth and Nineteenth Centuries," in P. Bairoch & M. Lévy-Leboyer, eds., *Disparities in Economic Development since the Industrial Revolution*. New York: St. Martin's Press, 46–57.

Engerman, Stanley L. (1986). "Slavery and Emancipation in Comparative Perspective: A Look at Some Recent Debates," *Journal of Economic History*, **XLVI**, 2, 317–339.

Ernst, Joseph Albert. (1973a). *Money and Politics in America, 1755–1775: A Study in the Currency Act of 1764 and the Political Economy of Revolution*. Chapel Hill, NC: University of North Carolina Press.

Ernst, Joseph Albert. (1973b). "Ideology and the Political Economy of Revolution," *Canadian Review of American Studies*, **IV**, 2, 137–148.

Ernst, Joseph Albert. (1976). "'Ideology' and an Economic Interpretation of the Revolution," in A. F. Young, ed., *The American Revolution: Explorations in the History of American Radicalism*. DeKalb, IL: Northern Illinois University Press, 159–185.

Escoffier, Maurice. (1907). "La Restauration, l'Angleterre et les colonies," *Revue d'histoire diplomatique*, **XXI**, 40–56.

Evans, Laurence. (1983). "Gulliver Bound: Civil Logistics and the Destiny of France," *Historical Reflections*, **X**, 1, 19–44.

Eversley, D. E. C. (1967). "The Home Market and Economic Growth in England, 1750–80," in E. L. Jones & G. E. Mingay, eds., *Land, Labour and Population in the Industrial Revolution.* London: Edward Arnold, 206–259.

Eyzaguirre, Jaime. (1957). *Ideario y ruta de la emancipación Chilena.* Santiago, Chile: Editorial Universitaria.

Fage, J. D. (1969). "Slavery and the Slave Trade in the Context of West African History," *Journal of African History,* **X,** 3, 393–404.

Fage, J. D. (1975). "The Effect of the Export Slave Trade on African Populations," in R. P. Moss & J. A. R. Rathbone, eds., *The Population Factor in African Studies,* 15–23.

Fage, J. D. (1980). "Slaves and Society in Western Africa, c. 1445–c. 1700," *Journal of African History,* **XXI,** 3, 289–310.

Falkner, S. A. (1919). *Bumazhnia djengi frantzuzkoj revoljucii (1789–1797).* Moscow: Redakcionno-Izdatelskogo Otdjela V.S.N.H.

Falkus, M. E. (1972). *The Industrialisation of Russia, 1700–1914.* London: Macmillan.

Fanfani, Amintore. (1963). "Osservazione sul significato del '700 nella storia economica," *Economia e storia,* **X,** 1, 9–20.

Farley, J. Lewis. (1862). *The Resources of Turkey Considered with Especial Reference to the Profitable Investment of Capital in the Ottoman Empire.* London: Longman, Green, Longman, & Roberts.

Farley, J. Lewis. (1872). *Modern Turkey.* London: Hurst & Blackett.

Faucheux, Marcel. (1964). *L'insurrection vendéenne de 1793: Aspects économiques et sociaux,* Commission d'histoire économique et sociale de la Révolution, Mémoires et Documents, XVII. Paris: Imprimerie Nationale.

Fay, C. R. (1940). "The Movement Towards Free Trade, 1820–1853," in J. Holland Rose, A. P. Newton, & E. A. Benians, eds., *The Cambridge History of the British Empire,* **II:** *The Growth of the New Empire, 1783–1870.* Cambridge, Engl.: Cambridge University Press, 388–414.

Feavearyear, A. E. (1931). *The Pound Sterling: A History of English Money.* Oxford: Clarendon Press.

Febvre, Lucien. (1962). "Civilisation: Evolution d'un mot et d'un groupe d'idées," in *Pour une Histoire à part entière.* Paris: S.E.V.P.E.N., 481–528. (Originally published 1930.)

Fedorov, A. S. (1979). "Russia and Britain in the Eighteenth Century: A Survey of Economic and Scientific Links," in A. G. Cross, ed., *Great Britain and Russia in the Eighteenth Century: Contrasts and Comparison.* Newton, MA: Oriental Research Partners, 137–144.

Fehér, Ferenc. (1987). *The Frozen Revolution: An Essay on Jacobinism.* Cambridge, Engl.: Cambridge University Press.

Feinstein, C. H. (1981). "Capital Accumulation and the Industrial Revolution," in R. Floud & D. N. McCloskey, eds., *The Economic History of Britain Since 1700.* **I:** *1700–1860.* Cambridge, Engl.: Cambridge University Press, 128–142.

Felix, David. (1956). "Profit Inflation and Industrial Growth: The Historic Record and Contemporary Analogies," *Quarterly Journal of Economics,* **LXX,** 3, 441–463.

Ferguson, E. James. (1953). "Currency Finance: An Interpretation of Colonial Monetary Practices," *William and Mary Quarterly,* 3rd ser., **X,** 2, 153–180.

Ferguson, E. James. (1954). "Speculation in the Revolutionary Debt: The Ownership of Public Securities in Maryland, 1790," *Journal of Economic History,* **XIV,** 1, 35–45.

Fernández de Avila, Rafael Camón. (1975). "La emancipación y el comercio catalán con América," *Revista de Indias,* **XXXV,** Nos. 139/142, 229–260.

Ferro, Marc. (1981). "Tentation et peur de l'histoire," *Le monde diplomatique,* 28e année, No. 323, 32.

Findley, Carter V. (1970). "The Legacy of Tradition to Reform: Origins of the Ottoman Foreign Ministry," *International Journal of Middle East Studies,* **I,** 4, 334–357.

Findley, Carter V. (1972). "The Foundation of the Ottoman Foreign Ministry: The Beginnings of Bureaucratic Reform under Selîm III & Mahmûd II," *International Journal of Middle East Studies,* **III,** 4, 388–416.

Colloques Internationaux du CNRS, No. 540, Lyon, 7-10 oct. 1970. Paris: Ed. du CNRS, 372–373.
Hartwell, R. M. & Engerman, S. (1975). "Modes of Immiseration: the Theoretical Basis of Pessimism," in Arthur J. Taylor, ed., *The Standard of Living in Britain in the Industrial Revolution*. London: Methuen, 189–213.
Hartwell, R. M. & Higgs, Robert. (1971). "Good Old Economic History," *American Historical Review*, **LXXVI**, 2, 467–474.
Haskett, Richard C. (1954). "Prosecuting the Revolution," *American Historical Review*, **LIX**, 3, 578–587.
Hasquin, Hervé. (1971). *Une mutation: le "Pays de Charleroi" aux XVIIe et XVIIIe siècles: Aux origines de la Révolution industrielle en Belgique*. Bruxelles: Ed. de l'Institut de Sociologie.
Hauser, Henri. (1923). "Avant-propos" to Charles Ballot, *L'introduction du machinisme dans l'industrie française*. Lille: O. Marquant, v–ix.
Hawke, G. R. & Higgins, J. P. P. (1981). "Social Overhead Capital," in R. Floud & D. N. McCloskey, eds., *The Economic History of Britain Since 1700*, **I**: *1700–1860*. Cambridge, Engl.: Cambridge University Press, 227–252.
Heaton, Herbert. (1932). "Industrial Revolution," *Encyclopedia of the Social Sciences*, Vol. VIII. New York: Macmillan, 3–13.
Heaton, Herbert. (1941). "Non-Importation, 1806–1812," *Journal of Economic History*, **I**, 2, 178–198.
Heaton, Herbert. (1972). "Financing the Industrial Revolution," in F. Crouzet, ed., *Capital Formation in the Industrial Revolution*. London: Methuen, 84–93. (Originally published in *Bulletin of Business History Society*, 1937.)
Heavner, Robert O. (1978). "Indentured Servitude: The Philadelphia Market, 1771–1773," *Journal of Economic History*, **XXXVIII**, 3, 701–713.
Heckscher, Eli P. (1922). *The Continental System: An Economic Interpretation*. Oxford: Clarendon Press.
Heckscher, Eli F. (1934). *Mercantilism*, 2 vols. London: George Allen & Unwin.
Helleiner, Karl F. (1965). "The Vital Revolution Reconsidered," in D. V. Glass & D. C. E. Eversley, eds., *Population in History*. London: Edward Arnold, 79–86. (Originally published in *Canadian Journal of Economical and Political Science*, 1957.)
Hellie, Richard. (1967). "The Foundations of Russian Capitalism," *Slavic Review*, **XXVI**, 1, 148–154.
Hellie, Richard. (1971). *Enserfment and Military Change in Muscovy*. Chicago, IL: University of Chicago Press.
Henderson, Archibald. (1914). "The Creative Forces in Westward Expansion: Henderson and Boone," *American Historical Review*, **XX**, 1, 86–107.
Henderson, H. James. (1973). "The Structure of Politics in the Continental Congress," in S. G. Kurtz & J. H. Hutson, eds., *Essays on the American Revolution*. Chapel Hill, NC: University of North Carolina Press, 157–196.
Henderson, W. O. (1957). "The Anglo-French Commercial Treaty of 1786," *Economic History Review*, 2nd ser., **X**, 1, 104–112.
Henderson, W. O. (1961). *The Industrial Revolution on the Continent*. London: Frank Cass. (Also entitled *The Industrial Revolution in Europe*.)
Henderson, W. O. (1972). *Britain and Industrial Europe, 1750–1870*, 3rd ed. Leicester, Engl.: Leicester University Press.
Henderson, W. O. (1976). "The Labour Force in the Textile Industries," *Archiv für Sozialgeschichte*, **XVI**, No. 76, 283–324.
Herr, Richard. (1958). *The Eighteenth-Century Revolution in Spain*. Princeton, NJ: Princeton University Press.
Hertzberg, Arthur. (1968). *The French Enlightenment and the Jews. The Origins of Modern Anti-Semitism*. New York: Columbia University Press & Philadelphia, PA: Jewish Publ. Society of America.

Hess, Andrew C. (1970). "The Evolution of the Ottoman Seaborne Empire in the Age of the Oceanic Discoveries, 1453–1525," *American Historical Review*, **LXXV**, 7, 1892–1919.
Heston, Alan W. (1977). "The Standard of Living in Akbar's Time: A Comment," *Indian Economic and Social History Review*, **XIV**, 3, 391–396.
Heuvel, Gerd van den. (1982). *Grundprobleme der französischen Bauernschaft, 1730–1794*. München & Wien: Oldenbourg.
Heyd, Uriel, (1961). "The Ottoman 'Ulemâ and Westernization in the Time of Selîm III and Mahmûd II," *Scripta Hierosolymitana*, **IX**: U. Heyd, ed., *Studies in Islamic History and Civilization*, 63–96.
Heyd, Uriel. (1970). "The Later Ottoman Empire in Rumelia and Anatolia," in P. M. Holt *et al.*, *The Cambridge History of Islam*, **I**: *The Central Islamic Lands*. Cambridge, Engl.: At the University Press, 354–373.
Heywood, Colin. (1981). "The Launching of an 'Infant Industry'? The Cotton Industry of Troyes Under Protectionism, 1793–1860," *Journal of European Economic History*, **X**, 3, 553–581.
Higonnet, Patrice. (1979). "Babeuf: Communist or Proto-Communist?" *Journal of Modern History*, **LI**, 4, 773–781.
Higonnet, Patrice. (1980). "The Politics of Linguistic Terrorism and Grammatical Hegemony During the French Revolution," *Social History*, **V**, 1, 41–69.
Higonnet, Patrice. (1981). *Class, Ideology, and the Rights of Nobles during the French Revolution*. Oxford: Clarendon Press.
Higonnet, Patrice. (1986). "Le sens de la Terreur dans la Révolution française," *Commentaire*, No. 35, 436–445.
Hill, Christopher. (1967). *Reformation to Industrial Revolution*, Pelican Economic History of Britain, Vol. II. London: Penguin.
Hill, Christopher. (1980). "A Bourgeois Revolution?," in J. G. A. Pocock, ed., *Three British Revolutions: 1641, 1688, 1776*. Princeton, NJ: Princeton University Press, 109–139.
Hirsch, Jean-Pierre, ed., (1978). *La nuit du 4 août*, Collection Archives. Paris: Gallimard-Juilliard.
Hirsch, Jean-Pierre. (1979). "Un fil rompu? A propos du crédit à Lille sous la Révolution et l'Empire," *Revue du Nord*, **LXI**, No. 240, 181–192.
Hirsch, Jean-Pierre. (1980). "Note critique: Pensons la Révolution française," *Annales E.S.C.*, **XXXV**, 2, 320–333.
Hirschman, Albert. (1957). "Investment Policies and 'Dualism' in Underdeveloped Countries," *American Economic Review*, **XLVII**, 5, 550–570.
His de Butenval, Charles Adrien (Comte). (1869). *Précis historique et économique du traité du commerce entre la France et la Grande-Bretagne signé à Versailles, le 26 septembre 1786*. Paris: Dentu.
Hiskett, Mervyn. (1962). "An Islamic Tradition of Reform in the Western Sudan from the Sixteenth to the Eighteenth Century," *Bulletin of SOAS*, **XXV**, 3, 577–596.
Hiskett, Mervyn. (1976). "The Nineteenth-Century Jihads in West Africa," in J. E. Flint, ed., *Cambridge History of Africa*, **V**: *From c. 1790 to c. 1870*. Cambridge, Engl.: Cambridge University Press, 125–169.
Hobsbawm, E. J. (1952). "The Machine-Breakers," *Past and Present*, No. 1, Feb., 57–70.
Hobsbawm, E. J. (1957). "The British Standard of Living, 1790–1850," *Economic History Review*, 2nd ser., **X**, 1, 46–68.
Hobsbawm, E. J. (1962). *The Age of Revolution, 1789–1848*. New York: Mentor.
Hobsbawm, E. J. (1963). "The Standard of Living during the Industrial Revolution: A Discussion," *Economic History Review*, 2nd ser., **XVI**, 1, 120–134.
Hobsbawm, E. J. (1968). *Industry and Empire*, The Pelican Economic History of Britain, Volume III. Harmondsworth, Engl.: Penguin.
Hobsbawm, E. J. (1975). "Essays in Postscript: The Standard of Living Debate," in Arthur J.

Taylor, ed., *The Standard of Living in Britain in the Industrial Revolution.* London: Methuen, 179–188.

Hodgkin, Thomas. (1960). "Uthman dan Fodio," *Nigeria Magazine,* A Special Independence Issue, Oct., 75–82.

Hodgson, Marshall. (1974). *The Venture of Islam: Conscience and History in a World Civilization,* 3 vols. Chicago: IL: University of Chicago Press.

Hoerder, Dirk. (1976). "Boston Leaders and Boston Crowds, 1765–1776," in A. F. Young, ed., *The American Revolution: Explorations in the History of American Radicalism.* DeKalb, IL: Northern Illinois University Press, 233–271.

Hoffman, Ronald. (1976). "The 'Disaffected' in the Revolutionary South," in A. F. Young, ed., *The American Revolution: Explorations in the History of American Radicalism.* DeKalb, IL: Northern Illinois University Press, 273–316.

Hoffmann, Peter. (1973). "Zur Problematik der sogenannten ursprünglichen Akkumulation in Russland," in P. Hoffman & H. Lemke, hrsg., *Genesis and Entwicklung des Kapitalismus in Russland,* Berlin: Akademie-Verlag, 154–177.

Hoffmann, Walther G. (1955). *British Industry, 1700–1950.* Oxford: Basil Blackwell.

Hoffmann, Walther G. (1958). *The Growth of Industrial Economies.* Manchester, Engl.: Manchester University Press.

Hogendorn, Jan S. (1977). "The Economics of Slave Use on Two 'Plantations' in the Zaria Emirate of the Sokoto Caliphate," *International Journal of African Historical Studies,* **X**, 3, 369–383.

Hogendorn, Jan S. (1980). "Slave Acquisition and Delivery in Precolonial Hausaland," in B. K. Schwartz, Jr. & R. Dumett, eds., *West African Culture Dynamics: Archaeological and Historical Perspectives.* The Hague: Mouton, 477–494.

Holderness, B. A. (1971). "Capital Formation in Agriculture," in J. P. P. Higgins & S. Pollard, eds., *Aspects of Capital Investment in Great Britain, 1750–1850: A Preliminary Survey.* London: Methuen, 159–183.

Holderness, B. A. (1974). "The English Land Market in the Eighteenth Century: The Case of Lincolnshire," *Economic History Review,* 2nd ser., **XXVII**, 4, 557–576.

Hone, J. Ann (1982). *For the Cause of Truth: Radicalism in London 1796–1821.* Oxford: Clarendon Press.

Hopkins, A. G. (1973). *An Economic History of West Africa.* London: Longmans.

Hoppit, Julian. (1986). "Financial Crises in Eighteenth-Century England," *Economic History Review,* 2nd ser., **XXXIX**, 1, 39–58.

Horsman, Reginald. (1962). *The Cause of the War of 1812.* Philadelphia, PA: University of Pennsylvania Press.

Horton, W. R. G. (1954). "The Ohu System of Slavery in a Northern Ibo Village-Group," *Africa,* **XXIV**, 4, 311–336.

Hoselitz, Bert F. (1955a). "Entrepreneurship and Capital Formation in France and Britain since 1700," in National Bureau of Economic Research, *Capital Formation and Economic Growth.* Princeton, NJ: Princeton University Press, 291–337.

Hoselitz, Bert F. (1955b). "Reply" in National Bureau of Economic Research, *Capital Formation and Economic Growth.* Princeton, NJ: Princeton University Press, 385–393.

Hossain, Hameeda. (1979). "The Alienation of Weavers: Impact of the Conflict Between the Revenue and Commercial Interests of the East India Company, 1750–1800," *Indian Economic and Social History Review,* **XVI**, 3, 323–345.

Hourani, Albert. (1957). "The Changing Face of the Fertile Crescent in the XVIIIth Century," *Studia Islamica,* **VIII**, 89–122.

Hourani, Albert. (1968). "Ottoman Reform and the Politics of Notables," in W. R. Polk & R. L. Chambers, eds., *Beginnings of Modernization in the Middle East.* Chicago, IL: University of Chicago Press, 41–68.

Houtte, François-Xavier van. (1949). *L'évolution de l'industrie textile en Belgique et dans le monde de*

1800 à 1939, Université de Louvain, Collection de l'Ecole des Sciences Politiques et Sociales, No. 141. Louvain: E. Nauwelaerts.

Hueckel, Glenn. (1973). "War and the British Economy, 1793–1815: A General Equilibrium Analysis," *Explorations in Economic History*, **X**, 4, 365–396.

Hueckel, Glenn. (1976a). "English Farming Profits during the Napoleonic Wars, 1793–1815," *Explorations in Economic History*, **XIII**, 3, 331–345.

Hueckel, Glenn. (1976b). "Relative Prices and Supply Response in English Agriculture during the Napoleonic Wars," *Economic History Review*, 2nd ser., **XXIX**, 3, 401–414.

Hueckel, Glenn. (1981). "Agriculture During Industrialisation," in R. Floud & D. N. McCloskey, eds., *The Economic History of Britain Since 1700*, **I**. *1700–1860*. Cambridge, Engl.: Cambridge University Press, 182–203.

Hufton, Olwen. (1980). *Europe: Privilege and Protest, 1730–1789*, Vol. X of Fontana History of Europe. London: Harvester.

Hufton, Olwen. (1983). "Social Conflict and the Grain Supply in Eighteenth-Century France," *Journal of Interdisciplinary History*, **XIV**, 2, 303–331.

Hughes, H. B. L. (1944). "British Policy Towards Haiti, 1801–1805," *Canadian Historical Review*, **XXV**, 4, 397–408.

Hughes, J. R. T. (1968). "Industrialization: I. Economic Aspects," *International Encyclopedia of the Social Sciences*, Vol. VII. New York: Macmillan & Free Press, 252–263.

Hughes, J. R. T. (1969). "Discussion," *American Economic Review*, **LIX**, 2, Papers and Proceedings, 382–384.

Humboldt, Alexander von. (1972). *Political Essay on the Kingdom of New Spain*, the John Black translation (abridged). New York: Knopf.

Humphreys, R. A. (1952). "The Fall of the Spanish American Empire," *History*, n.s., **XXXVII**, 213–227.

Humphreys, R. A. (1965). *Tradition and Revolt in Latin America, and other essays*. London: Weidenfeld & Nicolson.

Humphreys, R. A. & Lynch, John. (1965a). *The Origins of the Latin American Revolutions, 1808–1826*. New York: Alfred A. Knopf, 3–27.

Humphreys, R. A. & Lynch, John. (1965b). "The Emancipation of Latin America," in *XIIe Congrès International des Sciences Historiques, Rapports*, **III**: *Commissions*, Vienne, 29 août–5 sept., 1965. Wien: Ferdinand Berger & Sohne, 39–56.

Hunecke, Volker. (1978). "Antikapitalistische Strömungen in der Französischen Revolution. Neuere Kontroversen der Forschung," *Geschichte und Gesellschaft*, **IV**, 3, 291–323.

Hunt, David. (1979). "The People and Pierre Dolivier: Popular Uprisings in the Seine-et-Oise Department (1791–1792), *French Historical Studies*, **XI**, 2, 184–214.

Hunt, David, (1983). "Theda Skocpol and the Peasant Route," *Socialist Review*, **XIII**, 4, 121–144.

Hunt, David. (1984). "Peasant Politics in the French Revolution," *Social History*, **IX**, 3, 277–299.

Hunt, E. W. & Bothan, E. W. (1987). "Wages in Britain during the Industrial Revolution," *Economic History Review*, 2nd ser., **XL**, 3, 380–399.

Hunt, H. G. (1959). "Landownership and Enclosure, 1750–1850," *Economic History Review*, 2nd ser., **XI**, 3, 497–505.

Hunt, Lynn. (1984). *Politics, Culture, and Class in the French Revolution*. Berkeley, CA: University of California Press.

Hurewitz, J. C. (1956). *Diplomacy in the Near and Middle East*, **I**: *A Documentary Record, 1535–1914*. Princeton, NJ: Van Nostrand.

Hurewitz, J. C. (1961a). "The Europeanization of Ottoman Diplomacy: The Conversion from Unilateralism to Reciprocity in the Nineteenth Century," *Türk Tarih Kurumu Belleten*, **XXV**, No. 99, 455–466.

Hurewitz, J. C. (1961b). "Ottoman Diplomacy and the European State System," *Middle East Journal*, **XV**, 2, 141–152.

Huttenback, R. A. (1961). "The French Threat to India and British Relations with Sind, 1799–1809," *English Historical Review*, **LXXVI**, No. 301, 590–599.
Hyam, Ronald. (1967). "British Imperial Expansion in the Late 18th Century," *Historical Journal*, **X**, 1, 113–124.
Hyde, Charles K. (1973). "The Adoption of Coke-Smelting by the British Iron Industry, 1709–1790," *Explorations in Economic History*, **X**, 3, 397–418.
Hyde, Francis E., Parkinson, Bradbury B. & Marriner, Sheila. (1953). "The Nature and Profitability of the Liverpool Slave Trade. *Economic History Review*, 2nd ser., **V**, 3, 368–377.
Hyslop, Beatrice Fry. (1934). *French Nationalism in 1789 According to the General Cahiers*. New York: Columbia University Press.
Imbart de la Tour, J., Dorvault, F., & Lecomte, H. (1900). *Régime de la propriété; Régime de la main d'oeuvre; L'agriculture aux colonies*, Collection, les Colonies françaises, Tome V. Paris: Augustin Challamel.
Imlah, Albert H. (1958). *Economic Elements in the Pax Britannica*. Cambridge, MA: Harvard University Press.
İnalcık, Halil. (1955). "Land Problems in Turkish History," *The Muslim World*, **XLV**, 3, 221–228.
İnalcık, Halil. (1969). "Capital Formation in the Ottoman Empire," *Journal of Economic History*, **XXIX**, 1, 97–140.
İnalcık, Halil. (1971). "Imtiyāzāt, ii–The Ottoman Empire," in B. Lewis *et al.*, eds., *The Encyclopaedia of Islam*, new ed., Vol. III. Leiden: E. J. Brill, 1179–1189.
İnalcık, Halil. (1980). "Military and Fiscal Transformations in the Ottoman Empire, 1600–1700," *Archivum Ottomanicum*, **VI**, 283–337.
İnalcık, Halil. (1983). "The Emergence of Big Farms, *Çiftliks*: State Landlords and Tenants," in J. L. Bacqué-Grammont & P. Dumont, eds., *Contribution à l'histoire économique et sociale de l'Empire ottoman*, Collection Turcica, Vol. III. Leuven: Ed. Peeters, 104–126.
Indova, E. I. (1964). "Les activités commerciales de la paysannerie dans les villages de la région de Moscou (première moitié du XVIIIe siècle)," *Cahiers du monde russe et soviétique*, **V**, 2, 206–228.
Inikori, J. E. (1976a). "Measuring the Atlantic Slave Trade: An Assessment of Curtin and Anstey," *Journal of African History*, **XVII**, 2, 197–223.
Inikori, J. E. (1976b). "Measuring the Atlantic Slave Trade: A Rejoinder," *Journal of African History*, **XVII**, 4, 607–627.
Inikori, J. E. (1977). "The Import of Firearms into West Africa, 1750–1807: A Quantitative Analysis," *Journal of African History*, **XVIII**, 3, 339–368.
Inikori, J. E. (1981). "Market Structures and the Profits of the British African Trade in the Late Eighteenth Century," *Journal of Economic History*, **XLI**, 4, 745–776.
Inikori, J. E. (1983). "Market Structure and the Profits of the British African Trade in the Late Eighteenth Century: A Rejoinder," *Journal of Economic History*, **XLIII**, 3, 723–728.
Inikori, J. E. (1985). Market Structure and Profits: A Further Rejoinder," *Journal of Economic History*, **XLV**, 3, 708–711.
Innis, Harold A. (1943). "Decentralization and Democracy," *Canadian Journal of Economics and Political Science*, **IX**, 3, 317–330.
Innis, Harold A. (1956). *The Fur Trade in Canada: An Introduction to Canadian Economic History*, rev. ed. Toronto: University of Toronto Press.
Ippolito, Richard A. (1975). "The Effect of the 'Agricultural Depression' on Industrial Demand in England: 1730–1750," *Economica*, n.s., **XLII**, No. 167, 298–312.
Issawi, Charles. (1961). "Egypt Since 1800: A Study in Lopsided Development," *Journal of Economic History*, **XXI**, 1, 1–25.
Issawi, Charles. (1966). *The Economic History of the Middle East, 1800–1914: A Book of Readings*, edited and with introductions. Chicago, IL: University of Chicago Press.

Issawi, Charles. (1980a). *The Economic History of Turkey, 1800–1914*. Chicago, IL: University of Chicago Press.
Issawi, Charles. (1980b). "Notes on the Negotiations Leading to the Anglo-Turkish Commercial Convention of 1828," In *Mémorial Ömer Lûtfi Barkan*, Bibliothèque de l'Institut Français des Etudes Anatoliennes d'Istanbul, Vol. XXVIII. Paris: Lib d'Amérique et d'Orient A. Maisonneuve, 119–134.
Issawi, Charles. (1982). "The Transformation of the Economic Position of the *Millets* in the Nineteenth Century," in B. Braude & B. Lewis, eds., *Christians and Jews in the Ottoman Empire*, I: *The Central Lands*. New York: Holmes & Meier, 261–285.
Itzkowitz, Norman. (1962). "Eighteenth Century Ottoman Realities," *Studia Islamica*, **XVI**, 73–94.
Izard, Miguel. (1979). *El miedo a la revolución. La lucha para la libertad en Venezuela (1777–1830)*. Madrid: Ed. Tecnos.
James, C. L. R. (1963). *The Black Jacobins; Toussaint L'Ouverture and the San Domingo Revolution*. New York: Vintage Books.
James, Francis Goodwin. (1973). *Ireland in the Empire, 1688–1770*. Cambridge, MA: Harvard University Press.
James, James Alton. (1917). "Spanish Influence in the West During the American Revolution," *Mississippi Valley Historical Review*, **IV**, 2, 193–208.
Jameson, J. Franklin. (1926). *The American Revolution Considered as a Social Movement*. Princeton, NJ: Princeton Univ. Press.
Jeannin, Pierre. (1980). "La protoindustrialisation: développement ou impasse? (Note critique)," *Annales E.S.C.*, **XXXV**, 1, 52–65.
Jelavich, Charles & Jelavich, Barbara. (1977). *The Establishment of the Balkan National States, 1804–1920*. Seattle, WA: University of Washington Press.
Jennings, Francis. (1975). *The Invasions of America: Indians, Colonization, and the Cant of Conquest*. Chapel Hill, NC: University of North Carolina Press.
Jennings, Francis. (1976). "The Indians' Revolution," in A. F. Young, ed., *The American Revolution: Explorations in the History of American Radicalism*. DeKalb, IL: Northern Illinois University Press, 319–348.
Jensen, Merrill. (1936). "The Cession of the Old Northwest," *Mississippi Valley Historical Review*, **XXIII**, 1, 27–48.
Jensen, Merrill. (1939). "The Creation of the National Domain, 1781–1784," *Mississippi Valley Historical Review*, **XXVI**, 3, 323–342.
Jensen, Merrill. (1957). "Democracy and the American Revolution," *Huntington Library Quarterly*, **XX**, 4, 321–341.
Jensen, Merrill. (1974). *The American Revolution Within America*. New York: New York University Press.
Jeremy, David J. (1977). "Damming the Flood: British Efforts to Check the Outflow of Technicians and Machinery, 1780–1843," *Business History Review*, **LI**, 1, 1–34.
Jeremy, David J. (1981). *Transatlantic Industrial Revolution: The Diffusion of Textile Technologies Between Britain and America, 1790–1830s*. Cambridge, MA: M.I.T. Press.
Joachim, Bénoît. (1970). "La structure sociale en Haïti et le mouvement d'indépendance au dix-neuvième siècle," *Cahiers d'histoire mondiale*, **XII**, 3, 452–465.
Joachim, Bénoît. (1971). "Le néo-colonialisme à l'essai: La France et l'indépendance d'Haïti," *La Pensée*, No. 156, 35–51.
John, A. H. (1967). "Farming in Wartime: 1793–1815," in E. L. Jones & G. E. Mingay, eds., *Land, Labour, and Population in the Industrial Revolution*. London: Edward Arnold, 28–47.
Johnson, Christopher H. (1983). "Response to J. Rancière, 'The Myth of the Artisan,'" *International Labor and Working Class History*, No. 24, 21–25.
Johnson, Marion. (1970). "The Cowrie Currencies of West Africa," *Journal of African History*, **XI**, 1, 17–49; **XI**, 3, 331–353.

Johnson, Marion. (1976). "The Atlantic Slave Trade and the Economy of West Africa," in R. Anstey & P. E. H. Hair, eds., *Liverpool, The Slave Trade, and Abolition*. Bristol: Western Printing Service, 14–38.

Johnson, Marion. (1978). "Technology Competition and African Crafts," in C. Dewey & A. G. Hopkins, eds., *The Imperial Impact: Studies in the Economic History of Africa and India*. London: Athlone, 259–270.

Johnson, Marion. (1980). "Polanyi, Peukert and the Political Economy of Dahomey," *Journal of African History*, **XXI**, 3, 395–398.

Jones, Alice Hanson. (1980). *Wealth of a Nation to Be: The American Colonies on the Eve of the Revolution*. New York: Columbia University Press.

Jones, E. H. Stuart. (1950). *The Invasion that Failed: The French Expedition to Ireland, 1796*. Oxford: Basil Blackwell.

Jones, E. L. (1967). "Industrial Capital and Landed Investment: The Arkwrights in Herefordshire, 1809–43," in E. L. Jones & G. E. Mingay, eds., *Land, Labour, and Population in the Industrial Revolution*. London: Edward Arnold, 48–71.

Jones, E. L. (1968a). *The Development of English Agriculture, 1815–1873*. London: Macmillan.

Jones, E. L. (1968b). "Agricultural Origins of Industry," *Past and Present*, No. 40, 58–71.

Jones, E. L. (1970). "English and European Agricultural Development, 1650–1750," in R. M. Hartwell, ed., *The Industrial Revolution*. Oxford: Basil Blackwell, 42–76.

Jones, E. L. (1974a). "Agriculture and Economic Growth in England, 1660–1750: Agricultural Change," in *Agriculture and the Industrial Revolution*. Oxford: Basil Blackwell, 67–84. (Originally published in *Journal of Economic History*, 1965.)

Jones, E. L. (1974b). "Agriculture and Economic Growth in England, 1750–1815," in *Agriculture and the Industrial Revolution*. Oxford: Basil Blackwell, 85–127. (Originally published in 1967.)

Jones, E. L. (1974c). "The Agricultural Labour Market in England, 1793–1872," in *Agriculture and the Industrial Revolution*. Oxford: Basil Blackwell, 211–233. (Originally published in *Economic History Review*, 1964.)

Jones, E. L. (1974d). "The Constraints on Economic Growth in Southern England, 1650–1850," *Third International Conference of Economic History*, Munich, 1965. Paris & La Haye: Mouton, **V**, 423–430.

Jones, E. L. (1977). "Environment, Agriculture, and Industrialization in Europe," *Agricultural History*, **LI**, 3, 491–502.

Jones, E. L. (1981). "Agriculture, 1700–80," in R. Floud & D. N. McCloskey, eds., *The Economic History of Britain Since 1700*, **I**: *1700–1860*, Cambridge, Engl.: Cambridge University Press, 66–86.

Jones, G. I. (1963). *The Trading States of the Oil Rivers: A Study of Political Development in Eastern Nigeria*. London: Oxford University Press.

Jones, Gareth Stedman. (1974). "Working-Class Culture and Working-Class Politics in London, 1870–1890: Notes on the Remaking of a Working Class," *Journal of Social History*, **VIII**, 4, 460–508.

Jones, Gareth Stedman. (1975). "Class Struggle and the Industrial Revolution," *New Left Review*, No. 90, 35–69.

Jones, J. R. (1980). *Britain and the World, 1649–1815*. Glasgow: Fontana.

Jones, M. A. (1965). "American Independence in its Imperial, Strategic and Diplomatic Aspects," in A. Goodwin, ed., *New Cambridge Modern History*, **VIII**: *The American and French Revolutions, 1763–93*. Cambridge, Engl.: At the University Press, 480–508.

Jones, Robert Leslie. (1946). "Agriculture in Lower Canada, 1792–1815," *Canadian Historical Review*, **XXVII**, 1, 33–51.

Jones, Stuart. (1981). "The First Currency Revolution," *Journal of European Economic History*, **X**, 3, 583–618.

Jordan, Winthrop D. (1968). *White Over Black: American Attitudes Toward the Negro, 1550–1812*. Chapel Hill, NC: Univ. of North Carolina Press.

Jouvenel, Bertrand de. (1942). *Napoléon et l'économie dirigée. Le Blocus Continental.* Bruxelles & Paris: La Toison d'Or.

Juglar, Clément. (1891). *Des crises commerciales et de leur retour périodique en France, en Angleterre, et aux Etats-Unis.* Paris: A. Picard.

Kahan, Arcadius. (1962). "Entreprenenship in the Early Development of Iron Manufacturing in Russia," *Economic Development and Cultural Change,* **X**, 4, 395–422.

Kahan, Arcadius. (1966). "The Costs of 'Westernization' in Russia: The Gentry and the Economy in the Eighteenth Century," *Slavic Review,* **XXV**, 1, 40–66.

Kahan, Arcadius. (1974a). "Continuity in Economic Activity & Policy During the Post-Petrine Period in Russia," in W. Blakewell, ed., *Russian Economic Development from Peter the Great to Stalin.* New York: New Viewpoints, 53–70. (Originally in *Journal of Economic History,* **XXV**, 1965.)

Kahan, Arcadius. (1974b). "Observations on Petrine Foreign Trade," *Canadian-American Slavic Studies,* **VIII**, 2, 222–236.

Kahan, Arcadius. (1979). "Eighteenth-Century Russian-British Trade: Russia's Contribution to the Industrial Revolution in Great Britain," in A. G. Cross, ed., *Great Britain and Russia in the Eighteenth Century: Contrasts and Comparisons.* Newton, MA: Oriental Research Partners, 181–189.

Kahan, Arcadius, with the editorial assistance of Richard Hellie. (1985). *The Plow, the Hammer, and the Knout—An Economic History of Eighteenth-Century Russia.* Chicago, IL: University of Chicago Press.

Kamendrowsky, Victor & Griffiths, David M. (1978). "The Fall of the Trading Nobility Controversy in Russia: A Chapter in the Relationship between Catherine II and the Russian Revolution," *Jahrbücher für Geschichte Osteuropas,* **XXVI**, 2, 198–221.

Kammen, Michael. (1970). *Empire and Interest: The American Colonies and the Politics of Mercantilism.* Philadelphia, PA: J.P. Lippincott.

Kançal, Salgur. (1983). "La conquête du marché interne ottoman par le capitalisme industriel concurrentiel (1838–1881), in J. L. Bacqué-Grammont & P. Dumont, dirs., *Economie et Sociétés dans l'Empire Ottoman (fin du XVIIIe–Début du XXe siècle),* Colloques Internationaux du CNRS, No. 601. Paris: Ed. du CNRS, 355–409.

Kaplan, Lawrence S. (1972). *Colonies into Nation: American Diplomacy, 1763–1801.* New York: Macmillan.

Kaplan, Lawrence S. (1977). "Towards Isolationism: The Rise and Fall of the Franco-American Alliance, 1775–1801," in L. S. Kaplan, ed., *The American Revolutions and "A Candid World."* Kent, OH: Kent State University Press, 134–160.

Kaplan, Steven L. (1976). *Bread, Politics, and Political Economy in the Reign of Louis XV,* 2 vols. The Hague: Martinus Nijhoff.

Kaplan, Steven L. (1979). "Réflexions sur la police du monde du travail, 1700–1815," *Revue historique,* **CCLXI**, 1, No. 529, 17–77.

Kaplan, Steven L. (1982). "The Famine Plot Persuasion in Eighteenth-Century France," *Transactions of the American Philosophical Society,* **LXXII**, 3.

Kaplow, Jeffry. (1967). "On 'Who Intervened in 1788?'," *American Historical Review,* **LXXII**, 2, 497–502.

Kaplow, Jeffry. (1972). *The Names of Kings.* New York: Basic Books.

Karpat, Kemal H. (1972). "The Transformation of the Ottoman State, 1789–1908," *International Journal of Middle East Studies,* **III**, 3, 243–281.

Karpat, Kemal H. (1974). "The Social and Economic Transformation of Istanbul in the Nineteenth Century. Part I: Istanbul During the First Half of the Century," *Bulletin de l'Association International d'Etudes du Sud-Est Européen,* **XII**, 2, 269–308.

Kaufmann, William W. (1951). *British Policy and the Independence of Latin America, 1804–1828.* New Haven, CT: Yale University Press.

Kay, Marvin L. Michael. (1965). "An Analysis of a British Colony in Late Eighteenth Century America in the Light of Current American Historiographical Controvery," *Australian Journal of Politics and History,* **XI**, 2, 170–184.

Kay, Marvin L. Michael. (1976). "The North Carolina Regulation, 1766–1776: A Class Conflict," in A.F. Young, ed., *The American Revolution: Explorations in the History of American Redicalism.* DeKalb, IL: Northern Illinois University Press, 71–123.

Keene, Charles A. (1978). "American Shipping and Trade, 1798–1820: The Evidence from Leghorn," *Journal of Economic History,* **XXXVIII**, 3, 681–700.

Keep, John. (1972). "Light and Shade in the History of the Russian Administration," *Canadian-American Slavic Studies,* **VI**, 1, 1–9.

Kellenbenz, Hermann. (1970, 1971). "Marchands en Russie aux XVIIe et XVIIIe siècles," *Cahiers du monde russe et soviétique,* **XI**, 4, 516–620 (1970); **XII**, 1/2, 76–109 (1971).

Kellenbenz, Hermann. (1973). "The Economic Significance of the Archangel Route (from the late 16th to the late 18th Century)," *Journal of European Economic History,* **II**, 3, 541–581.

Kemp, Tom. (1962). "Structural Factors in the Retardation of French Economic Growth," *Kyklos,* **XV**, 2, 325–352.

Kennedy, Michael L. (1984). "The Best and the Worst of Times: The Jacobin Club Network from October 1791 to June 2, 1793," *Journal of Modern History,* **LVI**, 4, 635–666.

Kenyon, Cecelia M. (1962). "Republicanism and Radicalism in the American Revolution: An Old-Fashioned Interpretation," *William and Mary Quarterly,* **XIX**, 2, 153–182.

Kenyon, Gordon. (1961). "Mexican Influence in Central America, 1821–1823," *Hispanic American Historical Review,* **XLI**, 1, 175–205.

Kerr, Wilfred Brenton. (1932a). "The Merchants of Nova Scotia and the American Revolution," *Canadian Historical Review,* **XIII**, 1, 20–36.

Kerr, Wilfred Brenton. (1932b). "Nova Scotia in the Critical Years, 1775–6," *Dalhousie Review,* **XII**, 97–107.

Kerr, Wilfred Brenton. (1936). *Bermuda and the American Revolution: 1760–1783.* Princeton, NJ: Princeton University Press.

Kerridge, Eric. (1967). *The Agricultural Revolution.* London: George Allen & Unwin.

Kerridge, Eric. (1969). "The Agricultural Revolution Reconsidered," *Agricultural History,* **XLIII**, 4, 463–475.

Kessel, Patrick. (1969). *La nuit du 4 août 1789.* Paris: Arthaud.

Kessinger, Tom G. (1983). "Regional Economy: North India," in D. Kumar, ed., *Cambridge Economic History of India,* **II**: *c. 1757–c. 1970.* Cambridge, Engl.: Cambridge University Press, 242–270.

Keyder, Çağlar. (1976). The Dissolution of the Asiatic Mode of Production," *Economy and Society,* **V**, 2, 178–196.

Keyder, Çağlar & İslamoğlu, Huri. (1977). "Agenda for Ottoman History," *Review,* **I**, 1, 31–55.

Kicza, John E. (1982). "The Great Families of Mexico: Elite Maintenance and Business Practices in Late Colonial Mexico City," *Hispanic American Historical Review,* **LXII**, 3, 429–457.

Kiernan, Victor. (1952). "Evangelicism and the French Revolution," *Past and Present,* No. 1, Feb., 44–56.

Kilson, Marion Dusser de Barenne. (1971). "West African Society and the Atlantic Slave Trade, 1441–1865," in N.I. Huggins *et al.,* eds., *Key Issues in the Afro-American Experience,* Vol. I. New York: Harcourt, Brace, Jovanovich, 39–53.

Kindleberger, Charles. (1975). "Commercial Expansion and the Industrial Revolution," *Journal of European Economic History,* **IV**, 3, 613–654.

Kirchner, Walther. (1966). *Commercial Relations Between Russia and Europe, 1400–1800: Collected Essays.* Bloomington, IN: Indiana University Press.

Kisch, Herbert. (1959). "The Textile Industries in Silesia and the Rhineland: A Comparative Study in Industrialization," *Journal of Ecnomic History,* **XIX**, 4, 541–564.

Kisch, Herbert. (1962). "The Impact of the French Revolution on the Lower Rhine Textile Districts—Some Comments on Economic Development and Social Change," *Economic History Review,* 2nd ser., **XV**, 2, 304–327.

Kizevetter, M. (1932). "Paul Ier et l'état intérieur de la Russie à la fin du XVIIIe siècle," in Paul

Milioukov, dir., *Histoire de la Russie*, **II**: *Les successeurs de Pierre le Grand: de l'autocratie appuyée sur la noblessa à l'autocratie bureaucratique*. Paris: E. Leroux, 629–655.

Klein, A. Norman. (1968). "Karl Polanyi's Dahomey: To Be or Not to Be a State? A Review Article," *Canadian Journal of African Studies*, **II**, 2, 210–223.

Klein, Herbert S. (1978). "The English Slave Trade to Jamaica, 1782–1808," *Economic History Review*, 2nd ser., **XXXI**, 1, 25–45.

Klein, Martin A. (1968). *Islam and Imperialism in Senegal: Sine-Saloum, 1847–1914*. Stanford, CA: Stanford University Press.

Klein, Martin A. (1972). "Social and Economic Factors in the Muslim Revolution in Senegambia," *Journal of African History*, **XIII**, 3, 419–441.

Klein, Martin & Lovejoy, Paul E. (1979). "Slavery in West Africa," in H.A. Gemery & J.S. Hogendorn, eds., *The Uncommon Market*. New York: Academic Press, 181–212.

Klingaman, David. (1969). "The Significance of Grain in the Development of the Tobacco Colonies," *Journal of Economic History*, **XXIX**, 2, 268–278.

Knight, Franklin W. (1970). *Slave Society in Cuba During the Nineteenth Century*. Madison, WI: University of Wisconsin Press.

Knight, Franklin W. (1977). "Origins of Wealth and the Sugar Revolution in Cuba, 1750–1850," *Hispanic American Historical Review*, **LVII**, 2, 231–253.

Knight, Franklin W. (1983). "The American Revolution and the Caribbean," in I. Berlin & R. Hoffman, eds., *Slavery and Freedom in the Age of the American Revolution*: Charlottesville, VA: University of Virginia Press, 237–261.

Knollenberg, Bernhard. (1960). *Origin of the American Revolution: 1759–1766*. New York: Macmillan.

Knollenberg, Bernhard. (1975). *Growth of the American Revolution, 1766–1775*. New York: Free Press.

Kochanowicz, Jacek. (1980). "Le paysan et la modernisation: Le Royaume de Pologne dans la première moitié du XIXe siècle," paper delivered at Ier Colloque Franco-Polonais, Antibes, 6-9 novembre.

Konetzke, Richard. (1946). "El mestizaje y su importancia en el desarollo de la población hispano-americana durante la época colonial," *Revista de Indias*, **VII**, No. 23, 7–44; **VII**, No. 24, 216–237.

Konetzke, Richard. (1950). "La condición legal de los criollos y las causes de la Independencia," *Estudios americanos*, **II**, 5, 31–54.

Kopytoff, Igor. (1979). "Commentary One [on Lovejoy]," in M. Craton, ed., *Roots and Branches: Current Directions in Slave Studies*. Toronto: Pergamon, 62–77.

Kopytoff, Igor & Miers, Suzanne. (1977). "African 'Slavery' as an Institution of Marginality," in S. Miers & I. Kopytoff, eds., *Slavery in Africa: Historical and Anthropological Perspectives*. Madison, WI: University of Wisconsin Press, 3–81.

Koulischer, Joseph. (1931). "La grande industrie aux XVIIe et XVIIIe siècles: France, Allemagne, Russie," *Annales d'historie économique et sociale*, **III**, No. 9, 11–46.

Koutaissoff, E. (1951). "The Ural Metal Industry in the Eighteenth Century," *Economic History Review*, 2nd ser., **IV**, 2, 252–255.

Köymen, Oya. (1971). "The Advent and Consequences of Free Trade in the Ottoman Empire," *Etudes balkaniques*, **VII**, 2, 47–55.

Kranzberg, Melvin. (1969). "Industrial Revolution," *Encyclopedia Britannica*, Vol. XII. Chicago & London: Encyclopedia Britannica, 210–215.

Kraus, Michael. (1939). "America and the Irish Revolutionary Movement in the Eighteenth Century," in R.B. Morris, ed., *The Era of the American Revolution*. New York: Columbia University Press, 332–348.

Krause, John T. (1958). "Changes in English Fertility and Mortality, 1781–1850," *Economic History Review*, 2nd ser., **XI**, 1, 52–70.

Krause, John T. (1967). "Some Aspects of Population Change, 1690–1770," in E.C. Jones & G.E. Mingay, eds., *Land, Labour and Population in the Industrial Revolution*. London: Edward Arnold, 187–205.

Krause, John T. (1969). "Some Neglected Factors in the English Industrial Revolution," in Michael Drake, ed., *Population in Industrialization*. London: Methuen, 103–117. (Originally published in *Journal of Economic History*, 1959.)

Kriedte, Peter. (1983). *Peasants, Landlords and Merchant Capitalists: Europe and the World Economy, 1500–1800*. Cambridge, Engl.: Cambridge University Press.

Kriedte, Peter, Medick, Hans & Schlumbohm, Jürgen. (1977). *Industrialisierung vor der Industrialisierung*. Göttingen: Vanderhoeck & Ruprecht.

Kroeber, Clifton B. (1957). *The Growth of the Shipping Industry in the Rio de la Plata Region, 1794–1860*. Madison, WI: University of Wisconsin Press.

Krooss, Herman E. (1969). "Discussion," *American Economic Review*, **LIX**, 2, Papers and Proceedings, 384–385.

Kulikoff, Allan. (1971). "The Progress of Neutrality in Revolutionary Boston," *William and Mary Quarterly*, 3rd ser., **XXVIII**, 3, 375–412.

Kulshreshtha, S.S. (1964). *The Development of Trade and Industry under the Mughals (1526 to 1707 A.D.)*. Allahabad, India: Kitab Mahal.

Kumar, Dharma. (1965). *Law and Caste in South India*. Cambridge, Engl.: At the University Press.

Kumar, Dharma. (1985). "The Dangers of Manichaeism," *Modern Asian Studies*, **XIX**, 3, 383–386.

Kurmuş, Orhan. (1983). "The 1838 Treaty of Commerce Reexamined," in J.-L. Bacqué-Grammont & P. Dumont, dirs., *Economie et Sociétés dans l'Empire Ottoman (fin du XVIIIe–Début du XXe siècle)*, Colloques Internationaux du CNRS, No. 601. Paris: Ed. du CNRS, 411–417.

Labrousse, C.-E. (1933). *Esquisse de mouvement des prix et des revenus en France au XVIIIe siècle*, 2 vols. Paris: Lib. Dalloz.

Labrousse, C.-E. (1944). *La crise de l'économie française à la fin de l'Ancien Régime et au début de la révolution*, Vol. I. Paris: Presses Universitaires de France.

Labrousse, C.-E. (1945). "Préface," in A. Chabert, *Essai sur les mouvements des prix et des revenus en France 1798 à 1820*. Paris: Lib. des Médicis, i–ix.

Labrousse, C.-E. (1948). "Comment naissent les revolutions," in *Actes du Congres historique du Centenaire de la Révolution de 1848*. Paris: Presses Universitaires de France, 1–29.

Labrousse, C.-E. [Ernest]. (1954). "Préface" to Pierre Léon, *La naissance de la grande industrie en Dauphiné (fin du XVIIe siècle–1869)*. Paris: Presses Universitaires de France, v–xiv.

Labrousse, C.-E. [Ernest]. (1955). "Voies nouvelles vers une histoire de la bourgeoisie occidentale aux XVIIIe et XIXe siècles (1700–1850)," in X Congresso Internazionale di Scienze Storiche, Roma, 4–11 settembre, 1955. *Relazioni*, **IV**: *Storia moderna*. Firenze: G.C. Sansoni, 365–396.

Labrousse, C.-E. (1965). "Eléments d'un bilan économique: La croissance dans la guerre," in XIIe Congrès International des Sciences Historiques, Vienne, 29 août–5 sept. *Rapports*, **I**: *Grands thèmes*. Horn/Wein: Ferdinand Berger & Sohne, 473–497.

Labrousse, C.-E. [Ernest]. (1966). "The Evolution of Peasant Society in France from the Eighteenth Century to the Present," in E.M. Acomb & M.L. Brown, Jr., eds., *French Society and Culture Since the Old Regime*. New York: Holt, Rinehart & Winston, 44–64.

Labrousse, C.-E. (1970). "Dynamismes économiques, dynamismes sociaux, dynamismes mentaux," in Fernand Braudel & Ernest Labrousse, dirs., *Histoire économique et social de la France*, **II**: *Des derniers temps de l'age seigneurial aux préludes de l'age industriel (1660–1789)*. Paris: Presses Universitaires de France, 691–740.

Lacerte, Robert K. (1975). "The First Land Reform in Latin America: The Reforms of Alexandre Pétion, 1809–1814," *Inter-American Economic Affairs*, **XXVIII**, 4, 77–85.

Lacy, Michael G. (1985). "The United States and American Indians: Political Relations," in V. Deloria, Jr., ed., *American Indian Policy in the Twentieth Century*. Norman, OK: University of Oklahoma Press, 83–104.

Ladd, Doris M. (1976). *The Mexican Nobility at Independence, 1780–1826*. Austin, TX: University of Texas Press.

Lamb, D.P. (1976). "Volume and Tonnage of the Liverpool Slave Trade, 1772–1807," in R.

Anstey & P.E.H. Hair, eds., *Liverpool, The Slave Trade, and Abolition*. Bristol, Engl.: Western Printing Service, 91–112.

Lammey, David. (1986). "The Irish–Portuguese Trade Dispute, 1770–90," *Irish Historical Studies*, **XXV**, No. 97, 29–45.

Lanctot, Gustave. (1965). *Le Canada et la Révolution américaine*. Montréal: Lib. Beauchemin.

Landes, David S. (1949). "French Entrepreneurship and Industrial Growth in the Nineteenth Century." *Journal of Economic History*, **IX**, 1, 45–61.

Landes, David S. (1950). "The Statistical Study of French Crises," *Journal of Economic History*, **X**, 2, 195–211.

Landes, David S. (1958a). "Reply to Mr. Danière and Some Reflections on the Significance of the Debate," *Journal of Economic History*, **XVIII**, 3, 331–338.

Landes, David S. (1958b). "Second Reply," *Journal of Economic History*, **XVIII**, 3, 342–344.

Landes, David S. (1969). *The Unbound Prometheus: Technological Change and Industrial Development in Western Europe from 1750*. Cambridge, Engl.: At the University Press.

Langer, W.L. (1975). "American Foods and Europe's Population Growth, 1750–1850," *Journal of Social History*, **VIII**, 2, 51–66.

Lanning, John Tate. (1930). "Great Britain and Spanish Recognition of the Hispanic American States," *Hispanic American Historical Review*, **X**, 4, 429–456.

Laran, Michael. (1966). "Nobles et paysans en Russie, de 'l'âge d'or' du servage à son abolition (1762–1861)," *Annales E.S.C.*, **XXI**, 1, 111–140.

Laslett, Peter. (1965). *The World We Have Lost*. London: Methuen.

Last, Murray. (1974). "Reform in West Africa: The Jihad Movements of the Nineteenth Century," in J.F.A. Ajayi & M. Crowder, eds., *History of West Africa*, Vol. II. London: Longman, 1–29.

Latham, A.J.H. (1971). "Currency, Credit and Capitalism on the Cross River in the Pre-Colonial Era," *Journal of African History*, **XII**, 4, 599–605.

Latham, A.J.H. (1973). *Old Calabar, 1600–1891: The Impact of the International Economy Upon a Traditional Economy*. Oxford: Clarendon Press.

Latham, A.J.H. (1978). "Price Fluctuations in the Early Palm Oil Trade," *Journal of African History*, **XIX**, 2, 213–218.

Laufenberger, Henri. (1925). "L'industrie cotonnière du Haut Rhin et la France," *Revue politique et parlementaire*, **CXXV**, 387–415.

Laurent, Robert. (1976a). "Les cadres de la production agricole: propriété et modes de production," in Fernand Braudel & Ernest Labrousse, dirs., *Histoire économique et social de la France*, **III**: *L'avènement de l'ère industrielle (1789–années 1880)*. Paris: Presses Universitaires de France, 629–661.

Laurent, Robert. (1976b). "L'utilisation du sol: La rénovation des methodes de culture," in Fernand Braudel & Ernest Labrousse, dirs., *Histoire économique et social de la France*, **III**: *L'avènement de l'ère industriel (1789–années 1880)*. Paris: Presses Universitaires de France, 663–684.

Law, Robin. (1977). "Royal Monopoly and Private Enterprise in the Atlantic Trade: The Case of Dahomey," *Journal of African History*, **XVIII**, 4, 555–577.

Law, Robin. (1986). "Dahomey and the Slave Trade: Reflections on the Historiography of the Rise of Dahomey," *Journal of African History*, **XXVII**, 2, 237–267.

Lazonick, William. (1974). "Karl Marx and Enclosures in England," *Review of Radical Political Economics*, **VI**, 2, 1–59.

Lebrun, Pierre. (1948). *L'industrie de la laine à Verviers pendant le XVIIIe et le début du XIXe siècles: Contribution à l'étude des origines de la révolution industrielle*. Liège: Faculté de Philosophie et Lettres, fasc. CXIV.

Lebrun, Pierre. (1960). "Croissance et industrialisation: L'Expérience de l'industrie drapière verviétoise, 1750–1850," in *First International Conference of Economic History: Contributions and Communications*, Stockholm, August. Paris & La Haye: Mouton, 531–568.

Lebrun, Pierre. (1961). "La rivoluzione industriale in Belgio: Strutturazione e destrutturazione delle economie regionali," *Studi storici,* **II**, 3/4, 548–658.

Lecky, W.E.H. (1972). *A History of Ireland in the Eighteenth Century.* Chicago, IL: University of Chicago Press, 1972. (Originally published 1892.)

Le Donne, John P. (1982, 1983). "The Territorial Reform of the Russian Empire, 1775–1796. I: Central Russia, 1775–1784," *Cahiers du monde russe et soviétique,* **XXIII**, 2, 147–185 (1982); "II: The Borderlands, 1777–1796," **XXIV**, 4, 411–457 (1983).

Lee, R.D. & Schofield, R.S. (1981). "British Population in the Eighteenth Century," in R. Floud & D.N. McCloskey, eds., *The Economic History of Britain Since 1700,* **I.** *1700–1860.* Cambridge, Engl.: Cambridge University Press, 17–35.

Leet, Don R. & Shaw, John A. (1978). "French Economic Stagnation, 1700–1960: Old Economic History Revisited," *Journal of Interdisciplinary History,* **VIII**, 3, 531–544.

Lefebvre, Georges. (1929). "La place de la Révolution dans l'histoire agraire de la France," *Annales d'histoire économique et sociale,* **I**, 4, 506–523.

Lefebvre, Georges. (1932). *La grande peur de 1789.* Paris: Lib. Armand Colin.

Lefebvre, Georges. (1937). "Le mouvement des prix et les origines de la Révolution française," *Annales historiques de la Révolution française,* **XIV**, No. 82, 288–329.

Lefebvre, Georges. (1939). *Quatre-vingt-neuf.* Paris: Maison du Livre Français.

Lefebvre, Georges. (1947a). "Review of Daniel Guérin, *La lutte de classes sous la première République,*" in *Annales historiques de la Révolution française,* **XIX**, No. 106, 173–179.

Lefebvre, Georges. (1947b). *The Coming of the French Revolution.* Princeton, NJ: Princeton University Press.

Lefebvre, Georges. (1956). "Le mythe de la Révolution française," *Annales historiques de la Révolution française,* **XXVIII**, No. 145, 337–345.

Lefebvre, Georges. (1963). "La Révolution française et les paysans," in *Etudes sur la Revolution française,* 2e ed. revue. Paris: Presses Universitaires de France, 338–367. (Originally published in *Cahiers de la Révolution française,* 1933.)

Lefebvre, Georges. (1968). *La Révolution française,* Vol. XIII of *Peuples et civilisations,* 6th ed. Paris: Presses Universitaires de France.

Lefebvre, Georges. (1969). *Napoleon from 18 Brumaire to Tilsit, 1799–1807.* New York: Columbia University Press.

Lefebvre, Georges. (1972). *Les paysans du nord pendant la Révolution française,* nouv. éd. Paris: Lib. Armand Colin.

Lefebvre, Georges. (1973). *The Great Fear of 1789.* New York: Pantheon.

Lefebvre, Georges. (1978). "Les historiens de la Révolution française," in *Réflexions sur l'histoire.* Paris: Maspéro, 223–243. (Originally in *Bulletin de la faculté des lettres de Strasbourg,* 1929–1930.)

Lefebvre, Henri. (1975). "What is the Historical Past?" *New Left Review,* No. 90, 27–34.

Lefort, Claude. (1980). "Penser la Révolution dans la Révolution française," *Annales E.S.C.,* **XXXV**, 2, 334–352.

Léger, Jacques. (1934). "Le rôle de Toussaint Louverture dans la cession de la Louisiane aux Etats-Unis," *La Relève,* **II**, 16–18.

LeGoff, T. J. A. (1981). *Vannes and its Region: A Study of Town and Country in Eighteenth-Century France.* Oxford: Clarendon Press.

LeGoff, T. J. A. & Sutherland, D. M. G. (1974). "The Revolution and the Rural Community in Eighteenth-Century Brittany," *Past and Present,* No. 62, 96–119.

LeGoff, T. J. A. & Sutherland, D. M. G. (1983). "The Social Origins of Counter-Revolution in Western France," *Past and Present,* No. 99, 65–87.

Leleux, Fernand. (1969). *A l'aube du capitalisme et de la révolution industrielle: Liévin Bauwens, industriel Gaulois,* Paris: S.E.V.P.E.N.

Léon, Pierre. (1954). *La naissance de la grande industrie en Dauphiné fin du XVII siècle–1869,* 2 vols. Paris: Presses Universitaires de France.

Léon, Pierre. (1960). "L'industrialisation en France, en tant que facteur de croissance économique du début de XVIIIe siècle à nos jours," in *First International Conference of Economic History*, Stockholm, August. Paris & La Haye: Mouton, 163–205.

Léon, Pierre. (1966). "Introduction générale: Les structures rurales de la France du Sud-Est, problèmes et premières interprètations," in P. Léon, dir., *Structures économiques et problèmes sociaux du Sud-Est (fin du XVIIe siècle–1835)*. Paris: Soc. d'Ed. "Les Belles Lettres," 7–32.

Léon, Pierre. (1974). "Structure du commerce extérieur et évolution industrielle de la France à la fin du XVIIIe siècle," in *Conjoncture économique, structures sociales: Hommage à Ernest Labrousse*. Paris & La Haye: Mouton, 407–432.

Léon, Pierre. (1976a). "L'impulsion technique," in Fernand Braudel & Ernest Labrousse, dirs., *Histoire économique et social de la France*, **III**: *L'avènement de l'ère industriel (1789–années 1880)*. Paris: Presses Universitaires de France, 475–501.

Léon, Pierre. (1976b). "Les nouvelles repartitions," in Fernand Braudel & Ernest Labrousse, dirs., *Histoire économique et social de la France*, **III**: *L'avènement de l'ère industriel (1789–années 1880)*. Paris: Presses Universitaires de France, 543–580.

Léon, Pierre. (1976c). "La dynamisme industriel," in Fernand Braudel & Ernest Labrousse, dirs., *Histoire économique et social de la France*, **III**: *L'avènement de l'ère industriel (1789–années 1880)*. Paris: Presses Universitaires de France, 581–616.

Le Roy Ladurie, Emmanuel. (1969). "L'Aménorrhée de famine (XVIIe–XXe siècles)," *Annales E.S.C.*, **XXIV**, 6, 1589–1601.

Le Roy Ladurie, Emmanuel. (1974). "Révoltes et contestations rurales en France de 1675 à 1788," *Annales E.S.C.*, **XXIX**, 1, 6–22.

Le Roy Ladurie, Emmanuel. (1975). "De la crise ultime à la vraie croissance, 1660–1789," in Georges Duby, dir., *Histoire de la France rurale*, **II**: E. LeRoy Ladurie, dir., *L'Age classique des paysans, 1340–1789*. Paris: Seuil, 355–599.

Le Roy Ladurie, Emmanuel. (1976). "La crise et l'historien," *Communications*, No. 24, 19–33.

Le Roy Ladurie, Emmanuel. (1978). "L'histoire immobile," in *Le territoire de l'historien*, Vol. II. Paris: Gallimard, 7–34. (Originally published in *Annales E.S.C.*, 1974.)

Le Roy Ladurie, Emmanuel. (1983–1984). "Sur la Révolution française: Les 'revisions' d'Alfred Cobban," *Commentaire*, **VI**, No. 24, 834–837.

Le Roy Ladurie, Emmanuel & Goy, Joseph. (1969a). "Présentation" in J. Goy & E. Le Roy Ladurie, eds., *Les fluctuations du produit de la dîme*. Paris & La Haye: Mouton, 9–24.

Le Roy Ladurie, Emmanuel, with Goy, Joseph. (1969b). "Première esquisse d'une conjoncture du produit décimal et domanial, fin du Moyen Age–XVIIIe siècle," in J. Goy & E. Le Roy Ladurie, eds., *Les fluctuations de la dîme*. Paris & La Haye: Mouton, 334–374.

Le Roy Ladurie & Goy, Joseph. (1982). *Tithe and Agrarian History from the Fourteenth to the Nineteenth Centuries*. Cambridge, Engl.: Cambridge University Press & Paris: Ed. de la Maison des Sciences de l'Homme.

Le Roy Ladurie, Emmanuel, with Quilliet, Bernard. (1981). "Baroque et lumières," in G. Duby, dir., *Histoire de la France urbaine*, **III**: E. Le Roy Ladurie, dir., *La ville classique de la Renaissance aux Révolutions*. Paris: Seuil, 287–535.

Letaconnoux, J. (1908, 1909). "Les transports intérieurs en France au XVIIIe siècle," *Revue d'histoire moderne et contemporaine*, **XI**, 97–114 (1908); 269–292 (1909).

LeVeen, E. Phillip. (1974). "A Quantiative Analysis of the Impact of British Suppression Policies on the Volume of the Nineteenth Century Atlantic Slave Trade," in S. L. Engerman & E. D. Genovese, eds., *Race and Slavery in the Western Hemisphere: Quantitative Studies*. Princeton, NJ: Princeton University Press, 51–81.

Levene, Ricardo, ed. (1941). *Historia de la Nación Argentina*, 2a ed., **V**: *La Revolución de Mayo hasta la Asamblea General Constitugente*, 2 secciones. Buenos Aires: Lib. y Ed. "El Ateneo."

Levy, Avigdor. (1971). "The Officer Corp in Sultan Mahmud's New Army, 1826–39," *International Journal of Middle East Studies*, **II**, 1, 21–39.

Lévy-Bruhl, Henri. (1933). "La Noblesse de France et le commerce à la fin de l'ancien régime," *Revue d'histoire moderne*, n.s., **II**, No. 8, 209–235.

Lévy-Leboyer, Maurice. (1964). *Les banques européennes et l'industrialisation internationale, dans la première moitié du XIXe siècle*. Paris: Presses Universitaires de France.

Lévy-Leboyer, Maurice. (1968). "Les processus d'industrialisation: Le cas de l'Angleterre et de la France," *Revue historique*, 92e année, **CCXXXIX**, 2, 281–298.

Lewin, Boleslao. (1957). *La rebelion de Túpac Amaru y los orígenes de la emancipación americana*. Buenos Aires: Lib. Hachette.

Lewis, Bernard. (1953). "The Impact of the French Revolution in Turkey: Some Notes on the Transmission of Ideas," *Cahiers d'histoire mondiale*, **I**, 1, 105–125.

Lewitter, L. R. (1973). "Ivan Tikhonovich Pososhkov (1652–1726) and 'The Spirit of Capitalism,'" *Slavonic and East European Review*, **II**, No. 125, 524–553.

Liévano Aguirre, Indalecio. (1968). *Los grandes conflictos sociales y económicos de nuestro historia*, 3a ed. Bolivia: Ed. Tercer Mundo.

Lilley, Samuel. (1973). "Technological Progress and the Industrial Revolution, 1700–1914," in C. M. Cipolla, ed., *Fontana Economic History of Europe*, **III**: *The Industrial Revolution*. London: Collins/Fontana, 187–254.

Lindert, Peter H. & Williamson, Jeffrey G. (1983). "English Workers' Living Standards during the Industrial Revolution: A New Look," *The Economic History Review*, **XXXVI**, 1, 1–25.

Lindert, Peter H. & Williamson, Jeffrey G. (1985). "English Workers' Real Wages: Reply to Crafts," *Journal of Economic History*, **XLV**, 1, 145–153.

Lingelbach, W. E. (1914). "Historical Investigation and the Commercial History of the Napoleonic Era," *American Historical Review*, **XIX**, 2, 257–281.

Lipski, Alexander. (1959). "Some Aspects of Russia's Westernization during the Reign of Anna Ioannova, 1730–1740," *American Slavonic and East European Review*, **XVIII**, 1, 1–11.

Lis, C. & Soly, H. (1977). "Food Consumption in Antwerp between 1807 and 1859: A Contribution to the Standard of Living Debate," *Economic History Review*, 2nd ser., **XXX**, 3, 460–486.

Liss, Peggy K. (1983). *Atlantic Empires: The Network of Trade and Revolution, 1713–1826*. Baltimore, MD: Johns Hopkins University Press.

Little, Anthony. (1976). *Deceleration in the Eighteenth-Century British Economy*. London: Croom Helm.

Littlefield, Daniel C. (1981). "Plantations, Paternalism, and Profitability: Factors Affecting African Demography in the Old British Empire," *Journal of Southern History*, **XLVIII**, 2, 167–182.

Litwack, Leon F. (1961). *North of Slavery: The Negro in the Free States, 1790–1860*. Chicago, IL: University of Chicago Press.

Litwack, Leon F. (1987). "Trouble in Mind: The Bicentennial and the Afro-American Experience," *Journal of American History*, **LXXIV**, 2, 315–337.

Lloyd, Christopher. (1965). "Armed Forces and the Art of War, 1: Navies," in *New Cambridge Modern History*, **VIII**: A. Goodwin, ed., *The American and French Revolutions, 1763–93*. Cambridge, Engl.: Cambridge University Press, 174–190.

Lloyd, Peter C. (1971). *The Political Development of Yoruba Kingdoms in the Eighteenth and Nineteenth Centuries*. London: Royal Anthropological Institute of Great Britain and Ireland, Occasional Paper, No. 31.

Locke, Robert R. (1981). "French Industrialization: The Roehl Thesis Reconsidered," *Explorations in Economic History*, **XVIII**, 4, 415–433.

Lockridge, Kenneth A. (1973). "Social Change and the Meaning of the American Revolution," *Journal of Social History*, **VI**, 4, 403–449.

Logan, Rayford W. (1941). *The Diplomatic Relations of the United States with Haiti, 1776–1891*. Chapel Hill, NC: University of North Carolina Press.

Logan, Rayford W. (1968). *Haiti and the Dominican Republic*. New York: Oxford University Press.

Lokke, Carl Ludwig. (1928). "Jefferson and the Leclerc Expedition," *American Historical Review*, **XXXIII**, 2, 322–328.
Lokke, Carl Ludwig. (1930). "French Dreams of Colonial Empire under Directory and Consulate," *Journal of Modern History*, **II**, 2, 237–250.
Lokke, Carl Ludwig. (1932). *France and the Colonial Question: A Study of Contemporary French Opinion, 1763–1801*. New York: Columbia University Press.
Lombardi, John V. (1971). *The Decline and Abolition of Negro Slavery in Venezuela, 1820–1854*. Westport, CT: Greenwood.
Longworth, Philip. (1969). *The Cossacks*. New York: Holt, Rinehart & Winston.
Longworth, Philip. (1973). "The Last Great Cossack Peasant Rising," *Journal of European Studies*, **III**, 1, 1–35.
Longworth, Philip. (1974). "The Pugachev Revolt. The Last Great Cossack Peasant Rising," in H. A. Landsberger, ed., *Rural Protest: Peasant Movements and Social Change*. London: Macmillan, 194–256.
Longworth, Philip. (1975a). "The Pretender Phenomenon in Eighteenth-Century Russia," *Past and Present*, No. 66, 61–83.
Longworth, Philip (1975b). "Peasant Leadership and the Pugachev Revolt," *Journal of Peasant Studies*, **II**, 2, 183–205.
Longworth, Philip. (1979). "Popular Protest in England and Russia: Some Comparisons and Suggestions," in A. G. Cross, ed., *Great Britain and Russia in the Eighteenth Century: Contrasts and Comparisons*. Newton, MA: Oriental Research Partners, 263–278.
Loschky, David J. (1973). "Studies of the Navigation Acts: New Economic Non-History?" *Economic History Review*, 2nd ser., **XXVI**, 4, 689–691.
Lotté, Sophie A. (1962). "A propos de l'article de George Rudé," *Critica storica*, **I**, 4, 387–391.
Lough, John. (1987). *France on the Eve of Revolution: British Travellers' Observations, 1763–1788*. Chicago, IL: Dorsey Press.
Lovejoy, Paul E. (1978). "Plantations in the Economy of the Sokoto Caliphate," *Journal of African History*, **XIX**, 3, 341–368.
Lovejoy, Paul E. (1979). "Indigenous African Slavery," in M. Craton, ed., *Roots and Branches: Current Directions in Slave Studies*. Toronto: Pergamon, 19–61.
Lovejoy, Paul E. (1982). "The Volume of the Atlantic Slave Trade: A Synthesis," *Journal of African History*, **XXIII**, 4, 473–501.
Lovejoy, Paul E. & Hogendorn, Jan S. (1979). "Slave Marketing in West Africa," in H. A. Gemery & J. S. Hogendorn, eds., *The Uncommon Market*. New York: Academic Press, 213–235.
Lowenthal, David. (1952). "Colonial Experiments in French Guiana, 1760–1800," *Hispanic American Historical Review*, **XXXII**, 1, 22–43.
Loy, Jane M. (1981). "Forgotten Comuneros: The 1781 Revolt in the Llanos of Casanare," *Hispanic American Historical Review*, **LXI**, 2, 235–257.
Lubin, Maurice A. (1968). "Les premiers rapports de la nation haïtienne avec l'étranger," *Journal of Interamerican Studies*, **X**, 2, 277–305.
Lucas, Colin. (1973). "Nobles, Bourgeois and the Origins of the French Revolution," *Past and Present*, No. 60, Aug., 84–126.
Lucas, Colin. (1979). "Violence thermidorienne et société traditionnelle," *Cahiers d'histoire*, **XXXIV**, 4, 3–43.
Ludden, David. (1985). *Peasant History in South India*. Princeton, NJ: Princeton University Press.
Lundhal, Mats. (1984). "Defense and Distribution: Agricultural Policy in Haiti During the Reign of Jean-Jacques Dessalines, 1804–1806," *Scandinavian Economic History Review*, **XXXII**, 2, 77–103.
Lutfalla, Michel. (1966). "Saint-Just, analyste de l'inflation révolutionnaire," *Revue d'histoire économique et sociale*, **XLIV**, 2, 242–255.
Lüthy, Herbert. (1960). "Necker et la Compagnie des Indes," *Annales E.S.C.*, **XV**, 5, 852–881.

Lüthy, Herbert. (1961). *La banque protestante en France de la Révocation de l'Edit de Nantes à la Révolution*, **II:** *De la banque aux finances (1730–1794)*. Paris: S.E.V.P.E.N.

Luz, Nícia Vitela. (1960). "Inquietações revolucionarias no sul: conjuração mineira," in S. Buarque de Holanda, dir., *Historia Geral da Civilização Brasieira*, Tomo I, 2° Vol. São Paulo: Difusão Européia do Livro, 394–405.

Lyashchenko, Peter I. (1970). *History of the National Economy of Russia to the 1917 Revolution*. New York: Octagon.

Lynch, John. (1969). "British Policy and Spanish America, 1783–1808," *Journal of Latin American Studies*, **I,** 1, 1–30.

Lynch, John. (1973). *The Spanish American Revolutions, 1808–1826*. New York: W. W, Norton.

Lynch, John. (1985). "The Origins of Spanish American Independence," in *Cambridge History of Latin America*, **III.** L. Bethell, ed. *From Independence to c. 1870*. Cambridge, Engl.: Cambridge University Press, 3–50.

Lynd, Staughton. (1961). "Who Shall Rule at Home? Dutchess County, New York, in the American Revolution," *William and Mary Quarterly*, 3d ser., **XVIII,** 3, 330–359.

Lynd, Staughton. (1967). *Class Conflict, Slavery, and the United States Constitution: Ten Essays*. Indianapolis, IN: Bobbs-Merrill.

McAlister, L. N. (1963). "Social Structure and Social Change in New Spain," *Hispanic American Historical Review*, **XLIII,** 3, 349–379.

McCallum, John. (1980). *Unequal Beginnings: Agriculture and Economic Development in Quebec and Ontario until 1870*. Toronto: University of Toronto Press.

McCary, B. D. (1928). *The Causes of the French Intervention in the American Revolution*. Toulouse: Edward Privat.

McClelland, Peter D. (1969). "The Cost to America of British Imperial Policy," *American Economic Review*, **LIX,** 2, Papers & Proceedings, 370–381.

McClelland, Peter D. (1970). "On Navigating the Navigation Acts with Peter McClelland: Reply," *American Economic Review*, **LX,** 5, 956–958.

McClelland, Peter D. (1973). "The New Economic History and the Burdens of the Navigation Acts: A Comment," *Economic History Review*, 2nd ser., **XXVI,** 4, 679–686.

McCloskey, Donald N. (1972). "The Enclosure of Open Fields: Preface to a Study of Its Impact on the Efficiency of English Agriculture in the Eighteenth Century," *Journal of Economic History*, **XXXII,** 1, 15–35.

McCloskey, Donald N. (1981). "The Industrial Revolution, 1780–1860: A Survey," in R. Floud & D. N. McCloskey, eds., *The Economic History of Britain Since 1700*, **I:** *1700–1860*. Cambridge, Engl.: Cambridge University Press, 103–127.

McCloy, Shelby T. (1952). *French Inventions of the Eighteenth Century*. Lexington, KY: University of Kentucky Press.

McCoy, Drew R. (1974). "Republicanism and American Foreign Policy: James Madison and the Political Economy of Commercial Discrimination, 1789–1794." *William and Mary Quarterly*, 3rd ser., **XXXI,** 4, 633–646.

McCoy, Drew R. (1980). *The Elusive Republic: Political Economy in Jeffersonian America*. Chapel Hill, NC: University of North Carolina Press.

McCulloch, J. R. (1827). "Rise, Progress, Present State, and Prospects of the Cotton Manufacture," *Edinburgh Review*, **XLVI,** No. 91, 1–39.

McDonald, Forrest. (1960). "Rebuttal," *William and Mary Quarterly*, 3rd ser., **XVII,** 1, 102–110.

Macdonald, Stuart. (1980). "Agricultural Response to a Changing Market during the Napoleonic Wars," *Economic History Review*, 2nd ser., **XXXIII,** 1, 59–71.

McDowell, R. B. (1979). *Ireland in the Age of Imperialism and Revolution, 1760–1801*. Oxford: Clarendon Press.

Macedo, Jorge de. (1954). Portugal e a economia 'pombalina': temas e hipóteses," *Revista de Historia*, **IX,** 81–99.

McEvedy, Colin. (1972). *The Penguin Atlas of Modern History (to 1815)*. London: Penguin.

McGowan, Bruce. (1981a). *Economic Life in Ottoman Europe*. Cambridge, Engl.: Cambridge University Press.

McGowan, Bruce. (1981b). "The Study of Land and Agriculture in the Ottoman Provinces Within the Context of an Expanding World Economy in the 17th and 18th Centuries," *International Journal of Turkish Studies*, **II**, 1, 57–63.

McGuire, Robert A. & Ohsfeldt, Robert L. (1984). "Economic Interests and the American Constitution: A Qualitative Rehabilitation of Charles A. Beard," *Journal of Economic History*, **XLIV**, 2, 509–519.

Mackay, D. L. (1974). "Direction and Purpose in British Imperial Policy, 1793–1801," *Historical Journal*, **XVII**, 3, 487–501.

McKeown, Thomas. (1976). *The Modern Rise of Population*. New York: Academic Press.

McKeown, Thomas C. & Brown, R. G. (1969). "Medical Evidence Related to English Population Changes in the Eighteenth Century," in M. Drake, ed., *Population in Industrialization*. London: Methuen, 40–72. (Originally published in *Population Studies*, 1955.)

McKeown, T., Brown, R. G. & Record, R. G. (1972). "An Interpretation of the Modern Rise of Population in Europe," *Population Studies*, **XXVI**, Part 3, 345–382.

McKeown, T. & Record, R. G. (1962). "Reasons for the Decline of Mortality in England and Wales During the Nineteenth Century," *Population Studies*, **XVI**, Part 2, 94–122.

Mackesy, Piers. (1964). *The War for America, 1775–1783*. Cambridge, MA: Harvard University Press.

Mackrell, J. Q. C. (1973). *The Attack on 'Feudalism' in Eighteenth-Century France*. London: Routledge & Kegan Paul.

Macmillan, David S. (1970). "The Scottish–Russian Trade: Its Development, Fluctuations, and Difficulties, 1750–1796," *Canadian–American Slavic Studies*, **IV**, 3, 426–442.

Macmillan, David S. (1973). "Paul's 'Retributive Measures' of 1800 Against Britain: The Final Turning-Point in British Commercial Attitudes towards Russia," *Canandian-American Slavic Studies*, **VII**, 1, 68–77.

Macmillan, David S. (1979). "Problems in the Scottish Trade with Russia in the Eighteenth Century: A Study in Mercantile Frustration," in A. G. Cross, ed., *Great Britain and Russia in the Eighteenth Century: Contrasts and Comparisons*. Newton, MA: Oriental Research Partners, 164–180.

McNeill, William H. (1964). *Europe's Steppe Frontier, 1500–1800*. Chicago, IL: University of Chicago Press.

McNeill, William H. (1976). *Plagues and Peoples*. Garden City, NY: Anchor Press.

McNeill, William H. (1982). *The Pursuit of Power*. Chicago, IL: University of Chicago Press.

McNickle, D'Arcy (1957). "Indian and European: Indian–White Relations from Discovery to 1887," *Annals of the A.A.P.S.S.*, **CCCXI**, May, 1–11.

McPhee, Allan. (1926). *The Economic Revolution in British West Africa*. London: Geo. Routledge & Sons.

Madariaga, Isabel de. (1962). *Britain, Russia, and the Armed Neutrality of 1780*. New Haven, CT: Yale University Press.

Madariaga, Isabel de. (1974). "Catherine II and the Serfs: A Reconsideration of Some Problems," *Slavonic and East European Review*, **LII**, No. 126, 34–62.

Madariaga, Salvador de. (1948). *The Fall of the Spanish American Empire*. New York: Macmillan.

Mahan, Capt. Alfred T. (1893). *The Influence of Sea Power upon the French Revolution and Empire, 1793–1812*, 2 vols. London: Sampson Low, Marston.

Maier, Pauline. (1971). "Revolutionary Violence and the Relevance of History," *Journal of Interdisciplinary History*, **II**, 1, 119–136.

Maier, Pauline. (1972). *From Resistance to Revolution: Colonial Radicals and the Development of American Opposition to Great Britain, 1765–1776*. New York: Alfred A. Knopf.

Main, Gloria L. (1983). "The Standard of Living in Colonial Massachusetts," *Journal of Economic History*, **XLIII**, 1, 101–108.

Main, Jackson Turner. (1960). "Charles A. Beard and the Constitution: A Critical Review of Forrest McDonald's *We the People*," *William and Mary Quarterly*, 3rd ser., **XVIII**, 1, 86–102.

Main, Jackson Turner. (1961). *The Antifederalists: Critics of the Constitution, 1781–1788*. Chapel Hill, NC: University of North Carolina Press.

Main, Jackson Turner. (1965). *The Social Structure of Revolutionary America*. Princeton, NJ: Princeton University Press.

Manchester, Alan K. (1931). "The Rise of the Brazilian Aristocracy," *Hispanic American Historical Review*, **XI**, 2, 145–168.

Manchester, Alan K. (1933). *British Preëminence in Brazil: Its Rise and Decline*. Chapel Hill, NC: University of North Carolina Press.

Manchester, Alan K. (1957). "The Recognition of Brazilian Independence," *Hispanic American Historical Review*, **XXXI**, 1, 80–96.

Manfred, Alfred Z. (1961). *La Grande Révolution française du XVIIIe siècle*. Moscow: Ed. en langues étrangères.

Mann, Julia de Lacy. (1958). "The Textile Industry: Machinery for Cotton, Flax, Wool, 1760–1850," in C. Singer *et al.*, *A History of Technology*, **IV**: *The Industrial Revolution, c. 1750 to c. 1850*. Oxford: Clarendon Press, 277–307.

Manning, Patrick. (1969). "Slaves, Palm-Oil, and Political Power on the West African Coast," *African Historical Studies*, **II**, 2, 279–288.

Manning, Patrick. (1979). "The Slave Trade in the Bight of Benin, 1640–1890," in H. A. Gemery & J. S. Hogendorn, eds., *The Uncommon Market*. New York: Academic Press, 107–141.

Manning, Patrick. (1981). "The Enslavement of Africans: A Demographic Model," *Canadian Journal of African Studies*, **XV**, 3, 499–526.

Manning, Patrick. (1982). *Slavery, Colonialism and Economic Growth in Dahomey, 1640–1960*. Cambridge, Engl.: Cambridge University Press.

Mansuy, Andie. (1974). "L'impérialisme britannique et les relations coloniales entre le Portugal et le Brésil: un rapport de l'Amiral Campbell au Foreign Office (14 août 1804)," *Cahiers des Amériques Latines*, Nos. 9/10, 131–191.

Mantoux, P. (1928). *The Industrial Revolution in the Eighteenth Century*, 2nd rev. ed. London: Jonathan Cape.

Mantran, Robert. (1959). "L'évolution des relations entre la Tunisie et l'empire ottoman du XVIe du XIXe siècle," *Cahiers de Tunisie*, **VII**, 2ᵉ–3ᵉ trimestres, Nos. 26/27, 319–333.

Mantran, Robert. (1962). *Istanbul dans la seconde moitié du XVIIe siècle*, Bibliothèque Archéologique et Historique de l'Institut Français d'Archéologie d'Istanbul. Paris: Lib. A. Maisonneuve.

Mantran, Robert. (1984). *L'empire ottoman du XVIe au XVIIIe siècle. Administration, économie, société*. London: Variorum Reprints.

Manuel, Frank E. (1938). "The Luddite Movement in France," *Journal of Modern History*, **X**, 2, 180–211.

Marczewski, Jean. (1961a). "Y a-t-il eu un "take off" en France?," *Cahiers de l'I.S.E.A.*, Suppl. au No. 111, (Série A-D, No. 1), 69–94.

Marczewski, Jean. (1961b). "Some Aspects of the Economic Growth of France, 1660–1958," *Economic Development and Cultural Change*, **IX**, 2, 369–386.

Marczewski, Jean. (1963). "The Take-Off Hypothesis and French Experience," in W. W. Rostow, ed., *The Economics of Take-Off into Sustained Growth*. London: Macmillan, 119–138.

Marczewski, Jean. (1965). "Le produit physique de l'économie française de 1789 à 1913 (comparaison avec l'Angleterre)," *Cahiers de l'I.S.E.A.*, AF (4), No. 163, vii-cliv.

Mardin, Şerif. (1969). "Power, Civil Society and Culture in the Ottoman Empire," *Comparative Studies in Society and History*, **XI**, 3, 258–281.

Margadant, Ted W. (1983). "Local Elites and the Revolutionary Reconstruction of the French State," paper delivered at Fourth International Conference of Europeanists, Washington, DC, Oct. 13–15, mimeo.

Markov, Walter. (1960). "Les 'Jacquesroutins'," *Annales historique de la Révolution française*, **XXXII**, avr.–juin, 163–182.
Markovitch, Tihomir J. (1965, 1966a–c). "L'industrie francaise de 1789 à 1964," *Cahiers de l'I.S.E.A.*, AF, 4, No. 163, juil. (1965); AF, 5, No. 171, mars (1966a); AF, 6, No. 174, juin (1966b); AF, 7, No. 179, nov. (1966c).
Markovitch, Tihomir J. (1968). "L'industrie française au XVIIIe siècle: L'industrie lainiere à la fin du règne de Louis XIV et sous la Régence," *Economies et sociétés*, **II**, 8, 1517–1697.
Markovitch, Timohir J. (1974). "La révolution industrielle: le cas de la France," *Revue d'histoire économique et sociale*, **LII**, 1, 115–125.
Markovitch, Timohir J. (1976a). "La croissance industrielle sous l'Ancien Régime," *Annales E.S.C.*, **XXXI**, 3, 644–655.
Markovitch, Tihomir J. (1976b). *Histoire des industries françaises, I: Les industries lainières de Colbert à la Révolution*, Travaux de Droit, d'Economie, de Sociologie et de Sciences Politiques, No. 104. Genève: Lib. Droz.
Marshall, J. D. (1968). *The Old Poor Law, 1795–1834*. London: Macmillan.
Marshall, Peter J. (1962). "Radicals, Conservatives, and the American Revolution," *Past and Present*, No. 23, 44–56.
Marshall, Peter J. (1964a). "The First and Second British Empires: A Question of Demarcation," *History*, **XLIX**, No. 165, 13–23.
Marshall, Peter J. (1964b). "The British Empire and the American Revolution," *Huntington Library Quarterly*. **XXVII**, 2, 135–145.
Marshall, Peter, J., ed. (1968). *Problems of Empire: Britain and India, 1757–1813*. London: George Allen & Unwin.
Marshall, Peter J. (1975a). "Economic and Political Expansion: The Case of Oudh," *Modern Asian Studies*, **IX**, 4, 465–482.
Marshall, Peter J. (1975b). "British Expansion in India in the Eighteenth Century: A Historical Revision," *History*, **LX**, No. 198, 28–43.
Marshall, Peter J. (1976). *East Indian Failures: The British in Bengal in Eighteenth Century*. Oxford: Clarendon Press.
Marshall, Peter J. (1980). "Western Arms in Maritime Asia in the Early Phases of Expansion," *Modern Asian Studies*, **XIV**, 1, 13–28.
Martin, Bradford G. (1976). *Muslim Brotherhoods in Nineteenth-Century Africa*. Cambridge, Engl.: Cambridge University Press.
Martin, Gaston. (1930). "Capital et travail à Nantes au cours du XVIIIe siècles," *Revue d'histoire économique et social*, **XVIII**, 1, 52–85.
Martin, Gaston. (1931). *Nantes au XVIIIe siècle: L'ère des négriers (1714–1774)*. Paris: Lib. Felix Alcan.
Martin, Gaston. (1948). *Histoire de l'esclavage dans les colonies françaises*. Paris: Presses Universitaires de France.
Martin, Phyllis M. (1972). *The External Trade of the Loango Coast, 1576–1870: The Effects of Changing Commercial Relations on the Vili Kingdom of Loango*. Oxford: Clarendon Press.
Marwick, W. H. (1924). "The Cotton Industry and the Industrial Revolution in Scotland," *Scottish Historical Review*, **XXI**, 207–218.
Marx, Karl (1967). *Capital*, 3 vol. New York: International Publishers. (Originally published 1894).
Marzahl, Peter. (1974). "Creoles and Government: The Cabildo of Popayán," *Hispanic American Historical Review*, **LIV**, 4, 636–656.
Mason, Michael. (1969). "Population Density and 'Slave Raiding'—The Case of the Middle Belt of Nigeria," *Journal of African History*, **X**, 4, 551–564.
Mason, Michael. (1971). "Population Density and 'Slave Raiding'—A Reply," *Journal of African History*, **XII**, 2, 324–327.
Masson, Paul. (1911). *Histoire du commerce français dans le Levant au XVIIIe siècle*. Paris: Lib. Hachette.

Mathias, Peter. (1969). *The First Industrial Nation*. London: Methuen.
Mathias, Peter. (1973). "Capital, Credit and Enterprise in the Industrial Revolution," *Journal of European Economic History*, **II**, 1, 121–143.
Mathias, Peter. (1979a). "British Industrialization: "Unique or Not?," in *The Transformation of England*. London: Methuen, 3–20. (Originally published in *Annales E.S.C.*, 1972.)
Mathias, Peter. (1979b). "Skills and the Diffusion of Innovations from Britain in the Eighteenth Century," in *The Transformation of England*. London: Methuen, 21–44. (Originally published in *Transactions of the Royal Historical Society*, 1975.)
Mathias, Peter. (1979c). "Who Unbound Prometheus? Science and Technical Change, 1600–1800," in *The Transformation of England*. London: Methuen, 45–71. (Originally published 1972.)
Mathias, Peter. (1979d). "The Social Structure in the Eighteenth Century: A Calculation by Joseph Massie," in *The Transformation of England*. London: Methuen, 171–189. (Originally published 1957.)
Mathias, Peter. (1986). "British Trade and Industry, 1786–1986," in S. Foreman, ed., *Striking a Balance . . . The Board of Trade, 1786–1986*, London: HMSO, 1–21.
Mathias, Peter & O'Brien, Patrick. (1976). "Taxation in Britain and France, 1715–1810," *Journal of European Economic History*, **V**, 3, 601–650.
Mathiez, Albert. (1923–1924). *La Révolution française*. Paris: Armand Colin.
Mathiez, Albert. (1931). "Les corporations ont-elles été supprimés en principe dans la nuit du 4 août 1989?" *Annales historiques de la Révolution française*, **VIII**, No. 45, 252–257.
Matsui, Toru. (1968). "On the Nineteenth-Century Indian Economic History—A Review of a 'Reinterpretation,' " *Indian Economic and Social History Review*, **I**, 1, 17–33.
Matthewson, Timothy M. (1979). "George Washington's Policy Toward the Haitian Revolution," *Diplomatic History*, **III**, 3, 321–336.
Mattoso, Katia M. de Queiros. (1970). "Conjoncture et société au Brésil à la fin du XVIIIe siècle," *Cahiers des Amériques Latines*, Série "Sciences de l'Homme," No. 5, janv.–juin, 33–53.
Mauro, Frédéric. (1972). "A conjuntura atlántica e a Indepêndencia do Brasil," in C. G. Mota, org., *1822: Dimensões*, São Paulo: Ed. Perspectiva, 38–47.
Maxwell, Kenneth R. (1968). "Pombal and the Nationalization of the Luso-Brazilian Economy," *Hispanic American Historical Review*, **XLVIII**, 4, 608–631.
Maxwell, Kenneth R. (1973). *Conflicts and Conspiracies: Brazil and Portugal, 1750–1808*. Cambridge, Engl.: At the University Press.
Mayer, Margit & Fay, Margaret A. (1977). "The Formation of the American Nation-State," *Kapitalistate*, No. 6, Fall, 39–90.
Mazauric, Claude. (1965). "Vendée et chouannerie," *La Penseé*, n.s., No. 124, 54–85.
Mazauric, Claude. (1967). "Réflexions sur une nouvelle conception de la Révolution française," *Annales historiques de la Révolution française*, **XXXIX**, No. 189, 339–368.
Mazauric, Claude. (1969). "Bilan et perspectives de recherches: L'histoire du XVIIIe siècle et de la Révolution française," *Annales historiques de la Révolution française*, **XLI**, 4, No. 198, 667–685.
Mazauric, Claude. (1970). *Sur la Révolution française. Contributions à la révolution bourgeoise*. Paris: Ed. Sociales.
Mazauric, Claude. (1975). "Quelques voies nouvelles pour l'histoire politique de la Révolution française," *Annales historiques de la Révolution française*, **XLVII**, No. 219, 134–173.
Mazauric, Claude. (1985). "Autopsie d'un échec: La résistance à l'anti-Révolution et la défaite de la Contre-Révolution," in F. Lebrun & R. Dupuy, eds., *Les résistances à la Révolution*. Paris: Imago, 237–244.
M'Bokolo, Elikia. (1980). *De l'abolition de la traite à la conquête continentale, 1800–1870*. Paris: Centre d'études africaines, mimeo.
Meillassoux, Claude. (1971a). "Introduction," in *The Development of Indigenous Trade and Markets in West Africa*. London: Oxford University Press, 3–86.

Meillassoux, Claude. (1971b). "Le commerce pré-colonial et le développement de l'esclavage à Gūbu du Sahel (Mali)," in C. Meillassoux, ed., *The Development of Indigenous Trade and Markets in West Africa.* London: Oxford University Press, 182–195.

Meinig, D. W. (1986). *The Shaping of America: A Geographical Perspective on 500 Years of History, I: Atlantic America, 1492–1800.* New Haven, CT: Yale University Press.

Mendels, Franklin. (1972). "Proto-industrialization: The First Phase of the Industrialization Process," *Journal of Economic History.* **XXXII**, 1, 241–261.

Metcalf, George. (1987). "A Microcosm of Why Africans Sold Slaves: Akan Consumption Patterns in the 1770s," *Journal of African History,* **XXVIII**, 3, 377–394.

Metcalfe, G. E. (1962). *MacLean of the Gold Coast: The Life and Times of George MacLean, 1801–1847.* London: Oxford University Press.

Mettas, Jean. (1975). "La traite portugaise en Haute Guinée, 1758–1797: Problèmes et méthodes," *Journal of African History,* **XVI**, 3, 343–363.

Meuvret, Jean. (1971a). "Les oscillations das prix des céréales aux XVIIe et XVIIIe siècles en Angleterre et dans les pays du bassin parisien," in *Etudes d'histoire économique.* Paris: Lib. Armand Colin, 113–124. (Originally published in *Revue d'histoire moderne et contemporaine,* 1969.)

Meuvret, Jean. (1971b). "L'agriculture en Europe aux XVIIe et XVIIIe siècles," in *Etudes d'histoire économique.* Paris: Lib. Armand Colin, 163–181. (Originally published in *Relazioni del X Congresso Internazionale di Scienze Storiche,* 1955.)

Meuvret, Jean. (1971c). "Domaines ou ensembles territoriaux?" in *Etudes d'histoire économique.* Paris: Lib. Armand Colin, 183–191. (Originally published in *Première conférence internationale d'histoire économique,* 1960.)

Meuvret, Jean. (1971d). "La vaine pâture et le progrès agronomique avant la Révolution," in *Etudes d'histoire économique.* Paris: Lib. Armand Colin, 193–196. (Originally published in *Revue d'histoire moderne et contemporaine,* 1969.)

Meuvret, Jean. (1971e). "Les crises de subsistance et la démographie de la France d'Ancien Régime," in *Etudes d'histoire économique.* Paris: Lib. Armand Colin, 271–278. (Originally published in *Population,* 1946.)

Meyer, Jean. (1960). "Le commerce négrier nantais (1774–1792)," *Annales E.S.C.,* **XV**, 1, 120–129.

Meyer, Jean. (1966). *La noblesse bretonne au XVIIIe siècle,* 2 vols. Paris: S.E.V.P.E.N.

Meyer, Jean. (1969). *L'armement nantais dans la deuxième moitié du XVIIIe siècle.* Paris: S.E.V.P.E.N.

Meyer, Jean. (1979a). "La guerre d'indépendence américaine et les problèmes navals européens. Rapports de force et influence sur le conflit," in *la Révolution américaine et l'Europe,* Colloques Internationaux du CNRS, No. 577. Paris: Ed. du CNRS, 187–217.

Meyer, Jean. (1979b). "Les difficultés de commerce franco-américain vues de Nantes (1776–1790)," *French Historical Studies,* **XI**, 2, 159–183.

Meyers, Allan. (1971). "Slavery in the Hausa-Fulani Emirates," in D. McCall & W. Bennett, eds., *Aspects of West African Islam,* Boston University Papers on Africa, Vol. V. Boston, MA: Boston University African Studies Center, 173–184.

Michalet, Charles-Albert. (1968). "Economie et politique chez Saint-Just. L'exemple de l'inflation," *Annales historiques de la Révolution française,* **LV**, No. 191, 60–110.

Michoff, Nicolas V. (1970). *Contribution à l'histoire du commerce de la Turquie et de la Bulgarie, VI: Auteurs français, allemands et anglais.* Sofia: Bulg. Akad. na nauike.

Middlekauff, Robert, ed. (1964). *Bacon's Rebellion,* Berkeley Series in American History. Chicago, IL: Rand McNally.

Miller, Alexandre. (1926). *Essai sur l'histoire des institutions agraires de la Russie centrale du XVIe au XVIIIe siècles.* Paris: Marcel Giard.

Milward, Alan S. & Saul, S.B. (1973). *The Economic Development of Continental Europe, 1780–1870.* London: George Allen & Unwin.

Minchinton, Walter, E. (1969). "Introduction," in Walter E. Minchinton, ed., *The Growth of English Overseas Trade in the Seventeenth and Eighteenth Centuries.* London: Methuen, 1–63.
Minchinton, Walter, E. (1973). "Patterns of Demand, 1750–1914," in C.M. Cipolla, ed., *Fontana Economic History of Europe*, **III:** *The Industrial Revolution.* London: Collins/Fontana, 77–186.
Minchinton, Walter, E. (1979). "The Trangular Trade Revisted," in H.A. Gemery & J.S. Hogendorn, eds., *The Uncommon Market.* New York: Academic Press, 331–352.
Mingay, G. E. (1956). "The Agricultural Depression, 1730–1750," *Economic History Review*, 2nd ser., **VIII**, 3, 323–338.
Mingay, G. E. (1960). "The Large Estate in Eighteenth-Century England," in *First International Conference of Economic History*, Stockholm. Paris & La Haye: Mouton, 367–383.
Mingay, G. E. (1963). "The 'Agricultural Revolution' in English History: A Reconsideration," *Agricultural History* **XXXVII**, 3, 123–133.
Mingay, G. E. (1969). "Dr. Kerridge's 'Agricultural Revolution': A Comment," *Agricultural History*, **XLIII**, 4, 477–481.
Mingay, G. E., ed. (1977). *The Agricultural Revolution: Changes in Agriculture, 1650–1880.* London: Adam & Charles Black.
Misra, B. B. (1959). *The Central Administration at the East India Company, 1773–1834.* Manchester, Engl.: Manchester University Press.
Mitchell, Harvey. (1968). "The Vendée and Counter-Revolution: A Review Essay," *French Historical Studies*, **V**, 4, 405–429.
Mitchell, Harvey. (1974). "Resistance to the Revolution in Western France," *Past and Present*, No. 63, 94–131.
Mitchison, Rosalind. (1959). "The Old Board of Agriculture (1793–1822)," *English Historical Review*, **LXXIV**, No. 290, 41–69.
Mokyr, Joel. (1974). "The Industrial Revolution in the Low Countries in the First Half of the Nineteenth Century: A Comparative Case Study," *Journal of Economic History*, **XXXIV**, 2, 365–391.
Mokyr, Joel. (1977). "Demand vs. Supply in the Industrial Revolution," *Journal of Economic History*, **XXXVII**, 4, 981–1008.
Mokyr, Joel. (1984). "Demand versus Supply in the Industrial Revolution: A Reply," *Journal of Economic History*, **XLIV**, 3, 806–809.
Mokyr, Joel & Savin, N. Eugene. (1976). "Stagflation in Historical Perspective: The Napoleonic Wars Revisited," in P. Uselding, ed., *Research in Economic History*, Vol. I. Greenwich, CT: Greenwood Press, 198–259.
Montgolfier, Bernard de. (1980). *Il y a cent cinquante ans . . . Juillet 1830.* Paris: Musée Carnavalet.
Moore, Barrington, Jr. (1966). *Social Origins of Dictatorship and Democracy.* Boston: Beacon Press.
Moosvi, Shireen. (1973). "Production, Consumption, and Population in Akbar's Time," *Indian Economic and Social History Review*, **X**, 2, 181–195.
Moosvi, Shireen. (1977). "Note on Professor Alan Heston's 'The Standard of Living in Akbar's Time: A Comment,'" *Indian Economic and Social History Reveiw*, **XIV**, 3, 359–374.
Morgan, Edmund S. (1967). "The Puritan Ethic and the American Revolution," *William and Mary Quarterly*, 3rd ser., **XXIV**, 1, 3–43.
Morgan, Edmund S. (1973). "Conflict and Consensus in the American Revolution," in S. G. Kurtz & J. H. Hutson, eds., *Essays on the American Revolution.* Chapel Hill, NC: University of North Carolina Press, 289–309.
Morgan, Edmund S. (1977). *The Birth of the Republic, 1763–1789*, rev. ed. Chicago, IL: University of Chicago Press.
Morgan, Edmund S. & Helen M. (1953). *The Stamp Act Crisis: Prelude to Revolution.* Chapel Hill, NC: University of North Carolina Press.

Morgan, Valerie. (1971). "Agricultural Wage Rates in Late Eighteenth-Century Scotland," *Economic History Review*, 2nd ser., **XXIV**, 2, 181–201.

Morin, Victor. (1949). "La 'république canadienne' de 1838," *Revue d'histoire de l'Amérique française*, **II**, 4, 483–512.

Morineau, Michel. (1965). "Le balance du commerce franco-néerlandais et le resserrement économique des Provinces-Unies au XVIIIe siècle," *Economisch–Historisch Jaarboek*, **XXX**, 170–233.

Morineau, Michel. (1969a). "Histoire sans frontière: Prix et 'révolution agricole,'" *Annales E.S.C.*, **XXIV**, 2, 403–423.

Morineau, Michel. (1969b). "Réflexions tardives et conclusions prospectives," in J. Goy & E. LeRoy Ladurie, eds., *Les fluctuations de la dîme*. Paris & La Haye: Mouton, 320–333.

Morineau, Michel. (1971). *Les faux-semblants d'un démarrage économique: agriculture et démographie en France au XVIIIe siècle*. Paris: Lib. Armand Colin.

Morineau, Michel. (1972a). "L'ankylose de l'économie méditerranéenne au XVIIIe et au début de XIXe siècles: le rôle de l'agriculture," in *Cahiers de la Méditerranée*, sér. spéc., No. 1, journées d'études des 12 et 13 mai, Nice, 95–105.

Morineau, Michel. (1972b). "Budgets populaires en France au XVIIIe siècle," *Revue de'histoire économique et sociale*, **L**, 2, 203–237; **L**, 4, 449–481.

Morineau, Michel. (1974a). "A la Halle de Charleville: Fourniture et prix des grains ou les mécanismes du marché (1647–1821)," in *Actes du 95e Congrès National des Sociétés Savantes, Reims, 1970, Section d'histoire moderne et contemporaine*. Paris: Bibliothèque Nationale, II, 159–222.

Morineau, Michel. (1974b). "Révolution agricole, Révolution alimentaire, Révolution démographique," *Annales de démographie historique*, 335–371.

Morineau, Michel. (1976a). "Le rose et le vert," *Annales E.S.C.*, **XXXI**, 2, 467–510.

Morineau, Michel. (1976b). "Les problèmes de la modernisation des structures économiques et sociales dans une économie multisectorielle," in *Fifth International Conference of Economic History*, Leningrad, 1970. The Hague: Mouton, VII, 42–72.

Morineau, Michel. (1978). "Trois contributions au colloque de Göttingen," in E. Hinrichs *et al.*, eds., *Von Ancien Regime zur Französischen Revolution*. Göttingen: Vandenhoeck & Ruprecht, 374–419.

Morineau, Michel. (1980a). "La dîme et l'enjeu," *Annales historiques de la Révolution française*, **LII**, 2, No. 240, 161–180.

Morineau, Michel. (1980b). "Budgets de l'Etat et gestion des finances royales en France au dix-huitième siècle," *Revue historique*, **CCLXIV**, 2, No. 536, 289–336.

Morineau, Michel. (1985). "Raison, Révolution et Contre-Révolution," in F. Lebrun & R. Dupuy, eds., *Les résistances à la Révolution*. Paris: Imago, 284–291.

Morris, Morris David. (1968). "Towards a Re-interpretation of the 19th Century Indian Economic History," *Indian Economic and Social History Review*, **V.**, 1, 1–16.

Morris, Morris David & Stein, Burton. (1961). "The Economic History of India: A Bibliographic Essay," *Journal of Economic History*, **XXI**, 2, 179–207.

Morris, Richard B. (1946). *Government and Labor in Early America*. New York: Columbia University Press.

Morris, R. J. (1979). *Class and Class Consciousness in the Industrial Revolution, 1780–1850*. London: Macmillan.

Mota, Carlos Guilherme. (1967). *Idéia de revolução no Brasil no final do século XVIII*. São Paulo: Universidade de São Paulo.

Mota, Carlos Guilherme. (1972). "Europeus no Brasil à Epoca da Independência: Um Estudo," in C.G. Mota, ed., *1822: Dimensões*. São Paulo: Ed. Perspectiva, 56–73.

Mota, Carlos Guilherme. (1973). "Efectos dos movimentos sociais brasileiros no política metropolitana: a 'revolução' nordestina de 1817," *Luso-Brazilian Review*, **X**, 1, 76–85.

Moreaux, Philippe. (1968). "Truck-System et revendications sociales dans la sidérurgie

luxembourgeoise du XVIIIe siècle," *Mélanges offerts à G. Jacquemyns*. Bruxelles: Université Libre de Bruxelles, 527–530.
Mourlot, F. (1911). "La Crise de l'industrie drapière à Sedan, en 1788," *Revue historique ardennaise*, **XVIII**, mai–juin, 104–106.
Mouser, Bruce L. (1973). "Trade, Coasters, and Conflict in the Rio Pongo from 1790–1808," *Journal of African History*, **XIV**, 1, 45–64.
Mouyabi, Jean. (1976). "La Piste des Esclaves et des Portages," Mémoire de D.E.A., Dép. d'Histoire, Université de Brazzaville.
Mouyabi, Jean. (1979). "Essai sur le commerce précolonial et protocolonial au Congo méridional (XVIIe–début XXe siècle)," Thèse 3e cycle, E.H.E.S.S., Paris.
Mui & Mui, Lorna H. (1963). "The Commutation Act and the Tea Trade in Britain, 1784–1793," *Economic History Review*, 2nd ser., **XVI**, 2, 234–253.
Mui & Mui, Lorna H. (1975). " 'Trends in Eighteenth Century Smuggling' Reconsidered," *Economic History Review*, 2nd ser., **XXVIII**, 1, 28–43.
Mukherjee, Nolmani. (1962). *The Ryotwari System in Madras, 1792–1827*. Calcutta: Firma K. L. Mukhopadhyay.
Mukherjee, Nolmani & Frykenberg, Robert Eric. (1969). "The Ryotwari System and Social Organization in the Madras Presidency," in R.E. Frykenberg, ed., *Land Control and Social Structure in Indian History*. Madison, WI: University of Wisconsin Press, 217–226.
Mukherjee Ramkrishna. (1955). *The Rise and Fall of the East India Company*. Berlin: VEB Deutscher Verlag der Wissenschaften.
Mukherjee, Rudrangshu. (1982). "Trade and Empire in Awadh, 1765–1804," *Past and Present*, No. 94, 85–102.
Müller, Birgit. (1985). "Commodities as Currencies: The Integration of Overseas Trade into the Internal Trading Structure of the Igbo of South-East Nigeria," *Cahiers d'études africaines*, **XXV**, 1, No. 97, 57–77.
Mullet, Ch. F. (1946). "The Cattle Distemper in Mid-Eighteenth Century England," *Agricultural History*, **XX**, 3, 144–165.
Munger, Frank. (1981). "Contentious Gatherings in Lancashire, England, 1750–1830," in Louise A. Tilly & Charles Tilly, eds., *Class Conflict and Collective Action*. Beverly Hills, CA: Sage, 73–109.
Muñoz Oraá, Carlos E. (1960). "Pronóstico de la independencia de América, y un proyecto de Monarquías en 1781," *Revista de historia de América*, No. 50, 439–473.
Munro, J. Forbes. (1976). *Africa and the International Economy, 1800–1960*. London: J. M. Dent & Sons.
Murphy, James & Higonnet, Patrice. (1973). "Les députés de la noblesse aux Etats généraux de 1789," *Revue d'histoire moderne et contemporaine*, **XX**, 2, 230–247.
Murphy, Orville T. (1966). "DuPont de Nemours and the Anglo-French Commcerial Treaty of 1786," *Economic History Review*, 2nd ser., **XIX**, 3, 569–580.
Musson, A. E. (1972). Introduction," in A.E. Musson, ed., *Science, Technology and Economic Growth in the Eighteenth Century*. London: Methuen, 1–68.
Musson, A. E. (1976). "Industrial Motive Power in the United Kingdom, 1800–70," *Economic History Review*, 2nd ser., **XXIX**, 3, 415–439.
n.a. (1960). "Conference Report: The Origins of the Industrial Revolution," *Past and Present*, No. 17, 71–81.
Naff, Thomas. (1963). "Reform and the Conduct of Ottoman Diplomacy in the Reign of Selim III, 1789–1807," *Journal of the American Oriental Society*, **LXXXIII**, 3, 295–315.
Nairn, Tom. (1964). "The English Working Class," *New Left Review*, No. 24, 43–57.
Namier, Lewis B. (1930). *England in the Age of the American Revolution*. London: Macmillan.
Namier, Lewis B. (1957). *The Structure of Politics at the Accession of George III*, 2nd ed., London: Macmillan.
Naqui, H. K. (1968). *Urban Centres and Industries in Upper India, 1556–1803*. New York: Asia Publ. House.

Nash, Gary B. (1976a). "Social Change and the Growth of Prerevolutionary Urban Radicalism," in A. F. Young, ed., *The American Revolution: Explorations in the History of American Radicalism*. DeKalb, IL: Northern Illinois University Press, 3–36.
Nash, Gary B. (1976b). "Urban Wealth and Poverty in Pre-Revolutionary America," *Journal of Interdisciplinary History*, **VI,** 4, 545–584.
Nash, Gary B. (1979). *The Urban Crucible: Social Change, Political Consciousness, and the Origins of the American Revolution*. Cambridge, MA: Harvard University Press.
Nash, Gary B. (1984). "Social Development," in Jack P. Greene & J.R. Pole, eds., *Colonial British America: Essays in the New History of the Early Modern Era*. Baltimore, MD: Johns Hopkins University Press, 233–261.
Nash, Gary B. (1986). *Race, Class, and Politics: Essays on American Colonial Revolutionary Society*. Urbana, IL: University of Illinois Press.
Nash, R. C. (1985). "Irish Atlantic Trade in the Seventeenth and Eighteenth Centuries," *William and Mary Quarterly*, 3rd ser., **XLII, 3,** 329–356.
Nathan, James A., (1980). "The Heyday of the Balance of Power: Frederick the Great and the Decline of the Old Regime," *Naval War College Review*, **XXXIII,** 4, Seq. 280, 53–67.
Navarro García, Luis. (1975). *Hispanoamérica en el siglo XVIII*. Sevilla: Publ. de la Universidad de Sevilla.
Neale, R. S. (1966). "The Standard of Living, 1780–1844: A Regional and Class Study," *Economic History Review*, 2nd ser., **XIX,** 3, 590–606.
Neale, Walter, C. (1962). *Economic Change in Rural India: Land and Tenure and Reform, 1800–1955*. New Haven, CT: Yale University Press.
Neatby, Hilda. (1966). *Quebec: The Revolutionary Age, 1760–1791*. Toronto: McClelland & Stewart.
Nef, John U. (1943). "The Industrial Revolution Reconsidered," *Journal of Economic History*, **III,** 1, 1–31.
Nef, John U. (1954). "The Progress of Technology and the Growth of Large-Scale Industry in Great Britain, 1540–1640," in E.M. Carus-Wilson, ed., *Essays in Economic History*, Vol. I. London: Edward Arnold, 88–107. (Originally published in *Economic History Review*, 1934.)
Nef, John U. (1957). "'Coal Mining and Utilization," in C. Singer *et al.*, *A History of Technology*. **III:** *From the Renaissance to the Industrial Revolution, c. 1500–c. 1750*. Oxford: Clarendon Press, 72–88.
Nef, John U. (1968). "Industrie: I. la civilisation industrielle," *Encyclopedia Universalis*, Vol. VIII. Paris: Encyclopedia Universalis France, 966–972.
Nelson, William H. (1961). *The American Tory*. Oxford: Clarendon Press.
Nelson, William H. (1965). "The Revolutionary Character of the American Revolution," *American Historical Review*, **LXX,** 4, 998–1014.
Nettels, Curtis P. (1952). "British Mercantilism and the Economic Development of the Thirteen Colonies," *Journal of Economic History*, **XII,** 2, 105–114.
Nettels, Curtis P. (1962). *The Emergence of a National Economy 1775–1815*, Vol. 11 of *The Economic History of the United States*. New York: Holt, Rinehart, & Winston.
Neumann, William L. (1947). "United States Aid to the Chilean Wars of Independence," *Hispanic American Historical Review*, **XXVII,** 2, 204–219.
Newbury, Colin W. (1961). *The Western Slave Coast and Its Rulers: European Trade and Administration Among the Yoruba and Adja-speaking peoples of South-Western Nigeria, Southern Dahomey and Togo*. Oxford: Clarendon Press.
Newbury, Colin, W. (1966). "North African and Western Sudan Trade in the Nineteenth Century: A Re-evaluation," *Journal of African History*, **VII,** 2, 233–246.
Newbury, Colin, W. (1969). "Trade and Authority in West Africa From 1850 to 1880," in L.H. Gann & P. Duignan, eds., *Colonialism in Africa*, **I:** *The History and Politics of Colonialism, 1870–1914*. Cambridge, Engl.: At the University Press, 66–99.
Newbury, Colin W. (1971). "Price and Profitability in Early 19th Century West African

Trade," in C. Meillassoux, ed., *The Development of Indigenous Trade and Markets in West Africa.* London: Oxford University Press, 91–106.

Newbury, Colin W. (1972). "Credit in Early Nineteenth Century West African Trade," *Journal of African History,* **XIII,** 1, 81–95.

Newman, K. (1983). "Anglo-Dutch Commercial Co-operation and the Russian Trade in the Eighteenth Century," in W. T. Wieringa et al., *The Interactions of Amsterdam and Antwerp with the Baltic Region, 1400–1800.* Leiden: Martinus Nijhoff, 95–104.

Nicholls, David. (1978). "Race, couleur et indépendance en Haïti (1804–1825)," *Revue d'histoire moderne et contemporaine,* **XXV,** 2, 177–212.

Nicholas, Maurice. (1967). "A propos du traité de Paris, 1763: Arpents de neige ou îles à sucre?" *Revue Historique de l'Armée,* **XXIII,** 3, 73–77.

Nightingale, Pamela. (1970). *Trade and Empire in Western India, 1784–1806.* Cambridge: Engl. At the University Press.

Nolde, Boris. (1952–1953). *La formation de l'empire Russe; études, notes et documents,* Collection historique de l'institut d'études slaves, XV, 2 vols. Paris: Institut d'Etudes Slaves.

Nolte, Hans–Heinrich. (1981). *Der Aufsteig Russlands zur europäischen Grossmacht.* Stuttgart: Ernst Klett.

Nolte, Hans-Heinrich. (1982). "The Position of Eastern Europe in the International System in Early Modern Times," *Review,* **IV,** 1, 25–84.

Nørregård, Georg. (1966). *Danish Settlements in West Africa, 1658–1850.* Boston, MA: Boston University Press.

North, Douglass C. (1960). "The United States Balance of Payments, 1790–1860," in National Bureau of Economic Research, *Trends in the American Economy in the Nineteenth Century: Studies in Income and Wealth,* Vol. XXIV of the Conference on Research in Income and Wealth. Princeton, NJ: Princeton University Press, 573–627.

North, Douglass C. (1965). "The Role of Transportation in the Economic Development of North America," in *Les grandes voies maritimes dans le monde, XVe–XIXe siècles.* Paris: S.E.V.P.E.N., 209–246.

North, Douglass C. (1966). *The Economic Growth of the United States, 1790–1860.* New York: W. W. Norton.

North, Douglass, C. (1968). "Sources of Productivity Changes in Ocean Shipping, 1600–1850," *Journal of Political Economy,* **LXXVI,** 5, 953–970.

North, Douglass C. (1974). *Growth and Welfare in the American Past: A New Economic History,* 2nd ed. Englewood Cliffs, NJ: Prentice-Hall.

North, Douglass C. (1985). "Transaction Costs in History," *Journal of European Economic History,* **XIV,** 3, 557–576.

Northrup, David. (1972). "The Growth of Trade Among the Igbo Before 1800," *Journal of African History,* **XIII,** 2, 217–236.

Northrup, David. (1976). "The Compatibility of the Slave and Palm Oil Trades in the Bight of Biafra," *Journal of African History,* **XVII,** 3, 353–364.

Northrup, David. (1978). *Trade Without Rulers: Pre-colonial Economic Development in South-Eastern Nigeria.* Oxford: Clarendon Press.

Novais, Fernando A. (1979). *Portugal e Brasil na Crise do Antigo Sistema Colonial (1777–1808).* São Paulo: Ed. Hucitec.

Nussbaum, Frederick L. (1925). "American Tobacco and French Politics, 1783–89," *Political Science Quarterly,* **XL,** 4, 497–516.

Nussbaum, Frederick L. (1933). "The Formation of the New East India Company of Calonne," *American Historical Review,* **XXXVII,** 3, 475–497.

O'Brien, Bickford. (1955). "Ivan Pososhkov: Russian Critic of Mercantilist Principles," *American Slavonic and East European Review,* **XIV,** 4, 503–511.

O'Brien, Patrick K. (1959). "British Incomes and Property in the Early Nineteenth Century," *Economic History Review,* 2nd ser., **XII,** 2, 255–267.

O'Brien, Patrick K. (1977). "Agriculture and Industrial Revolution," *Economic History Review*, 2nd ser., **XXX**, 1, 166–181l.
O'Brien, Patrick K. (1983). "The Impact of the Revolutionary and Napoleonic Wars, 1793–1815, on the Long Run Growth of the British Economy," Princeton University, Davis Center Seminar, mimeo.
O'Brien, Patrick K. (1988). "The Political Economy of British Taxation: 1660 to 1815," *Economic History Review*, 2nd ser., **XLI**, 1, 1–32.
O'Brien, Patrick K. & Engerman, S. L. (1981). "Changes in Income and Its Distribution During the Industrial Revolution," in R. Floud & D. N. McCloskey, eds., *The Economic History of Britain Since 1700*, **I**: *1700–1860*. Cambridge, Engl.: Cambridge University Press, 164–181.
O'Brien, Patrick K. & Keyder, Caglar. (1978). *Economic Growth in Britain and France, 1780–1914*. London: George Allen & Unwin.
O'Brien, Patrick K. & Keyder, Caglar. (1979). "Les voies de passage vers la société industrielle en Grande-Bretagne et en France (1780–1914)," *Annales E. S. C.*, **XXXIV**, 6, 1284–1303.
Okoye, F. Nwabueze. (1980). "Chattel Slavery as the Nightmare of the American Revolutionaries," *William and Mary Quarterly*, 3rd ser., **XXXVII**, 1, 3–28.
Okyar, Osman. (1987). "A New Look at the Problem of Economic Growth in the Ottoman Empire," *Journal of European Economic History*, **XVI**, 1, 7–49.
Oliver, Roland & Atmore, Anthony. (1981). *The African Middle Ages, 1400–1800*. Cambridge, Engl.: Cambridge University Press.
Olivier, Pierre. (1936). *Les antécédents d'une révolution: Etudes sur le développement de la Société française de 1715 à 1789*. Paris: Lib. Marcel Rivière.
Oloruntimehin, B. Olatunji. (1971–1972). "The Impact of the Abolition Movement on the Social and Political Development of West Africa in the Nineteenth and Twentieth Centuries," *African Notes*, **VII**, 1, Third Term, 33–58.
Oloruntimehin, B. Olatunji. (1974). "The Western Sudan and the Coming of the French, 1800–1893," in J. F. A. Ajayi & M. Crowder, eds., *History of West Africa*, Vol. II. London, Longman, 344–379.
Osler, Pierre, dir. (1978). *Dictionnaire de citations français*. Paris: Usuels de Robert.
Ospina Vasquez, Luis. (1955). *Industria y protección en Colombia, 1810–1930*. Medellín: Bibl. Colombiana de Ciencias Sociales FAES.
Ott, Thomas O. (1973). *The Haitian Revolution, 1789–1804*. Knoxville, TN: University of Tennessee Press.
Ouellet, Fernand. (1971). *Histoire économique et sociale du Québec, 1760–1850: Structures et conjoncture*, 2 vols. Montréal: Ed. Fides.
Ouellet, Fernand & Hamelin, Jean. (1962). "La crise agricole dans le Bas-Canada (1802–1837)," *Etudes rurales*, No. 7, 36–57.
Owen, David Edward. (1934). *British Opium Policy in China and India*. New Haven, CT: Yale University Press.
Owen, Roger. (1981). *The Middle East in the World Economy, 1800–1914*. London: Methuen.
Ozouf, Mona. (1984). "War and Terror in French Revolutionary Discourse (1792–1794)," *Journal of Modern History*, **LVI**, 4, 579–597.
Pachoński, Jan & Wilson, Reuel K. (1986). *Poland's Caribbean Tragedy: A Study of Polish Legions in the Haitian War of Independence, 1802–1803*. Boulder, CO: East European Monographs.
Palmer, R. R. (1954). "The World Revolution of the West, 1763–1801," *Political Science Quarterly*, **LXIX**, 1, 1–14.
Palmer, R. R. (1959, 1964). *The Age of the Democratic Revolution: A Political History of Europe and America, 1760–1800*, 2 vols. Princeton, NJ: Princeton University Press.
Palmer, R. R. (1967). "Polémique américaine sur le rôle de la bourgeoisie dans la Révolution française," *Annales historiques de la Révolution française*, **XXXIX**, No. 189, 369–380.
Palmer, R. R. (1971). *The World of the French Revolution*. New York: Harper & Row.

Pandey, Gyan. (1981). *Economic Dislocation in Nineteenth Century Eastern U.P.: Some Implications of the Decline of Artisanal Industry in Colonial India*, Occasional Paper No. 37. Calcutta: Centre for Studies in Social Sciences.

Panikkar, Kavalam Madhava. (1953). *Asia and Western Dominance: A Survey of the Vasco da Gama Epoch of Asian History, 1498–1945*. London: George Allen & Unwin.

Pantaleão, Olga. (1946). *A penetração commercial da Inglaterra na América Espanhola de 1773–1783*, Boletim LXII. Univ. de São Paulo, Faculdade de Filosofia, Ciencias e Letras.

Pares, Richard. (1953). Review of V. T. Harlow, *The Founding of the Second British Empire, 1763–1793*, Vol. I, in *English Historical Review*, **LXVIII**, No. 266, 282–285.

Pares, Richard. (1960). *Merchants and Planters*, Economic History Review, Suppl. 4. Cambridge, Engl.: At the University Press.

Paret, Peter. (1964). "Colonial Experience and European Military Reform at the End of the Eighteenth Century," *Bulletin of the Institute of Historical Research*, **XXXVII**, No. 95, 47–59.

Paris, Robert. (1957). *Le Levant de 1660 à 1789*, Vol. V of G. Rambert, dir., *Histoire du Commerce de Marseille*. Paris: Plon.

Parker, Harold T. (1979). *The Bureau of Commerce in 1781 and Its Policies with Respect to French Industry*. Durham, NC: Carolina Academic Press.

Parker, R. A. C. (1955). "Coke of Norfolk and the Agrarian Revolution," *Economic History Review*, 2nd ser., **VII**, 2, 156–166.

Parker, W. H. (1959). "A New Look at Unrest in Lower Canada in the 1830's," *Canadian Historical Review*, **XL**, 3, 209–218.

Parkinson, C. Northcote. (1937). *Trade in the Eastern Seas, 1793–1813*. Cambridge, Engl.: At the University Press.

Paskaleva, Virginia. (1965). "Einige Probleme auf der Geschichte der Orientfrage in der Ersten Halfte des 19. Jahrhunderts," in *Etudes historiques*, à l'occasion du XIIe Congrès International de Sciences Historiques—Vienne, août–septembre. Sofia: Académie des Sciences de Bulgarie, II, 185–205.

Paskaleva, Virginia. (1968). "Contribution aux relations commerciales des provinces balkaniques de l'Empire ottoman avec les états européens au cours du XVIIIe et la première moitié du XIXe s.," in *Etudes historiques*, à l'occasion du VIe Congrès International des Etudes Slaves—Prague. Sofia: Académie des Sciences de Bulgarie, IV, 265–292.

Patch, Robert W. (1985). "Agrarian Change in Eighteenth-Century Yucatan," *Hispanic American Historical Review*, **LXV**, 1, 21–49.

Patterson, R. (1957). "Spinning and Weaving," in C. Singer *et al.*, eds., *A History of Technology*, **III**: *From the Renaissance to the Industrial Revolution, c. 1500–c. 1750*. Oxford: Clarendon Press, 151–180.

Payen, Jacques. (1969). *Capital et machine à vapeur au XVIIIe siècle: Les frères Périer et l'introduction en France de la machine à vapeur de Watt*. Paris & La Haye: Mouton.

Pearson, M. N. (1972). "Political Participation in Mughal India," *Indian Economic and Social History Review*, **IX**, 2, 113–131.

Pereira, Miriam Halpern. (1986). "Portugal and the Structure of the World Market in the XVIIIth & XIXth Centuries," in W. Fischer *et al.*, eds., *The Emergence of a World Economy, 1500–1914, Part I: 1500–1850*. Wiesbaden: Franz Steiner Verlag, 279–300.

Pereira Sales, Eugenio. (1971). *Los primeros contactos entre Chile y los Estados Unidos, 1778–1809*. Santiago: Ed. Andres Bello.

Pérez Rojas, Reyes Antonio. (1978). "The Impact of the American Revolution on the Independence of Guatemala," in J. S. Tulchin, ed., *Hemispheric Perspectives on the United States*. Westport, CT: Greenwood Press, 14–21.

Perkin, H. J. (1968). "The Social Causes of the British Industrial Revolution," *Transactions of the Royal Historical Society*, 5th ser., **XVIII**, 123–143.

Perkin, H. J. (1969). *The Origins of Modern English Society, 1780–1880*. London: Routledge & Kegan Paul.

Perkins, Bradford. (1955). *The First Rapprochement: England and the United States, 1795–1805*. Philadelphia, PA: University of Pennsylvania Press.

Perkins, Bradford. (1963). *Prologue to War: England and the United States, 1805–1812*. Berkeley, CA: University of California Press.

Perkins, Bradford. (1964). *Castlereagh and Adams: England and the United States, 1812–1823*. Berkeley, CA: University of California Press.

Perkins, Dexter. (1927). *The Monroe Doctrine, 1823–1826*. Cambridge, MA: Harvard University Press.

Perlin, Frank. (1974). "Society in Crisis: Early 19th Century Western India in Demographic and Institutional Perspective," paper delivered at IVth European Conference on Modern South Asian Studies, Sussex, England, 173–193.

Perlin, Frank. (1978). "Of White Whale and Countrymen in the Eighteenth Century Maratha Deccan: Extended Class Relations, Rights, and the Problem of Rural Autonomy Under the Old Regime," *Journal of Peasant Studies*, **V**, 2, 172–237.

Perlin, Frank. (1979). "To Identify Change in an Old Regime Polity: Agrarian Transaction and Institutional Mutation in 17th to Early 19th Century Maharashtra," in *Asie du Sud: Traditions et changements*, Sèvres, 8–13 juillet 1978, Colloques Internationaux du CNRS, No. 582. Paris: Ed. du CNRS, 197–204.

Perlin, Frank. (1980a). "Precolonial South Asia and Western Penetraton in the Seventeenth to Nineteenth Centuries: A Problem of Epistemological Status," *Review*, **IV**, 2, 267–306.

Perlin, Frank. (1980b). "A History of Money in Asian Perspective," *Journal of Peasant Studies*, **VII**, 2, 235–244.

Perlin, Frank. (1981). "The Precolonial State in History and Epistemology: A Reconstruction of Societal Formation in the Western Deccan from the Fifteenth to the Early Nineteenth Centuries," in H. Claessen & P. Skonik, eds., *The Study of the State*. The Hague: Mouton, 275–302.

Perlin, Frank. (1983). "Proto-industrialization and Pre-colonial South Asia," *Past and Present*, No. 98, 30–95.

Perlin, Frank. (1984). "Growth of Money Economy and Some Questions of Transition in Late Pre-colonial India," *Journal of Peasant Studies*, **VI**, 3, 96–107.

Pérotin-Dumon, Anne. (1986). "Ambiguous Revolution in the Caribbean: The White Jacobins, 1789–1800," *Historical Reflections*, **XIII**, 2/3, 499–516.

Perrot, Jean-Claude. (1975a). "Voies nouvelles pour l'histoire économique de la Révolution," *Annales historiques de la Révolution française*, **XLVII**, No. 219, 30–65.

Perrot, Jean-Claude. (1975b). *Genèse d'une ville moderne. Caen au XVIIIe siècle*, 2 vols. Paris & La Haye: Mouton.

Perrot, Jean-Claude. (1976). "L'âge d'or de la statistique régionale (an IV-1804)," *Annales historiques de la Révolution française*, **XLVII**, No. 224, 215–276.

Perrot, Jean-Claude. (1981). "Le présent et la durée dans l'oeuvre de F. Braudel," *Annales E.S.C.*, **XXXVI**, 1, 3–15.

Petrosian, Juri. (1976). "Die Ideen 'Der Europäisierung' in dem sozialpolitischen Leben des Osmanischen Reiches in der Neuzeit (ende des 18. Anfang des 20. Jh.)," in N. Todorov, et al., réd., *La révolution industrielle dans le sud-est Europe XIXe siècle*. Sofia: Institut d'Etudes Balkaniques, 61–75.

Peukert, Werner. (1978). *Der atlantische Slavenhandel von Dahomey, 1740–1797*. Wiesbaden: Franz Steiner Verlag.

Phelan, John Leddy. (1960). "Neo-Aztecism in the Eighteenth Century and the Genesis of Mexican Nationalism," in S. Diamond, ed., *Culture in History: Essays in Honor of Paul Radin*. New York: Columbia University Press, 760–770.

Phelan, John Leddy. (1978). *The People and the King: The Comunero Revolution in Colombia, 1781*. Madison, WI: University of Wisconsin Press.

Philips, C. H. (1961). *The East India Company, 1784–1834*, 2nd ed., reprinted with minor corrections. Manchester, Engl.: Manchester University Press.

Piault, Marc-Henri. (1975). "Captifs de pouvoir et pouvoir des captifs," in C. Meillassoux, ed., *L'esclavage en Afrique précoloniale*. Paris: Maspéro, 321–350.

Picard, Roger. (1910). *Les Cahiers de 1789 au point de vue industriel et commercial*. Paris: Marcel Rivière.

Piel, Jean. (1970). "The Place of the Peasantry in the National Life of Peru in the Nineteenth Century," *Past and Present*, No. 46, 108–133.

Piel, Jean. (1975). *Capitalisme agraire au Pérou, I: Originalité de la société agraire péruvienne au XIX siècle*. Paris: Ed. Anthropos.

Pietraszek, Bernardine. (1955). "British and Direct Spanish American Trade, 1815–1825," *Mid-America*, **XXXVII** (n.s. XXVI), 2, 67–100.

Pinchbeck, Ivy. (1930). *Women Workers and the Industrial Revolution, 1750–1850*. London: Routledge. (Reprinted Frank Cass, 1977).

Pinkney, David. (1950). "Paris, capitale du coton sous la Premier Empire," *Annales E.S.C.*, **V**, 1, 56–60.

Pinter, Walter McKenzie. (1967). *Russian Economic Policy under Nicholas I*. Ithaca, NY: Cornell University Press.

Pinter, Walter McKenzie. (1980). "The Evolution of Civil Officialdom, 1755–1855," in W. M. Pinter & D. K. Rowney, eds., *Russian Officialdom from the 17th to 20th Century: The Bureaucratization of Russian Society*. Chapel Hill, NC: University of North Carolina Press, 190–226.

Pluchon, Pierre. (1979). *Toussaint Louverture de l'esclavage au pouvoir*. Paris: Ed. de l'Ecole.

Plumb, J. H. (1950). *England in the Eighteenth Century*, Pelican History of England, Vol. 7. Harmondsworth, Engl.: Penguin.

Plumb, J. H. (1956). *The First Four Georges*. London: Fontana/Collins.

Plumb, J. H. (1982). "Commercialization and Society," in N. McKendrick, J. Brewer, & J. H. Plumb, *The Birth of a Consumer Society*. London: Europa Publications Ltd., 265–335.

Pocock, J. G. A. (1972). "Virtue and Commerce in the Eighteenth Century," *Journal of Interdisciplinary History*, **III**, 1, 119–134.

Polanyi, Karl. (1957). *The Great Transformation*. Boston, MA: Beacon Press. (Originally published 1944.)

Polanyi, Karl, in collaboration with Abraham Rotstein. (1966). *Dahomey and the Slave Trade*. Seattle, WA: University of Washington Press.

Polk, William R. (1963). *The Opening of South Lebanon, 1788–1840*. Cambridge, MA: Harvard University Press.

Pollard, Sidney. (1963). "Factory Discipline in the Industrial Revolution," *Economic History Review*, 2nd ser., **XVI**, 2, 254–271.

Pollard, Sidney. (1964). "The Factory Village in the Industrial Revolution," *English Historical Review*, **LXXIX**, No. 312, 513–531.

Pollard, Sidney. (1965). *The Genesis of Modern Management. A Study of the Industrial Revolution in Great Britain*. Cambridge, MA: Harvard University Press.

Pollard, Sidney. (1972a). "Capital Accounting in the Industrial Revolution," in F. Crouzet, ed., *Capital Formation in the Industrial Revolution*. London: Methuen, 119–144. (Originally published in the *Yorkshire Bulletin of Social and Economic Research*, 1962.)

Pollard, Sidney. (1972b). "Fixed Capital in the Industrial Revolution in Britain," in F. Crouzet, ed., *Capital Formation in the Industrial Revolution*. London: Methuen, 145–161. (Originally published in *Journal of Economic History*, 1964.)

Pollard, Sidney. (1973). "Industrialization and the European Economy," *Economic History Review*, 2nd ser., **XXVI**, 4, 636–648.

Pollard, Sidney. (1981). *The Integration of the European Economy since 1815*. London: George Allen & Unwin.

Portal, Roger. (1949). "Manufactures et classes sociales en Russie au XVIIIe siècle," *Revue historique*, 73ᵉ année, **CCI**, avr.–juin, 161–185; **CCII**, juil.–sept., 1–23.

Portal, Roger. (1950). *L'Oural au XVIIIe siècle: Etude d'histoire économique et sociale*, Collection historique de l'institut d'etudes slaves, Vol. XIV. Paris: Inst. d'Etudes Slaves.

Portal, Roger. (1961). "Aux origines d'une bourgeoisie industrielle en Russie," *Revue d'historie moderne et contemporaine*, **VIII**, 1, 35–60.

Portal, Roger. (1963). "Préface," in M. Confino, *Domaines et seigneurs en Russie vers la fin du XVIIIe siècle*. Paris: Inst. d'Etudes Slaves, 9–13.

Portal, Roger. (1966). *L'Empire russe de 1762 à 1855*. Paris: Centre du Documentation Universitaire.

Post, John D. (1976). "Famines, Mortality, and Epidemic Disease in the Process of Modernization," *Economic History Review*, 2nd ser., **XXIX**, 1, 14–37.

Postan, M. (1972). "The Accumulation of Capital," in F. Crouzet, ed., *Capital Formation in the Industrial Revolution*. London: Methuen, 70–83. (Originally published in *Economic History Review*, 1935.)

Postma, Johannes. (1972). "The Dimension of the Dutch Slave Trade from Western Africa," *Journal of African History*, **XIII**, 2, 237–248.

Poulantzas, Nicos. (1971). *Pouvoir politique et classes sociales*, 2 vols. Paris: Maspéro (Petite Collection 77).

Poulantzas, Nicos. (1973). *Political Power and Social Classes*. London: New Left Books.

Prado, Caio, Jr. (1957). *Evolução política do Brasil e outros estudos*, 2a ed. São Paulo: Ed. Brasilense.

Prakash, Om. (1964). "The European Trading Companies and Merchants of Bengal, 1650–1725," *Indian Economic and Social History Review*, **I**, 3, 37–63.

Pratt, E. J. (1931). "Anglo-American Commercial and Political Rivalry on the Plata, 1820–1830," *Hispanic American Historical Review*, **XI**, 3, 302–335.

Pratt, Julius W. (1935). "Fur Trade Strategy and the American Left Flank in the War of 1812," *American Historical Review*, **XL**, 2, 246–273.

Pressnell, L. S. (1953). "Public Monies and the Development of English Banking," *Economic History Review*, 2nd ser., **V**, 3, 378–397.

Pressnell, L. S. (1960). "The Rate of Interest in the Eighteenth Century," in L. S. Pressnell, ed., *Studies in the Industrial Revolution: Presented to T. S. Ashton*. London: University of London, Athlone Press, 178–214.

Price, Jacob M. (1965). "Discussion," *Journal of Economic History*, **XXV**, 4, 655–659.

Price, Jacob M. (1973). *France and the Chesapeake: A History of the French Tobacco Monopoly, 1674–1791, and of its Relationship to the British and American Tobacco Trades*, 2 vols. Ann Arbor, MI: University of Michigan Press.

Price, Jacob M. (1976). "Quantifying Colonial America: A Comment on Nash and Warden," *Journal of Interdisciplinary History*, **VI**, 4, 701–709.

Priestly, Herbert Ingram. (1916). *José de Galvez, Visitor-General of New Spain (1765–1771)*. Berkeley, CA: University of California Press.

Priestley, Margaret. (1969). *West African Trade and Coast Society: A Family Study*. London: Oxford University Press.

Prothero, I. J. (1979). *Artisans and Politics in Early Nineteenth Century London: John Gast and His Times*. Folkestone, Engl.: Dawson.

Prucha, Francis Paul. (1970). *American Indian Policy in the Formative Years: The Indian Trade and Intercourse Acts, 1790–1834*. Lincoln, NE: University of Nebraska Press.

Pugh, Wilma J. (1939). "Calonne's 'New Deal,'" *Journal of Modern History*, **XI**, 3, 289–312.

Puryear, Vernon J. (1935). *International Economics and Diplomacy in the Near East*. Stanford, CA: Stanford University Press.

Quarles, Benjamin. (1961). *The Negro in the American Revolution*. Chapel Hill, NC: University of North Carolina Press.

Quimby, Robert S. (1957). *The Background of Napoleonic Warfare: The Theory of Military Tactics in Eighteenth-Century France*, Columbia Studies in the Social Sciences, No. 596. New York: Columbia University Press.

Quinney, Valerie. (1972). "The Problem of Civil Rights for Free Men of Color in the Early French Revolution," *French Historical Studies*, **VII**, 4, 544–557.

Rae, J. (1883). "Why Have the Yeomanry Perished?" *Contemporary Review*, **XXXIV**, 2, 546–556.
Raeff, Marc. (1966). *Origins of the Russian Intelligentsia: The Eighteenth-Century Nobility*. New York: Harcourt, Brace & World.
Raeff, Marc. (1971a). *Imperial Russia, 1682–1825: The Coming of Age of Modern Russia*. New York: Knopf.
Raeff, Marc. (1971b). "Pugachev's Rebellion," in R. Forster & J. P. Greene, eds., *Preconditions of Revolution in Early Modern Europe*. Baltimore, MD: Johns Hopkins University Press, 161–202.
Raeff, Marc. (1975). "The Well-Ordered Police State and the Development of Modernity in Seventeenth- and Eighteenth-Century Europe: An Attempt at a Comparative Approach," *American Historical Review*, **LXXX**, 5, 1221–1244.
Raeff, Marc. (1979). "The Bureaucratic Phenomena of Imperial Russia, 1700–1905," *American Historical Review*, **LXXXIV**, 2, 399–411.
Ragatz, Lowell J. (1928). *The Fall of the Planter Class in the British Caribbean, 1763–1833*. New York: Century.
Ragatz, Lowell J. (1935). "The West Indian Approach to the Study of American Colonial History," *American Historical Association*, pamphlet series. London: Arthur Thomas.
Ragsdale, Hugh. (1970). "A Continental System in 1801: Paul I and Bonaparte," *Journal of Modern History*, **XLII**, 1, 70–89.
Ram, N. (1972). "Impact of Early Colonisation on Economy of South India," *Social Scientist*, **I**, 4, 47–65.
Ramsey, John Fraser. (1939). *Anglo-French Relations, 1763–1770: A Study of Choiseul's Foreign Policy*, University of California Publications in History, Vol. XVII, No. 3. Berkeley, CA: University of California Press, i-x & 143–264.
Rancière, Jacques. (1983). "The Myth of the Artisan: Critical Reflections on a Category of Social History," *International Labor and Working Class History*, No. 24, Fall, 1–16.
Ransom, Roger L. (1968). "British Policy and Colonial Growth: Some Implications of the Burden from the Navigation Acts," *Journal of Economic History*, **XXVIII**, 3, 427–435.
Rao, G. N. (1977). "Agrarian Relations in Coastal Andhra under Early British Rule," *Social Scientist*, **VI**, I, No. 61, 19–29.
Rasch, Aage. (1965). "American Trade in the Baltic, 1783–1807," *Scandinavian Economic History Review*, **XIII**, 1, 31–64.
Rawley, James A. (1980). "The Port of London and the Eighteenth Century Slave Trade: Historians, Sources, and a Reappraisal," *African Economic History*, No. 9, 85–100.
Rawley, James A. (1981). *The Transatlantic Slave Trade: A History*. New York: W. W. Norton.
Rawlyk, George A. (1963). "The American Revolution and Nova Scotia Reconsidered," *Dalhousie Review*, **XLIII**, 3, 379–394.
Rawlyk, George A. (1968). *Revolution Rejected, 1774–1775*. Scarborough, Ont.: Prentice-Hall of Canada.
Rawlyk, George A. (1973). *Nova Scotia's Massachusetts: A Study of Massachusetts–Nova Scotia Relations, 1630–1784*. Montreal: McGill–Queen's University Press.
Ray, Indrani. (1980). *The Multiple Faces of the Early 18th Century Indian Merchants*, Occasional Paper No. 29, Calcutta: Centre for Studies in Social Sciences.
Ray, Ratnalekha. (1979). *Change in Bengal Agrarian Society, 1760–1850*. New Delhi: Manohar.
Raychaudhuri, Tapan. (1962). *Jan Company in Coromandel, 1605–1690*, Verhandelingen van het Koninklijk Instituut voor Taal-, Land-, en Volkenkunde, Vol. XXXVIII. 'S-Gravenhage: Martinus Nijhoff.
Raychaudhuri, Tapan. (1965). "Some Patterns of Economic Organization and Activity in Seventeenth Century India: A Comparative Study," in *Second International Conference of Economic History*, Aix-en-Provence, 1962, **II**: *Middle Ages and Modern Times*. Paris: Mouton, 751–760.

Raychaudhuri, Tapan. (1968). "A Re-interpretation of Nineteenth Century Indian Economic History?" *Indian Economic and Social History Review*, **V**, 1, 77–100.
Raychaudhuri, Tapan. (1969). "Permanent Settlement in Operation: Bakarkanj District, East Bengal," in R. E. Frykenberg, ed., *Land Control and Social Structure in Indian History*. Madison, WI: University of Wisconsin Press, 163–174.
Raychaudhuri, Tapan. (1982a). "Non-Agricultural Production: Mughal India," in T. Raychaudhuri & I. Habib, eds., *Cambridge Economic History of India*, **I**: *c. 1200–c. 1700*. Cambridge, Engl.: Cambridge University Press, 261–307.
Raychaudhuri, Tapan. (1982b). "Inland Trade," in T. Raychaudhuri & I. Habib, eds., *Cambridge Economic History of India*, **I**, *c. 1200–c. 1700*. Cambridge, Engl.: Cambridge University Press, 325–359.
Rayneval, Gérard de. (1784). "Aperçu sur le Traité de Commerce à conclûre avec la Cour de Londres," Envoyé copie à M. de Calonne le 29 avril 1784, in *Archives des Affaires Etrangères (Paris): Angleterre*, No. 46: *Mémoires sur le Commerce, le Finance, etc. 1713 à 1811*, 202–220.
Razzell, P. E. (1969). "Population Change in Eighteenth Century England: A Re-Appraisal," in M. Drake, ed., *Population in Industrialization*. London: Methuen, 128–156. (Originally published in *Economic History Review*, 1965.)
Razzell, P. E. (1974). "An Interpretation of the Modern Rise of Population in Europe—a Critique," *Population Studies*, **XXVIII**, Part I, 5–17.
Rebérioux, Madeline. (1965). "Jaurès et Robespierre," in *Actes du Colloque Robespierre*, XIIe Congrès international des Sciences historiques, Vienne, 3 septembre. Paris: Société des Robespierristes, 191–204.
Recht, Pierre. (1950). *Les biens communaux du Namurois et leur partage à la fin du XVIIIe siècle*. Bruxelles: E. Bruylant.
Regemorter, J.L. Van. (1963). "Commerce et politique: préparation et négociation du traité franco-russe de 1787," *Cahiers du monde russe et soviétique*, **IV**, 3, 230–257.
Regemorter, Jean-Louis Van. (1971). *Le déclin du servage, 1796–1855*, Vol. I of R. Portal, dir., *Histoire de la Russie*. Paris: Hatier.
Reid, Joseph D., Jr. (1970). "On Navigating the Navigation Acts with Peter D. McClelland: Comment," *American Economic Review*, **LX**, 5, 949–955.
Reid, Marjorie G. (1925). "The Quebec Fur Traders and Western Policy, 1763–1774," *Canadian Historical Review*, **VI**, 1, 15–32.
Reinhard, Marcel. (1946). "La Révolution française et le problème de la population," *Population*, **I**, 3, 419–427.
Reinhard, Marcel. (1965). "Bilan démographique de l'Europe: 1789–1815," in *XIIe Congrès International des Sciences Historiques*, Vienne, 29 août–5 sept., *Rapports*, **I**: *Grands thèmes*. Horn/Wein: Ferdinand Berger & Sohne, 451–471.
Rémond, André. (1957). "Trois bilans de l'économie française au temps des théories physiocratiques," *Revue d'histoire économique et sociale*, **XXXV**, 4, 416–456.
Reis, Arthur Cézar Ferreira. (1960). "O Comércio colonial e as companhias privilegiadas," in S. Buarque de Holanda, dir., *Historia Geral da Civilização Brasileira*, Tomo 1, 2 vols. São Paulo: Difusão Européia do Livro, 311–339.
Resnick, Daniel P. (1972). "The Société des Amis des Noirs and the Abolition of Slavery," *French Historical Studies*, **VII**, 4, 558–569.
Reubens, E. P. (1955). "Comment," in National Bureau of Economic Research, *Capital Formation and Economic Growth*. Princeton, NJ: Princeton University Press, 378–380.
Reynolds, Edward. (1973). "Agricultural Adjustments on the Gold Coast after the End of the Slave Trade, 1807–1874," *Agricultural History*, **XLVII**, 4, 308–318.
Rich, E. E. (1955). "Russia and the Colonial Fur trade," *Economic History Review*, 2nd ser., **VII**, 3, 307–328.
Rich, E. E. (1960). *Hudson's Bay Company, 1670–1870*, 3 vols. Toronto: McClelland & Stewart.
Richards, Alan. (1977). "Primitive Accumulation in Egypt, 1798–1882," *Review*, **I**, 2, 3–49.

Richards, E. S. (1973). "Structural Change in a Regional Economy: Sutherland and the Industrial Revolution, 1780–1830," *Economic History Review*, 2nd ser., **XXVI**, 1, 63–76.

Richards, J. F. (1981). "The Indian Empire and Peasant Production of Opium in the Nineteenth Century," *Modern Asian Studies*, **XV**, I, 59–82.

Richards, W. A. (1980). "The Import of Firearms into West Africa in the Eighteenth Century," *Journal of African History*, **XXI**, 1, 43–59.

Richardson, David. (1975). "Profitability in the Bristol–Liverpool Slave Trade," *Revue française d'histoire d'outre-mer*, **LXII**, 1ᵉ et 2ᵉ trimestres, Nos. 226/227, 301–308.

Richardson, David. (1979). "West African Consumption Patterns and Their Influence on the Eighteenth-Century English Slave Trade," in H. A. Gemery & J. S. Hogendorn, eds., *The Uncommon Market*, New York: Academic Press, 303–330.

Richardson, Thomas L. (1969). Review of W. E. Tate, *The Enclosure Movement*, in *Agricultural History*, **XLIII**, 1, 187–188.

Richet, Denis. (1968). "Croissance et blocages en France du XVᵉ au XVIIIᵉ siècles," *Annales E.S.C.*, **XXIII**, 4, 759–787.

Richet, Denis. (1969). "Autour des origines idéologiques lointaines de la Révolution française: Elites et despotisme," *Annales E.S.C.*, **XXIV**, 1, 1–23.

Richet, Denis. (1973). *La France moderne: L'esprit des institutions*. Paris: Flammarion.

Ridings, Eugene W. (1985). "Foreign Predominance among Overseas Traders in Nineteenth-Century Latin America," *Latin America Research Review*, **XX**, 2, 3–27.

Riley, James C. (1973). "Dutch Investment in France, 1781–1787," *Journal of Economic History*, **XXXIII**, 4, 732–760.

Riley, James C. (1986). *The Seven Years' War and the Old Regime in France: The Economic and Financial Toll*. Princeton, NJ: Princeton University Press.

Riley, James C. (1987). "French Finances, 1727–1768," *Journal of Modern History*, **LIX**, 2, 209–243.

Rippy, J. Fred. (1929). *United States and Great Britain over Latin America (1808–1830)*. Baltimore, MD: Johns Hopkins Press.

Rippy, J. Fred. (1959). *British Investments in Latin America, 1822–1949*. Minneapolis, MN: University of Minnesota Press.

Rippy, J. Fred & Debo, Angie. (1924). "The Historical Background of the American Policy of Isolation," *Smith College Studies in History*, **IX**, 3/4, 69–165.

Roberts, J. M. (1978). *The French Revolution*. Oxford: Oxford University Press.

Roberts, M. W. (1966). "Indian Estate Labour in Ceylon during the Coffee Period (1830–1880)," *Indian Economic and Social History Review*, **III**, 1, 1–52; **III**, 2, 101–136.

Roberts, P. E. (1968). "The East India Company and the State, 1772–86," in *Cambridge History of India*, **V**: H. H. Dodwell, ed., *British India, 1497–1858*, third Indian reprint. Delhi: S. Chand, 181–204.

Roberts, Richard. (1980). "Long Distance Trade and Production: Sinsani in the Nineteenth Century," *Journal of African History*, **XXI**, 2, 169–188.

Robertson, M. L. (1956). "Scottish Commerce and the American War of Independence," *Economic History Review*, 2nd ser., **IX**, 1, 123–131.

Robertson, William Spence. (1915). "South America and the Monroe Doctrine, 1824–1828," *Political Science Quarterly*, **XXX**, 1, 82–105.

Robertson, William Spence. (1918a). "The Recognition of the Spanish Colonies by the Motherland," *Hispanic American Historical Review*, **I**, 1, 70–91.

Robertson, William Spence. (1918b). "The Recognition of the Hispanic American Nations by the United States," *Hispanic American Historical Review*, **I**, 3, 239–269.

Robertson, William Spence. (1926). "The Policy of Spain Toward Its Revolted Colonies, 1820–1823," *Hispanic American Historical Review*, **VI**, 1/3, 21–46.

Robertson, William Spence. (1939). *France and Latin-American Independence*. Baltimore, MD: Johns Hopkins Press.

Robertson, William Spence. (1941). "Russia and the Emancipation of Spanish America, 1816–1826," *Hispanic American Historical Review*, **XXI**, 2, 196–221.
Robin, Régine. (1970). *La société française en 1789: Semur-en-Auxois*. Paris: Plon.
Robin, Régine. (1971). "Fief et seigneurie dans le droit et l'idéologie juridique à la fin du XVIIIe siècle," *Annales historiques de la Révolution française*, **LIII**, 4, No. 206, 554–602.
Robin, Régine. (1973). "La nature de l'Etat à la fin de l'Ancien Régime: Formation sociale, Etat et Transition," *Dialectiques*, Nos. 1/2, 31–54.
Robinson, Cedric J. (1987). "Capitalism, Slavery and Bourgeois Historiography," *History Workshop*, No. 23, Spring, 122–140.
Robinson, Donald L. (1971). *Slavery in the Structure of American Policies, 1768–1820*. New York: Harcourt, Brace, Jovanovich.
Robinson, Eric H. (1974). "The Early Diffusion of Steam Power," *Journal of Economic History*, **XXXIV**, 1, 91–107.
Roche, Max. (1985). "La présence française en Turquie (1764–1866)," *Annales du Levant*, No. 1, 83–95.
Roche, Patrick A. (1975). "Caste and the British Merchant Government in Madras, 1639–1748," *Indian Economic and Social History Review*, **XIII**, 4, 381–407.
Rodney, Walter. (1966). "African Slavery and Other Forms of Social Oppression on the Upper Guinea Coast in the Context of the Atlantic Slave Trade," *Journal of African History*, **VII**, 3, 431–443.
Rodney, Walter. (1967). *West Africa and the Atlantic Slave-Trade*, Historical Assn. of Tanzania, Paper No. 2. Nairobi: East African Publ. House.
Rodney, Walter. (1968). "Jihad and Social Revolution in Futa Djalon in the Eighteenth Century," *Journal of the Historical Society of Nigeria*, **IV**, 2, 269–284.
Rodney, Walter. (1970). *A History of the Upper Guinea Coast, 1545–1800*. London: Oxford University Press.
Rodney, Walter. (1975a). "The Guinea Coast," in *Cambridge History of Africa*, **IV**: Richard Gray, ed., *From c. 1600 to c. 1790*. Cambridge, Engl.: Cambridge University Press, 223–324.
Rodney, Walter. (1975b). "Africa in Europe and the Americas," in *Cambridge History of Africa*, **IV**: Richard Gray, ed., *From c. 1600 to c. 1790*. Cambridge, Engl.: Cambridge University Press, 578–622.
Rodrigues, José Honório. (1977). "A revolução americana e a revolução brasileira da independéncia (1776–1822)," *Revista de história de America*, No. 83, enero–junio, 69–91.
Rodríguez, Mario. (1976). *La revolución americana de 1776 y el mundo hispánico: Ensayos y documentos*. Madrid: Ed. Tecnos.
Roehl, Richard. (1976). "French Industrialization: A Reconsideration," *Explorations in Economic History*, **XIII**, 3, 233–281.
Roehl, Richard. (1981). "French Industrialization: A Reply," *Explorations in Economic History*, **XVIII**, 4, 434–435.
Rogers, James E. Thorold. (1884). *Six Centuries of Work and Wages*, with a new preface by G. D. H. Cole in 1949. London: George Allen & Unwin.
Rogger, Hans. (1960). *National Consciousness in Eighteenth-Century Russia*. Cambridge, MA: Harvard University Press.
Romano, Ruggiero. (1960). "Movements des prix et développement économique. L'Amérique du sud au XVIIIe siècle," *Annales E.S.C.*, **XVIII**, 1, 63–74.
Root, Hilton Lewis. (1985). "Challenging the Seigneurie: Community and Contention on the Eve of the French Revolution," *Journal of Modern History*, **LVII**, 4, 652–681.
Root, Hilton Lewis. (1987). *Peasants and King in Burgundy: Agrarian Foundations of French Absolutism*. Berkeley, CA: University of California Press.
Root, Winfred Trexler. (1942). "The American Revolution Reconsidered," *Canadian Historical Review*, **XXIII**, 1, 16–29.
Roover, Raymond de. (1968). "Un contraste: La structure de la banque anglaise et celle de la

banque continentale au XVIIIe siècle," in *Third International Congress of Economic History, Munich, 1965*. Paris & La Haye: Mouton, **V**, 623-627.

Rose, J. Holland. (1893). "Napoleon and English Commerce," *English Historical Review*, **VIII**, No. 32, 704-725.

Rose, J. Holland. (1908). "The Franco-British Commercial Treaty of 1786," *English Historical Review*, **XXIII**, No. 92, 709-724.

Rose, J. Holland. (1929a). "The Political Reactions of Bonaparte's Eastern Expedition," *English Historical Review*, **XLIV**, No. 173, 48-58.

Rose, J. Holland. (1929b). "British West India Commerce as a Factor in the Napoleonic War," *Cambridge Historical Journal*, **III**, 1, 34-46.

Rose, M. E. (1981). "Social Change and the Industrial Revolution," in R. Floud & D. N. McCloskey, eds., *The Economic History of Britain Since 1700*, **I**: *1700-1860*. Cambridge, Engl.: Cambridge University Press, 253-275.

Rose, R. B. (1956). "The French Revolution and the Grain Supply: Nationalization Pamphlets in the John Rylands Library," *Bulletin of The John Rylands Library*, **XXXIX**, 1, 171-187.

Rose, R. B. (1959). "18th-century Price-riots, the French Revolution, and the Jacobin Maximum," *International Review of Social History*, **IV**, 3, 432-445.

Rose, R. B. (1961). "Eighteenth Century Price Riots and Public Policy in England," *International Review of Social History*, **VI**, 2, 277-292.

Rose, R. B. (1965). *The Enragés: Socialists of the French Revolution?* Melbourne: Melbourne University Press.

Rose, R. B. (1972). "Babeuf, Dictatorship and Democracy," *Historical Studies*, **XV**, No. 58, 223-236.

Rose, R. B. (1978). *Gracchus Babeuf, the First Revolutionary Communist*. Stanford, CA: Stanford University Press.

Rose, R. B. (1984). "The 'Red Scare' of the 1790s: The French Revolution and the 'Agrarian Law,'" *Past and Present*, No. 103, 113-130.

Rosen, Howard. (1975). "Le système Gribauval et la guerre moderne," *Revue historique des armées*, **II**, 1/2, 29-36.

Rosenberg, Nathan. (1967). "Anglo-American Wage Differences in the 1820's," *Journal of Economic History*, **XXVII**, 2, 221-229.

Rostow, W. W. (1941). "Business Cycles, Harvests, and Politics, 1790-1850," *Journal of Economic History*, **I**, 2, 206-221.

Rostow, W. W. (1971). *The Stages of Economic Growth*, 2nd ed. Cambridge, Engl.: At the University Press.

Rostow, W. W. (1973). "The Beginnings of Modern Growth in Europe: An Essay in Synthesis," *Journal of Economic History*, **XXXIII**, 3, 547-580.

Rostow, W. W. (1978). "No Random Walk: A Comment on 'Why was England First?'" *Economic History Review*, 2nd ser., **XXXI**, 4, 610-612.

Rothenberg, Winifred B. (1979). "A Price Index For Rural Massachusetts, 1750-1855," *Journal of Economic History*, **XXXIX**, 4, 975-1001.

Rothenberg, Winifred B. (1981). "The Market and Massachusetts Farmers, 1750-1855," *Journal of Economic History*, **XLI**, 2, 283-314.

Rothenberg, Winifred B. (1985). "The Emergence of a Capital Market in Rural Massachusetts, 1730-1838," *Journal of Economic History*, **XLV**, 4, 781-808.

Rothermund, Dietmar. (1981). *Asian Trade in the Age of Mercantilism*. New Delhi: Manohar.

Rousseau, Jean-Jacques. (1947). *The Social Contract*. New York: Hafner. (Originally published 1762.)

Rousseaux, Paul. (1938). *Les mouvements de fond de l'économie anglaise, 1800-1913*. Bruxelles: Ed. Universelle & Paris: Desclée, De Brouwer & Cie.

Rout, Leslie B., Jr. (1976). *The American Experience in Spanish America: 1502 to the Present Day*. Cambridge, Engl.: Cambridge University Press.

Roux, René. (1951). "La Révolution française et l'idée de lutte de classes," *Revue d'histoire économique et sociale*, **XXIX**, 3, 252–279.
Rozman, Gilbert. (1976). *Urban Networks in Russia 1750–1800, and Pre-Modern Periodization*. Princeton, NJ: Princeton University Press.
Rudé, George. (1954). "The French Revolution," *Marxist Quarterly*, **I**, 1, 242–251.
Rudé, George. (1956). "La taxation populaire de mai 1775 à Paris et dans la région parisienne," *Annales historiques de la Révolution française*, **XXVIII**, No. 143, 139–179.
Rudé, George. (1961a). *Interpretations of the French Revolution*. London: The Historical Association.
Rudé, George. (1961b). "La taxation populaire de mai 1775 en Picardie, en Normandie, et dans le Beauvaisis," *Annales historique de la Révolution française*, **XXXIII**, No. 165, 305–326.
Rudé, George. (1962). "Quelques réflexions sur la composition, le rôle, les idées et les formes d'action des sans-culottes dans la Révolution française," *Critica storica*, **I**, 4, 369–383.
Rudé, George. (1964). *Revolutionary Europe, 1783–1815*. New York: Harper & Row.
Rudé, George. (1967). *The Crowd in the French Revolution*. Oxford: Oxford University Press.
Russell-Wood, A. J. R. (1974). "Local Government in Portugese America: A Study in Cultural Divergence," *Comparative Studies in Society and History*, **XVI**, 2, 187–231.
Russell-Wood, A. J. R. (1975). "Preconditions and Precipitants of the Independence Movement in Portugese America," in A. J. R. Russell-Wood, ed., *From Colony to Nation: Essays on the Independence of Brazil*. Baltimore, MD: Johns Hopkins University Press, 3–40.
Rustow, Dankwart A. (1970). "The Political Impact of the West," in P. M. Holt *et al.*, eds., *The Cambridge History of Islam*, **I**: *The Central Islamic Lands*. Cambridge, Engl.: At the University Press, 673–697.
Ruwet, Joseph. (1967). *Avant les révolutions: Le XVIIIe siècle*, Etudes d'histoire wallonne, Vol. IX. Bruxelles: Fondation Charles Plisnier.
Ryan, A. N. (1959). "The Defense of British Trade with the Baltic, 1808–1813," *English Historical Review*, **LXXIV**, No. 292, 443–466.
Ryan, A. N. (1958). "Trade with the Economy in the Scandinavian and Baltic Ports during the Napoleonic War: For and Against," *Transactions of the Royal Historical Society*, 5th ser., **XII**, 123–140.
Rydjord, John. (1941). "British Mediation Between Spain and Her Colonies: 1811–1813," *Hispanic American Historical Review*, **XXI**, 1, 29–50.
Ryerson, Stanley B. (1960). *The Founding of Canada: Beginnings to 1815*. Toronto: Progress Books.
Ryerson, Stanley B. (1973). *Unequal Union: Roots of Crisis in the Canadas, 1815–1873*, 2nd ed. Toronto: Progress Books.
Sachs, William A. (1953). "Agricultural Conditions in the Northern Colonies before the Revolution," *Journal of Economic History*, **XIII**, 3, 274–290.
Saint-Jacob, Pierre de. (1960). *Les paysans de la Bourgogne du Nord au dernier siècle de l'Ancien Régime*. Paris: Les Belles-Lettres.
Saint Lu, André. (1970). *Condition coloniale et conscience créole au Guatémala (1524–1821)*. Paris: Presses Universitaires de France.
Saintoyant, J. (1929). "La représentation coloniale pendant la Révolution," *Revue de l'histoire des colonies françaises*, **XVII**, 4, 353–380.
Saintoyant, J. (1930). *La colonisation française pendant la Révolution (1789–1799)*, 2 vols. Paris: La Renaissance du Livre.
Salaman, Redcliffe N. (1949). *The History and Social Influence of the Potato*. Cambridge, Engl.: At the University Press.
Sala-Molins, Louis. (1987). *Le Code noir, ou le calvaire de Canaan*. Paris: Presses Universitaires de France.
Salvucci, Richard J. (1981). "Enterprise and Economic Development in Colonial Mexico: the Case of the Obrajes," *Journal of Economic History*, **XLI**, 1, 197–199.

Samuel, Raphael. (1977). "Workshop of the World: Steam Power and Hand Technology in Mid-Victorian Britain," *History Workshop*, No. 3, Spring, 6–72.

Savelle, Max. (1939). "The American Balance of Power and European Diplomacy, 1713–78," in R. B. Morris, ed., *The Era of the American Revolution*. New York: Columbia University Press, 140–169.

Savelle, Max. (1953). *United States: Colonial Period*. Instituto Panamericano de Geografía e Historia, Publ. No. 159. Mexico: Ed. Cultura S.A.

Savelle, Max. (1962). "Nationalism and Other Loyalties in the American Revolution," *American Historical Review*, **LXVII**, 4, 901–923.

Savelle, Max. (1974). *Empires to Nations: Expansionism in America, 1713–1824*. Minneapolis, MN: University of Minnesota Press.

Saville, John. (1969). "Primitive Accumulation and Early Industrialization in Britain," in *The Socialist Register, 1969*. London: Merlin Press, 247–271.

Schellenberg, T. R. (1934). "Jeffersonian Origins of the Monroe Doctrine," *Hispanic American Historical Review*, **XIV**, 1, 1–32.

Schlebecker, John T. (1976). "Agricultural Marketing and Markets in the North, 1774–1777," *Agricultural History*, **L**, 1, 21–36.

Schlesinger, Arthur M., Sr. (1917). *The Colonial Merchants and the American Revolution, 1763–1776*. New York: Columbia University Press.

Schlesinger, Arthur M., Sr. (1919). "The American Revolution Reconsidered," *Political Science Quarterly*, **XXXIV**, 1, 61–78.

Schlote, Werner. (1952). *British Overseas Trade from 1700 to the 1930's*. Oxford: Basil Blackwell.

Schmidt, Charles. (1908). "La crise industrielle de 1788 en France," *Revue historique*, 33e année, **XCVII**, 1, fasc. 192, 78–94.

Schmidt, Charles. (1913, 1914). "Les debuts de l'industrie cotonnière en France, 1706–1806," *Revue d'histoire économique et sociale*, **VI**, 3, 261–298; **VII**, 1, 26–55.

Schmidt, S. O. (1966). "La politique intérieure du tsarisme au milieu du XVIIIe siècle," *Annales E.S.C.*, **XXI**, 1, 95–110.

Schmitt, Eberhard. (1976). *Einführung in die Geschiechte der Französischen Revolution*. München: Verlag C. H. Beck.

Schnapper, Bernard. (1959). "La fin du régime de l'Exclusif: Le commerce étranger dans les possessions français d'Afrique tropicale (1817–1870)," *Annales africaines*, **VI**, 149–200.

Schnapper, Bernard. (1961). *La politique et le commerce français dans le Golfe de Guinée de 1838 à 1871*. Paris & La Haye: Mouton.

Schremmer, Eckart. (1981). "Proto-Industrialization: A Step Towards Industrialization?" *Journal of European Economic History*, **X**, 3, 653–670.

Schumpeter, Elizabeth Brody. (1938). "English Prices and Public Finance, 1660–1822," *Review of Economic Statistics*, **XX**, 1, 21–37.

Schumpeter, Joseph. (1939). *Business Cycles*, 2 vols. New York: McGraw-Hill.

Schutz, John A. (1946). "Thomas Pownall's Proposed Atlantic Federation," *Hispanic American Historical Review*, **XXVI**, 2, 263–268.

Schuyler, Robert L. (1945). *The Fall of the Old Colonial System: A Study in British Free Trade, 1770–1870*. New York: Oxford University Press.

Schwartz, Stuart D. (1970). "Magistracy and Society in Colonial Brazil," *Hispanic American Historical Review*, **L**, 4, 715–730.

Scott, James Brown. (1928). "Introduction," in G. Chinard, ed., *The Treaties of 1778 and Allied Documents*. Baltimore, MD: Johns Hopkins Press, x–xxv.

Scott, Samuel F. (1970). "The Regeneration of the Line Army during the French Revolution," *Journal of Modern History*, **XLII**, 3, 307–330.

Scott, Samuel F. (1978). *The Response of the Royal Army to the French Revolution: The Role and Development of the Line Army, 1787–93*. Oxford: Clarendon Press.

Seckinger, Ron L. (1976). "South American Power Politics During the 1820's," *Hispanic American Historical Review*, **LVI**, 2, 241–267.

Sédillot, Rene. (1987). *Le coût de la Révolution française.* Paris: Lib. Académique Perrin.
Sée, Henri. (1908). "La portée du régime seigneurial au XVIIIe siècle," *Revue d'histoire moderne et contemporaine,* **X**, 171–191.
Sée, Henri. (1913). "Une enquête sur la vaine pâture et le droit de parcours à la fin du règne de Louis XV," *Revue du dix-huitième siècle,* **I**, 3, 265–278.
Sée, Henri. (1923a). "Les origines de l'industrie capitaliste en France à la fin de l'Ancien Régime," *Revue historique,* 48e année, **CXLVIII**, No. 287, 187–200.
Sée, Henri. (1923b). "Le partage des biens communaux à la fin de l'Ancien Régime," *Nouvelle revue historique du droit française et étranger,* 4e sér., **II**, 1, 47–81.
Sée, Henri. (1923c). "La mise en valeur des terres incultes à la fin de l'Ancien Régime," *Revue d'histoire économique et sociale,* **XI**, 1, 62–81.
Sée, Henri. (1926). "Commerce between France and the United States," *American Historical Review,* **XXXI**, 1, 732–737.
Sée, Henri. (1929). "Les économistes et la questions coloniale an XVIIIe siècle," *Revue de l'histoire des colonies françaises,* **XVII**, 4, 381–392.
Sée, Henri. (1930). "The Normandy Chamber of Commerce and the Commercial Treaty of 1786," *Economic History Review,* **II**, 2, 308–313.
Sée, Henri. (1931a). "Introduction et notes," in Arthur Young, *Voyages en 1787–1788–1789,* 3 vols. Paris: Armand Colin.
Sée, Henri. (1931b). "The Economic Origins of the French Revolution," *Economic History Review,* **III**, 1, 1–15.
Sée, Henri. (1933). "Préface," to C.-E. Labrousse, *Esquisse du mouvement des prix et des revenus en France au XVIIIe siècle.* Paris: Lib. Dalloz, vii–xi.
Ségur-Dupeyron, P. de. (1873). *Histoire des négotiations commerciales et maritimes de la France aux XVIIe et XVIIIe siècles,* **III:** *Fragments historiques: Negotiation du traité de commerce conclu en 1786 entre la France et l'Angleterre.* Paris: Ernest Thorin.
Semmel, Bernard. (1973). *The Methodist Revolution.* New York: Basic Books.
Serajuddin, A. M. (1978). "The Salt Monopoly of the East India Company's Government in Bengal," *Journal of the Economic and Social History of the Orient,* **XXI**, Part 3, 304–322.
Seton-Watson, Hugh. (1967). *The Russian Empire, 1801–1917.* Oxford: Clarendon Press.
Sewell, William H., Jr. (1980). *Work and Revolution in France: The Language of Labor from the Old Regime to 1848.* Cambridge, Engl.: Cambridge University Press.
Sewell, William H., Jr. (1983). "Response to J. Rancière, 'The Myth of the Artisan,'" *International Labor and Working Class History,* No. 24, Fall, 17–20.
Sewell, William H., Jr. (1985). "Ideologies and Social Revolutions: Reflections on the French Case," *Journal of Modern History,* **LVII**, 1, 57–85.
Shalhope, Robert E. (1972). "Toward a Republican Synthesis: The Emergence of an Understanding of Republicanism in American Historiography," *William and Mary Quarterly,* 3d ser., **XXIX**, 1, 49–50.
Shapiro, Gilbert. (1967). "The Many Lives of Georges Lefebvre," *American Historical Review,* **LXXII**, 2, 502–514.
Shapiro, Seymour. (1974). "The Structure of English Banking and the Industrial Revolution," in *Third International Conference of Economic History,* Munich, 1965. Paris & La Haye: Mouton, V, 229–235.
Shaw, A. G. L. (1970). "Introduction," in A.G.L. Shaw, ed., *Great Britain and the Colonies, 1815–1868.* London: Methuen, 1–26.
Shaw, Stanford J. (1962). *The Financial and Administrative Organization and Development of Ottoman Egypt, 1517–1798.* Princeton, NJ: Princeton University Press.
Shaw, Stanford J. (1963). "The Ottoman View of the Balkans," in Charles Jelavich & Barbara Jelavich, eds., *The Balkans in Transition.* Berkeley, CA: University of California Press, 56–80.
Shaw, Stanford J. (1971). *Between Old and New: The Ottoman Empire under Sultan Selim III, 1789–1807.* Cambridge, MA: Harvard University Press.

Shelton, Walter J. (1973). *English Hunger and Industrial Disorders.* Toronto: University of Toronto Press.

Shepherd, James F. & Walton, Gary M. (1969). "Estimates of 'Invisible' Earnings in the Balance of Payments of the British North American Colonies, 1768–1772," *Journal of Economic History*, **XXIX**, 2, 230–263.

Shepherd, James F. & Walton, Gary M. (1972) *Shipping, Maritime Trade, and the Economic Develoment of Colonial North America.* Cambridge, Engl.: At the University Press.

Sheridan, Richard B. (1958). "The Commercial and Financial Organization of the British Slave Trade, 1750–1807," *Economic History Review*, 2nd ser., **XI**, 2, 249–263.

Sheridan, Richard B. (1960). "The British Credit Crisis of 1772 and the American Colonies," *Journal of Economic History*, **XX**, 2, 155–186.

Sheridan, Richard B. (1965). "The Wealth of Jamaica in the Eighteenth Century," *Economic History Review*, 2nd ser., **XVIII**, 2, 292–311.

Sheridan, Richard B. (1968). "The Wealth of Jamaica in the Eighteenth Century: A Rejoinder," *Economic History Review*, 2nd ser., **XXI**, 1, 46–61.

Sheridan, Richard B. (1976a). "The Crisis of Slave Subsistence in the British West Indies during and after the American Revolution," *William and Mary Quarterly*, 3d ser., **XXXIII**, 4, 615–664.

Sheridan, Richard B. (1976b). " 'Sweet Malefactor': The Social Costs of Slavery and Sugar in Jamaica and Cuba, 1807–54," *Economic History Review*, 2nd ser., **XXIX**, 2, 236–257.

Sherwig, John M. (1969). *Guineas and Gunpowder: British Foreign Aid in the War with France, 1793–1815.* Cambridge, MA: Harvard University Press.

Shy, John. (1973). "The American Revolution: The Military Conflict Considered as a Revolutionary War," in S. G. Kurtz & J. H. Hutson, eds., *Essays on the American Revolution.* Chapel Hill, NC: University of North Carolina Press, 121–156.

Siddiqi, Asiya. (1973). *Agrarian Change in a North Indian State: Uttar Pradesh, 1819–1833.* Oxford: Clarendon Press.

Siddiqi, Asiya. (1981). "Money and Prices in the Earlier Stages of Europe: India and Britain, 1760–1840," *Indian Economic and Social History Review*, **XVIII**, 3/4, 231–262.

Silberling, Norman J. (1923). "British Prices and Business Cycles, 1779–1850," *Review of Economic Statistics*, **V**, Suppl. 2, 219–261.

Silberling, Norman J. (1924). "Financial and Monetary Policy in Great Britain During the Napoleonic Wars," *Quarterly Journal of Economics*, **XXXVII**, 2, 214–233; 3, 397–439.

Silva, Andrée Mansuy-Diniz. (1984). "Portugal and Brazil: Imperial Re-organization, 1750–1808," in *Cambridge History of Latin America*, **I**: Leslie Bethell, ed., *Colonial Latin America.* Cambridge, Engl.: Cambridge University Press, 469–508.

Singh, N. P. (1974). "The Deplorable Conditions of Saltpetre Manufacturers of Bihar (1773–1833)," *Proceedings of the Indian History Congress*, Thirty-Fifth Session, Jadavpur (Calcutta), 280–285.

Sinha, Narendra Krishna. (1956, 1962a). *The Economic History of Bengal from Plassey to the Permanent Settlement*, 2 vols. Calcutta: Firma K. L. Mukhopadhyay.

Sinha, Narendra Krishna. (1962b). "Foreword," in N. Mukerjee, *The Ryotwari System in Madras, 1792–1827.* Calcutta: Firma K. L. Mukhopadhyay, iii–iv.

Sinha, Narendra Krishna. (1970). *The Economic History of Bengal*, **III**: *1793–1848*. Calcutta: Firma K. L. Mukhopadhyay.

Sinzheimer, G. P. G. (1967). "Les industries 'kustar': un chapitre de la révolution industrielle en Russie," *Cashiers du monde russe et soviétique*, **VII**, 2, 205–222.

Sirotkin, V. G. (1970). "Le renouvellement en 1802 du traité de commerce franco-russe de 1787," in *La Russie et l'Europe, XVIe-XXe siècles.* Paris: S.E.V.P.E.N., 69–101.

Sivakumar, S.S. (1978). "Transformation of the Agrarian Economy in Tandaimandalam, 1760–1900," *Social Scientist*, **VI**, 10, No. 70, 18–39.

Six, G. (1929). "Fallait-il quatre quartiers de noblesse pour être officier à la fin de l'ancien régime?" *Revue d'histoire moderne*, **IV**, No. 19, 47–56.

Skempton, A. W. (1957). "Canals and River Navigation Before 1750," in C. Singer *et al.*, eds., *A History of Technology*, **III:** *From the Renaissance to the Industrial Revolution, c. 1500–c. 1750*. Oxford: Clarendon Press, 438–470.

Skiotis, Dennis. (1971). "From Bandit to Pasha: First Steps in the Rise to Power of Ali of Tepelen, 1750–1784," *International Journal of Middle East Studies*, **II**, 3, 219–244.

Skocpol, Theda. (1979). *States and Social Revolutions*. Cambridge, Engl.: Cambridge University Press.

Skocpol, Theda. (1985). "Cultural Idioms and Political Ideologies in the Reconstruction of State Power: A Rejoinder to Sewell," *Journal of Modern History*, **LVII**, 1, 86–96.

Slavin, Morris. (1984). *The French Revolution in Miniature: Section Droits-de-l'Homme, 1789–1795*. Princeton, NJ: Princeton University Press.

Slicher van Bath, B. H. (1963). *The Agrarian History of West Europe, A.D. 500–1850*. London: Edward Arnold.

Slicher van Bath, B. H. (1969). "Eighteenth-Century Agriculture on the Continent of Europe: Evolution or Revolution, *Agricultural History*, **XLIII**, 1, 169–179.

Sloane, William M. (1904). "The World Aspects of the Louisiana Purchase," *American Historical Review*, **IX**, 3, 507–521.

Smelser, Neil. (1959). *Social Change and the Industrial Revolution*. Chicago, IL: University of Chicago Press.

Smith, H. F. C. (1961). "A Neglected Theme of West African History: The Islamic Revolutions of the 19th Century," *Journal of the Historical Society of Nigeria*, **II**, 1, 169–185.

Smith, Paul H. (1964). *Loyalists and Redcoats: A Study in British Revolutionary Policy*. Chapel Hill, NC: University of North Carolina Press.

Smith, Robert S. (1959). "Indigo Production and Trade in Colonial Guatemala," *Hispanic American Historical Review*, **XXXIX**, 2, 181–211.

Smith, Walter B. & Cole, Arthur. (1935). *Fluctuations in American Business, 1790–1860*. Cambridge, MA: Harvard University Press.

Soboul, Albert. (1954). "Classes et luttes de classes sous la Révolution française," *La Pensée*, No. 53, janv.–févr., 39–62.

Soboul, Albert. (1956). "The French Rural Community in the Eighteenth and Nineteenth Centuries," *Past and Present*, No. 10, 78–95.

Soboul, Albert. (1958a). *Les sans-culottes parisiens en l'An II*. La Roche-sur-Yon, Fr.: Imp. Henri Potier.

Soboul, Albert. (1958b). "Classi e lotte delle classi durante la Rivoluzione francese," in A. Saitta, a cura di, *Sanculotti e contadini nella Rivoluzione francese*. Bari: Laterza. (Originally published in *Movimento Operaio*, 1953.)

Soboul, Albert. (1962). "A propos des réflexions de George Rudé sur la sans-culotterie," *Critica storica*, **I,** 4, 391–395.

Soboul, Albert. (1963). "Personnel sectionnaire et personnel babouviste," in *Babeuf et les problèmes de babouvisme*, Colloque International de Stockholm. Paris: Ed. Sociales, 107–131.

Soboul, Albert. (1965). "Esquisse d'un bilan social en 1815," in *XIIe Congrès International des Sciences Historiques*, Vienne, 29 août–5 sept., Rapports, **I:** *Grands thèmes*. Horn/Wien: Verlag Ferdinand Berger & Sohne, 517–545.

Soboul, Albert. (1968). "Aux origines de la classe ouvrière industrielle française (fin XVIIIe–début XIXe siècle)," *Third International Conference of Economic History*, Munich, 1965. Paris & La Haye: Mouton, 187–192.

Soboul, Albert. (1970a). "Le héros et l'histoire," *Revue d'histoire moderne et contemporaine*, **XVII**, 333–338.

Soboul, Albert. (1970b). *La Civilisation de la Révolution française*, **I:** *La crise de l'Ancien Régime*. Paris: Arthaud.

Soboul, Albert. (1973). "Sur le mouvement paysan dans la Révolution française," *Annales historiques de la Révolution française*, **XLV**, 1, No. 211, 85–101.

Soboul, Albert. (1974). "L'historiographie classique de la Révolution française. Sur des controverses récentes," *La Pensée*, No. 177, oct., 40–58.

Soboul, Albert. (1976a). "Le choc revolutionnaire, 1789–1797," in Fernand Braudel & Ernest Labrousse, dirs., *Histoire économique et social de la France*, **III:** *L'avènement de l'ère industrielle (1789–années 1880)*. Paris: Presses Universitaires de France, 3–64.

Soboul, Albert. (1976b). "La reprise économique et la stabilisation sociale, 1797–1815," in Fernand Braudel & Ernest Labrousse, dirs., *Histoire économique et social de la France*, **III:** *L'avènement de l'ère industrielle (1789–années 1880)*. Paris: Presses Universitaires de France, 65–133.

Soboul, Albert. (1976c). "Sur l'article de Michel Grenon et Robin," *La Pensée*, No. 187, juin, 31–35.

Soboul, Albert. (1976d). *Problèmes paysans de la Révolution (1789–1848). Etudes d'histoire révolutionnaire*. Paris: Maspéro.

Soboul, Albert. (1977a). *A Short History of the French Revolution, 1789–1799*. Berkeley & Los Angeles, CA: University of California Press. (Original publication in French, 1965.)

Soboul, Albert. (1977b). "Problèmes agraires de la Révolution française," in A. Soboul, dir., *Contributions à l'histoire paysanne de la Révolution française*. Paris: Ed. Sociales, 9–43.

Soboul, Albert. (1979). "Alla luce della Rivoluzione: problema contadino e rivoluzione borghese," in A. Groppi et al., *La Rivoluzione francese*. Milano: Franco Angeli Ed., 99–128.

Soboul, Albert. (1981a). "Le maximum des salaires parisiens et le 9 thermidor," in *Comprendre la Révolution*. Paris: Maspéro, 127–145. (Originally published in *Annales historiques de la Révolution française*, 1954.)

Soboul, Albert. (1981b). "La Révolution française dans l'histoire du monde contemporain," in *Comprendre la Révolution*. Paris: Maspéro, 349–380. (Originally in *Studien über die Revolution*, 1969.)

Soboul, Albert. (1981c). "Trois notes pour l'histoire de l'aristocratie (Ancien Régime–Révolution)," in B. Köpeczi & E. H. Balazs, eds., *Noblesse française, noblesse hongroise, XVIe–XIXe siècles*. Budapest: Akadémiai Kiadó & Paris: Ed. du C.N.R.S., 77–92.

Socolow, Susan Migden. (1978). *The Merchants of Buenos Aires, 1778–1810: Family and Commerce*. Cambridge, Engl.: Cambridge University Press.

Sonenscher, Michael. (1984). "The *sans-culottes* of the Year II: Rethinking the Language of Labour in Pre-revolutionary France," *Social History*, **IX**, 3, 301–328.

Sorel, Albert. (1885–1904). *L'Europe et la Révolution française*, 8 vols. Paris: Plon.

Sovani, N. V. (1954). "British Import in India before 1850–57," *Cahiers d'histoire mondiale*, **I**, 4, 857–882.

Spear, Percival. (1965). *History of India*, Vol. II. Harmondsworth, Engl.: Penguin.

Spodek, Howard. (1974). "Rulers, Merchants, and Other Groups in the City-States of Saurashtra, India, around 1800," *Comparative Studies in Society and History*, **XVI**, 4, 448–470.

Stagg, J. C. A. (1981). "James Madison and the Coercion of Great Britain: Canada, the West Indies, and the War of 1812," *William and Mary Quarterly*, 3d ser., **XXXVIII**, 1, 3–34.

Stanley, George F. G. (1968). *New France: The Last Phase, 1744–1760*. Toronto: McClelland & Stewart.

Stavrianos, L. S. (1952). "Antecedents to the Balkan Revolutions of the Nineteenth Century," *Journal of Modern History*, **XXIX**, 4, 335–348.

Stearns, Peter. (1965). "British Industry Through the Eyes of French Industrialists (1820–1848)," *Journal of Modern History*, **XXXVII**, 1, 50–61.

Stein, Robert Louis. (1978). "Measuring the French Slave Trade, 1713–1792/3," *Journal of African History*, **XIX**, 4, 515–521.

Stein, Robert Louis. (1979). *The French Slave Trade in the Eighteenth Century: An Old Regime Business*. Madison, WI: University of Wisconsin Press.

Stein, Robert Louis. (1983). "The State of French Colonial Commerce on the Eve of the Revolution," *Journal of European Economic History*, **XII**, 1, 105–117.

Stein, Stanley J. (1981). "Bureaucracy and Business in the Spanish Empire, 1759–1804: Failure of a Bourbon Reform in Mexico and Peru," *Hispanic American Historical Review*, **LXI**, 1, 2–28.

Stein, Stanley J. & Stein, Barbara H. (1970). *The Colonial Heritage of Latin America: Essays on Economic Dependence in Perspective*. New York: Oxford University Press.

Stern, Walter M. (1964). "The Bread Crisis in Britain, 1795–96," *Economica*, n.s., **XXXI**, No. 122, 168–187.

Stevens, Wayne Edson. (1926). *The Northwest Fur Trade, 1763–1800*. University of Illinois Studies in the Social Sciences, Vol. XIV, No. 3. Urbana, IL: University of Illinois Press.

Stevenson, John. (1971) "The London 'Crimp' Riots of 1794," *International Review of Social History*, **XVI**, 40–58.

Stevenson, John. (1974). "Food Riots in England, 1792–1818," in J. Stevenson & R. Quinault, eds., *Popular Protest and Public Order*, London: George Allen & Unwin, 33–74.

Stevenson, Robert F. (1968). *Population and Political Systems in Tropical Africa*. New York: Columbia University Press.

Stewart, John Hall, ed. (1967). *The French Revolution: Some Trends in Historical Writing, 1945–1965*. Washington, DC: American Historical Association.

Stewart, Watt. (1930). "Argentina and the Monroe Doctrine, 1824–1828," *Hispanic American Historical Review*, **X**, 1, 26–32.

Stoddard, T. Lothrop. (1914). *The French Revolution in San Domingo*. Boston, MA: Houghton-Mifflin.

Stoianovich, Traian. (1953). "Land Tenure and Related Sectors of the Balkan Economy, 1600–1800," *Journal of Economic History*, **XIII**, 4, 398–411.

Stoianovich, Traian. (1960). "The Conquering Balkan Orthodox Merchant," *Journal of Economic History*, **XX**, 2, 234–313.

Stoianovich, Traian. (1962). "Factors in the Decline of Ottoman Society in the Balkans," *Slavic Review*, **XXI**, 4, 623–632.

Stoianovich, Traian. (1963). "The Social Foundations of Balkan Politics, 1750–1941," in C. Jelavich & B. Jelavich, eds., *The Balkans in Transition*. Berkeley, CA: University of California Press, 297–345.

Stoianovich, Traian. (1976). "Balkan Peasants and Landlords and the Ottoman State: Familial Economy, Market Economy and Modernization," in N. Todorov et al., eds., *La Révolution industrielle dans le Sud-Est Européen—XIXe siècle*. Sofia: Institut d'Etudes Balkaniques, Musée National Polytechnique, 164–204.

Stoianovich, Traian. (1983). "Commerce et industrie ottomans et maghrébins: pôles de diffusion, aires d'expansion," in J. L. Bacqué-Grammont & P. Dumont, eds., *Contributions à l'histoire économique et sociale de l'Empire ottoman*, Collection Turcica, Vol. III. Leuven: Ed. Peeters, 329–352.

Stoianovich, Traian & Haupt, Georges C. (1962). "Le maïs arrive dans les Balkans," *Annales E.S.C.*, **XVII**, 1, 84–93.

Stokes, Eric. (1975). "Agrarian Society and the Pax Britannica in Northern India in the Early Nineteenth Century," *Modern Asian Studies*, **IX**, 4, 505–528.

Stourm, Rene. (1885). *Les Finances de l'ancien régime et de la Révolution*, Vol. II. Paris: Guillaumin.

Stover, John F. (1958). "French-American Trade during the Confederation, 1781–1789," *North Carolina Historical Review*, **XXXV**, 4, 399–414.

Sućeska, Avdo. (1966). "Bedeutung und Entwicklung des Begriffes A'yân in Osmanischen Reich," *Südost-Forschungen*, **XXV**, 3–26.

Sugar, Peter F. (1977). *Southeastern Europe under Ottoman Rule, 1354–1804*. Seattle, WA: University of Washington Press.

Sumner, B. H. (1949). *Peter the Great and the Ottoman Empire*. Oxford: Basil Blackwell.

Sumner, B. H. (1951). *Peter the Great and the Emergence of Russia*. London: English Universities Press.

Sundström, Lars. (1974). *The Exchange Economy of Pre-Colonial Tropical Africa*. London: C. Hurst. (Previously published as *The Trade of Guinea*, 1965).
Supple, Barry. (1973). "The State and the Industrial Revolution, 1700–1914," in C. M. Cipolla, ed., *Fontana Economic History of Europe*, **III:** *The Industrial Revolution*. London: Collins/Fontana, 301–357.
Suret-Canale, Jean. (1961). *Afrique noire occidentale et centrale*, 2ᵉ éd. revue et mise à jour, **I:** *Géographie, Civilisations, Histoire*. Paris: Ed. Sociales.
Suret-Canale, Jean. (1980a). "Contexte et conséquences sociales de la traite africaine," in *Essais d'histoire africaine (de la traite des Noirs au néo-colonialisme)*. Paris: Ed. Sociales, 73–96. (Originally in *Présence africaine*, 1964).
Suret-Canale Jean. (1980b). "La Sénégambie à l'ère de la traite," in *Essais d'histoire africaine (de la traite des Noirs au néo-colonialisme)*. Paris: Ed. Sociales, 97–112. (Originally in *Canadian Journal of African Studies*, 1977).
Sutherland, Donald. (1982). *The Chouans: The Social Origins of Popular Counter-Revolution in Upper Brittany, 1770–1796*. Oxford: Clarendon Press.
Sutton, Keith. (1977). "Reclamations of Wasteland During the Eighteenth and Nineteenth Centuries," in H. D. Clout, ed., *Themes in the Historical Geography of France*. New York: Academic Press, 247–300.
Svoronos, Nicolas G. (1956). *Le commerce de Salonique au XVIIIe siècle*. Paris: Presses Universitaires de France.
Swai, Bonawenture. (1979). "East India Company and Moplah Merchants of Tellichery: 1694–1800," *Social Scientist*, **VIII**, 1, No. 85, 58–70.
Sweezy, Paul M. (1938). *Monopoly and Competition in the English Coal Trade, 1550–1850*, Harvard Economic Studies, Vol. LXVII. Cambridge, MA: Harvard University Press.
Szatmary, David P. (1980). *Shay's Rebellion: The Making of an Agrarian Insurrection*. Amherst, MA: University of Massachusetts Press.
Szeftel, Mark. (1975). "La monarchie absolue dans l'Etat Moscovite et l'Empire russe (fin XVe s.–1905)," in *Russian Institutions and Culture up to Peter the Great*. London: Variorum Reprints, 737–757. (Originally in *Recueils de la Société Jean Bodin*, **XXII**, 1969.)
Szeftel, Mark. (1980). "Two Negative Appraisals of Russian Pre-Revolutionary Development," *Canadian–American Slavic Studies*, **XIV**, 1, 74–87.
Tambo, David C. (1976). "The Sokoto Caliphate Slave Trade in the Nineteenth Century," *International Journal of African Historical Studies*, **IX**, 2, 187–217.
Tandeter, Enrique. (1901). "Trabajo forzado y trabajo libre en el Potosí colonial tardío," *Desarrollo Económico*, **XX**, No. 80, 511–548.
Tandeter, Enrique & Watchel, Nathan. (1983). "Precios y producción agraria. Potosí y Charcas en el siglo XVIII," *Desarrollo Económico*, **XXIII**, No. 90, 197–232.
Tanguy de La Boissière, C.-C. (1796). *Mémoire sur la situation commerciale de la France avec les Etats-Unis d'Amérique depuis l'année 1775 jusques et y compris 1795. Suivi d'un sommaire d'observations sur les Etats-Unis de l'Amérique*. Paris.
Tann, Jennifer. (1978). "Marketing Methods in the International Steam Engine Market: The Case of Boulton and Watt," *Journal of Economic History*, **XXXVIII**, 2, 363–391.
Tansill, Charles Callan. (1938). *The United States and Santo Domingo, 1798–1873: A Chapter in Caribbean Diplomacy*. Baltimore, MD: Johns Hopkins Press.
Tarle, Eugne. (1926). "Napoleon 1ᵉʳ et les intérêts économiques de la France," *Napoléon: La revue du XIXe siècle*, 15ᵉ année, **XXVI**, 1/2, 117–137.
Tarrade, J. (1972). *Le commerce colonial de la France à la fin de l'Ancien Régime. L'évolution du régime de "L'Exclusif" de 1763 à 1789*. 2 vols. Paris: Presses Universitaires de France.
Tate, W. E. (1945). "Opposition to Parliamentary Enclosure in Eighteenth-Century England," *Agriculture History*, **XIX**, 3, 137–142.
Tavares, Luís Henrique Dias. (1973). "A Independencia como decisão da Unidade do Brasil," *Revista brasileira de cultura*, **V**, No. 17, 89–96.

Tavares, Luís Henrique Dias. (1977). *A Independencia do Brasil na Bahia*. São Paulo: Civilização Brasileira.
Taylor, Arthur J. (1960). "Progress and Poverty in Britain, 1780–1850: A Reappraisal," *History*, **XLV**, No. 153, 16–31.
Taylor, Arthur J. (1972). *Laissez-faire and State Intervention in Nineteenth-century Britain*. London: Macmillan.
Taylor, George Rogers. (1964). "American Economic Growth before 1840: An Exploratory Essay," *Journal of Economic History*, **XXIV**, 4, 427–444.
Taylor, George V. (1961). "The Paris Bourse on the Eve of the Revolution, 1781–1789," *American Historical Review*, **LXVII**, 4, 951–977.
Taylor, George V. (1963). "Some Business Partnerships at Lyon, 1785–1793," *Journal of Economic History*, **XXIII**, 1, 46–70.
Taylor, George V. (1964). "Types of Capitalism in Eighteenth-Century France," *English Historical Review*, **LXXIX**, No. 312, 478–497.
Taylor, George V. (1967). "Noncapitalist Wealth and the Origins of the French Revolution," *American Historical Review*, **LXXII**, 2, 469–496.
Taylor, George V. (1972). "Revolutionary and Nonrevolutionary Content in the *Cahiers* of 1789: An Interim Report," *French Historical Studies*, **VII**, 4, 479–502.
Temperley, Harold. (1925a). "French Designs on Spanish America in 1820–5," *English Historical Review*, **XL**, No. 157, 34–53.
Temperley, Harold. (1925b). *The Foreign Policy of Canning, 1822–1827*. London: G. Bell & Sons.
Thomas, Hugh. (1971). *Cuba: The Pursuit of Freedom*. New York: Harper & Row.
Thomas, Robert Paul. (1965). "A Quantitative Approach to the Study of the Effects of British Imperial Policy upon Colonial Welfare: Some Preliminary Findings," *Journal of Economic History*, **XXV**, 4, 615–638.
Thomas, Robert Paul. (1968a). "British Imperial Policy and the Economic Interpretation of the American Revolution," *Journal of Economic History*, **XXVIII**, 3, 436–440.
Thomas, Robert Paul. (1968b). "The Sugar Colonies of the Old Empire: Profit or Loss for Great Britain?" *Economic History Review*, 2nd ser., **XXI**, 1, 30–45.
Thomas, Robert Paul & Bean, Richard Nelson. (1974). "The Fishers of Men: The Profits of the Slave Trade," *Journal of Economic History*, **XXXIV**, 4, 885–914.
Thomas, Robert Paul & McCloskey, D. N. (1982). "Overseas Trade and Empire, 1700–1860," in R. Floud & D. N. McCloskey, eds., *The Economic History of Britain Since 1700*, **I**: 1700–1860. Cambridge, Engl.: Cambridge University Press, 87–102.
Thomas, William I., & Thomas, Dorothy Swaine. (1928). *The Child in America*. New York: Knopf.
Thomis, Malcolm I. (1972). *The Luddites: Machine-Breaking in Regency England*. New York: Schocken.
Thompson, Edward P. (1968). *The Making of the English Working Class*, rev. ed. Harmondsworth, Engl.: Pelican.
Thompson, Edward P. (1971). "The Moral Economy of the English Crowd in the Eighteenth Century," *Past and Present*, No. 50, 76–136.
Thompson, Edward P. (1978a). "Eighteenth-Century English Society: Class Struggle without Class?" *Social History*, **III**, 2, 133–165.
Thompson, Edward P. (1978b). "The Peculiarities of the English," in *The Poverty of Theory and Other Essays*. London: Merlin Press, 35–91. (Originally published in *The Socialist Register*, 1965.)
Thuillier, Guy. (1967). "Pour une histoire monétaire du XIXe siècle: la crise monétaire de l'automne 1810," *Revue historique*, 91ᵉ année, **CCXXXVIII**, juil.–sept., 51–84.
Tilly, Charles. (1968). *The Vendée*, 2nd printing with preface. Cambridge, MA: Harvard University Press.

Tilly, Charles. (1982). "Proletarianization and Rural Collective Action in East Anglia and Elsewhere, 1500–1900," *Peasant Studies*, **X**, 1, 5–34.

Tilly, Charles. (1983). "Flows of Capital and Forms of Industry in Europe, 1500–1900," *Theory and Society*, **XII**, 2, 123–142.

Tilly, Charles & Tilly, Richard. (1971). "Agenda for European Economic History in the 1970s," *Journal of Economic History*, **XXXI**, 1, 184–198.

Tilly, Louise A. (1971). "The Food Riot as a Form of Political Conflict in France," *Journal of Interdisciplinary History*, **II**, 1, 23–57.

Timmer, C. Peter. (1969). "The Turnip, the New Husbandry, and the English Agricultural Revolution," *Quarterly Journal of Economics*, **LXXXIII**, 3, 375–395.

Tinker, Hugh. (1978). *A New System of Slavery. The Export of Indian Labour Overseas, 1830–1920*. London: Oxford University Press.

Tocqueville, Alexis de. (1953). *L'Ancien Régime et la Révolution: Fragments et notes inédites sur la Révolution*, texte établi et annoté par Andre Jardin. Paris: Gallimard.

Tocqueville, Alexis de. (1955). *The Old Regime and the French Revolution*. Garden City, NY: Doubleday Anchor.

Todorov, Nikolai. (1963). "Sur quelques aspects du passage du féodalisme au capitalisme dans les territoires balkaniques de l'Empire ottoman," *Revue des études sud-est européennes*, Nos. 1/2, 103–136.

Todorov, Nikolai. (1965). "La coopération interbalkanique dans de mouvement grec de libération nationale à la fin du XVIIIe et au début du XIXe siècle—Son idéologie et son action," *Etudes historiques*, à l'occasion du XIIe Congrès International des Sciences Historiques—Vienne, août–sept. Sofia: Académie des Sciences de Bulgarie, II, 171–184.

Todorov, Nikolai. (1977). *La ville balkanique sous les Ottomans (IX–XIXe s.)*. London: Variorum Reprints.

Todorova, Maria. (1976). "The Europeanization of the Ruling Elite of the Ottoman Empire during the Period of Reforms," in N. Todorov *et al.*, réds., *La révolution industrielle dans le sud-est Europe—XIXe siècle*, Sofia: Institut d'Etudes Balkaniques, 103–112.

Tolles, Frederick B. (1954). "The American Revolution Considered as a Social Movement: A Re-Evaluation," *American Historical Review*, **LX**, 1, 1–12.

Tønnesson, Kåre D. (1959). *La défaite des sans-culottes: Mouvement populaire et réaction bourgeoise en l'an III*. Oslo: Presses Universitaires & Paris: Lib. R. Clavreuil.

Torke, Hans J. (1971). "Continuity and Change in the Relations Between Bureaucracy and Society in Russia, 1613–1861," *Canadian Slavic Studies*, **V**, 4, 457–476.

Torke, Hans J. (1972). "More Shade than Light," *Canadian–American Slavic Studies*, **VI**, 1, 10–12.

Toutain, J.-C. (1961). "Le produit de l'agriculture française de 1700 à 1958. I. Estimation du produit au XVIIIe siècle," *Cahiers de l'I.S.E.A.*, sér. AF, no. 1, No. 115, 1–216; "II. La Croissance", sér. AF, no. 2, Suppl. No. 115.

Toutain, J.-C. (1963). "La population de la France de 1700 à 1959," *Cahiers de l'I.S.E.A.* sér. AF, 3, no. Suppl. No. 133.

Toynbee, Arnold. (1956). *The Industrial Revolution*. Boston: Beacon Press. (Originally published 1884.)

Tranter, N.L. (1981). "The Labour Supply, 1780–1860," in R. Floud & D.N. McCloskey, eds., *The Economic History of Britain Since 1700*, **I**: *1700–1860*. Cambridge, Engl.: Cambridge University Press, 204–226.

Trendley, Mary. (1916). "The United States and Santo Domingo, 1789–1866," *Journal of Race Development*, **VII**, 1, 83–145; 2, 220–274.

Tribe, Keith. (1981). *Genealogies of Capitalism*. London: Macmillan.

Tripathi, Amales. (1956). *Trade and Finance in the Bengal Presidency, 1793–1833*. Calcutta: Orient Longmans.

Tripathi, Dwijendra. (1967). "Opportunism of Free Trade: Lancashire Cotton Famine and Indian Cotton Cultivation," *Indian Economic and Social History Review*, **IV**, 3, 255–263.

Trouillot, Hénock. (1971). "La guerre de l'indépendance d'Haïti: Les grandes prêtres du Vodou contre l'armée française," *Revista de Historia de América*, No. 72, julio–dic., 259–327.

Trouillot, Hénock. (1972). "La guerre de l'indépendance d'Haïti: II. Les hommes des troupes coloniales contre les grands prêtres de Vodou," *Revista de Historia de América*, Nos. 73/74, enero–dic., 75–130.

Trouillot, Michel-Rolph. (1981). "Peripheral Vibrations: The Case of Saint-Domingue's Coffee Revolution," in R. Robinson, ed., *Dynamics of World Development*, Political Economy of the World-System Annuals, Vol. 4. Beverly Hills, CA: Sage, 27–41.

Trouillot, Michel-Rolph. (1982). "Motion in the System: Coffee, Color, and Slavery in Eighteenth-Century Saint-Domingue," *Review*, **V**, 3, 331–388.

Trudel, Marcel. (1949a). "Le traité de 1783 laisse le Canada à l'Angleterre," *Revue d'histoire de l'Amérique française*, **III**, 2, 179–199.

Trudel, Marcel. (1949b). *Louis XIV, le Congrès Américain et le Canada, 1774–1789*. Québec: Publ. de l'Université Laval.

Tscherkassowa, A.S. (1986). "Quellen der Arbeitskraftebildung des Urals im XVIII. Jahrhundert. Grossmetallurgie," paper delivered at XVIIIa Settimana di Studio, Ist. Int. di Storia Economica "Francesco Datini," Prato, mimeo.

Tucker, G.S.L. (1963). "English Pre-Industrial Population Trends," *Economic History Review*, 2nd ser., **XVI**, 2, 205–218.

Tucker, R.S. (1975). "Real Wages of Artisans in London, 1729–1935," in Arthur J. Taylor, ed., *The Standard of Living in Britain in the Industrial Revolution*. London: Methuen, 21–35. (Originally published in *Journal of the American Statistical Association*, 1936.)

Tulard, Jean. (1970). "Problèms sociaux de la France napoléonienne," *Revue d'histoire moderne et contemporaine*, **XVII**, juil.–sept., 639–663.

Turgay, A. Üner. (1983). "Ottoman–British Trade Through Southeastern Black Sea Ports During the Nineteenth Century," in J.L. Bacqué-Grammont & P. Dumont, réds., *Economie et Sociétés dans l'Empire Ottomane (fin du XVIIIe–Début du XXe siècle)*, Colloques Internationaux du CNRS, No. 601. Paris: Ed. du C.N.R.S. 297–315.

Turner, Frederick J. (1895, 1896). "Western State-Making in the American Revolutionary Era," *American Historical Review*, **I**, 1, 70–87 (1895); **I**, 2, 251–269 (1896).

Turner, Michael. (1982). "Agricultural Productivity in England in the Eighteenth Century: Evidence from Crop Yields," *Economic History Review*, 2nd ser., **XXXV**, 4, 489–510.

Unwin, G. (1922). "Transition to the Factory System," *English Historical Review*, **XXXVI**, No. 146, 206–218; **XXXVI**, No. 147, 383–397.

Uzoigwe, G.N. (1973). "The Slave Trade and African Societies," *Transactions of the Historical Society of Ghana*, **XIV**, 2, 187–212.

Valcárcel, Carlos Daniel. (1957). "Túpac Amaru, fidelista y precursor," *Revista de Indias*, **XVII**, 68, 241–253.

Valcárcel, Carlos Daniel. (1960). "Perú Borbónico y emancipación," *Revista de Historia de América*, No. 50, dic., 315–438.

Valensi, Lucette. (1969). *Le Maghreb avant la prise d'Alger (1790–1830)*. Paris: Flammarion.

Van Alstyne, Richard W. (1960). *The Rising American Empire*. Oxford: Basil Blackwell.

Van Dantzig, Albert. (1975). "Effects of the Atlantic Slave Trade on Some West African Societies," in *Revue française d'histoire d'outre-mer*, **LXII**, 1ᵉ et 2ᵉ trimestres, Nos. 226/227, 252–269.

Vandenbroeke, C. & Vanderpijpen, W. (1978). "The Problem of the 'Agricultural Revolution' in Flanders and in Belgium: Myth or Reality?" in H. van der Wee & E. van Cauwenberghe, eds., *Productivity of Land and Agricultural Innovation in the Low Countries (1250–1800)*. Leuven: Leuven University Press, 163–170.

Van Tyne, Claude H. (1916). "Influences Which Determined the French Government to

Make the Treaty with America, 1778," *American Historical Review*, **XXI**, 3, 528–541.
Van Tyne, Claude H. (1925). "French Aid Before the Alliance of 1778," *American Historical Review*, **XXXI**, 1, 20–40.
Vargas Ugarte, Rubén. (1971). *Historia General del Perú*, 2a ed., **V**: *Postrimerías del poder español (1776–1815);* **VI**: *Emancipación (1816–1825)*. Lima: Ed. Carlos Milla Batrès.
Vázquez de Prada, Valentín. (1968). "Las rutas comerciales entre España y América en el siglo XVIII," *Anuario de estudios americanos*, **XXV**, 197–241.
Venturi, Franco. (1979). "From Scotland to Russia: An Eighteenth Century Debate in Feudalism," in A.G. Cross, ed., *Great Britain and Russia in the Eighteenth-Century: Contrasts and Comparisons*. Newton, MA: Oriental Research Partners, 2–24.
Verhaegen, Paul. (1922–1929). *La Belgique sous la domination française, 1792–1814*, 5 vols. Bruxelles: Goemaere & Paris: Plon.
Verna, Paul. (1969). *Pétion y Bolívar*. Caracas: Oficina Central de Información.
Verna, Paul. (1983). "Bolivar 'El Haitiano': Revolucionario integral y libertador social," *Revista nacional de cultura*, **XLIV**, No. 250, 145–159.
Verna, Paul. (1984). "La revolución haitiana y sus manifestaciones socio-jurídicas en el Caribe y Venezuela," *Boletín de la Academia Nacional de la Historia*, **LXVII**, No. 268, 741–752.
Vernadsky, George. (1945). "On Some Parallel Trends in Russian and Turkish History," *Transactions of the Connecticut Academy of Arts and Sciences*, **XXXVI**, July, 25–36.
Ver Steeg, Clarence L. (1957). "The American Revolution Considered as an Economic Movement," *Huntington Library Quarterly*, **XX**, 4, 361–372.
Vicziany, Marika. (1979). "The Deindustrialization of India in the Nineteenth Century: A Methodological Critique of Amiya Kumar Bagchi," *Indian Economic and Social Hsitory Review*, **XVI**, 2, 105–146.
Vidalenc, Jean. (1969). "La traite négrière en France, 1814–1830," *Actes du 91ᵉ Congrès National des Sociétés Savantes*, Rennes, 1966, Section d'histoire moderne et contemporaine, Tome I: *Histoire maritime et coloniale*. Paris: Bibliothèque Nationale, 197–229.
Vidotto, Vittorio. (1979). "Il recente dibattito storiografico sulla Rivoluzione francese," in A. Groppi et al., *La Rivoluzione francese: problemi storici e metodologici*. Milano: Franco Angeli Ed., 11–68.
Viennet, Odette. (1947). *Napoléon et l'industrie française; la crise de 1810–1811*. Paris: Plon.
Vignols, Léon. (1928a). "Etudes négrières de 1774 à 1928. Introduction. Pourquoi la date de 1774," *Revue d'histoire économique et sociale*, **XVI**, 1, 5–11.
Vignols, Léon. (1928b). "La mise en valeur du Canada à l'epoque française," *Revue d'histoire économique et sociale*, **XVI**, 4, 720–795.
Vilar, Pierre. (1974). "Réflexions sur la 'crise de l'ancien type': 'inégalité des récoltes' et 'sous-développement,'" in *Conjoncture économique, structure sociales*. Paris & La Haye: Mouton, 37–58.
Viles, Perry. (1972). "The Slaving Interest of the Atlantic Ports, 1763–1792," *French Historical Studies*, **VII**, 4, 529–543.
Villalobos R., Sergio. (1962). "El comercio extranjero a fines de la dominación española," *Journal of Inter-American Studies*, **IV**, 4, 517–544.
Villalobos R., Sergio. (1965). *Comercio y contrabando en el Rio de la Plata y Chile*. Buenos Aires: Eudeba.
von Tunzelmann, G.N. (1978). *Steam Power and British Industrialization to 1860*. Oxford: Clarendon Press.
von Tunzelmann, G.N. (1979). "Trends in Real Wages, 1750–1850, Revisited," *Economic History Review*, 2nd ser., **XXXII**, 1, 33–49.
von Tunzelmann, G.N. (1981). "Technical Progress During the Industrial Revolution," in R. Floud & D.N. McCloskey, eds., *The Economic History of Britain Since 1700*, **I**: *1700–1860*. Cambridge, Engl.: Cambridge University Press, 143–163.
Vovelle, Michel. (1972). *La chute de la monarchie, 1787–1792*. Paris: Seuil.

Vovelle, Michel. (1980). *Ville et campagne au 18e siècle (Chartres et la Beauce)*. Paris: Ed. Sociales.
Vovelle, Michel. (1984). *The Fall of the French Monarchy, 1787–1792*. Cambridge, Engl.: Cambridge University Press.
Vovelle, Michel & Roche, David. (1965). "Bourgeois, Rentiers, and Property Owners," in Jeffry Kaplan, ed., *New Perspectives on the French Revolution*. New York: Wiley, 25–46. (Translated from *Actes du Quatre-Vingt-Quatrième Congrès National des Sociétés Savantes*, 1959.)
Waddell, D.A.G. (1985). "International Politics and Latin American Independence," in L. Bethell, ed., *Cambridge History of Latin America*, **III:** *From Independence to c. 1870*. Cambridge, Engl.: Cambridge University Press, 197–228.
Wadsworth, Alfred P. & Mann, Julia de Lacy. (1931). *The Cotton Trade and Industrial Lancashire, 1600–1780*. Manchester, Engl.: Manchester University Press.
Waldman, Marilyn Robinson. (1965). "The Fulani *Jihad*: A Reassessment," *Journal of African History*, **VI**, 3, 333–355.
Walker, James W. St. G. (1975). "Blacks as American Loyalists: The Slaves' War for Independence," *Historical Reflections*, **II**, 1, 51–67.
Wallerstein, Immanuel. (1974). *The Modern World-System*, **I:** *Capitalist Agriculture and the Origins of the European World-Economy in the Sixteenth Century*. New York: Academic Press.
Wallerstein, Immanuel. (1980). *The Modern World-System*, **II:** *Mercantilism and the Consolidation of the European World-Economy, 1600–1750*. New York: Academic Press.
Wallerstein, Immanuel & Kasaba,Reşat. (1983). "Incorporation into the World-Economy: Changes in the Structure of the Ottoman Empire, 1750–1839," in J. L. Bacqué-Grammont & P. Dumont, eds., *Economie et société dans l'empire ottoman*. Paris: Ed. du C.N.R.S., 335–354.
Walsh, Lorena S. (1983). "Urban Amenities and Rural Sufficiency: Living Standards and Consumer Behavior in the Colonial Chesapeake, 1643–1777," *Journal of Economic History*, **XLIII**, 1, 109–117.
Walton, Gary M. (1967). "Sources of Productivity Change in American Colonial Shipping, 1675–1775," *Economic History Review*, 2nd ser., **XX**, 1, 67–78.
Walton, Gary M. (1971). "The New Economic History and the Burdens of the Navigation Acts," *Economic History Review*, 2nd ser., **XXIV**, 4, 533–542.
Walton, Gary M. (1973). "The Burdens of the Navigation Acts: A Reply," *Economic History Review*, 2nd ser., **XXVI**, 4, 687–688.
Walton, Gary M. & Shepherd, James F. (1979). *The Economic Rise of Early America*. Cambridge, Engl.: Cambridge University Press.
Ward, J.R. (1978). "The Profitability of Sugar Planting in the British West Indies, 1650–1834," *Economic History Review*, 2nd ser., **XXXI**, 2, 197–213.
Ward, W.R. (1965). "The Beginning of Reform in Great Britain: Imperial Problems: Politics and Administration, Econonic Growth," in *New Cambridge Modern History*, **VIII:** A. Goodwin, ed., *The American and French Revolutions, 1762–1793*. Cambridge, Engl.: At the University Press, 537–564.
Warden, G. B. (1976). "Inequality and Instability in Eighteenth-Century Boston: A Reappraisal," *Journal of Interdisciplinary History*, **VI**, 4, 585–620.
Warner, Charles K. (1975). "Soboul and the Peasants," *Peasant Studies Newsletter*, **IV**, 1, 1–5.
Watson, Ian Bruce. (1978). "Between the Devil and the Deep Blue Sea: Commercial Alternatives in India, 1707–1760," *South Asia*, n.s., **I**, 2, 54–64.
Watson, Ian Bruce. (1980a). *Foundation for Empire: English Private Trade in India, 1659–1760*. New Delhi: Vikas.
Watson, Ian Bruce. (1980b). "Fortifications and the 'Idea' of Force in Early English East India Company Relations with India," *Past and Present*, No. 88, 70–88.
Weaver, Emily P. (1904). "Nova Scotia and New England during the Revolution," *American Historical Review*, **X**, 1, 52–71.
Webster, C. K. (1912). "Castlereagh and the Spanish Colonies. I. 1815–1818," *English Historical Review*, **XXVII**, No. 105, 78–95.

Wee, Herman van der. (1980). "La dette publique aux XVIIIe et XIXe siècles," in *Actes du 9e Colloque International*, Spa, 12–16 Sept. 1978. Bruxelles: Credit Commercial de Belgique, 13–21.

Weiss, Roger W. (1970). "The Issue of Paper Money in the American Colonies, 1720–1774," *Journal of Economic History*, **XXX**, 4, 770–784.

Weiss, Roger W. (1974). "The Colonial Monetary Standard of Massachusetts," *Economic History Review*, 2nd ser., **XXVII**, 4, 577–592.

Western, J. R. (1956). "The Volunteer Movement as an Anti-Revolutionary Force, 1793–1801," *English Historical Review*, **LXXI**, No. 281, 603–614.

Western, J. R. (1965). "Armed Forces and the Art of War. 2: Armies," in *New Cambridge Modern History*, **VIII**: A. Goodwin, ed., *The American and French Revolutions, 1763–93*. Cambridge, Engl.: Cambridge University Press, 190–217.

Weulersse, Georges. (1985). *La Physiocratie à l'aube de la Révolution, 1781–1792*. Paris: Ed. de l'E.H.E.S.S.

Whitaker, Arthur P. (1928). "The Commerce of Louisiana and the Floridas at the End of the Eighteenth Century," *Hispanic American Historical Review*, **VIII**, 2, 190–203.

Whitaker, Arthur P. (1941). *The United States and the Independence of Latin America, 1800–1830*. Baltimore, MD: Johns Hopkins Press.

Whitaker, Arthur P. (1960). "Causes of Spanish American Wars of Independence: Economic Factors," *Journal of Inter-American Studies*, **II**, 2, 132–139.

Whitaker, Arthur P. (1962a). *The Spanish-American Frontier: 1783–1795. The Westward Movement and the Spanish Retreat in the Mississippi Valley*. Gloucester, MA: Peter Smith. (Originally published 1927.)

Whitaker, Arthur P. (1962b). *The Mississippi Question, 1795–1803: A Study in Trade, Politics, and Diplomacy*. Gloucester, MA: Peter Smith. (Originally published 1932.)

Whitehead, Donald. (1964). "History to Scale? The British Economy in the Eighteenth Century," *Business Archives and History*, **IV**, 1, 72–83.

Whitehead, Donald. (1970). "The English Industrial Revolution as an Example of Growth," in R. M. Hartwell, ed., *The Industrial Revolution*. Oxford: Basil Blackwell, 3–27.

Whitson, Agnes M. (1930). "The Outlook of the Continental American Colonies on the British West Indies, 1760–1775," *Political Science Quarterly*, **XLV**, 1, 56–86.

Wicker, Elmus. (1985). "Colonial Monetary Standards Contrasted: Evidence from the Seven Years War," *Journal of Economic History*, **XLV**, 4, 869–884.

Wilks, Ivor. (1971). "Asante Policy Towards the Hausa Trade in the Nineteenth Century," in C. Meillassoux, ed., *The Development of Indigenous Trade and Markets in West Africa*. London: Oxford University Press, 124–141.

Wilks, Ivor. (1975). *Asante in the Nineteenth Century: The Structure and Evolution of a Political Order*. London: Cambridge University Press.

Williams, Eric. (1944). *Capitalism and Slavery*. London: André Deutsch. (1966 reprint.)

Williams, Gwyn A. (1968). *Artisans and Sans-culottes: Popular Movements in France and Britain During the French Revolution*. London: Edward Arnold.

Williams, J. E. (1966). "The British Standard of Living, 1750–1850," *Economic History Review*, 2nd ser., **XIX**, 3, 581–589.

Williams, Judith Blow. (1934). "The Establishment of British Commerce with Argentine," *Hispanic American Historical Review*, **XV**, 1, 43–64.

Williams, Judith Blow. (1972). *British Commercial Policy and Trade Expansion, 1750–1850*. Oxford: Clarendon Press.

Williams, Raymond. (1976). *Keywords*. New York: Oxford University Press.

Williams, William Appleman. (1962). "Fire in the Ashes of Scientific History," *William and Mary Quarterly*, 3d ser., **XIX**, 2, 274–287.

Williamson, Jeffrey G. (1984). "Why Was British Growth So Slow During the Industrial Revolution?" *Journal of Economic History*, **XLIV**, 3, 687–712.

Wilson, Charles. (1977). "The British Isles," in C. Wilson & G. Parker, eds., *An Introduction to the Sources of European Economic History, 1500–1800*, I: *Western Europe*. London: Weidenfeld & Nicolson, 115–154.
Wilson, R. G. (1966). "Transport Dues as Indices of Economic Growth, 1775–1820," *Economic History Review*, 2nd ser., **XIX**, 1, 110–123.
Winsor, Justin. (1896). "Virginia and the Quebec Bill," *American Historical Review*, **I**, 3, 436–443.
Wood, A. C. (1925). "The English Embassy at Constantinople, 1660–1762," *English Historical Review*, **XL**, No. 160, 533–561.
Wood, Gordon S. (1966). "Rhetoric and Reality in the American Revolution," *William and Mary Quarterly*, 3d ser., **XXIII**, 1, 3–32.
Woodruff, Philip. (1953). *The Men Who Ruled India*, I: *The Founders*. London: Jonathan Cape.
Woodward, Margaret L. (1968). "The Spanish Army and the Loss of America, 1810–1824," *Hispanic American Historical Review*, **XLVIII**, 4, 586–607.
Woodward, Ralph Lee, Jr. (1968). "The Merchants and Economic Development in the Americas, 1750–1850: A Preliminary Study," *Journal of Inter-American Studies*, **X**, 1, 134–153.
Woodward, Robert Lee, Jr. (1965). "Economic and Social Origins of the Guatemalan Political Parties (1773–1823)," *Hispanic American Historical Review*, **XLV**, 4, 544–566.
Wordie, J. R. (1974). "Social Change on the Leveson–Gower Estates, 1714–1832," *Economic History Review*, 2nd ser., **XXVII**, 4, 593–606.
Woronoff, Denis. (1984a). *L'industrie sidérurgique en France pendant la Révolution et l'Empire*. Paris: Ed. de l'E.H.E.S.S.
Woronoff, Denis. (1984b). *The Thermidorean Regime and the Directory, 1794–1799*. Cambridge, Engl.: Cambridge University Press.
Wright, H. R. C. (1954). "Some Aspects of the Permanent Settlement in Bengal," *Economic History Review*, 2nd ser., **VII**, 2, 204–215.
Wright, H. R. C. (1955). *Free Trade and Protection in the Netherlands, 1816–30: A Study of the First Benelux*. Cambridge, Engl.: At the University Press.
Wright, H. R. C. (1959). "The Abolition by Cornwallis of the Forced Cultivation of Opium in Bihar," *Economic History Review*, 2nd ser., **XII**, 1, 112–119.
Wright, J. F. (1965). "British Economic Growth, 1688–1959," *Economic History Review*, 2nd ser., **XVIII**, 2, 397–412.
Wright, J. Leitch, Jr. (1975). *Florida in the American Revolution*. Gainesville, FL: University of Florida Press.
Wrigley, C. C. (1971). "Historicism in Africa: Slavery and State Formation," *African Affairs*, **LXX**, No. 279, 113–124.
Wrigley, E. A. (1967). "The Supply of Raw Materials in the Industrial Revolution," in R. M. Hartwell, ed., *The Causes of the Industrial Revolution in England*. London: Methuen, 97–120. (Originally published in *Economic History Review*, 1962.)
Wrigley, E. A. (1969). "Family Limitation in Pre-Industrial England," in M. Drake, ed., *Population in Industrialization*. London: Methuen, 157–194. (Originally published in *Economic History Review*, 1966.)
Wrigley, E. A. (1972). "The Process of Modernization and the Industrial Revolution in England," *Journal of Interdisciplinary History*, **III**, 2, 225–259.
Wrigley, E. A. & Schofield, R. S. (1981). *The Population History of England, 1541–1871: A Reconstruction*. Cambridge, MA: Harvard University Press.
Wyczański, Andrzej & Topolski, Jerzy. (1974). "Peasant Economy Before and During the First State of Industrialization: General Report," in *Sixth International Congress of Economic History*, Copenhagen, 19–23 August, *Five Themes*. Copenhagen: Institute of Economic History, University of Copenhagen, 11–31.
Yaney, George L. (1973). *The Systematization of Russian Government: Social Evolution in the*

Yanov, Alexander. (1978). "The Drama of the Time of Troubles, 1725-30," *Canadian-American Slavic Studies*, **XII**, 1, 1-59. (Corrigenda: **XII**, 4, 593.)

Yaresh, Leo. (1956). "The Problem of Periodization," in C. E. Black, ed., *Rewriting Russian History*. New York: Vintage Books, 32-77.

Yelling, J. A. (1977). *Common Field and Enclosure in England, 1450-1850*. London: Macmillan.

Yoder, John C. (1974). "Fly and Elephant Parties: Political Polarization in Dahomey," *Journal of African History*, **XV**, 3, 417-432.

Youngson, A. J. (1966). "The Opening Up of New Territories," in H. J. Habakkuk & M. Postan, eds., *Cambridge Economic History of Europe*, **VI**: *The Industrial Revolutions and After: Incomes, Population and Technological Change*. Cambridge, Engl.: At the University Press, 139-211.

Zacker, Jacques. (1962). "Quelques mots sur les sans-culottes de la Révolution française à propos de l'article de George Rudé)," *Critica storica*, **I**, 4, 384-387.

Zaozerskaja, E. I. (1965). "Le salariat dans les manufactures textiles russes au XVIIIe siècle," *Cahiers du monde russe et soviétique*, **VI**, 2, 188-222.

Zapperi, Roberto. (1972). "Siéyès et l'abolition de la féodalité en 1789," *Annales historiques de la Révolution française*, **XLIV**, No. 209, 321-351.

Zapperi, Roberto. (1974). *Per la critica del concetto di rivoluzione borghese*. Bari: De Donato.

Závala, Silvio. (1967). *El mundo americano en la época colonial*, 2 vols. Mexico: Ed. Porrua.

Zeller, Gaston. (1955). *Les temps modernes*, **II**: *De Louis XIV à 1789*, Vol. III of Pierre Renouvin, dir., *Histoire des relations internationales*. Paris: Hachette.

Zilversmit, Arthur. (1967). *The First Emancipation: The Abolition of Slavery in the North*. Chicago, IL: University of Chicago Press.

Zimmerman, A. F. (1931). "Spain and its Colonies, 1808-1820," *Hispanic American Historical Review*, **XI**, 4, 439-463.

Zuccarelli, François. (1959). "L'entrepôt fictif de Gorée entre 1822 et 1852: Une exception au régime de l'Exclusif," *Annales africaines*, **VI**, 261-282.

索 引

（本索引中的页码系原著页码，检索时请查阅本书正文页边码）

A

Aachen，亚琛 125
Abdülmecid I（Ottoman Empire），阿布杜麦基德一世 177
Abel, Wihelm，艾贝尔 30，57，62，66
Aberdam, Serge，阿伯德姆 64，105
Abir, M.，艾比尔 173
Abou-el-Haj, Rifa'at Ali，阿布哈吉 174
Abyssinia，阿比西尼亚 184
Accarias de Sérionne, Jacques，塞里奥尼的阿卡里亚斯 71，233
Acomb, Frances，埃克姆 91
Act of Union，联合法案 see Great Britain
Adams, Donald R., Jr.，亚当斯 247
Adams, John，亚当斯 242-243
Adams, John Quincy，亚当斯 251
Adams, Samuel，亚当斯 208
Adams, Mahdi，亚当斯 147
Adhemar, Jean Balthazar d', Count，阿德马尔 89
Ado, A.，阿多 105
Africa，非洲 6，71，79，129，133，135，156，193，205，236
　East，东非 149
　North，北非 167-169，172
　West（and Central），西非 219，132，134-137，142-148，152，156，162，164-171，187-189
　Savannah zones，萨瓦南区 168-170
Agrarian individualism，农业个人主义 15
Agriculture，农业 3，8-9，26，28，59，61，63-64，66-68，73，89，94，113，115，118，170，247
　agricultural revolution，农业革命 6，12，14，16-18，62-63，77，95
　arable production，种植产品 13-14，66
　cash-crop production，商品作物生产 62，138-140，147-148，152，155-156，158，162，164-166，168，183，186，240，248，253
　commons，一般农业 48，63，65，73-74
　direct producers，直接生产者 62，157，159
　droit de parcours，共同放牧权 65，74-75，95
　droit de triage，挑选权 74
　fallow，休耕地 13，62，75
　fertilizers，肥料 13

— 401 —

fodder crops, 敞田 14-15, 65-66, 73-75, 95

pasturage, 畜牧 13, 62, 75

rotation, 轮作制 13, 62, 155

waste lands, 荒地 14, 74, 155, 183

yield, 出产 13-15, 62-63, 113, 160

see also various occupational roles

Agronomy, 农艺学 62, 73, 76, 161

Aguardiente, 甘蔗酒 214

Aguessy, Honorat, 阿格西 164, 166

Agulhon, Maurice, 艾格隆 35

Ahlström, G., 阿斯特罗姆 186

Ahmed Ⅲ (Ottoman Empire), 阿赫迈德 135

Aja, 阿贾 188

Ajayi, J. F. Ade, 阿贾伊 156, 165, 189

Akbar (Mughal Empire), 阿克巴 158

Akinjogbin, I. A., 阿金约宾 165, 188

Albany, 阿尔巴尼 207

Alcaldes mayores, 区域地方法官 216

Alemdar, Mustafa Pasha, 艾伦达 174-174

Aleppo, 阿勒颇 151, 173

Algiers, 阿尔及尔 243

Ali, Athar, 阿里 178

Ali Pasha, 阿里帕夏 173

Alleghenies, 阿勒根尼 203, 231

Allen, Ethan, 艾伦 232

Allen, Levi, 艾伦 232

Allowance system' see Speenhamland 补贴制度

Alsace, 阿尔萨斯 103, 116, 125

Althusser, Louis, 阿尔都塞 43

America, (British) North, see United States 北美洲

America, Hispanic (Latin, South), 西属美洲 116, 140, 193, 211-217, 219-222, 224-226, 234-235, 239-240, 243-244, 248-254

revolutions of independence, 独立革命 38, 219, 222, 224, 227, 249-250, 252-256

Americas, 美国 the, 79, 116-117, 136, 149, 152-153, 193, 198, 200-201, 210-212, 215, 218, 226-227, 240, 246-250, 255

trade to, see Trade, colonial 对美贸易

Amerindians, see Native Americans 美洲印第安人

Amherst, Jeffrey Amherst, Baron (General), 阿姆赫斯特 202

Amin, Samir, 132 阿明

Amsterdam, 84 阿姆斯特丹

Anatolia, 安纳托利亚 137, 141, 151, 155, 166-167, 171, 174-175

Ancien Régime, see France 旧政体

Andalucia, 安达卢西亚 225

Andaman Islands, 安达曼群岛 122

Anderson, B. L., 安德森 145

Anderson, J. L., 安德森 117

Anderson, M. S., 安德森 3, 71-72, 82, 142, 174, 184-185, 227

Anderson, Perry, 安德森 43, 52, 122

Anderson, Terry L., 安德森 196

Andes, 安第斯 219-220

Andrews, Charles M., 安德鲁斯 185, 193, 196, 199

Andrews, George Reid, 安德鲁斯 206, 252

Anglo-French Commercial Treaty of 1786, see Treaties, Eden 英法商约

Anisson-Dupéron, Etienne-Alexander Jacques, 阿尼松-杜普龙 87

Anjou, 安茹 106

Ankara，安卡拉 141

Anna, Timothy E.，安娜 250，254

Anna Ivanova (of Russia)，安娜·伊凡诺娃 163，250

Anstey, Roger，安斯蒂 144

Anti-Combination Laws, see Great Britain 反合并法

Anticosta, Ile d'，安蒂柯斯塔 203，206

Antiquity，古城 35

Antwerp，安特卫普 98

Appalachians，阿巴拉契亚山 202-203，230-231

Aptheker, Herbert，阿普特克 205，209，235

Arable production，阿拉伯产品 see Agriculture

Arab countries，阿拉伯国家 149，175

Arasaratnam, S.，阿拉萨拉特南 139，153，159，181

Arbellot, Guy，阿尔贝洛 69

Arcila Farias, Eduardo，阿西拉 213

Arciniegas, Germán，阿西尼加斯 223

Argentina，阿根廷 217，222，239，249-250，253

Argyle, W. J. 阿盖尔 133，143

Aristocracy，贵族制 35-39，41-43，45-47，49-52，63-64，81，100-101，103-104，106，111，120，142，155，160-162，185，209，215，see also Class(es), upper; Landlords aristocratic reaction，贵族反弹 34-35，40-41，62-63，76，196

Arkwright, Sir Richard，阿克莱特 23

Armaments，军备 25

Armengaud, André，阿曼高特 10

Armenia，亚美尼亚 175

Armstrong, Maurice W.，阿姆斯特朗 211

Army (military)，陆军 13，82，133，152，156，172-173，178-179，185-186，201，203-204，207-208，211，216，222，225，228，235-236，243，249-250，255

Armytage, Frances，阿米塔奇 212

Arnold, Rosemary，阿诺德1 33

Arnould, Ambroise-Marie，阿诺德 87，91，98

Aro Chuku，阿罗丘库 132，189

Artisans，工匠 6，37-38，78，107-109，119，162，235

Asante，阿散蒂 169-170，188

Ascension Island，亚松森 122

Ascherson, Neal，阿舍森 98

Ashton, T. S.，阿什顿 7，19，67，83，90，124

Asia，亚洲 178，201
　　Central，中亚 167
　　Southeast，东南亚 49，149
　　West, see Levant 西亚

Asiegbu, Johnson, U. J.，阿希格布 144

Assignats，指券 see France, French Revolution

Athar Ali, M.，阿特阿里 178

Atlantic Ocean，大西洋 56，122，132，143，165，169，172，230-231

Atlantic thesis，大西洋议题 see France, French Revolution

Auckland, William Eden, 1st Baron，奥克兰 see Eden, William

Auckland Island，奥克兰岛 122

Augé, Marc，奥格 156

Aulard, A.，奥拉尔 104

Austen, Ralph A.，奥斯汀 133，170

Australasia，澳斯特拉西亚 122

Austria，奥地利 141，154，171，175-176

Auvergne，奥弗涅 11，15

Avelino, Ivone Dias，艾弗利诺 213

Ayan，贵族 see Ottoman Empire
Azov Sea，亚速海 174
Aztecs，255，阿兹特克人 see also Mexico, Native Americans

B

Babeuf, François Noël, dit Gracchus, (Babouvism)，巴贝夫 see France, French Revolution, Conspiracy of Equals
Bacon de la Chevalerie, Jean-Jacques，谢瓦利埃的 241
Baer, Gabriel，贝尔 155
Bagchi, Amiya Kumar，巴格奇 139，150，181
Bagú, Sergio，巴古 253
Bagwell, Philip S.，巴格韦尔 69
Bahamas，巴哈马 229
Bahia，巴伊亚 254-255
Bailyn, Bernard，贝林 195，204-205
Bairoch, Paul，贝尔洛克 6-7，10，12，26，28，78，114
Balkans, see Rumelia 巴尔干
Ballot, Charles，巴洛特-加龙省 4，29，79
Bamford, Paul Walden，班福德 83
Banda Oriental, La，东岸地区（乌拉圭）217
Bank of England，英格兰银行 see Great Britain
Bankers，银行家 8，20，153，180
Bantry Bay，班特利湾 246
Baptists，浸礼会教徒 237
Barbary pirates，海盗 230
Barber, Elinor，巴伯 50
Barbier, Jacques A.，224，249
Barcelona，巴塞罗那 78
Barker, Charles Albro，巴克 199，204
Baron, Samuel H.，巴伦 185
Barr, Stringfellow，巴尔 71

Barshchina，强制劳役制 see Russia
Barthélémy，巴塞勒米 Francois de, Marquis，88
Basel，巴塞尔 78
Bathurst，巴瑟斯特 122，165
Bauer, Arnold J.，鲍尔 226
Baur, John E.，博尔 243
Bauwens, Liévin，鲍温 118
Baykov, Alexander，贝科夫 152
Bayly, C. A.，贝利 148
Bayonne，巴荣 249
Beales, H. S.，比尔斯 31
Bean, Richard Nelson，比恩 144-145，156
Beard, Charles A.，比尔德 238，247
Béarn，贝亚恩 15
Beau Brummel，花花公子 114
Becker, Charles，贝克 169
Bedford, John Russell, 4th Duke of，贝德福特第四任公爵，拉塞尔 194
Beer, George Louis，比尔 194
Behrens, C. B. A.，贝伦斯 81
Belgium，比利时 66，89，125
Belgrano, Manuel, General，贝尔格拉诺 253
Belize，伯利兹 219
Bemis, Samuel Flagg，比米斯 72，219，228-229，232-233，247，251
Bendjebbar, André，本迪巴尔 106
Bengal，孟加拉国 72，139-140，149，158-159，167-168，181，183，229
Benin, Bight of，贝宁海湾 170
Bénoist, M.-A.，贝诺瓦斯特 128
Berbeo, Juan Francisco，伯比欧 223
Beresford, William Carr Beresford, Viscount (Marshall)，贝瑞斯福德 255
Bergeron, Louis，伯格龙 31，72-73，77，113，115-118

Bergier, J. F., 伯吉尔 28

Berkes, Niyazi, 伯克 173, 176-177

Berlin, 柏林 175

 Decrees of, 柏林法令 see Continental Blockade

Berlin, Ira, 伯林 235-236

Bermuda, 百慕大 229

Berrill, K. E., 贝利尔 79

Berry, 贝里 15

Besset, Giliane, 贝塞特 142

Bethell, Leslie, 贝瑟尔 255

Bezanson, Anna, 贝赞森 3, 33

Bhattacharya, Sabyasachi, 巴塔查尔雅 139, 158

Biafra, Bight of, 比亚夫拉湾 143, 170

Bien, David D., 比恩 40

Bierck, Harold C., Jr., 比尔克 253

Bihar, 比哈尔 149, 160

Birthrate, 出生率 see Demography

Bjork, Gordon C., 比约克 248

Black Sea, 黑海 142, 161, 175, 186

Blacks, 黑人 146, 193, 205, 221-223, 225, 229, 231, 234-236, 240-244, 246, 252-255

Blanc, Simone, 布朗克 135, 163

Blanqui, Adolphe, 布朗基 3

Blaug, Mark, 布劳格 120

Bloch, Camille, 布洛克 92

Bloch, Marc, 布洛赫 15, 41, 64-65, 74-75, 95-96

Blum, Jerome, 布鲁姆 142, 155, 160-161, 163

Boahen, A. Adu, 鲍亨 170

Bois, Paul, 布瓦 97, 105

Bolívar, Simon, 玻利瓦尔 224-225, 243-244, 246, 250, 252-254

Bolivia, see Peru, Upper 玻利维亚

Bolton, G. C., 博尔顿 182, 202

Bombay, 孟买 138, 180

Bonaparrtte, Napoleon, 拿破仑 see Napoleon

Bonilla, Heraclio, 波尼拉 219, 222, 224, 253

Bordeaux, 波尔多 90

Bosher, J. F., 波舍 69, 82

Boston, 波士顿 200, 238

Boulègue, Jean, 布勒盖 136

Boulle, Pierre H., 布尔 6, 42, 72, 145, 152

Bouloiseau, Marc, 布尔瓦桑 91

Boulton, Matthew, 布尔顿 6

Bounties, 奖金 see Protectionism

Bourbon, House of, 波旁王朝 82, 112, 213, 216, 222, 224, 226, 249

Bourbon, Isle de, 波旁 183, 241

Bourde, André J., 博尔德 62, 65, 76-77

Bourgeoisie, 中产阶级 2, 32, 34-43, 45, 47, 49, 52-53, 82, 84, 99-100, 104-105, 107, 109, 111, 125, 129

 bourgeois revolution, 中产阶级革命 3, 36-37, 39-41, 44-51, 53, 102, 105, 110

 petty bourgeoisie, 小中产阶级 37, 47, 102

Bourgin, Georges, 布尔金 96

Bousquet, Nicole, 布斯奎特 239, 249, 252-253

Bouvier, Jean, 鲍维尔 118

Bowden, Witt, 鲍登 91

Bowen, Harold, 鲍温 175

Bowring, John, 波林 155

Boxer, C. R., 博克塞 179

Boyetet, M., 波以太 88

Brading, David A., 布瑞丁 216-217,

225-226, 239, 248
Bras nus, 无赖汉 see Sans-culottes
Braude, Benjamin, 布劳德 173
Braudel, Fernand, 布罗代尔 24, 30-31, 51, 68, 71, 87, 92, 115, 117, 122, 196, 215
Brazil, 巴西 143, 193, 214-215, 221, 224, 243, 249, 254-255
  Conjuração Bahia, 巴伊亚联合起义 254
  Inconfidência mineira, 小团体密谋 254
Bread, 面包 58, 93, 104, 106, 124
  bread prices, control of, 面包价格 see Grain liberalism bread riots, 面包暴动 104, 121
Brebner, John Bartlett, 布瑞纳 19, 195, 207, 210, 230-232
Bullion, 金银条块 131, 136-139, 181, see also Gold, Silvet
Briavoinne, Natalis, 布里阿瓦尼 23-24, 33, 87, 124
Bridenbaugh, Carl, 布莱登堡 198
Bridgewater, 1st Duke of, John Egerton, 布里奇瓦特第一任公爵, 艾格顿 26
Bristol, 布里斯托 177
Britain, see Great Britain 不列颠
Brito Figueroa, Federico, 布里托 253
Brittany, 布列塔尼 48, 63, 74, 77, 79, 97, 104, 106
Broder, Albert, 布洛德 118, 122
Broeze, Frank J. A., 布洛斯 198
Brooks, George E., 布鲁克斯 148
Brown, Robert E., 布朗 196
Brown, Vera Lee, 布朗 213
Brown, Wallace, 布朗 229
Browning, Oscar, 布朗宁 86, 88, 90, 92-93

Bruchey, Stuart, 布鲁奇 239, 248
Brugiēe, Michel, 布鲁吉尔 110
Brumaire (Eighteenth), 雾月 see France, French Revolution (18日)
Buckley, Roger Norman, 巴克利 242
Buda, Aleks, 布达 173
Buenos Aires, 布宜诺斯艾利斯 217, 249
Building construction, 建筑物结构 8
Bulgaria, 保加利亚 154, 174
Bureaucracy, 官僚系统 65, 73, 156, 162, 171-173, 185, 213, 215, 224
Burgoyne, John, Ceneral, 柏高英 218
Burgundy, 勃艮第 76
Burke, Edmund, 伯克 83, 111, 201
Burma, 缅甸 148
Burstin, Haim, 伯斯坦 107
Burt, A. L., 伯特 231
Busch-Zantner, R. 布许赞特纳 154
Butel, Paul, 布特尔 67-68, 117, 179
Byron, George Gordon Noel, 6th Baron (Lord), 拜伦 176

C

Caballero y Góngora, Antonio (Archbishop), 卡巴列罗 223
Cádiz, 加的斯 213-214, 216, 219-220, 239, 250
Cahen, Léon, 卡汉 87, 91
Cahiers de doléance, 三级会议的陈情书 see France, French Revolution
Cain, P. J., 坎恩 19, 41, 79, 93, 181
Calabar, 卡拉巴尔 149, 157, 170
Calcutta, 加尔各答 138-139, 153
Calhoun, Craig, 卡龙 120
Calhoun, John, 卡龙 254
Calonne, Charles-Alexandre de, 卡洛纳

80-81, 86-87
Camden, 2nd Earl and 1st Marquess of, John Pratt, Viceroy, 卡姆登 246
Cameron, Rondo E., 卡梅伦 7, 29, 32, 79
Campbell, Leon G., 坎贝尔 222, 224-225
Campbell Islands, 坎贝尔群岛 122
Canada, 加拿大 71-72, 193-194, 202, 207-208, 211, 218, 230-231, 236, 251
 French Canadians, 法裔加拿大人 see Quebec Maritime Proyinces, 251
Canals, see Transport 运河
Canary Islands, 加那利群岛 253
Cannadine, David, 坎纳丁 4
Canning, George, 坎宁 121, 254
Cantabrian Mountains, 坎塔布连山 225
Canton, 广州 168
Cape Coast, 海岸角 147
Cape Colony, 殖民地角 122
Cape Horn, 合恩角 72
Capital (capitalists), 资本的（资本家）6, 17, 22-23, 28, 31, 34, 36-37, 41-51, 59, 62-63, 65, 76-78, 82, 84, 100, 106, 111, 131, 155, 162
Capital 资本的
 accumulation of, 资本累积 6, 8, 31, 59, 78, 82, 129-130, 144-145, 154, 157, 171, 227
 fixed, 固定资本 7-8
 investment, 投资 8, 21, 26, 36, 76, 85, 122, 166
 supply of, 资本供给 7
Capitalism, 资本主义 5, 8, 40-41, 46, 48, 51, 84, 97, 101, 104-105, 110-111, 115, 125, 130, 144, 160, 166, 185, 189, 256, see also World-economy
Caracas, 加拉加斯 239, 250

Cárdenas Acosta, Pablo E., 卡尔迪纳斯 222-223
Caribbean, 加勒比海 56, 68, 71, 154, 198, 202, 212, 218-219, 221, 227, 229, 242, 252 see also West Indies, various
Carleton, Governor (Dorchester, Guy Carleton, 1st Baron), 卡拉顿（总督）206, 208
Carmarthen, Marquess of, Francis Osborne, 卡马森侯爵 85, 88-90
Carolinas, the, 230, see also North Carolina, South Carolina 卡罗来纳
Carr, Raymond, 卡尔 254
Cartagena, 喀塔基那 243
Casanare, 卡萨内尔 223
Cash crops, see Agriculture 商业作物
Caste, 种性 159
Castile, 卡斯提尔 225
Castries, Charles Eugene Gabriel de la Croix, Marquis of, 卡斯特利 86
Catalonia, 加泰隆尼亚 216, 219
Catehpole, Brian, 卡奇波尔 165
Catherine II (of Russia), 凯瑟琳二世 135, 142, 151, 162, 185-186
Catholics, Catholic Church, 天主教，天主教教堂 84, 115, 118, 206-209, 215, 226, 237, 244-245, see also Clergy
Cattle, 家畜 132, 154
Caucasus, 高加索山脉 187
Cereals, 谷物 57, 61-62, 64-65, 67-68, 76, 93, 141, 148, 206
Césaire, Aimé, 凯塞里 240-242
Céspedes del Castillo, Guillermo, 加斯蒂罗 217
Ceylon, 锡兰 122, 148
Chabert, Alexandre, 夏贝尔 96

Chalmer, George, 查默 3
Chamberlin, Christopher, 张伯伦 132, 157
Chambers, J.D., 钱伯斯 13, 15, 17, 60-61, 70, 121
Champagne, 香槟 15, 92
Champion, Edne, 尚皮翁 92
Champlain, Lake, 尚普兰湖 230
Chandler, Charles Lyon, 钱德勒 252
Chandra, Satish, 钱德拉 178
Chapman, Stanley D., 查普曼 7-8, 25, 114
Chaptal, Jean-Antoine-Claude, 夏普泰尔 89-91, 97, 122-123
Charcoal, 木炭 26, 142, 163
Charles Ⅲ (of Spain), 查理三世 213, 215-217, 220, 226, 249
Charles Ⅳ (of Spain), 查理四世 216, 249-250
Charles, Eunice A., 查尔斯 148
Chartism, 宪章运动 see Great Britain
Chartres, 沙尔特尔 16
Chassagne, Serge, 沙萨涅 112, 115, 118, 122
Chateaubriand, François René de, Viscount, 夏托布里昂 37, 100, 146
Chatham Island, 查塔姆岛 122
Chaudhuri, Binoy Bhushan, 乔杜里 158
Chaudhuri, K.N., 乔杜里 136, 139, 149, 153, 179-180
Chaussinand-Nogaret, Guy, 乔森南-诺加里 40, 52, 82, 108
Chaunu, Pierre, 肖努 26, 61, 202-203, 214, 216, 220-222, 224-225, 233, 249
Checkland, S.G., 切克兰德 242
Cheetham, James, 奇塔姆 248
Chemicals (chemical industries), 化学物 79
Cherokees, 切罗基人 233
Chesnutt, David R., 切斯纳特 210
Chevallier, Dominique, 谢瓦利尔 151
Chickasaws, 奇克索人 233
Child, Sir Josiah, 蔡尔德 179
Chile, 智利 248, 250
China, 中国 135, 139-140, 149-150, 153, 167-168, 175, 177, 183-184, 230
Chinese Revolution, 中国革命 49
Choiseul, Etienne François de, Duke, 舒瓦瑟尔公爵 71-72, 81, 83, 194, 217, 230
Choiseul-Gouffier, Marie Gabriel Florent Auguste de, Count, 舒瓦瑟尔 176
Chouannerie, see France, French Revolution, "counterrevolution" 朱安党
Christelow, Allan, 克里斯特罗 212-214, 240
Christianity, 基督教 34, 135, 166, 169, 211
Christie, Ian R., 克莉里斯 195, 205, 214
Christophe, Henri, 克里斯多夫 243
Chulkov, M.D., 丘尔科夫 186
Chung, Tan, 钟 167-168, 183
Church of England, 英国教会 see Episcopalians
Ciftlik, 154-155, see also Plantations 契夫特里克
Cipolla, Carlo M., 奇波拉 4
City, The, see Great Britain 伦敦城
Clapham, J.H., 克拉潘 17, 118, 122, 154
Clark, S.D., 克拉克 208, 211, 251
Clark, John G., 克拉克 79, 234
Clark, Richard, 克拉克 151
Class (es) (or strata), 阶级

索 引

Lower（poor, popular）, 低层 8, 17, 35, 47, 63, 69, 77, 97, 102, 106, 108-109, 111, 115, 122, 124-126, 196-197, 200, 224, 237, 249, 255, see also Peasants, Proletariat, Sans-culottes

Middle, 中产阶级 3, 8, 10, 32, 43, 69, see also Bourgeoisie

Upper, 上层阶级 100, 100, 103, 122, see also Aristocracy, Landlords

Class struggle, 阶级斗争 97, 107, 126

Clauder, Anna C., 克劳德 228, 248

Clemenceau, Georges Benjamin, 克雷孟梭 49

Clendenning, P. H., 克伦登宁 186

Clère, Jean-Jacques, 克里尔 95

Clergy, 教士 51, 95, 100, 106, 207-208, 250

Climate, 气候 58

Clive, Robert（Baron Clive of Plassey）, 克莱武 179

Clough, Shepard B., 克劳 118

Clover, 苜蓿 13

Coal, 煤 26-27, 97, 113

Cobb, Richard, 科布 48, 107

Cobban, Albert, 科班 38-40, 42-43, 48-49, 81, 84, 87, 98, 100, 110, 118

Cobbett, William, 科贝特 89-90

Cochran, Thomas C., 科克伦 247

Cod, 鳕鱼 86

Coerced Labor, 强制劳工 see Debt-bondage Indentured labor, Peonage, Serfs, Slavery

Coffee, 咖啡 241

Cohen, Felix, 柯亨 201

Cohen, Jon S., 柯亨 66

Cohn, Bernard S., 柯恩 139, 183

Coke, 可乐 26-27, 151

Colbert, Jean-Baptiste, 柯尔伯 41, 98-99, 216

Cole, G. D. H., 柯尔 113

Cole, W. A., 柯尔 6, 8, 15, 24, 57, 61, 67-68, 70, 73, 78, 80, 83, 116

Coleman, D. C., 柯尔曼 3, 32

Colley, Linda, 柯利 122, 201

Collier, Simon, 柯利尔 224

Colombia, 哥伦比亚 217, 219, 221-224, 243

Colonists, see Settlers 殖民者

Colvin, lucie G., 柯尔文 169

Comercio libre, see Trade, free 商业自由

Comercio neutral, 商业中立 see Neutrality

Commerce, see Trade 商业

Commodity chains, 商品链 129, 137, 152, 165, 167, 189

Commoners, 平民 63, 64, 76, 101, 173

Common of shack, 公地 see Agriculture, open fields

Common rights, 一般权利 see Agriculture, open fields

Compagnie des Indes, 印度公司 182

Company of Caracas, 加拉加斯公司 219

Company of General Farms, 总包税公司 82

Company of Merchants Trading to Africa, 非洲商业贸易公司 147

Comuneros, 公社派 219, 222-223, 246-247

Condorcanqui, José Gabriel, 康多基 see Túpac Amaru

Confino, Michael, 康菲诺 142, 155, 160-163

Congregationalists, 公理教徒 211

Congreso Hispánoamericano de Historia, 西

— 409 —

属美洲史大会 225，253

Conjuncture（conjoncture），机缘 196，220

Conjuração Bahia，巴伊亚 see Brazil

Connecticut，康涅狄格州 231，235

Connell，K. H.，康奈尔 11，123

Conscription，征兵制 109

Consolidation，land，合并土地 see Enclosures

Conspiracy of Equals，see France，French Revolution 平等派密谋

Constantinople，君士坦丁堡 see Istanbul

Constituent Assembly，see France，French Revolution 制宪会议

Continent，see Europe 欧洲大陆

Continental Blockade，大陆封锁 117-118，140，142，149，227

Continental Congress，see United States 大陆会议

Contraband，走私 see Trade

Convention，see France，French Revolution 国民议会

Coquin，François-Xavier，科钦 151

Cornblit，Oscar，科尔布利 220

Corn Laws，谷物法 see Great Britain

Cornwallis，Charles Cornwallis，1st Marquess，康沃利斯 180，182-183

Corporations，公司 see Guilds

Corregidores，地方长官 216-217，220-221

Corsica，科西嘉 72

Cort，Henry，科特 23

Corwin，Arthur F.，科温 244

Corwin，Edward S.，科温 218

Cossacks，see Russia 哥萨克

Cottage industry，see Industry，putting-out 家庭工业

Cotton，棉 23，25，27-28，91，139-141，145，148，150，153-155，159，168，173，248，see also Textiles，cotton

Coughtry，Jay，高特利 235

Countryman，Edward，康特里曼 199

Coupland，Sir Reginald，库普兰 144

Cowries，玛瑙贝 169

Cracraft，James，克拉克拉夫特 185

Crafts，N. F. R.，克拉夫茨 30，61，70，73，78-79，113-115，124

Craftsmen，see Artisans

Cration，Michael，克雷生 230

Credit，信贷 8，153-154，158-159，199，247 see also Debt Bondage

Creeks，克里克人 233

Creighton，Donald，克雷顿 208，231

Creoles，克里奥尔人 214，220-226，243-244，248，250-255

Crimea，克里米亚 135，187

Crises d'Ancien Régime，旧政体危机 see Harvests

Croix，Carlos Francisco de，Marquis，克拉克斯 216-217

Crompton，Samuel，克朗普顿 23，79

Crosby，Alfred W.，克劳斯比 142

Cross River，十字河 157

Crouzet，Francois，克鲁兹 6-8，19，28，31，42，67-68，73，79，85，98，100，113-114，116-119，123，125

Cuba，古巴 71，143-144，234，244，254

Cuenca Esteban，Javier，丘恩卡 247-250

Cunha，Dom Luis da，库哈 215

Cunningham，Audrey，坎宁安 121

Currencies（Money），现金 147，172

Currency finance，现金财政 171，199

Curtin，Philip D.，柯廷 143，152，166，235

Cuzco rebellion，库斯科反叛 252
Cyprus，塞浦路斯 170

D

Dacca，达卡 150
Daget, Serge，达盖 146
Dahlman, Carl J.，达尔曼 66
Dahomey，达荷美 132-134，143，147，156-157，170，188
Dakin, Douglas，达金 174
Dalmatia，达尔马提亚 174
Damascus，大马士革 151，173
Danière, André，丹尼耶 58
Danube，多瑙河 166
Darby, Abraham，达比 23，26-27
Darby, H. C.，达比 122
Dardel, Pierre，达代尔 72，91，93
Darity, William, Jr.，戴若提 145
Das Gupta, Ashin，古普塔 132，138，180
Datta, K. K.，达塔 137-139
Daumard, Adeline，道马尔 122
Daumas, Maurice，道马斯 30
Dauphiné，多菲内 67
David, Jacques-Louis，戴维 192
David, Paul A.，戴维 247
Davis, David Brian，戴维斯 236
Davis, Ralph，戴维斯 7，25-26，67-68，73，78-79，85，116，140
Davison, Roderic H.，戴维森 187
Deane, Phyllis，迪恩 3-4，6，8，12，15，17，19，22，24，24，26-27，30-31，57，60-62，66-71，78，80，83，116，118，122，124
Deane, Silas，迪恩 218
Death rate, see Demography 死亡率
Debbasch, Yvan，迪巴许 146

Debien, Gabriel，德比因 240-242
Debt bondage，债券 131，153-154，160
Declaration of Rights of Man, see France, French Revolution 人权宣言
Decolomzation，非殖民化 192-256
Dehio, Ludwig，德希奥 57，84，94，184，208-209
Deindustrialization，非工业化 119，125，138，149-152，168
Delaware，特拉华 231
Delgado, José Maria，德尔加多 216
Delvaux, Rémi，德尔伏 128
Demidov, Nikita，德米多夫 162
Demography，人口统计 6-8，10-11，14，16-18，22，33，60-63，66，70，123，138，165，193，221
　Demographic revolution，人口学革命 9，12，60
　Denmark，丹麦 146-147，156
Dérapage，偏离 37，44，47，109
Desai, Ashok V.，德赛 158
Dessalines, Jean-Jacques，243
Detroit，底特律 203
Dickerson, Oliver M.，狄克森 197
Diderot, Denis，狄德罗 ii
Diffie, Bailey W.，迪飞 224
Digby, Simon，迪格比 135
Dike, K. Onwuka，戴克 149，189
Dilla Alfonso, Haroldo，阿芳索 243
Diplomacy，外交 see Interstate system
Disease, see Hygiene 瘟疫
Dobb, Maurice，多布 4，16，46
Dojnov, Stefan，多伊诺夫 187
Dollfus, Daniel，多尔福斯 118
Dominguez, Jorge F.，多明奎兹 223
Dominica，多米尼加 72

Dovring, Folke, 多弗林 15-16, 18, 22
Doyle, David Noel, 多伊尔 245-246
Doyle, William, 多伊尔 42
Drake, B.K., 德雷克 166
Drake, Michael, 德雷克 9, 11
Dred Scott decision, 斯考特判决 236
Drescher, Seymour D., 德瑞舍 144
Droit de parcours, see Agriculture 放牧权
Droit de triage, see Agriculture 挑选权
Dubois, Marcel, 杜布瓦 146
Duckham, Baron F., 杜坎 97
Dukes, Paul, 杜克 142, 147, 151, 160
Dull, Jonathan R., 杜尔 90, 218
Dumas, François, 杜马斯 87-92
Dunmore, 4th Earl of, John Murray, 邓莫尔第四任伯爵，默里 235-236
Dupâquier, Jacques, 杜帕基尔 123
Dupin, Charles, Baron, 迪潘 118
Dupont de Nemours, Pierre Samuel, 杜邦 87-88
Dutt, Romesh Chunder, 达特 140
Dyck, Harvey L., 戴克 186
Dyewoods, 染料树 146

E

Eagly, Robert V., 伊格利 85
Earle, Edward Meade, 厄尔 176
East Anglia, 东盎格利亚 103
East India Company, English, 东印度公司 139, 149, 153, 159, 167-168, 180-184, 202
Eccles, W.J., 埃格尔斯 194
Eden, William, 1st Baron Auckland, 伊登 88, 92, see also Treaties, Eden
Eden Treaty, see Treaties 伊登条约
Edinburgh, 爱丁堡 3

Edwards, Michael M., 爱德华兹 90, 114, 116
Egnal, Mark, 埃格纳尔 196, 199
Egypt, 埃及 137, 141, 151, 155, 167, 170, 172-173, 172-173, 175-176, 185, 246
Elisabeth (of Russia), 伊丽莎白 151
Ellis, Geoffrey, 艾利斯 116, 118
Eltis, David, 艾蒂斯 143
Elwert, Georg, 艾沃特 133
Embree, Ainslee T., 艾伯利 159, 180
Emsley, Clive, 艾姆斯利 120
Enclosures, 圈地 14-17, 19, 48, 62, 65-66, 70, 73-75, 96, 113
 consolidation, 强化 14-15, 66
 division of commons, 一般分工 95
 engrossment, 垄断 15, 74
 eviction, 逐出 17
Endrei, Walter, 恩德雷 114
Energy, 能源 4, 26-27, 114-115, see also Engines
Engagés, see Indentured Labor 契约劳动力制度
Engels, Friedrich, 恩格斯 3-4
Engerman, Stanley L., 恩格曼 94, 121, 124
Engines, 引擎
 hydraulic, 水力引擎 111
 steam, 蒸气引擎 24, 26, 114
England, see Great Britain 英格兰
Enlightenment, 启蒙运动 ii, 43, 109-110, 214-215
Enragôs, see France, French Revolution 忿激派
Entrepôts, 59, 197, 207, 212-213, 228, 244
Entrepreneurs, see Capital (capitalists) 企

业家

Episcopalians，圣公会派成员 126，204，206，237

Ernst, Joseph Albert，厄恩斯特 196，199，205-206

Escoffier, Maurice，艾斯科佛 146

Estates-General, see France, French Revolution 三级会议

Estates, large, see Landlords, large; Plantations 大地产

Europe (western Europe and Europeans)，欧洲（西欧和欧洲人）5-8，11，13，17-19，24-26，29-30，34，38-39，52，56-57，60-62，67-74，78，82，87，111，114，116-119，122，125，128-129，131-134，136-141，143，145，148-154，157-158，162，164-169，172，174-182，184-185，187-189，193-194，205，212-213，218，220-221，226-227，233-234，239，242-244，246-248，251-252，255

 Central, 中欧 8，119

 Eastern, 东欧 62，129

 Northern, 北欧 67，84

 Sonthern, 南欧 210

Eversley, D. E. C.，埃弗斯利 6

Exports, 出口 see Trade, foreign

External arena，外部竞争场 129-132，134，136-137，154，164，167-168，171-172，189

Extremadura，埃斯特雷马杜拉 225

Eyzaguirre, Jaime，伊萨奎尔 224，248

F

Factors, 因素 199

Factories, 工厂 22，27-28，31，66，78，115，162，123，163

Fage, J. D.，法格 165

Falkland Islands，福克兰群岛 72

Falkner, S. A.，福克纳 106

Falkus, M. E.，福库斯 152，162-163

Fallow, 休耕地 see Agriculture

Family Accord, see Treaties 王族协定

Famines, see Harvests 饥荒

Fanti, 芳蒂 188

Farley, J. Lewis，法利 141，151，177

Farmers, small, 小农 see Peasants

Farming-out, 出租 see Fermiers

Fats, 脂肪 147

Faucheux, Marcel，福舍克斯 97，106

Fay, C. R.，费 168

Febvre, Lucien，费弗尔 5

Fedorov, A. S.，费多洛夫 185

Fehér, Ferenc，费赫尔 106-110

Felix, David，菲利克斯 7

FerdinandⅦ (of Spain)，费迪南七世 249-252，254

Ferguson, E. James，弗格森 199

Fermiers〔-Généraux〕，包税人 64，76-77，82

Ferro, Mark，费罗 35

Fertile Crescent，肥沃新月地带 167，172-173

Fertility, 肥沃 see Dernography

Fertilizers, 施肥 see Agriculture

Feudalism, 封建主义 35，40，46-48，63，77，104，126，163

 feudal dues, 封建税 40-41，47，63-64，93，95，103-104

 feudal privileges (rights), 封建特权 40-41，63-64，74，96，103，163

Findley, Carter V.，芬德利 176-177

Finns，芬兰人 233
Fire arms，武器枪炮 152，188，233
Fisher, Alan W.，费希尔 187
Fisher, Colin M.，费希尔 153
Fisher, H. E. S.，费希尔 73
Fisher, J. R.，费希尔 221-222
Fisher, John，费希尔 216，239，249，252-253
Fishing，渔业 218
Fitton, R. S.，费顿 248
Flanders，佛兰德 77
Flax，亚麻 141
Fleury, André-Hercule de，费勒里 81
Flinn, M. W.，弗森 60，124
Flint, J. E.，弗林特 143，152
Florescano, Enrique，弗罗勒斯卡诺 249
Floridablanca, Don Francisco Antonio Moñino de, Count of，佛罗里达布兰卡 243，249
Floridas, the，佛罗里达 210，217-219，230，233-234，251，254
Fodder crops，粮草 see Agriculture
Fohlen, Claude，弗林 67，114，116，228
Food and foodstuffs，食物和粮食 60，63，66，77，103-104，121，138，141，148-149，158，199，206，229
Forbes, R. J.，福布斯 26
Ford, Lacy K.，福特 10
Forrest, Alan，福雷斯特 119
Forster, Robert，福斯特 40-41，63，65，101
Foster, John，福斯特 121
Fourth Estate，第四等级 102，104，see also Class(es), Lower
Foust, Clifford M.，福斯特 184
Fox, Charles James，福克斯 90

France，法国 3，5-7，9，14-21，23-25，27，29-31，33，42，49，52-53，55-126，138，140-143，145-146，148，150，152，154，157，159，166，169，173-176，179，181-183，187，189，192-196，200，202-203，206-207，215，217-218，225，227，230，234，240-243，245-251，254-255
France，法国
Ancien Régime，旧政体 29，36，40-43，48-49，51，57，59，74，89，95-101，105，107-108，110，112，115-117，176
Atlantic (West)，大西洋 72，97，105-106
Center-East，中央东部 97，103
domaine congéable，可收回地 97
financiers，50，82，84，财政家 see also Bureaucracy
Five Great Farms，五大包税区 68
French Revolution，法国大革命 3-4，14-15，23，33-53，74，80-81，84，93-117，119-121，123，125-156，146，182，208，212，215，217-220，225，227-231，233-235，240-242，245-246，248-249，255-256，see also
Marat, Robespierre, Sans-culottes
abolition of feudal rights，封建权废止 38，40，95，104
anti-capitalist，反资本主义者 36，46，48-50，97，103，106-107，109，111，120-121
assignats，指券 84，106，114
Atlantic thesis，大西洋议题 34，38-39
Brumaire (Eighteenth)，雾月十八日

37, 116
cahiers de doléance, 陈情书 37, 92
Conspiracy of Equals, 平等密约 37, 48, 115, 119
Constituent National Assembly, 国家制宪议会 37, 43, 47, 82, 84, 95-96, 98, 104, 109, 119, 146, 240-242
Consulate, 领事馆 114, 116
Convention, 会议 84, 96, 98, 104, 110-111, 241-242
"counter-revolution", 反革命 96-97, 103, 105-106
crowds, 群众 104
Declaration of Rights of Man, 人权宣言 34, 37, 101
Directory, 督政府 114, 245
Enragés, 忿激派 119
Estates-General, convening of, 三级会议 49, 81, 103, 240
Girondins, 吉伦特派 37, 44, 47, 106, 108-110
Great Fear, 大恐怖 104
Hébertistes, 埃贝尔派 38
inevitability, 不可避免性 43, 45, 94, 112
Jacobins, 雅各宾党 34, 37, 39, 47, 100, 107-111, 119, 126, 201
liberal (or revisionist) interpretation, 自由的诠释 44, 45, 48-50
loi Le Chapelier, 霞不列尔法 107
pre-revolution, 革命前的 85, 121
social (or classical) interpretation (anti-feudal), 社会诠释 34, 36, 38-40, 42, 51, 101-102, 109-110, 126
Socié des Amis des Noirs, 黑人之友协会 146, 242
terror, 恐怖 44, 82, 107, 109-110

Thermidor, 热月 37, 50-51, 55, 57
Third Estate, 第三等级 41-42, 46, 51, 81
Fronde, 投石党 126
Guerre des farines, 冲突 107
Huguenot wars, 胡格诺战争 126
July Monarchy, 七月王朝 57
loi Ségur, 砂糖法案 42, 51
northern (northeast), 北方 17, 66, 77, 96, 103, 113, 125
Parlements, 最高法院 81, 85
Regency, 摄政 57
Restoration, 复辟 48, 51
Revolution of 1830, 1830年革命 125-126
south (eastern), 南法 11, 64, 114
Franche-Comté, 弗朗什-孔泰 15, 75
Francis, Sir Phillip, 弗朗西斯 180
Franco, Franklin J., 弗朗哥 243
Franco-British Wars of 1792-1815, 法英战争 see Wars
Frankgakis, Helen, 弗朗加基思 140-141
Frank, André Gunder, 弗兰克 71, 73
Freedeman, Charles E., 弗里德曼 79
Freehling, William W., 弗利林 236
Freetown, 弗里敦 165
Frégault, Guy, 弗利高特 218
Freudenberg, Herman, 弗罗伊登贝格 28
Frykenberg, Robert Eric, 弗莱根堡 159, 184
Fugier, André, 富吉尔 117-118
Fullard, Harold, 福拉尔 122
Furber, Holden, 弗伯 137, 152-153
Furet, Franaois, 孚雷 38, 40, 42-45, 47-50, 91, 94, 102, 108-110
Furs, fur-trading, fur trappers, 毛皮、毛皮贸易 131, 203, 206-207, 231, 233-

— 415 —

234，251
Fussell，G. E.，福塞尔 15
Fyfe，Christopher，法伊夫 165

G

Gachupín，西班牙移民 see Peninsulars
Gaillardon，Charles，加亚尔登 91
Galenson，David W.，盖伦森 235
Galicia，加利西亚 225
Gálvez，Don Joséde，加尔维斯 216-217，225-226
Gambia，冈比亚 148，166
Gandev，Christo，甘德夫 154
Gandia，Enrique de，甘第亚 221，226
Ganges，恒河 39
Ganguli，B. N.，甘古利 139，181
Garanger，André，加伦格 30
García-Baquero 加西亚巴科罗
Gonzáles，Antonio，冈萨雷斯 216，219
Garden，Maruice，加登 9，29-31，79，107-108
Garner，Richard L.，加纳 249
Gaski，John F.，加斯基 7
Gates，Horatio，General，盖茨 218
Gauchos，高乔人 253
Gauthier，Florence，戈蒂埃 48，74，96，105
Gayer，Arthur D.，盖尔 26，112，114
Geary，Frank，吉瑞 7
Geggus，David，葛古斯 242
Gemery，Henry，吉默里 143
Gena，Mehmet，热斯 151
Geneva，日内瓦 78，84
Genoa，热那亚 84
George Ⅱ（of Great Britain），乔治二世 71
George Ⅲ（of Great Britain），乔治三世 83，201，206，212，232，235
Georgia（U.S.A.），佐治亚州 210，231，235，237
Gérard，Conrad-Alexandre，吉拉尔 69，218，230
Germany，德国
　western，西德 47，67，113，116，118，125，148，154，213，225，235，237，243
　eastern，东德 95
Gersehenkron，Alexander，格申克伦 20，156，186
Ghent，根特 125
Ghezo（of Dahomey），达荷美的哥佐 134，143
Gibb，H. A. R.，吉布 175
Gibbons，Edward，吉本 135
Gibbs，N. H.，吉卜斯 251
Gibraltar，直布罗陀 218-219，227
Gilboy，Elizabeth Waterman，吉尔博 7，70
Gille，Bertrand，吉尔 8，79，114，122-123，141
Gillespie，Charles C.，吉尔斯比 23
Gillray，James，吉尔雷 56
Gipson，Lawrence Henry，吉卜生 195，202
Girard，L. 吉拉德 69
Girondins，吉伦特党人 see France，French Revolution
Glassware，格拉斯瓦尔 88
Glasgow，格拉斯哥 92，228
Godechot，Jacques，戈德肖 38-39，42，83-84，87，114，118-119，245
Godoy，Manuel de，戈德伊 249
Goebel，Dorothy Burne，戈贝尔 212
Gold，黄金 136-137，146，151，214
Gold Coast，黄金海岸 147，188

Goldin, Claudia D., 戈尔丁 247

Goldman, Marshall, 戈德曼 151

Goldstone, J. A., 戈德斯通 11

Golte, Jürgen, 哥尔特 221, 222

Goodwin, Albert, 古德温 64, 100, 120

Gorée, 戈雷 189

Goths, 哥特人 225

Gottschalk, Louis, 戈特沙克 227

Goubert, Pierre, 古伯特 21, 41-42, 82

Gough, Kathleen, 戈夫 148

Gough Island, 戈夫岛 122

Gourvish, T. R., 戈尔维什 124

Goy, Joseph, 戈伊 62

Graham, Gerald S., 格拉汉 122, 231, 247, 251

Grain liberalism, 谷物自由主义 73-74, 76-77, 85, 105

Grains, see Cereals 谷物

Grange, Henri, 格兰治 82

Grantham, George W., 格兰瑟姆 97, 113

Grattan, Arthur, 格拉顿 246

Gray, Ralph, 格雷 235

Great Awakening, 大觉醒 see Nova Scotia

Great Britain, 大不列颠 3-36, 41-42, 46, 49, 53, 55-57, 59-75, 77-95, 97-101, 103, 110-126, 134-135, 137-146, 148-153, 158, 162, 165, 167-168, 173, 175-177, 179-184, 186-187, 189, 192-215, 217-220, 225-240, 242-255

 Act of Settlement (1662), 住民法案 120

 Act of Union (1707), 1707年联合法案 68, 201

 Act of Union (1800), 1800年联合法案 246

 Anti-Combination Laws, 反合并法 120-121

 Bank of England, 英格兰银行 84

 Board of Trade, 同业公会 147

 British North America, 英属北美 see United States, Canada

 Chartism, 宪章运动 12

 City, The, 伦敦城 71

 Corn Laws, 谷物法 124, 142

 English Revolution, 英国革命 36, 49, 125

 Free Port Act, 自由港法案 212-213

 Glorious Revolution (1689), 光荣革命 83, 125, 195, 201

 India Act (1784), 印度法案 182

 Lords Commissioners of Trade and Plantations, 232

 Luddism, 卢尔德主义 12

 Navigation Acts, 航海条例 122, 197-198, 210, 212, 229

 Parliament, 议会 15, 19, 25, 27, 64-66, 74, 87, 89, 121, 126, 142, 150, 154-155, 159, 177, 199, 201-203

 Poor Laws, 济贫法 120-121

 Privy Council, 枢密院 204

 Reform Act of 1832, 1832年改革法案 126

 Speenhamland system, 斯平汉姆兰系统 120

 Sugar Act, 糖法案 212

 West India Regiments, 西印度军团 242

Great Fear, see France, French Revolution 大恐怖

Greece, 希腊 173-176, 210

Greenberg, Michael, 格林伯格 168

Greene, Jack P., 格林 195-197, 199, 201, 203-204, 232, 237

Greenleaf, Richard E., 格林里夫 239

Green-Pedersen, 格林彼德森 Svend E., 146
Grenon, Michel, 格伦农 35
Grenville, George, 格伦维尔 212
Griffin, Charles Carroll, 格里芬 256
Griffiths, David M., 格里菲斯 185
Gruder, Vivian R., 格鲁德 42，64
Guadeloupe, 瓜德罗普 71，193-194，243
Guatemala, 危地马拉 221，243
Guérin, Daniel, 盖兰 46-48，91，94，107-108，110-111
Guerre des farines, see France 面粉之战
Guéry, Alain, 盖瑞 82
Guha, Amalendu, 古哈 140，153
Guibert-Sledziewski, E., 古尔伯—斯莱齐斯基 45-46
Guilds, 行会 19，24-25，40，51，98
Guillerm, Alain, 吉伦 82
Guinea (Coast) (Gulf of), 几内亚 152，165，171
Gujarat, 古吉拉特 140，168
Gum, 树胶 146，148
Gupta, Selekh Chandra, 古普塔 158，178-179，183
Gurkhas, 廓尔喀族 167

H

Habakkuk, H. J., 哈巴库克 8-9，31，60，67，73，86-87，116
Habib, Irfan, 哈比卜 140，148，157，178
Hacienda, 地主 253
Hacker, Louis M., 海克 194，198
Hailes, Damel, 海尔 85，87
Haiti, 海地 38，115-116，140，193，227，229，240-244，246，249，253-255
  Haitian Revolution, 海地革命 115，143，227，240-241，244

Hajnal, J., 哈伊纳尔 11
Halifax, 哈利法克斯 211
Halperín-Donghi Tulio, 图利 220，224，250，252，254
Hamilton, Alexander, 汉密尔顿 229
Hamilton, Earl J., 汉密尔顿 7，219
Hammett, Brian R., 哈密特 212
Hammond, L. L., 哈蒙 17
Hancock, W. K., 汉考克 144
Handicrafts, 手工业者 31
Hapsburg, House of, 哈布斯堡 213，226
Harborne, William, 哈彭 174
Hardware, 金属制品 88，93
Hardwicke, 2nd Earl of, Philip Yorke, 哈德维克 194
Hardy, Georges, 哈迪 148，157
Hargreaves, James, 哈格里夫斯 23
Haring, Clarence H., 哈林 224
Harley, C. Knick, 哈利 114
Harlow, Vincent T., 哈洛 140，167，180，182，200，203，219，231，244-245
Harper, Lawrence A., 哈伯 197，210
Harris, Robert D., 哈里斯 84
Hartmann, Peter Claus, 哈特曼 20
Hartwell, R. M., 哈特韦尔 4-5，7，31，67，70，94，113，124
Harvests (bad, good), 收获 57-58，61，67，161，206
  crises d'Ancien Régime, 旧政体危机 57，59
Hastings, Warren, 哈斯廷斯 180
Hausa, 豪萨 169
Hauser, Henri, 豪泽 29
Havana, 哈瓦那 210，213，216，234，243
Hearst, William Randolph, 赫斯特 201
Heaton, Herbert, 希顿 3，31，78

索 引

Heckscher, Eli F., 赫克谢尔 91, 98
Helleiner, Karl F., 海连那 60
Hemp, 汉普 141-142
Henderson, Archibald, 汉德森 29
Henderson, H. James, 汉德森 231, 237
Henderson, W. O., 汉德森 29, 87, 91, 122
Henry IV (of France), 亨利四世 21, 101
Herr, Richard, 海尔 219
Hess, Andrew C., 海斯 135
Heston, Alan W., 希斯顿 158
Heyd, Uriel, 希德 135, 172, 175
Higonnet, Patrice, 伊格涅特 44, 47-48, 94, 108, 110-111, 119
Hill, Christopher, 希尔 66
Hirsch, Jean-Pierre, 赫希 95, 101, 104
Hirschman, Albert, 赫希曼 28
His de Butenval, Charles-Adrien, Conut, 布腾瓦尔 88-90
Hiskett, Mervyn, 希斯凯特 169
Hitchens, Keith, 希钦斯 141
Hobsbawm, Eric J., 霍布斯鲍姆 3-7, 27, 32, 36-38, 70, 84, 101-102, 112, 124
Hodgkin, Thomas, 霍金 169
Hodgson, Marshall, 哈德森 135, 175
Hoerder, Dirk, 霍德 209
Hoffman, Ronald, 霍夫曼 199
Hoffmann, Walther G., 霍夫曼 24-25, 79
Hogendorn, Jan S., 霍根多恩 143, 156
Holker, John, 霍克 88, 92
Holland, see Netherlands 荷兰
Hopkins, A. G., 霍普金斯 19, 41, 79, 93, 143, 156, 181
Horses, 马匹 132
Horsman, Reginald, 霍斯曼 251

Hoselitz, Bert F., 霍斯利兹 20
Hossain, Hameeda, 霍赛 159
Hourani, Albert, 胡拉尼 173, 175
Hueckel, Glenn, 胡克尔 113, 124
Hufton, Olwen, 哈夫顿 17, 62, 64, 66, 76, 104
Hughes, Jonathon R. T., 休斯 4
Hugli, 胡格利 138
Humboldt, Alexander von, 亨伯特 221
Humphrey, H., 汉弗莱 56
Humphreys, Robert Arthur, 汉弗莱 214, 216, 222, 244, 249, 253
Hunecke, Volker, 胡内克 48
Hungary, 匈牙利 174
Hunger, 饥饿 103, 104, 120 158
Hunt, David, 亨特 48, 105
Hunt, Lynn, 亨特 52
Hurewitz, J. C., 霍洛维茨 174-175
Husbandry, 农民 14
  alternate, 自主农民 13
  mixed (new), 混合农民 14, 17, 62, 77, 113
Hyde, Charles K., 海德 26-27
Hygiene, 卫生学 10, 60, 147
Hypothecation, 抵押 139

I

Iberian peninsula, 伊比利亚半岛 118, 227, 239, 249
Ibo, 伊博 189
Igbo, 伊格博 156, 170
Illinois-Wabash Compamy, 伊利诺伊—瓦巴希公司 232
Ilustración, 启蒙 215, see also Enlightenment
Imlah, Albert H., 伊姆拉 122, 124

Imports, 进口 see Trade, foreign

Inalcik, Halil, 伊纳西克 154-155, 174, 176

Indentured labor, 契约劳工 235

India 印度 (Indian subcontinent), 8, 24-25, 71, 78-79, 85, 119, 129, 132, 135-141, 148, 150, 152 154, 157-158, 162, 167-168, 172, 176-180, 182-184, 187, 200, see also Mughal Em-pire

 Permanent Settlement, 永久安置 139, 158, 183

 private traders, 私人贸易商 167, 180, 183-185

 south, 南印 139-140, 148, 158-159

Indian Ocean, 印度洋 122, 132, 135, 137, 172, 179, 200

Indiana Company, 印第安纳公司 231-232

Indians, American, 印第安人 see Native Americans

Indigo, 靛青 139-140, 145, 148, 153-154, 159, 210, 248

Individualism, 个人主义 45, 105

Industrialists, 工业家 8, 24, 37, 42, 73, 122, 126, 145, 162

Industrialization, 工业化 6, 11, 14, 20, 27, 29-31, 114, 115, 125, 151, see also Deindustrialization, Protoindustrialization

Industry (Industries), 工业 3, 8, 26, 41, 62, 66-67, 69, 73, 77, 87, 89, 91, 94, 97, 100-101, 113-114, 118, 123, 141-142, 152, 177, 228, 247-248

 industrial revolution, 工业革命 6-9, 12, 16, 18-19, 24, 28-33, 45-46, 53, 59, 61, 67, 70, 78, 144-145, 181, 256

 "first" industrial revolution, 第一次工业革命 3-5, 17, 19, 22, 27, 29, 33-34, 62

 putting-out, 产品管销制度 27-28, 69, 78, 115, 154

Inflation and deflation, 膨胀和收缩 see World-economy

Inikori, J.E., 英尼克里 145, 188

Innis, Harold A., 英尼斯 201, 203

Innovation, 发明 6, 13-14, 16, 22-23, 62, 68, 79, 88, 201

Insurance, 保险 144

Intellectuals, 知识分子 73-74

Intendants, 行政长官 42, 103, 215, see also Bureaucracy

Interest, 官僚利益 63, 139

Interlopers, 无许可贸易 see Trade, contra-band

International Monetary Fund, 国际货币基金 90

Interstate system, 国际系统 57, 99, 170-171, 173, 175, 184, 186-187, 189, 193, 195

 diplomacy, 外交 128, 174-176

 hegemony, 霸权 87, 94, 111-112, 116, 122, 176, 178, 194, 196, 200, 227, 233, 255

Inventions, 开发 23, 25, 31, 33, 67, 88, 248

Investment, see Capital

Ionian Islands, 爱奥尼亚群岛 122

Ippolito, Richard A., 伊波利托 61

Iran, see Persia 伊朗

Ireland, 爱尔兰 11, 14, 25, 68, 123, 182, 203, 230, 235, 237, 244-246

Act of 1720，1720 法案 244
Irish Revolution，爱尔兰革命 244-246
northern（Ulster），北爱 244-246
Orange Society，奥兰治社 245-246
Parliament，议会 245-246
Patriots，爱国者 245
United Irishmen，联合派爱尔兰人 245-246
Iron，铁 16，23，25-28，67，78-79
Iron products（industry），铁生产 12，27，89-90，112，142，151-152，163
Islam，伊斯兰 123，135，158，169，173，175，179，188
Holy Cities of，伊斯兰的圣城 173
Issawi, Charles，伊萨维 137，141，151，155，166，175，177
Istanbul，伊斯坦布尔 135，170，174-175，233
Italy，意大利 28，56，118，140，154，210
Ivory，象牙 137，146
Ivory Coast，科特迪瓦 156
Izard, Miguel，伊泽德 223，226，249，253
Izmir，伊兹密尔 141

J

Jacobins，雅各宾党人 see France, French Revolution
Jacquesroutains，扎克卢派 see France, French Revolution, Enragés
Jagirdars，扎吉达尔 178
Ja Ja（of Opobo），扎札 156
Jamaica，牙买加 212-213，219
James, Francis Goodwin，詹姆斯 244
Jameson, J. Franklin，詹姆森 209
Janina，亚尼纳 173
Janissaries, see Ottoman Empire 近卫军

Japan，日本 135，175
Jaurès, Jean，饶勒斯 34，105，109
Jeannin, Pierre，詹宁 31
Jefferson, Thomas，杰弗逊 235，243，248
Jelavich, Barbara，耶拉维奇 173，176
Jelavich, Charles，耶拉维奇 173，176
Jellison, Richard M.，杰利森 199
Jennings, Francis，詹宁斯 202
Jensen, Merrill，詹森 204，209，232，239
Jeremy, .David J.，杰瑞米 80，229，248
Jesuits，耶稣会士 226
Jews，犹太人 103，175，237
Joachim, Bénoît，约阿希姆 244
João VI（of Portugal），若奥六世 249，255
John, A. H.，约翰 61，113，118
Johnson, Marion，约翰逊 148，152，165
Jones, Alice Hanson，琼斯 196，235
Jones, E. L.，琼斯 15，41-42，60-61，66
Jones, Gareth Stedman，琼斯 120-121
Jones, J. R.，琼斯 71
Jones, M. A.，琼斯 231
Jordan, Winthrop D.，乔丹 242-243
Jouvenel, Bertrand de，乔凡尼尔 98，118

K

Kahan, Arcadius，卡汉 142，160-161，184
Kammen, Michael，卡曼 202
Kancal, Salgur，坎考 177
Kaplan, Lawrence，卡普兰 218
Kaplan, Steven L.，卡普兰 75-76，107
Kaplow, Jeffry，卡普洛 38，47
Karpat, Kemal，卡帕 141，172-175，177
Kasaba, Reçat，卡萨巴 172
Kaufmann, William W.，考夫曼 250

Kay, John, 凯 23
Kay, Marvin L. Michael, 凯 199
Keep, John, 基普 185
Kemp, Tom, 坎普 29
Kentucky, 肯塔基 232
Kerr, Wilfred Brenton, 凯尔 210, 229
Kerridge, Eric T., 柯立芝 3, 18, 62, 65
Kessinger, Tom G., 汤姆·基辛格 139
Keyder, çaĝlar, 凯德尔 28, 30, 77, 78, 13, 116, 123
Kiernan, Victor, 基尔南 121
King, Cregory, 金 17
Kissinger, Henry, 基辛格 90
Kizevetter, M., 凯泽维特 155, 160
Klein, A. Norman, 克莱因 188
Klein, Herbert S., 克莱因 165, 170
Klein, Martin A., 克莱因 148
Klingaman, David, 克林格曼 196
Knight, Franklin W., 奈特 229, 244
Knollenberg, Bernhard, 诺伦伯格 203-204, 207, 229
Kola nuts, 可拉果 169
Kolm, Pierre, 科姆 194
Kondratieff cycles, 康德拉基耶夫周期 32, 73, 94, 112
Konetzke, Richard, 柯内次克 221, 224
Kopytoff, Igor, 科皮托夫 164
Koutaissoff, E., 高泰索夫 151, 163
Köymen, Oya, 柯曼 151, 177
Kranzbents, Melvin, 克伦本茨 29
Kraus, Michael, 克劳斯 245
Krause, John T., 克劳斯 8, 11
Kriedte, Peter, 克里特 31
Krooss, Herman E., 克鲁斯
Küaük-Kaynarca, 库克-凯纳贾 see Treaties

Kulikoff, Allan, 库里科夫 200, 238
Kulsreshtha, S.S., 库尔斯瑞莎 132
Kumar, Dharma, 库马尔 160
Kumasi, 库马西 170
Kurmua, Orhan, 库穆斯 177
Kuwait, 科威特 215

L

Labaree, Benjamin W., 拉巴利 195, 205, 214
Labor force, 劳动力 8, 12, 61, 77, 123, 131, 137, 158, 161, 167
Laborers, agricultural (landless), 劳工 17, 61, 69, 74, 76, 96, 103, 120, 124, 155, 159
Laboureurs, 小耕地者 74, 96, 106, see also Peasants
Labrador, 拉布拉多 203, 206
Labrousse, C.-E., 拉布鲁斯 57-58-59, 64, 66-67, 70, 73, 76, 88, 90-91, 93, 96, 112, 220
Lacerte, Robert K., 拉萨尔特 244
Laccadive Islands, 拉克代夫群岛 122
Lacy, Michael G., 蕾西 234
Ladd, Doris M., 拉德 253
Laissez faire, 放任政策 19, 48, 80, 85
Lake, Gerard Lake, 1st Viscount (General), 吉拉德湖 246
Lamartine, Alphonse de, 拉马丁 3
Lamb, D.P., 兰伯 143
Lammey, David, 拉米 245
Lampert, George G. de H., 兰伯特 150
Lancashire, 兰开夏 184
Lanctot, Gustave, 兰克托特 206-208
Land tenure patterns, see Agriculture 佃农制

Landes, David S., 兰德斯 3-4, 6-8, 22-29, 32, 35-36, 43, 58, 70, 79, 88, 116, 123

Landlords, large, 大地主 8, 14, 21, 40-42, 45, 48-49, 58-59, 62-65, 69, 75-77, 82, 88, 95-97, 103, 105-106, 113, 155, 159, 161, 166, 173, 185, 196, 198-199, 202, 207, 210, 223, 226, 240-241, 244, 253

Languedoc, 朗格多克 66, 69, 77

La Plata, Riode, 拉普拉塔河 217

La Plata, Viceroyalty of, see Argentina 拉普拉塔

Laran, Michael, 拉伦 161

Last, Murray, 拉斯特 169

Latham, A. J. H., 莱瑟姆 147, 149, 166

Latifundistas, 大地主 see Landlords, large

Laurent, Robin, 洛兰 133-134, 156

Law of diminishing returns, 消除回归法 62

Lawyers, 律师 103

Lazonick, William, 拉索尼克 17

Leather, 毛皮, 皮货 151

Lecky, W. E. H., 莱基 245-246

Le Donne, John P., 勒多尼 162, 186

Lee, R. D., 李 60

Lefebvre, Georges, 勒费弗尔 17, 34-35, 37, 39, 49, 77, 81, 88, 91, 94-97, 99-101, 103-105, 119-120

Léger, Jacques, 李格 243

Leghorn, 米亨 210

LeGoff, T. J. A., 勒高夫 97

Leibniz, Wilhelm Gottfried, 莱布尼兹 184

Leleux, Fernand, 李勒 118

Lenin, Vladimir I., 列宁 111

Léon, Pierre, 里昂 29, 57, 64, 67, 78, 79, 112, 122-123

Le Rond d'Alembert, Jean, 达朗贝尔 ii

Le Roy Ladurie, Emmanuel, 拉杜里 10-11, 14, 40-42, 48, 60-64, 68-70, 74, 76, 78, 82, 84, 86, 94, 103, 123

Lesser Antilles, 小安的列斯群岛 219

Letacconnoux, J., 列塔康努 69

Leur, J. C. van, 勒尔 132

Levant, 利凡特 141, 175-176, 187

LeVeen, E. Phillip, 勒文 143

Lévy-Leboyer, Maurice, 勒维勒勃尔 79-80, 112, 114, 116-117, 122, 125

Lewin, Boleslão, 勒温 222

Lewis, Bernard, 刘易士 173

Lewis, Frank D., 刘易士 247

Ley-farming, 牧草种植 see Husbandry, convertible

Leys, 牧草 14

Liège, 列日 125

Liévano Aguirre, Indalecio, 李维诺阿奎尔 222-223, 225, 243, 253

Lille, 里尔 78

Lillley, Samuel, 利利 25-27, 30

Lima, 利马 221, 252

Lindert, Peter H., 林德 124

Lingelbach, W. E., 林盖巴哈 116

Lisbon, 里斯本 239, 255

Liss, Peggy K., 里斯 219, 252

Little, Anthony, 里托 61

Litwack, Leon, 利特瓦克 236

Livingston, Robert R., 利文斯顿 209

Loango Coast, 卢安戈海岸 136, 143

Locke, Robert R., 罗伯特·洛克 79

Lockridge, Kenneth A., 洛克利奇 196

Logan, Rayford W., 格根 242-243

Loi Le Chapelier, 霞不列法令 see France,

French Revolution
Loi Ségur, see France 塞居尔法令
Lokke, Carl Ludwig, 洛克 229, 241, 243
Lombardi, John V., 隆巴底 254
London, 伦敦 84-85, 89, 139, 149, 167, 175, 182, 194, 203, 208-211, 236, 246, 250
Long Island, Battle of, 长岛战役 218
Longworth, Philip, 朗沃斯 161, 186
Lord Howe Island, 豪伊勋爵岛 122
Lorraine, 洛林 15
Lotharingia, 洛泰林吉亚 125
Lotté, Sophie A., 洛泰 108
Louis XIV (of France), 路易十四 21, 42, 57-58
Louis XV (of France), 路易十五 42, 58, 62
Louis XVI (of France), 路易十六 21, 42, 58, 62, 81, 86-87, 101, 110, 218, 240
Louisiana, 路易斯安那 213, 219, 230, 234, 243
Lourmarin, 洛尔马林 14
Lovejoy, Paul E., 洛夫乔伊 156, 165, 170
Loy, Jane M., 洛依 223
Lubin, Maurice A., 卢宾 249
Lucas, Colin, 卢卡斯 43
Ludden, David, 鲁登 140
Luddism, see Great Britain 卢尔德主义
Lunar Society, 月光学会 2
Lundhal, Mats, 伦达尔 244
Luso-Africans, 葡萄牙—非洲人 136, 215
Lüthy, Herbert, 吕提 8, 57, 73, 83, 99, 116, 182
Luxury goods, see Trade, luxury 奢侈品
Luz, Nicia Vitela, 鲁兹 254
Lyashchenko, Peter I., 莱雅什琴科 160, 162-163
Lynch, John, 林奇 214, 222-223, 225, 243-244, 249, 253-254, 256
Lynd, Staughton, 林德 209
Lyon, 里昂 107-108

M

McAlister, L. N., 麦卡利斯特 221
McLelland, peter D., 麦克莱伦 197
McLoy, Shelby T., 麦克劳伊 23
McCoy, Drew R., 麦考伊 234
McDowell, R. B., 麦克多威尔 245
Macedonia, 马其顿尼亚 154, 166
McEvedy, Colin, 麦克伊文狄 32
McGowan, Bruce, 麦高文 141, 154, 166
McGuire, Robert A., 麦克奎尔 238
Machiavelli, Nicolo, 马基雅维利 146
Machinery, 机械化 26, 88, 90, 118, 131
Machinism, 机械主义 4, 29
McKeown, Thomas, 麦基翁 9-11
Mackrell, J. Q. C., 麦克莱尔 48, 96
Macmillan, David S., 麦克米伦 142, 186
McNeill, William, 麦克尼尔 72, 113, 120, 123
McNickle, D'Arcy, 麦克尼可 234
Macquarie Islands, 麦夸里群岛 122
Madariaga, Salvador de, 马德里亚加 218-219, 244
Madeleine, Iles de la, 马德连群岛 206
Madras, 马德拉斯 138, 140, 148, 158
Madrid, 马德里 216
Magellan, Straits of, 麦哲伦海峡 72
Maghreb, see Africa, North 马格里布
Mahan, Alfred T., Captain, 马汉 117
Mahmud II (Ottoman Empire), 马赫穆德二世 173-174, 176, 185

Main, Jackson Turner, 曼 235

Maine (France), 曼恩 106

Maine (United States), 缅因州 210, 232

Maistre, Joseph de, Count, 梅斯特 111

Maize, 梅兹 154

Malabar, 马拉巴尔 179

Malaya, 马来亚 148

Maldive Islands, 马尔代夫群岛 122

Mali, 马里 169

Malouines, see Falkland Islands 马尔维纳斯群岛

Malta, 马耳他 122

Malthus, Thomas, 马瑟斯 8, 61, 63

Malwa, 马尔瓦 168

Manchester, 曼彻斯特 26, 88, 90

Manchester, Alan U., 曼彻斯特 160, 215, 254

Mande, 曼德 165

Manfred, Alfred Z., 曼弗雷德 46

Manila, 马尼拉 213

Mann, Julia de lacy, 曼 24, 78-79, 150

Manning, Patrick, 曼宁 133, 143, 147, 156, 165

Manoeuvriers, see laborers, agricultural 熟练工

Mantoux, Paul, 芒图 3, 5, 15, 19, 26-27, 29, 80, 90-91, 120-121, 141

Marat, Jean-Paul, 马拉特 109

Marczewski, Jean, 马尔切夫斯基 6-7, 29-30, 67, 79, 89, 114-115

Marie-Antoinette, 玛丽-安东奈特 104

Marjoribanks, Charles, 马札里班克斯 150

Market, 市场
    home (domestic, internal, national), 国内市场 6-7, 19, 66, 68, 70, 80, 97, 114, 137, 152

    local, 当地市场 66, 132, 138, 149
    regional, 区域 148, 170
    world, 世界市场 19, 27, 62-63, 68, 116, 153, 157, 218

Markov, Walter, 马尔科夫 119

Markovitch, Timohir J., 马尔科维奇 7, 24, 29, 31, 91, 112

Marriage, see Demography 婚姻

Marseilles, 马赛 141, 148

Marshall, Peter J., 马歇尔 135, 140, 167-168, 180-181, 201, 228

Martin, Phyllis M., 马丁 136, 143, 147, 165-166, 169

Martinique, 马提尼克岛 (岛) 71, 243

Marx, Karl, 马克思 3, 32, 36, 46, 50-51

Marxists, 马克思主义者 8, 17, 35, 46-48, 50-51, 108, 126

Maryland, 马里兰 199, 204, 231

Marzahl, Peter, 马尔萨尔 224

Massachusetts, 马萨诸塞 211, 231-232, 235-236, 238

Massie, Joseph, 梅西 17

Masson, Paul, 梅森 141

Masulipatnam, 马苏利帕特南 138

Mathias, Peter, 马赛厄斯 3-4, 17, 19-21, 23, 78, 83, 85

Mathiez, Albert, 马迪厄 34-35, 39, 101-102, 109

Mattingly, Garrett, 马丁利 186

Mauritius, 毛里求斯 122, 148, 183

Maxwell, Kenneth R., 麦克斯威尔 215, 255

Mazauric, Claude, 马佐里克 39, 97, 105

M'Bokolo, Elikia, 麦博科罗 170

Mechanization, 机械化 4-5, 12, 22, 25, 28, 60, 92, 97, 123

Mediterranean Sea, 地中海 56, 72, 122,

— 425 —

135, 170, 175, 230

Meillassoux, Claude, 美拉索 164, 169-171

Meinig, D. W., 迈尼格 195, 202, 233

Mendels, Franklin, 门德尔斯 31

Mendoza, Cristóbal, 曼多萨

Mercantilism, 重商主义 197, 203

Merchants, 商人 8, 36, 38, 46, 71, 78, 83, 86, 107, 130, 132-133, 136, 138, 152-153, 155-157, 171, 173, 176, 180, 196, 198, 203, 207-209, 212-213, 215, 219, 224, 226, 228, 231, 234-235, 238, 242, 247

Mestizos, 梅斯蒂索 221, 223, 250, 252-253

Metallurgy, 冶金术 59, see also Iron products

Metcalf, George, 麦特卡夫 152

Metcalfe, G. E., 麦特卡夫 147, 188

Métayage, see Sharecropping 分成制

Methodism, 卫理公会派 121-122

Meuvret, Jean, 穆夫里特 16, 61, 74-75

Mexico, 墨西哥 216-218, 221-222, 239, 243-244, 249-250, 253-254

Gulf of, 墨西哥湾 230

Meyer, jean, 梅耶 63, 71, 83-84, 96, 117, 143, 228

Miao, 苗族 233

Michelet, Jules, 米什莱 109

Michigan, Lake, 密西根湖 230

Middle classes, see Class(es), middle 中产阶级

Middle East, see Levant 中东

Midi, 法国南部 14

Migration, 迁移 see Demography

Milan, Decreesof, 米兰公告 see Continental Blockade

Mill, John Stuart, 密尔 3

Milward, Alan S., 米尔沃德 9, 19, 22, 27, 29-30, 48, 68, 77-79, 96, 97, 113, 116

Minas Gerais, 米纳斯吉瑞斯 254

Minchinton, Walter E., 明钦顿 70

Mines and mining, 矿藏及采矿业 79, 142

Ming dynasty, 明朝 135

Mingay, G. E., 明盖 13, 15-18, 61, 65, 121

Minorca, 米诺卡 72, 210, 218-219

Miranda, Francisco de, 米兰达 246, 249

Mīrī, 边缘荒地 see Agriculture, waste lands

Mississippi Valley (and River), 密西西比河谷 230, 233

Mitchell, Harvey, 米切尔 106

Mobile, 车 233

Mode of production, see Production 生产形式

Modernization, 现代化 220

Mokyr, Joel, 莫凯尔 7

Mohammed Ali (of Egypt), 穆罕默德阿里 151, 172-173, 176-177, 185

Moldavia, 摩尔达维亚 141

Monarchy, 君主政体 81-82, 86, 91-92, 95, 99, 104, 110, 120, 126, 133, 156, 202, 204, 207, 211, 218, 236, 248, 255

Monckton, Robert, General, 蒙克顿 194

Moniot, Henri, 莫涅 146

Monroe, James, 门罗 254

Montesquieu, Charles Secondat de, Baron dela Brède, 孟德斯鸠 208

Montgolfier, Bernard de, 蒙哥费尔 125

Montreal, 蒙特利尔 203, 207-208

Moore, Barrington, 摩尔 41, 45, 48-49, 101

Moosvi, Shireen, 莫斯维 158
Morea, 莫里亚 174
Morelos, José Maria, 莫雷洛斯 250, 255
Morgan, Edmund S., 摩根 238
Moroeco, 摩洛哥 177
Morineau, Michel, 莫里诺 8-9, 13-14, 18, 20-21, 57-58, 60, 62, 69-70, 73, 77, 79, 82, 84-87, 91, 112, 116
Morris, Morris David, 莫里斯 149
Morris, Richard B., 莫里斯 210, 235
Morton, 14th Earl of, James Douglas, 莫顿 194
Moscow, 莫斯科 246
Moslems, see Islam 穆斯林
Mosquito Coast, 蚊子海岸 217, 219
Mota, Carlos Guilherme, 莫塔 254-255
Mouchon, P., ii 蒙松
Mountain, the, 法国山岳党 see France, French Revolution, Jacobins 革命
Moura, José Joaquim 穆拉 Ferreira de, 穆拉 255
Mouradgea d'Ohsson, Ignatius, 莫拉吉亚 128
Mourlot, F., 穆尔洛 92
Mughal Empire, 莫卧儿帝国 140, 148, 157-158, 169, 177-179, 187, see also India
Mui, Hoh-cheung, 穆伊 68, 168
Mui, Lorna H., 穆伊 68, 168
Mukherjee, Nolmani, 穆克吉 159
Mukherjee, Ramkrishna, 穆克吉 182
Mulattoes, 黑白混血人 221, 225, 241-244, 252, 254-255
Müller, Birgit, 穆勒 156
Munger, Frank, 孟格 16, 121
Muñoz Oraá, Carlos E., 穆诺斯 226

Munro, J. Forbes, 孟罗 146
Murphy, Orville T., 墨菲 91
Murray, James, General, 穆瑞 194
Murrin, John M., 穆林 196
Musson, A. E., 穆森 23, 114

N

Naff, Thomas, 内夫 175
Nagasaki, 长崎 135
Nairn, Tom, 内伦 121
Namier, L. B., 纳米尔 64, 194, 201-202
Nana (of Warri), 那那 156
Nantes, 南特 42, 72, 143
Revocation of Edict of, 南特敕令 92
Napoleon (Bonaparte), 拿破仑 51, 56, 89, 96, 98-99, 110-111, 113, 115-119, 121-123, 140, 142, 149, 173, 176, 187, 219, 227, 243, 246, 248-251, 255
Nash, Gary B., 纳什 196, 200, 206, 230, 235
Natchez, 纳齐兹 233
Native Americans (Indians), 美洲土著 193, 201-203, 207-208, 216-217, 219-223, 225, 231, 233-234, 236, 250, 252-253, 255, see also Aztecs, Incas
National Assembly, 国民议会 see France, French Revolution
Navarro Garcia, Luis, 纳瓦罗加西亚 213-214, 216, 219, 239
Navigation acts, see Great Britain 航海条例
Navy, 海军 83, 117, 135, 143, 168, 179, 194, 201, 211, 229, 246
Neale, Walter C., 尼尔 124, 158
Neatby, Hilda, 尼特比 207
Necker, Jacques, 内克尔 81-82, 85-86

Nef, John U., 内夫 26, 30, 32-3, 78-79, 112

Negroes, 黑人 see Blacks

Nelson, William h., 尼尔森 209, 237

Netherlands, 尼德兰 5, 34, 59, 71, 77, 84-85, 87, 89, 99, 116-117, 122, 135, 137, 159, 179, 181, 200, 217, 227-228

    Austrian, 奥属尼德兰 see Belgium Revolt of the, 98

Nettels, Curtis P., 内特尔斯 196, 228, 247-248, 251

Neumann, William, L., 纽曼 141

Neutrality (on the seas), 中立 71, 84, 247-249

New Economic History, 新经济史 198

New England, 新英格兰 194, 202, 208-211, 233, 237-238, 242, 244, 251

New France, see Quebec 新法兰西

New Granada, see Colombia 新格拉纳达

NewJersey, 新泽西 231, 236

NewOrleans, 新奥尔良 234

New Smyrna, 新斯米尔纳 210

New South Wales, 新南威尔士 122

New Spain, see Mexico 新西班牙

New World, see Americas 新世界

New York, 纽约 200, 232, 236

New Zealand, 新西兰 122

Newbury, Colin W., 纽伯利 146, 148-150, 156-157, 166, 169

Newcastle, Thomas Pelham-Holles, 1st Duke of, 纽卡斯尔公爵 194

Newfoundland, 纽芬兰 71, 203, 210, 231

Newman, K., 纽曼 141

Nicaragua, 尼加拉瓜 217

Nicholls, David, 尼科尔斯 243

Nicholas I (of Russia), 尼古拉斯一世 152

Nicolas, Maurice, 尼古拉斯 194

Niger Delta, 尼日尔河三角洲 132, 137, 147, 152, 156-157, 166

Nightingale, Pamela, 奈廷格尔 140, 149, 168, 180, 182, 184

Nixon, Richard M., 尼克松 90

Noailles, Louis Marie de, Viscount, 诺埃里 104

Nobility, see Aristocracy 贵族

Nolte, Hans-Heinrich, 诺特 134, 136

"Norfolk system", see Husbandry, alternate 诺福克制

Normandy, 诺曼底 61, 88, 92, 106

Norregard, Georg, 诺尔加德 156

North (northern states), see United States 北方州

North American colonies, see United States 北美殖民地

North Carolina, 北卡罗来纳 199, 230-232, 237

North, Douglass C., 诺思 132, 247-248

North, Frederick, Lord, 诺思 84

Northrup, David, 诺思拉普 132, 137, 143, 147-148, 152, 189

Novais, Fernando A., 诺维斯 214-215, 254-255

Nova Scotia, 新斯科舍 210-211, 218, 229-230

Great Awakening (New Light), 大觉醒 211

O

Oberkampf, Christomphe Philippe, 欧伯坎夫 78, 118

Obrajes, 欧布拉耶斯 221-222

O'Brien, Patrick K., 奥布莱恩 12, 15-16, 18, 20-21, 28, 30, 57, 61-62, 77-78, 113, 116, 121, 123-124

Obrok, see Russia 实物货币制

Oder River, 奥德河 244

Ohio Company, 俄亥俄公司 232

Ohio Valley, 俄亥俄谷 202, 206-207

Ohsfeldt, Robert L., 奥斯费尔特 238

Old Believers, 旧教信徒 155, 186

Olive oil, 橄榄油 148

Oloruntimehin, B. Olatunji, 奥罗朗提姆辛 156, 169, 189

Open fields, see Agriculture 敞田

Opium, 鸦片 139-140, 153, 168

Opobo, 奥波博 157

Orchards, 果园 14

O'Reilly, Alejandro, General, 欧莱里 234

Osler, Pierre, 欧斯勒 86

Oswald, Richard, 奥斯瓦尔德 230

Ott, Thomas O., 奥特 241-242, 254

Ottoman Empire, 奥斯曼帝国 89, 128-129, 135-137, 140-141, 150-152, 154-155, 166, 169, 171-177, 184, 186-187, 248

    Anglo-Turkish Commercial Convention, 英国-土耳其商约 see Treaties ayan, 贵族 172-174

    capitulations, 人头税 174-176

    consul, 领事 174-175

    janissaries, 土耳其近卫军 172-173

    millet, 异教徒 174-175

    sekban, 雇佣 172

    timar, 提玛 172

    Tanzimat, 坦兹马特 177

    Tulip Age, 郁金香时代 135

Oudh, 奥德 181

Ouellet, Fernand, 欧列特 207-208, 252

Owen, Roger, 欧文 141, 153, 168

P

Pachoński, Jan, 帕琼斯基 243

Pacific Ocean, 太平洋 200, 251

Palestine, 巴勒斯坦 141

Palmoil, 棕榈油 146-149, 146, 169-170

Palmer, R. R., 帕尔默 21, 39, 43, 112, 202, 238, 245

Palmerston, 3rd Viscount (Lord), Henry John Temple, 帕麦斯顿 177

Panama, Congress of (1824), 巴拿马条约 243, 254

Panikkar, Kavalam Madhava, 潘尼迦 135

Pantaleão, Olga, 潘塔里奥 240

Paraguay, 巴拉圭 217

Pares, Richard, 佩雷斯 212

Paris (France), 巴黎 11, 76, 85, 91, 106, 109, 121, 128, 174-175, 215, 218, 240-241, 245

Paris, Robert, 派里斯 175

Parker, R. A. C., 帕克 65

Parliament, see Great Britain, Parliament 议会

Pasturage, see Agriculture 畜牧业

Patriots 爱国者

    American, 美国的 see Whigs Irish, 爱尔兰人 see Ireland

Patterson, R., 帕特森 25

Paul I (of Russia), 保罗一世 163, 186-187

Peanuts, 花生 146-148, 156

Peasants, 农民 5, 16, 21, 36-38, 48-49, 51-52, 58, 61, 65, 74, 76, 94, 96-97, 100, 102-104, 106, 113, 119, 142, 155-156, 158, 161-162,

166，148，185－186，198－199，206－208，233，238，244，247

Peasant revolution（rebellions），农民革命（反叛）36－37，48，97，102，105－106，169，186

Pedro I（of Brazil），佩德罗一世 255

Peel, Robert, 皮尔 90

Peking, 北京 233

Peloponnesus, 伯罗奔尼撒 166

Penang, 槟榔屿 122

Peninsulars, 西班牙半岛人 214，221，224－226，250

Pennsylvania, 宾夕法尼亚 231，237

Pensacola, 潘撒科拉 217，233

Peonage, 劳役偿债制度 253

Pepper, 胡椒 148，180

Pereira, Miriam Halpern, 伯伊拉 215

Perkin, H. J., 珀金 79，101

Perkins, Bradford, 伯金斯 242，251

Perlin, Frank, 帕林 136，179

Pernambuco, 帕南布哥 254

Perrot, Jean-Claude, 佩罗 96

Persia, 波斯 149，175，177，184

Peru, 秘鲁 217－224，229，244，252－254
  Upper, 上秘鲁 217，221，253

Peter the Great（of Russia），彼得大帝 135，160，162，184－185

Pétion, Alexandre, 佩蒂翁 243－244

Peuchet, Jacques, 波舍特 92

Peukert, Werner, 波伊克特 133

Phelan, John Leddy, 费伦 214，222，256

Philadelphia, 费城 93，200，207

Philip II（of Spain），菲利普二世 57

Philippi, Friedrich, 菲利皮 30

Philips, C. H., 菲利普斯 180，183

Physiocrats, 重农主义者 63，76，77，89，99

Picard, Roger, 92 皮卡尔

Piel, Jean, 皮尔 221

Pietists, 虔信派教徒 237

Pitt, William, the Elder, 皮特 71－72，82

Pitt, William, the Younger, 皮特 56，87－90，92，98，168，182，245－246

Plantations, 大规模农场 130，144－145，147，152－154，156－157，164，167，170，196，210，230，253

Planters, 地主 see Landlords, large

Plassey, 普拉西 85，181

Plows, 犁 12

Plumb, J. H., 普卢姆 3，8，71－72，83－84，121

Poland, 波兰 134，186，243

Polanyi, Karl, 波拉尼 120－121，132－133，188

Polk, William R., 波克 151

Pollard, Sidney, 波拉德 7，118

Pombal, Marquis of, Sebastião Joséde Carvalhoe Mello, 庞巴尔 214－214，254

Poni, Carlo, 波尼 28

Pontiac, Conspiracy of, 庞蒂亚克密约 201

Poor（poverty），see Class（es），lower 贫者

Population, see Demography 人口

Portal, Roger, 波托尔 151，162－163，185，186

Portugal, 葡萄牙 89－90，135，137，179，193，214－215，217，225，239，245，249，255

Council of Regency, 摄政会议 255

Post, John D., 波斯特 10

Postan, M. M., 波斯坦 8

Potatoes, 马铃薯 11，13，161

Pottery, 陶器 88，90，151

索 引

Poulantzas, Nicos, 波兰查斯 3, 37
Pownall, Thomas, 波纳尔 249
Prado, Caio, Junior, 普拉多 255
Prakash, Om, 普拉卡希 179
Precapitalism, 前资本主义 46
Presbyterians, 长老会信徒 237, 245–246
Pressnell, L. S., 普瑞斯奈尔 20
Price, Jacob M., 普莱斯 73, 82, 197, 200
Price controls, 价格控制 105, 109
Prideaux, F., 普利多 154
Private traders, 私人贸易者 see India
Production, 生产
 mode of, 生产形式 6, 40, 45–46
 relations of, 生产关系 5, 19, 27, 46, 64
Productivity, 生产力
 agricultural, 农业生产力 see Agriculture, yields
 industrial, 工业生产力 22, 80
 total, 总生产力 114
Profit, 利润 7–8, 23, 40–42, 52, 58–59, 60, 64, 66, 76, 79–80, 82, 91, 103, 121, 143–144–145, 153, 161, 165, 176, 196–197, 230, 248, see also Capitalism
Proletariat, 无产阶级 5, 17, 47–48, 69, 96–100, 106–108, 119, 124, 125, 162, 164, 198
Proletariat, see also Class (es), 下层阶级 lower
 proletarian revolution, 无产阶级革命 46
Proletarianization, 无产阶级化 5, 11, 74
Precapitalism, 前资本主义 19, 67, 72, 80, 86, 88, 90, 97–98, 117, 118, 122, 150–152, 186, 189, 249
Protestant ethic, 新教伦理 42, 155
Protestants, 新教徒 206, 208–209, 244, 245–246
Prothero, R. M., 普罗塞罗 120
Protoindustrialization, 原始工业化 31, 69, 78
Prucha, Francis Paul, 普鲁夏 234
Prussia, 普鲁士 74, 89, 99, 118, 154
"prussian path", see Transition from feudalism tocapitalism 普鲁士道路
Puerto Rico, 波多黎各 243
Pufendorf, Samuel, 普芬道夫 213
Pugachev, Yemelyan Ivanovich, 普加乔夫 163, 186, 221
Pugh, Wilma J., 波尤 80, 86
Puritans, 清教徒 see Protestants
Puryear, Vernon J., 普里尔 141, 176–177
Pyrenees, see France, 比利牛斯山 south

Q

Quarles, Benjamin, 夸尔斯 235
Quebec, 魁北克 194, 202–203, 206–208, 210–211, 251
Quebec Act, 魁北克法案 206–208
Quilliet, Bernard, 奎里特 78, 82, 84
Quinney, Valerie, 奎尼 146

R

Raeff, marc, 拉夫 161–162, 184–185
Ragatz, Lowell J., 雷加茨 202
Railroads, see Transport 铁路
Ramsey, John Fraser, 拉姆齐 72
Ransom, Roger L., 兰森 197–198
Rasch, Aage, 拉什 142
Rawley, James A., 罗利 147
Rawlyk, George A., 罗利克 211
Raychaudhuri, Tapan, 拉伊乔杜里 132, 149, 153

Raynal, Guillaume, Abbé, 雷诺 229
Rayneval, Gérard de, 雷恩瓦尔 87-89
Razzell, P. E., 拉塞尔 10
Rebérioux, Madeleine, 李贝里欧 110
Record, R. G., 李科德 10
Redich, Fritz, 雷地奇 28
Regemorter, Jean-Louis Van, 雷格莫特 142
Regulators, 调节器 199, 232, 237
Reinhard, marcel, 莱茵哈德 123
Reis, Arthur Cézar Ferreira, 李斯 214
Rent, 租金 58, 61-65, 70, 76, 82, 101, 121, 158, 161
 rentes perpetuelles, 终身年金 84
 rentes viagères, 世袭年金 84
Rentiers, 租地者 103
Resid, 雷西德 Mustafa, 177
Resguardos, 印第安人部落 223
Resnick, Daniel P., 雷斯尼克 146
Revolution, 革命
Reynolds, Edward, 雷诺 147
Rhode Island, 罗得岛 235
Rice, 米 158, 210, 248
Rich, E. E., 里奇 202
Richard-Lenoir, 理查-雷诺阿 Françaois, 法兰斯瓦 118
Richards, Alan, 理查兹 141
Richards, J. F., 理查兹 153
Richards, W. A., 188
Richardson, David, 理查森 145
Richardson, Thomas L., 理查森 17
Richet, Denis, 李希特 40, 43-48, 91, 108-109
Riley, James C., 莱里 20, 76, 84-85
Rippy, J. Fred, 利比 231, 248, 250, 254
Roads, 道路 see Transport
Roberts, J. M., 罗伯茨 40, 84
Roberts, Richard, 罗伯茨 23
Robertson, M. L., 罗伯逊 228
Robertson, William Spence, 罗伯逊 254
Robespierre, Maximilien, 罗伯斯庇尔 36, 38, 44, 47-48, 100, 108-111
Robin, Régine, 罗宾 35, 45, 47, 81
Robinson, Cedric J., 罗宾逊 144
Robinson, Donald L., 罗宾逊 236
Robinson, Eric H., 罗宾逊 114
Roche, Max, 罗赫 101, 176
Rockingham, Charles 罗金汉 Watson-Wentworth, 2nd Marquess of, 212, 244,
Rodney, Walter, 罗德尼 143, 146, 148, 152, 164-165
Rodríguez, Mario, 罗德里格斯 217, 249
Roehl, Richard, 罗尔 79
Rogers, James E. Thorold, 罗杰斯 120
Roman-Dutch civillaw, 罗马—荷兰民法 206
Romania, 罗马尼亚 166, 174
Root, Hilton Lewis, 鲁特 65, 96
Rose, J. Holland, 罗斯 92, 117
Rose, R. B., 罗斯 104, 111, 119
Rostow, W. W., 罗斯托 4-7, 67, 78
Rotation (three-course), see Agriculture 轮耕制
Rothenberg, Winifred B., 罗森堡 198
Rothermund, Dietmar, 罗瑟蒙德 154, 180
Rouen, 鲁昂 72, 78, 88, 92, 145
Rousseau, Jean-Jaeques, 鲁索 47, 99
Rout, Leslie, B., Jr., 鲁特 253
Royal African Company, 皇家非洲公司 166
Rudé, George, 吕德 34, 36, 48, 101, 104, 107-108, 110
Rumelia, 鲁梅利亚 137, 141, 154, 167, 172-174
Russell-Wood, A. J. R., 鲁瑟-伍德 215

Russia,俄罗斯 56,89-90,108,129,134,136-137,141-142,151-152,155,160,162,167,171-172,174-176,184-187
 barshchina,强制劳役 155,160-161
 Cossacks,哥萨克人 186
 neĉernozem,少黑土地带 155
 obrok,实物货币 155,160-161,163
 Russian Revolution,俄国革命 34,39,43,45,49-50,187
Russia Company,俄罗斯公司 142
Rustow,Dankwart A.,拉斯托 135
Ruwet,Joseph,鲁伊特 13
Ruzzini,CarIo,鲁西尼 174
Rye,裸麦 113
Ryegrass,牧草 13
Ryerson,Stanley B.,莱尔森 194,203,208
Ryotwari system(ryots),佃农制度（佃农）158-159

S

Sachs,William A.,沙赫 206
Sacramento,萨克拉门托 217
Saddlery,马具 151
Safavid Empire,萨非帝国 169
Sainfoin,红豆草 13
St. Augustine,圣奥古斯丁 233
St. -Domingue,see Haiti 圣多明各
St. Helena,圣赫勒拿 122
Saint-Jacob,Pierre de,圣雅各布 76,103
St. Lawrence River,圣劳伦斯河 218,231
St. Lucia,圣卢西亚 122
Saint-Marc,圣马克 241
Saint-Martin,Francisque-Martin-Franaois Grenier,圣马丁 192
St. Petersburg,圣彼得堡 142,233

Saint-Simon,Claude Henri de Rouvray,Duke of,圣西蒙 5
St. Vincent,圣文森特 72
Saintoyant,J.,圣托杨特 241
Saints,Battle of the,圣各诸岛战役 227
Sala-Molins,Louis,色拉莫林斯 242
Salt,盐 160
Saltpetre,硝酸肥料 160
Salvucci,Richard J.,萨尔福西 239
Samory Touré,萨摩里 169
Samuel,Raphael,塞缪尔 17,28
Sandal trees,白檀木 180
Sans-culottes,无套裤汉 37,47-49,52,100,102,105110,119
Santa Fé de Bogotá,波哥大的圣菲 222-223,243
Santo Domingo(Spanish),243,see also Haiti 圣多明各
Saratoga,萨拉托加 218
Saul,S.B.,索尔 9,19,22,27,29-30,48,68,78,79,96,98,113,116
Savannah(zones),大草原 see Africa,West
Savelle,max,塞维尔 213,217,236,244
Saville,John,塞维尔 5
Saxony,萨克森 154
Scheldt River,斯米德河 98
Schlebecker,John T.,施莱贝克 199
Schlegel,Friedrich von,施莱格尔 116
Schlesinger,Arthur M.,Sr.,施莱辛格 198,205,209-210
Schlote,Werner,许洛特 116
Schmidt,Charles,施密特 91,115
Schmitt,Eberhard,施密特 34,39
Schmoller,Gustav von,施默勒 30
Schnapper,Bernard,施耐普 148,189
Schofield,R.S.,斯科菲尔德 10-11,60

Schumpeter, Joseph, 熊彼得 4, 32, 51, 67

Schutz, John A., 舒兹 249

Science, 科学 2, 23, 78

Scotch-Irish, 苏格兰—爱尔兰人 235

Scotland, 苏格兰 25, 97, 142, 199, 201, 203, 228, 235, 237

Sédillot, René, 西德洛特 123

Sée, Henri, 塞伊 29, 63, 65, 74, 91-92, 241

Ségur-Dupeyron, P. de, 西格-杜普伦 88, 249

Seigniors, 领主 see Landlords, large

Seigniorial reaction, 领主反动 see Aristocracy, aristocratic reaction

Selim III (Ottoman), 塞利姆三世 151, 175, 176

Semmel, Bernard, 塞梅尔 121

Senegal, 塞内加尔 72, 148, 169

Senegambia, 塞内冈比亚 77, 152

Serajuddin, A. M., 塞拉尤丁 160

Serbia, 塞尔维亚 173, 233

Serfs, 农奴 51, 97, 101, 142, 155, 160, 162, 164, 186

Seton-Watson, Hugh, 塞顿-沃森 185

Settlers (Colonists), 定居者（殖民者） 193-195, 197, 199-200, 202, 205, 208-209, 211, 215, 219, 222-224, 227-229, 231-234, 236, 238, 240-242, 244-247, 250, 256, see also Creoles

Seven Years' War, 七年战争 see Wars

Seville, 塞维尔 213, 225, 250

Sewell, William H., Jr., 休维尔 52, 95, 106, 123, 126

Seychelles, 塞舌尔群岛 122

Shapiro, Gilbert, 夏皮罗 101

Sharecroppers, 佃农 16, 96, 105, 166

Shaw, A. G. L., 萧 175-176

Sheffield, Lord, 谢菲尔德 229

Shelburne, 1st Marquess of, 2nd Earl of, William Petty Fitzmaurice Lansdowne, 谢尔博尼 230

Shepherd, James F., 谢泼德人 196, 198-199, 205, 228-229

Sheridan, Richard B., 谢里丹 145, 199, 230, 244

Sherwig, John M., 谢尔维 117, 118

Ships, shipping, 船、航运 143, 148, 183, 196, 212, 229, 244, 247, 249

Shopkeepers, 店员 37-38, 107

Shy, John T., 夏伊 237

Siberia, 西伯利亚 186

Siddiqi, Asiya, 西迪基 140

Sierra Leone, 塞拉利昂 122

Siéyès, Emmanuel Joseph, Abbé, 西哀耶斯教士 46

Silk, 丝 139-141, 151, 153

Silva, Andrée Mansuy-Diniz, 席尔瓦 215

Silver, 白银 136, 167-168, 172, 181, 183

Sind, 信德 140

Singh, N. P., 辛 160

Sinha, narendra Krishna, 辛哈 139-140, 149-150, 158-159, 167-168, 181-182

Sirotkin, V. G., 西罗特金 187

Skempton, A. W., 斯坎普顿 69

Skiotis, Dennis, 斯奇欧蒂斯 173

Skocpol, Theda, 斯考波尔 49, 82, 103

Slavery, 奴隶 131-132, 144-146, 149, 159-160, 164, 166, 170, 188, 205, 221-223, 229, 234-236, 240-244, 253-254

abolition of, 奴隶解放 143-144, 146,

索 引

156，165，168，253-254
domestic，奴隶支配 164-165
slave raiding，奴隶搜捕 133，143，147，164-165，188
slave trade，贩奴 6，42，72，134，144-148，152，156，162，165，168，169，187，236
Slicher van Bath，斯里舍·范·巴特 B.H.，12-13，62，77，90
Sloane，William M.，斯隆 243
Smallpox，天花 202
Smelser，Neil，斯梅尔瑟 150
Smilianskaya，斯米里安斯卡娅 151
Smith，Adam，史密斯 51，75
Smith，Joseph，史密斯 90
Smith，Paul H.，史密斯 203
Smith，V. Kerry，史密斯 85
Soap，肥皂 148
Soboul，Albert，索布尔 34-40，44-48，50，57，82，96，98，102，104-108，113-114，116，119
Société des Amis des Noirs，法国大革命 see France，French Revolution
Socorro，索可罗 24，214，222-223
Soils，土地 13，77，158
Sokoto，Caliphate of，索科托 170
Sonenscher，michael，松南斯舍 107
Sorel，Albert，索雷尔 49
South（southern states），see United States 南方
South America，see America，Hispanic 南美洲
South Carolina，南卡罗来纳 210，230-231，235，237
Sovani，N.V.，索万尼 139
Sovereign states，see Interstate system 主权国家
Spain，西班牙 50，56，71，79，89-90，118，193，195，210，212-221，223-230，232-234，239-240，242-244，246-255
Carlist wars，查理战争 225
Councilof Regency，摄政会议 250
Napoleonic invasion of，拿破伦入侵 218，227，246
Spalding，Karen，斯伯丁 253
Sperar，Percival，斯皮尔 157-158，179，183
Speenhamland system，斯平汉姆兰系统 see Great Britain
Spices，香料 131
Sraffa，Piero，斯拉法 136
Stamp Act，see United States 印花税条例
Standard of living，生活标准 12-13，124-125
State，国家
 role in economy，经济的国家角色 7，18-20，65，72，80，82，98-90
 state finances，国家财政 72，81-82，84-90，93，99，181-182，249
 state-machinery，国家机制 15，65，80，92，94，129，134，214，see also Burea-ucracy
Steamboat，汽船 247
Stearns，Peter，斯特恩斯 122
Stein，Barbara H.，斯坦 213，239
Stein，Robert Louis，斯坦 79，146
Stein，Stanley J.，斯坦 213，215-216，239
Stevens，Wayne Edson，斯蒂芬 203，208，232
Stevenson，John，斯蒂文森 121

Stevenson, Robert F., 斯蒂文森 189

Stoddard, T. Lothrop, 斯托达尔 240-241

Stoianovich, Traian, 斯托亚诺维奇 137, 141, 154, 166

Stover, John F., 斯多佛 229

Sublime Porte, 土耳其政府 see Ottoman Empire

Sučeska, Avdo, 苏切斯卡 172

Suffrage, 投票 45

Sufi orders, see Islam 苏菲教教规

Sugar, 糖 139, 143, 152, 154, 193-194, 202, 212, 230, 240-243, 253

Sugar, Peter F., 休格 154, 174

Sumner, B. H., 苏姆纳 184

Sundström, Lars, 桑德斯特罗姆 156

Supple, Barry, 萨普勒 19

Surat, 苏拉特 138, 140, 149

Suret-Canale, Jean, 苏雷卡纳尔 169

Surplus-value, 剩余价值 64, 82

Sutherland, Donald, 萨瑟兰 97, 105

Sutton, Keith, 萨顿 74

Sweden, 瑞典 56, 60, 89, 128, 134, 142, 162, 184, 219

Switzerland, 瑞士 56, 66, 125, 154, 208, 235

Syria, 叙利亚 137, 141, 151, 166, 176

Szatmary, David P., 查特玛丽 238

T

Take-off, 起飞 5-6, 11, 14, 29, 31, 67, 101

Talleyrand (Périgord), Charles-Maurice de, Duke, 塔列朗公爵 84

Tambo, David C., 汤博 170

Tandeter, Enrique, 坦狄特 220

Taney, Roger, 坦尼 236

Tanguy de la Boissière, C. C., 布瓦西埃的唐居伊 83, 86-87

Tarle, Eugene, 塔尔列 151

Tarrade, Jean, 塔雷德 91

Tatars, 鞑靼 174

Tate, W. E., 塔特 17

Tavares, Luis Henrique Dias, 塔瓦勒斯 255

Taxation, 税制 20, 63, 74, 82, 85-88, 120, 150, 155, 161, 163, 166, 202-204, 219, 254, see also State finances

Taylor, Arthur J., 泰勒 124

Taylor, George Rogers, 泰勒 247

Taylor, George V., 泰勒 37, 41, 79, 84

Tea 茶叶 131, 167, 214

Tea Act, see United States 茶叶条例

Technology, 技术 2, 23-25, 27, 31, 42, 59-60, 62, 66, 80, 142-143, 152
technological revolution, 技术革命 30-31, 118, see also Innovations, Inventions

Temperley, Harold, 坦普利 254

Tennessee, 田纳西 232

Ternaux, Louis Guillaume, Baron, 特努克斯 118

Terrier, Auguste, 泰里耶 146

Terror, see France, French Revolution 大恐怖

Teutonic Knights, 条顿骑士团 244

Texas, 德克萨斯 251

Textiles, textile production, 织品 6-8, 27, 58-59, 132, 145, 151-152, 163, 2238
cotton, 棉 7, 24, 27, 68, 72, 77-80, 88, 90-91, 93, 113-116, 124-125, 141, 145, 149, 162, 167-168, 181, 219, 228, 252
limen, 亚麻布 24-25, 88, 93, 114
silk, 丝 28, 88, 107, 141, 150

wool, 羊毛 25, 67, 88, 112, 114

Theremin, M., 塞里明 98

Thermidor, 热月政变 see France, French Revolution

Thiers, Adolphe, 梯也尔 116

Third Estate, see France, French Revolution 第三等级

Third International, 第三国际 108

Thirteen Colonies, 十三殖民地 see United States

Thomas, Dorothy Swaine, 托马斯 131

Thomas, Hugh, 托马斯 244

Thomas, Robert Paul, 托马斯 144-145, 156, 197-198

Thomas, William I., 托马斯 131

Thomas, Malcolm I., 托马斯 121

Thompson, Edward P., 汤普森 80, 120-121, 126, 246

Three Bishoprics, 三个主教区 15

Tibet, 西藏 167,

Tilly, Charles, 蒂利 3, 40, 69, 78, 91, 97, 101, 103, 105-106

Tilly, Louise A., 蒂利 68

Tilly, Richard, 蒂利 3

Timmer, C. Peter, 蒂默 13, 77

Tipu Sultan, 提普苏丹 180

Tithes, 什一税 63-64, 93, 95, 103-104, 206

Tobacco, 烟草 148, 196, 204, 214, 228, 234

Tobago, 多巴哥 122

Tocqueville, Alexis de, 托克维尔 37, 40, 43-44, 52, 94, 99, 108, 110-111

Todorov, Nikolai, 托多洛夫 174

Tone, Wolfe, 托恩 245

Tonnesson, Kare D., 滕尼森 107-108, 119

Topolski, Jerzy, 托波尔斯基 12

Tories, 托利党 146, 201, 209-210, 231, 236-238

Torke, Hans J., 托克 185

Toulousain, 图卢兹 15

Toutain, J.-C., 图坦 60, 62

Toussaint L'Ouverture, 勒佛图尔 242-243

Townshend, Charles, 汤森 245

Townshend, George, 汤森 245

Toynbee, Arnold, 汤因比 3-5

Trade, 贸易 66-68, 101, 129-130, 132, 139, 170, 181, 196, 201, 247

  colonial, 殖民地的 6, 68, 70, 79, 132

  commercial revolution, 商业革命 91

  contraband, 走私 68, 87, 91, 118, 198, 212, 214, 219, 234, 240, 249, 252 "country," 乡村贸易 135, 137

  foreign, 外贸 6, 61, 69-71, 73, 77, 79-80, 83, 86, 91, 93, 98, 115-116, 123-124, 138-139, 141-142, 146-147, 149, 152, 154, 197, 228-230, 234, 247-248

  free, 自由贸易 48, 88, 176-177, 181, 186, 213, 217, 225, 228, 234, 239, 247

  legitimate, 合法的贸易 143-144, 147, 156, 164

  long-distance, 长程贸易 132-133, 135

  luxury, 奢侈品贸易 131, 132, 135, 137, 143, 170

  port of, 贸易港 132-133, 135

  triangular, 72, 140, 167-168, 三角贸易 see also Slavery, slave trade

Trafalgar, Battle of, 特拉法加战役 116

Trans-Appalachia, see United States, West

跨阿巴拉契亚山

Transition from feudalism to capitalism，从封建主义到资本主义的转变

"really revolutionary path"（English path），实际革命道路 36，45-46 "Prussian path"，普鲁士道路 36，45

Transylvania，特兰西瓦尼亚 174

Transport，转运 8，11，25，58-59，66，69，76，82，156，171

　canals，运河 26，79，97，247

　railroads，运输铁路 22，26

　roads（land），运输道路 132，147，163

　transport revolution，运输革命 69

　waterways，运输水路 156

Tranter，N.L.，特兰特 123

Travancore，特拉文科 180

Treaties（and accords），贸易条约

　Anglo-Russian Commercial Treaty（1766），英俄商约 186

　Anglo-Turkish Commercial Convention（1838），英国—土耳其商业会议条约 151，176-177

　Amiens（1802），亚眠条约 98，117

　Anglo-Chinese（1842），中英条约 168

　Belgrade（1739），贝尔格莱德 174

　Eden（Anglo-French Commercial Treaty）（1786），伊登条约 27，80，87-93，98-99，106，227，240

　Family Accord，王室协议条约 90

　Franco-American Convention of 1787，法美和约 240

　Ghent（1814），根特 251-252

　Jay Treatey（1796），杰伊条约 231，247

　Karlowitz（1699），卡洛维茨条约 174

　Küçük-Kaynarca（1774），库楚克-凯尔纳贾条约 135，172，175，187

　Paris（1763），巴黎 57，69-72，82，193-195，198，200，202，212，213，226

　Pyrenees，the（1659），比利牛斯条约 57

　San Ildefonso（1778），圣伊尔德芳索 217，249

　Utrecht（1716），乌得勒支条约 68，87

　Versailles（1783），凡尔赛和约 84，219，227，230-231，233，245（1783）

　Vienna（1815），维也纳条约 146，251-252

Trendley，Mary，特伦德里 242

Trinidad，特立尼达岛 122，243

Tripathi，Dwijendra，特里帕西 140，183-184

Tripoli，的黎波里 170

Tristan da Cunha，特里斯坦达库尼亚 122

Trouillot，Hénock，特鲁伊洛特-加龙省 244

Trouilllot，Michel-Rolph，特鲁伊洛特 241

Trudel，Marcel，特鲁戴尔 207，208，218，230-231

Tscherkassowa，A.S.，彻卡索瓦 163

Tucker，G.S.L.，塔克 9，60

Trcker，G.S.，塔克 70

Tudor，House of，都铎王朝 120，200

Trlard，Jean，图拉德 96，113，119

Tulip Age，see Ottoman Empire 郁金香时期

Tull，Jethro，塔尔 13，23

Tungasua，坦加苏亚 222

Tūpac Amaru，图帕克阿马鲁 217，219-223，225，246，250

Turgot，Anne-Robert-Jacques，突哥 76，81-82，86，107，218

Turkey，土耳其 see Ottoman Empire

Turner，Frederick J.，透纳 232

索 引

Turner, J. A., 透纳 160
Turner, Michael A., 透纳 62-63
Turnips, 萝卜 13, 17
Two Sicilies, 两西西里 89

U

Ubicini, M. A., 乌比契尼 151
Ukraine, 乌克兰 160
Umar, Al Hajj, 乌玛尔 169
United Kingdom, 大英国协 see Great Britain
U.S.S.R., 苏联 see Russia
United Proyinces, 联合省 see Netherlands
United States（美利坚）合众国（of America）, 25, 34, 68, 70, 81, 83-87, 90, 93, 112, 114, 136, 140-143, 145, 148, 150, 160, 176, 182, 193-198, 200-208, 210-214, 217-219, 221-223, 225, 227-240, 242-244, 246-248, 250-255

 American Revolution, 美国革命 38-39, 52, 68, 79, 81-84, 140, 144, 151, 160, 176, 181, 187, 195-196, 198-202, 204-205, 209-212, 217, 219-220, 227-230, 232, 235-239, 245, 247-248, 251, 286
 Articles of Confederation, 联邦条例 234
 Bacon's Rebellion, 培根的反叛 238
 civil War, 美国内战 140-141
 Constitution, 美国宪法 238-239
 Constitutional Convention, 制宪会议 236, 238
 Continental Congress, 大陆会议 207-208, 218, 228, 232, 235
 Currency Act, 现金法案 198-199
 Declaration of Independence, 独立宣言 208, 235
 Declaratory Act, 独立法案 203, 244
 Embargo Act of 1808, 1808年禁运法令 248
 Intolerable Acts, 不合作法案 207
 north, 北美 125, 231, 235, 237
 northwest, 西北美 202, 231, 235, 234
 Northwest Ordinance of 1787, 西北1787年法令 232, 236
 Pacific Coast, 太平洋海洋 251
 Shay's Rebellion, 夏依的反叛 238
 south, 南美 198, 210, 231, 236-237, 242, 247-248
 Stamp Act, 邮票条例 198, 203, 206, 212, 244-245
 Tea Act, 204 茶叶条例
 Townshend duties, 汤生税 203, 206
 west (or frontier areas), 美西 202-203, 206, 208, 230-231, 234
Urals, 乌拉尔 151, 162-163, 186
Uruguay, see Banda Oriental 乌拉圭
Uzoigwe, G. N., 乌索格维 165

V

Vaine pâture, see Agriculture, open fields 公共牧场
Valcárcel, Carlos Daniel, 维卡塞尔 220
Vandalia, 范达利亚 232
Vandalia Company, 范达利亚公司 232
Van Dantzig, Albert, 范丹齐 156, 165
Van Tyne, Claude H., 范泰因 218
Vázquez de Prada, Valentin, 凡兹奎斯 213
Vendée, 105-106, 241, see also France, French Revolution, "counter-revolution"
Venezuela, 委内瑞拉 222-223, 226, 243, 249, 252-254
Venice, 威尼斯 174

Veracruz，维拉克鲁 213

Vergennes, Charles Gravier de, Count，韦尔热纳 81, 87-88, 90, 176, 217-218, 230

Vermont，佛蒙特 210, 232-233, 236-237

Verna, Paul，维尔纳 243, 253

Verona, Congress of，维若纳会议 146

Versailles，凡尔赛 86
 Treaty of，凡尔赛条约 see Treaties

Ver Steeg, Clarence L.，维史提格 230

Verviers，维维尔 125

Vidotto, Vittorio，维多托 50

Vienna，维也纳 171, 175
 Congress of，维也纳会议 see Treaties

Vignols, Léon，维格诺思 146, 194, 235

Vilar, Pierre，维拉 59

Viles, Perry，维尔斯 145

Villalobos R., Sergio，维拉娄伯斯 240

Vineyards，葡萄园 14, 64

Virginia，弗吉尼亚 199, 231, 236
 Virginia Act，弗吉尼亚法案 204

Vistula River，维斯图拉河 244

Vivre noblement，贵族生活 42-43

Volga River，沃尔加河 160, 186

von Tunzelmann, G. N.，图塞尔曼 114, 121

Vovelle, Michel，沃维勒 16, 41, 101

W

Wachtel, nathan，瓦奇泰尔 220

Waddell, D. A. G.，沃德尔 252, 254

Wadsworth, Alfred P.，华兹华斯 78-79

Wage-laborers, see Proletariat 受薪劳工

Wages，薪资 7, 71, 119, 121, 123, 221
 real wages (real income)，实际薪资 61, 70, 124, 159

Waldman, Marilyn Robinson，沃德曼 169

Walker, Jarnes W. St. G.，沃克 236

Wallachia，瓦拉西亚 141

Wallerstein, Immanuel，沃勒斯坦 7, 25, 59, 69, 78, 85, 98, 129, 136, 165, 172, 184, 201

Walpole, Robert, 1st Earl of Oxford，沃尔波尔 195, 201, 204

Walton, Gary M.，沃尔顿 196, 198-199, 205, 228-229

Ward, J. R.，沃德 85

Warden, G. B.，沃登 196

Wars (interstate) 战争
 First World War，一次世界大战 94-95
 French and Indian War, see Wars, Seven Year'War 法国和印第安战争
 Northern Wars，北方战争 162, 184
 Opium War (1842)，鸦片战争 168
 Ottoman-Russian, War of 1768-1774，奥斯曼-俄罗斯战争 135
 Rcvolutionary and Napoleonic Wars (1792-1815)，革命和拿破仑战争 60, 85, 94, 113, 115, 123, 125, 138, 143, 149, 151-152, 173, 182-183, 227, 243, 247, 251
 Second World War，二次世界大战 34
 Seven Years' War，七年战争 69-73, 78, 85, 179, 193, 195, 198, 201, 203, 205, 207, 213-214, 216, 245
 War of 1812，1812年战争 232, 250-252
 War of the Austrian Succession，奥地利继承战争 182
 War of the Spanish Succession，西班牙继承战争 62

Washington, D. C.，华盛顿 D. C. 233

Waste lands，荒地 see Agriculture

Water-power, see Energy 水力

Watson, Ian Bruce, 华森 138, 179-181

Watson, Richard, Bishop of Landoff, 沃森 27

Watt, James, 瓦特 6, 23, 26

Watts, John, 瓦特 194

Weaver, Emily P., 韦佛 211

Wedgwood, Josiah, 韦奇伍德 83

Weitzman, Martin L., 魏茨曼 66

Wellesley (of Norragh), Richard Colby Wellesley, Marquess, 韦尔斯利 181, 250

West Asia, see Levant 西亚

West Indies, 西印度群岛
- British, 不列颠 68, 71, 144, 147-148, 154, 194, 202, 210, 212, 229, 236, 238, 242, 247-248
- Danish, 丹麦 146
- Dutch, 荷兰 242
- French, 法国 86, 116, 143, 212, 218, 247
- Spanish, 西班牙 212, 218 see also Caribbean, Lesser Antilles

West Virginia, 西弗吉尼亚 232

Western, J. R., 韦斯特恩 112

Western Hemisphere, see Americas 西半球

Western world, see Europe 西方世界

Wheat, 小麦 13, 57, 62, 113, 141-142, 161, 196

Whigs, 辉格党人 120, 209, 236-237-238
- Whig interpretation of history, 辉格的历史解释 34

Whitaker, Arthur P., 惠特克 216, 232-234, 239, 243

White Russia, 白俄罗斯 160

Whitehead, Donald, 怀特海 6, 67

Whites, 白人 201, 221-222, 225, 229, 231, 233, 235-236, 240-244, 246, 252-253, 255

Whitson, Agnes M., 惠特森 194

Whydah, 惠达 133-134, 143

Wilkes, John, 威尔克斯 204

Wilks, Ivor, 威尔克斯 169

Wilkinson, John, 威尔森 26

Williams, Eric, 威廉斯 144-146

Williams, Gwyn A., 威廉斯 107

Williams, J. E., 威廉斯 124

Williams, Judith Blow, 威廉斯 212, 229-230, 234, 247

Williamson, Jeffrey G., 威廉森 30, 124

Wilson, Charles, 威尔逊 29

Wilson, Reuel K., 威尔逊 243

Windward Islands, 向风群岛 242

Wine, 酒 88, 90, 93

Winnebagos, 温纳贝戈人 233

Wood, 木材
- fuel, 26-27, 燃料 142
- naval masts, 军舰桅杆 83

Wood, Betty, 伍德 235

Woodruff, Philip, 伍德鲁夫 179

Wool, 羊毛 24-5, 75, 140, 154

Wordie, J. R., 沃迪 16

World-economy, capitalist (European), 世界经济 4, 11-12, 22, 25, 27-28, 33, 52, 57, 59, 62, 67, 70, 72, 78-79, 81-82, 94, 97, 99, 111-112, 124-125, 129-132, 136-140, 143, 146-148, 158, 161, 168, 171-172, 179, 182, 186, 188, 193, 200-201, 215-216, 220, 223, 239, 251
- competition, 竞争 4, 25, 67, 72, 86-87, 90-92, 98, 112, 132, 140, 143-145, 150, 156, 160, 168, 177, 200, 230, 248, 251, 253

core, 中心 59-60, 62, 138, 200
demand, 要求 6, 26, 59-60, 62, 67, 69, 113, 140, 143, 170, 178, 235
division of labor, 劳动分工 131, 137-138, 140, 143, 170
economic freedom, 经济自由 4-5, 36, 45, 65, 105, 213
economic growth, 经济成长 4, 6, 17, 29-31, 57, 59-60, 67, 79, 87, 89, 98, 113-115, 129, 134, 139, 196, 200, 224, 239, 247
incorporation into, 合并入世界经济 127-189
inflation and deflation, 膨胀和收缩 146, 169, 172, 199, 219, 230
periphery, 边缘 12, 28, 125, 129-130, 134, 138, 165, 187, 189
prices, 价格 57, 61-64, 66, 69, 71, 88, 91-92, 113, 124, 132, 136, 143, 145, 147, 153, 155, 161, 172, 197-198, 200, 206, 220
semiperiphery, 半边缘 86, 89, 92, 142, 184, 189
supply, 剩余 7, 62, 69, 140, 146, 153, 235
Worsley, 沃斯里 26
Wright, H. R. C., 赖特 183

Wright, J. Leitch, Jr., 赖特 232
Wright, Joseph, of Derby, 赖特（德比的）2
Wrigley, E. A., 里格利 5, 10-11, 26, 60, 61
Wyczański, Andrzej, 维赞斯基 12

Y

Yams, 山芋 170
Yaney, George L., 亚尼 160, 162, 185-186
Yelling, J. A., 耶林 15-16, 66
Yeomen, 约曼 74, see also Peasants
Yields, 生产物 see Agriculture
Yoder, John C., 约德 134
Yorktown, 约克敦 227
Yorubaland, 约鲁巴兰 156, 170
Young, Arthur, 杨 229

Z

Zacker, Jacques, 察克尔 107
Zamindari system, zamindars, 地主制度, 地主 158-159
Zapperi, Roberto, 札波里 46-47, 104
Zilversmit, Arthur, 齐佛斯米特 235-236
Zuccarelli, Francois, 祖卡雷里 189
Zurich, 苏黎世 78

社科文献精品译库书目

阿玛蒂亚·森/让·德雷兹
 《印度：经济发展与社会机会》 35.00元
阿玛蒂亚·森/让·德雷兹
 《饥饿与公共行为》 35.00元
阿玛蒂亚·森
 《论经济不平等/不平等之再考察》 48.00元
阿玛蒂亚·森/玛莎·努斯鲍姆
 《生活质量》 68.00元
曼纽尔·卡斯特
 《网络社会的崛起》 59.00元
曼纽尔·卡斯特
 《认同的力量》（第二版） 59.00元
曼纽尔·卡斯特
 《千年终结》 45.00元
孙伟平 选编
 《罗蒂文选》 53.00元
涂纪亮 编
 《皮尔斯文选》 49.00元
涂纪亮 编
 《杜威文选》 49.00元
万俊人 陈亚军 编
 《詹姆斯文选》 59.00元
李国山 编
 《刘易斯文选》 45.00元
伊曼纽尔·沃勒斯坦

《转型中的世界体系——沃勒斯坦评论集》　　　49.00元
费尔南·布罗代尔
　　《地中海考古》　　　　　　　　　　　　　　49.00元
山口重克
　　《市场经济：历史·思想·现在》　　　　　　35.00元
莱斯特·M. 萨拉蒙等
　　《全球公民社会——非营利部门视界》　　　　59.00元
雷蒙·阿隆/丹尼尔·贝尔
　　《托克维尔与民主精神》　　　　　　　　　　49.00元
詹姆斯·M. 布坎南/罗杰·D. 康格尔顿
　　《原则政治，而非利益政治》　　　　　　　　39.00元
詹姆斯·S. 科尔曼
　　《社会理论的基础》（上、下）　　　　　　　125.00元
速水佑次郎/神门善久
　　《发展经济学》（第三版）　　　　　　　　　59.00元
理安·艾斯勒
　　《国家的真正财富：创建关怀经济学》　　　　39.00元
理安·艾斯勒
　　《圣杯与剑：我们的历史，我们的未来》　　　49.00元
理安·艾斯勒
　　《神圣的欢爱：性、神话与女性肉体的政治学》　68.00元
安东尼·吉登斯
　　《超越左与右——激进政治的未来》　　　　　39.00元
露丝·本尼迪克特
　　《文化模式》　　　　　　　　　　　　　　　29.00元
涂纪亮　编
　　《莫里斯文选》　　　　　　　　　　　　　　58.00元
杜丽燕　余灵灵　编
　　《布里奇曼文选》　　　　　　　　　　　　　49.00元
李真　编
　　《普特南文选》　　　　　　　　　　　　　　69.00元
丁东红　编
　　《米德文选》　　　　　　　　　　　　　　　68.00元
约翰·H. 杰克逊

《国家主权与WTO——变化中的国际法基础》　　　　　59.00元
卡尔·雅斯贝尔斯
　　《大哲学家》　　　　　　　　　　　　　　　　　　98.00元
H. 孟德拉斯
　　《农民的终结》　　　　　　　　　　　　　　　　　35.00元
齐格蒙特·鲍曼/蒂姆·梅
　　《社会学之思》（第二版）　　　　　　　　　　　　29.00元
汤姆·R. 伯恩斯等
　　《经济与社会变迁的结构化》　　　　　　　　　　　59.00元
尤尔根·哈贝马斯
　　《理论与实践》　　　　　　　　　　　　　　　　　49.00元
马克斯·韦伯
　　《新教伦理与资本主义精神》（罗克斯伯里第三版）　45.00元
克里斯托弗·戴尔
　　《转型的时代——中世纪晚期英国的经济与社会》　　49.00元
吉尔贝·李斯特
　　《发展的迷思——一个西方信仰的历史》　　　　　　59.00元
佩里·安德森
　　《思想的谱系——西方思潮左与右》　　　　　　　　59.00元
尤尔根·哈贝马斯
　　《重建历史唯物主义》　　　　　　　　　　　　　　59.00元
何伟亚
　　《英国的课业：19世纪中国的帝国主义教程》　　　　69.00元
唐纳德·萨松
　　《欧洲社会主义百年史——二十世纪的西欧左翼》
　　（上、下册）　　　　　　　　　　　　　　　　　189.00元
伊曼纽尔·沃勒斯坦
　　现代世界体系（第一卷）　　　　　　　　　　　　　98.00元
伊曼纽尔·沃勒斯坦
　　现代世界体系（第二卷）　　　　　　　　　　　　　98.00元
伊曼纽尔·沃勒斯坦
　　现代世界体系（第三卷）　　　　　　　　　　　　　98.00元
伊曼纽尔·沃勒斯坦
　　现代世界体系（第四卷）　　　　　　　　　　　　　98.00元

图书在版编目（CIP）数据

现代世界体系：四卷本/（美）沃勒斯坦（Wallerstein, I.）著；郭方等译.—北京：社会科学文献出版社，2013.11（2024.12 重印）
ISBN 978-7-5097-4929-6

Ⅰ.①现… Ⅱ.①沃…②郭… Ⅲ.①资本主义经济-经济史-世界 Ⅳ.①F119

中国版本图书馆 CIP 数据核字（2013）第 180068 号

现代世界体系（第三卷）
——资本主义世界经济大扩张的第二时期：1730～1840年代

著　　者　/　［美］伊曼纽尔·沃勒斯坦
译　　者　/　郭　方　夏继果　顾　宁
校　　者　/　郭　方

出 版 人　/　冀祥德
项目统筹　/　祝得彬
责任编辑　/　赵怀英　段其刚
责任印制　/　王京美

出　　版　/　社会科学文献出版社·文化传媒分社（010）59367004
　　　　　　　地址：北京市北三环中路甲29号院华龙大厦　邮编：100029
　　　　　　　网址：www.ssap.com.cn
发　　行　/　社会科学文献出版社（010）59367028
印　　装　/　三河市东方印刷有限公司

规　　格　/　开　本：787mm×1092mm　1/16
　　　　　　　本卷印张：29.25　本卷字数：453千字
版　　次　/　2013年11月第1版　2024年12月第10次印刷
书　　号　/　ISBN 978-7-5097-4929-6
著作权合同登记号　/　图字01-2012-1282号
定　　价　/　489.00元（四卷本）

读者服务电话：4008918866

版权所有　翻印必究